Springers Handbuch der
Betriebswirtschaftslehre 1

Springer-Verlag Berlin Heidelberg GmbH

Ralph Berndt · Claudia Fantapié Altobelli
Peter Schuster (Hrsg.)

Springers Handbuch der Betriebswirtschaftslehre 1

Mit 152 Abbildungen
und 9 Tabellen

 Springer

Prof. Dr. Ralph Berndt
Universität Tübingen
Lehrstuhl für Absatzwirtschaft
Nauklerstraße 47
D-72074 Tübingen

Prof. Dr. Claudia Fantapié Altobelli
Universität der Bundeswehr Hamburg
Institut für Marketing
Holstenhofweg 85
D-22039 Hamburg

Prof. Dr. Peter Schuster
Fachhochschule Schmalkalden
Postfach 182
D-98564 Schmalkalden

ISBN 978-3-540-64828-4

Die Deutsche Bibliothek - CIP-Einheitsaufnahme
Springers Handbuch der Betriebswirtschaftslehre / Hrsg.: Ralph Berndt ... - Berlin; Heidelberg;
New York; Barcelona; Budapest; Hongkong; London; Mailand; Paris; Singapur; Tokio: Springer
1 (1998)
ISBN 978-3-540-64828-4   ISBN 978-3-642-58961-4 (eBook)
DOI 10.1007/978-3-642-58961-4

Dieses Werk ist urheberrechtlich geschützt. Die dadurch begründeten Rechte, insbesondere die der Übersetzung, des Nachdrucks, des Vortrags, der Entnahme von Abbildungen und Tabellen, der Funksendung, der Mikroverfilmung oder der Vervielfältigung auf anderen Wegen und der Speicherung in Datenverarbeitungsanlagen, bleiben, auch bei nur auszugsweiser Verwertung, vorbehalten. Eine Vervielfältigung dieses Werkes oder von Teilen dieses Werkes ist auch im Einzelfall nur in den Grenzen der gesetzlichen Bestimmungen des Urheberrechtsgesetzes der Bundesrepublik Deutschland vom 9. September 1965 in der jeweils geltenden Fassung zulässig. Sie ist grundsätzlich vergütungspflichtig. Zuwiderhandlungen unterliegen den Strafbestimmungen des Urheberrechtsgesetzes.

© Springer-Verlag Berlin Heidelberg 1998
Ursprünglich erschienen bei Springer-Verlag Berlin Heidelberg New York 1998

Die Wiedergabe von Gebrauchsnamen, Handelsnamen, Warenbezeichnungen usw. in diesem Werk berechtigt auch ohne besondere Kennzeichnung nicht zu der Annahme, daß solche Namen im Sinne der Warenzeichen- und Markenschutz-Gesetzgebung als frei zu betrachten wären und daher von jedermann benutzt werden dürften.

Umschlaggestaltung: Erich Kirchner, Heidelberg
SPIN 10689709   42/2202-5 4 3 2 1 0 - Gedruckt auf säurefreiem Papier

Vorwort

Im Jahre 1996 erschien Springers Handbuch der Volkswirtschaftslehre, im Rahmen dessen die wesentlichen Entwicklungen auf den wichtigsten Gebieten der Volkswirtschaftslehre aufgezeigt werden.

In Ergänzung hierzu liegt nun Springers Handbuch der Betriebswirtschaftslehre vor. Ziel ist es, einen Überblick über den aktuellen Stand der Betriebswirtschaftslehre zu geben. Die Breite des Faches wie auch die Fülle neuer Erkenntnisse und Forschungsansätze innerhalb der einzelnen betriebswirtschaftlichen Teildisziplinen bewirken, daß sich die Wissenschaftler dieses Faches zunehmend auf Schwerpunkte konzentrieren müssen. Als Autoren wurden daher namhafte Vertreter der einzelnen Teildisziplinen der Betriebswirtschaftslehre gewonnen, welche sich in den in diesem Handbuch behandelten Teilgebieten sowohl durch ihr Schrifttum als auch durch ihre Lehrtätigkeit ausgewiesen haben. Dabei ist in bewußter Weise ein Methodenpluralismus angestrebt; alle methodischen Vorgehensweisen sind in jeweils angemessener Weise berücksichtigt worden.

Die Breite des Faches macht es unmöglich, in einem einzigen Werk alle Teilbereiche der Betriebswirtschaftslehre zu behandeln; aus diesem Grunde mußte das Spektrum der Beiträge auf die wichtigsten Teilgebiete beschränkt werden. Um die Übersichtlichkeit zu erhöhen wurden dabei die einzelnen Kapitel zu inhaltlich zusammenhängenden Teilen zusammengefaßt.

Das Handbuch der Betriebswirtschaftslehre umfaßt zwei Bände. Inhalte des ersten Bandes sind die Grundlagen der Betriebswirtschaftslehre (Gegenstand der Betriebswirtschaftslehre, Unternehmen und Umwelt sowie Unternehmenskonstitution), die Unternehmensführung (Planung/ Entscheidung/ Kontrolle, Organisation sowie Personalmanagement) und die Realgüterwirtschaft (Beschaffung, Produktion, Marketing und Logistik).

Gegenstand des zweiten Bandes sind die Kapitalwirtschaft (Investition und Finanzierung), die Informationswirtschaft (interne Unternehmensrechnung, externe Unternehmensrechung, Wirtschaftsprüfung, Wirtschaftsinformatik sowie Umwelt- und Marktinformationen) sowie zwei aktuelle Einzelprobleme der Betriebswirtschaftslehre, das Innovations- und das Umweltmanagement.

Springers Handbuch der Betriebswirtschaftslehre wendet sich zum einen an Dozenten und Studenten der Betriebswirtschaftslehre (insbes. des Grundstudiums) sowie an alle Interessierte (Praktiker, Dozenten und Studierende anderer Fachrichtungen u.a.), die sich einen Überblick über die Betriebswirtschaftslehre verschaffen wollen. Bei den einzelnen Beiträgen wurde dabei darauf geachtet, daß das gesamte Spektrum wie auch aktuelle Weiterentwicklungen innerhalb der einzelnen Teildisziplinen in angemessener Weise verdeutlicht wurden. Weiterführende Literaturhinweise am Ende eines jeden Kapitels ermöglichen es dem Leser, einzelne Aspekte zu vertiefen.

Über eine positive Aufnahme des Handbuchs würden sich Herausgeber und Autoren sehr freuen.

Tübingen, Hamburg und Niederaula

im Juli 1998
Ralph Berndt
Claudia Fantapié Altobelli
Peter Schuster

Springers Handbuch der Betriebswirtschaftslehre 1

Vorwort der Herausgeber	V

Teil 1: Grundlagen der Betriebswirtschaftslehre

1 Gegenstand der Betriebswirtschaftslehre — 1
Werner Neus

1 Die zu beantwortenden Fragen	2
2 Einkommensbezug	3
3 Betriebswirtschaftslehre als Entscheidungslehre	6
4 Koordination von Entscheidungen	14
5 Das Leitbild der Institutionenökonomik	24
6 Unternehmensziele und Shareholder Value	32
Literaturverzeichnis	38

2 Unternehmen und Umwelt — 41
Matthias Sander

1 Charakterisierung des Umfeldes von Unternehmen	42
2 Globale Umwelt von Unternehmen	45
3 Aufgabenspezifische Umwelt von Unternehmen	52
4 Unternehmen	59
5 Zum Verhältnis von Unternehmen und Umwelt	63
Literaturverzeichnis	66

3 Unternehmenskonstitution — 69
Rudolf Federmann

1 Grundlegendes zur Unternehmenskonstitution	71
2 Entscheidung über den Unternehmensstandort	74
3 Entscheidung über die Rechtsform	80
4 Entscheidung über die Unternehmensverfassung	101
5 Entscheidung über die Unternehmensbindung	110
Literaturverzeichnis	127

Teil 2: Führung

4 Planung, Entscheidung und Kontrolle — 129

Rüdiger von Nitsch

1 Planung, Entscheidung und Kontrolle im Prozeß der Unternehmensführung	131
2 Planung	139
3 Entscheidung	159
4 Kontrolle	172
Literaturverzeichnis	182

5 Organisation — 185

Margit Osterloh und Jetta Frost

1 Der Begriff der Organisation	186
2 Die Koordinationsaufgaben der Organisation	189
3 Die Orientierungsaufgaben der Organisation	211
4 Die Motivationsaufgaben der Organisation	216
5 Zusammenführung der Koordinations-, Orientierungs- und Motivationsaufgaben am Beispiel moderner Organisationskonzepte	220
Literaturverzeichnis	230

6 Personalmanagement — 237

Walter A. Oechsler

1 Entwicklung des Personalmanagement in der Praxis	238
2 Wissenschaftliche Ansätze zum Personalmanagement	239
3 Strategisches Personalmanagement	247
4 Instrumente des Personalmanagement	250
5 Computergestützter Einsatz der Instrumente des Personalmanagement	259
6 Arbeitsrechtlicher Regelungsrahmen des Personalmanagement	263
Literaturverzeichnis	269

Teil 3: Realgüterwirtschaft

7 Beschaffung — 271

Udo Koppelmann

1 Der Zusammenhang	272
2 Die Beschaffungsobjekte	273
3 Anforderungen an die Beschaffungsdisziplin	274
4 Theoretische Grundlagen	276
5 Der Beschaffungsprozeß	279
Literaturverzeichnis	315

8 Produktion   317

Hans-Otto Günther

1 Industrielle Produktionssysteme	318
2 Betriebswirtschaftliche Analyse industrieller Produktion	327
3 Strategisches Produktionsmanagement	334
4 Gestaltung der Infrastruktur des Produktionssystems	337
5 Operative Produktionsplanung in der Fertigungsindustrie	344
6 Operative Produktionsplanung in der Prozeßindustrie	356
7 Integrierte Systeme der Produktionsplanung und –steuerung	364
Literaturverzeichnis	367

9 Marketing   369

Ralph Berndt

1 Gegenstand und Grundlagen des Marketing	370
2 Marketing-Management	379
3 Marketing-Politik	383
Literaturverzeichnis	419

10 Logistik   421

Gerhard Wäscher

1 Grundlagen	422
2 Das logistische Leistungssystem	425
3 Strategische Logistikplanung	429
4 Taktische Logistikplanung	435
5 Operative Logistikplanung	455
Literaturverzeichnis	467

Autorenverzeichnis   469

Index   471

Springers Handbuch der Betriebswirtschaftslehre 2

Teil 4: Kapitalwirtschaft

11 Investition
Uwe Götze

12 Finanzierung
Peter Nippel

Teil 5: Informationswirtschaft

13 Interne Unternehmensrechnung
Peter Schuster

14 Externe Unternehmensrechnung und Jahresabschluß
Ralf Ewert und Gerald Schenk

15 Wirtschaftsprüfung und Revision
Dirk Hachmeister

16 Wirtschaftsinformatik
Jörg Becker und Roland Holten

17 Umwelt- und Marktinformationen
Claudia Fantapié Altobelli

Teil 6: Einzelprobleme der Betriebswirtschaftslehre

18 Innovationsmanagement
Erich Staudt und Bernd Kriegesmann

19 Umweltmanagement
Harald Dyckhoff

1 Gegenstand der Betriebswirtschaftslehre

Werner Neus

Inhaltsverzeichnis

1 Die zu beantwortenden Fragen	2
2 Einkommensbezug	3
2.1 Zur Hervorhebung des Einkommens als Zielgröße	3
2.2 Einkommen, Vermögen und Gewinn	4
2.3 Einkommenserzielung und Einkommensverwendung	5
2.4 Einkommenserzielung und unsichere Erwartungen	6
3 Betriebswirtschaftslehre als Entscheidungslehre	6
3.1 Das Grundmodell der Entscheidungstheorie	6
3.2 Zum Grad der Abstraktion	8
3.3 Normative und deskriptive Entscheidungstheorie	12
3.4 Einzelentscheidungen oder Gruppenentscheidungen	13
4 Koordination von Entscheidungen	14
4.1 Ausprägungen nutzensteigernder Kooperation	14
4.2 Formen der Abstimmung von Entscheidungen	18
4.3 Markt versus Hierarchie, oder: Warum Unternehmen?	20
5 Das Leitbild der Institutionenökonomik	24
5.1 Eigennütziges Verhalten und Opportunismus	24
5.2 Unvollkommene Märkte	26
5.3 Probleme und Problemlösungen als Untersuchungsprogramm	27
5.4 Partizipation und Anreizverträglichkeit	31
6 Unternehmensziele und Shareholder Value	32
6.1 Die Fragestellung	32
6.2 Mißverständnisse über einen Interessenmonismus	33
6.3 Shareholder Value und dessen Grenzen	35
6.4 Fazit in bezug auf die Unternehmensziele	37
Literaturverzeichnis	38

1 Die zu beantwortenden Fragen

„Die" Betriebswirtschaftslehre gibt es nicht. Verschiedene Autoren grenzen den Gegenstand der Betriebswirtschaftslehre sehr unterschiedlich ab. Dabei kann man auf zweierlei Weise vorgehen:
- Mehrere mögliche Abgrenzungen der Betriebswirtschaftslehre (vollständig enumeriert oder repräsentativ ausgewählt) werden vorgestellt, wobei es letztlich dem Leser überlassen bleibt, nach seinen eigenen Vorstellungen eine der Abgrenzungen für die zweckmäßigste zu halten. (Um richtig oder falsch kann es hier in keinem Fall gehen.) Dieses Vorgehen wählen zum Beispiel Raffee 1993 und Schanz 1997.
- Es wird eine bestimmte Abgrenzung vorgegeben und im Hinblick auf ihre Implikationen, ihre Stärken und Schwächen diskutiert, wobei die Abgrenzung natürlich zu begründen ist. Ein Beispiel für dieses Vorgehen liefert Schneider 1995 (der zusätzlich auch einen Überblick über verschiedene Entwicklungen in der Betriebswirtschaftslehre gibt).

Hier wird das zweite Vorgehen gewählt, weil dabei nicht allzu ausführlich abstrakt, wissenschaftstheoretisch argumentiert werden muß und schneller der Weg zu konkreteren, „betriebswirtschaftlichen" Fragestellungen eingeschlagen werden kann. Für das Weitere wird die folgende Definition der Betriebswirtschaftslehre vorgegeben:

Gegenstand der Betriebswirtschaftslehre ist die Untersuchung von individuellen, das Einkommen betreffenden Entscheidungen. Von abseitigen Sonderfällen abgesehen, umfassen einkommensbezogene Entscheidungen immer auch die Koordination von Handlungen mehrerer Menschen.

Im Kern entspricht dieses Definition der Riegerschen Privatwirtschaftslehre (vgl. Rieger 1928, insb. Kap. 4 und 5). Eine nähere Erklärung der Definition erfordert die Diskussion einer Reihe von Fragen:
- Was heißt Entscheiden?
- Was bedeutet Einkommen, und was sind einkommensbezogene Entscheidungen?
- Welche Bedeutung haben die Kooperation mehrerer Menschen und die Koordination deren Entscheidungen?
- Mit welchem theoretischen Leitbild können die genannten Fragen untersucht werden?
- Sofern nicht einzelne Menschen, sondern ein Unternehmen als Aggregat untersucht wird, welche Zielsetzung ist ihr zu unterstellen?

Nur scheinbar entfernen sich diese Fragen von einer allgemeinen Anschauung der Betriebswirtschaftslehre, die offenbar mit „Wirtschaften" in „Betrieben" zu tun hat. Im folgenden wird gezeigt, daß die genannten Fragen beantwortet werden müssen, um geschlossen erklären zu können, was Wirtschaften in Betrieben bedeutet.

2 Einkommensbezug

2.1 Zur Hervorhebung des Einkommens als Zielgröße

Das menschliche Handeln wird gewöhnlich durch zahlreiche unterschiedliche Ziele geleitet. In den Wirtschaftswissenschaften wird zur Vereinfachung der Sprache das gesamte Zielbündel unter dem Begriff „Nutzen" zusammengefaßt. Konkret bestimmen ganz verschiedene Dinge den Nutzen, so zum Beispiel der Konsum verschiedener Güter und Dienste, Besitz sowie selbstverständlich auch Gefühle wie Geltung oder Zuneigung. Eigene Arbeitsleistungen sind einerseits mit einem „Arbeitsleid" verbunden, andererseits schafft Arbeit aber auch persönliche Befriedigung und stellt – nicht zuletzt – eine Einkommensquelle dar.

Warum wird in der Betriebswirtschaftslehre der Einkommensaspekt menschlichen Handelns hervorgehoben, warum werden andere Aspekte beiseite gelassen (aber keineswegs negiert)? Der wesentliche Grund dafür ist, daß eine ganzheitliche Totalwissenschaft kaum zu anderen als sehr allgemeinen Aussagen kommen kann. Erst die Beschränkung ermöglicht eine vertiefte Behandlung, die zugleich natürlich nicht alles explizieren kann.

Die Beschränkung auf einkommensbezogene Entscheidungen ist auch deshalb sinnvoll, weil sich dabei das ökonomische Denken in Zweck-Mittel-Relationen als akzeptabel erweist. Die Anwendung ökonomischer Denkkategorien (zum Beispiel) auf eine Ehe im allgemeinen führt zwar durchaus zu interessanten Erkenntnissen – die dem Nobelkomitee auszeichnungswürdig erschienen, wie die Verleihung des Nobelpreises an Becker im Jahr 1992 belegt (siehe zum Beispiel Becker 1982). Dennoch bleibt die Ökonomik viele Aussagen schuldig, die für ein angemessenes Verständnis der komplexen Institution Ehe erforderlich sind. Daß eine Ehe aber *auch* aus einkommensbezogenen Gründen (zum Beispiel im steuerlichen Bereich) sinnvoll sein kann, ist durchaus eine betriebswirtschaftliche Erkenntnis (vgl. dazu Lehmann 1989).

Die Betonung der Einkommensorientierung ist verglichen mit alternativen Einschränkungen in der Ökonomik eine eher geringfügige Beschränkung: Üblicherweise wird „Wirtschaften" gleichgesetzt mit „Entscheiden über knappe Güter" (siehe zum Beispiel Schweitzer 1997, S. 50). Ein Gut ist knapp, wenn ein Mensch eine Nutzensteigerung erzielen könnte, sofern er ohne Gegenleistung eine größere Gütermenge zur Verfügung hat. Die Einschränkung auf knappe Güter ist etwas problematisch, weil bisweilen erst in Kenntnis optimaler Entscheidungen beurteilt werden kann, ob ein Gut knapp ist oder nicht. Vermögen schlechthin – und damit entsprechend Einkommen als Vermögenszuwachs – ist jedoch grundsätzlich knapp, was sich leicht mit der Vielfalt von Einsatzmöglichkeit von Vermögen erklären läßt. „Überschüssiges" Vermögen könnte zum Beispiel für karitative Zwecke verwendet werden, was dem Bedürfnis, ein sozialer Wohltäter zu sein, Befriedigung verschafft. Eine überschüssige individuelle Ausstattung mit irgendwelchen Gütern ist dazu nicht unbedingt geeignet.

Im weiteren ist zu klären, worin ein Einkommensbezug überhaupt bestehen kann. Er umfaßt allgemein die Einkommenserzielung und die Einkommensverwendung, jeweils bezogen auf einzelne Menschen, nicht auf Unternehmen. Die nähere Beschreibung dieser Punkte setzt die Definition von Einkommen und Wissen über Einkommensmessung voraus.

2.2 Einkommen, Vermögen und Gewinn

Einkommen ist gleichzusetzen mit der Steigerung des Reinvermögens, also des Gesamtvermögens abzüglich der Verbindlichkeiten. Einkommen und Vermögen sind zwei Seiten derselben Medaille: Eine Einkommensrechnung ist eine zeitraumbezogene Bewegungsrechnung, eine Vermögensrechnung eine zeitpunktbezogene Bestandsrechnung; die Rechnungen sind letztlich äquivalent.

Der allgemeinen Anschauung der Betriebswirtschaftslehre zufolge denkt man zunächst vielleicht eher an Gewinn als Zielgröße statt an Einkommen. Von Gewinn spricht man üblicherweise, wenn Unternehmen als Untersuchungseinheiten betrachtet werden; Gewinn ist in dieser Sichtweise das Einkommen von Unternehmen (so auch Schneider 1995, S. 5).

Das Vermögen steht für das Potential künftiger Konsummöglichkeiten und ist insofern Mittel zum Zweck. Aus dem voranstehenden Abschnitt geht hervor, daß entgeltlich erworbene Konsumgüter (einschließlich Dienstleistungen) nicht die einzigen Möglichkeiten zur Nutzensteigerung sind, aber diejenigen Möglichkeiten, die in der Betriebswirtschaftslehre im Mittelpunkt stehen.

Die künftigen Konsummöglichkeiten werden nicht nur durch das Geldvermögen repräsentiert. Zusätzlich sind das Sach- und das Humanvermögen einzubeziehen. Das Sachvermögen besteht in Gütern (materielle Güter und Rechte), die für die Steigerung des Geldvermögens eingesetzt oder unmittelbar konsumiert werden können. Das individuelle Humanvermögen besteht in den persönlichen Qualifikationen, die ein Mensch zum gleichen Zweck einsetzen kann.

In entwickelten Volkswirtschaften werden Güter fast ausschließlich durch Geld abgegolten. Deshalb ist es ohne weiteres abschätzbar, welche Konsummöglichkeiten durch ein Geldvermögen eröffnet werden. In bezug auf das Sach- und Humanvermögen stellt sich demgegenüber die Frage der Bewertung des ermöglichten künftigen Konsums. Eine solche Bewertung muß zielgerichteten Entscheidungen über die Einkommenserzielung vorangehen. Maßgeblich sind offenbar die Möglichkeiten, Sach- und Humanvermögen in (künftiges) Geldvermögen zu transformieren: „Alles Wirtschaften muß im Gelde ausmünden." (Rieger 1928, S. 34). Auch Entscheidungen über die Gestaltung von Sach- und Humanvermögen sind deshalb auf der Basis von Zahlungsmittelrechnungen zu treffen. Dabei sind die zeitliche Dimension und die Unsicherheitsdimension einzubeziehen. Diese Fragen stehen im Mittelpunkt der Investitionsrechnung.

Die Gestaltung von Sach- und Humanvermögen mit dem Ziel des nutzensteigernden Konsums ist ein teilweise erhebliche Zeitspannen erfordernder Prozeß. Um diesen Prozeß adäquat gestalten zu können, bedarf es zusätzlicher Informationen für güterwirtschaftliche Aktivitäten, die in anderen Teilen des Rechnungswesens (insbesondere der Kosten- und Leistungsrechnung) bereitgestellt werden.

Weil ohne eine vernünftige Messung von Vermögen bzw. Einkommen zielgerichtete betriebswirtschaftliche Entscheidungen unmöglich sind, hat das Rechnungswesen in seinen verschiedenen Ausprägungen innerhalb der Betriebswirtschaftslehre eine herausragende Position. Dies gilt schon deshalb, weil sich alle betriebswirtschaftlichen Sachverhalte im Rechnungswesen niederschlagen und daher ein Verständnis des Rechnungswesens einem weitgehenden Verständnis betriebswirtschaftlicher Sachverhalte gleichkommt. Überlegungen zur Theorie des Rechnungswesens zeigen, daß die übliche Zweiteilung in normative und deskriptive Theorien (siehe dazu Abschnitt 3.3) nicht erschöpfend ist. Als dritte Kategorie sind messende Theorien erforderlich (siehe dazu Schneider 1995, S. 204 ff.).

2.3 Einkommenserzielung und Einkommensverwendung

Der Einkommensbezug von Entscheidungen kann sich in der Einkommenserzielung und in der Einkommensverwendung niederschlagen. In der Betriebswirtschaftslehre steht die Einkommenserzielung im Mittelpunkt.

Die zentrale Frage in bezug auf die Einkommenserzielung ist, wie die gegebene Vermögensausstattung am zweckmäßigsten für eine Vermögenssteigerung einzusetzen ist. Als grundlegende Verhaltensmaxime gilt hier das ökonomische Prinzip, also die Regel, daß mit gegebenen Mitteln eine möglichst große Vermögenssteigerung herbeigeführt werden soll (Maximumprinzip). Umgekehrt sollte für eine bestimmte Vermögenssteigerung innerhalb eines Zeitraums ein möglichst geringes Vermögen eingesetzt werden (Minimumprinzip). Das ökonomische Prinzip läßt sich grundsätzlich auf jede Zweck-Mittel-Relation anwenden.

Einkommenserzielung kann im wesentlichen in zweierlei Weise vorgenommen werden: durch Tausch von Vermögensgegenständen, also durch Handel, oder durch Einsatz einer Form von Vermögensgegenständen (Einsatzgüter, Input) zur Schaffung anderer Formen von Vermögensgegenständen (Ausbringungsgüter, Output), also durch Produktion. Daneben besteht die Möglichkeit des unentgeltlichen Vermögenstransfers durch Dritte (zum Beispiel Schenkungen, Erbschaften oder staatliche Zuwendungen). Im eigentlichen Sinne unentgeltliche Zuwendungen sind mangels Planbarkeit und Beeinflußbarkeit nicht als ein Gegenstand der Betriebswirtschaftslehre anzusehen. Dabei ist allerdings zu beachten, daß es eine große Anzahl versteckter und mittelbarer Gegenleistungen für oberflächlich betrachtet unentgeltliche Transfers gibt. Zudem können differenzierte staatliche Zuwendungen die Reihenfolge der Vorteilhaftigkeit von Handlungsmöglichkeiten verändern; dies gilt zum Beispiel für Investitionszulagen und Investitionsentscheidungen. Solche Transfers sind selbstverständlich unbedingt in betriebswirtschaftliche Kalküle einzubeziehen.

Wenn auch die Einkommenserzielung in den Vordergrund des Interesses gerückt wird, ist es vor allem die Einkommensverwendung, die Nutzen stiftet. Die in der Betriebswirtschaftslehre beobachtbare Fokussierung auf die Einkommenserzielung läßt sich damit rechtfertigen, daß die Vermögenssteigerung eine von allen Menschen im wesentlichen ähnlich verfolgte Zielsetzung ist, während – je nach individuellen Nutzenvorstellungen – verschiedene Möglichkeiten der Einkommensverwendung präferiert werden. Dennoch darf die Einkommensverwendung nicht völlig vernachlässigt werden. Denn die Einkommenserzielung eines Entscheidungsträgers ist regelmäßig mit einer Einkommensverwendung eines anderen verbunden. Besonders deutlich wird dieser Zusammenhang bei dem Kauf bzw. Verkauf von Konsumgütern. Auch wenn die Absatzwirtschaft (das Marketing) den Blickwinkel der Einkommenserzielung einnimmt, sind dabei – zumindest im Fall des Konsumgütermarketing – durchweg die Einkommensverwendungsentscheidungen der Konsumenten zu untersuchen.

2.4 Einkommenserzielung und unsichere Erwartungen

Angesichts unsicherer Erwartungen darf Einkommensorientierung nicht mit Einkommensmaximierung oder Gewinnmaximierung gleichgesetzt werden (siehe dazu näher Abschnitt 3.2), weil dieselbe Entscheidung in Abhängigkeit von zufälligen, nicht beeinflußbaren Ereignissen zu unterschiedlich hohen Einkommen oder Gewinnen führen kann. Deshalb sind solche, mehrwertige Erwartungen zunächst zu einwertigen Entscheidungsgrößen zu verdichten. Dabei spielt das Phänomen der Unsicherheit auch deshalb eine Rolle, weil der Grad der Unsicherheit – unabhängig davon, wie er im einzelnen gemessen wird – den Nutzen beeinflußt. Im allgemeinen wird von der Risikoaversion ökonomischer Entscheidungsträger ausgegangen.

Risikoaversion bedeutet nicht, daß Entscheidungsträger überhaupt nicht bereit sind, Risiken einzugehen, oder daß sie um jeden Preis bemüht sind, Risiken zu verringern – dies würde jeder unternehmerischen Betätigung entgegenstehen. Vielmehr spricht man von Risikoaversion, wenn bei einem festen durchschnittlichen Niveau des Einkommens eine weniger große Schwankung um dieses Durchschnittsniveau vorgezogen wird. Unter Bezugnahme auf die Risikosituation, also nach Abschätzung der Wahrscheinlichkeitsverteilung des Einkommens, lassen sich Risiko und Risikoaversion auch formalisiert beschreiben (siehe Rothschild/ Stiglitz 1970). Intuitiv kann man sich dies anhand des Erwartungswertes (als Maß für das durchschnittliche Niveau der Zielgröße) und der Varianz (als Maß für die Schwankung um den Erwartungswert, also für das Risiko) verdeutlichen. Für das Weitere ist vor allem wichtig, daß zwar von einer gewissen Risikobereitschaft ausgegangen werden kann, zugleich aber ökonomisch handelnde Menschen in begrenztem Umfang Ressourcen dafür einzusetzen bereit sind, Einkommensunsicherheiten zu verringern.

Für die Einkommensorientierung in betriebswirtschaftlichen Entscheidungsmodellen bedeutet dies, daß nicht nur undifferenziert eine Steigerung des durchschnittlich zu erwartenden Einkommensniveaus angestrebt wird, sondern auch Maßnahmen zur Verringerung von Einkommensunsicherheiten ergriffen werden. Diese Erkenntnis hat eine um so stärkere Gültigkeit, je ausgeprägter die Informationsdefizite über Zukunftsentwicklungen sind. Um nicht unnötig die Sprache zu verkomplizieren, soll im weiteren die Verringerung von Einkommensunsicherheiten auch unter Einkommenserzielung subsumiert werden.

3 Betriebswirtschaftslehre als Entscheidungslehre

3.1 Das Grundmodell der Entscheidungstheorie

Betriebswirtschaftslehre muß mit Entscheiden zu tun haben; dies ergibt sich bereits aus dem Anspruch, daß die Betriebswirtschaftslehre eine anwendungsbezogene Wissenschaft ist. Anwendungsbezug kann nur bedeuten, daß die theoretischen Aussagen einen Einfluß haben auf praktische, von Menschen beeinflußbare Vorgänge. Das Verständnis von Betriebswirtschaftslehre als Entscheidungslehre geht allerdings noch weiter, weil die Entscheidungen selbst zum Gegenstand der Untersuchung gemacht werden. In diesem Sinne ist Betriebswirtschaftslehre stets eine angewandte Entscheidungstheorie (besonders deutlich wird dies bei Heinen 1968 betont).

Entscheiden heißt ganz allgemein Auswählen aus mehreren Handlungsmöglichkeiten. Der erste Schritt einer Entscheidung ist demnach die Feststellung der Menge möglicher Handlungen. Welcher Art diese Handlungen sind, hängt vom konkreten Entscheidungsproblem ab: Bei der Beschaffung von Rohstoffen für die Produktion sind zum Beispiel deren Qualität, deren Lieferant, deren Menge usw. zu bestimmen. Offensichtlich stellen Handlungsmöglichkeiten häufig ein Bündel von Einzelmaßnahmen dar.

Der zweite wesentliche Schritt bei einer Entscheidung ist, die Handlungsfolgen, die Ergebnisse, zu erfassen. Ein Entscheidungsträger kann durch seine Entscheidung zwar die Ergebnisse beeinflussen – ansonsten wäre die Entscheidung irrelevant –, typischerweise ist das Ergebnis jedoch nicht allein durch die Entscheidung determiniert.

a) Es besteht die Möglichkeit, daß die vom Entscheidungsträger (und von anderen Menschen) nicht beeinflußbare Umweltentwicklung – also der Zufall – einen Einfluß auf das Ergebnis hat: Bei der Teilnahme an einer Lotterie ist das offensichtlich. Aber auch bei Entscheidungen, die man unmittelbar der Betriebswirtschaftslehre zurechnet, etwa die Entscheidung über die Durchführung einer Auslandsinvestition, spielt der Zufall eine große Rolle. Nicht beeinflußbar ist zum Beispiel der Wechselkurs zwischen der Heimatwährung und der Währung des Landes, in dem investiert wird; zugleich hat er einen großen Einfluß auf das Ergebnis, nämlich den Erfolg der Investition – wie immer der konkret auch gemessen wird.

In bezug auf den Stand der Informationen über die Umweltentwicklungen unterscheidet man drei Entscheidungssituationen:
– Im Falle der Entscheidungen bei Sicherheit wird ein einziger Umweltzustand in das Entscheidungskalkül einbezogen; deshalb spricht man auch von einwertigen Erwartungen.
– Entscheidungen bei Risiko setzen voraus, daß mehrere Zustände existieren, für deren Eintreten eine Wahrscheinlichkeitsverteilung angegeben werden kann.
– Man spricht von Entscheidungen bei Ungewißheit, wenn eine Wahrscheinlichkeitsverteilung für die verschiedenen Zustände nicht bekannt ist und auch nicht abgeschätzt werden kann.

b) Neben dem Zufall haben auch Entscheidungen anderer Menschen einen Einfluß auf das Ergebnis der eigenen Entscheidungen. Legt zum Beispiel ein Frisör den Preis für einen Haarschnitt fest, hängen die von ihm erzielten Einnahmen ab von den Entscheidungen seiner Kunden, davon, ob sie bereit sind, den Preis zu zahlen, ob sie vielleicht nach einer Preiserhöhung seltener einen Haarschnitt vornehmen lassen oder ob sie zu einem anderen Frisör wechseln. Offensichtlich spielen dessen Entscheidungen dabei ebenfalls eine Rolle. Auch wenn die Auswirkungen einer Preisveränderung nicht genau vorausgesagt werden können, besteht doch ein wesentlicher Unterschied zum Zufall. Die Kunden und die Konkurrenten des Frisörs treffen ihrerseits Entscheidungen, die der Frisör zu antizipieren versuchen kann, da sie einem rationalen Kalkül folgen. Das Zusammenwirken mehrerer Entscheidungsträger und deren gegenseitige Beeinflussung ihrer Ergebnisse sind Gegenstand der Spieltheorie, welche die betriebswirtschaftliche Entscheidungstheorie ergänzt.

Insgesamt kann ein Entscheidungsträger also nicht davon ausgehen, daß seine Entscheidung ein bestimmtes Ergebnis herbeiführt, sondern er muß mehrwertige Erwartungen bilden. Typischerweise werden aber der Einfluß des Zufalls und der anderer Entscheidungsträger gemeinsam eine Rolle spielen.

Schließlich benötigt ein Entscheidungsträger auch noch eine Zielsetzung, anhand derer er die Ergebnisse beurteilt. Gewöhnlich besteht das Ziel aus einem Bündel mehrerer Teilziele, die zum Nutzen aggregiert werden.

Tab. 1: Grundmodell der Entscheidungstheorie

	S_1	...	S_j	...	S_n	Z
A_1	E_{11}	...	E_{1j}	...	E_{1n}	$Z_1 = Z(E_{11}, ... E_{1n})$
...	...	...	...	...	...	...
A_i	E_{i1}	...	E_{ij}	...	E_{in}	$Z_i = Z(E_{i1}, ... E_{in})$
...	...	...	...	...	...	
A_m	E_{1m}	...	E_{mj}	...	E_{mn}	$Z_m = Z(E_{m1}, ... E_{mn})$

Die bisher vorgetragenen Überlegungen werden durch das Grundmodell der Entscheidungstheorie zusammengefaßt, das üblicherweise durch eine Matrix dargestellt wird. Aus Tabelle 1 geht hervor, daß die Kombination der gewählten Handlungsmöglichkeit A_i ($i = 1, ..., m$) mit der eintretenden Umweltentwicklung S_j ($j = 1, ..., n$) zu einem eindeutigen Ergebnis E_{ij} führt. Auch die Entscheidung eines anderen Menschen läßt sich formal als „Umweltentwicklung" erfassen. Die Ergebnisse können im einzelnen aus vielen Komponenten bestehen. Schließlich werden die Ergebnisse zu einem einzigen Zielwert Z zusammengefaßt, wobei sich ohne Einschränkung der Allgemeinheit festlegen läßt, daß die Maximierung des Zielwerts Z die optimale Handlungsmöglichkeit determiniert.

Das Grundmodell der Entscheidungstheorie ist lediglich eine Methode, den Entscheidungsprozeß gedanklich zu strukturieren. Für die nähere Ausfüllung sind zusätzliche Fragen zu beantworten, die Aufschluß geben über eine bestimmte Sichtweise, die in der Betriebswirtschaftslehre eingenommen wird.

3.2 Zum Grad der Abstraktion

Die Frage nach der Abstraktion in Entscheidungsmodellen ist in mehrere Richtungen zu diskutieren: Es geht um den Praxisbezug der Betriebswirtschaftslehre, um die Verwendung der mathematischen Formallogik, um das Ausmaß an Rationalität, das Entscheidungsträgern unterstellt werden darf und insgesamt darum, welche Aussagen aus betriebswirtschaftlichen Modellen abgeleitet werden sollen. Angesichts der behaupteten Anwendungsbezogenheit träfe einen Betriebswirtschaftler der Vorwurf mangelnden Praxisbezugs hart. Allerdings wäre für einen solchen Vorwurf zunächst zu klären, was denn Praxisbezug überhaupt ist. Ganz sicher kann man nicht die Forderung erheben, daß praktische Fragestellungen (zum Beispiel: Wie lange soll eine Buchhandlung ihren Laden geöffnet halten?) eins zu eins abgebildet theoretisch untersucht werden. Ein solches Vorgehen wäre völlig überflüssig und rechtfertigte keinesfalls ein Studienfach oder ein Forschungsgebiet an wissenschaftlichen Hochschulen. Sehr anschaulich läßt sich der Zusammenhang durch die Relation von Landschaft und Landkarte (für die Planung und für die Durchführung einer Reise) verdeutlichen: Die Grobplanung der Reiseroute erfordert eine Karte mit einem kleinem Maßstab (also mit einer weitgehenden Abstraktion). Für die Frage, wie ein bestimmtes Ziel innerhalb einer Stadt erreicht werden soll, bedarf es dagegen eines größeren Maßstabs, hier muß die Abstraktion verringert werden. Die an Universitäten vermittelten betriebswirtschaftlichen Grundtatbestände erfordern demnach eine viel weiter gehende Abstraktion als praktische Entscheidungen. Insofern gilt: Nichts ist praktischer als eine gute Theorie.

Auf den ersten Blick irritierend erscheint manchem die relativ ausgeprägte Verwendung der mathematischen Logik, insbesondere weil deren Anwendung bisweilen bedeutet, „eckige" reale Sachverhalte in „runde" theoretische Formalzusammenhänge zu kleiden. Ein wesentlicher Vorteil der mathematischen Sprache ist der Zwang, alle Annahmen zu explizieren (schon aus diesem Grund wirken mathematische Modelle – allerdings zu Unrecht – stärker abstrahierend). Daneben hilft uns die Mathematik, „unsere Gedanken auf den schlüpfrigen und verwickelten Gedankengängen zu führen. Die gewöhnliche Sprache (…) kann uns nur auf eine sehr lahme, dunkle und weitschweifige Weise durch das Labyrinth der Schlußfolgerungen führen" (Jevons 1924, S. XXXIX). Und: „Die Wissenschaft wird deshalb nicht weniger mathematisch, wenn wir die Formeln der Algebra vermeiden." (Ebenda, S. 5) Der Hinweis eines Studenten, bei seiner Ausbildung zum Industriekaufmann habe er niemals die Differentialrechnung einsetzen müssen, zeugt nicht von der größeren Praxisnähe seiner bisherigen Ausbildung, sondern belegt, daß er sich der verallgemeinerungsfähigen Grundlagen von Entscheidungen nicht bewußt war. Dieses Bewußtsein zu vermitteln ist Teil der betriebswirtschaftlichen Ausbildung.

Im Grundmodell der Entscheidungstheorie wird einem Entscheidungsträger ein hohes Maß an Rationalität unterstellt. Tatsächlich wissen wir aber, daß reale Entscheidungen davon abhängen, ob wir am Vorabend ein Glas Wein zuviel getrunken haben, ob wir Schnupfen haben oder ob wir frisch verliebt sind – von Sachverhalten also, die einem üblichen Verständnis von Rationalität keine Rolle spielen sollten. Zudem gibt es Entscheidungszusammenhänge, die undurchschaubar komplex sind, formale Probleme, zu deren Lösung die Methoden fehlen. Kurz gesagt: Entscheidungsträger sind praktisch nur begrenzt rational. Das wesentliche

Argument dafür, in betriebswirtschaftlichen Modellen häufig dennoch von der uneingeschränkten Rationalität auszugehen, ist der Mangel an einer klar definierten Alternative. Es ist ungewiß, wo praktisch die Grenze der Rationalität liegt. Durch Vorgabe unterschiedlicher Grenzen lassen sich weitgehend beliebige Ergebnisse „beweisen". Der Aussagegehalt von Modellen mit begrenzter Rationalität ist deshalb extrem schwer einzuschätzen.

Einige Beispiele mögen verdeutlichen, daß abstrahierende Vereinfachungen durchaus sinnvoll sein können.

a) Das Grundmodell der Entscheidungstheorie stellt eine sehr plausible Strukturierung eines Entscheidungsprozesses sicher. Dennoch ist bereits darin eine Abstraktion von wichtigen Tatsachen realer Entscheidungen zu sehen.

Dies kann man zunächst anhand sogenannter „Ex-post-Überraschungen" (Schneider 1995, S. 9) verdeutlichen. Damit ist gemeint, daß selbst im Fall mehrwertiger Erwartungen der Fall eintreten kann, daß ein Zustand eintritt, mit dem man vorher überhaupt nicht gerechnet hat (oder in der Risikosituation: dessen Eintrittswahrscheinlichkeit man mit null geschätzt hat). Zwar kann man beim Roulette-Spiel davon ausgehen, daß die Kugel nicht auf die Zahl „37" fällt; insofern sind Ex-post-Überraschungen ausgeschlossen. Wirtschaftliche Entscheidungen sind allerdings niemals so gut strukturiert wie Roulette und werden auch nicht unter einer derart umfassenden Kenntnis der Unsicherheit getroffen.

Betriebswirtschaftliche Entscheidungsmodelle entsprechen jedoch typischerweise dem Grundmodell der Entscheidungstheorie und vernachlässigen die Möglichkeit von Ex-post-Überraschungen. Dies ist insofern sinnvoll, als für Situationen, die man auch bei einer sorgfältigen Planung nicht hat erahnen können, auch keine gezielten Aktivitäten vorgesehen werden können. Die einzige – aber nicht unwichtige – Folgerung, die aus dieser Vereinfachung gezogen werden kann, ist, daß überhaupt Anpassungspotentiale, Reserven usw. eingeplant werden sollten; schon über deren Höhe ist aber keine fundierte Aussage möglich.

b) Wie oben erläutert, kann ein Entscheidungsträger angesichts nicht beeinflußbarer Zufälligkeiten nicht ernsthaft von einwertigen, sicheren Erwartungen ausgehen. Dennoch wird in vielen betriebswirtschaftlichen Modellen (scheinbar) vom Phänomen unsicherer Erwartungen abstrahiert und statt dessen eine eindeutige Beziehung zwischen der gewählten Handlungsmöglichkeit und dem Ergebnis unterstellt.

Eine in der Investitionsrechnung empfohlene Entscheidungsregel besagt etwa, daß ein bestimmter Geldbetrag in einem Betrieb investiert werden sollte, wenn er dort eine größere Rendite erzielt als bei der bestmöglichen Anlage außerhalb des Betriebes (zum Beispiel in Wertpapiere). Angesichts unsicherer Erwartungen kann sich diese plausible Entscheidungsregel als völlig unoperational erweisen. Denn bei der einen Zukunftsentwicklung mag die betriebliche Investition, in einem anderen Umweltzustand das Wertpapier die höhere Rendite aufweisen. Gleichwohl ist die einfache und von realen Sachverhalten abstrahierende Entscheidungsregel sinnvoll, wenn mit „Rendite" ein sinnvoll ausgewählter Repräsentant der möglichen künftigen Renditen gemeint ist. (Dies bezeichnet man auch als „quasi-sichere" Erwartungen.) Entsprechend sind Aussagen über die Gewinnmaximierung oder ähnliche Zielsetzungen zu interpretieren.

c) Dieses Beispiel weiterführend kann auf „Entscheidungen bei Risiko" als Abstraktion verwiesen werden. Allgemein sind unsichere Erwartungen durch einen Mangel an Informationen über die Zukunft gekennzeichnet. Die Vorstellung, daß alle nur möglichen Umweltzustände – oder hier konkret: Renditen – gedanklich erfaßt und sogar mit einer Wahrscheinlichkeitsverteilung versehen werden können, stellt sicher eine Idealisierung praktischer Möglichkeiten der Informationsverarbeitung dar. Angesichts eines Mangels an Informationen ist es aber um so wichtiger, die vorhandenen Informationen so gut wie möglich in einen Kalkül einfließen zu lassen (vgl. Mossin 1973, S. 25).

Eine einfache Möglichkeit ist, individuelle Vorstellungen über eine normale, eine besonders niedrige und eine besonders hohe Rendite zu quantifizieren, wobei vielleicht die normale Rendite etwas wahrscheinlicher ist als jeweils die hohe oder die niedrige. Dies entspricht einer grob vorgenommenen und praktisch noch verfeinerbaren Abschätzung einer Wahrscheinlichkeitsverteilung, die ihrerseits wieder – zum Beispiel durch den Erwartungswert oder durch eine gewichtete Summe von Erwartungswert und Varianz – zu einwertigen Erwartungen verdichtet werden kann (siehe Beispiel b). Die grundsätzlich nicht unberechtigte Kritik an einem solchen oder ähnlichen Vorgehen ist wiederum durch den Mangel an Alternativen zu relativieren: Die resignative Feststellung, daß es eine theoretisch saubere und zugleich praktikable Lösung nicht gibt, ist jedenfalls keine Alternative.

d) Der Erfolg eigener Entscheidungen hängt auch davon ab, welche Entscheidungen andere Menschen treffen. Als Beispiel hierzu wird erneut die Frage nach dem optimalen Absatzpreis herangezogen. Allgemein ist davon auszugehen, daß (neben der Qualität u.a.) sowohl der Preis der eigenen Güter als auch die von den Konkurrenten verlangten Preise die eigene Absatzmenge und damit die eigenen Gewinne beeinflussen. Zugleich ist zu überlegen, daß Konkurrenten ihrerseits vor einem entsprechenden Problem stehen. Es sind also Erwartungen zu bilden über die (rationalen, nicht zufälligen) Preissetzungen der Konkurrenten und über die Erwartungen der Konkurrenten über die eigene Preissetzung. Theoretisch ist dieses verwickelt erscheinende Problem gar nicht so schwer zu lösen; die einschlägige spieltheoretische Konzeption ist das Nash-Gleichgewicht (siehe dazu Holler/ Illing 1996, S. 10 f.).

Häufig wird aber von der Rückwirkung des eigenen Preises auf die Preise der Konkurrenten abstrahiert. Diese Vereinfachung erscheint akzeptabel, wenn infolge der Vielzahl der Konkurrenten jeder einzelne Wettbewerber einen relativ geringen Einfluß auf den gesamten Markt hat und deshalb nicht davon ausgegangen werden muß, daß die Konkurrenz insgesamt mit starken Preisveränderungen auf eigene Preisveränderungen reagiert. Die Zahlungsbereitschaft der Kunden – ausgedrückt in einem für das betreffende Unternehmen gültigen Zusammenhang zwischen Absatzpreisen und -mengen (Preis-Absatz-Funktion) – muß hingegen unbedingt beachtet werden.

e) Schließlich wird in bezug auf die Alternativenmenge die Rationalität des Kalküls durch das Grundmodell der Entscheidungstheorie überschätzt: Es ist praktisch unmöglich, alle Handlungsmöglichkeiten explizit einzubeziehen. Vielmehr werden nur einige typische oder von vornherein besonders wichtig erscheinende Alternativen zur Disposition gestellt. Jedoch beziehen auch theoretische Modelle regelmäßig nur einen Teil der möglichen Handlungen ein; dies gilt dann, wenn in Partialmodellen (also Modellen, in denen darauf verzichtet wird, alle relevanten Entscheidungen abzubilden) nur ein Teil der Aktivitätsparameter als variabel unterstellt wird. Dies ist konkret zum Beispiel der Fall, wenn in Modellen der Absatzpolitik über den Werbemitteleinsatz entschieden wird, ohne daß zugleich eine Veränderung der Produktgestaltung, des Preises und der Absatzwege erwogen wird.

Zusammenfassend ist zu erkennen, daß das abstrahierende Absehen von grundsätzlich bedeutsamen Einzelheiten zum einen Ausdruck der begrenzten menschlichen Fähigkeiten zur Informationsverarbeitung ist, zum anderen auch der theoretischen Lösbarkeit von Modellen Rechnung getragen wird. Insofern reflektieren theoretische Modelle nur praktische Erfordernisse.

3.3 Normative und deskriptive Entscheidungstheorie

Ganz allgemein unterscheidet man normative (oder auch präskriptive) und positive (oder auch deskriptive) Entscheidungstheorien (vgl. Laux 1998, S. 13 ff.). Wenn die Betriebswirtschaftslehre als angewandte Entscheidungstheorie umschrieben wird, kann man offenbar auch von einem normativen und einem positiven Aspekt der Betriebswirtschaftslehre sprechen.

Die positive Betriebswirtschaftslehre hat beschreibende und erklärende Ziele. Die Beschreibung realer Sachverhalte (hier: mit Bezug zur Einkommenserzielung von Menschen) ist für eine anwendungsorientierte Wissenschaft eine notwendige Basis. Der wissenschaftliche Beitrag liegt im wesentlichen in der Bildung angemessener Begriffe zur Differenzierung und Klassifizierung, so daß eine vernünftige Einordnung von Sachverhalten ermöglicht wird. Dies gilt zum Beispiel für verschiedene Rechtsformen von Unternehmen, Arten der Unternehmensfinanzierung oder Elemente des absatzpolitischen Instrumentariums.

Die Beschränkung auf die Beschreibung wäre jedoch eine zu starke Einengung. Interessanter und für Anwendungszwecke unverzichtbar ist das Erklärungsziel. Dabei geht es um die Formulierung von Gesetzmäßigkeiten, die beobachtbare Sachverhalte erklären und vorauszusagen helfen. Bei theoretisch sauberen erklärenden Theorien wird die Gesetzmäßigkeit aus grundlegenden ökonomischen Annahmen abgeleitet. Häufig lassen sich solche Gesetzmäßigkeiten in „Wenn-dann-Sätze" kleiden. Aus der Bedingung („wenn") kann man mit Hilfe der Gesetzmäßigkeit auf die Folge („dann") schließen. Wenn-dann-Sätze sind zunächst Aussagen über logische Implikationen. Als Bestandteil einer deskriptiven Theorie sind Implikationen, die sich auf die logische Ebene beschränken, aber eher uninteressant. Wichtig ist deshalb die empirische Überprüfbarkeit von Bedingung und Folge und damit die Möglichkeit der Widerlegung der Gesetzmäßigkeit. Im Sinne einer empirisch gehaltvollen positiven Theorie ist die Aussage „Auf einem vollkommenen Kapitalmarkt ist es für den Wert einer Unternehmung irrelevant, wie hoch ihr Verschuldungsgrad ist." (vgl. Modigliani/Miller 1958) wenig ergiebig:

Mangels Vollkommenheit realer Kapitalmärkte kann die Aussage, die logisch konsistent sein mag, nicht widerlegt werden. Die Aussage „Bei Unternehmungen, deren Vorstandsmitglieder ein gewinnabhängiges Gehalt beziehen, ist die Eigenkapitalrendite größer als in Unternehmungen, deren Vorstände erfolgsunabhängig oder umsatzabhängig entlohnt werden." (vgl. Jensen/Murphy 1990) ist hingegen überprüfbar. Das Gleiche gilt für Aussagen, die überhaupt nicht an bestimmte Bedingungen geknüpft sind.

Einen vielleicht noch stärkeren Anwendungsbezug als deskriptive Theorien hat die normative Betriebswirtschaftslehre. Als praktisch-normativ bezeichnet man Aussagen, wie eine *gegebene* Zielsetzung am besten erreicht werden kann. Daraus ergeben sich die in der Betriebswirtschaftslehre allgegenwärtigen Zweck-Mittel-Aussagen. Der eingangs vorgenommenen Abgrenzung der Betriebswirtschaftslehre folgend, besteht der Zweck in der Erzielung eines Einkommens. Eine konkrete praktisch-normative Aussage zur Einkommenserzielung besteht zum Beispiel darin, unter sonst gleichen Bedingungen („ceteris paribus") die Einsatzmenge des Faktors Arbeit solange auszuweiten, wie die dadurch zusätzlichen entstehenden Bruttolöhne geringer sind als die zusätzlich entstehenden Erlöse (mit Absatzpreisen bewertete Zusatz-Produktmenge). Praktisch-normative Aussagen müssen nicht unmittelbar empirisch überprüfbar sein. Stehen die Sollens-Aussagen aber deutlich im Widerspruch zu praktischen Beobachtungen, ist es sinnvoll, die unterstellten Ziele und die für die Gewinnung normativer Aussagen herangezogenen Theorien kritisch zu überprüfen. (Allerdings ist es nicht zwingend, daß die „Fehler" immer auf seiten der Theorie liegen.)

Schließlich enthält die Betriebswirtschaftslehre auch ethisch-normative (oder: bekennend-normative) Aussagen. Diese beantworten zusätzlich die Frage nach der richtigen Zielsetzung. Die Maßstäbe für die Beurteilung von Zielsetzungen sind dabei nicht immer nur ökonomischer Natur, sondern auch von außerökonomischen Basiswerturteilen abhängig. Dadurch ergeben sich einerseits differenziertere Ansatzpunkte, andererseits ist eine *ökonomische* Überprüfung nicht mehr möglich, so daß die Betriebswirtschaftslehre für Ideologien instrumentalisiert werden kann, die den herangezogenen Basiswerturteilen zugrunde liegen. Dies gilt zum Beispiel für die Idee der „Betriebsgemeinschaft", die dem nationalsozialistischen Gedankengut verwandt ist; siehe dazu Schauenberg 1984. In Abschnitt 6 wird aber gezeigt, daß sich schon aus ökonomischen Grundlagen weitgehende Folgerungen über Zielsetzungen für wirtschaftliche Entscheidungen ziehen lassen.

3.4 Einzelentscheidungen oder Gruppenentscheidungen

Die oben vorgenommene Definition der Betriebswirtschaftslehre verweist darauf, daß *individuelle* Entscheidungen untersucht werden. Dies steht scheinbar im Widerspruch zu den Beobachtungen, daß auf Märkten (neben den Privathaushalten) Unternehmen agieren, daß viele Entscheidungen durch Gremien und Ausschüsse getroffen werden oder daß die Ergebnisse der Verhandlungen zweier Parteien stets der gemeinsamen Zustimmung bedürfen.

All dies widerspricht keineswegs der Individualität von Entscheidungen. Zunächst ist das Mißverständnis zu vermeiden, daß individuelle Entscheidungen implizieren, ein einzelner Mensch könne autonom und ohne Einbeziehung anderer Menschen entscheiden. Der Satz, daß die Freiheit eines Menschen dort aufhört, wo die des anderen anfängt, gilt selbstverständlich auch in der Betriebswirtschaftslehre. Konkreter: Sofern Interesse an einer Kooperation besteht, muß diese so ausgestaltet sein, daß jeder einzelne Beteiligte freiwillig daran teilnehmen will.

Als „methodologischen Individualismus" (siehe dazu Richter/Furubotn 1996, S. 3) bezeichnet man die Vorstellung, daß Menschen unterschiedlich sind und eigene Ziele verfolgen. Von einer Volkswirtschaft, einer Tarifpartei, einem Unternehmen oder einer seiner Abteilungen darf nicht unterstellt werden, daß sie wie eine einzelne Person entscheiden oder gar, daß sie eigene Ziele verfolgen. Besonders fragwürdig ist es, einem Unternehmen ein quasi-biologisches Interesse „am Überleben" zu unterstellen. Ein Unternehmen ist für alle Beteiligten lediglich Mittel zum Zweck. Menschen schließen sich zu einem Unternehmen oder allgemeiner zu einer Gruppe zusammen, wenn sie durch ihre Partizipation das individuelle Interesse besser verfolgen können, das dabei aber stets die treibende Kraft bleibt. Auch wenn ein einzelner Mensch grundsätzlich sein eigenes Interesse über das (fiktive) Gruppeninteresse stellt, kann er sich für die Stabilität und das Funktionieren der Gruppe einsetzen, weil dies auf Dauer für ihn besser ist. Die Folgerung aber, eine einmal eingegangene „Koalition Unternehmen" sei unbedingt erhaltenswert (vgl. die Diskussion bei Spremann 1996, S. 482 f.), vernachlässigt die Dynamik sich verändernder Umweltbedingungen. Ähnlich wie im politischen Bereich ist die Koalition Unternehmen ein Zweckbündnis für eine häufig unbestimmte, in der Regel aber begrenzte Zeit.

Es widerspricht nicht der Annahme des methodologischen Individualismus, wenn in Partialmodellen Gruppen von Individuen zu einem einzigen handelnden Agenten zusammengefaßt werden. Im Hinblick (zum Beispiel) auf die Festlegung des Absatzpreises für ein Gut erscheint es akzeptabel, „das Unternehmen" „den Privathaushalten" gegenüberzustellen. Angesichts teilweise unterschiedlicher Interessen von Eigentümern und Kreditgebern eines Unternehmens läßt sich hingegen (zum Beispiel) kaum undifferenziert beantworten, wie aus der Sicht der Kapitalgeber das externe Rechnungswesen ausgestaltet sein sollte.

4 Koordination von Entscheidungen

4.1 Ausprägungen nutzensteigernder Kooperation

Etwas überraschend mag erscheinen, daß bislang fast ausschließlich auf Entscheidungen einzelner Menschen Bezug genommen wurde, Betriebe oder Unternehmen dagegen im einzelnen noch nicht thematisiert wurden. Verfehlt wäre der bei einem oberflächlichen Blick vielleicht aufkommende Eindruck, einzelne Menschen könnten ihre einkommensbezogenen Entscheidungen alleine nach ihren eigenen Vorstellungen treffen. Dies ist falsch, weil sie dabei Restriktionen ausgesetzt sind: durch ein begrenztes Vermögen, das zur Einkommenserzielung eingesetzt werden kann, aber auch durch die Entscheidungen anderer Menschen, die ihrerseits Einkommensziele verfolgen und dabei das Entscheidungsfeld (die Menge möglicher Aktivitäten oder den Zusammenhang zwischen Aktivitäten und Ergebnissen) des erstgenannten Entscheidungsträgers beeinflussen.

Nur in der Extremsituation des Robinson Crusoe (also des definitiv alleine wirtschaftenden und lebenden Menschen) werden Entscheidungen ohne Bezug auf andere Menschen getroffen; dies gilt ganz allgemein und damit auch für einkommensbezogene Entscheidungen. Auch Robinson Crusoe kann Gegenstand betriebswirtschaftlicher Untersuchungen sein (vgl. Neus 1998, Kap. 2); allerdings wird der überwiegende Teil der Betriebswirtschaftslehre dadurch nicht erfaßt. Typisch ist vielmehr, daß Menschen zur Steigerung ihres eigenen Nutzens mit anderen Menschen zusammenwirken, kooperieren. Das heißt nicht, daß Menschen sich unmittelbar für ein gemeinsames Ziel einsetzen (siehe Abschnitt 3.4), und nicht einmal, daß Kooperationspartner ihre Aktionen unmittelbar miteinander absprechen. Kooperation bedeutet vielmehr lediglich, daß alle Parteien ihre Entscheidungen aufeinander beziehen. Dies hilft, Irrtümer zu vermeiden und liegt in jedermanns Interesse. Eine Kooperation kommt dann zustande, wenn alle Parteien davon profitieren, getreu der alten Kaufmannsweisheit: An einem guten Geschäft verdienen beide Partner. Im wesentlichen gibt es drei Ansatzpunkte für die Vorteilhaftigkeit der Kooperation wirtschaftlich handelnder Menschen:

Gütertausch

Schon die Ausstattung zweier oder mehrerer Menschen mit Gütern kann Anlaß für die einfachste Form der Kooperation sein, nämlich für den Tausch. Hat ein Mensch zwei Kaffeemaschinen, aber keinen Kaffee, ein anderer Mensch zwei Pfund Kaffee, aber keine Utensilien zur Zubereitung desselben, können offensichtlich durch einen Gütertausch beide ihren Nutzen steigern. Typischerweise wird allerdings nicht ein Tausch Güter gegen Güter vorgenommen; die Einschaltung von Geld als allseits akzeptiertes Tauschmittel schafft vielfältige Tauschmöglichkeiten. Getauscht werden nicht nur Güter, sondern auch Rechte an Gütern; hat von den beiden genannten Menschen der erste nicht zwei, sondern nur eine Kaffeemaschine, kann er auch den vorübergehenden Gebrauch derselben gegen eine Menge Kaffee tauschen.

Bei einem Tausch werden häufig die Entscheidungen der Tauschpartner unmittelbar aufeinander abgestimmt. Wenn auf einem Flohmarkt eine Verkäuferin ein bestimmtes Tim-und-Struppi-Heft feilbietet, das einem Sammler noch fehlt, können sie sich unmittelbar durch Verhandlungen auf einen Preis einigen, der für beide eine Nutzensteigerung bewirkt. Sofern es zu einem Kauf kommt, ist der subjektive Wert des Heftes für den Käufer nicht kleiner, für die Verkäuferin nicht größer als der gezahlte bzw. erhaltene Preis. Angesichts der Freiwilligkeit des Tauschs gilt: Wer tauscht, gewinnt (weil nur dann getauscht wird, wenn es etwas zu gewinnen gibt).

Die Entscheidungen müssen jedoch nicht unmittelbar aufeinander abgestimmt werden, wie sich am Beispiel der Wertpapierbörse verdeutlichen läßt: Will ein Anleger aus seinem Depot eine bestimmte Anzahl von Hoechst-Aktien verkaufen, kann er einen Verkaufsauftrag an seine Bank (als Börsenteilnehmer) geben. Will er die Aktien auf jeden Fall loswerden, gibt er einen unlimitierten Verkaufsauftrag. Möglich ist aber auch, daß er einen bestimmten Mindestverkaufspreis (zum Beispiel DM 70,50 je 5-Mark-Aktie) erzielen will; dann wäre ein limitierter Verkaufsauftrag sinnvoll. Im ersten Fall weiß der Verkäufer nicht, zu welchem Preis er seine Aktie schließlich verkauft haben wird; im zweiten Fall kennt er zwar den Mindestpreis, allerdings ist die Ausführung des Auftrags unsicher. Wegen der Anonymität des Börsenhandels kann er seinen Verkaufsauftrag nicht unmittelbar mit den potentiellen Käufern abstimmen. Dennoch sind die Entscheidungen des genannten Verkäufers, der anderen Verkäufer und aller Käufer aufeinander bezogen: Erwartungen über die Zahlungsbereitschaft der Käufer und über die Preisforderungen der anderen Verkäufer bestimmen die Art des Verkaufsauftrags und gegebenenfalls die Höhe des Limits. Und auch hier gilt: Kommt es zu einem Umsatz, profitieren die (nunmehr anonymen) Käufer und Verkäufer.

Arbeitsteilung

Von Arbeitsteilung kann man immer dann sprechen, wenn Güter oder Dienste nicht für den Eigenbedarf, sondern für den Fremdbedarf erstellt werden. Arbeitsteilung ist verglichen mit dem Gütertausch die intensivere Form der Kooperation, weil zusätzlich zum Tausch auch die Produktion zu koordinieren ist.

Wie beim einfachen Tausch werden auch bei der Arbeitsteilung Entscheidungen häufig unmittelbar aufeinander abgestimmt. Bei der Auftragsfertigung von Möbeln bei einem Schreiner ist das leicht einsichtig. Auch bei der industriellen Serienfertigung kann es eine direkte Abstimmung zwischen Produzent und Käufer geben, wie man sich am Beispiel eines Automobilherstellers verdeutlichen kann, der ein bestimmtes Modell nach den Wünschen eines Käufers mit Motor, Farbe, Zubehör usw. ausstattet. Ganz anders gelagert, aber auch direkt abgestimmt sind die Weisungen zur Aufgabenverteilung, die ein Meister in einem Handwerks- oder Industriebetrieb seinen Mitarbeitern gibt. Die Unterschiede zwischen diesen Formen der Koordination werden in den folgenden Abschnitten schärfer herausgearbeitet.

Jedoch ist es auch bei der Arbeitsteilung nicht zwingend, daß Entscheidungen durch unmittelbare Kontakte koordiniert werden. Ein Pharmazieunternehmen produziert ihre Arzneien nicht auf Veranlassung bestimmter Patienten oder Ärzte, sondern in Form eines generellen Marktangebots, wenn dies eine gewinnträchtige Handlungsmöglichkeit zu sein verspricht. Maßgeblich für eine solche Produktionsentscheidung sind der Bedarf an Arzneien, die jeweils gültigen Regelungen der Krankenversicherungen (von einem Absatz*markt* im eigentlichen Sinne kann im Gesundheitssektor ja keine Rede sein), die Kosten für die Herstellung usw.

Es gibt verschiedene Ansatzpunkte für die Begründung, warum Arbeitsteilung eine für alle Seiten lohnende Form der Kooperation darstellen kann:

Die Aufteilung der Produktion ist vorteilhaft, wenn die für die Herstellung bestimmter Güter oder Leistungen aufzuwendenden Kosten sich zwischen den Produzenten unterscheiden. Dies gilt geradezu selbstverständlich, wenn Produzent A das Gut X und Produzent B das Gut Y zu geringeren Kosten herstellen kann (wenn also die absoluten Kostenvorteile nicht bei demselben Produzenten liegen). Die Arbeitsteilung kann aber auch dann sinnvoll sein, wenn zwar ein Produzent stets absolute Kostenvorteile hat, die Produktionsmöglichkeiten aber nicht transferiert werden können: Ist zum Beispiel aufgrund bestimmter Fähigkeiten eines Arbeitnehmers dessen Arbeitskraft grundsätzlich produktiver als die eines anderen Arbeitnehmers, kann die mögliche Arbeitszeit des ersten nicht dadurch verdoppelt werden, daß er für den zweiten „mitarbeitet". Die Weitergabe der spezifischen Fähigkeiten scheidet häufig ebenfalls aus. Dann ist eine Arbeitsteilung dergestalt vernünftig, daß der erste solche Aufgaben übernimmt, bei denen sich der Produktivitätsvorteil stärker auswirkt (wo also der relative Kostenvorteil ausgeprägter ist). Die mit gegebenen Ressourcen fertigbare Gütermenge wird dadurch erhöht.

Bisher war von exogenen Kostenvorteilen die Rede, die aus nicht näher ausgeführten Gründen existieren. Kostenvorteile können sich aber auch erst endogen, infolge der Kooperation ergeben: Der Sinn der Kooperation liegt dann nicht nur in der Ausnutzung, sondern auch in der Schaffung von Kostenvorteilen. Spezialisierungsvorteile resultieren aus Lern- und Erfahrungseffekten. Diese treten auf, wenn bei wiederholten Produktionsschritten die für die Fertigung einer Gütereinheit erforderlichen Kosten sinken, zum Beispiel infolge einer höheren Produktionsgeschwindigkeit, durch eine geringere Fehlerquote oder durch Verfahrensverbesserungen. Die durch Lerneffekte bewirkten Kostensenkungen sind um so größer, je häufiger die zu erledigenden Produktionsvorgänge wiederholt werden. Demnach ist es unter Produktivitätsgesichtspunkten besser, nicht viele Stellen (das können einzelne Menschen sein, aber auch Gruppen von Menschen oder ganze Betriebe) jeweils alle Aktivitäten ausführen zu lassen, sondern durch ausschließliche Zuordnung einzelner Aktivitäten zu jeweils einer Stelle starke Spezialisierungsvorteile zu ermöglichen. Diese Erkenntnis geht schon auf Smith (1776) zurück, der sie am Beispiel der Stecknadelherstellung verdeutlichte.

Risikoumverteilung

Angesichts der Risikoaversion umfassen – wie oben dargestellt – einkommensbezogene Entscheidungen auch Maßnahmen zur Verringerung von Einkommensunsicherheiten. Eine solche Maßnahme ist die eine Kooperation begründende Umverteilung des Risikos. Als ein Beispiel unter vielen sei hier die Konstruktion einer Versicherung beschrieben:

Bei der generell unterstellten Risikoaversion ist „Risiko" (das man für die bessere Intuition – ungeachtet aller möglicher Einwände – durch die Varianz des Einkommens operationalisieren kann) für einen Entscheidungsträger ein „Ungut", für dessen Beseitigung er einen Preis (eine Risikoprämie) zu zahlen bereit ist. Da die Bereitschaft und Fähigkeit, Risiko zu tragen, sich von Mensch zu Mensch unterscheidet, gibt es Fälle, in denen ein Mensch eine geringere Prämie für die Risikoübernahme verlangt, als ein anderer Mensch für Risikoentlastung zu zahlen bereit ist. Insoweit ist die Risikoumverteilung nur einer Variante des allgemeinen Gütertauschs.

Jedoch hat Risiko als Tauschobjekt Eigenschaften, die es von anderen Gütern unterscheiden. Die Anschauung zeigt, daß Versicherungen stets durch die Übernahme zahlreicher verschiedener Einzelrisiken gekennzeichnet sind. Dabei kommt es zur Diversifikation, also zu einer Situation, in der das Durchschnittsrisiko kleiner ist als das kleinste aller Einzelrisiken. Ursache dafür ist, daß bei einer Bündelung *unterschiedlicher* Risiken regelmäßig der Mindererfolg der einen Position durch den Mehrerfolg anderer Positionen ausgeglichen wird. Konkreter kann zum Beispiel davon ausgegangen werden, daß nicht alle Versicherungsnehmer einer Lebensversicherung viel später sterben, als es ihrer Lebenserwartung entspricht. (Den mathematische Hintergrund liefert der „zentrale Grenzwertsatz", vgl. Bamberg/Baur 1996, S. 130 f., auch wenn dessen formale Voraussetzungen praktisch nur selten erfüllt sind. Zudem ist darauf hinzuweisen, daß auch die Nutzenfunktion des Versicherers bestimmte Eigenschaften aufweisen muß, die jedoch gewöhnlich erfüllt sind, vgl. dazu Diamond 1984, S. 406 f.)

Das zweite Konstruktionsprinzip einer Versicherung neben der Diversifikation ist die Risikoteilung. Die Diversifikation kann im denkbaren Grenzfall auch durch einen einzelnen Menschen vorgenommen werden, der allen anderen Menschen gegen eine entsprechende Risikoprämie deren Risiken abkauft. Angesichts der allseitigen Risikoaversion ist die Bereitschaft, Risiko zu tragen, eine knappe Ressource, die wirtschaftlich eingesetzt werden sollte. Trägt ein einzelner Mensch alle Risiken, die übrigen Menschen hingegen gar keines, wird offenbar deren Risikobereitschaft – und sei sie auch jeweils gering – nicht sinnvoll eingesetzt. Genau dies ist aber bei einer Risikoteilung der Fall. Bei einem Versicherungsverein auf Gegenseitigkeit werden zunächst alle Risiken zu einem Gesamtrisiko vereinigt, so daß der Diversifikationseffekt genutzt werden kann. Zugleich wird das gepoolte Risiko auf die Gesamtheit der Versicherten verteilt, so daß jeder einzelne seine individuelle Risikobereitschaft einbringen kann, aber nicht den Zufälligkeiten eines Einzelrisikos ausgesetzt ist. Bei einer börsennotierten Versicherungs-Aktiengesellschaft ist der Effekt sogar noch deutlicher: Die individuelle Risikobeteiligung kann dabei auf die unterschiedliche Risikobereitschaft angestimmt sein: Wer risikobereiter ist, kann einen größeren Teil des Risikos tragen und umgekehrt. Zu beachten ist, daß Risikobereitschaft üblicherweise mit dem Vermögen ansteigt; dies zeigen auch empirische Untersuchungen (vgl. dazu Friend 1977).

Der Verweis auf die Aktiengesellschaft zeigt schließlich auch, daß die Risikoteilung nicht auf die Versicherung im engeren Sinn beschränkt ist. Allerdings ist für die Risikoübernahme nicht nur die Bereitschaft, sondern auch die Fähigkeit zur Risikoübernahme erforderlich: Es muß ein Vermögen verfügbar sein, das bei unvorteilhaften Realisationen des Zufalls aufgezehrt werden kann. Steigt die Risikobereitschaft annahmegemäß mit dem Vermögen, gehen die Bereitschaft und die Fähigkeit zur Risikoübernahme Hand in Hand.

4.2 Formen der Abstimmung von Entscheidungen

Der ohnehin naheliegende Gedanke, daß Menschen (auch) ihre Einkommensziele besser verfolgen können, wenn sie in einem weit verstandenen Sinn gemeinsam handeln, ist nunmehr hinreichend belegt. Allerdings wurde bislang bestenfalls angedeutet, wie die Handlungen vieler Menschen aufeinander abgestimmt werden können. Dafür gibt es zwei idealtypische Möglichkeiten: eine zentrale und eine dezentrale Planung.

Die Erkenntnis, daß ein allwissender, wohlmeinender Zentralplaner wirtschaftliche Aktivitäten nach einem wie auch immer bestimmten Maßstab optimal lenken kann, ist leicht nachvollziehbar. Allerdings sind beide Merkmale, das Allwissen und das Wohlwollen, praktisch nicht erfüllbar: Allwissen kann man weder einem einzelnen Menschen noch einer Gruppe von Menschen zuschreiben; überdies würde die zentrale Planung aller Aktivitäten die Informationsverarbeitungskapazität des Planers überfordern. Schließlich zeigen praktische Erfahrungen mit einer zentralen Planung, daß ein Zentralplaner eher nicht wohlwollend den Individuen gegenübersteht, sondern zumeist in totalitärer Form einer Ideologie anhängt; ob dabei „die Volksgemeinschaft" oder „die Klasse der Werktätigen" die vorgeschobene Interessengruppe ist, macht keinen Unterschied. Insgesamt verdient eine dezentrale Form der Koordination von Entscheidungen ein besonderes Augenmerk.

Dezentral ist die Koordination über Märkte; dabei übernehmen Preise die Lenkungsaufgabe. Die oben angesprochenen Beispiele der Wertpapierbörse und des Pharmazieunternehmens zeigen, daß die Aktivitäten der handelnden Individuen durch Preise koordiniert werden: Ist die Zahlungsbereitschaft für eine Aktie größer als der gegenwärtige Börsenkurs, lohnt sich ein Kauf: Der Preis löst die individuelle Nachfrage aus. Sind Verkaufspreise für Arzneien hoch genug, um alle Kosten für die Herstellung und den Absatz zu decken, lohnt sich das Angebot der entsprechenden Produkte; maßgeblich dafür sind nicht nur die Arzneipreise, sondern auch die Preise der Vorprodukte und Vorleistungen, die in den Kosten ihren Niederschlag finden. *Dezentral* ist diese Lenkung durch Preise natürlich nur dann, wenn die Preise ihrerseits nicht Ergebnis einer zentralen Planung sind.

Die Vorstellung über den „Walrasianischen Auktionator" (nach Walras 1874) hilft zu verstehen, daß Preise in der Tat Ergebnis vieler dezentral getroffener Entscheidungen sein können. Der Auktionator sucht nach einer Menge von Preisen für Güter und Leistungen, welche die Eigenschaft aufweisen, daß
– kein Käufer mehr zahlt, als er maximal zu zahlen bereit ist,
– kein Verkäufer weniger erhält, als er minimal verlangt, und
– Angebots- und Nachfragemengen übereinstimmen.
Preise mit diesen Eigenschaften bezeichnet man als Gleichgewichtspreise. Der Auktionator beginnt seine Suche nach Gleichgewichtspreisen mit zunächst zufällig ausgerufenen Preisen und nimmt die insgesamt gewünschten Angebots- und Nachfragemengen auf. Ist die Nachfrage nach einem Gut größer als das entsprechende Angebot, ist gewöhnlich der Gleichgewichtspreis höher und umgekehrt. Durch wiederholt versuchsweise variierte Preise tastet sich der Auktionator an die Gleichgewichtspreise heran („Tatônnement-Prozeß"), bis schließlich eine Menge von Preisen gefunden ist, welche die genannten Eigenschaften aufweisen. Daß dieses Vorgehen dezentral ist, erkennt man am geringen jeweiligen Informationsbedarf: Der Auktionator nimmt jeweils nur die Mengen auf, kennt aber nicht den individuellen Kalkül der Marktteilnehmer; ein Nachfrager kennt lediglich seine eigene Zahlungsbereitschaft, ein Anbieter nur seine eigene Mindestforderung.

Gewiß stellt der Walrasianische Auktionator eine Idealisierung dar; gleichwohl läßt sich erkennen, daß der Lenkungsmechanismus auch auf realen Märkten weit von einer zentralen Planung entfernt ist.

Die vorgebrachte Argumentation bedarf einer Relativierung. Insbesondere die Ausführungen über den sehr geringen Informationsbedarf der Marktteilnehmer sind nur in ganz speziellen, selten erfüllten Situationen angemessen. Die Kenntnis des eigenen Grenzpreises (maximale Zahlungsbereitschaft bzw. minimale Zahlungsforderung) ist nur dann hinreichend, wenn ein Nachfrager bzw. Anbieter davon ausgehen kann, daß seine eigenen Dispositionen keinen Einfluß haben auf den Gleichgewichtspreis. Dies kann aber nur dann der Fall sein, wenn sein eigener Beitrag zur Gesamtnachfrage bzw. zum Gesamtangebot vernachlässigbar ist, oder anders: wenn die Anzahl von Nachfragern bzw. Anbietern extrem groß ist. Eine solche Situation bezeichnet man als vollständige Konkurrenz (vgl. Schumann 1992, S. 23 ff.). Jedoch stellt die Idee der vollständigen Konkurrenz wiederum nur eine Idealisierung dar. Tatsächlich ist die Anzahl der (relevanten) Marktteilnehmer begrenzt, wie bereits das in Abschnitt 3.1 vorgebrachte Beispiel des Frisörs zeigt.

Es ist also davon auszugehen, daß die Konkurrenz nicht vollständig ist, sondern auf Anbieter- oder Nachfragerseite Spielräume zur Beeinflussung des Preises bestehen. Dies ändert allerdings nichts daran, daß die Entscheidungen dezentral koordiniert werden. Hervorzuheben ist lediglich, daß individuelle Verhandlungen eine Rolle spielen können und daß auch mögliche Reaktionen anderer Marktteilnehmer in eigene Kalküle einbezogen werden sollten.

Eine zentrale Koordination setzt demgegenüber voraus, daß es eine Entscheidungsinstanz gibt, die befugt ist, anderen Menschen Bedingungen für ihr Handeln zu setzen. Dies gilt offenbar für staatliche Instanzen, wobei das Ausmaß ihrer Einflußnahme von der Gesellschaftsordnung abhängt. In einer demokratischen Marktwirtschaft gibt nicht der Staat zu erfüllende Planaufgaben vor, sondern er beschränkt sich (im wesentlichen) auf die Korrektur gewisser Defizite eines marktwirtschaftlichen Systems.

Daneben ist es möglich, daß Menschen sich freiwillig den Weisungen anderer Menschen unterwerfen. Dies wird aber nur dann der Fall sein, wenn sich erstere davon Vorteile versprechen. Die Abtretung eines Teils der Entscheidungsautonomie muß deshalb durch Gegenleistungen der leitenden Instanz abgegolten werden. Durch diesen Sachverhalt sind Arbeitsverhältnisse im besonderen und Unternehmen im allgemeinen gekennzeichnet. Innerhalb eines Unternehmens wird grundsätzlich zentral geplant, dennoch wird es im einzelnen häufig sinnvoll sein, einen Teil der Entscheidungskompetenzen an nachgelagerte Instanzen zu delegieren. Das Ausmaß der Delegation ist eine der Grundfragen der Unternehmensorganisation.

4.3 Markt versus Hierarchie, oder: Warum Unternehmen?

Dezentrale und zentrale, marktliche und hierarchische Koordination wurden bislang einfach nebeneinandergestellt. Real beobachtbar sind beide Formen der Koordination. Zu klären bleibt, welche Möglichkeit der Koordination je nach Merkmalen einer Entscheidungssituation von Vorteil ist. Dies wird im folgenden anhand der Frage „Warum gibt es Unternehmen?" diskutiert, stellvertretend für eine Reihe verwandter Fragen, zum Beispiel: Wo liegen die Grenzen des Unternehmens? Welche Aussagen lassen sich über Unternehmensverbindungen (etwa Konzerne, Joint-Ventures oder Konsortien) treffen? Welche Bedeutung haben langfristige Verträge zwischen Menschen oder zwischen Unternehmen? Wie lassen sich komplizierte vertragliche Strukturen wie etwa das Franchising erklären?

Ein Unternehmen läßt sich grob umschreiben als eine auf Dauer angelegte vertragliche Bindung vieler Menschen zur koordinierten Einkommenserzielung, wobei die Entscheidungen wenigstens teilweise nach dem Weisungsprinzip gesteuert werden. Ohne weiteres ist ersichtlich, daß ein Unternehmen Ergebnis von Entscheidungen ist. Die Institution Markt ist eine regelgeleitete Gelegenheit zur punktuellen, gegebenenfalls wiederholten Kooperation. Auch der Markt wird durch Entscheidungen wenigstens beeinflußt, wie sich zum Beispiel anhand gesetzlicher Regelungen über Wertpapierbörsen, aber auch anhand ungeschriebener Handelsusancen belegen läßt. Ein grundsätzlicher Unterschied zwischen Markt und Unternehmen ist, daß auf dem Markt jede Transaktion erneut Gegenstand einer Entscheidung ist. Daraus ergibt sich, daß schon die angesprochenen langfristigen Verträge über eine rein marktliche Koordination hinausgehen. Dagegen sind in einem Unternehmen Weisungen auch dann zu befolgen, wenn sie den eigenen Interessen zuwiderlaufen. (Zur Relativierung dieser Aussage siehe Abschnitt 5.)

Die Auswahl der Koordinationsform folgt demselben Kriterium wie die zu koordinierenden Entscheidungen selbst, also dem Einkommen der beteiligten Parteien. Der Bezug zum Einkommen wird durch die aufzuwendenden Koordinationskosten hergestellt, die man allgemein als Transaktionskosten bezeichnet. Ansatzpunkt ist dabei die kleinste ökonomische Untersuchungseinheit: Eine Transaktion liegt dann vor, wenn Güter, Dienste oder Rechte über eine technologisch separierbare Schnittstelle transferiert werden (vgl. Williamson 1985, S. 1). Transaktionskosten umfassen eine Reihe von Kosten, deren Höhe durch die Wahl von Markt oder Unternehmen (oder weiterer Formen der Koordination) beeinflußt werden kann.

Informationskosten sind die Kosten für die Beschaffung und die Verarbeitung von Informationen für die Entscheidungsfindung (Ex-ante-Kosten). Demnach erweisen sich (ceteris paribus) solche Koordinationsformen als vorteilhaft, bei denen der Informationsbedarf besonders gering ist. Bei der Abwicklung einer Transaktion über den Markt erfordern zunächst die Vertragspartnersuche, dann die Beurteilung der Qualität der getauschten Güter oder Dienstleistungen Kosten. Da gewöhnlich unterschiedliche Varianten ähnlicher Tauschobjekte verfügbar sind, kann nicht von einem einheitlichen Marktpreis ausgegangen werden; auch Kosten zur Sammlung von Preisinformationen sind also unvermeidlich. Da in Unternehmen der Idee nach zentral koordiniert wird, sind mehr Informationen erforderlich, die erhoben und ausgewertet werden müssen. Bei dem Vergleich der Informationskosten darf nicht vernachlässigt werden, daß die idealen Bedingungen der vollständigen Konkurrenz in der Regel nicht gegeben sind und daß in dem auf Dauer angelegten Unternehmen Lerneffekte eintreten können, die auf anonymen Märkten mit sporadischen Kontakten ausbleiben.

Verhandlungskosten fallen an, um die Konditionen von Transaktionen im einzelnen zu bestimmen. Wieder gilt, daß ein Markt mit vollständiger Konkurrenz

Verhandlungen entbehrlich macht, weil der einzelne Marktteilnehmer keinen Einfluß auf Preise nehmen kann, die ihrerseits alle sonstigen Bedingungen richtig reflektieren. Auf weniger vollkommenen Märkten sind Verhandlungskosten hingegen nicht vernachlässigbar. In Unternehmen besteht nicht die Notwendigkeit der Einigung mehrerer Parteien, weil die leitende Instanz Weisungen vorgeben kann, welche die Austauschbedingungen festlegen.

Durchsetzungskosten sind Ex-post-Kosten. Sie ergeben sich aus der Notwendigkeit, die Einhaltung der gegenseitigen Leistungsversprechen zu überprüfen. Die marktliche Koordination wird dabei durch gesetzliche Vorschriften (wie zum Beispiel § 462 BGB zu Wandelung oder Minderung bei Qualitätsmängeln) unterstützt. Auch im Unternehmen kann nicht ohne weiteres davon ausgegangen werden, daß Weisungen befolgt werden; Sanktionen und Belohnungen sind förderlich, aber wiederum kostenträchtig. Angesichts teilweise delegierter Entscheidungen sind Kontrollmaßnahmen erforderlich, die sicherstellen sollen, daß Entscheidungsspielräume nachgelagerter Instanzen im Sinne der Zentrale ausgeschöpft werden.

Schließlich sind *Opportunitätskosten* zu gewärtigen. Da die Koordination von Entscheidungen Kosten verursacht, sind die Vorteile einer besseren Koordination gegen dafür erforderlichen Kostensteigerungen abzuwägen. Demnach wird es nicht zu den Entscheidungen kommen, die in der Situation ohne Koordinationskosten optimal wären – Entscheidungen also, wie sie im theoretischen Ideal des vollkommenen Wettbewerbsmarktes bei uneingeschränkter Rationalität getroffen würden. Die Opportunitätskosten bestehen im darauf zurückzuführenden Vermögensverlust. Bei der Marktkoordination bezeichnet man die Entscheidungsfehler als Marktversagen; dieser Begriff vermittelt aber ein völlig schiefes Bild, wenn nicht zugleich auf das Organisationsversagen in Unternehmen hingewiesen wird (vgl. dazu in bezug auf umweltbezogene Entscheidungen Schauenberg 1997). Zu beachten ist, daß es sich bei diesen Opportunitätskosten um praktisch nicht meßbare Mindervorteile handelt, die nur zur gedanklichen Unterstützung in Kalküle einbezogen werden.

Das Hauptproblem bei den skizzierten Transaktionskostenüberlegungen ist deren Quantifizierbarkeit. Wegen der Meßprobleme besteht die Gefahr, daß man bei empirischen Untersuchungen die Argumentation auf den Kopf stellt und ausgehend von einer Effizienzvermutung auf die Transaktionskosten zurückschließt. Von einer solchen Theorie wären weder gehaltvolle positive Aussagen noch Entscheidungshilfen zu erwarten. Dieses Problem läßt sich dadurch verringern, daß quantifizierbare Eigenschaften von Transaktionen herausgearbeitet werden, die besser mit einer marktlichen oder einer hierarchischen Koordination vereinbar sind. Drei Eigenschaften werden regelmäßig betont (vgl. Williamson 1979, S. 246 f.):

Die *Häufigkeit* einer Transaktion ist insofern mitbestimmend für die Koordinationsform, als sich nur bei häufigen (wiederholten) Transaktionen ein ausgefeiltes Koordinationsdesign auszahlen kann, wozu auch das Unternehmen zu zählen ist. Für die Koordination einzelner, sporadischer Transaktionen wird sich die Gründung eines Unternehmens nicht lohnen.

Die *Unsicherheit* spielt eine Rolle, weil bei fehlender Zuverlässigkeit der Informationen über die Umweltbedingungen, unter denen eine Transaktion abgewickelt wird, die Bedeutung der Anpassungsfähigkeit zunimmt. Die Koordination durch Weisungen ist hier überlegen, weil nicht jeweils von neuem ein Einverständnis aller Beteiligten hergestellt werden muß, sondern die leitende Instanz von dem einseitigen Weisungsrecht Gebrauch machen kann. Demnach ist in Entscheidungsfeldern mit höherer Unsicherheit das Unternehmen tendenziell überlegen, oder anders: Die Existenz von Unternehmen kann als eine Antwort auf ausgeprägte Unsicherheiten angesehen werden.

Besonders betont wird zudem die *Spezifität* der transferierten Güter und Leistungen sowie der dabei verwendeten Koordinationsmechanismen. Spezifische Vermögensgegenstände sind dadurch gekennzeichnet, daß sie nur in der geplanten Verwendungsrichtung ihren vollen Wert entfalten können. Dies ist zum Beispiel der Fall
– bei spezifischen Qualifikationen von Arbeitnehmern, die auf einen bestimmten Arbeitsplatz zugeschnitten sind (persönliche Spezifität),
– bei der Vorhaltung großer Produktionskapazitäten, die nur bei Zugang zu leistungsfähigen Absatzkanälen ihren Kostenvorteil entfalten können (sachliche Spezifität), oder
– bei der Errichtung eines Atomkraftwerks neben dem Endlager von Atommüll, weil dies die enormen Kosten des Transports erspart (räumliche Spezifität).

Investitionen in spezifische Ressourcen haben die Eigenschaft, daß sie nur dann in künftige Erträge umgesetzt werden können, wenn die geplante Verwendung umsetzt werden kann. Wer spezifisch investiert, bedarf deshalb besonderer Vorkehrungen zur Sicherung der Spezialisierungsvorteile. Durch spezifische Investitionen bindet man sich an einen bestimmten Vertragspartner, mit dem allein die Vorteile voll ausgeschöpft werden können. Spezifische Investitionen können auch durch Liquidation nicht wieder rückgängig gemacht werden, deshalb spricht man von „Sunk Costs", von irreversiblen Kosten. Infolge der Unumkehrbarkeit der Investitionen wird auf diese verzichtet, wenn keine Gewißheit besteht, daß sie sich auszahlen. Unternehmen können als Mittel angesehen werden, im Wege einer einheitlichen Leitung die besonderen Vorteile zu gewährleisten. Innerhalb eines Unternehmens spielt es für deren Erfolg keine Rolle, wenn (zum Beispiel) der Lieferant eines Gutes einseitig an den Empfänger gebunden ist; auf dem Markt hingegen könnte der Empfänger dem Lieferanten Bedingungen aufzwingen, die für den Letztgenannten einen Verlust bedeuten. Dies antizipierend würde er auf die grundsätzlich lohnende Spezialisierung verzichten.

Insgesamt ist zu erkennen, daß Unternehmen verglichen mit Märkten ihre Vorteile ausspielen können, wenn häufige Transaktionen in einem unsicheren Umfeld abgewickelt werden und der Einsatz spezifischer Ressourcen lohnend ist. Dann zahlt es sich aus, hohe Einmalkosten der Institutionenbildung hinzunehmen, die zugleich mit geringen Kosten einzelner Transaktionen verbunden sind. Die hohen Kosten der Errichtung eines Unternehmens werden kompensiert durch die verringerten Kosten der Anpassung an veränderte Umweltbedingungen und die Vermeidung der Gefahr, daß spezifische Vorleistungen durch Kooperationspartner ausgebeutet werden.

Sehr deutlich wird auch: Bei Abwesenheit jedweder Transaktionskosten gäbe es kein Kriterium für die Auswahl zwischen Markt und Hierarchie; es bedürfte dann keiner Unternehmen für eine sinnvolle Ausgestaltung wirtschaftlicher Aktivitäten. Die Untersuchung von unternehmensbezogenem Handeln – und das gilt für weite Teile der Betriebswirtschaftslehre – sollte also in einem Rahmen erfolgen, der mit der Existenz von Unternehmen verträglich ist, konkret also unter Einbeziehung von Transaktionskosten. Die dennoch bei einigen Partialmodellen beobachtbare Abstraktion von Transaktionskosten (zum Beispiel bei der Kapitalwertmethode der Investitionsrechnung) stellt eine der Abstraktionen dar, deren Zulässigkeit oben diskutiert wurde (vgl. Abschnitt 3.2.).

5 Das Leitbild der Institutionenökonomik

Der Gegenstand der Betriebswirtschaftslehre wurde mit einkommensbezogenen Entscheidungen von Individuen umschrieben. Auch wenn damit bereits einige Einschränkungen gegenüber anderen Abgrenzungsversuchen verbunden sind, bleiben noch verschiedene Zugänge offen. Im folgenden wird verdeutlicht, daß sich die theoretische Konzeption der Institutionenökonomik anbietet, den bisher gesteckten Rahmen weiter auszufüllen. Dazu werden zunächst die beiden zentralen Grundannahmen der Institutionenökonomik (eigennütziges Verhalten und unvollkommene Märkte) vorgestellt und diskutiert; anschließend wird gezeigt, daß sich das in der Institutionenökonomik typische Vorgehen gut eignet, den Gegenstand der Betriebswirtschaftslehre auszuloten.

5.1 Eigennütziges Verhalten und Opportunismus

Eigennütziges Verhalten schlechthin hat zwei Implikationen: Zum einen sind Entscheidungsträger nicht direkt altruistisch. Der Käufer eines Gutes wird zum Beispiel nicht ohne Not mehr als mindestens erforderlich an den Verkäufer zahlen, auch wenn dieser durch einen niedrigeren Preis „geschädigt" wird. Bei einer reinen Umverteilung präferiert also jeder Mensch Umverteilungen zu den eigenen Gunsten. Zum anderen werden nicht unmittelbar Gruppenziele verfolgt, sondern Individualziele (methodologischer Individualismus). Das heißt, selbst wenn bei einer Umverteilung andere Individuen mehr gewinnen, als man selbst verliert, wenn also der Gesamtnutzen steigt, wird man eine solche Umverteilung nicht befürworten. (Von möglichen Einwänden gegen die einfache Addition von Nutzenwerten sei hier abstrahiert; vgl. dazu Schäfer/Ott 1995, Kap. 2.) Die Folge ist, daß nur solche Geschäfte zustande kommen, die allen Partnern einen Nutzenzuwachs ermöglichen, weil nur solche Geschäfte von allen Partnern befürwortet werden.

Diese Implikationen eigennützigen Verhaltens sind allerdings „allgemeingültig" und nicht kennzeichnend für die Institutionenökonomik. Vielmehr geht die Eigennutzprämisse der Institutionenökonomik noch weiter. Der Deutlichkeit halber spricht man vom *Opportunismus* als einer Ausprägung eigennützigen Verhaltens, die auch Betrug, Täuschung und List als Mittel zur Steigerung des eigenen Nutzens nicht ausschließt.

An der Opportunismusannahme setzt regelmäßig die Kritik an der Institutionenökonomik an, deshalb ist sie eingehend zu diskutieren. Sie wird von Kritikern vor allem damit angegriffen, daß sie von einem falschen Menschenbild ausgehe: Tatsächlich seien Menschen doch gar nicht so extrem ichbezogen und sie hätten vor allem auch moralische Bedenken, sich über individuelle Absprachen und über staatliche und ungeschriebene Gesetze hinwegzusetzen. Diese Vorwürfe sind vor allem deshalb recht populär, weil sie sich mit der allgemeinen Anschauung zu decken scheinen. Jedoch können die Kritikpunkte zumindest deutlich relativiert werden, teilweise schon dadurch, daß einfache Mißverständnisse ausgeräumt werden:

a) Zunächst ist darauf hinzuweisen, daß opportunistische Menschen keineswegs ein aktives Interesse an der Schädigung Dritter, am Betrug oder dergleichen haben. Vielmehr ist das Interesse ausschließlich auf den eigenen Nutzen gerichtet, was allerdings den Betrug als Mittel zum Zweck nicht ausschließt.

b) Ein Mißverständnis ist, daß die Institutionenökonomik eine Anleitung zum Betrug (als Stellvertreter für alle weiteren fragwürdigen Mittel) liefert. Im Gegenteil geht es um die Sicherung möglicher, aber gefährdeter Kooperationsvorteile. Da auch praktisch nicht ausgeschlossen werden kann, daß ein Vertragspartner einen Betrug vornimmt, müssen Vorkehrungen zu dessen Verhinderung oder Erschwerung ergriffen werden. Solche Sicherungsmaßnahmen, die zum Beispiel in durchsetzbaren Vertragsklauseln (privat geschaffene Institution) oder in Gesetzen (öffentlich bereitgestellte Institution) bestehen können, sind Gegenstand der Institutionenökonomik: Untersuchungsziel sind Vertrauen schaffende Institutionen in einer grundsätzlich auf Eigennutz basierenden Gesellschaft.

Tatsächlich haben Menschen ein aktives Interesse an einem kooperativen, gemeinnützigen Verhalten, weil auf diese Weise auch das Potential zur Verfolgung des Eigeninteresses maximiert wird. Wesentlich ist aber die Auflösung des Gegensatzes zwischen Individual- und Gemeinschaftsinteresse. Dazu dienen die zu untersuchenden Institutionen, die menschliches Verhalten wirksam binden.

c) Völlig abwegig wäre es, die Beschäftigung mit einem unerwünschten Verhalten zu einem Vorwurf zu stilisieren. Namentlich für eine positive Theorie ist es unerläßlich, das tatsächliche Verhalten zu untersuchen. Und daß Betrug (usw.) einen Ausschnitt des tatsächlichen Verhaltens ausmacht, läßt sich kaum bestreiten. Auch die (im wesentlichen außerökonomische) Institution des Strafrechts läßt sich anders nicht erklären. Deshalb wäre es geradezu blauäugig, opportunistisches Verhalten auszuschließen.

d) Das Gegenmodell zur Institutionenökonomik scheint zu sein, moralisches Verhalten oder eine spezielle Unternehmensethik zu propagieren; dies gilt insbesondere für den Bereich ethisch-normativer Aussagen. Der Gegensatz ist aber wenigstens teilweise nur scheinbar. Moral ist selbst eine ökonomische Institution, weil ein gesichertes moralisches (nicht-opportunistisches) Verhalten zusätzliche kostenträchtige Maßnahmen entbehrlich macht. Moralisches Verhalten bedarf aber seinerseits der Absicherung durch Institutionen, die zum Beispiel in der

Wertschätzung einer hohen sozialen Reputation als Ergebnis der Erziehung, aber auch der Religion liegen können. Das alles stellt keinesfalls einen Widerspruch zur Institutionenökonomik dar. Falsch wäre jedoch der Schluß, daß Appelle an gemeinnütziges Verhalten eine bessere ökonomische Theorie ausmachen als die Suche nach konsequenten Lösungen zur Verringerung negativer Konsequenzen möglichen opportunistischen Verhaltens.

5.2 Unvollkommene Märkte

Ein Markt ist unvollkommen, wenn er nicht alle Vollkommenheitsmerkmale aufweist. Häufig genannte Merkmale eines vollkommenen Marktes sind (vgl. etwa Wöhe 1996, S. 632)
- die Nutzenmaximierung aller Marktteilnehmer,
- die Markttransparenz,
- die Irrelevanz der Identität des Handelspartners und
- eine extrem hohe Anpassungsgeschwindigkeit (vernachlässigbare Anpassungsdauer).

In bezug auf die Auswahl von Markt oder Unternehmen als Koordinationsform wurden oben die Transaktionskosten als Entscheidungskriterium herangezogen. Deshalb ist es zweckmäßig, die Abwesenheit von Transaktionskosten als das zentrale Vollkommenheitsmerkmal herauszustellen. Zwischen den genannten Punkten und der Transaktionskostenfreiheit bestehen enge Verbindungen:
- Ein streng rationales Verhalten im Sinne der Nutzenmaximierung setzt voraus, daß Optimierungskalküle nicht infolge von Informations- und Entscheidungskosten durch Heuristiken ersetzt werden, also durch einfache Lösungsvorschriften, mit denen zuverlässig eine recht gute, höchstens zufällig aber die optimale Lösung gefunden wird. Genau solche Heuristiken sind aber eine praktische Antwort auf Kosten der Entscheidungsfindung.
- Eine umfassende Markttransparenz ist nur dann gegeben, wenn die dafür erforderlichen Informationen den Marktteilnehmern kostenlos zugehen. Hohe Informationskosten können mit unüberwindlichen Informationsasymmetrien einhergehen.
- Persönliche Präferenzen in einem ökonomisch relevanten Sinn ergeben sich vor allem infolge Informations- und Durchsetzungskosten: Sofern (zum Beispiel) Informationen über Handelspartner gegen Kosten erworben werden müssen, handelt man lieber mit einem bewährten Partner, dessen Zuverlässigkeit bekannt ist. Zudem erleichtert die persönliche Bekanntschaft die Durchsetzung vertraglicher Ansprüche, senkt also Durchsetzungskosten.
- Marktliche Prozesse, die eine fühlbare Zeit beanspruchen, sind mit Wartekosten im weitesten Sinn verbunden, zum Beispiel mit Zinsverlusten, aber auch mit Risiken, die sich in ungeplanten Veränderungen von Austauschbedingungen niederschlagen können.

Kennzeichnend für die Institutionenökonomik ist das Vorliegen unvollkommener Märkte mit Transaktionskosten. Da – wie in Abschnitt 4.3 gesehen – Transaktionskosten zugleich eine notwendige Voraussetzung für die Sinnhaftigkeit von Unternehmen sind, knüpft der institutionenökonomische Zugang nahtlos an bei dem (weiten) Teil der Betriebswirtschaftslehre, der unternehmensbezogenem Handeln gewidmet ist.

Die Annahme unvollkommener Märkte ist als völlig unkritisch einzustufen. Hier hat die Institutionenökonomik offensichtliche Vorzüge gegenüber der neoklassischen Theorie vollkommener Märkte, wie sie sich zum Beispiel in der Vorstellung des Walras-Auktionators niederschlägt. Die Institutionenökonomik verbindet die (volkswirtschaftliche) mikroökonomische Theorie mit der Betriebswirtschaftslehre zu einer einheitlichen Einzelwirtschaftstheorie.

5.3 Probleme und Problemlösungen als Untersuchungsprogramm

Aus Abschnitt 4.1 geht hervor, daß sich die einkommensbezogenen Ziele von Menschen durch Kooperation mit anderen Menschen besser erreichen lassen als bei isoliertem Wirtschaften, kurz: Häufig gibt es Kooperationsvorteile. Die Kombination der beiden für die Institutionenökonomik kennzeichnenden Annahmen führt aber dazu, daß die Kooperationsvorteile gefährdet sind.

Der Opportunismus alleine wäre noch unschädlich. Denn immer, wenn der zu verteilende Gesamtgewinn einer Kooperation dadurch geschmälert zu werden droht, daß einer der Partner in eigennütziger Weise die anderen schädigt, lassen sich im Fall ohne Transaktionskosten Informationen sammeln und Durchsetzungsmechanismen konstruieren, die ein Abweichen vom maximalen Gesamtgewinn verhindern. Führt das insgesamt optimale Aktionsprogramm zunächst zu einer einseitigen Belastung bzw. Bevorzugung der Partner, kann dies durch verbindliche Kompensationszahlungen ausgeglichen werden. Bei Abwesenheit aller Transaktionskosten spielt der Opportunismus also überhaupt keine Rolle.

Kommen zum Opportunismus allerdings Transaktionskosten hinzu, ergeben sich zusätzliche Entscheidungsprobleme und verbleibende Wohlfahrtsverluste. Dies gilt grundsätzlich unabhängig von der Kooperationsform. Zum Beispiel kann sich bei Abschluß eines Versicherungsvertrages ohne weiteres weder der Versicherungsgeber sicher sein, daß der Versicherungsnehmer wahrheitsgemäß über seine Schadensrisiken informiert, noch der Versicherungsnehmer, daß die Versicherung tatsächlich Schadensfälle so „unbürokratisch" abwickelt, wie es der Vertreter verspricht. In einer Hierarchie kann die leitende Instanz keineswegs davon ausgehen, daß die erteilten Weisungen stets wie erwünscht umgesetzt werden; umgekehrt muß ein Arbeitnehmer, der sich durch Abschluß eines Arbeitsvertrages freiwillig den Weisungen unterwirft, davon ausgehen, daß die leitende Instanz bei Ausfüllung ihrer Freiheitsgrade auf die Belange des Arbeitnehmers nur begrenzt Rücksicht nimmt.

Erst unter Einbeziehung des Opportunismus wird richtig deutlich, daß Transaktionskosten ein zentrales Kriterium für die Gestaltung ökonomischer Aktivitäten darstellen. Nicht mehr die formale Effizienz im Sinne von Input-Output-Relationen ist der wesentliche Ansatzpunkt für die Betriebswirtschaftslehre, sondern es rücken menschliche Entscheidungen mehr in den Mittelpunkt (ähnlich Schanz 1997, S. 165). Opportunismusbedingte Probleme können nur gelöst werden, wenn die individuellen Interessen der Vertragspartner systematisch in die eigenen Überlegungen einbezogen werden. Auch dies gilt in Märkten und Hierarchien.

Aus diesen Überlegungen ergibt sich das typische Untersuchungsprogramm der Institutionenökonomik. Zunächst ist zu überprüfen, auf welche Weise der Opportunismus von Kooperationspartnern die eigenen Interessen beeinträchtigen könnte, wenn man keinerlei Vorkehrungen dagegen ergreift. In Gedankenexperimenten werden dabei auch selbstverständliche Institutionen wie Gesetze und Gerichte zunächst wegdefiniert. Dann ist im Wege einer Kosten-Nutzen-Analyse zu klären, welche (kostenträchtigen) Maßnahmen dazu beitragen können, die Schädigungspotentiale zu begrenzen. Diese Maßnahmen (Institutionen) machen den Kern der Institutionenökonomik aus, nicht die zuvor genannten „Fehlanreize". Die oben angesprochenen Mißverständnisse in bezug auf die Institutionenökonomik rühren auch daher, daß zu Unrecht der Schwerpunkt der Untersuchung in den Fehlanreizen gesehen wird.

Im weiteren wird ein kurzer Überblick über informationsbedingte Probleme und problemverringernde Institutionen gegeben. Dabei werden gewöhnlich zwei Fälle unterschieden:

Vorvertragliche Probleme

Der erste Typ von Problemen ergibt sich durch Informationsdefizite vor Eingehen einer Kooperation (vor Vertragsabschluß). Diesen Fall bezeichnet man auch als Qualitätsunsicherheit (oder als Adverse Selection), weil hinsichtlich kooperationsrelevanter Merkmale ein Teil der Partner schlechter informiert ist als die übrigen. Solche Merkmale können sich direkt auf einen Vertragspartner beziehen (zum Beispiel dessen Fairneß bei der Vertragsauslegung oder Vertragserfüllung) oder aber auf ein Tauschobjekt (zum Beispiel die Haltbarkeit einer Waschmaschine).

Problematisch ist an diesen Konstellationen zunächst die zusätzliche Unsicherheit, vor allem aber die Tatsache, daß das Zustandekommen lohnender Kooperationen erschwert wird. Wer ein qualitativ hochstehendes Gut verkaufen will, kann nicht ohne weiteres den adäquaten Preis erzielen, weil die schlecht informierten Käufer damit rechnen müssen, daß es sich um ein minderwertiges Produkt, eine Zitrone (Akerlof 1970), handeln könnte. Die Zusicherung des Verkäufers, es handele sich um ein gutes Produkt, erweist sich angesichts der asymmetrischen Informationsverteilung als billiges Geschwätz, weil der Verkäufer schlechter Ware dasselbe behaupten wird. Infolge der verringerten Zahlungsbereitschaft der Käufer ist unter Umständen für den Verkäufer guter Qualität der Verkauf nicht mehr lohnend. Hinsichtlich der behaupteten Fairneß eines Vertragspartners gilt etwas ähnliches.

Probleme diesen Typs können vor allem durch das Aussenden glaubwürdiger Signale verringert werden, auch wenn diese mit Kosten verbunden sind. Beispiele für solche Signale sind
– die Zusicherung bestimmter Eigenschaften, sofern die Eigenschaft wenigstens im nachhinein eindeutig festgestellt werden kann – denn eine Falschzusicherung würde die Pflicht zur Nachbesserung oder zum Schadensersatz auslösen,
– die Selbstbeteiligung bei einer Versicherung – denn die Bereitschaft zur Selbstbeteiligung sinkt bei steigendem Schadensrisiko, oder

– die Probezeit bei einem Beschäftigungsverhältnis – denn nur ein gut qualifizierter Arbeitnehmer muß sich keine Sorgen um eine Weiterbeschäftigung machen. Gemeinsam ist allen Formen glaubwürdiger Signale, daß ein falsches Signal zu Folgekosten führt, welche die Vorteile, die (vorübergehend) vereinnahmt werden können, überkompensieren.

Nachvertragliche Probleme

Der zweite Typ von Problemen bezieht sich auf das nachvertragliche Verhalten von Kooperationspartnern, wobei nicht notwendigerweise eine asymmetrische Informationsverteilung vorliegen muß.

a) Ist dies jedoch der Fall, spricht man von einer Verhaltensunsicherheit (oder vom Moral Hazard), weil einer der Partner nach Abschluß der Vertrages (oder nach Erteilung einer Weisung in einer Hierarchie) Handlungen auszuführen hat, die für die anderen Partner nicht beobachtbar sind. Als Beispiele könnte man die Verwendung des Kreditbetrages nach einer Kreditaufnahme, die Vorsicht bei der Behandlung eines geleasten Autos oder die Wirtschaftlichkeit des Ressourceneinsatzes in einer Unternehmensabteilung anführen.

Es ist sinnlos, die Geldverwendung, die Pfleglichkeit des Gebrauchs oder den Ressourceneinsatz vertraglich festlegen zu wollen, weil die Vertragseinhaltung infolge der asymmetrischen Informationsverteilung ohne weiteres nicht überprüft werden kann. Daraus ergibt sich das Problem, wie sichergestellt werden kann, daß nach Abschluß eines Vertrages die insgesamt besten Aktivitäten ergriffen werden und nicht diejenigen, die allein aus Sicht des ausführenden Organs (man spricht vom „Agenten") vorteilhaft sind. Zwei wesentliche Möglichkeiten kommen dafür in Betracht:

Zunächst könnte man die Freiheitsgrade des Agenten einschränken, also die Bandbreite zulässiger Handlungsmöglichkeiten. Im Beispiel mit dem Kredit geschieht dies zum Beispiel durch die Stellung von Kreditsicherheiten, welche die Verfügung des Kreditnehmers über die Vermögensgegenstände einschränken. Im Leasingbeispiel wird ein werkstattgebundener Service vertraglich vorgeschrieben. Bei dem Abteilungsleiter des Unternehmens werden dessen Entscheidungskompetenzen eingeschränkt. Das Problem bei diesen Maßnahmen ist, daß auch die Möglichkeiten des Agenten begrenzt werden, für beide Seiten sinnvolle Aktivitäten zu ergreifen (oder wenig sinnvolle zu unterlassen). Dies widerspricht der ursprünglichen Intention der Delegation von Entscheidungen, unmittelbar in einer Hierarchie oder mittelbar durch Markttransaktionen.

Eine größere Bedeutung haben deshalb die Versuche, eine Interessenangleichung durch Setzung angemessener Anreize für den Agenten herbeizuführen. Allgemein werden Entscheidungen dann „richtig" getroffen, wenn der Entscheidungsträger die positiven und die negativen Folgen der Entscheidung selbst zu tragen hat. Dieses Prinzip gilt auch für die Vermittlung von Anreizen in Delegationsverhältnissen.

– Bei einer Kreditvergabe an ein Unternehmen mit begrenzter Haftung werden mögliche Fehlanreize korrigiert, wenn der Unternehmer eine Privatbürgschaft für sein Unternehmen stellt. Die über die Verzinsung des Kredits hinausgehen-

den Gewinne kann er sich ohnehin aneignen, bei einer Bürgschaft hat er aber auch die Verluste zu tragen.
- Wird ein Auto geleast, hat der Leasingnehmer vernünftige Anreize, für die Werterhaltung Sorge zu tragen, wenn er an dem höheren Wert beteiligt wird, zum Beispiel durch eine Beteiligung am Mehrerlös (oder Mindererlös), den der Leasinggeber über einen bestimmten Wert hinaus erzielt, oder durch die Einräumung einer Kaufoption, die es dem Leasingnehmer ermöglicht, sein gut oder schlecht erhaltenes Auto zu einem niedrigen Preis zu erwerben.
- Der Leiter einer Unternehmensabteilung wird dann effizient wirtschaften, wenn er persönlich vom Erfolg seiner Abteilung profitiert, sei es in Form einer erfolgsabhängigen Entlohnung, sei es durch geeignete Karrieremodelle, die es ihm erlauben, im Erfolgsfall noch interessantere Positionen einzunehmen.

b) Es gibt auch solche nachvertraglichen Probleme, die nicht auf eine asymmetrische Informationsverteilung zurückzuführen sind, sondern unmittelbar durch die Unvollständigkeit der Verträge bedingt werden. Vollständige Verträge regeln für alle nur denkbaren Eventualitäten, welcher Vertragspartner welche Rechte und Pflichten hat. Die Unvollständigkeit der Verträge ist Ausdruck der hohen Kosten vollständiger Verträge, deren Formulierung angesichts von Transaktionskosten faktisch ausgeschlossen ist. Fraglich ist insbesondere, wer das Recht oder die faktische Möglichkeit hat, Vertragslücken auszufüllen. Grundsätzlich muß jeder der Vertragspartner davon ausgehen, daß der Gegenüber Auslegungsspielräume stets zu seinen Gunsten ausnutzt.

Werden zum Beispiel übertarifliche Leistungen eines Arbeitgebers von der Ertragslage des Unternehmens abhängig gemacht, müssen die Arbeitnehmer damit rechnen, daß der Arbeitgeber Erfolge zu verschleiern versucht, um die Lohnkosten zu senken. Besonders kritisch wirken sich Vertragsunvollständigkeiten aus, wenn ein Vertragspartner spezifische Vorleistungen erbringen muß, wie Klein/ Crawford/Alchian 1978 am Beispiel eines Lieferanten von Automobilblechen verdeutlichen, der nach Einrichtung einer Presse an den Hersteller der entsprechenden Autos (als Abnehmer der Bleche) gebunden ist. Derartige Probleme werden vor allem durch auf Dauer angelegte Bindungen verringert.
- Im letztgenannten Fall hilft die Integration von Lieferant und Abnehmer unter eine einheitliche Leitung, weil ein möglicher „Überfall" (oder Hold Up) des Abnehmers mit dem Ziel, die enge Bindung des Lieferanten in Preissenkungen umzusetzen, den Erfolg der integrierten Unternehmen nicht beeinflußt.
- Langfristige Beziehungen zeichnen sich dadurch aus, daß sie den Aufbau einer Reputation für faires Verhalten ermöglichen. Der kurzfristige Gewinnverzicht durch ein gewisses Entgegenkommen bei der Auslegung von Vertragslücken kann zur Sicherung einer dauerhaft gewinnträchtigen Kooperation beitragen.
- Hilfreich kann es schließlich auch sein, dritte, neutrale Instanzen an der Konfliktlösung zu beteiligen; insbesondere könnte man an Gerichte denken. Kostenlos ist deren Inanspruchnahme allerdings ebenfalls nicht.

Vorvertragliche und nachvertragliche Probleme treten auch nebeneinander auf und beeinflussen einander. Als Beispiel könnte noch einmal die vorvertragliche Unsicherheit über die Haltbarkeit einer Waschmaschine angeführt werden, die durch Stellen einer Garantie des Herstellers verringert werden könnte. Die Garantie, einen Schaden durch Reparatur zu beheben, könnte aber zugleich die Vorsicht des Käufers bei dem Gebrauch der Waschmaschine verringern. Hier kommt also die Frage auf, welche Schäden der Hersteller zu vertreten hat. Gesetze und Rechtsprechung liefern einen Beitrag zur Problemlösung. Die Regelungen über die Produkthaftung, denenzufolge der Hersteller einerseits seine Haftung nicht ausschließen kann, andererseits aber von einem vernünftigen Gebrauch des Käufers ausgehen darf (siehe §§ 14 bzw. 3 Abs. 1 Lit. b ProdHaftG) weisen in eine sinnvolle Richtung.

5.4 Partizipation und Anreizverträglichkeit

Eine der wesentlichen Determinanten der Institutionenökonomik ist offensichtlich die asymmetrische Informationsverteilung zwischen den Partnern einer Kooperation. Dies gilt vor allem deshalb, weil die Informationsasymmetrie zu Möglichkeiten der eigennützigen Schädigung von Vertragspartnern führt, die ihrerseits Anlaß gibt zur Einführung kostenträchtiger Vorkehrungen zur Sicherung der gefährdeten Kooperationsvorteile.

Der Bedarf und das Interesse an solchen Institutionen liegt auf seiten des schlechter informierten Partners auf der Hand: Er möchte vermeiden, Opfer des Opportunismus seiner Geschäftspartner zu werden. Es liegt aber auch im Interesse des besser Informierten, die negativen Auswirkungen einer asymmetrischen Informationsverteilung zu verringern. Denn wirtschaftlich handelnde Menschen sind vielleicht schlecht informiert, aber nicht naiv. Das heißt, sie erkennen ihren Informationsnachteil und akzeptieren nur solche Vertragskonditionen, die dem möglichen Opportunismus Rechnung tragen.

Konkret: Könnte ein gehandeltes Gut eine gute und ein schlechte Qualität haben, ohne daß der Erwerber dies unterscheiden kann, ist er lediglich bereit, den Gegenwert für eine schlechte Qualität zu zahlen. Denn er muß damit rechnen, daß unabhängig von der wahren Qualität jeder Verkäufer behauptet, ein hochwertiges Gut bereitzustellen, und daß ein Verkäufer guter Qualität nicht bereit ist, zu Durchschnittskonditionen seine Waren zu veräußern.

Oder: Die angemessene Prämie für eine private Krankenversicherung könnte verringert werden, wenn der Versicherungsnehmer sein Kettenrauchen aufgibt. Zwar wäre es für den Raucher ein Opfer, nicht weiter rauchen zu dürfen, jedoch wird dieser Nachteil für ihn durch die niedrigere Versicherungsprämie überkompensiert. Allerdings muß die Versicherung erkennen, daß nach Abschluß eine Vertrages, der eine Nichtraucher-Klausel vorsieht, ohne weiteres nichts den Versicherungsnehmer hindert, doch weiterzurauchen und zugleich nur die niedrige Prämie zu bezahlen. Aus diesem Grund bietet sie nur Versicherungsverträge mit hohen Prämien an.

Die beiden Beispiele für eine vorvertragliche bzw. eine nachvertragliche Informationsasymmetrie zeigen, daß auch der scheinbar bevorteilte Partner mit einer überlegenen Information dazu beitragen möchte, seinen Informationsvorteil zu verringern. Ursache dafür ist die Kombination zweier Restriktionen, die bei jeder Kooperation erfüllt sein müssen:

Die *Anreizverträglichkeit* besagt, daß sich die Vertragspartner trotz möglicher Informationsnachteile nicht systematisch über das wahre Verhalten der besser Informierten irren. Vielmehr antizipieren sie deren Anreize und bilden rationale Erwartungen über das Kooperationsergebnis. Anders ausgedrückt: Akzeptiert werden nur solche Vereinbarungen, die einen Anreiz zur wahrheitsgemäßen Information oder zur Erfüllung vertraglicher Versprechungen implizieren.

Außerdem muß unter Beachtung der Anreizverträglichkeit für alle Partner die *Partizipationsbedingung* erfüllt sein, das heißt, auch bei Berücksichtigung der Auswirkungen des Opportunismus muß die Teilnahme an der Kooperation besser sein als der Verzicht darauf.

Dies führt dazu, daß alle Partner ein aktives Interesse daran haben, kostengünstige Instrumente zur Sicherung der gemeinsamen Kooperationsvorteile umzusetzen, wie sie in Abschnitt 5.3 an zahlreichen Beispielen verdeutlicht wurden. Insbesondere kann es aus Eigeninteresse sinnvoll sein, Möglichkeiten der konsequenten Umsetzung des Eigeninteresses zu begrenzen. Dies ist das zentrale Ergebnis der Institutionenökonomik.

6 Unternehmensziele und Shareholder Value

6.1 Die Fragestellung

Angesichts der Betonung des methodologischen Individualismus scheint die Frage nach Zielsetzungen für *Unternehmens*entscheidungen falsch gestellt. Aus zwei Gründen ist sie dennoch nicht irrelevant:
– Bei der Bildung von Partialmodellen wird das Unternehmen zur Vereinfachung als Einheit behandelt, die eigene Entscheidungen trifft und dabei eigene Ziele verfolgt.
– Auch unabhängig davon ist bei einer ethisch-normativen Betrachtung Stellung zu beziehen im Hinblick auf die zu verfolgenden Ziele.

Es wurde bereits eine Vorentscheidung getroffen durch die Sichtweise, daß ein Unternehmen Mittel zum Zweck der Einkommenserzielung darstellt. Die im deutschen Gesellschaftsrecht verankerte Vorstellung eines eigenen Unternehmensinteresses (siehe dazu Schmidt/Spindler 1997, S. 542-548) ist damit bereits zurückgewiesen. Ebenso wenig ist auf die „gesellschaftliche Verantwortung" *von Unternehmen* einzugehen, was ohnehin eine fragwürdige Vorstellung ist, da Verantwortung ein normatives Konstrukt ist, das nur auf Menschen angewendet werden kann: „A corporation can no more be responsible than can a lump of coal." (Meckling/Jensen 1983, S. 10).

Angesichts einer auf Handlungsautonomie Einzelner beruhenden Gesellschaftsordnung ist es selbstverständlich, daß die Interessen aller Beteiligten im Unternehmenshandeln reflektiert werden müssen. Unternehmensentscheidungen erfordern stets Einstimmigkeit in dem Sinne, daß jeder an einer Kooperation Interessierte den Kooperationsbedingungen zustimmen muß, also die Partizipationsbedingung für alle beteiligten Parteien erfüllt ist. Grundsätzlich gibt es verschiedene Ansatzpunkte für die Einbeziehung verschiedener Interessen:

a) Zielgröße könnte eine gewichtete Summe des individuellen Nutzens aller beteiligten Parteien sein. Dadurch käme es zu einer expliziten Berücksichtigung der Interessen aller Beteiligter bei Unternehmensentscheidungen; dies bezeichnet man als Interessenpluralismus (Steinmann 1969). Das zentrale Problem ist offensichtlich, eine geeignete Gewichtung für die Teilinteressen festzulegen, weil hinsichtlich der Gewichte unmittelbare Interessengegensätze bestehen. Die in einem ähnlichen Zusammenhang formulierte Hoffnung, betroffene Parteien könnten „eine unvoreingenommene, zwanglose und nicht-persuasive Verständigung" (Steinmann/Löhr 1988, S. 308) herbeiführen, ist unergiebiges Wunschdenken: „'Betroffenheit' und 'Unvoreingenommenheit' schließen einander aus." (Hax 1995, S. 180).

b) Die Alternative ist eine Maximierung unter Nebenbedingungen. Dabei werden die Interessen einer Gruppe zur Zielsetzung erhoben; die Interessen anderer Parteien werden dadurch gesichert, daß deren Partizipationsbedingung erfüllt sein muß: Infolge der Freiwilligkeit der Kooperation können Interessierte nicht mit weniger abgefunden werden, als sie bei ihrer besten Alternative erreichen könnten; in einem marktwirtschaftlichen System spricht man von der marktgerechten Entlohnung der eingesetzten Leistungen. Diskussionsbedürftig ist natürlich, wessen Interessen zum Unternehmensziel gemacht werden sollten, wer sich also das Residuum des Unternehmens nach Befriedigung der Ansprüche aller übrigen Gruppen aneignen darf.

Für die Beantwortung dieser Frage gibt es einen klaren ökonomischen Ansatzpunkt: Entscheidungsrechte und Entscheidungsfolgen sollten in einer Hand vereinigt werden; wer auch immer entscheidet, sollte sich positive wie negative Wirkungen der Entscheidungen zurechnen lassen müssen. Anderenfalls besteht die Gefahr, daß solche Aktivitäten in zu großem Umfang ergriffen werden, deren Vorteile der Entscheidungsträger sich aneignen kann, deren Nachteile aber (wenigstens teilweise) Dritten zugerechnet werden, oder solche Aktivitäten in zu geringem Umfang ergriffen werden, deren Nachteile der Entscheidungsträger zu tragen hat, deren Vorteile aber (wenigstens teilweise) Dritten zufallen. Infolge solcher externer Effekte drohen also aus Sicht der Gesamtwohlfahrt suboptimale Entscheidungen.

Die Vermeidung externer Effekte setzt voraus, daß der Entscheidungsträger auch in der Lage ist, Dritte von den Entscheidungsfolgen freizustellen. Er muß also ein Vermögen haben, das es ihm ermöglicht, auch negative Folgen von Entscheidungen (wie sie sich angesichts einer unsicheren Umwelt immer ergeben können) zu tragen. Ein solcher Verlustpuffer ist das Eigenkapital des Unternehmens. Dementsprechend ist es aus Effizienzgründen naheliegend, den Eigentümern des Unternehmens die Entscheidungsrechte zuzuweisen und die Maximierung des Shareholder Value als Unternehmensziel anzusehen. Wieweit dieser Gedanke trägt, ist im folgenden zu diskutieren.

6.2 Mißverständnisse über einen Interessenmonismus

Ein erster Einwand gegen die vorrangige Beachtung der Vermögensinteressen der Anteilseigner von Unternehmen ist, daß dabei alle anderen Interessengruppen völlig vernachlässigt werden („Interessenmonismus"). Damit verwandt ist der Vorhalt, daß die Partizipation aller Interessengruppen an der Formulierung von Unternehmenszielen und deren Umsetzung in der Unternehmensführung mit einem demokratischen Gesellschaftssystem besser vereinbar ist. Deshalb sollte das Alternativkonzept des „Stakeholder-Value"-Ansatzes verfolgt werden, der durch eine Kompromißbildung zwischen mehreren, möglicherweise konfligierenden Teilzielen gekennzeichnet ist (vgl. Bühner/Tuschke 1997, S. 501). Jedoch ist der Einwand aus mehreren Gründen falsch:

a) Vernachlässigt werden die Argumente zur Partizipation und zur Anreizverträglichkeit (siehe Abschnitt 5.4). Jede Mitwirkung an einem Unternehmen ist freiwillig. Die Verfolgung der Interessen aller Arbeitnehmer, Kreditgeber, Lieferanten und Kunden ist seitens der Eigentümer deshalb stets in dem Umfang zu gewährleisten, daß es für deren Partner individuell optimal ist, in dem betreffenden Unternehmen zu arbeiten, Kredite an dieses Unternehmen zu vergeben, dieses Unternehmen zu beliefern oder von diesem Unternehmen zu kaufen. Die für eine Demokratie in der Tat kennzeichnende Handlungsautonomie geht also nicht verloren, sondern zeigt sich darin, daß der Kontakt zu einem Unternehmen hergestellt und abgebrochen werden kann.

Mit Handlungsautonomie geht allerdings auch die Selbstverantwortlichkeit einher. Dies korrespondiert mit der Anreizverträglichkeit: Die Vertragspartner der Unternehmenseigentümer sollten erkennen, daß diese durch das Unternehmenshandeln ihre Vermögensinteressen zu verfolgen suchen. Durch die Beschränkung auf anreizverträgliche Kooperationen werden die Wirkungen von Aktivitäten, die vordergründig den Eigentümern nützen und anderen Parteien schaden, wieder auf die Eigentümer zurückverlagert. Die Bildung rationaler Erwartungen verhindert also (in Verbindung mit der Partizipationsbedingung) die Ausbeutung nicht an der Unternehmensführung beteiligter Parteien.

b) Die Partizipationsbedingung entfaltet ihre Wirkung vornehmlich dann, wenn auf den relevanten Märkten Wettbewerb herrscht. Nur dann besteht eine echte Wahlmöglichkeit zwischen mehreren Vertragspartnern. Auf einem Markt mit funktionsfähigem Wettbewerb kann keine der Marktparteien anderen Konditionen aufzwingen. Das Markthandeln vieler Individuen setzt deshalb wirksame Restriktionen für die Anteilseigner. Deren Vermögensziele können nur dann umgesetzt werden, wenn sie den genannten anderen Interessengruppen nicht weniger bieten als andere Unternehmen. Hieraus ergibt sich unmittelbar als Anforderung an die (staatliche) Gestaltung von Rahmenbedingungen, daß Wettbewerbsbeschränkungen zu verhindern sind.

c) Auch in einem marktwirtschaftlichen Wirtschaftssystem und einem demokratischen Gesellschaftssystem besteht keine vollständige Vertragsfreiheit. Vielmehr werden den Menschen durch Gesetze Verpflichtungen und Verbote auferlegt, deren Beachtung in der Regel hinreichend sanktionsbewehrt ist. Solche Gesetze dienen (aus wirtschaftlicher Sicht) einerseits der vereinfachten Abwicklung von Transaktionen, andererseits werden auch direkte oder indirekte Vermögensinteressen (zum Beispiel auf dem Umweg über die Verhandlungsmacht) gegenüber dem Zustand der Nicht-Regulierung verändert.

Durch Einflußnahme auf den Gesetzgebungsprozeß können deshalb die individuellen Vermögensziele wirksam gefördert werden. Praktisch ist dafür der Zusammenschluß zu Verbänden erforderlich. Zahlreiche Gesetze, welche die Interessen der Anteilseigner einschränken, lassen sich als erfolgreiche Einflußnahme weiterer Interessengruppen auf die Wirtschaft interpretieren; vornehmlich gilt dies für die Bereiche von Arbeitnehmerschutz, Verbraucherschutz und Gläubigerschutz.

Zusammenfassend ist es also keineswegs erforderlich, an der Formulierung von Unternehmenszielen und deren Umsetzung beteiligt zu sein, um die individuellen Interessen bei der Kooperation mit einem Unternehmen zu sichern. Markthandlungen bei Wettbewerb und Einflußnahme auf die Gestaltung des Rahmens für wirtschaftliche Aktivitäten stellen wirksame Alternativen dar.

6.3 Shareholder Value und dessen Grenzen

Das Schlagwort „Shareholder-Value-Ansatz" wurde bisher etwas pauschal mit der vorrangigen Verfolgung der Vermögensinteressen der Eigentümer umschrieben. In der betriebswirtschaftlichen Theorie wird üblicherweise die Formulierung „Maximierung des Marktwertes des Eigenkapitals" verwendet (Wagner 1997, S. 474). Noch bekannter ist die seit dem Beginn des Jahrhunderts (vgl. Fisher 1906) bekannte, in der Investitionsrechnung empfohlene Entscheidungsregel „Maximierung des Kapitalwertes". Die Grundidee ist die gleiche wie bei allen anderen Interessengruppen: Es werden verschiedene Einsatzmöglichkeiten von Ressourcen auf ihre relative Vorteilhaftigkeit überprüft, hier konkret bezogen auf liquide Mittel und den damit erreichbaren Zuwachs an Konsumpotential. Die Maximierung des Kapitalwerts als Nettobarwert künftiger Einzahlungsüberschüsse maximiert das mit einem Kapitaleinsatz verbundene Konsumpotential und ist deshalb die von allen Eigentümern einmütig befürwortete Zielgröße; dieses Ergebnis bezeichet man als Fisher-Separation, weil die Investititionsregel unabhängig von individuellen Präferenzen ist (siehe dazu näher Kruschwitz 1995, S. 21-24).

Die Shareholder-Value-Konzeption wird neben dem (fälschlich behaupteten) Interessenmonismus auch mit anderen Argumenten in Frage gestellt. An zwei sehr unterschiedlichen Beispielen wird gezeigt, daß sich die Vorbehalte auf Fehler bei der Umsetzung der Konzeption beziehen oder auf einer unvollständigen Argumentation beruhen.

a) In divisional organisierten Unternehmen wird zur Förderung des Shareholder Value teilweise vorgeschlagen, die einzelnen Unternehmensbereiche durch Vorgabe von Sollrenditen zu steuern. Bereiche, welche diese Sollrendite nicht erreichen, müssen entweder saniert, verkauft oder zerschlagen werden. Bei diesem Vorgehen hat es den Anschein, als könnte durch Vorgabe einer besonders hohen Sollrendite dem Eigentümerinteresse besonders gut Rechnung getragen werden.

Dies ist jedoch falsch: Maßgeblich ist der Vergleich mit der höchsten Rendite, die bei Anlage liquider Mittel außerhalb des Unternehmens erzielt werden kann. Die durch Vorgabe höherer Sollrenditen bewirkte „Verschlankung" des Unternehmens (infolge Veräußerung oder Stillegung von Unternehmensteilen) liegt dann keinesfalls im Interesse der Eigentümer. Der Vorwurf, der Shareholder-Value-Ansatz fördere die Zerschlagung von Unternehmen, ist insofern nicht gerechtfertigt.

b) Diskussionsbedürftig könnte ferner sein, zu welchem Zeitpunkt der Shareholder Value maximiert werden sollte (vgl. Schmidt/Spindler 1997, S. 531 ff.). Denn die Argumentation zur Begründung des Shareholder Value als Zielgröße setzt an bei dem Zeitpunkt der vertraglichen Bindung zwischen dem Unternehmen (den Eigentümern) und den anderen Parteien. Da Unternehmen und vertragliche Bindungen an Unternehmen in der Regel aber auf Dauer angelegt sind, stellt sich die Frage, ob Handlungsspielräume nach Vertragsschluß im Sinne der Anteilseigner oder in einem weiter abgegrenzten Interesse ausgenutzt werden sollten.

Der größte Gesamtwert wird erzielt, wenn stets diejenigen Entscheidungen getroffen werden, die den Shareholder Value zum Zeitpunkt des Vertragsschlusses maximieren. Es kann allerdings dazu kommen, daß *ex post* aus Sicht der Eigentümer andere Entscheidungen individuell optimal sind. Dies gilt zum Beispiel, wenn die Vertragspartner spezifische, mit Sunk Costs verbundene Vorleistungen haben erbringen müssen (vgl. Abschnitt 4.3). Es gilt ganz allgemein, wenn die Vertragspartner – aus welchen Gründen auch immer – außerhalb des Unternehmens keine genau so gute Alternative für den Einsatz ihrer Ressourcen finden, wenn sie also in Verbindung mit dem Unternehmen eine Rente oder eine Quasi-Rente erzielen. Es ist also fraglich, ob die Eigentümerinteressen auch dann Vorrang haben sollten, wenn sie ex post in einem Widerspruch stehen zu einem den Gesamtwert des Unternehmens maximierenden Plan. Die Alternative dazu besteht in einem „fairen", an den Interessen aller Stakeholder orientierten Vorgehen der Unternehmensleitung.

Die Antwort auf die Frage ergibt sich wiederum sehr deutlich aus den institutionenökonomischen Vorarbeiten: Das einfache Versprechen eines fairen Verhaltens ist unglaubwürdig. Es ist ebenfalls untauglich, die angestellte Unternehmensleitung auf den Stakeholder Value verpflichten zu wollen: Angesichts des Opportunismus und der asymmetrischen Informationsverteilung würde dies lediglich den Managerinteressen gegenüber allen Drittinteressen den Vorrang geben (Bühner/Tuschke 1997, S. 514). Erforderlich ist vielmehr, daß zum Zeitpunkt des Vertragsabschlusses des Unternehmens mit Dritten durch wirksame Bindungen sichergestellt wird, daß sich ex post ein faires Verhalten der Eigentümer als für sie vorteilhaft herausstellt; die Anreizverträglichkeit muß also erfüllt sein. (Dies gilt für ein faires Verhalten der Dritten ganz analog.) Es liegt im Interesse der Eigentümer, ex ante bis zu einem gewissen Grad die eigenen Handlungsspielräume zugunsten anderer Interessengruppen zu beschränken. So gesehen, liegen gesetzliche Vorschriften zum Arbeitnehmerschutz, Verbraucherschutz oder Gläubigerschutz auch im Interesse der Eigentümer von Unternehmen, weil es erleichtert wird, wirksame Bindungen herzustellen. Zu einer Selbstbindung müssen die Eigentümer nicht durch eine Umformulierung der Zielsetzung veranlaßt werden. Auch ex post bedürfen Eigentümerinteressen infolge der Anreizverträglichkeit keiner Korrekturen.

Insgesamt kann von einem Gegensatz von Shareholder Value und Stakeholder Value also keine Rede sein. Allerdings wird der Vergleich der beiden Konzeptionen dadurch erheblich erschwert, daß keineswegs Einigkeit darüber besteht, was denn der „Stakeholder-Value-Ansatz" genau ist (vgl. zum Beispiel Spremann 1996, S. 481 ff., Wagner 1997, S. 487 ff., Bühner/Tuschke 1997).

6.4 Fazit in bezug auf Unternehmensziele

a) Fehlentscheidungen (gemessen an der Maximierung des Gesamtwertes des Unternehmens) können am ehesten dann vermieden werden, wenn Entscheidungskompetenzen und Entscheidungsfolgen in einer Hand vereinigt werden (Vermeidung externer Effekte). Infolge der Berechtigung zur Aneignung von Gewinnen und der Bereitstellung von Eigenkapital als Verlustpuffer ist die Gruppe der Anteilseigner vorrangig von den positiven und negativen Folgen der Unternehmensentscheidungen betroffen und aus normativer Sicht daher der „natürliche" Entscheidungsträger.

b) Externe Effekte gibt es jedoch im Hinblick auf die Interessen künftiger Generationen, die in gegenwärtige Markthandlungen und Vertragsschlüsse nicht einbezogen sind. Dies ist jedoch keine Besonderheit des Shareholder-Value-Ansatzes. Bei allen diskutierten Alternativen tritt dieses Problem in gleicher Weise auf.

c) Angesichts unsicherer Erwartungen und sich infolge andauernder Geschäftsbeziehungen ergebender Handlungsspielräume sind externe Effekte auch in bezug auf die Vertragspartner nicht auszuschließen. Es liegt aber im Interesse der Eigentümer, das grundsätzlich berechtigte Mißtrauen jener durch glaubwürdige Bindungen (oder allgemeiner: durch geeignete Institutionen) zu zerstreuen.

d) Unter diesen Prämissen ist die Maximierung des Shareholder Value die Zielsetzung, die den Gesamtwert aller durch das Unternehmen erzeugten Einkommensströme maximiert.

e) Shareholder Value ist demnach alles andere als ein „sozialpolitischer Kampfbegriff" (Dieterich 1996, S. 57). Im Gegenteil wäre aus Gründen der ökonomischen Effizienz eine breite Streuung der Unternehmensanteile zu befürworten, weil dies die Risikoverteilung verbessert (vgl. Abschnitt 4.1). Mit der verbesserten Risikoverteilung geht eine weitere Angleichung der Interessen einher.

f) Für die praktische Umsetzung der Shareholder-Value-Konzeption ist eine Bewertungstheorie erforderlich, welche zugleich unmittelbare Ansatzpunkte für die Steigerung des Unternehmenswertes offenlegt. Diesbezüglich gibt es mehr als nur erste Ansätze (vgl. zum Beispiel Rappaport 1986 oder Bea/Thissen 1997).

g) Aus Gründen der Operationalität müssen Entscheidungen nicht nur von der Unternehmensleitung an nachgelagerte Instanzen delegiert werden, sondern auch von einem breit bestreuten Eigentümerkreis an die Unternehmensleitung. Die Entscheidungen über die Delegation und über die damit verbundenen Anreiz- und Kontrollinstrumente sind Gegenstand der Gestaltung von Unternehmensverfassung (vgl. Picot/Dietl/Franck 1997) und Unternehmensorganisation (vgl. Laux 1995).

Literaturverzeichnis

Akerlof, G. A. (1970), The Market for „Lemons": Quality Uncertainty and the Market Mechanism, in: Quarterly Journal of Economics, 84. Jg. (1970), S. 488-500

Bamberg, G., Baur, F. (1996), Statistik, 9. Aufl., München,Wien 1996

Bea, F. X., Thissen, S. (1997), Institutionalisierung des Shareholder-Value-Konzepts bei der GmbH, in: Der Betrieb, 50. Jg. (1997), S. 787-792

Becker, G. S. (1982), The Economic Approach to Human Behavior, 1976, deutsche Übersetzung: Der ökonomische Ansatz zur Erklärung menschlichen Verhaltens, Tübingen 1982

Bühner, R., Tuschke, A. (1997), Zur Kritik am Shareholder Value. Eine ökonomische Analyse, in: Betriebswirtschaftliche Forschung und Praxis, 49. Jg. (1997), S. 499-516

Diamond, D. W. (1984), Financial Intermediation and Delegated Monitoring, in: Review of Economic Studies, 51. Jg. (1984), S. 393-414

Dieterich, T. (1996), Mitbestimmung im Umbruch, in: Mitbestimmung, Nr. 12 (1996), S. 56-57

Fisher, I. (1906), The Nature of Capital and Income, New York 1906

Friend, I. (1977), The Demand for Risky Assets. Some Extensions, in: Levy, H., Sarnat, M. (Hrsg.), Financial Decision Making under Uncertainty, New York usw. 1977, S. 65-82

Hax, H. (1995), Unternehmensethik - Fragwürdiges Ordnungselement in der Marktwirtschaft, in: Zeitschrift für betriebswirtschaftliche Forschung, 47. Jg. (1995), S. 180-181

Heinen, E. (1968), Einführung in die Betriebswirtschaftslehre, Wiesbaden 1968

Holler, M. J., Illing, G. (1996), Einführung in die Spieltheorie, 3. Aufl., Berlin usw. 1996

Jensen, M. C., Murphy, K. J. (1990), CEO Incentives - It's Not How Much You Pay, But How, in: Harvard Business Review, 68. Jg. (1990), No. 3, S. 138-153

Jevons, W. S. (1924), The Theory of Political Economy, 1871, zitiert nach: Die Theorie der politischen Ökonomie, deutsche Übersetzung der 4. Aufl., Jena 1924

Klein, B., Crawford, R., Alchian, A. A. (1978), Vertical Integration, Appropriable Rents, and the Competitive Contracting Process, in: Journal of Law and Economics, 21. Jg. (1978), S. 297-326

Kruschwitz, L. (1995), Finanzierung und Investition, Berlin,New York 1995

Laux, H. (1995), Erfolgssteuerung und Organisation 1. Anreizkompatible Erfolgsrechnung, Erfolgsbeteiligung und Erfolgskontrolle, Berlin usw. 1995

Laux, H. (1998), Entscheidungstheorie, 4. Aufl., Berlin usw. 1998

Lehmann, M. (1989), Das Ende der ehelichen Zugewinngemeinschaft aus ökonomischer Sicht: Erfolgsermittlung und Wahlentscheidungen, in: Zeitschrift für betriebswirtschaftliche Forschung, 41. Jg. (1989), S. 991-1012

Meckling, W. H., Jensen, M. C. (1983), Reflections on the Corporation as a Social Invention, in: Midland Corporate Finance Journal, 1. Jg. (1983), S. 6-15

Modigliani, F., Miller, M. H. (1958), The Cost of Capital, Corporation Finance and the Theory of Investment, in: American Economic Review, 48. Jg. (1958), S. 261-297

Mossin, J. (1973), Theory of Financial Markets, Englewood Cliffs 1973

Neus, W. (1998), Einführung in die Betriebswirtschaftslehre aus institutionenökonomischer Sicht, Tübingen 1998

Picot, A., Dietl, H., Franck, E. (1997), Organisation. Eine ökonomische Perspektive, Stuttgart 1997

Raffee, H. (1993), Gegenstand, Methoden und Konzepte der Betriebswirtschaftslehre, in: Bitz, M., u.a. (Hrsg.), Vahlens Kompendium der Betriebswirtschaftslehre, Bd. 1, 3. Aufl., München 1993, S. 1-46

Rappaport, A. (1986), Creating Shareholder Value. The New Standard for Business Performance, New York usw. 1986

Richter, R., Furubotn, E. G. (1996), Neue Institutionenökonomik. Eine Einführung und kritische Würdigung, Tübingen 1996

Rieger, W. (1928), Einführung in die Privatwirtschaftslehre, Nürnberg 1928

Rothschild, M., Stiglitz, J. E. (1970), Inceasing Risk. Part I: A Definition, in: Journal of Economic Theory, 2. Jg. (1970), S. 225-243

Schäfer, H.-B., Ott, C. (1995), Lehrbuch der ökonomischen Analyse des Zivilrechts, 2. Aufl., Berlin usw. 1995

Schanz, G. (1997), Wissenschaftsprogramme der Betriebswirtschaftslehre, in: Bea, F. X., Dichtl, E., Schweitzer, M. (Hrsg.), Allgemeine Betriebswirtschaftslehre, Bd. 1: Grundfragen, Stuttgart 1997, S. 81-198

Schauenberg, B. (1984), Marktromantik und Gemeinschaftsidealismus: Zu den Grundlagen des Werkes von H. Nicklisch und ihren Konsequenzen, in: Schanz, G. (Hrsg.), Betriebswirtschaftslehre und Nationalökonomie. Wissenschaftstheoretische Standortbestimmungen und Perspektiven, Wiesbaden 1984, S. 23-37

Schauenberg, B. (1997), Die Sensibilisierung der Unternehmung für die Umweltverantwortung: Personen, Strukturen, Prozesse, in: Steinmann, H., Wagner, G. R. (Hrsg.), Wirtschaft und Umweltethik, Stuttgart 1997, S. 146-171

Schmidt, R. H., Spindler, G. (1997), Shareholder-Value zwischen Ökonomie und Recht, in: Assmann, H.-D. (Hrsg.), Wirtschafts- und Medienrecht in der offenen Demokratie. Festgabe für Friedrich Kübler zum 65. Geburtstag, Heidelberg 1997, S. 515-555

Schneider, D. (1995), Betriebswirtschaftslehre, Bd. 1: Grundlagen, 2. Aufl., München, Wien 1995

Schumann, J. (1992), Grundzüge der mikroökonomischen Theorie, 6. Aufl., Berlin usw. 1992

Schweitzer, M. (1997), Gegenstand und Methoden der Betriebswirtschaftslehre, in: Bea, F. X., Dichtl, E., Schweitzer, M. (Hrsg.), Allgemeine Betriebswirtschaftslehre, Bd. 1: Grundfragen, Stuttgart 1997, S. 23-80

Smith, A. (1776), An Inquiry into the Nature and Causes of the Wealth of Nations, London 1776

Spremann, K. (1996), Wirtschaft, Investition und Finanzierung, 5. Aufl., München,Wien 1996

Steinmann, H. (1969), Das Großunternehmen im Interessenkonflikt, Stuttgart 1969

Steinmann, H., Löhr, A. (1988), Unternehmensethik - eine „realistische Idee". Versuch einer Begriffbestimmung anhand eines praktischen Falles, in: Zeitschrift für betriebswirtschaftliche Forschung, 40. Jg. (1988), S. 299-317

Wagner, F. W. (1997), Shareholder Value: Eine neue Runde im Konflikt zwischen Kapitalmarkt und Unternehmensinteresse, in: Betriebswirtschaftliche Forschung und Praxis, 49. Jg. (1997), S. 473-498

Williamson, O. E. (1979), Transaction-Cost Economics: The Governance of Contractual Relations, in: Journal of Law and Economics, 22. Jg. (1979), S. 233-261

Williamson, O. E. (1985), The Economic Institutions of Capitalism. Firms, Markets, Relational Contracting, London,New York 1985

Wöhe, G. (1996), Einführung in die Allgemeine Betriebswirtschaftslehre, 19. Aufl., München 1996

2 Unternehmen und Umwelt

Matthias Sander

Inhaltsverzeichnis

1 Charakterisierung des Umfeldes von Unternehmen	42
2 Globale Umwelt von Unternehmen	45
2.1 Die makroökonomische Umwelt	46
2.2 Die sozio-kulturelle Umwelt	47
2.3 Die politisch-rechtliche Umwelt	48
2.4 Die technologische Umwelt	50
2.5 Die natürliche Umwelt	51
3 Aufgabenspezifische Umwelt von Unternehmen	52
3.1 Beschaffungsmärkte	52
3.1.1 Kapitalgeber	52
3.1.2 Arbeitskräfte	52
3.1.3 Lieferanten	54
3.2 Absatzmärkte	54
3.2.1 Wettbewerber	55
3.2.2 Distributionspartner und unterstützende Dienstleister	56
3.2.3 Endnachfrager	57
4 Unternehmen	59
4.1 Leistungspotentiale	59
4.2 Führungspotentiale	61
4.3 Empirische Bedeutung der Leistungs- und Führungspotentiale für den Erfolg von Unternehmen	63
5 Zum Verhältnis von Unternehmen und Umwelt	63
Literaturverzeichnis	66

1 Charakterisierung des Umfeldes von Unternehmen

Jegliches Unternehmen ist in ein Umfeld (synonym: Umwelt) eingebettet, welches das unternehmerische Handeln in bestimmtem Ausmaß determiniert. Das Unternehmen selbst kann dabei als ein eigenes System interpretiert werden, welches in Interaktion mit seiner Umwelt tritt. In diesem Zusammenhang taucht zwangsläufig die Frage nach der Abgrenzung von Unternehmen und Umwelt auf, welche nicht eindeutig zu beantworten ist, da jede Grenzdefinition letztlich von der eingenommenen Perspektive abhängt (vgl. Schreyögg 1993, Sp. 4232 f.). Dieser Frage der Grenzziehung hat sich insbesondere die moderne Systemtheorie angenommen. Nach ihr konstituieren sich Systeme durch Herstellung einer Differenz zwischen sich und der Umwelt, wobei im Innenverhältnis eine Komplexitätsreduktion stattfindet, welche zielgerichtetes Handeln ermöglicht. Alles außerhalb dieser Differenz bzw. Grenze stellt entsprechend die Umwelt dar.

Gemeinhin findet eine Einteilung des Umfeldes von Unternehmen in die globale Umwelt (Makroumwelt) und in die aufgabenspezifische Umwelt (Mikroumwelt) statt (vgl. z.B. Bea/Haas 1997, S. 78). Um Aussagen dahingehend ableiten zu können, in welchem Ausmaß ein Unternehmen im Sinne eines System-Umwelt-Fit in der Lage ist, auf die Umwelt zu reagieren bzw. ihr zu entsprechen, ist darüber hinaus die Analyse des Unternehmens selbst notwendig (vgl. Abschnitt 4). Eine Darstellung des Umfeldes von Unternehmen kann anhand von konzentrischen Kreisen erfolgen, welche sich um das Unternehmen legen und damit gleichzeitig die Nähe der jeweiligen Umwelt zum Unternehmen symbolisieren. Ferner kann auf diese Weise eine Aussage über die Beeinflußbarkeit der Unternehmensumwelt getroffen werden, welche mit zunehmender Distanz vom Unternehmen abnimmt. Abbildung 1 verdeutlicht die wesentlichen Bestandteile des Umfeldes von Unternehmen.

Grundsätzlich gilt, daß die Makroumwelt branchenunabhängig auf alle Unternehmen einwirkt, die einzelnen Komponenten der Makroumwelt können jedoch für die jeweiligen Unternehmen von unterschiedlicher Bedeutung sein bzw. sind es im Regelfall auch. Für die Mikroumwelt gilt hingegen eine branchenspezifische Sichtweise. Im Mittelpunkt stehen hier die Absatz- und Beschaffungsmärkte eines Unternehmens, welche regelmäßig eine hohe Branchenspezifität aufweisen. Dieses Unternehmensumfeld wirkt unmittelbar auf das Unternehmen ein; Leistungs- und Führungspotentiale des Unternehmens sind demnach insbesondere im Hinblick auf diese Mikroumwelt so auszugestalten bzw. zu entwickeln, daß eine dauerhafte Existenz des Unternehmens gewährleistet ist.

Eine Ordnung der Unternehmensumwelt kann zudem anhand der Kriterien *Komplexität* und *Dynamik* erfolgen (vgl. Mintzberg 1979, S. 286). Danach kann die Umwelt in vier Typen klassifiziert werden:
– einfach statische Umwelt,
– einfach dynamische Umwelt,
– komplex statische Umwelt,
– komplex dynamische Umwelt.

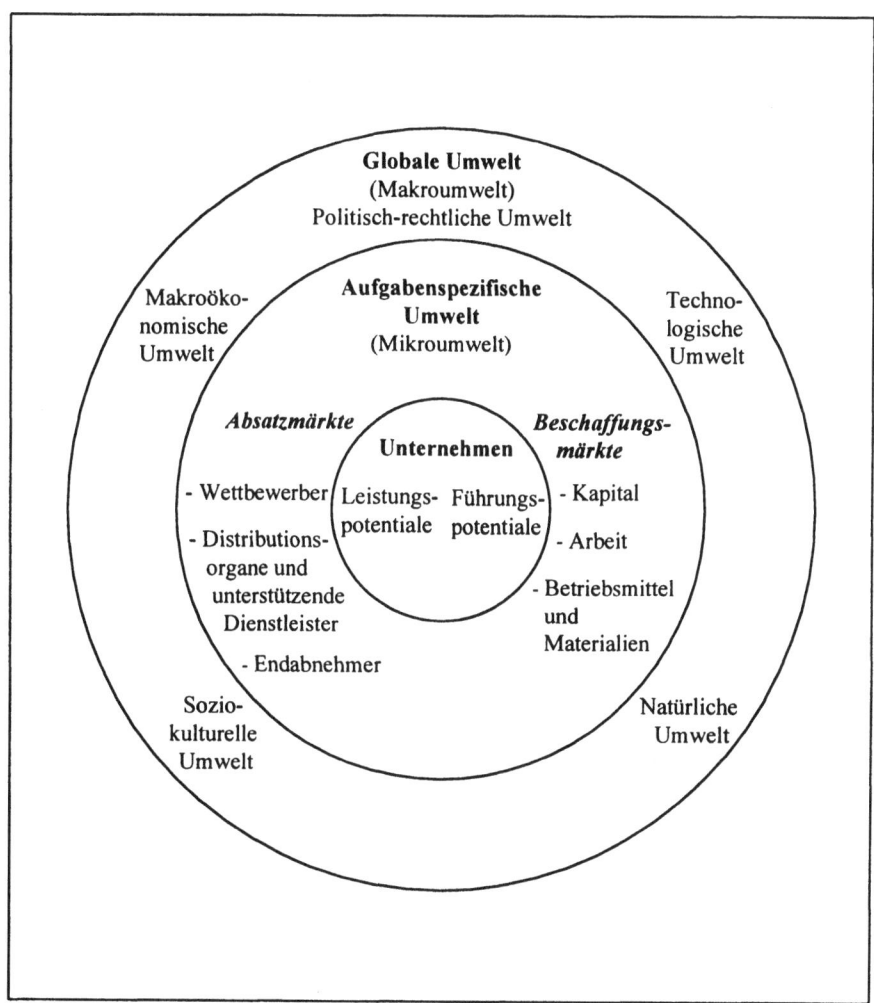

Abb. 1: Das Umfeld von Unternehmen

Hinter der Komplexität der Umwelt verbirgt sich die Anzahl der relevanten Elemente des Umfeldes eines Unternehmens, ihre Verschiedenartigkeit sowie das Ausmaß der Beziehungen zwischen den einzelnen Elementen. Die Dynamik hingegen stellt auf die Veränderung der einzelnen Elemente im Hinblick auf ihren Inhalt und ihre Bedeutung sowie die Veränderung der Beziehungen zwischen den Elementen im Zeitablauf ab. Je nach Umwelttypus sind damit offenbar unterschiedliche Anforderungen an die Leistungs- und Führungspotentiale des jeweiligen Unternehmens gegeben. Gleichzeitig ist jedoch offensichtlich, daß sich eine eindeutige Abgrenzung zwischen den einzelnen genannten Umwelttypen verbietet, so daß die Einordnung einer real existierenden Umwelt in einer der vier Typen häufig nicht eindeutig möglich ist bzw. einem bestimmten Grad an Willkür unterliegt.

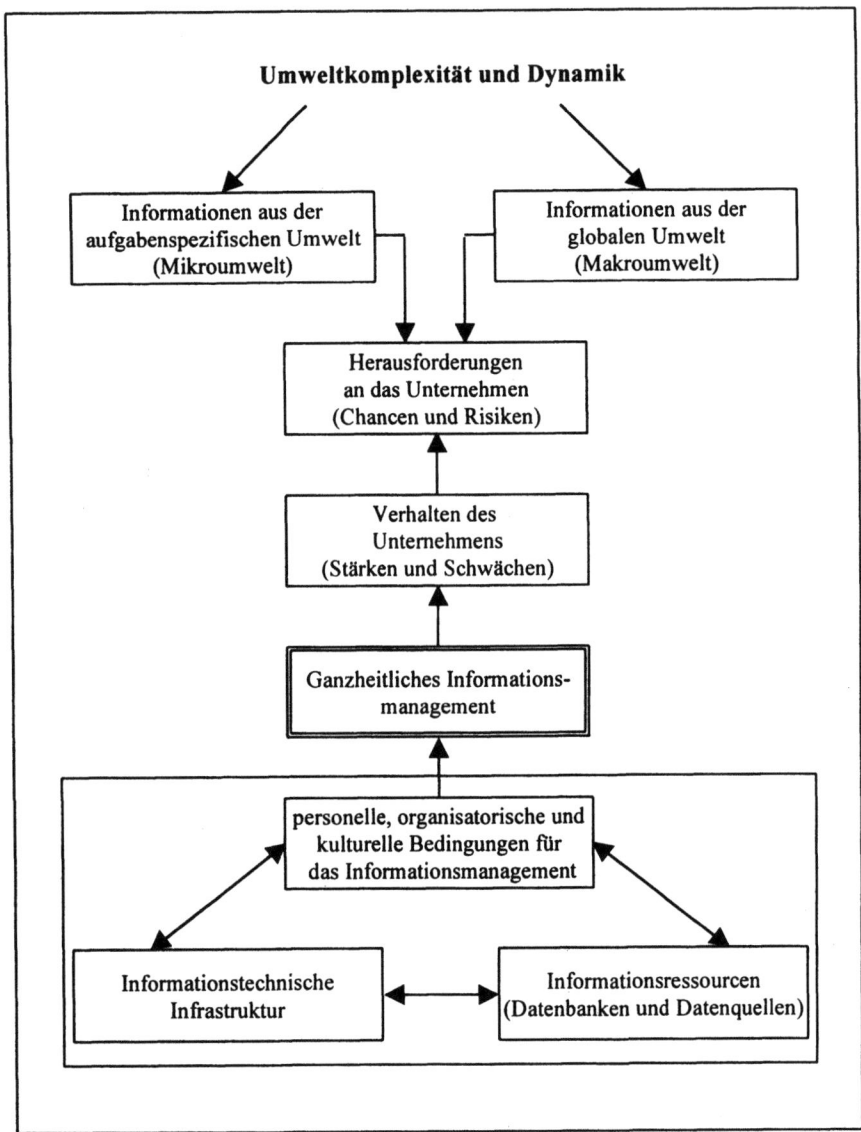

Abb. 2: Informationsmanagement und Umwelt

Umweltbereiche eines Unternehmens können nur erkannt werden und eine Ausrichtung auf sie kann nur vorgenommen werden, wenn entsprechende Informationen über die einzelnen Umweltbestandteile bzw. Umweltsegmente vorliegen. Von Bedeutung ist daher insbesondere das *Informationsmanagement* eines Unternehmens. Bisher konnte sich noch keine einheitliche terminologische Abgrenzung von „Informationsmanagement" oder gar ein allgemeines Konzept durchsetzen; verschiedene Ansätze mit unterschiedlichen Zielsetzungen, theoretische Fundierung und Bezugsrahmen existieren nebeneinander. Generell kann aber unter Informationsmanagement die systematische Planung, Gestaltung, Koordination und Kontrolle sämtlicher Informationsaktivitäten eines Unternehmens verstanden werden mit dem Ziel der Steigerung des Unternehmenserfolgs (vgl. Zahn 1997, S. 335). In diesem Zusammenhang ist davon auszugehen, daß die Ressource „Information" zukünftig für viele Unternehmen eine immer größer werdende Bedeutung erlangen wird. Grundlage dieser These ist die Tatsache, daß zunehmend viele Unternehmen die aufgezeigten vier Typen von Umwelten von einer einfach statischen Umwelt in Richtung komplex dynamischer Umwelt durchlaufen. Kennzeichen hierfür sind zum Beispiel sich auf vielen Märkten verkürzende Produktlebenszyklen, zunehmende Wettbewerbsintensivierung durch Integration von Wirtschaftsräumen (z.B. EU, NAFTA, MERCOSUR), steigende Markttransparenz seitens der Nachfrager z.B. durch Einführung einheitlicher Währungen mit der Folge direkter länderübergreifender Preisvergleiche, Existenz leistungsfähiger Informationssysteme (z.B. Internet) usw. Informationslags im Sinne einer verspäteten Wahrnehmung neuer Informationen oder einer verzerrten Wahrnehmung von Informationen infolge eines unzureichenden Informationsmanagements führen zu nicht situationsadäquatem Handeln des Unternehmens. Dieser „Misfit" von Situation und Aktion kann bei nachhaltigem Auftreten zum Ausscheiden des Unternehmens aus dem Markt führen. Grundsätzlich ist davon auszugehen, daß das Informationsmanagement für ein Unternehmen um so mehr von Bedeutung ist, je größer die Wahrscheinlichkeit derartiger „Misfits" ist. Mit steigender Komplexität und Dynamik des Umfeldes von Unternehmen ist ein effizientes, ganzheitliches Informationsmanagement damit eine absolute Notwendigkeit für die nachhaltige Existenzsicherung des Unternehmens. Abbildung 2 zeigt die Zusammenhänge im Überblick auf.

2 Globale Umwelt von Unternehmen

Die Analyse der globalen Umwelt sollte möglichst breit angelegt sein, damit potentiell relevante Entwicklungen bzw. Trends erkannt und seitens des Unternehmens in den eigenen Aktionen berücksichtigt werden können. Gleichwohl muß der Anspruch auf Vollständigkeit der Analysefelder aufgegeben werden; eine Selektion der Analysefelder ist unvermeidlich. Hinreichend läßt sich die globale Unternehmensumwelt durch folgende fünf Hauptsektoren abbilden (vgl. Steinmann/Schreyögg 1997, S. 159):
– die makroökonomische Umwelt,
– die sozio-kulturelle Umwelt,
– die politisch-rechtliche Umwelt,
– die technologische Umwelt sowie
– die natürliche Umwelt.

Es ist darauf hinzuweisen, daß diese Umweltsektoren nicht unabhängig voneinander sind; so reagiert beispielsweise die Gesetzgebung als Bestandteil der politisch-rechtlichen Umwelt auf bestimmte ökonomische Entwicklungen (z.B. Arbeitslosigkeit). Innovationen in Form von Produkt- oder Prozeßneu- bzw. -weiterentwicklungen als Bestandteile der technologischen Umwelt beeinflussen wiederum die allgemeine ökonomische Situation. Gleichzeitig ist zu beachten, daß aus Sicht eines Unternehmens neben der gegenwärtigen Situation insbesondere die zukünftige Lage in den einzelnen Umweltsektoren von Bedeutung ist. Besondere Relevanz erhalten daher Prognosen über die Entwicklungen in den einzelnen Sektoren (vgl. zu Prognosen auch die Beiträge Nr. 4 und Nr. 18).

2.1 Die makroökonomische Umwelt

Das Spektrum potentiell-relevanter makroökonomischen Faktoren ist breit gefächert. Wichtige makroökonomische Größen sind z.B.
- Bruttosozialprodukt bzw. Bruttoinlandsprodukt,
- Inflationsraten sowie Rohstoff- und Energiepreise,
- Wechselkurse,
- Zahlungsbilanz,
- Investitionen,
- Auslandsverschuldung,
- Zinsniveau und
- Arbeitslosenquoten.

Gerade im ökonomischen Umfeld ist auf die Interdependenz ökonomischer Variablen hinzuweisen; so tangiert das Wachstum der Wirtschaft bzw. die konjunkturelle Entwicklung die Inflationsrate, welche wiederum Einfluß auf den Wechselkurs hat. Über den Wechselkurs schließlich wird u.a. der Preis für heimische Produkte aus Sicht des Auslands bestimmt mit der Folge einer entsprechenden Nachfrageentwicklung des Auslands nach heimischen Produkten. Hiervon wiederum ist die Beschäftigung im Inland betroffen.

Einzelursachen für bestimmte ökonomische Entwicklungen können daher oftmals nicht herauskristallisiert werden. Die Komplexität der Zusammenhänge wird zudem durch Internationalisierungs- bzw. Globalisierungstendenzen in der Wirtschaft noch erhöht, so daß auch von einer länderübergreifenden Interdependenz gesprochen werden muß.

Um derartige Entwicklungen aus Sicht von Unternehmen greifbarer und transparenter zu machen, kann man sich der Szenarioanalyse bedienen (vgl. Berndt 1995b, S. 38 ff.). Hier werden voneinander möglichst unabhängige Einzelszenarien erstellt, welche den Unternehmen als Basis für zu entwickelnde Verhaltensweisen bzw. Strategien dienen können. Auf diese Weise wird die Komplexität der Zusammenhänge reduziert, indem die zur Verfügung stehenden Informationen in diesen einzelnen Szenarien verdichtet wird. Regelmäßig können jedoch aufgrund der Umfassenheit der Aufgabe nur wenige Szenarien erstellt werden mit der Folge, daß die tatsächliche ökonomische Entwicklung einen anderen Weg als die in den Szenarien abgebildete Entwicklung einschlägt.

2.2 Die sozio-kulturelle Umwelt

Die sozio-kulturelle Umwelt drückt sich in Faktoren wie gesellschaftliche Struktur (z.B. Grad der Homogenität bzw. Heterogenität, Stärke der sozialen Schichtung), demographische Gegebenheiten (z.b. Aufbau der Bevölkerungspyramide), Bildungssystem sowie Normen und Werthaltungen (z.b. im Hinblick auf Arbeit, Freizeit, Konsum, Religion, Familie, Gesundheit) aus (vgl. Marr 1993, S. 77). Von besonderer Relevanz sind dabei die demographische Situation und ihre voraussichtliche Entwicklung sowie das vorherrschende Werte- und Normensystem. Die demographische Situation ist für Unternehmen insofern von Bedeutung, als die Absatz- und Beschaffungsmärkte unmittelbar von der jeweiligen Entwicklung betroffen sind. Signifikante Verschiebungen im Altersaufbau von Bevölkerungen führen einerseits zu verändertem Konsumentenverhalten, andererseits bestehen direkte Auswirkungen auf das Arbeitskräftepotential für Unternehmen. Wie Abbildung 3 am Beispiel der Bundesrepublik Deutschland zeigt, verschiebt sich die Alterspyramide deutlich von unten nach oben; während das Durchschnittsalter der Deutschen 1965 noch 35 Jahre betrug, beläuft es sich im Jahre 1995 bereits auf 42 Jahre (vgl. Bea/Haas 1997, S. 92). Die Interdependenz zu anderen Umweltsegmenten ist hier beispielsweise dadurch gegeben, daß diese Bevölkerungsentwicklung das Sozialsystem (Renten-, Kranken- und Arbeitslosenversicherung) unmittelbar tangiert mit entsprechenden Auswirkungen auf die Sozialversicherungsbeiträge der Arbeitnehmer bzw. die Lohnnebenkosten der Arbeitgeber.

Weitere strukturelle Verschiebungen ergeben sich durch die zunehmende Erwerbstätigkeit von Frauen sowie durch die verstärkte Tendenz zu Single-Haushalten. Hieraus erwachsen neue Zielgruppen wie junge Doppelverdiener oder vermögende Etablierte im Alter von 40 bis 60 Jahren ohne Kinder. Die Relevanz dieser neuen Segmente ist unternehmensindividuell zu erfassen; gleichzeitig sind diese Segmente, sofern sie für das betrachtete Unternehmen von Bedeutung sind, zielgruppenspezifisch durch den entsprechend ausgerichteten Einsatz der Marketinginstrumente zu bearbeiten. Generell ist neben einer zunehmenden Heterogenisierung des Konsumentenverhaltens insgesamt – nicht zuletzt durch diese neuen Zielgruppen entstanden – auch ein aus Sicht von Unternehmen häufig als „unberechenbar" bezeichnetes individuelles Kaufverhalten beobachtbar. Letzteres wird durch den hybriden Konsumenten verkörpert, welcher sowohl „Teuerkäufe" als auch „Sparkäufe" in einer Person vereinigt (vgl. Schmalen 1994 und Schmalen/Lang 1998).

Einfluß auf unternehmerische Entscheidungen übt auch das jeweils vorherrschende Werte- und Normensystem aus; insbesondere ist wichtig, daß Unternehmen einen Wandel des Wertesystems rechtzeitig antizipieren und in eigenen Aktivitäten berücksichtigen. Eine Höherbewertung des Bildungsniveaus und eine stärkere Betonung des Karrierestrebens haben beispielsweise unmittelbare Auswirkungen auf die zur Verfügung stehende Kaufkraft und die Art der nachgefragten Produkte. Gleiches gilt für das Ausmaß der Ökologieorientierung in der Bevölkerung. Dabei kann Wertewandel durchaus auch demographische Implikationen besitzen; so kann das Streben nach höherer Bildung und Karriere auch bei Frauen zu steigender Erwerbstätigkeit der weiblichen Bevölkerung und sinkender Geburtsrate führen. Abbildung 4 zeigt am Beispiel der Tiefkühlkost die zahlreichen Interdependenzen zwischen einzelnen sozio-kulturellen Faktoren auf.

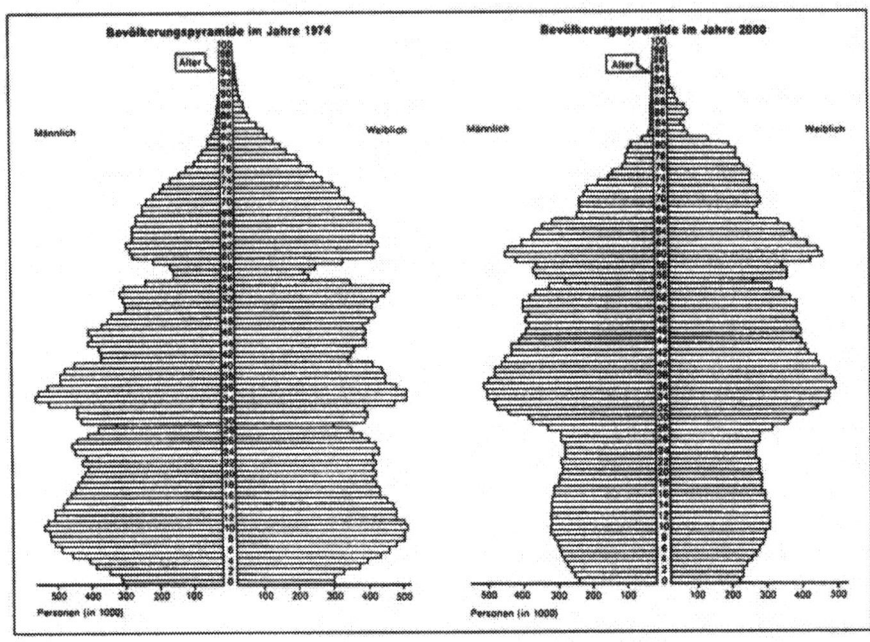

Quelle: Marr 1993, S. 83
Abb. 3: Die Bevölkerungspyramide der Bundesrepublik Deutschland für die Jahre 1974 und 2000

2.3 Die politisch-rechtliche Umwelt

Die politisch-rechtliche Umwelt ist durch Aktivitäten des Staates gekennzeichnet, welche sich in Form von Gesetzen, Kontrollen und staatlichen Interventionen niederschlagen (vgl. Dunst 1983, S. 22). Staatliche Aktivitäten können dabei erhebliche Auswirkungen auf marktliche Geschehnisse haben; so ist unmittelbar ersichtlich, daß die Steuergesetzgebung (z.B. die konkrete Höhe der Mehrwertsteuer), die Ausgestaltung des Wettbewerbsrechts (z.B. das Kartellrecht), arbeitsrechtliche Regelungen, direkte Subventionen und Vergünstigungen für einzelne Unternehmen oder Branchen, Im- und Exportzölle, staatliche Preisreglementierungen usw. Marktprozesse in erheblichem Maße beeinflussen können. In welchem Ausmaß der Staat in wirtschaftliche Geschehnisse tatsächlich eingreifen soll, ist umstritten. Nach Phasen der Liberalisierung und Deregulierung, verbunden mit einem Rückzug des Staates aus wirtschaftlichen Geschehnissen, wird zum Teil der Ruf nach stärkerer staatlicher Reglementierung und Kontrolle wieder lauter; die derzeitige instabile Situation auf den Finanzmärkten Asiens wird beispielsweise auf zu starke Deregulierung zurückgeführt (vgl. o.V. 1998, S. 124 ff.).

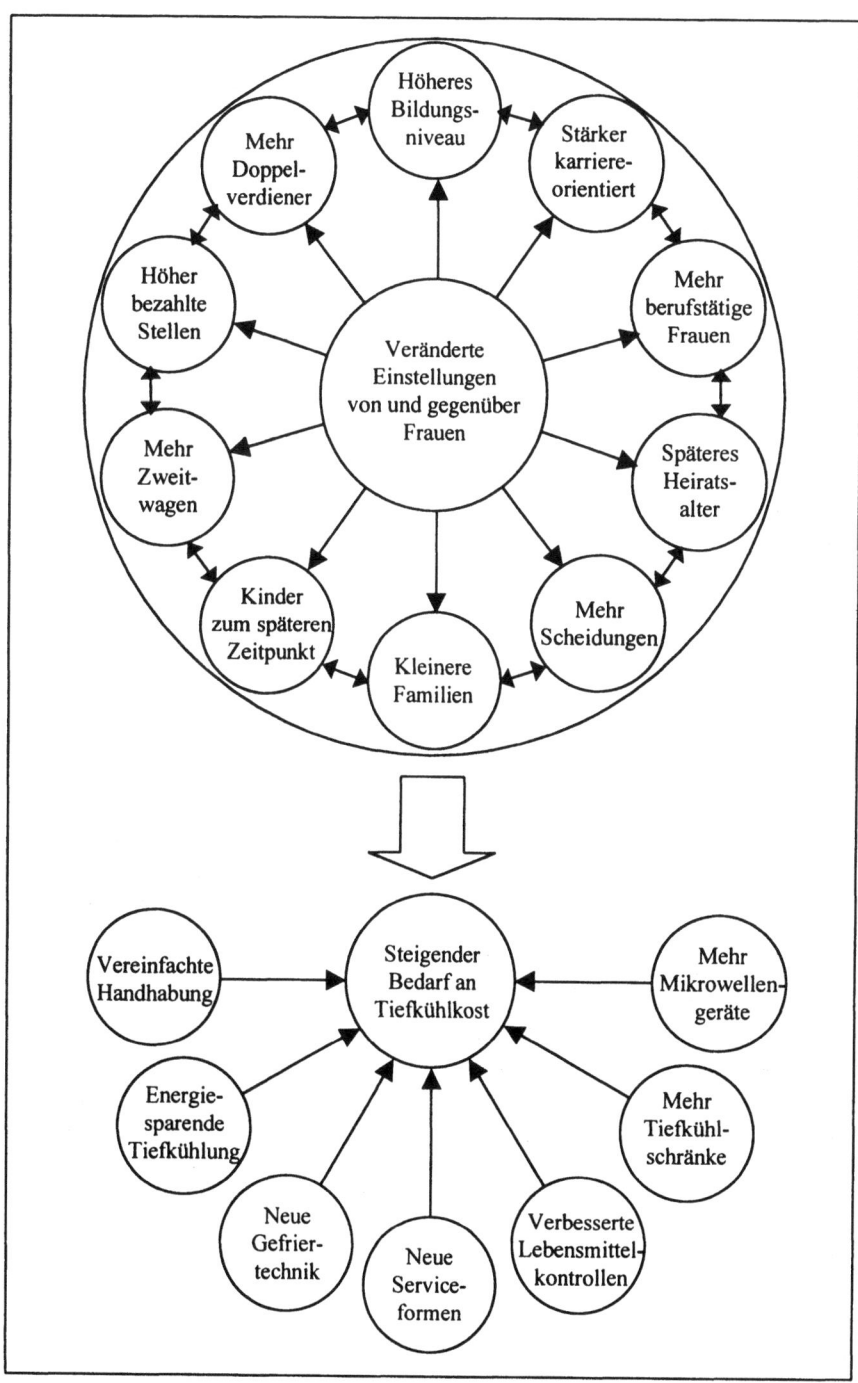

Quelle: Steinmann/Schreyögg 1997, S. 163
Abb. 4: Der Einfluß der sozio-kulturellen Entwicklung auf die Nachfrage nach Tiefkühlkost

Auch ist die internationale Dimension staatlicher Aktivitäten zu betonen. Außenpolitische Vereinbarungen können einen erheblichen Einfluß auf das Geschehen im Inland nehmen. Eine besondere Rolle spielt in diesem Zusammenhang die politisch-motivierte Integration von Wirtschaftsräumen (z.B. Europäische Union) mit ihren Auswirkungen auf die Wettbewerbsverhältnisse und Marktkräfte. Die Einführung einer gemeinsamen Währung wie in der Europäischen Union (Euro) verstärkt derartige Effekte zusätzlich.

Erwähnt seien darüber hinaus Interessengruppen, deren Ziel u.a. in der Einflußnahme auf staatliche Aktivitäten bzw. auf das politische Geschehen besteht. Hierzu gehören Verbraucherverbände, Gewerkschaften, Arbeitgeberverbände, Sozialverbände usw. Durch Zusammenschluß zu Interessengemeinschaften wird hier versucht, ein Gegengewicht zum Staat und zu anderen Gruppen zu schaffen, um die eigenen Ziele verwirklichen zu können. Rechte und Pflichten von Gemeinschaften wie Gewerkschaften und Arbeitgeberverbänden ergeben sich dabei aus arbeitsrechtlichen Regelungen, welche wiederum vom Staat geschaffen werden. So werden im Arbeitsrecht beispielsweise die Handlungsspielräume abgesteckt, die einem Unternehmen bei der Anpassung der Mitarbeiterzahl in Form von Entlassungen in Abhängigkeit von Nachfrageschwankungen zur Verfügung stehen. Offensichtlich ist damit auch hier eine wechselseitige Interdependenz zwischen den einzelnen Subgruppen gegeben.

2.4 Die technologische Umwelt

Die technologische Umwelt ist in der jüngeren Vergangenheit von einer besonders ausgeprägten Dynamik gekennzeichnet. Damit weist dieser Umweltsektor aus Unternehmenssicht aufgrund der geringen Vorhersehbarkeit von Entwicklungen ein besonders hohes Risiko- (aber auch Chancen-)potential auf. Die rechtzeitige Antizipation und Nutzbarmachung von Entwicklungen spielen hier eine große Rolle. Zu spätes Erkennen technologisch bedingter Risiken hat in der Vergangenheit für verschiedene Industriezweige zu ernsthaften Bedrohungen und für viele Unternehmen zum Ausscheiden aus dem Markt geführt; als Beispiele können hier die (insbesondere deutsche und schweizerische) Uhrenindustrie sowie die Hersteller mechanischer Schreibmaschinen genannt werden.

Die besondere Dynamik im Bereich der technologischen Umwelt ist u.a. auf die verkürzten Innovationszeiten zurückzuführen, welche wiederum selbst technologiebedingt sind. Moderne Computertechnologien (z.B. CAD, CAM) ermöglichen beispielsweise die Konstruktion komplexer Produkte am Bildschirm, ohne daß physische Modelle in aufwendiger Handarbeit gebaut werden müssen. Einher mit dieser Entwicklung auf der Angebotsseite gehen verkürzte Produktlebenszyklen auf der Nachfrageseite, welche sich direkt auf die Mikroumwelt des Unternehmens auswirken (vgl. auch Abschnitt 3.2).

Hinzu tritt die Tatsache, daß viele technologische Entwicklungen heute eine weltweite Dimension haben, d.h. Produkt- und Prozeßinnovationen entstehen weltweit und werden weltweit genutzt. Offensichtlich erleichtert ein gut funktionierendes Informationsmanagement das Erkennen und Umsetzen neuer technologischer Entwicklungen für das eigene Unternehmen (vgl. auch Abschnitt 1).

Als problematisch muß eine gewisse Unvorhersehbarkeit von Entwicklungen im technologischen Bereich angesehen werden, welche Innovationen wesensinhärent anhaftet. So ist es möglich, daß technische Neuerungen gar nicht in dem Bereich entstanden sind, in dem sie später ihre Hauptnutzung erfahren; beispielsweise wurde die Kunstfaser nicht in der Textilindustrie und die elektronische Uhr nicht in der Uhrenindustrie erfunden (vgl. Steinmann/Schreyögg 1997, S. 161). Überraschungen in dieser Hinsicht dürften sicherlich auch bei der noch jungen Gentechnologie erwartet werden, deren Anwendungsfelder bereits heute unüberschaubar sind.

2.5 Die natürliche Umwelt

Die sich auch außerhalb westlicher Industrienationen zunehmend durchsetzende Erkenntnis, daß die natürliche Umwelt eine knappe Ressource darstellt, führt zu einer steigenden Sensibilisierung in Umweltfragen. Trotzdem ist die Nutzung der Umwelt in vielen Bereichen (noch) nicht mit Preisen belegt, so daß in ökonomischer Hinsicht kein knappes Gut vorzuliegen scheint. Aus volkswirtschaftlicher Sicht kommt es hier zu einer verzerrten Ressourcenallokation. Institutionelle Restriktionen sowie Wettbewerbsnachteile heimischer Industrien im Vergleich mit der ausländischen Konkurrenz bei der Belegung von Umweltnutzungen mit Preisen führen allerdings zu erheblichen Verzögerungen im Hinblick auf den Umweltschutz. Gleichzeitig wird deutlich, daß auch diesbezügliche Anstrengungen eine internationale Dimension besitzen und in wesentlichen Teilen nur gemeinsam, d.h. auf internationaler, länderübergreifender Ebene in Form einer supranationalen Umweltpolitik mit zugehöriger Gesetzgebung und Kontrolle stattfinden können. Generelles Ziel muß es dabei sein, umweltschädigendes Verhalten zu vermeiden bzw. zu minimieren und negative externe Effekte zu verhindern bzw. zu internalisieren. Als Instrumente stehen hierfür neben Ge- und Verboten finanzielle Sanktionen in Form von Gebühren (Subventionen) für umweltschädigendes (umweltfreundliches) Verhalten zur Verfügung (vgl. Beschorner/Peemöller 1995, S. 41 ff.).

Anhand der natürlichen Umwelt als Umweltsegment läßt sich die Interdependenz zu den anderen bereits dargestellten Umweltsegmenten anschaulich demonstrieren: so tangiert die natürliche Umwelt das Umweltbewußtsein der Bevölkerung im sozio-kulturellen Bereich, der Schutz der Natur erzwingt Maßnahmen wie Umweltschutzgesetze und -kontrollen als Ausdruck der staatlichen Umweltpolitik im politisch-rechtlichen Bereich, der ökonomische Bereich wird durch die Kostenwirkung der Nutzung der Ressource „Umwelt" sowie durch Nachfrageeffekte nach ökologieorientierten Produkten tangiert und das technologische Umweltsegment erbringt zunehmend ressourcensparende Innovationen als Folge einer Verteuerung natürlicher Ressourcen.

Die natürliche Umwelt stellt aus Sicht der Unternehmen einen besonders kritischen Faktor dar, da der natürliche Lebensraum des Menschen und damit seine Existenz als solche tangiert wird (vgl. Schreyögg 1993, Sp. 4238 f.). Das steigende Umweltbewußtsein führt dazu, daß umweltschädigendes Verhalten von Unternehmen nicht länger toleriert wird und zu nachhaltigen finanziellen Einbußen (z.B. Nachfragerückgängen) und Image-Schäden führen kann. Andererseits sind Unternehmen selbst auf natürliche Ressourcen in entsprechender Qualität als Inputfaktoren für den betrieblichen Leistungsprozeß angewiesen. Aus den Ausführungen wird deutlich, daß die betriebliche Umweltpolitik eine erhebliche Tragweite besitzt und daher in der Unternehmenshierarchie entsprechend weit oben (z.B. in der Unternehmensleitung) anzusiedeln ist (vgl. Beitrag Nr. 20 im 2. Band).

3 Aufgabenspezifische Umwelt von Unternehmen

Unternehmen sind unmittelbar in ihre aufgabenspezifische Umwelt (Mikroumwelt) eingebunden, welche durch die Beschaffungsmärkte auf der einen Seite und die Absatzmärkte auf der anderen Seite aufgespannt wird. Abbildung 5 skizziert die aufgabenspezifische Umwelt von Unternehmen.

3.1 Beschaffungsmärkte

Zur Erstellung von Leistungen sind Unternehmen auf Inputfaktoren angewiesen. Hierzu gehören, neben Betriebsmitteln und Materialien, finanzielle Mittel sowie Arbeitskräfte.

3.1.1 Kapitalgeber

Fortbestand bzw. Wachstum von Unternehmen bedingt ein bestimmtes Ausmaß an finanziellen Mitteln, welche den Unternehmen zur Verfügung stehen müssen. Häufig lassen sich Investitionen nicht aus eigenen Mitteln finanzieren und bedürfen daher der Aufnahme von Fremdkapital. Wird Fremdkapital von Banken bzw. Kreditinstituten zur Verfügung gestellt, so wächst der Einfluß dieser Institute auf das Unternehmen und auf die im Unternehmen getroffenen Entscheidungen; gleiches gilt, wenn Anteile an Unternehmen von Banken erworben werden. In der Bundesrepublik Deutschland hat diese Tatsache in der Vergangenheit häufig zu Diskussionen über die Macht der Banken geführt. Die Verquickung von produzierenden Unternehmen und finanzielle Mittel bereitstellenden Instituten kommt insbesondere dadurch zum Ausdruck, daß Aufsichtsratspositionen nicht selten von Angehörigen deutscher Großbanken eingenommen werden. Insofern ergeben sich hier unmittelbare Einflußpotentiale der Banken auf unternehmerische Entscheidungsfelder wie die langfristige Unternehmensstrategie, Investitionsentscheidungen und die Personalpolitik des jeweiligen Unternehmens (vgl. Dunst 1983, S. 26).

3.1.2 Arbeitskräfte

Jedes Unternehmen ist zur Leistungserstellung auf eine bestimmte Quantität von Arbeitskräften angewiesen. Neben der Quantität spielt darüber hinaus die Qualität der Arbeit im Sinne der an die Arbeitskräfte gestellten Anforderungen eine Rolle. Je nach Spezifität der Qualitätsanforderungen ist es durchaus möglich, daß Unternehmen trotz hoher Massenarbeitslosigkeit in einem Land Arbeitskräfte aus dem Ausland akquirieren müssen, da im Inland nicht ausreichend Personen mit entsprechender Qualifikation zur Verfügung stehen; es entsteht also eine Übernachfrage nach Arbeitskräften trotz einer allgemein hohen Arbeitslosenquote.

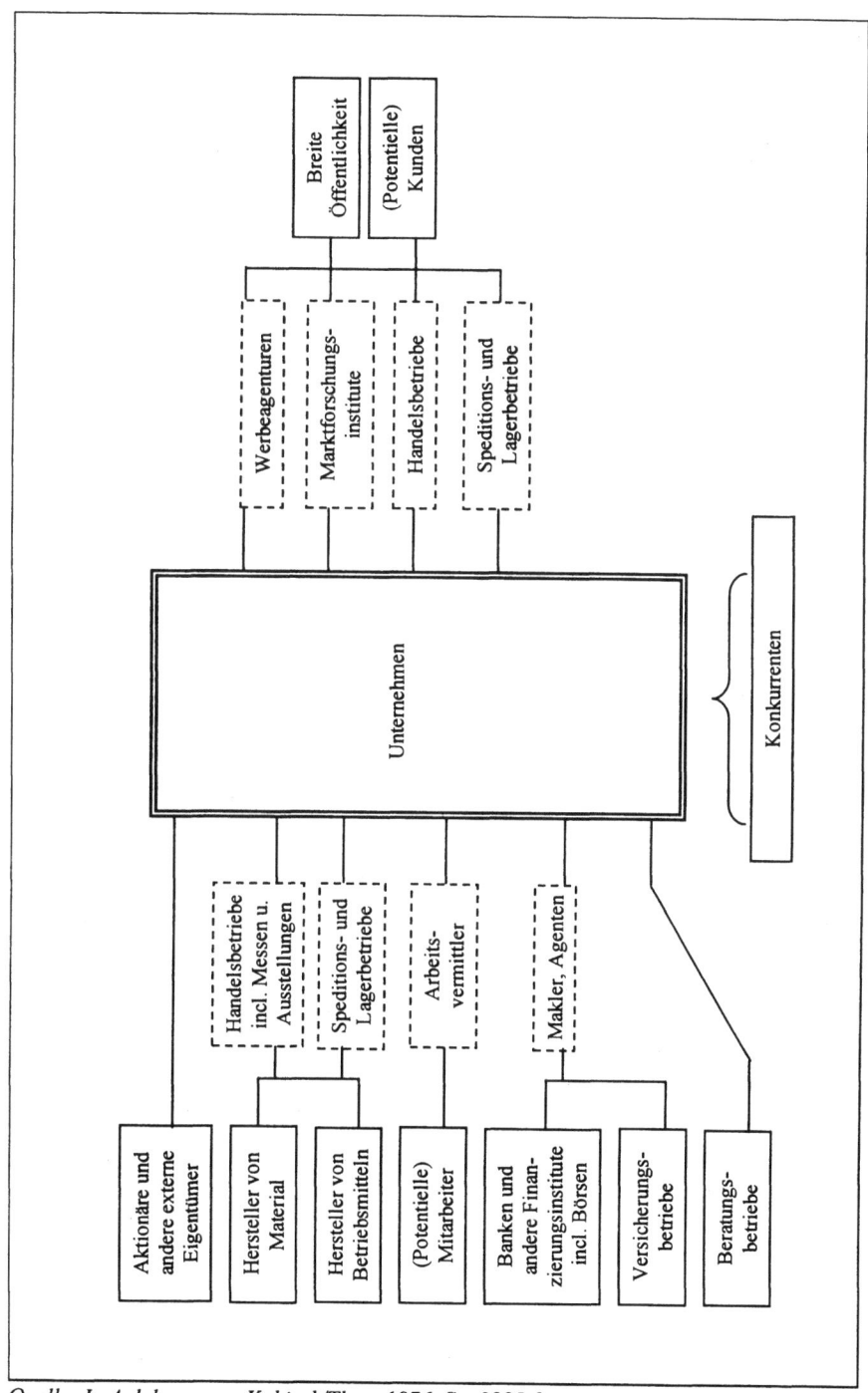

Quelle: In Anlehnung an Kubicek/Thom 1976, Sp. 3995 f.
Abb. 5: Die aufgabenspezifische Umwelt von Unternehmen

Die zunehmende Arbeitsteilung bewirkt, daß die Aufgabeninhalte zudem noch spezieller werden. Einher mit dieser Entwicklung geht die Notwendigkeit von demokratischen statt autoritären Führungsstilen und die Tendenz zur Teamarbeit, da die starke Spezialisierung zu Informationsvorsprüngen des einzelnen Arbeitnehmers im Hinblick auf sein Arbeitsgebiet führt. Die gegenseitige Abhängigkeit der einzelnen Arbeitnehmer steigt demnach mit der Folge, daß Probleme häufig nur gemeinsam gelöst werden können.

3.1.3 Lieferanten

Wesentliche Determinanten zur Beurteilung der Beschaffungssituation von Betriebsmitteln und Materialien aus Sicht eines Unternehmens bestehen in der Störanfälligkeit gegenüber Lieferungen, der Verhandlungsstärke der Lieferanten sowie der Entwicklung der Faktorpreise (vgl. Bea/Haas 1997, S. 85). Die *Verhandlungsstärke der Lieferanten* stellt dabei eine zentrale Größe dar, da sie die Störanfälligkeit des Unternehmens gegenüber Lieferungen sowie die Faktorpreisentwicklung unmittelbar tangiert. So ist die Verhandlungsstärke von Lieferanten um so größer, je geringer die Substitutionsmöglichkeit in Form von Ersatzinputs ist; von geringer Subsitutionsmöglichkeit ist auszugehen, wenn entweder keine anderen Bezugsmöglichkeiten bestehen oder aber die Kosten des Lieferantenwechsels – z.B. aufgrund einer ausgeprägten Produktdifferenzierung mit hohen Switching Costs als Folgekosten – sehr hoch sind. In dieser Situation ist eine hohe Störanfälligkeit des Unternehmens gegenüber Lieferungen gegeben, da im Falle des Lieferausfalls – zumindest kurzfristig bzw. unter vertretbaren Kosten – kein Lieferantenwechsel stattfinden kann. Gleiches gilt, wenn auf der Beschaffungsseite eine hohe Konzentration vorliegt; stehen vielen relativ kleinen Abnehmern nur ein Lieferant bzw. wenige große Lieferanten gegenüber, so ist von einer Machtkonzentration auf der Lieferantenseite auszugehen. Der Einfluß der Verhandlungsstärke der Lieferanten auf die Preise der Inputfaktoren liegt auf der Hand. Lassen sich Faktorpreiserhöhungen seitens des produzierenden Unternehmens nicht an die eigenen Abnehmer weitergeben, so reduziert sich die Gewinnmarge des Unternehmens entsprechend.

Je nach Macht- und Finanzverhältnissen auf der Lieferanten- und Abnehmerseite kann es zu Kooperationen oder Aufkäufen kommen. Bestehen seitens des Abnehmers hohe finanzielle Reserven, so kann die Störanfälligkeit gegenüber Lieferungen dadurch reduziert werden, daß Zulieferbetriebe im Rahmen einer vertikalen Integration aufgekauft werden. Sind die Finanzreserven weniger ausgeprägt, so kann versucht werden, eine längerfristige Kooperation mit dem Zulieferer einzugehen. Attraktiv aus Sicht des Zulieferers sind beispielsweise Abnahmegarantien über größere Zeiträume.

3.2 Absatzmärkte

Wichtige Elemente auf der Absatzseite von Unternehmen sind die Mitbewerber auf den Märkten, auf denen das betrachtete Unternehmen tätig ist, sowie Distributionspartner, absatzfördernde Dienstleister (Werbeagenturen, Marktforschungsinstitute) und die Endnachfrager.

3.2.1 Wettbewerber

Der Wechsel von Verkäufer- zu Käufermärkten, verbunden mit häufig nur noch geringen Wachstumsraten auf einzelnen Märkten, hat zu einer sich verschärfenden Wettbewerbssituation geführt. Dieser Verdrängungswettbewerb hat in vielen Branchen einen *Konzentrationsprozeß* eingeleitet mit der Folge, daß statt atomistischen Marktstrukturen nunmehr oligopolistische Märkte vorliegen. Das Überleben kleiner Anbieter auf diesen Märkten ist nur dann gesichert, wenn lukrative Nischenmärkte erfolgreich bearbeitet werden, welche von den größeren Anbietern nicht bedient werden.

Der Konzentrationsprozeß hat inzwischen eine internationale Dimension angenommen. Länderübergreifende Joint-Ventures bzw. Unternehmensakquisitionen sind keine Ausnahmeerscheinung mehr. Insbesondere auf Märkten, auf denen weltweite Überkapazitäten bestehen und auch der Wettbewerb international geprägt ist, sind Zusammenschlüsse von Unternehmen verschiedener Länder zu beobachten (z.B. Automobilindustrie).

Einen weiteren wichtigen Parameter für den Wettbewerb stellen die *Marktzutrittsschranken* auf den jeweiligen Märkten dar. Marktzutrittsschranken können als Kräfte definiert werden, die außerhalb des Feldes stehenden Unternehmen davon abhalten, sich in ein Geschäftsfeld zu begeben (vgl. Steinmann/Schreyögg 1997, S. 169). Auf diese Weise können die etablierten Anbieter ihre Marktposition absichern, bei gleichzeitig geringer Attraktivität des Einstiegs in den Markt für Newcomer. Unterschieden wird dabei zwischen strukturellen, strategischen und politisch-motivierten Eintrittsbarrieren (vgl. Porter 1997, S. 29 ff.). Während Quellen struktureller Eintrittsbarrieren in Betriebsgrößenvorteilen (Economies of Scale), absoluten Kostenvorteilen des stärksten Anbieters (z.B. durch Erfahrung, benutzte Technologie, Economies of Scope bzw. Synergieeffekte) sowie im Ausmaß des erforderlichen Kapitals für den Markteintritt zu sehen sind, bestehen strategische Marktzutrittshindernisse in Umstellungskosten der Nachfrager, Käuferloyalität sowie den Zugangsmöglichkeiten zu den Vertriebskanälen; politisch-motivierte Marktzutrittsschranken ergeben sich schließlich aus dem Verhalten der politischen Parteien bzw. der Gesetzgebung (z.B. Versorgungsmonopole wie Postdienste und Wasserversorgung, Niederlassungsvorschriften für Ärzte und Apotheker usw.).

Selbst wenn ein Marktzutritt attraktiv erscheint, muß aus Sicht des potentiellen Newcomers abgeschätzt werden, wie die Marktsituation nach erfolgter Reaktion der etablierten Anbieter aussieht (vgl. Bea/Haas 1997, S. 88). Um Wahrscheinlichkeit und Ausmaß der Konkurrenzreaktion abschätzen zu können (z.B. Preissenkungen bei Eintritt des Newcomers), empfiehlt es sich, vorher das Reaktionsverhalten der etablierten Anbieter bei ähnlichen Situationen in der Vergangenheit zu analysieren sowie die Finanzkraft dieser Anbieter und die Höhe der Marktaustrittsbarrieren (z.B. Wertverluste bzw. Abschreibungsbedarf der getätigten Investitionen, Sozialpläne für die Belegschaft) festzustellen.

3.2.2 Distributionspartner und unterstützende Dienstleister

Distributionspartner wie der Groß- und Einzelhandel ermöglichen, daß Produkte eines Herstellers einer größeren Käuferschaft zugänglich gemacht werden. In Analogie zu den Ausführungen auf der Beschaffungsseite reduziert eine große Verhandlungsmacht des Handels die Rentabilität des Herstellers und damit gleichzeitig die Marktattraktivität. Eine hohe Konzentration im Handel, verbunden mit einer großen Abnahmemenge einzelner Abnehmer, ist charakteristisch für eine derartige Situation; in dieselbe Richtung wirken hohe Produktstandardisierungen, so daß ein Bezugswechsel durch den Handel schnell und problemlos erfolgen kann. Nachteilig für die Verhandlungssituation aus Sicht des Herstellers kann ebenfalls eine gute Informationslage des Handels über die Kosten bzw. Gewinnsituation einzelner Hersteller sein.

Infolge der in einigen Bereichen (z.B. Preis) diametral entgegengesetzten Interessen von Hersteller und Handel ist aus Sicht des Herstellers ein systematisches *Konfliktmanagement* zu betreiben. Im Mittelpunkt sollte dabei die Zielsetzung stehen, die konstruktiven Effekte von Konflikten zu fördern und die destruktiven zu minimieren. Es existieren fünf Ansätze für ein effektives Konfliktmanagement (vgl. Berman 1996, S. 576):
– Problemlösung,
– Überzeugung,
– Verhandlung,
– Politics und
– Auflösung.

Während der Problemlösung ein kooperatives Verhalten der Konfliktbeteiligten zugrunde liegt und eine Lösung angestrebt wird, welche alle beteiligten Konfliktparteien akzeptieren können, wird bei der Überzeugung der Versuch der Verhaltensbeeinflussung eines oder mehrerer Konfliktbeteiligten unternommen (z.B. durch Vermittlung einer anderen Sichtweise der Problematik oder Umgewichtung von Entscheidungskriterien). Ziel von Verhandlungen ist es hingegen, eine Konfliktlösung zu finden, die alle Konfliktparteien zufrieden stellt; es wird versucht, eine Kompromißlösung zu finden. Im Unterschied zur Problemlösung sind Zugeständnisse der Konfliktbeteiligten notwendig. Politics bedeutet, daß entweder Koalitionen gebildet, unabhängige Dritte in Form von Vermittlungs- oder Schlichtungsstellen zur Konfliktbewältigung herangezogen werden oder daß der Rechtsweg bestritten wird. Besteht keine Möglichkeit der Konfliktbeseitigung, so ist eine Auflösung der Zusammenarbeit der Distributionspartner angezeigt.

Als besonders erfolgreich hat sich erwiesen, statt einer – häufig nur kurzfristig wirksamen – Push-Strategie, durch welche Produkte durch Händlerrabatte, günstige Bezugskonditionen, Händlerschulungen, unterstützende Verkaufsförderungsmaßnahmen usw. in die Absatzkanäle gedrückt werden, eine Pull-Strategie einzuschlagen; hier wird versucht, eine starke Position bei den Endnachfragern aufzubauen (z.B. mittels intensiver Kommunikationspolitik), so daß eine entsprechend starke Nachfrage die Produkte aus den Absatzkanälen herauszieht (vgl. Feige 1996, S. 111 ff.).

Unterstützung im Absatzbereich erfahren Unternehmen durch die Inanspruchnahme von Dienstleistern wie Werbeagenturen und Marktforschungsinstituten. Durch eine genaue Analyse des Käuferverhaltens sowie des Konkurrenzumfeldes durch externe Marktforschungsinstitute lassen sich adäquate Marketingstrategien entwickeln und die Marketinginstrumente zielgerecht einsetzen. Ein wesentliches Instrument stellt dabei die Kommunikationspolitik dar (vgl. z.B. Berndt 1995a, S. 273 ff.; Bruhn 1997). Aufgaben wie Werbemittelentwurf und -produktion sowie Mediaplanung und -buchung werden dabei im Regelfall von externen Dienstleistern (Werbeagenturen) übernommen. Die derzeitige Situation, gekennzeichnet durch Information-Overload, zunehmende Marktsättigung sowie Austauschbarkeit von Produkten, erschwert die Arbeit der Werbeagenturen nicht unerheblich. Läßt sich keine auf den Produktattributen bzw. dem Produktnutzen basierende Unique-Selling-Proposition (USP) aufbauen, so besteht die Aufgabe der Werbeagenturen häufig darin, eine Unique-Communications-Proposition (UCP) zu kreieren, um auf diese Weise eine Heterogenisierung des Produktangebots mit dem Ziel der Präferenzsteigerung für diese Produkte zu erreichen (vgl. Pepels 1996, S. 867).

3.2.3 Endnachfrager

Je nach Branchenzugehörigkeit bestehen die Nachfrager eines Unternehmens aus Konsumenten, welche direkt oder über den Handel versorgt werden, oder Institutionen wie industriellen Betrieben oder öffentlichen Nachfragern. Diese Unterscheidung impliziert ein grundsätzlich unterschiedliches *Kaufverhalten*; organisationalen Beschaffungs- bzw. Kaufentscheidungen bei privaten Betrieben oder öffentlichen Nachfragern wird regelmäßig ein höherer Organisationsgrad, eine größere Formalisierung sowie häufig – je nach Beschaffungsentscheidungstyp – Multipersonalität konstatiert. Abgebildet wird das organisationale Beschaffungsverhalten in Modellen, welche versuchen, die Kaufentscheidungsprozesse zu strukturieren und Determinanten des Kaufverhaltens offen zu legen. Gleiches gilt für Modelle, welche den Kaufentscheidungsprozeß von Konsumenten abzubilden versuchen. Abbildung 6 zeigt das Modell von Howard und Sheth als Beispiel für ein konsumentenorientiertes Kaufentscheidungsmodell.

Primäres Ziel derartiger Modelle ist die Beschreibung des Kaufverhaltens. Für eine Erklärung, insbesondere aber darauf aufbauend für eine Prognose des Kaufverhaltens sind diese Modelle nur sehr eingeschränkt geeignet. Eine empirische Überprüfung des Modells von Howard und Sheth erbrachte beispielsweise nur sehr unzureichende Ergebnisse; als Grund hierfür wurden noch mangelhafte Meßtechniken zur Operationalisierung der in diesem Modell verwandten Konstrukte angeführt (vgl. Berndt 1996, S. 98).

Im Hinblick auf konsumentenorientierte Kaufentscheidungen ist zudem festzustellen, daß das Kaufverhalten zunehmend differenzierter wird; wesentlicher Ausdruck dieser Tatsache ist die Polarisierung des Konsums, welche sich in Luxuskäufen einerseits und gleichzeitigen Sparkäufen andererseits durch ein und dieselbe Person widerspiegelt. Im Hinblick auf das organisationale Kauf- bzw. Beschaffungsverhalten ist davon auszugehen, daß infolge des erhöhten Wettbewerbsdrucks die Beschaffungsprozesse zunehmend informationsgestützter gestaltet

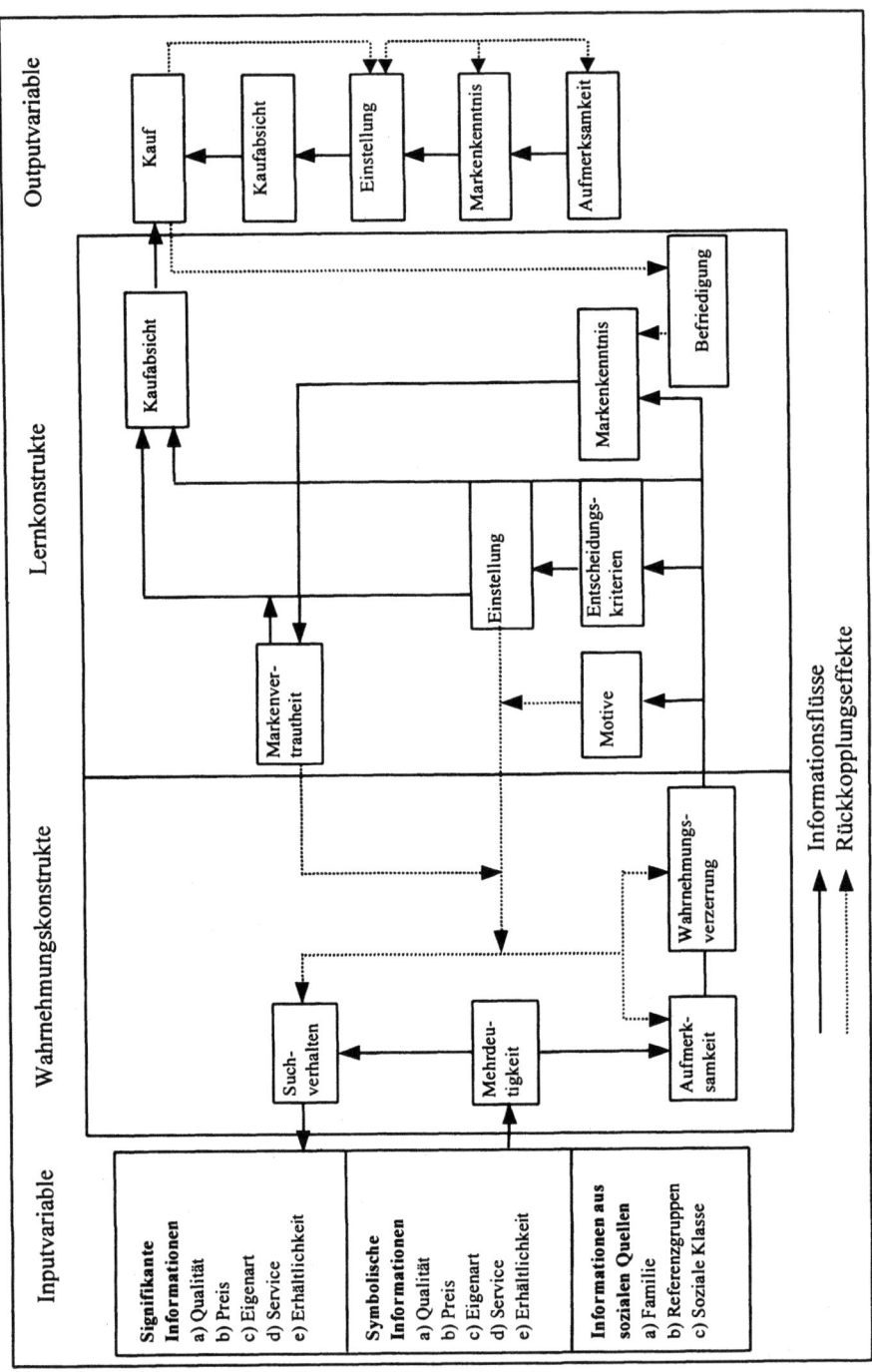

Quelle: Berndt 1996, S. 96
Abb. 6: Das Kaufentscheidungsmodell von Howard/Sheth

werden, um Fehlentscheidungen im Beschaffungswesen möglichst auszuschließen. Derartige Fehlentscheidungen können zu Nachteilen im Hinblick auf die Kostenstruktur und somit auch im Hinblick auf die Wettbewerbsposition des Unternehmens als Ganzes führen. Neuartige *Kommunikations- und Informationstechnologien* wie das Internet können dabei nützliche Dienste erbringen, da sie umfassende, aktuelle und detaillierte beschaffungsrelevante Informationen (Preise, Produktqualitäten, Service, Garantien usw.) in kurzer Zeit zu geringen Kosten zur Verfügung stellen. Auch für Konsumenten stellt das Internet – z.B. für Gebrauchsgüter – eine wertvolle Informationsquelle dar; insofern ist auch im Hinblick auf die Konsumenten von einem höheren Kenntnisstand auszugehen mit der Folge, daß Käufe zumindest im Bereich länger genutzter Gebrauchsgüter kritischer erfolgen.

4 Unternehmen

Neben der globalen und der aufgabenspezifischen Umwelt als externes Umfeld von Unternehmen hat eine interne Analyse des Unternehmens selbst zu erfolgen. Ziel der Analyse ist die Abstimmung der Potentiale eines Unternehmens im Hinblick auf die Unternehmensumwelt im Sinne eines „System-Umwelt-Fit". Zusammengeführt werden können die interne und die externe Analyse in der Portfolio-Analyse, welche die aus der Umweltanalyse sich abzeichnenden Chancen und Risiken und die aus der Unternehmensanalyse resultierenden Stärken und Schwächen zusammenführt (vgl. Hinterhuber 1996, S. 146 ff.). Die sich aus der internen Analyse ergebenden strategischen Erfolgsfaktoren von Unternehmen können dabei in Leistungspotentiale und Führungspotentiale aufgespalten werden. Die einzelnen Erfolgsfaktoren sowie ihre Zugehörigkeit zu Leistungs- bzw. Führungspotentialen eines Unternehmens zeigt Abbildung 7.

4.1 Leistungspotentiale

Leistungspotentiale eines Unternehmens basieren auf den betrieblichen Funktionen Beschaffung, Produktion, Absatz sowie auf personellen, finanziellen und technologischen Inputgrößen (vgl. Abbildung 7). Aufzuspalten sind diese Potentiale in einzelne Erfolgsfaktoren; ein – je nach unternehmensspezifischer Situation erweiterbarer – Katalog dieser Erfolgsfaktoren besteht aus folgenden Einzelfaktoren (vgl. Bea/Haas 1997, S. 100 f.):

(a) Beschaffung
– Relative Preise der Faktoren,
– Qualität der Vorprodukte,
– Abstimmung mit Lieferanten (z.B. Verwirklichung des Just-in-Time-Prinzips),
– Grad der Abhängigkeit von Lieferanten (Höhe der Switching Costs).

(b) Produktion
– Kapazität der Fertigungsanlagen,
– Leistungsstand der Fertigungsanlagen,
– Flexibilität der Fertigungsanlagen,

- Fertigungstiefe,
- Kostenstruktur.

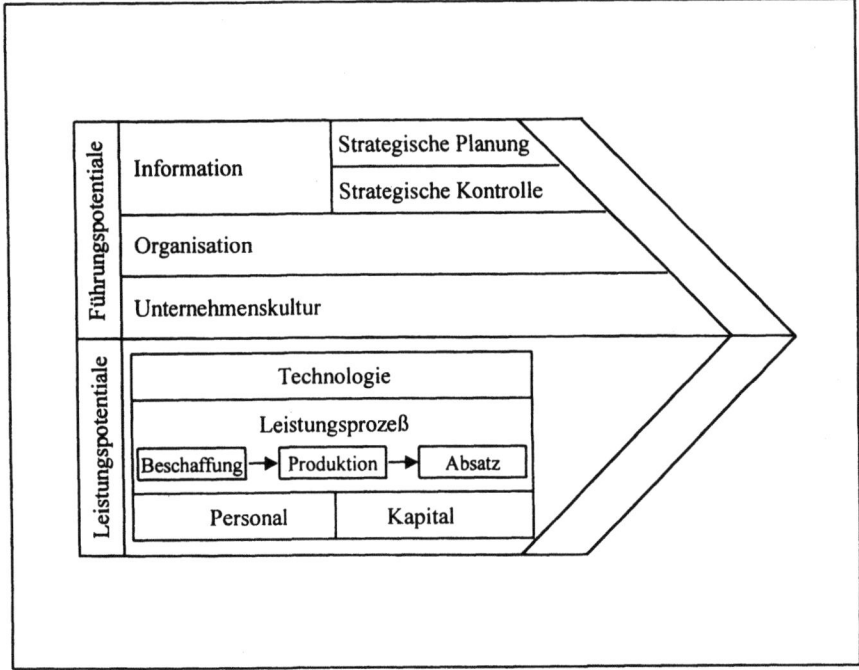

Quelle: In Anlehnung an Bea/Haas 1997, S. 99
Abb. 7: Die strategischen Erfolgsfaktoren

(c) Absatz
- Zusammensetzung des Produktionsprogrammes,
- Produktqualität,
- Laufzeit von Schutzrechten,
- Altersaufbau der Produkte,
- Qualität des Distributionssystems,
- Qualität der After-Sales-Services (Betreuung, Schulung),
- Preisspielraum,
- Lieferfähigkeit,
- Marktanteil,
- Kundentreue.

(d) Personal
- Qualifikation,
- Motivation,
- Alter und Ausbildung,
- Lernfähigkeit,
- Identifikation mit dem Unternehmen,

– Unternehmerisches Handeln.
(e) Kapital
– Zugang zum Kapitalmarkt,
– Verschuldungsgrad,
– eigene finanzielle Ressourcen,
– finanzielle Ressourcen verbundener Unternehmen.
(f) Technologie (Forschung und Entwicklung)
– Forschungs- und Entwicklungsaufwand,
– Forschungseffizienz,
– Patente, Lizenzen.

In Abhängigkeit von der Bedeutung der einzelnen dargestellten Faktoren für den strategischen Unternehmenserfolg empfiehlt sich eine Gewichtung dieser Faktoren, da davon auszugehen ist, daß die einzelnen Faktoren einen unterschiedlichen Beitrag zum Erfolg eines Unternehmens leisten. Dabei ist zu beachten, daß die einzelnen aufgeführten Faktoren im Hinblick auf ihre Operationalisierung unterschiedliche Anforderungen stellen; während beispielsweise Faktorpreise, Fertigungskapazitäten und der Altersaufbau von Produkten problemlos meßbar sind, ist die Quantifizierung von Größen wie Produktqualität, Motivation der Mitarbeiter und Forschungseffizienz ungleich schwieriger. Häufig sind es jedoch gerade diese Faktoren, welche den Erfolg eines Unternehmens ausmachen.

4.2 Führungspotentiale

Führungspotentiale eines Unternehmens rekrutieren sich aus den Bereichen Information mit den zugehörigen Teilbereichen der strategischen Planung und Kontrolle sowie der Organisation und der Unternehmenskultur (vgl. Abbildung 7). Wesentliche Einzelfaktoren des unternehmerischen Erfolgs können folgendem Katalog entnommen werden (in Anlehnung an Bea/Haas 1997, S. 101 f.).

(a) Information
– Strategische Planung:
  – Zielbildung,
  – Umwelt- und Unternehmensanalyse,
  – Strategiewahl und -implementierung.
– Strategische Kontrolle:
  – Kontrollkonzeptionen,
  – Kontrollsysteme und deren Implementierung.
– Strategisch orientierte Unternehmensrechnung (z.B. Prozeßkostenrechnung, Target Costing),
– Früherkennungssysteme,
– Computergestützte Informationssysteme.

(b) Organisation
– Zahl der Hierarchieebenen,
– Grad der Dezentralisation,
– Flexibilität der Organisation,
– Lernfähigkeit der Organisation,
– Kooperationsfähigkeit mit anderen Unternehmen.

(c) Unternehmenskultur
- Stärke der Unternehmenskultur,
- Grad der Außenorientierung,
- Innovationsfähigkeit.

Wie bei den Leistungspotentialen ist auch bei den Führungspotentialen von einer unterschiedlichen Bedeutung der Einzelfaktoren im Hinblick auf den strategischen Erfolg auszugehen; auch hier ist also ein Gewichtungsschema einzuführen, welches diesen Bedeutungsunterschieden Rechnung trägt.

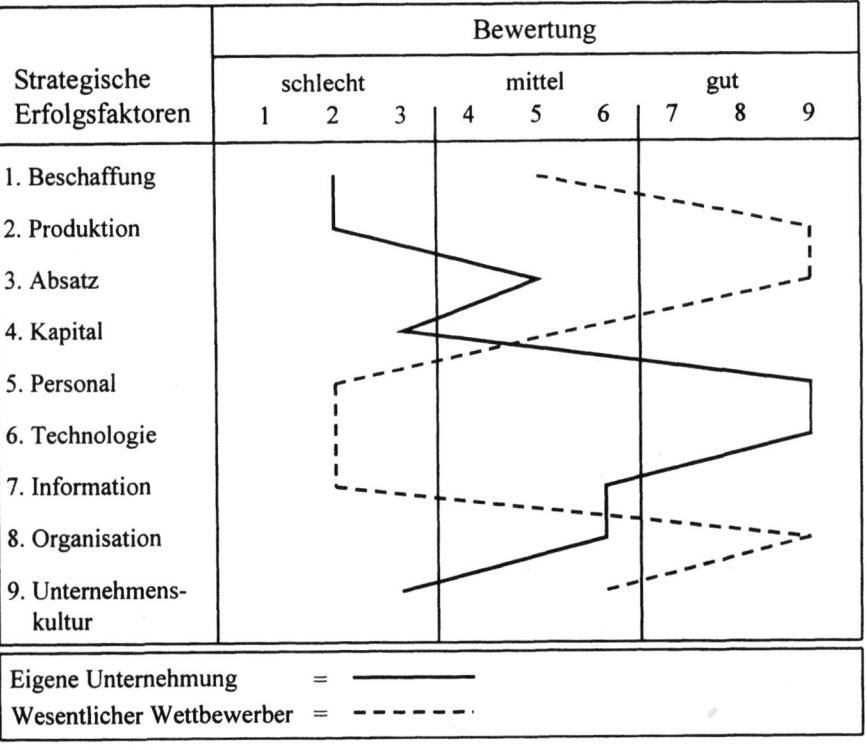

Quelle: *In Anlehnung an Hinterhuber 1996, S. 127*
Abb. 8: Stärken-Schwächen-Profil

Um eine verwertbare Aussage treffen zu können, sind die Ausprägungen der strategischen Erfolgsfaktoren aus den Bereichen der Führungs- und Leistungspotentiale eines Unternehmens im Hinblick auf die Konkurrenz bzw. den wichtigsten Wettbewerber zu relativieren. Auf diese Weise können *Stärken und Schwächen* des eigenen Unternehmens offengelegt werden, welche es aufrechtzuerhalten bzw. auszubauen gilt (Stärken) oder welche eliminiert werden müssen (Schwächen). Ist eine Elimination der Schwächen nicht oder zumindest nicht unter vertretbarem zeitlichen und/oder finanziellen Aufwand möglich, so hat eine Konzentration auf die Stärken zu erfolgen.

Zur Visualisierung von Stärken und Schwächen im Führungs- und Leistungsbereich empfiehlt sich ein Polaritätsprofil wie in Abbildung 8 dargestellt. Keine Bedeutung bei dieser Darstellung erhalten allerdings die Gewichtungsfaktoren für die einzelnen Erfolgsfaktoren. Sie können im Rahmen eines Scoring-Modells verwendet werden, welches infolge der Aggregation zu einer gewichteten Gesamtpunktzahl – also eines einzigen numerischen Wertes für die gesamten Erfolgsfaktoren – allerdings einen erheblichen Informationsverlust impliziert (zu Scoring-Modellen vgl. z.B. Berndt 1995a, S. 71 ff.).

4.3 Empirische Bedeutung der Leistungs- und Führungspotentiale für den Erfolg von Unternehmen

In empirischen Studien wurde versucht festzustellen, welcher Zusammenhang zwischen einzelnen Erfolgsfaktoren und ausgewählten Zielgrößen besteht. Besondere Bedeutung hat dabei das *PIMS-Programm* (Profit Impact of Market Strategy) erlangt, welches in den sechziger Jahren auf Anregung des amerikanischen Unternehmens General Electric entwickelt wurde (vgl. Kreikebaum 1993, S. 99 ff.). Inzwischen sind fast 500 Unternehmen mit mehr als 3000 strategischen Geschäftseinheiten an diesem Programm beteiligt und stellen Daten zur Verfügung. Hintergrund dieses Programms ist der Gedanke, daß bestimmte „Gesetzmäßigkeiten" des Marktes den Erfolg von Unternehmen determinieren. Als Zielgrößen wurden dabei der Return-on-Investment (RoI) sowie der Cash-Flow herangezogen. Abbildung 9 zeigt die fünf wichtigsten Bestimmungsfaktoren am Beispiel des RoI auf. Insgesamt wurden 37 voneinander unabhängige Erfolgsfaktoren erfaßt; diese erklären ca. 80 Prozent der Varianz des Return-on-Investment (vgl. Steimann/ Schreyögg 1997, S. 206).

Gleichwohl ist darauf hinzuweisen, daß hier nicht von deterministischen Zusammenhängen zwischen den Erfolgsfaktoren und der jeweiligen Zielgröße ausgegangen werden kann; Gesetzmäßigkeiten im engeren Sinne, welche die Zusammenstellung von Erfolgsrezepten erlauben, existieren nicht. Darüber hinaus ist darauf hinzuweisen, daß die Datenbank des PIMS-Programms naturgemäß Vergangenheitsdaten enthält. Ob eine Gültigkeit der Zusammenhänge auch für die Zukunft erwartet werden kann, hängt von der Stabilität des Systems ab. Zudem sind die Ergebnisse dahingehend zu überprüfen, ob sie auch für das eigene Unternehmen Gültigkeit haben bzw. in welchem Ausmaß bestimmte Sachverhalte auf die Situation des eigenen Unternehmens übertragen werden können oder modifiziert werden müssen.

5 Zum Verhältnis von Unternehmen und Umwelt

Eine zentrale und häufig gestellte Frage besteht in der Haltung, welche ein Unternehmen gegenüber der Umwelt einnehmen soll. Grundsätzlich lassen sich in Abhängigkeit von der Ressourcenausstattung, Machtsituation und anderen Faktoren aktive und reaktive Verhaltensweisen identifizieren, welche mit der *Strategie der Beeinflussung* (aktiv) bzw. *Anpassung* (reaktiv) korrespondieren (vgl. Kubicek/ Thom 1976, Sp. 4002 ff.). Bedeutsam für diese Unterteilung ist die Auffassung, ob die Umwelt aus Sicht des Unternehmens als Determinante oder als – mehr oder weniger – formbares System zu sehen ist. Es liegt auf der Hand, daß in Abhängigkeit von der Nähe der jeweiligen Umwelt zum Unternehmen graduelle Abstufungen vorzunehmen sind (vgl. auch Abbildung 1). Insofern ist es wichtig, nicht von „der Unternehmensumwelt" schlechthin zu reden, sondern eine differenziertere Einteilung bzw. Sichtweise vorzunehmen.

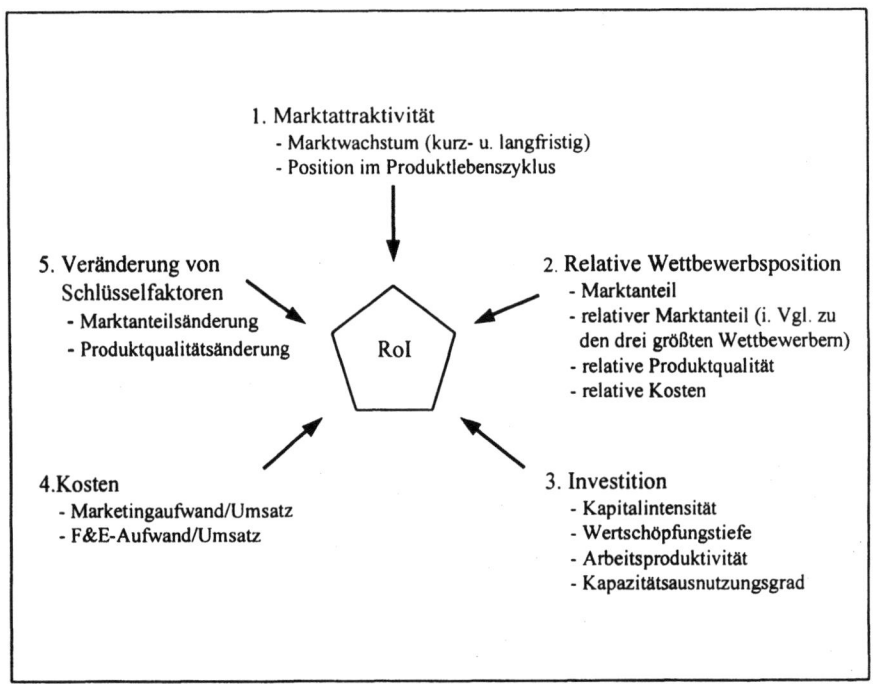

Quelle: Bea/Haas 1997, S. 107
Abb. 9: Die wichtigsten Bestimmungsfaktoren für den RoI nach PIMS

Von zentraler Bedeutung ist in diesem Zusammenhang das Konstrukt „Macht"; allgemein kann Macht als Fähigkeit interpretiert werden, das Verhalten Anderer – z.B. von einzelnen oder mehreren Elementen im Umfeld eines Unternehmens – im Sinne der eigenen Zielsetzungen beeinflussen zu können (vgl. Steffenhagen 1975, S. 47f.). Je größer das Machtpotential eines Unternehmens ist, desto wahrscheinlicher erscheint die Wahl einer Beeinflussungstrategie statt einer Anpassungsstrategie, da hierdurch die Umwelt im Sinne eigener Interessen und Ziele geformt werden kann. Diese Sichtweise deutet auf eine interaktionstheoretische Interpretation des Verhältnisses Unternehmen/Umwelt hin. In der Tat ist theoretischen Ansätzen, welche die Interaktion zwischen Unternehmen und Umwelt in den Vordergrund rücken, wie der Ressourcenabhängigkeitsansatz, der unternehmensstrategische Ansatz und der Ansatz interorganisationaler Netzwerke eine zunehmende Bedeutung zu konstatieren (vgl. Schreyögg 1993, Sp. 4243 ff.). Der Ressourcenabhängigkeitsansatz stellt die Abhängigkeit des Unternehmens von extern zu beschaffenden Ressourcen in den Mittelpunkt der Betrachtung, die es durch interne Schutzmaßnahmen oder proaktive Maßnahmen zur Steigerung der Umweltkontrolle (z.b. Akquisition von ressourcenstrategisch wichtigen Unternehmen, Beeinflussung von Marktpartnern durch Kommunikation und Lobbyismus) abzusenken gilt. Der unternehmensstrategische Ansatz hingegen konzentriert sich auf die Selektion einer umweltadäquaten Strategie, welche auf den unternehmensspezifischen Stärken aufbaut; konkret ist hier das Verhältnis des jeweiligen Unternehmens zur Umwelt in strategischen Leitlinien bzw. Unternehmensgrundsätzen zu verdeutlichen. Die interorganisationalen Netzwerke schließlich gehen nicht von isoliert handelnden Unternehmen aus, sondern fassen das Umfeld von Unternehmen als Geflecht komplexer sozialer Netzwerke auf. Zu diesen Netzwerken kann das Unternehmen in bestimmter Beziehung stehen oder sogar Mitglied sogenannter strategischer Gruppen sein.

Außerhalb dieser interaktionstheoretischen Ansätze stehen Theorien mit einseitiger Wirkungsrichtung der Umwelt auf Unternehmen. Weiten Eingang in die einschlägige Literatur hat in diesem Zusammenhang der situative Ansatz der Organisationsforschung gefunden (vgl. z.B. Kieser/Kubicek 1992, S. 46 ff.). Dieser Ansatz impliziert, daß exogene Determinanten eine spezifische Organisationsstruktur bewirken bzw. vorteilhaft erscheinen lassen; die Angemessenheit unternehmerischer Organisationsstrukturen hängt also von der konkreten Umweltsituation ab. Diejenigen Unternehmen, die diese Strukturerfordernisse nicht erfüllen, werden – zumindest bei langfristiger Betrachtung – einer „natürlichen" bzw. „evolutorischen" Selektion zum Opfer fallen und scheiden aus dem Markt aus.

Grundsätzlich ist die Vielfalt der nebeneinander existierenden Theorien zum System-Umwelt-Zusammenhang zu begrüßen; von einer Dominanz bestimmter Strömungen kann derzeit nicht gesprochen werden. Gleichwohl verlagern sich die Aktivitäten weg von kausalanalytischer Determinantenforschung hin zu den eher handlungs- bzw. systemtheoretisch ausgerichteten Interdependenzansätzen (vgl. Schreyögg 1993, Sp. 4245). Da die wechselseitige Ausrichtung dieser Ansätze anhand der Realität unmittelbar nachvollziehbar ist und sie damit in besonderem Maß in der Lage sind, die Realität adäquat abzubilden, ist diese Neuorientierung der betrieblichen Umweltforschung grundsätzlich begrüßenswert.

Literaturverzeichnis

Bea, F. X., Dichtl, E., Schweitzer, M. (Hrsg.) (1997), Allgemeine Betriebswirtschaftslehre, Bd. 2: Führung, 7. Aufl., Stuttgart 1997

Bea, F. X., Dichtl, E., Schweitzer, M. (Hrsg.) (1997), Allgemeine Betriebswirtschaftslehre, Bd. 3: Leistungsprozeß, 7. Aufl., Stuttgart 1997

Bea, F. X., Haas, J. (1997), Strategisches Management, 2. Aufl., Stuttgart 1997

Berndt, R. (1996), Marketing 1: Käuferverhalten, Marktforschung und Marketing-Prognosen, 3. Aufl., Berlin u.a. 1996

Berndt, R. (1995a), Marketing 2: Marketing-Politik, 3. Aufl., Berlin u.a. 1995

Berndt, R. (1995b), Marketing 3: Marketing-Management, 2. Aufl. Berlin u.a. 1995

Berndt, R., Fantapié Altobelli, C., Sander, M. (1997), Internationale Marketing-Politik, Berlin u.a. 1997

Beschorner, D., Peemöller, V.H. (1995), Allgemeine Betriebswirtschaftslehre: Grundlagen und Konzepte, Herne, Berlin 1995

Berman, B. (1996), Marketing-Channels, New York 1996

Bitz, M., Dellmann, K., Domsch, M., Egner, H. (Hrsg.) (1993), Vahlens Kompendium der Betriebswirtschaftslehre, Bd. 1, 3. Aufl., München 1993

Bitz, M., Dellmann, K., Domsch, M., Egner, H. (Hrsg.) (1993), Vahlens Kompendium der Betriebswirtschaftslehre, Bd. 2, 3. Aufl., München 1993

Bruhn, M. (1997), Kommunikationspolitik: Bedeutung, Strategien, Instrumente, München 1997

Dunst, K. H. (1983), Portfolio Management: Konzeptionen für die strategische Unternehmensplanung, 2. Aufl., Berlin, New York 1983

Feige, S. (1996), Handelsorientierte Markenführung. Strategien zur Profilierung von Konsumgüterherstellern beim Handel, Frankfurt u.a. 1996.

Gälweiler, A. (1986), Unternehmensplanung: Grundlagen und Praxis, Frankfurt a.M., New York 1986

Grochla, E., Wittmann, W. (Hrsg.) Handwörterbuch der Betriebswirtschaft, 4. Aufl., Stuttgart 1976

Hinterhuber, H.H. (1996), Strategische Unternehmensführung, Teil 1: Strategisches Denken, 6. Aufl., Berlin, New York 1996

Hinterhuber, H.H. (1997), Strategische Unternehmensführung, Teil 2: Strategisches Handeln, 6. Aufl., Berlin, New York 1997

Howard, J.A., Sheth, J.N. (1969), The Theory of Buyer Behavior, New York 1969

Kieser, A., Kubicek, H. (1992), Organisation, 3. Aufl., Berlin, New York 1992

Kreikebaum, H. (1993), Strategische Unternehmensplanung, 5. Aufl., Stuttgart u.a. 1993

Kubicek, H., Thom, N. (1976), Betriebliches Umsystem, in: Grochla, E., Wittmann, W. (Hrsg.) Handwörterbuch der Betriebswirtschaft, 4. Aufl., Stuttgart 1976, Sp. 3977 - 4017

Marr, R. (1993), Betrieb und Umwelt, in: Bitz, M., Dellmann, K., Domsch, M., Egner, H. (Hrsg.) (1993), Vahlens Kompendium der Betriebswirtschaftslehre, Bd. 1, 3. Aufl., München 1993, S. 47 - 114

Mintzberg, H. (1979), The Structuring of Organizations, Englewood Cliffs 1979

o.V. (1998), Wir brauchen neue Spielregeln, in: Der Spiegel, Nr. 19 vom 4.5.1998, S. 124 - 127

Pepels, W. (1996), Marketing, München 1996

Porter, M.E. (1997), Wettbewerbsstrategie, 9. Aufl., Frankfurt a.M., New York 1997

Schmalen, H. (1994), Das hybride Kaufverhalten und seine Konsequenzen für den Handel, in: Zeitschrift für Betriebswirtschaft, 64. Jg. (1994), Nr. 10, S. 1221 - 1240

Schmalen, H., Lang, H. (1998), Hybrides Kaufverhalten und das Definitionskriterium des Mehrproduktfalls – Theoretische Grundlegung, Problematik und empirischer Lösungsansatz, in: Marketing ZFP, 20. Jg. (1998), Nr. 1, S. 5 - 13

Schreyögg, G. (1993), Umfeld der Unternehmung, in: Wittmann, W. u.a. (Hrsg.), Handwörterbuch der Betriebswirtschaft, 5. Aufl., Stuttgart 1993, Sp. 4231 - 4247

Steffenhagen, H. (1975), Konflikt und Kooperation in Absatzkanälen, Wiesbaden 1975

Steinmann, H., Schreyögg, G. (1997), Management: Grundlagen der Unternehmensführung: Konzepte – Funktionen – Fallstudien, 4. Aufl., Wiesbaden 1997

Wittmann, W. u.a. (Hrsg.), Handwörterbuch der Betriebswirtschaft, 5. Aufl., Stuttgart 1993

Zahn, E. (1997), Informationstechnologie und Informationsmanagement, in: Bea, F.X., Dichtl, E., Schweitzer, M. (Hrsg.), Allgemeine Betriebswirtschaftslehre, Bd. 2: Führung, 7. Aufl., Stuttgart 1997, S. 300 - 357

3 Unternehmenskonstitution

Rudolf Federmann

Inhaltsverzeichnis

1 Grundlegendes zur Unternehmenskonstitution	71
1.1 Begriff der Unternehmenskonstitution	71
1.2 Konstitutive Entscheidungen	71
1.2.1 Unternehmenskonstitution als Entscheidungsgegenstand	71
1.2.2 Genetische Betrachtung der Unternehmenskonstitution	72
1.2.3 Eigenheiten konstitutiver Entscheidungen	74
2 Entscheidung über den Unternehmensstandort	74
2.1 Entscheidungsgegenstand Standort	74
2.2 Kriterien für Standortentscheidungen	75
2.2.1 Standortfaktoren	75
2.2.2 Zulässigkeitskriterien	76
2.2.3 Erfolgskriterien	76
2.2.4 Leistungskriterien	77
2.3 Entscheidungsalternativen der Standortwahl	77
2.4 Entscheidungsprobleme und entscheidungsstützende Verfahren	78
3 Entscheidung über die Rechtsform	80
3.1 Entscheidungsgegenstand Rechtsform	80
3.2 Kriterien für die Rechtsformwahl	80
3.2.1 Zulässigkeitskriterien	80
3.2.2 Erfolgskriterien	80
3.2.3 Leistungskriterien	81
3.3 Die (privatrechtlichen) Rechtsformalternativen	85
3.3.1 Einzelunternehmen	85
3.3.2 Personengesellschaften	88
3.3.3 Kapitalgesellschaften	92
3.3.4 Genossenschaften (eG)	96
3.3.5 Vereine	97
3.3.6 Stiftungen	97
3.3.7 Grundtypendehnungen	98
3.3.8 Grundtypenmischungen	98
3.3.9 Supranationale Rechtsformen	99
3.3.10 Internationale Rechtsformen	100

3.4 Besonderheiten des Rechtsformwechsels	100
3.5 Entscheidungsprobleme und entscheidungsstützende Verfahren	101
4 Entscheidung über die Unternehmensverfassung	101
4.1 Entscheidungsgegenstand Unternehmensverfassung	101
4.2 Entscheidungskriterien	102
4.2.1 Zulässigkeitskriterien	102
4.2.2 Erfolgskriterien	104
4.2.3 Leistungskriterien	105
4.3 Entscheidungsalternativen der Unternehmensverfassung	107
4.3.1 Einzelne Gestaltungsparameter	107
4.3.2 Idealtypische Alternativen	107
4.3.3 Realtypische Alternativen	108
4.4 Entscheidungsprobleme und entscheidungsstützende Verfahren	108
5 Entscheidung über die Unternehmensbindung	110
5.1 Entscheidungsgegenstand konstitutive Unternehmensbindung	110
5.2 Entscheidungskriterien der Unternehmensbindung	111
5.2.1 Zulässigkeitskriterien	111
5.2.2 Erfolgskriterien	114
5.2.3 Leistungskriterien	115
5.3 Alternativen der Unternehmensbindung	116
5.3.1 Interessenvertretungs- und Fachgemeinschaften	116
5.3.2 Abstimmungsgemeinschaften	117
5.3.3 Auftragsgemeinschaften	117
5.3.4 Funktions- und Nutzungsgemeinschaften	118
5.3.5 Konstitutive Vertragsbindungen (insb. Unternehmensverträge)	119
5.3.6 Gemeinschaftsunternehmen	121
5.3.7 Unternehmensbeteiligung/Unternehmensübernahme	121
5.3.8 Konzerne	122
5.3.9 Eingliederung und Verschmelzung	123
5.4 Konstitutionsänderungen durch Unternehmenstrennung	124
5.4.1 Unternehmenstrennung	124
5.4.2 Betriebsaufspaltung	125
5.4.3 Unternehmensspaltung	125
5.4.4 Realteilung	126
5.5 Entscheidungsprobleme und entscheidungsstützende Verfahren	126
Literaturverzeichnis	127

1 Grundlegendes zur Unternehmenskonstitution

1.1 Begriff der Unternehmenskonstitution

Etymologisch beschreibt das Wort Konstitution [lat.: *constitutio, ionis* = die Hinstellung) insb. eine feste Einrichtung, physische, körperliche oder gesetzlich/politische Verfassung (Georges 1969). Ursprünglich wohl aus der militärischen Aktivität des Aufstellens (sich formierens, sich eine feste Stellung geben) wurde die Bedeutung auf die Verfassung eines Staates und im weiteren Sinne auf jede stabile Haltung von Personen und „Verfestigung" von Organisationen übertragen.

Im entscheidungstheoretisch ausgerichteten betriebswirtschaftlichen Schrifttum werden solche Entscheidungen als „konstitutiv" bezeichnet, die die Festlegung des grundlegenden und auf langfristige Gültigkeit angelegten Rahmens der laufenden (prozessualen) Entscheidungen zur Leistungserstellung und -verwertung zum Gegenstand haben (Steiner 1993, S. 117; Kappler/Rehkugler 1991, S. 75).

Versteht man unter einem Unternehmen eine Wirtschaftseinheit, in der Einsatzfaktoren kombiniert werden, um durch Erstellung und Verwertung von Sachgütern oder Dienstleistungen zur Erfüllung der Ziele dieser Wirtschaftseinheit und/oder ihrer Träger oder sonstiger Unternehmensbeteiligter beizutragen, so ist dessen Konstitution die „Unternehmenskonstitution". Damit wird also die längerfristig stabile (verfestigte), ein Unternehmen prägende und den Rahmen für laufende Entscheidungen und Prozesse abgebende Grundstruktur des Unternehmens und seine Einbettung in die Umwelt umschrieben.

1.2 Konstitutive Entscheidungen

Dieser Rahmen für das unternehmerische Alltagsgeschäft ist aus Unternehmenssicht teilweise nicht oder nur beschränkt gestaltbar (z.B. gesellschaftliches oder ökosphärisches Umsystem), soweit er insb. die „interne" Konstitution betrifft ist er aber auch Gegenstand unternehmerischer Entscheidungen (konstitutive Entscheidungen). Da diese die prozessualen Entscheidungen bestimmen, werden sie auch „Metaentscheidungen" genannt (Heinen 1985, S. 145).

1.2.1 Unternehmenskonstitution als Entscheidungsgegenstand

Konstitutive Entscheidungen betreffen insb. die *Unternehmensleitmaxime* (Grundzielsetzung), den *Unternehmensgegenstand* (Sachzielsetzung), die räumliche Einordnung des Unternehmens im Wirtschaftsraum (*Standort*), die Konfiguration der hinter dem Unternehmen stehenden Personenkreise (*Unternehmensträger*), die rechtsformtypische Ausgestaltung des Unternehmens (*Unternehmensrechtsform*), die sich teilweise damit überschneidende normative Grundordnung (*Unternehmensverfassung*), die organisatorische Ausgestaltung des Unternehmens (insb. *Aufbauorganisation*), die grundsätzliche Ausstattung des Unternehmens (*Faktorgrundausstattung*) und die Verbindung des Unternehmens mit anderen Unternehmen (*Unternehmensbindung*).

Zur Einbettung des Unternehmens in sein *Umfeld* gehören darüber hinaus die hier nicht weiter verfolgten externen Rahmenbedingungen des *Marktsystems* (Faktor- und Absatzmärkte), des *gesellschaftlichen* und *ökosphärischen Umsystems*.

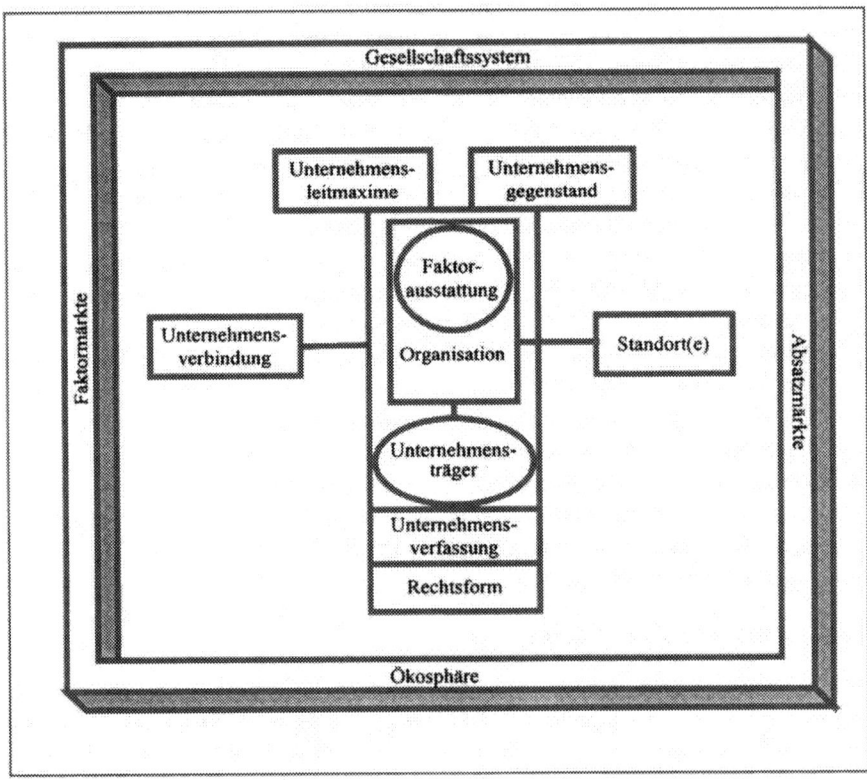

Abb. 1: Elemente der Unternehmenskonstitution

1.2.2 Genetische Betrachtung der Unternehmenskonstitution

Bei genetischer Betrachtung der Unternehmenskonstitution sind drei Anlässe für konstitutive Entscheidungen zu unterscheiden:

Die erstmalige Schaffung einer Unternehmenskonstitution erfolgt im Rahmen der Unternehmensgründung (*konstitutive Gründungsentscheidungen*).

Die Konstitutionsmerkmale sind zwar auf längerfristige Stabilität angelegt, keineswegs aber unabänderlich. Vor allem bei geänderten externen und internen Bedingungen kann eine Anpassung der Unternehmenskonstitution geboten sein (*konstitutive Anpassungsentscheidungen*, Restrukturierung).

Es kommen vor allem folgende konstitutionsändernde Entscheidungen in Betracht (vgl. Abbildung 2):
– der *Wechsel der Grundzielsetzung* (z.B. von gemeinwirtschaftlicher zu erwerbswirtschaftlicher Leitmaxime im Rahmen der Privatisierung öffentlicher Unter-

nehmen),
- der *Wechsel des Unternehmensgegenstandes* (z.B. Konversion des Unternehmensgegenstandes von Rüstungsprodukten zu zivilen Produkten),
- der *Wechsel des Standortes* (z.b. Verlegung der Hauptniederlassung oder von Betriebsstätten ins Ausland),
- der *Wechsel der Rechtsform* (sog. Formwechsel von GmbH zur Publikums-Aktiengesellschaft),
- die *Änderung der Unternehmensverfassung* (z.B. von eigentümerbestimmten zur arbeitnehmermitbestimmten Unternehmungsverfassung),
- die Begründung oder Lösung von *Unternehmensbindungen* (z.b. Eingliederung in einen oder Herauslösung aus einem Konzern),
- die wesentlichen Änderungen der *Faktorgrundausstattung*, z.b. in qualitativer Hinsicht von handwerklicher zur vollautomatischen Fertigung oder Änderung des Verhältnisses von Arbeits- und Kapitalorientierung (*Faktorsubstitution*) oder in quantitativer Hinsicht durch externes Wachstum (*Unternehmensakquisition*) oder Schrumpfung durch *Desinvestitionen*,
- der Wechsel der *Aufbauorganistion* (z.B. von der Stammhaus-Organisation zur Management-Holding-Konzernorganisation),
- der Veränderungen des *Unternehmensträgers* (z.b. private Aktiengesellschaft statt öffentlicher Hand als Unternehmenseigner, Änderung der Beteiligungsverhältnisse) und

kombinative Konstitutionsänderungen wenn
- im Falle einer Unternehmenskrise versucht wird, dem Unternehmen eine Weiterexistenz durch *Sanierungsmaßnahmen* zu sichern oder
- im Falle umfassender *Restrukturierungen* (Umstrukturierungen) konstitutionelle Anpassungen an veränderte Verhältnisse vorgenommen werden.

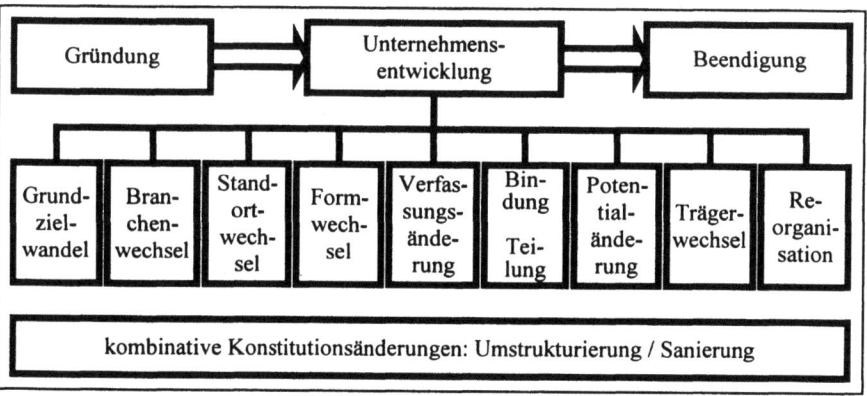

Abb. 2: Konstitutionsändernde Entscheidungen

Als letzter konstitutiver Vorgang muß schließlich auch die Beendigung eines Unternehmens gesehen werden, weil hierdurch u.U. die Unternehmensstruktur aufgelöst wird (*Abbau-, Beendigungsentscheidungen*).

1.2.3 Eigenheiten konstitutiver Entscheidungen

Die Unternehmenskonstitution ist selbst Gegenstand von Entscheidungen und Gestaltungen, die wegen ihrer Singularität, weit in die Zukunft reichenden Bedeutung, Komplexität, Risikobehaftung, Unstrukturiertheit, Langfristigkeit und Mehrbereichswirkung sowie ihrer den Handlungsrahmen anderer Aktivitäten bestimmenden Funktion als strategische Unternehmensentscheidungen anzusehen sind und deshalb als echte Führungsentscheidung i.d.r. der obersten Unternehmensleitung (Top Management) vorbehalten sind.

Hier werden exemplarisch die bedeutenden Konstitutionsentscheidungen über Standort, Rechtsform, Unternehmensverfassung sowie das Eingehen und Lösen von Unternehmensbindungen behandelt. Zur Bedeutung des Umfeldes wird auf Beitrag Nr. 2, zu den Entscheidungsgegenständen Unternehmensziel auf Beitrag Nr. 4 und Unternehmensorganisation auf Beitrag Nr. 5 verwiesen.

2 Entscheidung über den Unternehmensstandort

2.1 Entscheidungsgegenstand Standort

Als *Standort* wird im allgemeinen der Ort bezeichnet, an dem ein Unternehmen oder ein Unternehmensteil (Betrieb, Betriebsstätte) räumlich angesiedelt ist. Es ist der Ort der faktischen Niederlassung, der dauernden Tätigkeit. Während früher (Weber 1909) die physikalischen/geographischen Bedingungen des Ortes als maßgeblich angesehen wurden, beziehen neuere Auffassungen auch die Positionierung in einem bestimmten wirtschaftlich relevanten *Umfeld* mit ein. Betriebswirtschaftlich kommt es nicht (nur) auf den rechtlichen „Standort" an, den *Sitz* (bei juristischen Personen, dem Ort an dem die Verwaltung durchgeführt wird, § 24 BGB; s. auch § 10 AO: Ort der geschäftlichen Oberleitung), sondern auf die gesamte geographische Positionierung der Unternehmenstätigkeit. Neben dem sog. *äußeren Standort* wird auch die Bestimmung *innerbetrieblicher Standorte* bedeutsam, womit die räumliche Anordnung von Betriebsmitteln/Funktionsausübungen innerhalb eines Unternehmens/ Betriebes gemeint ist. Die Unternehmens-/Betriebsstandorte sind häufig an Immobilien *fest gebunden*, sie können aber auch in bestimmten Regionen *beweglich* sein (z.B. Fischereiflotten, Baustellen, Reisegewerbe).

Anlaß für eine Standortentscheidung ist jedenfalls die Neugründung eines Unternehmens oder Tochterunternehmens (*originäre Standortwahl*) und die Begründung einer oder mehrerer Betriebsstätten (z.B. Zweigniederlassung, Auslieferungslager) oder – insb. bei Banken und im Einzelhandel – eines Filialsystems (*Standort-Dezentralisierung; Standortnetz-Bildung*). Die einmal getroffenen Entscheidungen haben zwar i.d.R. für einige Zeit Bestand und prägen damit den konstitutiven Rahmen der Ausführung der Alltagsgeschäfte eines Unternehmens, sie sind aber nicht unabänderlich. Aus Gründen unternehmensinterner Veränderungen (z.B. Wachstum, Schrumpfung, Umstrukturierungen, Rationalisierungen) oder externer Datenänderungen (z.B. Kaufkraftverschiebungen, Konkurrenzverhalten, Änderung politischer Bedingungen) ist eine regelmäßige Überprüfung getroffener Standortentscheidungen geboten. Sie kann zur *Beibehaltung, Aufgabe, Verlegung, Zusammenlegung und Teilung* von Standorten führen.

Träger von Standortentscheidungen ist wegen der unternehmensstrategischen Bedeutung regelmäßig das Top-Management bzw. bei personenbezogenen Unternehmen sind es die Eigner. Sie lassen sich dabei häufig von Akteuren aus dem Marketing, dem technisch-produktionswirtschaftlichen, dem logistischen Unternehmensbereich oder aus dem Finanz-, Steuer- und Rechnungswesen initiieren. Auch sind häufig Unternehmensberater, Wirtschaftsprüfer, Steuer- und Gründungsberater sowie Vertreter öffentlicher Wirtschaftsförderungseinrichtungen beteiligt.

2.2 Kriterien für Standortentscheidungen

2.2.1 Standortfaktoren

Die Bestimmung von sog. „*Standortfaktoren*" und die Entwicklung von Faktoren-Katalogen hat in der wissenschaftlichen Standortlehre eine lange Tradition. Weber (1909, S. 16) bezeichnete damit einen „seiner Art nach scharf abgegrenzter Vorteil, der für eine wirtschaftliche Tätigkeit dann eintritt, wenn sie sich an einem bestimmten Ort oder auch generell an Plätzen bestimmter Art vollzieht". Im Vordergrund der Betrachtung standen standortabhängige Kosten, insb. Transportkosten, während Erlöse und nichtmonetäre Kriterien weitgehend unbeachtet blieben. Besser wäre es, von den Zielen und Restriktionen der Entscheidungsträger auszugehen. Immerhin hat die Beschreibung der Eigenheiten eines Standortes, die die Entscheidung über die räumliche Lage eines Betriebs(-teils) beeinflussen können, eine gewisse heuristische Funktion, indem sie zur Bewußtseinsbildung, Vollständigkeitsprüfung und Grobauswahl beiträgt. Sind einmal die an einen Standort zu stellenden, aus der jeweiligen Zielkonzeption abzuleitenden Anforderungen formuliert, so können diesen die tatsächlichen Standortfaktoren einer Standortalternative wertend gegenübergestellt werden.

Im Schrifttum wurden bisher folgende Arten von Standortfaktoren unterschieden: *generelle* (für jede Produktion relevant; z.B. Steuern) und *spezielle* Faktoren (für bestimmte Produktionen; z.B. Kühlwasser für Kraftwerke); nach der räumlichen Wirkung werden *Regionalfaktoren* (Bindung an bestimmte Orte; z.B. Rohstoffvorräte), *Agglomerativfaktoren* (bewirken Zusammenballung; z.B. Zulieferer und ergänzende Industrien) und Deglomerativfaktoren (bewirken Dezentralisierung; z.B. Subventionen) unterschieden; nach der Beschaffenheit: *natürlich-technische* (z.B. geologische Bedingungen), *wirtschaftliche* (z.B. Konkurrenzferne) und *gesellschaftlich-kulturelle* (z.B. Fremdenfreundlichkeit; Arbeitsmoral) Standortfaktoren, ferner nach der Zeitabhängigkeit: *statische* (in nächster Zeit konstant, z.B. Mineralvorkommen; Wasserstraßen) und *dynamische* (in kürzester Zeit änderbar; z.B. Steuerbelastung) und nach der Bezifferbarkeit: *quantifizierbare* und *nicht quantifizierbare* Standortfaktoren.

Im Schrifttum (z.B. Behrens 1971) und in der Praxis wurden vielfältige *Kataloge von Standortfaktoren* entwickelt. Je nach *Unternehmensgegenstand* können die Standortfaktoren bei der Standortwahl unterschiedliche Bedeutung haben (z.B. Rohstofforientierung bei Hüttenbetrieben; Energieorientierung bei Aluminiumwerken;

Verkehrsorientierung bei Speditionen; Umweltschutzorientierung bei chemischen Werken; Abgabenorientierung bei Holdingunternehmen; Absatzmarktorientierung bei Handelsbetrieben).

Die für den Einzelfall optimale Standortentscheidung muß sich jedoch an den Erfolgs- und Leistungszielen des Entscheidungsträgers sowie seinen Restriktionen orientieren, also an der Erfüllung von Standortanforderungen durch die Standortfaktoren. Neben den *objektiven* Standortanforderungen spielen praktisch auch die *subjektiven* Präferenzen von Unternehmenseignern oder Managern für bestimmte Regionen aufgrund landsmannschaftlicher, politischer, religiöser u.a. persönlicher Bindungen und Einstellungen eine gewisse Rolle.

2.2.2 Zulässigkeitskriterien

In manchen Fällen führen *rechtliche Restriktionen* dazu, daß bestimmte Standorte nicht zur Disposition stehen: Regional-, Baurecht und Umweltschutzvorschriften können die Freiheit der Standortwahl ebenso beschränken wie – insb. bei der internationalen Standortwahl – die jeweiligen *fremdenrechtlichen Bestimmungen* der Ansiedlung und Geschäftsausübung (z.B. Diskriminierung von Ausländereigentum, Transferbeschränkungen). Neben rechtlichen Bedingungen können auch die *volkswirtschaftlichen, politischen und sozio-kulturellen Bedingungen* eine alternativenausschließende Rolle spielen (z.B. Währungsstabilität, Einkommensverteilung, politische und soziale Stabilität, ethnische Probleme, Fremdenfeindlichkeit).

2.2.3 Erfolgskriterien

Positive und negative Beiträge der jeweiligen Standortalternativen zur Verwirklichung der betrieblichen monetären und nichtmonetären Erfolgsziele können sich sowohl direkt als auch indirekt einstellen.

Bei den über andere Aktivitäten *indirekt* auftretenden Erfolgszielwirkungen ist zu denken an die *Erlöswirkungen* (z.B. Umsatzstärke aufgrund der örtlichen Kaufkraft, Begünstigung bei der staatlichen Auftragsvergabe, Regionalsubventionen) und die Wirkungen auf die *Ausgaben* (Beschaffungs-, Investitions-, Produktions-, Absatz-, Lager-, Transport-, Verwaltungs-, Finanzierungs- und Steuerausgaben). Bei Auslandsinvestitionen mit flexiblen Wechselkursen kommt das Wechselkursrisiko hinzu. *Direkte* Wirkungen ergeben sich insb. durch die einmaligen Erschließungs-, Bau-, Einrichtungs- sowie ggf. die Umzugskosten.

Eine wesentliche Bedeutung hat national und global die mit bestimmten Standortalternativen zu erlangende *staatliche Ansiedlungsförderung*. Direkte Standortanreize durch Steuererleichterungen und Subventionen werden ebenso als Mittel der Regionalpolitik bzw. gemeindlichen Ansiedlungspolitik eingesetzt wie indirekte, die über gemeindliche Infrastrukturgestaltungen (Wohnraum, Bildungseinrichtungen, Gesundheitsversorgung, kulturelle Einrichtungen, Freizeiteinrichtungen) bis zur regionalen Arbeitsmarktförderung reichen. Eine große Rolle, insb. bei internationaler Standortwahl spielen die *steuerlichen Standortdifferenzierungen*. Sie umfassen Steuerarten- und Steuerpflicht-Differenzierungen (z.B. international unterschiedliche Unternehmensteuern bei inländischer Freistellung durch DBA, nationale Unterschiede bei den Steuern mit örtlich beschränktem Wirkungskreis; Freihäfen, Zollausschlüsse), standortabhängig unterschiedliche Bemessungsgrundlagen (z.b. Sonderabschreibungen nach dem Fördergebietsgesetz; international: pauschale Bemessungsgrundlagen), standortabhängige Steuersätze (national: unterschiedliche Hebesätze der Gemeinden für Gewerbe- und Grundsteuer), standortabhängige Steuerschuld-Kürzungen/Anrechnungen (z.B. international: Anrechnung ausländischer Steuern) und standortabhängig unterschiedliches Verhalten der Finanzverwaltung (nach internationaler Steuermentalität unterschiedliche Ausübung von Ermessensentscheidungen und Prüfungshäufigkeit).

Mitunter spielen auch *bonitäre Ziele* wie der Geltungsnutzen, an bestimmten agglomerativen Standorten vertreten zu sein, sowie *Macht-* (z.B. Einflußausübung vor Ort) und *Unabhängigkeitsaspekte (z.b. durch räumliche Abgelegenheit, lokale Mitbestimmungsgesetze)* eine erfolgsbestimmende Rolle für die Standortwahl.

2.2.4 Leistungskriterien

Die Leistungszielkomponenten reichen von den durch den Standort geschaffenen Möglichkeiten der *Leistungserstellung und -verwertung* (Angebotspotential, Produktionsflächen, Absatzpotential) bis zu den Beiträgen zu *Humanleistungen* für die im Unternehmen Beschäftigten (z.B. gemeindliche Infrastruktur).

Beschaffungsseitige Standortkriterien bestehen insb. im Angebotspotential des Standortes an den betrieblichen Einsatzfaktoren Arbeitnehmern, Grund und Boden, Gebäude, Anlagen, Energie, Wasser, Materialien, Waren und Dienstleistungen. In personeller Hinsicht ist dies durch die Nähe, Dichte und Qualität der Marktpartner auf den Beschaffungsmärkten, aber auch durch die Intensität der Nachfragekonkurrenz vor Ort beschreibbar. Weitere Einflußfaktoren der lokalen *Beschaffungsmärkte* sind die bestehenden Beschaffungsverbindungen (Kommunikation, Verkehrsanbindungen).

Der Standort soll auch die betrieblichen *Transformationsprozesse* ermöglichen oder erleichtern. Deshalb sind u.U. ökosphärische und infrastrukturelle Bedingungen Voraussetzung für die Produktion oder ihr förderlich. Auch das in bestimmten Regionen anzutreffende Produktions-Know-How der Mitarbeiter sowie das allgemeine Investitionsklima können wichtige sachzielfördernde Standortfaktoren sein. Zu den Humanvorteilen der Produktion an bestimmten Standorten zählt die von ihren infrastrukturellen Gegebenheiten ausgehende Attraktivität für die Unternehmensbeteiligten (z.B. Wohnungs-, Bildungs-, Freizeitmöglichkeiten).

Absatzseitige Standortkriterien konkretisieren sich insb. in dem in der Nähe ausschöpfbaren Absatzpotential (Kaufkraft, Bedarf), in den potentiellen Absatzkontakten (Nähe von Marktpartnern und Absatzmittlern, Erreichbarkeit mit ÖPNV oder Individualverkehr) und in der lokalen Konkurrenz(-ferne bzw. -agglomeration, Angebotsmix).

2.3 Entscheidungsalternativen der Standortwahl

Als grundsätzliche *Standort-Basisoptionen* kommen in Betracht: Standortbegründung, d.i. die *erstmalige* Standortwahl anläßlich der Neugründung eines Unternehmens oder Unternehmensteils. Die Frage stellt sich für jedes neu zu gründende Unternehmen, aber auch für Stammhäuser und deren neue Betriebsstätten und für Muttergesellschaften bezüglich ihrer neu gegründeten Tochtergesellschaften. In der Existenzphase ergeben sich die Basisoptionen Standorterweiterung, Standortangliederung, Standort-(ab-)spaltung, Standortverlegung und Standortaufgabe.

Nur theoretisch sind alle Breiten-/Längengrad-Kombinationen auf der Erde potentielle Standorte, praktisch reduziert sich das Alternativenspektrum auf die wenigen tatsächlich in Betracht ziehbaren und noch weniger tatsächlich in Betracht gezogenen Teile der Erdoberfläche. Die Alternativensuche betrifft im Allgemeinen zuerst den *Makrostandort*, d.h. die Wahl des internationalen Standortes (Wahl des Kontinents, zwischen mehreren Staaten, Industriestaaten – Schwellenstaaten – Entwicklungsländer; DBA-/Nicht-DBA-Staaten). In der nächsten Stufe ist der *Mikrostandort* festzulegen. Dies verlangt eine Einengung auf einen *nationalen* Standort, auf den *regionalen* und letztlich *lokalen* Standort (z.B. City-/Randgebiet; Wohn-/Gewerbegebiet).

2.4 Entscheidungsprobleme und entscheidungsstützende Verfahren

„Gute", „lukrative" Standorte sind oft knapp, wie die Bedeutung der Standorte im Einzelhandel zeigt, und ein nur begrenzt von der Konkurrenz imitierbarer Wettbewerbsvorteil. Die einmal getroffene Standortentscheidung löst *Mehrbereichswirkungen* aus, wie z.B. für die Beschaffung (Rohstoffnähe), Investition (Grundstückspreis), Logistik (Transportnotwendigkeiten und Lagerungsmöglichkeiten), Finanzierung (lokale Kapitalmarktbedingungen, Subventionen), Besteuerung (internationales Steuergefälle), Absatzpolitik (Kundennähe, Konkurrenzferne).

Wegen der regelmäßig unter großer Unsicherheit einzugehenden langfristigen Bindung (Marktbedingungen, Vertragsgestaltungen, Ressourcenallokation) zählt die Standortbestimmung und -anpassung zu den *strategischen* Grundsatzentscheidungen. Die Standortentscheidungen sind kurzfristig schwer korrigierbar und oft von existentieller Bedeutung (z.B. das Mietrisiko für ein Ladenlokal bei im Einzelhandel üblicher Vertragsdauer von 10-15 Jahren).

Idealtypisch gestaltet sich ein *Standort-Entscheidungsprozeß* folgendermaßen:
1. Anreiz, Initiierung der Standortproblematik,
2. Problemdarlegung mit Skizzierung des Vorhabens,
3. Formulierung der Präferenzen (Standort-Anforderungen),
4. Beschaffung von Informationen über Standortalternativen
    a) für Makrostandort (Staat, Region),
    b) für Mikrostandort (Gegend, punktueller Standort),
5. Problemanalyse, Wirkungsanalyse, Verfahrenseinsatz,
6. Planauswahl und Plangenehmigung,
7. Plandurchführung / Realisierung und
8. Kontrolle der Planrealisierung / auch prozeßbegleitende Kontrolle.

Zur Stützung der weitreichenden und konstitutiven Entscheidung über den Standort haben die Betriebswirtschaftslehre – insb. ihre Teildisziplin Operations-Research – und die Praxis eine Vielzahl unterschiedlicher, mehr oder weniger aufwendiger

und exakter Verfahren entwickelt (zu Einzelheiten siehe Domschke/Drexl 1985, Hansmann 1997, Bienert 1996). Sie lassen sich unterscheiden nach
- ihrer Zwecksetzung (*deskriptive, analytische* und *optimierende* Verfahren),
- der Zielfunktion (kosten-, gewinn- und rentabilitätsorientierte ein- und mehrperiodige Verfahren; insb. *Transportkostenminimierung* und *Kapitalbarwertmaximierung*),
- der Flächenhomogenität: kontinuierliche Verfahren mit homogener Fläche und unendlicher Anzahl zulässiger Standorte und räumlich-diskrete Verfahren mit einer endlichen Zahl zulässiger Standorte,
- der betrieblichen Standortfunktion (z.B. Verfahren für *Produktionsstätten* (plant location), *Lagerstätten* (store location) und *Verkaufsstellen* (warehouse location),
- dem Sicherheitsgrad der Information (*deterministische* Verfahren mit der Annahme vollkommener Information über alle standortrelevante Daten und *stochastische* Verfahren mit Wahrscheinlichkeitsverteilungen oder Risikoprofilen für Standortdeterminanten),
- den angewandten Methoden (z.B. finanzmathematische Methoden, lineare Planungsrechnung, spieltheoretisches Modell, Simulation) und
- nach der Optimumgarantie (*heuristische* und *analytische* Verfahren).

Im einzelnen können folgende *Verfahren zur Stützung von Standortentscheidungen* exemplarisch genannt werden (zu Einzelheiten s. die obengenannten Autoren):
- *Trivialverfahren* (Faustregeln mit kurzer Prüfung der Minimalvoraussetzungen, z.B. für fast-food-outlet: mindestens 5.000 Haushalte im Umkreis von 3 km),
- *Analogverfahren* (Rückgriff auf vergleichbare Standorte; Vergleichbarmachen der Standorte ggf. durch multivariate Cluster-Analyse),
- *Standortprofilvergleich* (Erstellen von grafischen Profilen der Merkmalsausprägungen einzelner Standorte),
- *Checklisten* (Zusammenstellung nicht zu übersehender Prüfkriterien für die Standortwahl),
- *Standortanalyse* (systematische Ermittlung von Standortalternativen und deren Folgen; Erhebungsverfahren, Informationsermittlung, -aufbereitung und verbale, statistische, berichtsmäßige Beschreibung),
- *Transportmodelle* (mittels Marginalanalyse, linearer Programmierung, Graphen-Netzwerke etc. wird im (in-)homogenen Territorium der transport-/lagerkostenminimale oder gewinnmaximale Standort im 3- oder Vieleckfall gesucht; Näherungslösungen durch Schwerpunktformel oder Iterationen),
- *investitionstheoretische Verfahren* (Vorteilhaftigkeitsvergleiche diskreter Standorte mittels ein- oder mehrperiodiger Verfahren der Kosten-, Gewinn-, Rentabilitäts-, Amortisationsvergleichsrechnung bzw. der Kapitalwert-, interne Zinsfuß-, Annuitätenverfahren auf der Basis (abgezinster) standortabhängiger Zahlungsströme),
- *absatztheoretische Verfahren* (besondere Ansätze zur Bestimmung der optimalen Standorte von Warenhausfilialen unter besonderer Berücksichtigung des höchsten Umsatzpotentials, insb. Analogverfahren und verschiedene Methoden der Marktpotentialschätzung),
- *Steuerbelastungsvergleiche* (insb. internationale Vergleiche, z.B. mittels Teilsteu-

errechnung oder Veranlagungssimulation),
- *Standort-Simulation* (EDV-gestützte modulare Modellbildung mit allen bedeutsamen Entscheidungsvariablen und Umweltdaten; Eingaben: definierte Standortalternativen mit ihren Eigenheiten; Ausgabe: mutmaßliche Auswirkungen auf Zielwerte; wenn-dann-Analyse, kritische Werte-/Sensivitätsanalyse),
- *Scoring-Modelle* (Punktbewertungs- und Rangreihenverfahren, auch als Nutzwertanalyse, insb. wenn keine exakte analytische Modellbildung möglich ist, z.B. bei internationaler Standortwahl).

3 Entscheidung über die Rechtsform

3.1 Entscheidungsgegenstand Rechtsform

Ähnlich wie das BGB einen Katalog von Vertragstypen anbietet, eröffnet das Handels- und Gesellschaftsrecht eine Reihe von typischen Regelungssystemen für die Beziehungen zwischen Unternehmensbeteiligten, insb. zwischen Unternehmensangehörigen, zwischen Unternehmen und Unternehmensträgern, zwischen Unternehmensträgern und zwischen Unternehmen, Unternehmensträgern und Umwelt (*Unternehmensrechtsformen*). Die Regelungen haben z.T. obligatorischen, z.T. auch dispositiven Charakter. Bei Beginn der unternehmerischen Tätigkeit (Gründung), aber auch während der Unternehmensexistenz (insb. anläßlich eines „Formwechsels") ist über die Auswahl zwischen den Rechtsformalternativen und – soweit die Detailregelungen dispositiv sind – über ihre Ausgestaltung zu entscheiden.

3.2 Kriterien für die Rechtsformwahl

3.2.1 Zulässigkeitskriterien

Bestimmte *Erfolgszielkonzeptionen* oder *Unternehmensgegenstände* sind nur für bestimmte Rechtsformen zulässig, so wie es umgekehrt auch erfolgsziel- oder gegenstandsgebundene Rechtsformen gibt. Des weiteren beschränken u.U. die *Gesellschafterzahl* oder das aufzubringende *Mindesteigenkapital* die Rechtsformwahl. Schließlich sind auch bestimmte *Rechtsformalien* zu beachten (z.B. Entstehen juristischer Personen i.d.R. erst mit Eintragung ins Handelsregister).

3.2.2 Erfolgskriterien

Monetäre Erfolgskriterien

Die einzelnen Rechtsformen ermöglichen in unterschiedlicher Weise die *Außenfinanzierung mit Eigenkapital*; z.B. findet die Eigenkapitalaufbringung bei Einzelkaufleuten ihre Grenze im einlegbaren Privatvermögen. Andererseits besteht für Aktiengesellschaften die Möglichkeit, über den anonymen Kapitalmarkt der Wertpapierbörsen große Volumina an Eigenkapital aufzubringen. Die Sekundärmarkt-Funktion der Börse macht das Eigenkapital der Gesellschaft zudem unabhängig von den Kapitalverwendungszwängen beim Eigner. Auch die Verlustgefahr des Eigenkapitals ist rechtsformspezifisch unterschiedlich geregelt. Zu beachten ist sowohl die Gefahr der *Aufzehrung des Kapitals durch laufende Verluste* wie auch die *Verlust-*

gefahr durch ein Insolvenzverfahren. Darüber hinaus ist die *Haftung* der Eigenkapitalgeber für die im Geschäftsbetrieb entstandenen Verbindlichkeiten im Insolvenzfall unterschiedlich geregelt und entweder ausgeschlossen, auf die Höhe der geleisteten Einlagen beschränkt, um einen bestimmten Nachschußbetrag erweitert oder sogar auf das übrige Vermögen, insb. auch das Privatvermögen, ausgedehnt. Unabhängig von der Frage der persönlichen Haftung trägt der Kapitalgeber grundsätzlich ein *Kapitalverlustrisiko*, das entweder auf die Höhe der Einlage beschränkt ist oder darüber hinaus auch sein übriges Kapital treffen kann; allerdings ergibt sich das konkrete Kapitalverlustrisiko erst aus der Multiplikation des Schadens mit der Eintrittswahrscheinlichkeit.

Ein wichtiges Rechtsform-Entscheidungskriterium stellen die rechtsformabhängigen einmaligen und laufenden Ausgaben dar, wozu insb. die *Steuern* auf Unternehmens- und Eignerebene gehören. Da die Unternehmensbesteuerung unmittelbar an der Rechtsform anknüpft, gibt es hier Unterschiede bei den Steuerarten, -bemessungsgrundlagen und -sätzen. Neben den Ausgaben für Steuern sind auch rechtsformabhängige Zahlungen für die Erfüllung von *Rechnungslegungs- und Prüfungsverpflichtungen* sowie *Beratungs-, Notar- und Registergebühren* in den Entscheidungskalkül einzubeziehen. Darüber hinaus können sich rechtsformspezifische Zahlungswirkungen aus der gesetzlich vorgeschriebenen *Verfassungsstruktur* ergeben (dazu auch 4.2.2).

Nicht-monetäre Erfolgskriterien

Als – schwer quantifizierbare – nicht-monetäre Entscheidungskriterien kommen insb. das unterschiedliche *Ansehen* einzelner Rechtsformen (z.B. wird die Rechtsform der GmbH & Co. KG i.a. wegen ihrer relativen Konkurshäufigkeit weniger geschätzt als die meist auch kreditwürdigere AG) sowie die Fähigkeit einzelner Rechtsformen in Betracht, sich mehr oder weniger zur *Durchsetzung von Macht* (Beherrschung der Gesellschaft, insb. der Geschäftsführung, der Ergebnisverwendung, Kündigungsrechte gegenüber Mitgesellschaftern etc.) oder *Sicherung von Unabhängigkeit* (Minderheitenschutzrechte, Vermeidung des Einflusses Dritter) zu eignen.

3.2.3 Leistungskriterien

Hauptaufgabe einer Rechtsform ist die Vorabregelung von möglichen Interessenkonflikten und die Schaffung von Rechtssicherheit zwischen den Unternehmensbeteiligten und dem Unternehmen, im Innen- und Außenverhältnis. Ein maßgebendes übergeordnetes Leistungskriterium einer Rechtsform ist ihre *Gestaltbarkeit* im konkreten Fall. In unterschiedlichem Ausmaß lassen die Normensysteme der Rechtsformen Freiheitsgrade zur individuellen Gestaltung zu. „*Dispositive Regelungen*" ermöglichen durch gesellschaftsvertragliche Vereinbarungen vor allem bei Personengesellschaften Abweichungen von der gesetzlichen Grundregelung (sog. nachgiebiges Recht). Weniger flexibel sind die Regelungen für Kapitalgesellschaften, weil dort insb. wegen der Haftungsbegrenzung ein gewisser Gläubigerschutz und z.T. auch Schutz der Minderheitsgesellschafter durch obligatorische Regelungen sichergestellt wird. Betriebswirtschaftlich ist eine Anpassungsfähigkeit der gesetzlichen Grundtypen an Zukunftsentwicklungen und an die Erfordernisse des Einzelfalls von großer Bedeutung.

Regelung der Beteiligung am Unternehmen

Die durch die mitgliedschaftliche Rechtsposition vermittelte Intensität und Reichweite der *Beteiligung an der Unternehmensführung* wird im wesentlichen durch die Möglichkeiten, als (Anteils-)Eigner aktiv durch Geschäftsführungs- und Vertretungsbefugnisse oder umfassende Weisungsbefugnisse gegenüber dem geschäftsführenden Organ mitzuwirken, determiniert. Besonders ausgeprägte Mitwirkungsrechte vermittelt insoweit der für Einzelunternehmen und Personengesellschaften geltende Grundsatz der Selbstorganschaft. Das für Körperschaften geltende Prinzip der Fremdorganschaft erzeugt hingegen eine gewisse Distanz zwischen Anteilseignerschaft und Geschäftsführung, wenngleich es auch hier in Abhängigkeit von der gewählten Rechtsformen gewisse Abstufungen gibt. Eine schwächer ausgeprägte, auf Kontrollfunktionen beschränkte Partizipation an der Unternehmensführung ist dann gegeben, wenn sich die mitgliedschaftlichen Rechte auf die Mitwirkung bei Grundsatz- und Personalentscheidungen und im übrigen auf Informationsansprüche beschränken.

Die Regelung der *Beteiligung am Unternehmensergebnis* im Sinne der laufenden Teilhabe an den Früchten des Unternehmens ist für die Anteilseigner regelmäßig von Bedeutung, wenn sie ein Einkommensstreben verfolgen. Bezüglich der Gewinnbeteiligung ist zum einen der Gewinnanteil (Kopfanteil, Festbetrag und/oder nach der Höhe des Kapitalanteils, Abgeltung für Geschäftsführung oder Haftung), zum anderen die Höhe des ausschüttbaren Betrages von Bedeutung. Da der Jahresabschluß das maximale Ausschüttungsvolumen bestimmt („Bilanzgewinn"), ist entscheidend, wer über die Auf- und Feststellung des Jahresabschlusses entscheidet und wer die Kompetenz zur Bestimmung der Ergebnisverwendung hat. Das Spektrum reicht von völliger Gestaltungsfreiheit der Entnahme und Gewinnausschüttung bei Einzelunternehmen und – durch die gesellschaftsrechtliche Treuepflicht etwas beschränkt – oHG bis zum relativ strengen, vor allem am Gesellschafts- und Gläubigerschutz orientierten Verwendungsreglement des Aktiengesetzes. Auch die Beteiligung an laufenden Verlusten kann ganz unterschiedlich geregelt werden, wobei insb. bei Personengesellschaften dispositive Regelungen die gesetzliche Verlustbeteiligung verändern können (z.B. Kopf-Beteiligung; „angemessene" Beteiligung; kapitalquotenentsprechende Verlusttragung).

In einem Gesamtbild läßt sich das Verhältnis der Eigner zum Unternehmen grundsätzlich durch *Identifizierung, Distanzierung* oder *Separierung* typisieren. Damit wird insb. das Ausmaß der Beteiligung am Unternehmensergebnis und der Mitwirkung an den unternehmerischen Entscheidungsprozessen beschrieben. Identifizierung liegt vor, wenn die Kapitaleigner selbst Unternehmerfunktionen ausüben und dem Unternehmen wirtschaftlich verbunden ist, Distanzierung kennzeichnet eine gewisse Loslösung des Eigners vom Unternehmen, wobei insb. die Geschäftsführung Dritten überlassen und die Haftung beschränkt wird. Separierung ist schließlich bei Kapitaleignern gegeben, die fast nur noch ein reines Finanzinteresse (Kurs/Gewinn) am Unternehmen haben oder wenn die Vermögensmasse völlig verselbständigt ist.

Ein weiteres wichtiges Leistungskriterium ist die *Fungibilität der Beteiligung*. Fungibilität kann sowohl im Sinne von „Austauschbarkeit", wie auch im Sinne von „Verwendbarkeit" interpretiert werden. Die Fungibilität von Unternehmensbeteiligungen wird danach zum einen durch ihre *Übertragbarkeit* bestimmt. So ist insb. aus Sicht des Kapitaleigners – z.T. aber auch des Unternehmens – die Frage von Bedeutung, wie leicht das Engagement an einem bestimmten Unternehmen begründet oder gelöst werden kann. Eine wichtige Voraussetzung dafür ist die Verbriefung der Anteile in Effekten. Hierfür können sich dann an Börsen sog. „Sekundärmärkte" bilden, an denen Kauf und Verkauf der Anteile fast jederzeit möglich sind. Für das Unternehmen besteht damit der Vorteil, daß sich ein Wechsel der Anteilseigner nicht unmittelbar auf die Unternehmenspolitik auswirken muß (anders nur bei Paketkäufen und unfreundlichen Übernahmen). Das Spektrum möglicher Gestaltungen reicht hier von der hohen Liquidierbarkeit von Anteilen an börsennotierten Aktiengesellschaften über die Anteile an Publikums-KG bis zu den nur schwer veräußerbaren GmbH-Anteilen, oHG-Beteiligungen und Einzelunternehmen. Von Bedeutung ist in diesem Zusammenhang auch ein Spezialfall der Übertragung von Unternehmensbeteiligungen, nämlich die Eignung einer Rechtsform zur *Regelung der Nachfolge* eines Eigentümers, sei es durch Erbfall oder vorweggenommene Erbfolge. Dabei ist nicht nur von Bedeutung, ob die Fortführung eines Unternehmens durch einen „unsterblichen" Gesellschafter oder Träger gesichert werden kann, sondern auch die Möglichkeit eines familien- und interessenbezogenen Zuschnitts und einer Kanalisierung etwa widerstreitender Interessen der Erben. Daneben kann für den Anteilseigner im Sinne der Verwendbarkeit die *Belastungsmöglichkeit* (z.B. Verpfändung, Nießbrauch) seiner Gesellschaftsanteile von Interesse sein, um somit Handlungsspielräume etwa für Finanzierungsbedürfnisse außerhalb des Unternehmens oder für Nachfolgeregelungen zu gewinnen.

Letztlich kann für (Anteils-)Eigner auch die *Wahrung der Anonymität* ein Auswahlkriterium sein. So bietet sich zum einen über die stille Gesellschaft die Möglichkeit, das Beteiligungsverhältnis als solches verdeckt zu halten. Weiterhin kann Anonymität auch dadurch gewahrt werden, daß eine Beteiligungsform gewählt wird, bei der keine Publizität des Inhabers der Beteiligung stattfindet.

Regelung der Rechtsbeziehungen im Unternehmen (Unternehmensverfassung)

Prinzipiell ist die Unternehmensverfassung ein eigenständiges Element der Unternehmenskonstitution (dazu Kap. 4). Gleichwohl wird der Gestaltungsspielraum der institutionellen Ordnung, insb. über die einzurichtenden Gremien und die Verteilung der *Geschäftsführungs- und Überwachungskompetenzen*, in erheblichem Maße durch die Rechtsform vorgeprägt. Da zudem die unternehmerische *Mitbestimmung* nach dem MitBestG 1976 neben der Arbeitnehmerzahl (mehr als 2000), nach dem MontanMitBestG neben der Arbeitnehmerzahl (mehr als 1000) und dem Unternehmensgegenstand auch an die Rechtsform (nur Kapitalgesellschaften, Genossenschaften und nach § 4 MitBestG 1976 auch Kapitalgesellschaften & Co. KG) anknüpft, ist es durchaus denkbar, daß dieser Aspekt die Rechtsformwahl (mit)bestimmt. Die gesetzlich begründete Mitbestimmung legt zugleich fest, welches Mitbestimmungsmodell zur Anwendung kommt. Liegt es im Interesse der Entscheidungsträger, eine schwächere Form oder ein anderes Strukturmodell der Mitbestimmung zu realisieren oder Mitbestimmung grundsätzlich auszuschließen, so sind sie ab einer bestimmten Arbeitnehmerzahl auf Rechtsformen verwiesen, die gesetzlich nicht der Mitbestimmung unterliegen.

Regelung der Außenbeziehungen des Unternehmens

Unter dem Gesichtspunkt der Führungseffizienz, möglicherweise aber auch unter dem Gesichtspunkt der Motivation von Führungskräften kann der Gestaltbarkeit der *Vertretungsbefugnis* gegenüber Dritten eine gewisse Bedeutung zukommen. Sie hängt im wesentlichen davon ab, inwieweit neben den gesetzlich bestimmten Vertretungsberechtigten, deren Vertretungsbefugnis weitgehend unabdingbar ist, auch anderen Personen Vertretungsbefugnis eingeräumt werden kann.

Die Wahlfreiheit hinsichtlich der *externen Rechnungslegungspflicht dem Grunde nach* läßt sich über die Wahl der Rechtsform nur sehr begrenzt steuern, weil diese grundsätzlich an die Kaufmannseigenschaft anknüpft (§§ 238, 242 HGB). Einen gewichtigeren Einfluß hat die Rechtsformwahl hingegen auf den *Umfang der Rechnungslegung*, da der Gesetzgeber diesbezügliche Pflichten u.a. an das Merkmal der Haftungsbegrenzung knüpft. So haben Kapitalgesellschaften ihren Jahresabschluß um einen Anhang zu erweitern und, sofern es sich nicht um kleine Kapitalgesellschaften (§ 267 Abs. 1 HGB) handelt, einen Lagebericht aufzustellen (§ 264 Abs. 1 HGB). Des weiteren sind die Rechnungslegungsvorschriften für Kapitalgesellschaften hinsichtlich der Ausübung von Wahlrechten restriktiver. Folgerichtig kann auch mit Blick auf die Möglichkeiten der Selbstdarstellung im Außenverhältnis das Kriterium der *Flexibilität der Rechnungslegung* für die Wahl der Rechtsform maßgebend sein. Ein hohes Maß an Gestaltbarkeit der *externe Kontrolle* durch einen externen Abschlußprüfer und der *Offenlegung der Rechnungslegung* bieten das Einzelunternehmen und die Personengesellschaften, soweit es sich nicht um sehr große Unternehmen im Sinne des § 1 Abs. 1 Nrn. 1-3 PublG handelt, während umgekehrt z.B. börsennotierte Aktiengesellschaften neben den handelsrechtlichen Prüfungs- und Offenlegungspflichten noch weiteren, sehr umfangreichen Informationspflichten (*Prospektpflicht*) unterliegen.

Hinsichtlich der *Bindungs- und Kooperationsfähigkeit* eignen sich die einzelnen Rechtsformen in unterschiedlichem Maße zu kooperativen oder konzentrativen Bindungen mit anderen Unternehmen. Man muß insoweit zwischen der *aktiven Beteiligungsfähigkeit*, d.h. die Fähigkeit, an anderen Unternehmen beherrschende oder kooperative Bindungen einzugehen, und der *passiven Beteiligungsfähigkeit*, d.h. die Fähigkeit, selbst anderen Unternehmen als beherrschtes Beteiligungsunternehmen bzw. als Kooperationsunternehmen zu dienen, unterscheiden. Sofern nicht eine reine Innengesellschaft ohne eigenes Vermögen vorliegt (so die stille Gesellschaft), sind im Prinzip alle Rechtsformen gleichermaßen aktiv beteiligungsfähig. Die passive Beteiligungsfähigkeit richtet sich bei den gesellschaftsrechtlichen Rechtsformen im Prinzip nach denselben Leistungskriterien, wie sie voranstehend allgemein für die Regelung der Beteiligung am Unternehmen skizziert wurden.

Obwohl bei Gründung selten an die oft in weiter Ferne liegende Möglichkeit der *Unternehmensliquidation* gedacht wird, sind durchaus für die laufende Tätigkeit, aber auch bei Formwechsel, die rechtsformabhängigen Unterschiede der Beendigung zu berücksichtigen. Soweit es die *Gefahr der zwangsweisen Auflösung* durch ein Insolvenzverfahren betrifft, ist zu berücksichtigen, daß für Kapitalgesellschaften und GmbH & Co. KG Überschuldung und Zahlungsunfähigkeit *Insolvenzgründe* sind, bei Personenunternehmen aber nur die Zahlungsunfähigkeit. Auch die übrigen *Auflösungsgründe* unterscheiden sich: Bei Personenunternehmen spielen Ereignisse im Bestand der Gesellschafter eine wesentliche Rolle für den Fortbestand der Gesellschaft – im Gegensatz zu Kapitalgesellschaften. Auch sind die Modalitäten der Liquidation und der Verteilung des Endvermögens rechtsformabhängig unterschiedlich geregelt, wobei insb. bei Kapitalgesellschaften ein stärkerer Gläubigerschutz gesetzlich sichergestellt ist.

3.3 Die (privatrechtlichen) Rechtsformalternativen

Grundsätzlich sind privatrechtliche und öffentlich-rechtliche Rechtsformen für Unternehmen zu unterscheiden. Hier werden die nur für öffentliche Unternehmen zur Verfügung stehenden *öffentlich-rechtlichen Rechtsformen* Körperschaft, Anstalt und Stiftung öffentlichen Rechts, Eigenbetrieb, Bundes- und Landesbetriebe nicht näher dargestellt. Für privatwirtschaftliche Unternehmen kommen nur die privatrechtlichen Rechtsformen in Betracht. Ihrer können sich allerdings auch Unternehmen der öffentlichen Hand bedienen.

Innerhalb der privatrechtlichen Rechtsformen lassen sich ferner Unterscheidungen treffen in *gegenstandsungebundene* (universelle) und *gegenstandsgebundene* Rechtsformen, in *Personenunternehmen* (Einzelunternehmen und Personengesellschaften), *Kapitalgesellschaften* und *sonstige* Rechtsformen. Die vom Gesetz gebotenen Rechtsformgrundtypen lassen sich als *reine Rechtsformen*, mit verfremdeten Einzelmerkmalen (*Grundtypendehnung*) und als Kombinationsformen (*Grundtypenmischungen*) anwenden. Schließlich können nach ihrem räumlichen Regelungsbereich *in-* und *ausländische* sowie *supranationale* Rechtsformen unterschieden werden (vgl. Abb. 3).

3.3.1 Einzelunternehmen

Ein Einzelunternehmen wird von einer natürlichen Person betrieben, besitzt aber keine eigene Rechtspersönlichkeit oder entsprechende Annäherung. Der Einzelunternehmer ist alleiniger Rechtsträger des Unternehmens (Alleininhaber), bringt das (*nicht begrenzte*) *Eigenkapital* alleine durch Widmung von Teilen seines Vermögens zum Betriebsvermögen auf und *haftet* mit seinem Gesamtvermögen *unbeschränkt* für die im Geschäftsbetrieb entstandenen Verbindlichkeiten. Es besteht die weitestgehende *Identifizierung* von Unternehmer und Unternehmen; *Trägerwechsel* und *Nachfolgeregelungen* sind wegen des starken Personenbezugs außerhalb des üblichen Generationenwechsels schwierig, wenn auch keine wesentlichen Beendigungs- und Abfindungsregelungen vorgegeben sind.

Der Einzelunternehmer hat *alleinigen Anspruch auf Gewinn und Liquidationserlös* sowie *unbegrenzte Entnahmemöglichkeiten*, trägt aber auch das Risiko laufender *Verluste* und des Kapitalverlustes bei Insolvenz alleine. Korrespondierend mit der umfassenden Erfolgszurechnung steht dem Einzelunternehmer auch die alleinige *Geschäftsführungs- und Vertretungsberechtigung* zu; Mitbestimmungsrechte bestehen nicht. Die umfassende und alleinige Leitungsbefugnis ermöglicht vor allem schnelle *Entscheidungen*.

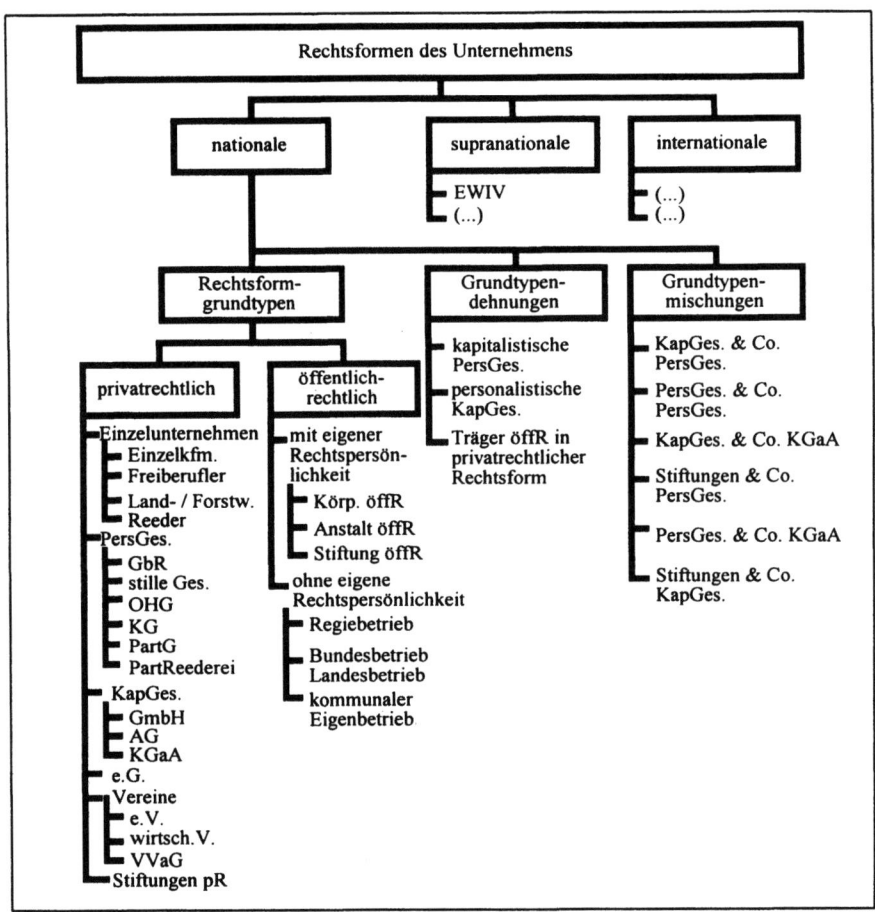

Abb. 3: Rechtsformen des Unternehmens

Die *Besteuerung* der durch bilanziellen Betriebsvermögensvergleich ermittelten Gewinne erfolgt durch die Einkommensteuer und mit der Gewerbesteuer, wobei Begünstigungen durch Freibeträge und Meßzahlenstaffelung eingeräumt sind. Verluste können mit anderen Einkünften ausgeglichen oder zurück- und vorgetragen werden. Besonderheiten ergeben sich bei den nicht-kaufmännischen Einzelunternehmern, die mangels Gewerbebetrieb grundsätzlich nicht der Gewerbesteuer unterliegen und einkommensteuerlich Wahlrechte hinsichtlich der Gewinnermittlungsmethode haben.

Die Rechtsform ist für zusätzliche Kapitalaufbringung wegen der Beschränkung durch sonstiges Vermögen des Einzelunternehmers und beschränkte Kreditsicherheiten insgesamt wenig geeignet. Die Rechtsverhältnisse der Einzelunternehmer sind allerdings sehr *frei gestaltbar, übersichtlich, sehr praktikabel* und nur wenigen *Formalien* unterworfen (z.B. Handelsregister-Eintragung bei Kaufleuten, Gewerbeanmeldung, standesrechtliche Zulassung).

Die kaufmännische Einzelunternehmung

Die Besonderheiten der kaufmännischen Einzelunternehmung bestehen darin, daß ihr Entstehen vom Unternehmensgegenstand eines Handelsgewerbes und dem Umfang des Geschäftsbetriebs abhängt. Diese Rechtsform eignet sich danach für *Erwerbszwecke* in einem relativ vielfältigen Spektrum von Unternehmensgegenständen, nicht jedoch für Bank- und Versicherungsgeschäfte. Im Außenverhältnis tritt der Kaufmann mit eigener *Firma* (i.d.R. – auch fortgeführter – bürgerlicher Name) auf. Kaufleute sind zu einer gemäßigten Form der *Jahresabschluß-Aufstellung*, nicht aber zur Prüfung und Offenlegung verpflichtet (Ausnahmen bei sehr großen Einzelkaufleuten nach dem PublG). Die Bilanzierungspflicht ist i.d.R. die einzige gesetzlich erzwungene *Selbstkontrolle* des Wirtschaftens; Verstöße bleiben aber – sofern der Unternehmer nicht insolvent wird – weitgehend sanktionslos (Ausnahme: Großunternehmen nach dem PublG). Nach dem Verständnis des „ehrbaren Kaufmanns" hat der Einzelkaufmann hohes *Ansehen*, insb. weil er zur unbeschränkten Haftung bereit ist. Seine Rechtsform bietet umfassende *Beherrschung* seines Geschäftes und prinzipiell *Unabhängigkeit*, eignet sich aber nur beschränkt für *Unternehmensverbindungen* (aktiv unbeschränkt, passiv nur stille Gesellschaft). Allerdings ist es möglich, daß ein Einzelunternehmer mehrere einzelkaufmännische Unternehmen betreibt, die über ihren identischen Träger miteinander kooperieren (sog. *Parallelunternehmen*, vgl. Rose/Glorius 1992, S. 34).

Die freiberufliche Einzelunternehmung

Als freiberufliches Einzelunternehmen kann die Einzelpraxis eines Freiberuflers gesehen werden. Die Angehörigen freier Berufe üben eine selbständige Berufstätigkeit aus, die i.d.R. wissenschaftliche oder künstlerische Vorbildung voraussetzt. Eine *unternehmensgegenständliche* Konkretisierung der freien Berufe ergibt sich analog aus § 1 Abs. 2 PartGG und § 18 Abs. 1 Nr. 1 EStG. Freiberuflich tätig ist dabei auch, wer sich der Mithilfe fachlich vorgebildeter Arbeitskräfte bedient, aber aufgrund eigener Fachkenntnisse leitend und eigenverantwortlich tätig bleibt. Wegen der fehlenden Kaufmannseigenschaft finden handelsrechtliche Regelungen bei Freiberuflern keine Anwendung.

Die land- und forstwirtschaftliche Einzelunternehmung

Der Betrieb eines land- und forstwirtschaftlichen Einzelunternehmens kann durch freiwillige Eintragung in das Handelsregister Kaufmannseigenschaft erlangen. Unter dieser Voraussetzung gelten dieselben Rahmenbedingungen wie für das kaufmännische Einzelunternehmen. Ansonsten ist auch der Land- und Forstwirt von den speziellen handelsrechtlichen Gestaltungsmöglichkeiten und Pflichten ausgeschlossen.

Der Reeder

Reeder ist der Eigentümer eines ihm zum Erwerb durch Seefahrt dienenden Schiffes (§§ 484 ff. HGB). Der Reeder ist für den Schaden verantwortlich, den eine Person der Schiffsbesatzung bei Ausführung ihrer Dienstverrichtung schuldhaft einem Dritten zufügt, *haftet* aber insoweit, wie auch in einigen anderen Fällen, nur mit dem Schiffsvermögen. Weitere Einzelheiten dieser Rechtsform bleiben wegen ihrer geringen praktischen Bedeutung hier außer Betracht.

3.3.2 Personengesellschaften

Die Gesellschaft des bürgerlichen Rechts ist der im BGB geregelte *Grundtyp einer Personengesellschaft* (§§ 705-740 BGB). Sie ist ein Zusammenschluß von mindestens 2 Personen, die sich verpflichten, die Erreichung eines gemeinsamen Zwecks in der durch den Vertrag bestimmten Weise zu fördern. Alle anderen Formen der Personengesellschaft sind Spezialformen, denen immer eine spezielle Zweckkonzeption und ggf. auch eine vom BGB abweichende Grundstruktur (so insb. bei der KG) zugrunde liegt. Der gemeinsame Kern aller Personengesellschaften, die in ihrer rechtlichen Struktur als *Außengesellschaft* konzipiert sind, ist in der engen Verbundenheit der Existenz der Gesellschaft mit der *Persönlichkeit ihrer Gesellschafter* zu sehen. Idealtypischerweise *leiten* sie die Gesellschaft gemeinsam und nach dem Einstimmigkeitsprinzip und *vertreten* sie im Außenverhältnis jeweils einzeln oder gemeinsam (Prinzip der *Selbstorganschaft*), durch *persönliche Haftung* tragen sie gemeinsam das volle *Verlustrisiko* (Ausnahme: Kommanditist) und ebenso partizipieren sie gemeinsam am *Gewinn*. Ein *Gesellschaftsvermögen*, das es regelmäßig nur bei reinen Außengesellschaften gibt, unterliegt einer *gesamthänderischen Bindung*, d.h. ein Gesellschafter kann nicht über seinen Anteil an dem Gesellschaftsvermögen und an den einzelnen dazu gehörenden Gegenständen verfügen. Wegen der persönlichen Haftung (mindestens eines Gesellschafters) gibt es für Personengesellschaften *keine* Vorschriften über eine *Mindestkapitalausstattung* und grundsätzlich auch *keine Mitbestimmung auf Unternehmensebene*.

Daneben gibt es die Personengesellschaft, die in ihrer Grundstruktur als reine *Innengesellschaft* konzipiert ist, d.h. nach außen im Rechtsverkehr nicht in Erscheinung tritt und i.d.R. kein eigenes Gesellschaftsvermögen hält (typisches Beispiel die stille Ges., s.u.).

Unter *steuerlichen* Gesichtspunkten ist allen Personengesellschaften gemeinsam, daß sie nicht selbst einkommensteuerpflichtig sind, wohl aber umsatzsteuerlicher Unternehmer sein können. Die Gewinn- oder Verlustanteile (unter Berücksichtigung von Sonderbetriebsvermögen und Sondervergütungen der Gesellschafter) werden den Gesellschaftern nach einheitlicher und gesonderter Feststellung zugerechnet und bei ihnen der Einkommen- oder Körperschaftsteuer unterworfen. Dabei kann ein Verlustanteil mit anderen Einkünften verrechnet werden.

Letztlich ist allen Personengesellschaften die sehr umfassende *Gestaltungsfreiheit* sowie die relativ geringe *Formgebundenheit* gemeinsam. So sind gesellschaftsvertragliche Regelungen, die vom gesetzlichen Grundmodell abweichen, in weitem Umfang frei bestimmbar (z.b. Geschäftsführungs- und Vertretungsbefugnis, Gewinn- und Verlustbeteiligung). Formvorschriften, wie sie bei den juristischen Personen für die Gestaltung der statutarischen Grundlagen gelten, gibt es im Recht der Personengesellschaften nur in sehr begrenzten Umfang.

Gesellschaft bürgerlichen Rechts (GbR)

Wesentliches Kennzeichen einer GbR ist eine Zweckverfolgung, die grundsätzlich *nicht im Betrieb eines Handelsgewerbes* besteht, weil sonst zwingend eine oHG (§ 105 Abs. 1 HGB) vorliegt. Folglich finden spezielle handelsrechtliche Regelungen (insb. Firma, Prokura, Rechnungslegungspflichten) keine Anwendung. Die bislang herrschende Meinung, wonach der GbR grundsätzlich keine eigene *Rechtsträgerschaft* zugebilligt wird, sie also als solche im Rechtsverkehr nicht selbständig rechts-, handlungs-, partei- und insolvenzfähig ist, wird inzwischen von einer differenzierenden Betrachtung weitgehend verdrängt. Die Meinung, wonach zumindest die sog. Mitunternehmer-GbR als selbständiger Rechtsträger nach dem Modell der oHG anerkannt wird, setzt sich zunehmend durch. Teilweise wird sogar allen als Außengesellschaft konzipierten GbR eine eigene Rechtsfähigkeit zugebilligt. Die GbR ist, sofern sie als Außengesellschaft konzipiert ist, unbeschränkt *passiv bindungsfähig*. Der Umfang der *aktiven Bindungsfähigkeit* ist hingegen umstritten, soweit sie Beteiligungen an Personenhandelsgesellschaften betrifft. Die Fähigkeit zur Mitgliedschaft an Kapitalgesellschaften und nach h.M. auch an anderen GbR ist hingegen anerkannt. Gegenüber den von der Geschäftsführung ausgeschlossenen Gesellschaftern bestehen gleichwohl umfassende *Auskunfts- und Rechenschaftspflichten*. Dispositiv sind weiterhin die Regelungen über die *Gewinn- und Verlustverteilung* und nach Auffassung der Rechtsprechung auch die Ausgestaltung der *Haftung*. Danach kann die Haftung des GbR-Gesellschafters auf das Gesellschaftsvermögen beschränkt werden, und zwar entweder durch Einzelvereinbarung mit dem Gläubiger oder durch entsprechende Beschränkungen im Gesellschaftsvertrag oder Einschränkungen der Vertretungsmacht der handelnden Organe, wenn diese für die Gläubiger erkennbar ist. *Betriebswirtschaftliche Anwendungsformen* der GbR sind insb. Kooperationsgesellschaften (z.B. Arbeitsgemeinschaften, Konsortien), Mitunternehmergesellschaften (z.B. Sozietäten, LuF-GbR, Kleingewerbetreibende) und vermögensverwaltende Holdings.

offene Handelsgesellschaft (oHG)

Die oHG ist eine Personengesellschaft, deren Zweck auf den *Betrieb eines Handelsgewerbes* unter *gemeinschaftlicher Firma* gerichtet ist und deren Gesellschafter gegenüber den Gläubigern der Gesellschaft unmittelbar mit ihrem ganzen Vermögen unbeschränkt *haften* (§§ 105 – 160 HGB; ergänzend §§ 705 ff. BGB). Die Regelungen zur *handelsregisterlichen Eintragung* sowie zur *handelsrechtlichen Firma, Vertretung* (Prokura, Handlungsvollmacht) und *Rechnungslegung* finden deshalb bei der oHG in entsprechendem Umfang wie beim Einzelkaufmann Anwendung. Der

Anteil eines Gesellschafters am Gesellschaftsvermögen ist bezogen auf den einzelnen Vermögensgegenstand nicht *übertragbar*, wohl aber „als Ganzes", sofern der Gesellschaftsvertrag dies regelt. Anders als die juristischen Personen hat die oHG zwar keine eigene Rechtspersönlichkeit, sie ist aber insoweit *eigenständige Rechtsträgerin*, als sie unter ihrer Firma Rechte erwerben und Verpflichtungen eingehen, klagen und verklagt werden kann und im übrigen auch insolvenzfähig ist. Sonderregeln sieht das HGB für die *Gewinn- und Verlustverteilung* der oHG vor. Danach gebührt jedem Gesellschafter ein Vorabgewinnanteil in Höhe von 4% (oder niedriger) seines Kapitalanteils (unter Berücksichtigung der im Laufe des Geschäftsjahres getätigten Einlagen/Entnahmen nach dem Verhältnis der seitdem abgelaufenen Zeit). Jeder Gesellschafter kann aus der Gesellschaftskasse Geld bis zu 4% seines für das letzte Geschäftsjahr festgestellten Kapitalanteils *entnehmen* und, soweit es nicht zum offenbaren Schaden der Gesellschaft gereicht, auch die Auszahlung seines diesen Betrag übersteigenden Gewinnanteils des letzten Jahres verlangen. Abweichend werden oft feste Entnahmen und Steuerentnahmerechte vereinbart. Der 4% der Kapitalanteile übersteigende Gewinn und auch ein Verlust wird generell nach Köpfen verteilt. Abweichend erfolgt häufig eine Gewinnverteilung unter Berücksichtigung der Mitarbeit. Wegen der gesamtschuldnerischen, unbeschränkten und nicht beschränkbaren Haftung genießt die Rechtsform im allgemeinen großes *Ansehen*. Zugleich gilt die persönliche Haftung als größtes *Risiko* der Verwendung dieser Rechtsform.

Kommanditgesellschaft (KG)

Die KG unterscheidet sich von der oHG dadurch, daß neben mindestens einem persönlich haftenden Gesellschafter (*Komplementär*) mindestens ein Gesellschafter (*Kommanditist*) existiert, dessen Haftung auf die Einlage beschränkt ist (§§ 161-177a HGB). Die *Geschäftsführungs-* und *Vertretungsbefugnis* steht allein den Komplementären zu, sofern der Gesellschaftsvertrag keine Abweichung enthält. Vertretungsbefugnisse können den Kommanditisten allerdings nur im Rahmen der handelsrechtlichen (Prokura, Handlungsvollmacht) oder bürgerlich-rechtlichen (z.B. Generalvollmacht) Vertretungsregeln eingeräumt werden. Weiterhin haben die Kommanditisten bei außergewöhnlichen Geschäften ein Zustimmungsrecht; bei Grundlagengeschäften gilt ohnehin das Einstimmigkeitsprinzip. Durch Vertrag kann jedoch von diesem gesetzlichen Regelstatut abgewichen werden. *Kontrollrechte* der Kommanditisten sind gesetzlich relativ schwach ausgeprägt. Sie beschränken sich auf den Erhalt einer Abschrift der Jahresbilanz und Prüfung ihrer Richtigkeit durch Einsicht in Bücher und Papiere. Von der oHG abweichend ist auch die gesetzliche Regelung der *Gewinn- und Verlustverteilung*: Nach einer Vorwegverzinsung des Kapitals mit 4% (oder weniger) erfolgt statt Kopfteilung eine Restgewinnverteilung nach einem „angemessenen Verhältnis" (z.B. unter Berücksichtigung von Vollhafter-Risiko und -Geschäftsführung). Die *Verlustverteilung* erfolgt nach Kapitalanteilen; der Kommanditist nimmt am Verlust nur bis zur Höhe seines Kommanditanteils und etwaiger Einlagerückstände teil. Darüber hinausgehende Verlustanteile (negatives Kapitalkonto) sind nicht auszugleichen, sondern sperren Gewinnauszahlungen. *Steuerlich* ist die Verlustanerkennung beschränkt, wenn die Verluste die Kapitaleinlage aufgezehrt haben (§ 15a EStG). Der Tod eines Kommanditisten ist kein *Auflösungsgrund*; an seine Stelle tritt grundsätzlich sein Erbe ein, der seine Haftung jedoch auf den Nachlaß beschränken kann. Das Vorliegen zweier unterschiedlicher Gesellschaftergruppen läßt die KG besonders für *Nachfolgeregelungen* geeignet erscheinen: Zunächst nur kapitalmäßig verbundene Familienmitglieder (vorweggenommene Erbfolge) wachsen über die Kommanditistenstellung in die unternehmerische Tätigkeit hinein oder geschäftlich nicht interessierte Erben können über die Kommanditistenstellung dem Familienunternehmen verbunden bleiben. Die Aufnahme von Kommanditisten ermöglicht bei Personenunternehmen eine zusätzliche *Eigenkapitalaufbringung* und *Erhaltung des Einflusses* des bisherigen Einzelunternehmers bzw. der bisherigen vollhaftenden Gesellschafter.

Partnerschaftsgesellschaft (PartG)

Die PartG ist eine mit eigener Rechtsfähigkeit ausgestattete, der oHG ähnliche Gesellschaft, in der sich mehrere Angehörige *freier Berufe* zur Ausübung ihrer Berufe zusammenschließen. Diese seit 1995 durch das Partnerschaftsgesetz zur Verfügung gestellte Rechtsform für die (auch interprofessionelle) Ausübung freier Berufe füllt die Lücke zwischen fehlender Rechtsfähigkeit der als GbR betriebenen Sozietäten und der wegen des personenbezogenen Verhältnisses zu den Klienten nicht recht geeigneten Kapitalgesellschaften. *Unternehmensgegenständlich* dürfen nur freie Berufe, kein Handelsgewerbe ausgeübt werden und keine juristischen Personen, sondern nur aktive Freiberufler beteiligt sein. Hinsichtlich der *Geschäftsführung und Vertretung* sind die Bestimmungen über die oHG entsprechend anzuwenden, soweit der Partnerschaftsvertrag keine anderslautenden Bestimmungen enthält. Statt einer *Firma* trägt die Partnerschaft den bürgerlichen Namen mindestens eines Partners und den Zusatz „Partnerschaft" und alle vertretenen Berufe. Als rechtsformspezifische Besonderheit ist eine *Haftungskonzentration* auf den Leistungserbringer durch AGB möglich, ohne daß diese der AGB-Kontrolle unterliegen; eine Haftungsbegrenzung auf einen Höchstbetrag ist zulässig, wenn zugleich eine Verpflichtung zu Berufshaftpflichtversicherung besteht. Der sog. *Partnerschaftsvertrag* ist anders als bei anderen Personengesellschaften formgebunden. Die PartG entsteht durch Eintragung in das *Partnerschaftsregister*.

Partenreederei

Die Partenreederei ist eine Rechtsform des Seehandelsrechts (§§ 489 ff. HGB), die dadurch gekennzeichnet ist, daß von mehreren Personen (Mitreeder, Partenreeder) ein ihnen gemeinschaftlich zustehendes Schiff zum Erwerb durch die Seefahrt für gemeinschaftliche Rechnung verwendet wird. Die Rechtsvorschriften über die GbR und die oHG werden – soweit nötig – entsprechend angewandt. Da die praktische Bedeutung der Partenreederei eher gering ist, wird auf die Behandlung der rechtsformbezogenen Besonderheiten an dieser Stelle verzichtet.

stille Gesellschaft (stG)

Die stG ist eine Gesellschaft, bei der sich eine Person (stiller Gesellschafter) derart am Handelsgewerbe eines anderen (Handelsgewerbetreibender) beteiligt, daß ihre (beliebig hohe) *Einlage* in das Vermögen des Inhabers des Handelsgeschäftes übergeht und dafür eine Beteiligung am Gewinn erfolgt (§§ 230 – 237 HGB). Aus den mit Dritten abgeschlossenen Geschäften wird nur der Handelsgewerbetreibende berechtigt und verpflichtet. Der Stille ist – soweit dies nicht vertraglich ausgeschlossen ist – bis zur Höhe der Einlage an der *Verlusttragung* beteiligt; für Schulden aus dem Geschäftsbetrieb *haftet* den Gläubigern allerdings nur der Handelsgewerbetreibende; im Insolvenzfall hat der Stille sogar Gläubigerrechte. Am *Gewinn und Verlust* ist der Stille mit einem „angemessenen Anteil" beteiligt. Auch darf in die *Firma* (des Inhabers) kein das Gesellschaftsverhältnis andeutender Zusatz aufgenommen werden. Besondere formale Anforderungen bestehen nicht. *Geschäftsführung und Vertretung* stehen grundsätzlich ausschließlich dem Inhaber des Handelsgewerbes zu. Eine Zustimmung des stillen Gesellschafters auch zu ungewöhnlichen Geschäften – außer der Aufnahme weiterer offener Gesellschafter – ist nicht erforderlich. Zur *Kontrolle* ist der Stille berechtigt, die Abschrift des Jahresabschlusses zu verlangen und die Bücher und Papiere einzusehen. Davon abweichend können dem Stillen Mitwirkungsbefugnisse an der Geschäftsführung eingeräumt werden. *Steuerlich* wird die stG je nach Ausgestaltung entweder ähnlich einem Kreditverhältnis (sog. *typische* stG) oder einer Mitunternehmergemeinschaft (sog. *atypische* stG) behandelt.

3.3.3 Kapitalgesellschaften

Kapitalgesellschaften stellen einen Gesellschaftstyp mit *eigener Rechtspersönlichkeit* (juristische Person) dar, der grundsätzlich auf eine *Kapitalbeteiligung,* nicht auf die Persönlichkeit und Mitarbeit des einzelnen Gesellschafters zugeschnitten ist. Die *Anteile* des betragsmäßig festgelegten Gesellschaftskapitals bestimmen Gewinnanteil und Stimmrecht; sie sind i.d.R. frei veräußerbar, ohne daß die Identität der Gesellschaft davon berührt wird. Zwischen Gesellschaft und Gesellschafter besteht strikte *Trennung* (Trennungsprinzip, Distanzierung): Die Gesellschaft ist Alleineigentümer des Vermögens; die Gesellschafter sind mit – wertmäßig von der Einlage unabhängigen – Anteilen an der Gesellschaft beteiligt. Die *Gewinnbeteiligung* orientiert sich am Nennwert der Beteiligung; eine direkte *Verlustbeteiligung* besteht nicht. Für die Gesellschaftsschulden *haftet* nach Eintragung in das Handelsregister die Gesellschaft selbst mit ihrem Gesellschaftsvermögen, nicht hingegen die Gesellschafter mit ihrem Vermögen (sog. Abschirmwirkung; außer KGaA-Komplementär). Das *Kapitalrisiko* der Gesellschafter beschränkt sich somit auf den Wert der Einlage, resp. bei börsennotierten Kapitalgesellschaften auf den Aktienkaufpreis. Nur bei Vermögensvermischung, Rechtsformmißbrauch, Unterkapitalisierung, im qualifizierten faktischen GmbH-Konzern und im Deliktfall wird das Trennungsprinzip im Wege der *Durchgriffshaftung* durchbrochen. Regelmäßig wird gesetzlich eine bestimmte *Mindestkapitalausstattung* mit Eigenkapital gefordert. Die *Geschäfte* werden von besonderen Organen (Vorstand, Geschäftsführer) geführt, deren Mitglieder nicht Gesellschafter sein müssen (Fremdorganschaft).

Wegen der Haftungsbegrenzung unterliegen Kapitalgesellschaften regelmäßig – größenabhängig unterschiedlich intensiven – *Aufstellungs-, Prüfungs- und Offenlegungspflichten* bezüglich des Jahresabschlusses. Gründe für die Eröffnung eines *Insolvenzverfahrens* sind Zahlungsunfähigkeit und Überschuldung. *Steuerliche Ge-*

meinsamkeit der Kapitalgesellschaften ist die Unterwerfung unter Körperschaftsteuer und Gewerbeertragsteuer (Besonderheiten beim KGaA-Komplementär). Die eigene Rechtspersönlichkeit ermöglicht die steuerliche Anerkennung von Rechts- und Wirtschaftsbeziehungen zwischen Gesellschaft und Eignern, sofern diese wie unter Dritten gestaltet sind (sonst sog. verdeckte Gewinnausschüttung bzw. verdeckte Einlage). Zu einer steuerlichen Doppelbelastung kommt es letztlich nicht, da die auf Gesellschaftsebene erhobene Körperschaftsteuer auf Gewinne bei Ausschüttung auf Gesellschafterebene anrechenbar ist.

Das Gründungsverfahren ist für Kapitalgesellschaften zur Sicherung der Gesellschafter- und Gläubigerinteressen relativ streng *formalisiert*. Die statutarischen Grundlagen (Gesellschaftsvertrag, Satzung) müssen gewisse Mindestregelungen enthalten, sie bedürfen der Schriftform und der notariellen Beurkundung (ebenso bei Vertrags- bzw. Satzungsänderungen). Kapitalgesellschaften sind immer Kaufleute kraft Rechtsform und demzufolge in das Handelsregister einzutragen.

Kapitalgesellschaften sind weitgehend *zweckuniverselle*, d.h. erfolgsziel- und gegenstandsungebundene Rechtsformen. Selbst die standesrechtlichen Vorbehalte gegenüber der Ausübung freier Berufe im Rahmen einer Kapitalgesellschaft sind mit der neueren Rechtsprechung zur Rechtsanwalts-GmbH und zur Ärzte-GmbH nur noch sehr begrenzt. Explizite Gegenstandsverbote bestehen nach wie vor für Apotheken und für den Betrieb des Versteigerungsgewerbe.

Die aktive und passive *Bindungsfähigkeit* besteht bei Kapitalgesellschaften grundsätzlich uneingeschränkt; Begrenzungen ergeben sich allenfalls aus dem Konzernrecht und aus Satzungsbestimmungen.

Gesellschaft mit beschränkter Haftung (GmbH)

Die Gesellschafter der GmbH sind mit Einlagen auf das in Stammeinlagen zerlegte Stammkapital *beteiligt*. Das Stammkapital beträgt mindestens 50.000 DM, je Stammeinlage mindestens 500 DM, und muß bei der Gründung zu 25% eingezahlt werden (Bareinlagen zuzüglich Sacheinlagen mindestens 25.000 DM). Die Geschäftsanteile sind *frei veräußerlich* und *vererblich*, es sei denn, die Satzung sieht Einschränkungen vor.

Vertretendes und *geschäftsführendes* Organ ist der (die) Geschäftsführer (Gesellschafter oder auch Drittorganschaft), ausgestattet mit nach außen unbeschränkter Vertretungsmacht. Im Innenverhältnis wird die Geschäftspolitik allerdings nach dem gesetzlichen Grundmodell von der *Gesellschafterversammlung* als oberstem Organ bestimmt. Dies ergibt sich nach weitgehend einhelliger Literatur- und Rechtsprechungsmeinung aus der Gesamtschau ihrer *Weisungs-, Prüfungs-, Überwachungs- und Personalkompetenz*. Danach fallen außergewöhnliche Geschäfte und grundlegende Änderungen der Unternehmenspolitik grundsätzlich in die Zuständigkeit der Gesellschafterversammlung. Die Gesellschafterversammlung kann darüber hinaus auch aus eigener Initiative durch Weisungen auf die Geschäftsführung Einfluß nehmen. Beschlüsse werden – außer bei Grundlagenbeschlüssen, wie Satzungsänderung und Auflösung, die eine qualifizierte Mehrheit erfordern, – mit einfacher Stimmenmehrheit gemäß der Nominalgröße der Geschäftsanteile gefaßt. Als *überwachende* oder *beratende* Organe können gem. Satzung ein Aufsichts-, Verwaltungs- oder Beirat gebildet werden, denen in gewissem Umfang Kompetenzen der Gesellschafterversammlung übertragen werden können. Bei mehr als 500/2000 Arbeitnehmern, muß ein Aufsichtsrat gebildet werden, für den *mitbestimmungsrechtliche* Vorschriften gelten – mit der Besonderheit, daß die Personalkompetenz der Mitbestimmung z.T. entzogen ist. Im übrigen bestehen gesellschafterbezogene Kontroll- und Auskunfts- und Bucheinsichtsrechte.

Die *Beteiligung an Gewinn und Verlust* erfolgt grundsätzlich nach dem Verhältnis der Geschäftsanteile, Abweichungen nach Gesellschaftsvertrag oder nach mehrheitlichem Gesellschafterbeschluß sind möglich.

Es besteht unbeschränkte aktive und passive *Bindungs- und Kooperationsfähigkeit* der GmbH. Im Außenverhältnis gelten – insb. zum Gläubigerschutz – unabdingbare Regelungen, während das Innenverhältnis – abgesehen von der Organstruktur – weitgehend *frei* (auch personalistisch) *ausgestaltbar* ist (sog. Satzungsautonomie).

Aktiengesellschaft (AG)

Die AG ist eine Kapitalgesellschaft, deren Gesellschafter (Aktionäre) mit Einlagen auf das in Aktien zerlegte Grundkapital *beteiligt* sind. Neben dem auf eine große Zahl von Aktionären mit wertpapiermäßiger Verbriefung der Gesellschaftsrechte in börsengehandelten Aktien ausgerichtetem Leitbild einer AG kennt der Gesetzgeber neuerdings die sog. „*kleine AG*" (ein oder wenige Gesellschafter, fehlende Börsennotierung, Sammelurkunden). Das *Mindesteigenkapital* von DM 100.000 muß mindestens zu 25% eingezahlt werden. Praktisch ermöglichen erhebliche Aufgelder (Begebungsagio) eine über dem Nennbetrag liegende *Aufbringung von Eigenkapital*, das nicht einmal dividendenberechtigt ist und in die Kapitalrücklage eingestellt wird. Die Anteile sind aufgrund des Börsenhandels der Aktien sehr fungibel, es sei denn, statt *Inhaberaktien* sind *Namens-* oder gar *vinkulierte* Namensaktien ausgegeben. Mit der beschränkten Veräußerbarkeit kann das Unternehmen vor ungewünschten Eigentümern geschützt werden. Die Grundform der AG eignet sich besonders zur Aufbringung großer Kapitalbeträge über die Börse, die „kleine AG" hilft als Zwischenstufe, den Börsengang vorzubereiten. Gelegentlich sind (vollständig zu erbringende) Sacheinlagen der Gesellschafter zu leisten; bei sog. Nebenleistungs-AG sind die Gesellschafter auch zu nichtgeldlichen Nebenleistungen (z.B. Aufträge) verpflichtet. Obwohl bei kleinen AG auch Identifizierung der wenigen Eigner mit dem Unternehmen möglich ist (extrem in einer Einmann-AG), sind die Aktionäre doch im Regelfall vom Unternehmen distanziert (Publikumsaktionäre) oder separiert (indirekte Beteiligung, Investmentfonds).

Die *Gewinnbeteiligung* erfolgt grundsätzlich nach dem Verhältnis der Aktiennennbeträge; Abweichungen durch Satzung sind möglich. Vom Jahresüberschuß sind zunächst gesetzliche Rücklagen aufzufüllen, dann können von den Feststellungsorganen (i.d.R. Vorstand und Aufsichtsrat) bis zu 50% in Gewinnrücklagen eingestellt werden (Abweichungen durch Satzung möglich); bei der kleinen AG besteht hingegen freie Rücklagenbestimmung der Hauptversammlung. An *Verlusten* ist der Aktionär wegen des für Kapitalgesellschaften typischen Trennungsprinzips nicht beteiligt, sie können jedoch den Aktienkurs beeinflussen.

Die innere Ordnung der AG ist durch ein Modell der *strikten Gewaltenteilung* zwischen Hauptversammlung, Aufsichtsrat und Vorstand geprägt. Der *Vorstand* leitet die Gesellschaft (grds. Gesamtgeschäftsführung, dispositiv auch Einzelgeschäftsführung möglich, die lediglich durch die Gesamtverantwortung des Vorstandes begrenzt wird) *eigenverantwortlich*, d.h. insb. weisungsungebunden. Er wird von einem obligatorisch einzurichtenden *Aufsichtsrat* bestellt und abberufen und hinsichtlich seiner Geschäftsführung überwacht. Durch die Satzung oder per Beschluß des Aufsichtsrates können bestimmte Geschäfte der *Zustimmungspflicht* des Aufsichtsrates unterworfen werden. Die Kompetenzen der *Hauptversammlung* beschränken sich auf die Bestellung der Mitglieder des Aufsichtsrates und Grundlagenentscheidungen, soweit nicht der Vorstand auch in Fragen der Geschäftsführung eine Entscheidung der Hauptversammlung verlangt. Die *Mitbestimmung* auf Unternehmensebene zeigt sich bei AG stets in drittelparitätischer, bei mehr als 2000 Arbeitnehmern oder im Montanbereich in paritätischer Besetzung des Aufsichtsrates und in den Vorstand ist von Arbeitnehmerseite ein Arbeitsdirektor zu berufen.

Im *Außenverhältnis* wird die Gesellschaft allein durch den Vorstand vertreten und zwar grundsätzlich gemeinschaftlich durch alle Vorstandsmitglieder, sofern nicht Einzelvertretungsbefugnis eingeräumt wird. Gegenüber dem Vorstand vertritt allerdings der Aufsichtsrat die AG.

Unter den Rechtsformen hat die AG die umfangreichsten *Rechtsformalien* zu erfüllen (notarielle Beurkundung, Satzung, ggf. Gründungsprüfung, Handelsregister). Wegen der stringenten Regelungen des AktG und HGB, der relativ seltenen Insolvenzfälle und der Verbreitung bei Großunternehmen genießt die AG ein hohes *Ansehen*. Die auch sonst relativ strengen gesetzlichen Regulierungen (z.B. Organe, Jahresabschluß, Prüfung, Sicherung des Grundkapitals, Mitbestimmung) beschränken zwar die *Gestaltbarkeiten*, lassen aber wegen der Nachgiebigkeit vieler Regelungen gegenüber abweichenden Satzungsbestimmungen noch genügend Möglichkeiten zur Anpassung.

Kommanditgesellschaft auf Aktien (KGaA)

Die KGaA mischt Elemente einer Kommanditgesellschaft mit jenen der Aktiengesellschaft, bildet aber einen gesetzlich vorgesehenen eigenen Rechtsformtyp, der in den §§ 278 – 290 AktG geregelt ist. Die KGaA ist eine juristische Person, bei der ein oder mehrere Gesellschafter persönlich mit ihrem gesamten Vermögen *haften* (Komplementäre), die übrigen Gesellschafter (Kommanditaktionäre) sind – wie Aktionäre – mit aktienverbrieften Einlagen beteiligt, ohne für die Gesellschaftsschulden persönlich zu haften. Die Grundstruktur der KGaA entspricht der AG; Besonderheiten ergeben sich aus dem Umstand, daß Komplementäre hinzutreten. Sie bilden stets den Vorstand und bestimmen damit Geschäftsführung und Vertretung der Gesellschaft. Wegen der Dominanz der Komplementäre haben in der Hauptversammlung nur die Kommanditaktionäre Stimmrecht. Der Vorstand wird von einem obligatorischen Aufsichtsrat überwacht, ihm dürfen Komplementäre nicht angehören. *Steuerlich* wird die KGaA als Kapitalgesellschaft behandelt, die Gewinnanteile und Vergütungen der Komplementäre sind jedoch bei der Einkommensermittlung abzuziehen, so daß nur der Gewinnanteil der Kommanditaktionäre der Körperschaftsteuer unterliegt. Der KGaA-Komplementär wird steuerlich wie der Vollhafter einer KG behandelt. Die Persönlichkeit der Komplementäre, die durch die persönliche Haftung aufs engste mit dem Geschick des Unternehmens verknüpft sind, kann der KGaA besonderes *Vertrauen* schaffen.

3.3.4 Genossenschaften (eG)

Die eG ist eine Gesellschaft mit nicht geschlossener Mitgliederzahl und eigener Rechtspersönlichkeit (juristische Person), die mittels gemeinschaftlichen Geschäftsbetriebs die Förderung des Erwerbs oder der Wirtschaft ihrer Mitglieder (Genossen) anstrebt. Spezifika dieser Rechtsform sind der offene Mitgliederbestand, Selbstverwaltung, Satzungsfreiheit, Gleichberechtigung und der Förderauftrag durch das Mitgliedergeschäft. Nicht zulässige *Unternehmensgegenstände* sind Versicherungsunternehmen, Hypothekenbanken oder Bausparkassen; hingegen ist die eG weitverbreitet als Kredit-, Wohnungsbau-, Einkaufs-, Produktions-, Dienstleistungs- und Absatzgenossenschaft. Zur Gründung und auch später müssen mindestens *7 Personen* vorhanden sein; ein bestimmtes *Mindestkapital* ist nicht erforderlich. Prinzipiell und häufig *haftet* für Gesellschaftsschulden nur das Vermögen der eG; nach dem eG-Statut kann allerdings auch eine unbeschränkte oder auf eine „Haftsumme" beschränkte Nachschußpflicht der Genossen zur Konkursmasse bestimmt werden. *Beteiligt* ist der Genosse mit mindestens einem satzungsmäßig bestimmten sog. Geschäftsanteil; die *Kapitalaufbringung* ergibt sich aus dem Betrag der Geschäftsguthaben, die die tatsächliche Höhe der Einlagen – einschließlich Gewinn- und Verlustanteilen – umfassen (mindestens 10% des Geshäftsanteils). Ein *ausscheidendes* Mitglied erhält sein Geschäftsguthaben zurück oder kann seinen Anteil übertragen. Oberstes *Willens- und Entscheidungsorgan* ist die aus den Genossen bestehende Generalversammlung, in der jeder Genosse – unabhängig von der Anzahl seiner Geschäftsanteile – prinzipiell eine Stimme hat. Bei großen Genossenschaften (über 3.000/1.500 Mitglieder) repräsentieren direkt gewählte Vertreter die Mitglieder (Vertreterversammlung).

Gewinne und Verluste werden nach Maßgabe der Geschäftsguthaben oder gemäß Statut verteilt, soweit sie nicht nach Beschuß der Generalversammlung in die Rücklagen (Reservefonds) eingestellt werden. Eine Besonderheit besteht in den genossenschaftlichen *(Waren-)Rückvergütungen*, die vorab nach Maßgabe der Inanspruchnahme des Genossenschaftsbetriebes verteilt werden. Verluste werden nach Beschluß der Generalversammlung durch Auflösung von Rücklagen ausgeglichen oder mit den Geschäftsguthaben verrechnet.

Die *Geschäftsführung* und *Vertretung* erfolgt durch den von der Generalversammlung, ggf. auch vom Aufsichtsrat bestellten Vorstand, der i.d.R. aus mindestens zwei Genossen bestehen muß (Selbstorganschaft, Gesamtgeschäftsführung und -vertretung). Genossenschaften mit mehr als 500 bzw. 2.000 Arbeitnehmern unterliegen der unternehmerischen *Mitbestimmung* der Arbeitnehmer (drittelparitätischer Aufsichtsrat bzw. paritätischer Aufsichtsrat und Arbeitsdirektor). Die *Überwachung* der Geschäftsführung übernimmt der obligatorische, von der Generalversammlung gewählte Aufsichtsrat, dessen (mind. 3) Mitglieder auch Genossen sein müssen (Selbstorganschaft). Er hat Rechte auf Einsicht der Bücher und Schriften und auf

Unterrichtung. Die wirtschaftlichen Verhältnisse und die Ordnungsmäßigkeit der Geschäftsführung unterliegen – neben dem Jahresabschluß – der Prüfung durch einen Prüfungsverband, dem die eG angehören muß.

Für *Unternehmenskooperationen* ist die eG von der Grundidee her besonders geeignet. Die aktive Bindungsfähigkeit ist allerdings eingeschränkt (typischerweise beteiligen sich Primärgenossenschaften an Zentralgenossenschaften); auch passiv bestehen durch die Mindestgesellschafterzahl und das Pro-Kopf-Stimmrecht Beteiligungsbeschränkungen.

Steuerlich wird die eG weitgehend wie eine Kapitalgesellschaft behandelt (Befreiung bestimmter Genossenschaften). Genossenschaftliche Rückvergütungen aus dem Mitgliedergeschäft mindern das zu versteuernde Einkommen und den Gewerbeertrag. Hinsichtlich der *Rechnungslegung* wird die eG weitgehend wie eine Kapitalgesellschaft behandelt.

Abgesehen von den *Gestaltungsfreiheiten* durch statutarische Regelungen (Satzungsfreiheit) bestehen genossenschaftsspezifische Fixpunkte in den zwingenden Stimmrechts- und Überwachungsregelungen sowie in der Organstruktur.

3.3.5 Vereine

Ein Verein ist nach der Definition des VereinsG eine auf längere Zeit angelegte Vereinigung, zu der sich Personen zu einem gemeinsamen Zweck zusammengeschlossen und einer organisierten Willensbildung unterworfen haben; die körperschaftlicher Verfassung macht den Verein im Bestand vom Wechsel der Mitglieder unabhängig. §§ 21, 22 BGB unterscheiden Vereine mit und ohne Rechtsfähigkeit sowie Vereine, deren Zweck auf einen wirtschaftlichen Geschäftsbetrieb gerichtet ist (wirtschaftliche Vereine) und Idealvereine. Unternehmen, die einen wirtschaftlichen Geschäftsbetrieb als Hauptzweck verfolgen, erhalten die Rechtsfähigkeit durch *staatliche Verleihung* allerdings nur, wenn es im besonderen Einzelfall unzumutbar ist, die eigentlich hierfür vorgesehenen Rechtsformen (Kapitalgesellschaften) zu verwenden. Häufiger betreiben jedoch eingetragene (Ideal-)Vereine (e.V.) als Nebenzweck einen *wirtschaftlichen Geschäftsbetrieb*. Nichtrechtsfähige Vereine kommen betriebswirtschaftlich vor allem als Rechtsform für *Kooperationen* in Betracht.

Versicherungsvereine auf Gegenseitigkeit (VVaG) sind (als juristische Personen) rechtsfähige Vereine, deren Unternehmensgegenstand die Versicherung seiner Mitglieder ist. Wegen der begrenzten Bedeutung wird auf eine vertiefende Behandlung an dieser Stelle verzichtet.

3.3.6 Stiftungen

Als Rechtsform ist die Stiftung eine Organisation, der vom Stifter (oder mehreren Stiftern) durch Stiftungsgeschäft ein Vermögen für einen bestimmten Zweck gewidmet wird. Rechtliche Regelungen befinden sich in den §§ 80-88 BGB und in landesrechtlichen Vorschriften. Unterschieden werden können (durch staatliche Genehmigung) rechtsfähige und nichtrechtsfähige, privat- und öffentlich-rechtliche Stiftungen. Die Stiftung ist ein *verselbständigtes Zweckvermögen*; ihr mangelt es sowohl an „Mitgliedern" wie auch an „Gesellschaftern", vielmehr ist allein die Stiftung Träger des Vermögens. Folglich ist auch die *Haftung* auf das Stiftungsvermögen beschränkt. Eine privatrechtliche Stiftung erlangt *Rechtsfähigkeit* als juristische Person durch staatliche Genehmigung. Ländergesetze sehen allerdings Einschränkungen vor, wenn der Stiftungszweck in unternehmerischer Tätigkeit besteht oder besondere unternehmerische Haftungsrisiken bestehen. Häufig wird der Stiftungszweck auf die reine Vermögensverwaltung (z.B. von Beteiligungen) beschränkt oder es werden wirtschaftliche Geschäftsbetriebe als Nebenzweck zu einer gemeinnützigen Leitmaxime unterhalten. So eignet sich die Stiftung besonders zur *Sicherung der Unternehmens* bei fehlenden Erben und wenn das Unternehmen bei mehreren Erben ungeteilt oder unabhängig von den Erben über Generationen erhalten werden soll. In den beiden letztgenannten Fällen spricht man von Familienstiftungen, die sich zudem dadurch auszeichnen können, daß den bedachten erbenden Familienstämmen insb. die Gewinne erhalten bleiben.

Leitung und *Vertretung* obliegt nach der Satzung dem Stiftungsvorstand; weitere Organe, wie z.b. ein Beirat können eingerichtet werden. Die *Kontrolle* rechtsfähiger Stiftungen wird durch Staatsaufsicht nach Ländergesetzen durchgeführt. Verpflichtungen zur *Mitbestimmung* bestehen nicht. Verfolgt die Stiftung steuerbegünstigte (gemeinnützige) Zwecke, ist sie – abgesehen von einem wirtschaftlichen Geschäftsbetrieb – im wesentlichen *steuerbefreit*. Nicht steuerbegünstige Stiftungen unterliegen der Körperschaftsteuer mit besonderem Satz und Nichtabzugsfähigkeit bzw. Steuerfreiheit der Ausschüttungen an die Destinateure und ggf. auch der Gewerbesteuer. Bei Familienstiftungen wird alle 30 Jahre eine Erbersatzsteuer erhoben. *Offenlegungspflicht* besteht nur für sehr große Stiftungen (PublG). Die *Gestaltbarkeit* liegt hauptsächlich beim Stifter; sein Wille bestimmt auf Dauer den Stiftungszweck und die Organisation; Änderungen sind meist genehmigungspflichtig.

3.3.7 Grundtypendehnungen

Die beschriebenen Grundtypen der Personen- bzw. Kapitalgesellschaften können durch Nutzung von Gestaltungsmöglichkeiten in ihren markanten Merkmalen verändert werden. So werden Personengesellschaften mit Merkmalen von Kapitalgesellschaften (z.B. keine persönliche Mitarbeit, große Gesellschafterzahl) angereichert zu sog. *kapitalistischen Personengesellschaft*, wie z.B. Verlustzuweisungsgesellschaften als Publikums-KG. Andererseits können Kapitalgesellschaften mit personenbezogenen Merkmalen ausgestattet werden und werden so zur *personalistischen Kapitalgesellschaft* (z.B. Ein-Mann-GmbH, Ein-Mann-AG). Trotz des Fehlens bestimmter typischer Einzelmerkmale bleibt juristisch der Rechtsformtyp erhalten.

3.3.8 Grundtypenmischungen

Zur Freiheit privatautonomer Gestaltung der Rechtsformen gehört – im Rahmen gesetzlicher Zulässigkeit – auch die Mischung von Grundtypen. Insb. können juristische Personen die gleiche Gesellschafterstellung einnehmen wie natürliche Personen. Das ist vor allem dann interessant, wenn faktische Haftungsbegrenzungen durch die Abschirmwirkung von juristischen Personen erreicht werden können. Im Interesse des Rechtsverkehrs ist es jedoch zumeist notwendig, den atypischen Charakter der Kombinationsform, z.B. in der Firma, offenzulegen.

Besonders verbreitet ist die Mischform der *Kapitalgesellschaft & Co. Personengesellschaft*, bei der als (maßgeblicher) Gesellschafter einer Personengesellschaft eine Kapitalgesellschaft fungiert. Trotz der Prägung durch Teilnahme einer juristischen Person ist und bleibt die Hauptgesellschaft eine Personengesellschaft. Praktisch kommt die Beteiligung einer GmbH oder AG vor an einer GbR, oHG oder KG: GmbH & Co. GbR (z.B. für Erbengemeinschaften, Grundstücks-Vermögensverwaltungen); GmbH & Co. oHG (z.B. Konzernholding); GmbH & Co. oHG; AG & Co oHG, AG & Co. KG und als häufigster Fall die GmbH & Co. KG, die im folgenden noch näher betrachtet werden soll.

Die *GmbH & Co. KG* ist eine Kommanditgesellschaft, bei der persönlich haftender Gesellschafter eine GmbH ist. Diese haftet zwar unbeschränkt, was aber doch bedeutet, daß die Haftung auf das Gesellschaftsvermögen der GmbH beschränkt ist. Im typischen Fall sind die Kommanditisten gleichzeitig die Gesellschafter der GmbH. Es gelten die für GmbH und KG oben genannten Eigenheiten additiv. *Insolvenz-* und *mitbestimmungsrechtlich*, derzeit aber noch nicht *bilanzrechtlich*, wird die GmbH & Co. KG wie eine Kapitalgesellschaft behandelt. Für Bank- und Versicherungsgeschäfte ist diese Rechtsform ausgeschlossen, ebenfalls für gemeinnützige Ziele. Bei gleichzeitiger Grundtypendehnung kommt sie auch als Publikumskommanditgesellschaft oder Ein-Mann-GmbH & Co. KG, bei mehrfacher Grundtypenmischung auch als mehrstöckige GmbH & Co. KG vor. Die *Geschäftsführung und Vertretung* übernimmt regelmäßig die Komplementär-GmbH, handelnd durch ihren Geschäftsführer. Bei Einsatz eines Fremd-Geschäftsführers (Managers) eignet sich die Rechtsform für Familiengesellschaften, deren Angehörige nicht in der Lage oder willens sind, die Geschäftsführung selbst zu übernehmen. Steuerlich bestehen einige Möglichkeiten der kombinativen Nutzung der Rechtsformvorteile einer Personen- und Kapitalgesellschaft (z.B. Abzugsfähigkeit von Geschäftsführergehältern, Verlustverrechnung). *Rechtsformabhängige Ausgaben* sind wegen der mehrfachen Rechnungslegung und Steuerberatung i.a. erhöht, die *Gestaltbarkeiten* sind durch das Steuerrecht und die Sperrigkeit zweier Gesellschaftsverträge etwas beschränkt.

3.3.9 Supranationale Rechtsformen

Die Europäische Gemeinschaft strebt zur Förderung grenzüberschreitender Tätigkeiten einheitlich geregelte supranationale Rechtsformen an. Von den Projekten einer Europäischen Genossenschaft (EUGEN), einer Europäischen Gegenseitigkeitsgesellschaft (EUGGES) und eines Europäischen Vereins (EUV) sind derzeit am weitesten vorangekommen die Europäische Aktiengesellschaft (SE) und – bereits umgesetzt – die Europäische wirtschaftliche Interessenvereinigung (EWIV), deren Grundstruktur im folgenden kurz skizziert wird.

Die *EWIV* ist eine supranationale Gesellschaftsform für grenzüberschreitende Zusammenarbeit von gewerblichen und freien Berufen in der EU und im EWR. Sie ist europarechtlich (EWIV-VO) und durch deutsches Ausführungsgesetz (EWIV-AG) geregelt mit Hinweis auf ergänzende Geltung der für die oHG geltenden HGB-Vorschriften. *Sachziel* der EWIV ist die Unterstützung und Förderung der wirtschaftlichen Tätigkeiten ihrer Mitglieder (ähnlich dem genossenschaftlichen Förderauftrag), wobei ihr eine Leitungs- und Kontrollmacht über die Tätigkeit der Mitglieder untersagt ist. Auch darf die EWIV für sich selbst keinen *Gewinn* anstreben. Bisher wird die EWIV hauptsächlich als Hilfsgesellschaft für grenzüberschreitende Dienstleistungen (insb. Tourismus, Rechtsberatung, Handel, Forschung, Transport) verwendet. Ein bestimmtes Mindestkapital ist nicht vorgeschrieben; für die Gesellschaftsschulden haften die Mitglieder zwar subsidiär, aber unbeschränkt und gesamtschuldnerisch. Etwaige anfallende *Gewinne/Verluste* teilen die Gesellschafter zu gleichen Teilen; *Besteuerung* und *Rechnungslegung* entsprechen in Deutschland einer oHG. *Geschäftsführung* und Vertretung erfolgt durch Geschäftsführer (auch Fremdgeschäftsführer), die durch Gründungsvertrag oder Mitgliederbeschluß bestellt werden. Im übrigen hat die Mitgliederversammlung umfassende *Entscheidungskompetenz*. Die innere Struktur ist durch das Gesellschaftsstatut relativ frei *gestaltbar*.

3.3.10 Internationale Rechtsformen

Die Auseinandersetzung mit Rechtsformalternativen, die im Rechtskreis ausländischer Wirtschaftsstandorte zur Verfügung stehen, hat bereits in der Vergangenheit im Zuge allgemeiner Internationalisierungstendenzen an Bedeutung gewonnen. Für die Zukunft ist anzunehmen, daß ihre praktische Bedeutung eher noch zunehmen wird. Die wesentlichen Aspekte dieses Entscheidungsfeldes können im Rahmen dieses Beitrags nur angedeutet werden. Die gesellschaftsrechtlichen Optionen des unternehmerischen Gestaltungsfeldes im Ausland richten sich grundsätzlich nach *ausländischem Recht*. Sonderprobleme können dann auftreten, wenn Ort der Gründung, Sitz der Geschäftsleitung und Tätigkeit des Unternehmens an verschiedenen internationalen Standorten lokalisiert sind. Unter diesen Umständen können die *Kollisionsregeln des internationalen Gesellschaftsrechts* maßgebend sein, um zu klären, inwieweit (Teil-)Unternehmen überhaupt als eigenständige Rechtssubjekte anzuerkennen sind und welches nationale Recht im einzelnen anwendbar ist. Eine entsprechende Problemstellung kann sich unter dem Gesichtspunkt der *internationalen Unternehmensbesteuerung* ergeben, wenn zu klären ist, wie ausländische Steuersubjekte (ausländische Kapital- oder Personengesellschaften) nach deutschem Recht zu qualifizieren sind, eine Problematik, die im Wege eines Rechtstypenvergleichs zu lösen ist. Die unterschiedlichen Gesellschafts- und Steuerrechtsordnungen können für Unternehmen – selbst innerhalb des europäischen Binnenmarktes – erhebliche *Mobilitätsbarrieren hinsichtlich internationaler Sitzverlegungen* darstellen.

3.4 Besonderheiten des Rechtsformwechsels

Soll während der Existenz eines Unternehmens die Rechtsform gewechselt werden, so kann dies – außer im Rahmen anderer Umstrukturierungen wie Verschmelzung und Spaltung – durch sog. *Formwechsel* geschehen. Für diesen handelsrechtlich in §§ 190 – 304 UmwG, steuerrechtlich teilweise im UmwStG geregelten Fall ist typisch, daß der Rechtsträger identisch bleibt, die Anteile nur ihre rechtliche Art ändern und eine Vermögensübertragung/-übernahme nicht stattfindet. Es ist sowohl ein *strukturidentischer* (innerhalb der Personengesellschaften oder der Kapitalgesellschaften) als auch ein strukturverschiedener Formwechsel (von Personen- zur Kapitalgesellschaft oder umgekehrt) ohne größere Rechts- und Steuerprobleme möglich. Nur beim strukturverschiedenen Formwechsel wird steuerlich ein Vermögensübergang fingiert, die Aufdeckung stiller Reserven aber weitgehend der Wahlmöglichkeit des Steuerpflichtigen überlassen. In den gesetzlich geregelten Fällen oHG, KG zu Kapitalgesellschaft oder eG, Kapitalgesellschaft zu GbR, oHG, KG, eG; rf. Verein zu Kapitalgesellschaft oder eG, VVaG zu AG und KdÖR zu Kapitalgesellschaft erfolgt der Formwechsel durch Umwandlungsbeschluß und wird mit Registereintragung wirksam (Wechsel von Rechtsform und Anteilsrechten). Der Wechsel von oHG in KG und umgekehrt sowie von GbR zu oHG oder KG oder umgekehrt vollzieht sich – ebenso problemlos – außerhalb des UmwG.

3.5 Entscheidungsprobleme und entscheidungsstützende Verfahren

Die Bedeutung der Rechtsform ist betriebswirtschaftlich darin zu sehen, daß die gewählten rechtlichen Regelungen zum einen den Rahmen für die Außenbeziehungen (z.B. Vertretung, Haftung, Kapitalaufbringung) wie auch der Unternehmensverfassung (z.B. Geschäftsführung, Mitbestimmung, Überwachung) sowie der Beziehungen zu den Anteilseignern abgeben. Ferner ergeben sich vielfältige wirtschaftlich bedeutsame Folgen aus der Rechtsformwahl (z.B. Steuern, Rechnungslegung). Schließlich bestehen weitgehende Gestaltungsfreiheiten zwischen den Rechtsformen und insb. für die Innenbeziehungen.

Die besondere Problematik des Rechtsformentscheidung besteht darin, daß es sich um ein schlechtstrukturiertes Querschnittsproblem mit kaum quantifizierbaren, multidimensionalen Langfristwirkungen handelt. Die einmal getroffene Entscheidung muß bei Veränderungen im Umfeld, bei den Eignern oder im Unternehmen überprüft werden. Entscheidungsträger sind in erster Linie die Eigentümer und die Top Manager, wobei häufig Unternehmensberater, Rechtsanwälte, Wirtschaftsprüfer und Steuerberater sowie die unternehmenseigenen Steuer- und Rechtsabteilungen mitwirken.

Als Instrumente zur Stützung von Rechtsformentscheidungen kommen vor allem in Betracht (Faustregeln, Checklisten (Überlegungslisten der beachtenswerten Aspekte), Vor-/Nachteilsübersichten, Eignungsprofile (Beurteilungsmatrizen), Steuerbelastungsrechnungen (Teilsteuerrechnung, Veranlagungssimulationen), Scoring-Verfahren (Punktwertmatrix) oder Simulationsrechnungen (zu Einzelheiten s. Monz 1985).

4 Entscheidung über die Unternehmensverfassung

4.1 Entscheidungsgegenstand Unternehmensverfassung

Ähnlich wie die Verfassung eines Staates die gesellschaftlichen Machtprozesse reguliert, indem sie die Rechte des Staatsbürgers und der Staatsgewalt abgrenzt, Staatsziele beschreibt und die Staatsorgane bestimmt, hat die Unternehmensverfassung die Interessen vielfältiger Anspruchsgruppen (Anteilseigner, Manager, Arbeitnehmer, Fremdkapitalgeber, Lieferanten, Kunden, Staat, Öffentlichkeit usw.) zu regulieren. Sie umfaßt die Gesamtheit grundlegender (konstitutiver) und langfristig gültiger Strukturregelungen einer sozialen Institution (Chmielewicz 1993, Sp. 4400). Mit ihr werden insb. die obersten Grundsätze des Handelns (Werte), die Einrichtung und die Aufgaben der Unternehmensorgane, die Rechte und Pflichten der Unternehmensbeteiligten (insb. Leitungs- und Kontrollmacht, Weisungsbefolgung und Verantwortungsübernahme), die Vermögens-, Gewinn- und Entgeltansprüche sowie Informationsrechte und -pflichten festgelegt.

Die wesentliche Funktion der Unternehmensverfassung besteht darin, *Systemstabilität* zu gewährleisten, die eine langfristige Einschätzung der Verhaltensweisen der systemtragenden Kräfte erlaubt und Reibungsverluste vermeidet, die im freien Kräftespiel der Interessenträger die Gefahr von Ineffizienz oder der Verletzung grundlegender Wertvorstellungen bergen, ggf. sogar bis hin zur Handlungsunfähigkeit oder zur Existenzgefährdung des Unternehmens führen können (vgl. auch Witte 1978, S. 332). Die Unternehmensverfassung ist deshalb vor allem darauf gerichtet, die im System wirkenden Kräfte zu integrieren und zu kanalisieren. Die *Integrationsfunktion* besteht darin, die betroffenen Interessen(-träger) in die Zielbildung und Politik des Unternehmens aktiv oder passiv einzubeziehen. Die *Kanalisierungsfunktion* ist darauf gerichtet, die Interessenintegration durch eine institutionelle Ordnung der Gewaltenteilung und -kontrolle zu koordinieren, mithin in geregelte Bahnen zu lenken.

Regelungsgrundlagen der Unternehmensverfassung sind zum einen *gesetzliche Rahmenvorgaben*, auf die im folgenden unter dem Aspekt der Zulässigkeitskriterien (4.2.1) näher einzugehen ist. Soweit die Gesetze Dispositionsspielräume eröffnen, kann die Unternehmensverfassung formal durch den *Gesellschaftsvertrag* bzw. die *Satzung* konkretisiert werden (bspw. Einrichtung fakultativer Organe, Ausschluß einzelner Gesellschafter von der Geschäftsführung, Abstimmungsmodalitäten). Daneben können Aspekte der Unternehmensverfassung durch andere *Verträge*, wie z.B. Unternehmensverträge oder Haustarifverträge, geregelt sein. Und letztlich kommen auch *Geschäftsordnungen*, umfassende *Stellenpläne* oder offizielle *Richtlinien* der Geschäftsführung als formale Regelungsgrundlagen der Unternehmensverfassung in Betracht.

Davon abzugrenzen sind die *informellen* Grundlagen der Unternehmensverfassung. Die tatsächlich gelebte Interessenorientierung, die in der praktizierten Unternehmenspolitik, im Führungsstil oder in der Unternehmenskultur zutage tritt, sowie die informellen Machtverhältnisse der beteiligten Interessenträger können das reale Bild der Unternehmensverfassung u.U. erheblich stärker prägen als formale Regelungen. Die Unternehmensverfassung kann insofern auch das Abbild eines informellen Konsenses bzw. der faktischen Kräfteverhältnisse der betroffenen Interessenträger sein.

4.2 Entscheidungskriterien

4.2.1 Zulässigkeitskriterien

Unter *rechtlichen* Gesichtspunkten sind der Gestaltungsfreiheit der Unternehmensverfassung in zweierlei Hinsicht Grenzen gesetzt. Zum einen ergeben sich aus dem

Gesellschafts- und Handelsrecht (insb. Inhaltsschranken der Mehrheits- und Stimmrechtsmacht, zwingende Mitgliedschaftsrechte sowie zwingende, u.a. auch auf den Gläubigerschutz gerichtete Schutznormen (vgl. im einzelnen Schmidt 1997, S. 456 ff., 613 ff.), dem Konzernrecht (insb. Verlustausgleichspflicht bzw. verlängerte Haftung im Vertragskonzern, Nachteilsausgleichspflicht bzw. Treuepflicht im faktischen Konzern), dem Arbeitsrecht (z.B. Nachteilsverbot, Kündigungsschutz, Sozialplanpflicht) sowie darüber hinausgehend auch aus den Rechtsordnungen für Marktaktivitäten des Unternehmens, z.B. Wettbewerbs-, Kapitalmarkt- und Verbraucherschutzrecht (*zwingende Interessenschutzgebote*; vgl. Gerum 1992, Sp. 2481). Die dort kodifizierten Schutznormen sollen gewissermaßen einen Mindeststandard der Interessenintegration in der Zielbildung und Politik von Unternehmen gewährleisten.

Zum anderen ergeben sich in Abhängigkeit von Rechtsform, Unternehmensgröße und Unternehmensgegenstand zwingende *Gestaltungsgebote der institutionellen Ordnung*. Man kann die *gesellschaftsrechtlichen Rechtsformgrundtypen* geradezu als gesetzlich typisierte Unternehmensverfassungen verstehen, da sie bereits Grundmodelle für institutionelle Ordnungen bereithalten. Gleichwohl stehen je nach Rechtsform in mehr oder weniger großem Umfang Dispositionsspielräume zur Verfügung, die vom gesetzlichen Grundtypus abweichende Unternehmensverfassungen erlauben (dazu im einzelnen 3.3).

Die *mitbestimmungsrechtlichen* Gebote der institutionellen Ordnung, d.h. die Pflicht zur Unternehmensmitbestimmung im Aufsichtsrat und die Pflicht zur betrieblichen Mitbestimmung durch den Betriebsrat bzw. Sprecherausschuß, knüpfen teils an der Rechtsform, teils an der Zahl der Arbeitnehmer bzw. der leitenden Angestellten und teils am Unternehmensgegenstand an.

Darüber hinaus kann der Unternehmensgegenstand auch aus *standesrechtlichen* Gründen Anforderungen an die innere Ordnung des Unternehmens stellen. So gilt für bestimmte Berufsgruppen, wie z.B. Ärzte und Rechtsanwälte, das Gebot der weisungsunabhängigen Berufsausübung.

Betriebswirtschaftliche Restriktionen sind vor allem solche, die sich aus dem Gebot der Überlebensfähigkeit des Unternehmens ergeben. Für die Gestaltung der Unternehmensverfassung folgt aus dem Gebot der *Liquiditätswahrung* und dem Gebot der *Vermeidung von Überschuldung* eine zwingende Schranke der Befriedigung von Einkommensinteressen der verschiedenen Interessenträger. Individualinteressen treten insoweit hinter das Unternehmensinteresse zurück. Weiterhin wird die Organisationsfreiheit in Abhängigkeit von der Realstruktur des Unternehmensträgers, Umfang und Komplexität des Unternehmensgegenstandes und der Entwicklungsdynamik des relevanten Umfeldes durch das Gebot der *Handlungsfähigkeit* beschränkt. So ist insbesondere bei Publikumsgesellschaften oder bei stark diversifizierten Großunternehmen ein gewisser Mindestgrad der Arbeitsteilung hinsichtlich Grundlagen-, Geschäftsführungs- und Überwachungskompetenz erforderlich, um die notwendigen unternehmerischen Maßnahmen sach- und zeitgerecht beschließen und durchsetzen zu können. Aus dem Gebot der Wahrung der *Existenzfähigkeit* des Unternehmens kann sich zudem ein faktisches Gebot der Integration bestimmter Interessenträger ergeben, wenn diese über ein Sanktionspotential verfügen, das die Überlebensfähigkeit des Unternehmens in Frage stellt. So werden sich etwa Gläubiger, die z.B. an der Sanierung des Unternehmens mitwirken oder besonders riskante Investitionen finanzieren, u.U. Informationsrechte, ggf. auch Mitspracherechte an der Geschäftspolitik oder das Recht zur Entsendung von Vertretern in den Aufsichtsrat als Bedingung der Finanzierung einräumen lassen.

4.2.2 Erfolgskriterien

Monetäre Erfolgskriterien der Gestaltung der Unternehmensverfassung sind in der Literatur im Rahmen der Institutionenökonomie erarbeitet worden (vgl. den Überblick bei Gerum 1992, Sp. 2488 ff.). Sie befassen sich in Kategorien von Transaktionskosten oder sog. Agenturkosten ausschließlich mit den *direkten monetären Wirkungen* der Verfassungsstruktur. Danach ist diejenige Gestaltung der Verfassungsstrukturen am effizientesten, welche die geringsten Transaktionskosten verursacht. Im einzelnen lassen sich daraus die Kosten der institutionellen Ordnung, zu denen u.a. Informations- und Anbahnungskosten von Delegationsverhältnissen, Kosten des Abschlusses des bzw. der Einigung über das Delegationsverhältnis, Kosten der Erfüllung und Anpassung des Delegationsverhältnisses, Kosten der Überwachung des (der) Beauftragten, Kosten der Beendigung des Delegationsverhältnisses zählen. Hierzu gehören auch die Kosten der Integration von verschiedenen Interessen(-trägern), wie z.B. Informationskosten, Kosten der Koordination von Interessen (z.B. durch Versammlungen, Abstimmungsverfahren, Verhandlungen, Schlichtungsverfahren) und Kosten der Interessenvertretung (z.B. Sondervergütung von Interessenvertretern, ausgefallene Arbeitszeit).

Diese Betrachtung ist jedoch zu einseitig, wenn nicht auch die *indirekten Ausgaben- und Einnahmenwirkungen* der Verfassungsstruktur berücksichtigt werden, die sich etwa aus den Anreizen der Integrationsleistung (z.B. Verbesserung der Finanzierungskonditionen durch Integration der Kreditgeber, Verbesserung der Produktleistung oder Generierung von Produktinnovationen durch Integration der Arbeitnehmer, Lieferanten oder Kunden mit dem Erfolg einer Erhöhung der Einnahmenüberschüsse, Steigerung der Motivation zu mehr Kostenbewußtsein durch Partizipation der Mitarbeiter), den Widerständen gegen mangelnde Interessenberücksichtigung (z.B. entgangene Einnahmen resp. zusätzliche Ausgaben durch Streik, Kreditverweigerung, Kursverfall der Aktien, Nachfragerückgang an Absatzmärkten) oder den Effizienzverlusten mangelnder Arbeitsteilung der Führungsorganisation (z.B. entgangene Geschäftschancen aufgrund mangelnder Termin- oder Sachgerechtigkeit der Entscheidungsfindung) ergeben.

Nicht-monetäre Erfolgskriterien: Soweit das Interesse der Verfassungsgeber vorrangig darauf gerichtet ist, die eigene *Machtstellung* im Unternehmen zu sichern bzw. eine möglichst weitreichende *Unabhängigkeit* von anderen Interessenträgern zu erreichen, verweist die Präferenzstruktur auf eine eher monistisch geprägte Verfassungsstruktur. Unter dem Gesichtspunkt des *Ansehensstrebens* des Verfassungsgebers können andererseits auch pluralistisch konzipierte Verfassungsstrukturen besonders erfolgswirksam sein, wenn es ihm z.B. darum geht, bei den relevanten Anspruchsgruppen das Ansehen eines toleranten, fürsorglichen, gerechten oder sozialen Unternehmers zu gewinnen.

4.2.3 Leistungskriterien

Unter dem Gesichtspunkt der Leistungszielerfüllung der Unternehmensverfassung kann zwischen direkten, d.h. unmittelbar aus der Funktionserfüllung der Unternehmensverfassung abzuleitenden, und indirekten, d.h. insbesondere aus den Anreizwirkungen der Verfassungsstrukturen auf originäre Leistungsziele des Unternehmens resultierende Leistungswirkungen der Verfassungsstruktur unterschieden werden.

Die *direkten* Leistungswirkungen sind zum einen aus den originären Funktionen einer Unternehmensverfassung, d.h. ihrer Integrations- und Kanalisierungsfunktion (dazu bereits unter 4.1), abzuleiten. Da sich die Verfassungsstrukturen des Unternehmens zudem in die sich ständig wandelnden internen und externen Rahmenbedingungen der unternehmerischen Tätigkeit fügen müssen, kommt weiterhin das Erfordernis der Systemflexibilität in Betracht. Daneben kann der Unternehmensverfassung auch eine soziale Funktion beigemessen werden, indem sie darauf auszurichten ist, eine Identifikation von Interessenträgern mit der Unternehmung zu schaffen.

Kriterien der *Integrationsleistung* sind bezogen auf die Integration einzelner Interessengruppen ihr jeweiliger Integrationsgrad, der etwa durch das Gewicht ihrer Interessen für die Gestaltung der Unternehmenspolitik und ihre Möglichkeiten, aktiv in die Willensbildungsprozesse des Unternehmens einzugreifen, determiniert wird, und bezogen auf das Gesamtspektrum der Integrationsleistung die Spannweite der Interessenintegration, die durch die Vielzahl und die Vielfalt der einbezogenen Interessen(-träger) bestimmt wird. Die innere Struktur der Integrationsleistung läßt sich durch das Maß der Ausgewogenheit der Interessenintegration näher bestimmten. Als konkrete Kriterien können hier etwa der Grundsatz der Verhältnismäßigkeit, als ein zum Teil auch juristisch relevanter Maßstab der Interessenabwägung, oder das Pareto-Optimum der Interessenberücksichtigung herangezogen werden. Während das Kriterium der Ausgewogenheit eher als ein Gerechtigkeitsmaßstab zu verstehen ist, kann daneben auch die Integrationseffizienz als eher ökonomisch orientierter Maßstab der Integrationsleistung herangezogen werden. Danach ist das absolute Maß der Integration bestimmter Interessenträger auch nach deren Bedeutung für die Überlebensfähigkeit des Unternehmens auszurichten. Relevante Effizienzmaßstäbe könnten etwa das Verhältnis von Betroffenheit und Beteiligung (resp. Interessenberücksichtigung) im Rahmen unternehmenspolitischer Willensbildungsprozesse sowie das Verhältnis von Sanktionspotential und Beteiligung (resp. Interessenberücksichtigung) des betroffenen Interessenträgers sein. In zeitlicher Hinsicht wird die Integrationsleistung durch die Dauerhaftigkeit der Interessen(träger)integration bestimmt.

Das Ausmaß der *Kanalisierungsleistung* wird zunächst einmal durch den Differenzierungsgrad der Gewaltenteilung bestimmt. Soll die Leistung der institutionellen Ordnung vor allem darin bestehen, der uneingeschränkten Machtausübung einzelner Personen oder Gremien durch ein System von „checks and balances" Grenzen zu setzen, so kommt es vor allem darauf an, die Machtpotentiale durch Differenzierung in der Zahl, Zusammensetzung und Kompetenzzuweisung von Gremien möglichst breit zu streuen. Kanalisierung läßt sich andererseits nicht sinnvoll als grenzenlose Zerstückelung von Macht verstehen, weil dies im Extrem praktisch zu Handlungsunfähigkeit führt. Die Kanalisierungsleistung besteht deshalb zum einen auch darin, ein möglichst hohes Maß an Ausgewogenheit von Macht, Kontrolle und Verantwortung herzustellen. Je mehr die Einflußmöglichkeiten auch auf andere Interessenpositionen reichen, die einer Person oder einem Gremium durch Kompetenzzuweisung eingeräumt werden, um so größer ist der Überwachungsbedarf in quantitativer, qualitativer und zeitlicher Hinsicht und um so größer ist die Verantwortung, die die Machtträger im Sinne eines Einstehens für die Konsequenzen ihres Einwirkens zu übernehmen haben. Zum anderen besteht die Kanalisierungsleistung auch darin, ein möglichst hohes Maß an zeitlicher und sachbezogener Effizienz der Willensbildungs- und Überwachungsprozesse zu gewährleisten. Das Effizienzkriterium hat erhebliche Ausstrahlung auf die Frage, wie viele Gremien, in welcher Zusammensetzung und mit welchem zeitlichen Arbeitsrhythmus zu bilden sind und wie die Gremien informationell zusammenwirken müssen. In diese Betrachtung sind nicht zuletzt auch die faktische Entscheidungs- und Überwachungsspanne, die sich aus dem Umfang und der Komplexität der jeweils anstehenden Führungsaufgaben im Unternehmen ergeben, als maßgebende Kriterien zu berücksichtigen.

Unter *Systemflexibilität* ist die Fähigkeit eines Systems zu verstehen, auf veränderte Systemanforderungen rechtzeitig und sachgerecht reagieren zu können, ohne daß deshalb seine Grundstruktur insgesamt verändert werden muß. In dem durch die Unternehmensverfassung zu regelnden Bereich der unternehmerischen Willensbildungs- und Überwachungsprozesse werden je nach Gegenstand und Größe des Unternehmens mehr oder weniger hohe Anforderungen an die Fähigkeit gestellt, durch geeignete Formen der Arbeitsteilung und Aufgabenkoordination insbesondere in den Geschäftsführungs- und Überwachungsgremien (z.B. durch Bildung von Ausschüssen, Delegation von Führungsaufgaben auf nachgeordnete Ebenen) rechtzeitig und sachgerecht auf Veränderungen des Umfangs und der Komplexität ihrer Führungsaufgaben zu reagieren. Die Systemflexibilität der Unternehmensverfassung wird folgerichtig vor allem durch die Anzahl der Gremien, deren Mitgliederzahl und Zusammensetzung sowie die gremieninternen Freiheitsgrade der Selbstorganisation determiniert.

Identifikation im allgemein verstandenen Sinne kann gedeutet werden als das emotionale Sichgleichsetzen mit einer anderen Person oder Gruppe und die Übernahme ihrer Motive und Ideale in das eigene Ich. Die *Identifikationsleistung* der Unternehmensverfassung besteht demnach sinngemäß darin, eine emotionale Verbundenheit von Personen und Gruppen mit dem Unternehmen und die Übernahme seiner Ziele und Grundsätze in ihrem Handeln für das Unternehmen zu bewirken. Positive Identifikationswirkungen der Unternehmensverfassung sind folglich dort zu vermuten, wo Interessenträger, deren Identifikation angestrebt wird, ihre Wertvorstellungen in den unternehmenspolitischen Ziel- und Willensbildungsprozeß einbringen können bzw. ein hohes Maß an Komplementarität zwischen der Interessenorientierung des Unternehmens und den Interessen der relevanten Interessenträger besteht. Insofern korreliert die Identifikationsleistung vor allem mit der Integrationsleistung der Unternehmensverfassung.

Die Verfassungsstruktur kann darüber hinaus auch Anreizwirkungen entfalten, die sich wiederum positiv auf die Sachzielerfüllung des Unternehmens auswirken (*indirekte* Leistungswirkungen). So ist anzunehmen, daß eher integrativ geprägte Verfassungsstrukturen die Einsatzbereitschaft der integrierten Interessengruppen, insbesondere ihrer Bereitschaft zur qualitativen und quantitativen Verbesserung ihrer Beiträge und zur Teilnahme an Qualitätsverbesserungs- und Innovationsprozessen, verbessern können. Zwischen Integrations- und Identifikationsleistung der Verfassungsstrukturen einerseits und der *Produkt-, Produktions-* und *Innovationsleistungen* im Unternehmen andererseits können sich insofern positive Korrelationen ergeben.

4.3 Entscheidungsalternativen der Unternehmensverfassung

4.3.1 Einzelne Gestaltungsparameter

Die Unternehmensverfassung ist ein so komplexes Phänomen, daß sich konkrete, klar voneinander abgrenzbare Entscheidungsalternativen nur schwer ableiten lassen. In einer an *Klassifikationsmerkmalen* orientierten Betrachtung kann zunächst zwischen verschiedenen *Formen der Interessen(träger)integration* unterschieden werden. Danach ist eine *prozedurale* Integration durch Einräumung von Teilhaberechten am Willensbildungsprozeß (z.B. Weisungs-, Veto-, Mitbestimmungs-, Mitsprache- und Informationsrechte), eine *materielle* Integration durch Teilhaberechte am Unternehmenserfolg (Beteiligung durch Kontrakteinkommen, Beteiligung am Residualeinkommen) und eine *normative* Integration durch einseitiges Bekenntnis zur Verantwortung für die Interessenwahrung betroffener Interessenträger möglich. Daneben gibt es hinsichtlich der institutionellen Ordnung vielfältige Gestaltungsmöglichkeiten der *Gremienstruktur* (vgl. dazu auch die Gremienstrukturmodelle nach deutschem Gesellschafts- und Mitbestimmungsrecht bei Chmielewicz 1993, Sp. 4412 ff.; nach schweizerischem und amerikanischem Recht bei Bleicher 1991, S. 25 ff.), die im einzelnen durch
- die Anzahl der Gremien (eingliedriges/mehrgliedriges Gremiensystem),
- die Zusammensetzung der Gremien (monistisch/dualistisch (unterparitätisch/paritätisch)/pluralistisch (unterparitätisch/paritätisch)),
- die Zuständigkeiten/Kompetenzen der Gremien (Grundlagenentscheide/Geschäftsführung/Überwachung/Personalkompetenz),
- die innere Ordnung der Gremien (Vertretungsordnung/Arbeitsteilung (z.B. Bildung von Ausschüssen)/internes Informationswesen/Modalitäten der Beschlußfassung, insb. Abstimmungserfordernisse),
- das Zusammenwirken der Gremien (Gewaltenteilung/Gewaltenverflechtung/Gewaltenkontrolle) und
- die Beziehungen der Gremien zu Dritten (Informationsrechte Dritter/Einflußmöglichkeiten Dritter auf die Bestellung von Gremienmitgliedern/Einflußmöglichkeiten Dritter auf Gremienbeschlüsse/Verantwortung der Gremien gegenüber Dritten)

näher bestimmt wird.

4.3.2 Idealtypische Alternativen

In einer *idealtypischen* Betrachtung wird in der Literatur zwischen interessenmonistischen, -dualistischen und -pluralistischen Verfassungsstrukturen unterschieden (vgl. Gerum 1992, Sp. 2481). Als interessen*monistisch* werden die überwiegend eigentümerorientierten Unternehmen sowie im laboristischen Modell der Arbeiterselbstverwaltung die überwiegend an Arbeitnehmerinteressen ausgerichteten Unternehmen, als interessen*dualistisch* die von Arbeitnehmern mitbestimmten Unternehmen und als interessen*pluralistisch* solche Unternehmen gekennzeichnet, die zusätzlich öffentlichen Interessen oder Konsumenteninteressen Verfassungsrang einräumen. Diese Betrachtung ist freilich äußerst grobstichig. Sie verkennt insbesondere die Bedeutung von (Fremd-)Managern, Fremdkapitalgebern und Lieferanten als eigenständige Interessengruppen. So lassen sich z.B. auch managergeführte Unternehmen als interessendualistisch kennzeichnen. Entsprechendes gilt für Unternehmen, deren Willensbildung ganz erheblich durch die Fremdkapitalgeber, die sich z.B. vertraglich Mitspracherechte einräumen lassen, bestimmt wird. Die idealtypische Betrachtung ist insofern nur sehr bedingt geeignet, alternative Unternehmensverfassungen umfassend abzubilden.

4.3.3 Realtypische Alternativen

Die folgende *realtypische* Betrachtung von Verfassungsalternativen löst sich deshalb von dem Anspruch einer trennscharfen Abgrenzung zwischen monistischen, dualistischen und pluralistischen Verfassungsstrukturen und erhebt auch nicht den Anspruch auf Vollständigkeit. Gleichwohl handelt es sich hierbei um empirisch beobachtbare Verfassungstypen, die sich zumindest in einem wesensprägenden Merkmal (i.d.R. der Schwerpunkt der Interessenorientierung) deutlich abheben.

4.4 Entscheidungsprobleme und entscheidungsstützende Verfahren

Die Entscheidung über die Verfassungsstruktur des Unternehmens ist wegen ihrer besonderen Komplexität naturgemäß eher schlecht strukturiert. Sie ist in erheblichem Maße durch die individuelle Wertestruktur und die Verfügungsansprüche der faktisch einflußnehmenden Entscheidungsträger geprägt und kann mit zunehmender Zahl der Einflußgruppen durch langwierige Verhandlungsprozesse gekennzeichnet sein. Als besonders problematisch erweist sich in diesem Zusammenhang der Umstand, daß die Verfassungsstrukturen die Verteilung von Mitwirkungsrechten hinsichtlich der Gestaltung der Unternehmenspolitik bzw. der geschaffenen Unternehmenswerte bestimmen. Die *Implementierung* offiziell beschlossener Unternehmensverfassungen stößt deshalb u.U. auf Grenzen der Akzeptanz von Verteilungs- und Wertestrukturen, die insb. durch die faktischen Machtverhältnisse zwischen den Interessengruppen blockiert werden können. Die Funktionsfähigkeit eines abstrakten Werte- und Ordnungssystems stößt in einem sozialen System immer an Grenzen, wenn nicht ein Mindestmaß an Übereinstimmung mit den tatsächlich gelebten Werte- und Verhaltensstrukturen der systemtragenden Kräfte gewährleistet ist. Entsprechend schwierig gestaltet sich der *Wandel* einmal verfestigter Verfassungsstrukturen, weil durch Umverteilung von Verfügungsrechten und Neuorientierung der Wertestruktur neben den bestehenden Wertvorstellungen vor allem auch bestehende Privilegien, Prestigepositionen, gewachsene Sozialstrukturen und ggf. sogar konkrete Bedürfnisbefriedigungsmöglichkeiten einzelner Interessenträger

Typus	Kennzeichnende Merkmale
Eigentümer-unternehmung	Anteilseignerschaft und Geschäftsführung in einer Hand; Interessenorientierung vorrangig durch die Einkommens- und Berufsziele der Eigentümer bestimmt; typischerweise in den Rechtsformen des Einzelunternehmens und personalistisch geprägten Gesellschaften.
Anteilseigner-(Shareholder-)Unternehmung	Unternehmen, deren Unternehmenspolitik vorrangig durch die Interessen der Kapitalanleger (nicht selten große Investorengruppen oder Investmentfonds) an einer Wertsteigerung ihrer Anteile bestimmt wird.
Managerunternehmung (MBO)	I.d.R. AG oder GmbH, die von ihren Managern übernommen wurden (MBO), und somit sowohl in der HV/GV wie auch im AR und Vorstand/Geschäftsführung von der Gruppe der Manager beherrscht werden können.
Konzernunternehmung	Unternehmen, deren Geschäftspolitik faktisch oder vertraglich (Beherrschungs- oder Eingliederungsvertrag) durch die Interessen des herrschenden Konzernunternehmens bestimmt wird.
Pachtunternehmung	Typischerweise auf der Basis von Betriebspacht- oder -überlassungsverträgen; Geschäftsleitung, -risiken und Anspruch auf Residualeinkommen gehen auf den Vertragspartner über; Einkommen der Anteilseigner durch Pachtzins gesichert, Einflußmöglichkeiten auf Unternehmensgestaltung sind auf Grundlagenentscheidungen und außergewöhnliche Maßnahmen beschränkt.
Lizenzunternehmung	Unternehmen, die auf der Grundlage eines Lizenzvertrags an Geschäftskonzept des Lizenzgebers gebunden sind; je nach Vertragsgestaltung/faktischer Machtstellung u.U. auch Einfluß des Lizenzgebers auf die Geschäftspolitik.
Konsumentenunternehmung	Unternehmen, die ausschließlich auf eine möglichst kostengünstige Konsumbedarfsdeckung ihrer Mitglieder ausgerichtet sind; z.B. Konsum-, Wohnungsbaugenossenschaften, Genossenschaftsbanken, etc.
Kooperationsunternehmung	Unternehmen, die ausschließlich kostengünstig Leistungen (gemeinsame Ausübung von Hilfstätigkeiten oder gemeinsame Nutzung von Betriebsmitteln durch die Mitgliedsunternehmen) für die beteiligten Kooperationspartner bereitstellen; z.B. Einkaufs-/Produktionsgenossenschaften, Joint-Venture, Büro-/Praxisgemeinschaften.
Öffentliche Unternehmung	durch öffentliche Hand betriebene/beherrschte Unternehmen, deren Zweck vorrangig auf Bedarfsdeckung oder andere öffentliche Interessen gerichtet ist.
Stiftungsunternehmung	Unternehmen, deren Geschäftspolitik sich nicht vorrangig an den Interessen bestimmter Interessengruppen orientiert, sondern an dem Stiftungszweck, der durch den Stifter bestimmt ist.
Mitbestimmte Unternehmung	Unternehmen, deren Unternehmenspolitik im wesentlichen durch Anteilseigner- und Arbeitnehmerinteressen bestimmt wird; Grundlage gesetzliches oder außerhalb gesetzlicher Pflicht fakultatives Mitbestimmungsmodell.
Stakeholder-Unternehmung	Unternehmen, deren Politik den Interessen der relevanten Anspruchsgruppen verpflichtet ist, z.B. durch pluralistische Besetzung von Gremien oder Interessenorientierung.

Abb. 4: Realtypen der Unternehmensverfassung

in Frage gestellt werden können. Eine erfolgversprechende Verfassungsänderung setzt deshalb i.d.R. eine umfassende Integration der betroffenen Interessenträger in den Entscheidungsprozeß, eine intensive Überzeugungsleistung und u.U. auch einschneidende personelle Maßnahmen auf der Führungsebene des Unternehmens voraus, damit ein Mindestmaß an Identifikation gewährleistet bzw. aktive Anpassungswiderstände oder sog. „Frustrations-Regressions-Effekte" (vgl. Schreyögg 1996, S. 474) vermieden werden können.

Zur Unterstützung von Entscheidungen über die Unternehmensverfassung werden in der Literatur bislang vorrangig die aus der Institutionenökonomie bekannten *Instrumente* der Verfügungsrechte-, Transaktionskosten- und Principal-Agency-Theorie angeboten (dazu unter 4.2.2). Als adäquates *Bewertungs*instrument kommt darüber hinaus – vor allem wegen der Vielfalt und des häufig qualitativen Charakters der maßgebenden Entscheidungskriterien – die Nutzwertanalyse in Betracht. In ihren Variationsmöglichkeiten läßt die Nutzwertanalyse zudem eine – in diesem Zusammenhang besonders naheliegende – Differenzierung nach Nutzenkategorien unterschiedlicher Interessengruppen zu (vgl. dazu Janisch 1993, S. 399 ff.). Soweit es um die *Generierung* systemadäquater Verfassungsstrukturen geht, können insb. die Erhebungs- und Analysemethoden der empirischen Sozialforschung eingesetzt werden, etwa um relevante Anspruchsgruppen und ihre Systemanforderungen zu identifizieren (z.B. Beobachtungs- und Befragungstechniken, Trendprognosen der Entwicklung gesellschaftlicher Wertvorstellungen). Insoweit kann auch auf die Instrumente der Gewinnung von Marktinformationen verwiesen werden (vgl. dazu Beitrag Nr. 18). Für die entscheidungsrelevanten Interaktionsprozesse zwischen verschiedenen Interessengruppen können – je nach Prozeßgestaltung – Verhandlungs- oder Moderationstechniken eingesetzt werden.

5 Entscheidung über die Unternehmensbindung

5.1 Entscheidungsgegenstand Unternehmensbindung

Unternehmenstätigkeit kann grundsätzlich selbständig, in Zusammenarbeit (Kooperation) oder im Zusammenschluß mit anderen Unternehmen (Konzentration, Integration) erfolgen. Insbesondere die Zusammenschlußalternativen (Beteiligung, Übernahme, Einflußnahme) werden auch als eine Möglichkeit des Unternehmenswachstums gesehen. Alle Formen des Zusammenwirkens mit Dritten sind durch das Eingehen bestimmter Bindungen gekennzeichnet, deren Intensität die einzelnen Möglichkeiten charakterisiert (Schubert/Küting 1981). *Bindungsintensität* ist dabei das Ausmaß, in dem die Beteiligten von Unternehmensverbindungen ihre wirtschaftliche und/oder rechtliche Selbständigkeit (Autonomie) aufgeben.

Unabhängigkeit und wirtschaftliche Dispositionsfähigkeit werden im allgemeinen nur aufgegeben, wenn es zur Sicherung der Existenz nötig ist oder wenn überwiegende verbundwirtschaftliche Vorteile erzielt werden können. Durch gemeinsame Maßnahmen können z.B. über Größendegressionsvorteile, gesteigerte Marktmacht, abgestimmte Kapazitätsauslastung oder Spezialisierung höhere Nutzeffekte erzielt werden als bei alleinigem Vorgehen. Damit wird die eigene Fähigkeit, im Markt zu bleiben (Wettbewerbsfähigkeit) gestärkt. Auf der anderen Seite existieren mit dem einzelwirtschaftlichen Gewinn- und Machtstreben starke Antriebe zu Handlungen, die auf Reduzierung der marktwirtschaftlichen Risiken des Wettbewerbs sowie auf Wachstum und Machterweiterung gerichtet sind.

Die Arten der Unternehmensbindungen lassen sich unterscheiden
- nach der Bindungsabsicht: Die Zusammenarbeit rechtlich und – außerhalb des Kooperationsbereichs – wirtschaftlich selbständiger Unternehmen gelten als *Kooperative Bindungen*. Sie sind häufig auf eine Steigerung der einzelbetrieblichen Wettbewerbsfähigkeit gerichtet, können aber auch eine Beschränkung des Wettbewerbs zum Ziel haben. Stärkere Bindungsintensität weisen die Gestaltungsformen der *konzentrativen Unternehmenszusammenschlüsse* auf, weil dabei mindestens von einem Partner die wirtschaftliche Selbständigkeit weitgehend aufgegeben wird (weil der andere Einfluß ausüben möchte), zum Teil sogar die rechtliche und betriebswirtschaftliche Identität.
- nach der Dauer der Bindung: Gelegenheitsbindungen, Bindungen auf bestimmte Zeit und Dauerbindungen;
- nach dem Umfang der Bindungen: Bindungen des Gesamtunternehmens und von Teilbereichen (Teilfunktionen);
- nach den Machtverhältnissen: koordinierende Bindungen (Gleichordnung) und subordinierende Bindungen (Unterordnung);
- nach dem Bindungsmittel: Absprache, Vertrag, Eigentums-, Nutzungs- und Gesellschaftsrechte, faktische Verhältnisse (Personalunion, Liefer-, Abnahmeabhängigkeit etc.).

Eine wichtige Unterscheidung betrifft schließlich die Bindungsrichtung in der Wirtschaftsstruktur: Eine *horizontale* Verbindung betrifft Unternehmen gleicher Branchen (gleiche Produkte; Tätigkeit auf dem gleichen Markt). Bei einer *vertikalen* Unternehmensverbindung stehen die beteiligten Unternehmen in einer Beschaffungs-Absatz-Beziehung zueinander. Nach dem bindungsinitiativen Unternehmen in der Wertschöpfungskette kann zwischen *Vorwärts-* und *Rückwärtsintegration* unterschieden werden. Eine *konglomerate* (*diagonale*) Verbindung liegt vor, wenn die beteiligten Unternehmen weder gleichartige Produkte auf gleichen Märkten anbieten noch in aufeinanderfolgenden Wertschöpfungsketten tätig sind.

5.2 Entscheidungskriterien der Unternehmensbindung

5.2.1 Zulässigkeitskriterien

Im deutschen und europäischen gesellschaftlichen Umfeld geht man von einer schützenswerten marktwirtschaftlichen Wirtschaftsverfassung aus, deren Grundlage einerseits die unternehmerische Autonomie, andererseits die Konsumentensouveränität ist. Mit Hilfe von nationalen und europäischen Vorschriften wird versucht, Beeinträchtigungen des Wettbewerbs zu verhindern.

Deutsches Wettbewerbsrecht

Das GWB soll die Freiheit des Wettbewerbs sichern und wirtschaftliche Macht dort beseitigen, wo die Wirksamkeit des Wettbewerbs beeinträchtigt wird (Begründung GWB). Für kooperative Bindungen sind vor allem die Vorschriften für *Kartelle*, für konzentrative Bindungen die ebenfalls im GWB geregelten Vorschriften der *Zusammenschlußkontrolle* von handlungsbegrenzender Bedeutung.

Begrenztes Kartellverbot: Unter einem *Kartell* werden dabei Vereinbarungen zwischen miteinander im Wettbewerb stehenden Unternehmen, Beschlüsse von Unternehmensvereinigungen und aufeinander abgestimmte Verhaltensweisen verstanden, die eine Verhinderung, Einschränkung oder Verfälschung des Wettbewerbs bezwecken oder bewirken (§ 1 GWB). Das GWB geht von einem grundsätzlichen *Kartellverbot* aus. Normen- und Typen-, Konditionen-, Spezialisierungs-, Mittelstands-, Rationalisierungs- und Strukturkrisenkartelle können vom Kartellverbot jedoch freigestellt werden. In Anlehnung an das geltende EG-Recht können darüber hinaus Vereinbarungen und Beschlüsse freigestellt werden, die unter angemessener Beteiligung der Verbraucher an dem entstehenden Gewinn zu einer Verbesserung der Entwicklung, Erzeugung, Verteilung, Beschaffung, Rücknahme oder Entsorgung von Waren und Dienstleistungen beitragen.

Ausnahmsweise können aus gesamtwirtschaftlichen oder Gemeinwohlgründen Erlaubnisse für Kartelle erteilt werden (*Minister-, Gemeinwohlkartelle*). Die nicht erfaßten Formen der zwischenbetrieblichen Zusammenarbeit sind *kartellfrei* (z.B. Kooperationen im Personal-/Sozialwesen, Erfahrungsaustauschgemeinschaften, gemeinschaftliche Marktforschung, Arbeitsgemeinschaften, teilweise auch Vertriebskooperationen wie z.B. Werbe- und Markengemeinschaften, Produktions-, Transport-, Lager- und Inkassogemeinschaften).

Zusammenschlußkontrolle: Unternehmenszusammenschlüsse unterliegen nach deutschem Wettbewerbsrecht einer Zusammenschlußkontrolle. Diese findet Anwendung, wenn im letzten Geschäftsjahr vor dem Zusammenschluß die beteiligten Unternehmen insgesamt weltweit Umsatzerlöse von mehr als einer Mrd. DM und mindestens ein beteiligtes Unternehmen im Inland Umsatzerlöse von mehr als 50 Mio. DM erzielt haben (§ 35 Abs. 1 GWB, Ausnahmen vgl. § 35 Abs. 2 GWB). Das Bundeskartellamt hat Unternehmenszusammenschlüsse, die erwartungsgemäß eine marktbeherrschende Stellung begründen oder verstärken, zu untersagen (§ 36 Abs. 1 GWB). Als Unternehmenszusammenschlüsse werden dabei folgende Fälle definiert:
– Erwerb des Vermögens eines anderen Unternehmens ganz oder zu einem wesentlichen Teil,
– Erwerb der unmittelbaren oder mittelbaren Kontrolle durch ein oder mehrere Unternehmen über die Gesamtheit oder Teile eines oder mehrerer anderer Unternehmen,
– Erwerb von Anteilen an einem anderen Unternehmen, wenn die Anteile allein oder zusammen mit sonstigen, dem Unternehmen bereits gehörenden Anteilen a) 50 vom Hundert oder b) 25 vom Hundert des Stammkapitals oder der Stimmrechte des anderen Unternehmens erreichen.

Die zu untersagende marktbeherrschende Stellung wird vermutet, wenn entweder ein einzelnes Unternehmen einen Marktanteil von mindestens einem Drittel hat oder eine Gesamtheit von Unternehmen
– aus drei oder weniger Unternehmen besteht, die zusammen einen Marktanteil von 50 vom Hundert erreichen, oder
– aus fünf oder weniger Unternehmen besteht, die zusammen einen Marktanteil von

zwei Dritteln erreichen und die Unternehmen nicht nachweisen, daß auch nach dem Zusammenschluß die Wettbewerbsbedingungen Wettbewerb erwarten lassen oder die Gesamtheit der Unternehmen im Verhältnis zu den übrigen Wettbewerbern keine überragende Marktstellung hat.

Allerdings sind einige Wirtschaftsbereiche (z.B. Landwirtschaft, Bundesbank, Banken, Versicherungen, Verwertungsgesellschaften) von der Anwendung des GWB ganz oder teilweise ausgenommen (§§ 29-31 und 97 GWB).

Europäisches Wettbewerbsrecht

Neben das deutsche Wettbewerbsrecht sind insb. durch die Art. 85 und 86 EG-Vertrag (EGV), die dazugehörigen Verordnungen, insb. die Europäischen Fusionskontroll- und Gruppenfreistellungsverordnungen, auch auf europäischer Ebene unmittelbar geltende Wettbewerbsregeln getreten. Sie gelten – mit gewissen Ausnahmen für den Montan- und Agrarbereich – für alle Wirtschaftsbereiche.

- *Kartellverbot*: Vereinbarungen, Beschlüsse und abgestimmte Verhaltensweisen, die den Handel behindern können und eine Verhinderung, Einschränkung oder Verfälschung des Wettbewerbs innerhalb der EU bezwecken oder bewirken sind nach Art. 85 EGV grundsätzlich verboten und nichtig (z.B. Preis- und Konditionenkartelle). Allerdings können unter bestimmten Bedingungen einzeln oder für Gruppen Freistellungen erfolgen. In der Kooperations-Bekanntmachung von 1968 (Abl. 1968 C 75/2) werden Fälle kartellfreier zwischenbetrieblicher Zusammenarbeit beschrieben (z.B. gemeinschaftliche Statistik, Marktinformation, Erfahrungsaustausch, Inkassogemeinschaft, gemeinschaftliche Nutzung von Produktions-, Lager- und Transporteinrichtungen, Arbeitsgemeinschaften, Werbe-, Gütezeichen- und Servicegemeinschaften).
- *Zusammenschlußkontrolle*: Für Zusammenschlüsse mit (insb. am Umsatz gemessener) gemeinschaftsweiter Bedeutung wurde mit der Fusionskontroll-Verordnung (VO 4064/89 v. 21.12.89, Abl. 1990, L 257/14) eine auf Art. 87 EGV gestützte ex-ante *Fusionskontrolle* eingeführt. Wenn ein Zusammenschluß eine beherrschende Stellung begründet oder verstärkt, durch die wirksamer Wettbewerb im gemeinsamen Markt oder in einem wesentlichen Teil desselben erheblich behindert würde, kann er untersagt werden; häufiger sind Freigaben unter Auflagen und Bedingungen.

Weitere Kriterien

- *Weitere Rechtskriterien*
Für Bindungsentscheidungen ist ferner bedeutsam, ob die eingegangenen Bindungen im *Handelsregister* eingetragen oder in der *Rechnungslegung* offengelegt werden müssen und ob *Minderheiten-* oder *Gläubigerschutz* gewährleistet werden muß (Ausgleichszahlung, Abfindung bzw. Sicherheitsleistung, Haftung).
- *Unternehmenserhaltung*
Die Erhaltung der Unternehmensexistenz ist in krisenhaften Situationen oft ein entscheidendes Kriterium für das Eingehen von Bindungen (z.B. zum Hauptgläubiger, Gründung von Auffanggesellschaften, Sanierungszusammenschlüsse).

– *Unabhängigkeitsstreben*
Als eine Bedingung unternehmerischen Handelns wird häufig die Wahrung der Autonomie gesehen („Herr im Haus" zu sein). Hierzu gehört auch die Wahrung von Informationsvorteilen (Betriebsgeheimnissen) und aus sozialpsychologischer Sicht die Wahrung der Unternehmensidentität (Corporate Identity).

5.2.2 Erfolgskriterien

Bereichsübergreifende Erfolgskriterien

Einen *Ergebnisausgleich* zu erreichen, um die Schwankungen des eigenen Geschäfts abzuschwächen, ist ein Ziel, das mit der Zusammenrechnung der Geschäftsergebnisse erreicht werden kann (gemeinschaftliches Geschäft, Gewinnpoolung). Eine *Ergebnisverbesserung* durch Rationalisierungsmöglichkeiten (Wirtschaftlichkeits- und Produktivitätsverbesserungen) zu erreichen, steht meist im Zentrum der Synergieerwartungen von Unternehmenszusammenschlüssen. Dabei sind Effekte der *Kostendegression (Fixkostenreduktion)* durch zusammengelegte Aufgabenbewältigung ebenso von Bedeutung wie *Erlöszuwächse* durch zusammengelegte Umsätze und verstärkte Marktmacht. Die *schnelle Gewinnung zusätzlicher Profitabilität* statt teurer und zeitraubender Eigenaktivitäten mag kurzfristig ebenso angestrebt werden wie *Börsenkurssteigerungen* durch positive Wirkungserwartungen der Kapitalanleger. Finanziell beachtlich sind aber auch die sich aus der Unternehmensbindung selbst ergebenden *Einnahmen* (z.B. Kooperationsumlagen, Beteiligungserträge) und *Ausgaben* (z.B. Fusionskosten, Anpassungskosten, zusätzliche Ausgaben für Neuorganisation, Rechnungslegung und Besteuerung). Wenn das *Risiko mißliebiger Konkurrenzreaktionen* vermindert werden kann, wird zudem die Wahrscheinlichkeit guter eigener Ergebnisse verbessert. Als bonitäre Zielkriterien sind insb. die Einbußen an Unabhängigkeit, Zugewinne an *Einfluß* und Veränderungen des *Ansehens* zu beachten.

Bereichsspezifische Erfolgskriterien

Bereichsbezogene Beiträge zur Formalzielerfüllung können zum einen im *Führungs- und Verwaltungsbereich* liegen (z.B. Kosten der gemeinsamen Interessenvertretung, Beteiligung an Managementpotentialen, verbesserte Marktinformationen und Erfahrungsaustausch, gemeinschaftliches Rechenzentrum, erfolgreicheres Vorgehen durch gemeinschaftliche Marktbearbeitung).

Auch in den einzelnen Ressorts kann die Erzielung von Rationalisierungsvorteilen durch koordinierte, ausgegliederte Aufgabenerfüllung angestrebt werden. Sicherung und Verstärkung der Marktmacht auf *Beschaffungsmärkten* durch gemeinschaftliches Vorgehen kann ebenso angestrebt werden wie eine Reduzierung der Beschaffungskonkurrenz; im allgemeinen kann die Zusammenfassung des Einkaufsbedarfs zur Erlangung günstigerer Preise und Konditionen führen. Im Bereich der *Produktion* stehen die Vorteile verbesserter Kapazitätsauslastung durch abgestimmte oder zusammengefaßte Produktionsmengen im Vordergrund. Produktionskostenvorteile können sich auch aus abgestimmten Normen und Typen sowie Produktionsverfahrensvereinbarungen ergeben. Hierzu gehören auch Synergiegewinne einer gemeinschaftlichen Abfallbeseitigung. Besondere Bedeutung bei Bindungsentscheidungen wird im allgemeinen den *absatzwirtschaftlichen Synergiegewinnen* beigemessen. Dabei geht es vor allem um die Verstärkung der Marktmacht auf dem Absatzmarkt durch gemeinschaftliches Vorgehen; durch Reduzierung der Wettbewerbsintensität können dabei Erlösminderungen ebenso ausgeschaltet werden wie die Einbehaltung gewünschter Marketinginstrumente in nachfolgenden Stufen zu sichern ist (Vertriebs-/Preisbindungs-Sicherung). Auch *Finanzierungsmöglichkeiten* können durch Bindungsentscheidungen wesentlich günstiger gestaltet werden (Konzern-Clearing, Anlehnung an einen finanzkräftigen Partner, gemeinsame Großkredite).

5.2.3 Leistungskriterien

Bereichsübergreifende Leistungskriterien

Mit dem Eingehen einer Bindung kann überhaupt erst die Voraussetzung der *Leistungserstellung* geschaffen werden (z.B. Beteiligung an einer Großauftrags-ArGe); Verbesserungen der *Leistungsqualität* verspricht man sich mit dem „Einkauf" von spezifischem Know-How und der Spezialisierung. Vielfach wird auch *Flexibilität* als Reaktion auf erwartete Umweltänderungen ebenso als bindungsrelevantes Kriterium gesehen wie der Wunsch nach *Reduzierung des Leistungsrisikos* durch Einbindung eines kompetenten Partners. Die *Steuerungsfähigkeit* der neuen Einheit kann bei Zusammenschlüssen ebenso ein relevantes Leistungskriterium sein wie die sich in Identifikation, Unternehmenskultur und Motivation der Mitarbeiter widerspiegelnde *Humaneffizienz* bei den an den Bindungen beteiligten Unternehmen.

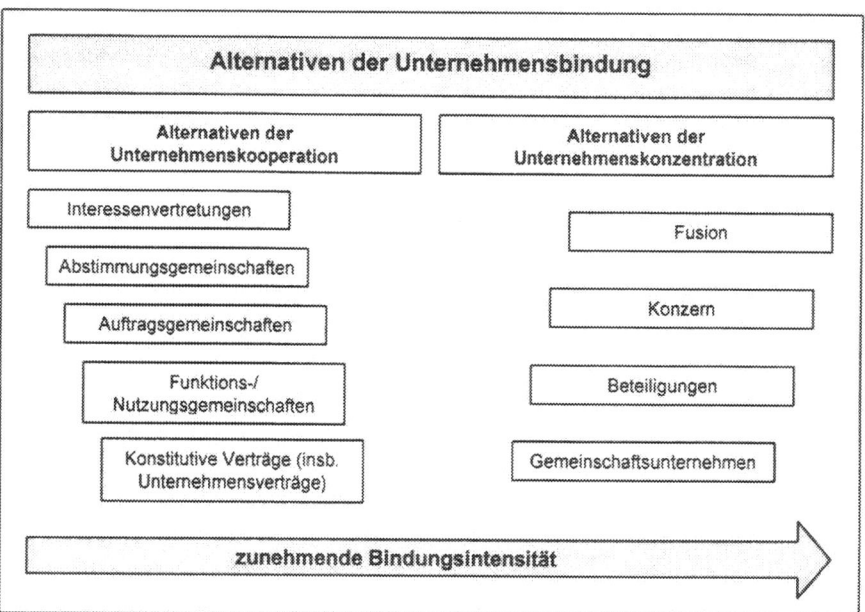

Abb. 5: Alternativen der Unternehmensbindung

Bereichsspezifische Leistungskriterien

Leistungskriterien für Unternehmensbindungen liegen bei der *Beschaffung* in der Erlangung eines Marktzugangs (z.B. durch internationale Gemeinschaftsunternehmen) oder Sicherung der Marktverbindung (z.B. durch Beteiligung). Im Bereich der *Leistungserstellung* kann Diversifikation, Erhöhung der Produktqualität, Erlangung von Produktions-Know-How und Kapazitätsauslastung angestrebt werden. *Absatzwirtschaftliche Anreize* für Unternehmensbindungen sind die Erreichung eines Marktzugangs, die Absicherung und die Ausschöpfung vorhandener und weiterer Märkte (Marktanteil, Diversifikation) sowie die koordinierte oder gemeinschaftliche Durchsetzung von Marketingaktivitäten. Bindungsaktivitäten ermöglichen oft erst den Zugang zum *Kapitalmarkt*, weil Kapital nur ab bestimmten Größen erhältlich ist. Auch *investitionswirtschaftlich* können Verbindungen interessant sein, wenn Unternehmensbeteiligungen eigene Investitionen überflüssig machen.

5.3 Alternativen der Unternehmensbindung

5.3.1 Interessenvertretungs- und Fachgemeinschaften

Unternehmensverbände

Unternehmensverbände sind organisierte Zusammenschlüsse von Unternehmen (oder von deren Verbänden) zur Vertretung von gemeinsamen Werten und Interessen, insb. in gesellschaftlich-politischen Willensbildungsprozessen, zur Wahrung von Branchenusancen oder Förderung der Mitglieder durch Information und Schulung. Nach der Freiwilligkeit des Beitritts unterscheidet man Zwangsverbände (z.B. IHK, Handels- und Handwerkskammern, die meist KdöR mit Zwangsmitgliedschaft sind) und freiwillige Wirtschaftsverbände. Letztere sind meist wirtschaftszweigspezifisch und/oder regional in Grundverbände gegliedert und zu Ober- und Spitzenverbände zusammengefaßt. Spitzenverbände sind z.B. der Bundesverband der deutschen Industrie (BDI), die Hauptgemeinschaft des dt. Einzelhandels, der Bundesverband des privaten Bankgewerbes, die Bundesvereinigung der deutschen Arbeitgeberverbände und der Deutsche Industrie und Handelstag (DIHT). Die Mitgliedsbetriebe erwarten im allgemeinen von ihnen eine Interessenvertretung im pluralistischen System (z.B. gegenüber den Gewerkschaften oder im Gesetzgebungsprozeß), eine Wertevertretung in den Medien, fachliche Unterrichtung, Wettbewerbsregeln, Nachwuchsförderung u.a.

Aktionsgemeinschaften

Aktionsgemeinschaften sind gelegentliche Zusammenschlüsse von Unternehmen zur allgemeinen Interessenwahrung oder -artikulation zu bestimmten Anlässen (z.B. Verlängerung der Ladenschlußzeiten), meist in der Rechtsform einer GbR oder eines (nicht) eingetragenen Vereins.

5.3.2 Abstimmungsgemeinschaften

Gleichförmiges Verhalten

Die schwächste Bindungsintensität hat ein souveränes, zum Marktpartner gleichförmiges Verhalten (Parallelverhalten), das auch kartellrechtlich unbedenklich ist. Aufeinander „abgestimmtes Verhalten" hingegen liegt vor, wenn Unternehmen – ohne eine vertragliche Bindung eingegangen zu sein – ihr Verhalten bewußt und gewollt voneinander abhängig machen. Sofern hierdurch die Risiken des freien Wettbewerbs beschränkt werden und ein Minimum an dem Verhalten vorangehender Verständigung (auch über Dritte) nachgewiesen werden kann, ist dieses Verhalten kartellrechtlich relevant. Häufig kommt diese Form der Kooperation im Zusammenhang mit der Preispolitik vor.

Agreements

Mündliche Absprachen, die ohne Rechtsverbindlichkeit und ohne eine förmliche Organisation getroffen werden, aber eine gewisse faktische Verbindlichkeit (z.B. über den „Ehrenkodex" der Beteiligten) haben, werden als (Gentlemen's) Agreements bezeichnet. Sofern sie Wettbewerbsbeschränkungen zum Gegenstand haben (z.B. Submissionsabsprachen), sind sie verboten (§ 1 GWB).

Abstimmungsvereinbarungen

Begrenzte Bindungen der Unternehmenssouveränität können auch von Übereinkommen mit anderen Unternehmen zur Regelung von Rationalisierungsmaßnahmen, Kapazitätsanpassung, Normung und Typisierung, Spezialisierung, Standardisierung von Kalkulationsverfahren, Anpassungen zur Krisenbewältigung etc. ausgehen. Derartige Vereinbarungen sind teilweise anmelde- oder erlaubnispflichtige Kartelle. Kartellrechtlich besonders sensibel sind wettbewerbsbeeinflussende Absprachen über Konditionen, Submissionen und Preise.

5.3.3 Auftragsgemeinschaften

Partizipationen (gemeinsame Gelegenheitsgeschäfte)

Partizipationen sind nach außen nicht in Erscheinung tretende GbR zur gemeinsamen Durchführung von Warenhandelsgeschäften mehrerer beteiligter Unternehmen (Partizipienten). Nach außen tritt jeder Partizipient (Metist) im eigenen Namen auf, handelt aber für Rechnung der Gemeinschaft, im Innenverhältnis besteht eine Innengesellschaft ohne eigene Organisation und eigenes Vermögen. Die Geschäfte werden gemeinschaftlich abgewickelt und die Ergebnisverteilung erfolgt in freier Absprache. In einer anderen Variante beruhen die Gelegenheitsgeschäfte auf einer rein schuldrechtlichen Basis (sog. Meta-, Terzo-, Quartogeschäfte).

Arbeitsgemeinschaften und Konsortien

Hierbei handelt es sich um nach außen in Erscheinung tretende Gelegenheitsgesellschaften (i.d.R. GbR) zur Durchführung einzelner Geschäfte (z.B. bauwirtschaftliche

Großprojekte, industrielle Großanlagen, bankbetriebliche Emissions-, Kredit-, Sanierungs-, Garantiekonsortien, versicherungswirtschaftliche Großprojekte). Nach außen wird die ArGe oder das Konsortium durch einen Konsortialführer vertreten, dem auch die Führung des Konsortialkontos und die Verteilung des Konsortialergebnisses obliegt. Kartellrechtlich sind diese Kooperationen zumeist unbedenklich, insb. weil die Beteiligten nicht miteinander im Wettbewerb stehen oder alleine den Auftrag nicht bewältigen könnten.

5.3.4 Funktions- und Nutzungsgemeinschaften

Den Kernbereich der Unternehmenskooperation stellen die vielfältigen Gestaltungen der dauerhaften zwischenbetrieblichen Zusammenarbeit dar. Mit ihnen wird zwar in Bereichen betriebliche Dispositionsfreiheit aufgegeben, aber dafür eine rationellere gemeinsame Erfüllung betrieblicher Funktionen oder bessere Nutzung betrieblicher Potentiale erreicht. Damit wird weniger der Wettbewerb beeinträchtigt als vielmehr die Wettbewerbsfähigkeit der Kooperationspartner gestärkt. Das Kartellrecht steht daher diesen Kooperationen, insb. bei kleinen und mittleren Unternehmen, positiv gegenüber. Die rechtlichen Gestaltungen dieser Funktions- und Nutzungsgemeinschaften sind vielfältig und reichen von schuldrechtlichen Verträgen über GbR, PartGes, EWIV, stGes, eG bis zu Gemeinschaftsunternehmen in der Rechtsform einer Kapitalgesellschaft (insb. GmbH). Im einzelnen lassen sich folgende Typen unterscheiden:

- *Verwaltungsgemeinschaften* (gesamtbetriebliche Kooperationen, wie z.B. Erfahrungsaustausch-, Beratungs-, EDV-, Betriebsvergleichs-, Versicherungs-, Public-Relation-, Joint-Venture-, Krisen-, Beteiligungsgemeinschaften),
- *Einkaufs-/Beschaffungsgemeinschaften* (z.B. Einkaufsagenturen und -genossenschaften, Importkartelle),
- *Produktionsgemeinschaften* (z.B. Anlagennutzungs-, Apparate-, Labor-, Kapazitätsausgleichs- und Abfallverwertungsgemeinschaften),
- *Know-How-Gemeinschaften* (z.B. Forschungs- und Entwicklungs- sowie Patentverwertungsgemeinschaften),
- *Logistikgemeinschaften* (z.B. Lager- und Transportgemeinschaften),
- *Marketing-/Absatz-/Vertriebsgemeinschaften* (z.B. Verkaufsgemeinschaften, Syndikate, gemeinsame Verkaufsstellen, Absatzgenossenschaften, Marktforschungs-, Werbe-, Messe-, Kunden- und Reparaturdienstgemeinschaften),
- *Finanzierungsgemeinschaften* (z.B. Emissions-, Garantie-, Inkasso-, Kreditgemeinschaften und -genossenschaften),
- *Investitionsgemeinschaften* (z.B. zur gemeinsamen Durchführung von Sach- oder Finanzanlageinvestitionen),
- *Personal- und Sozialgemeinschaften* (z.B. Personalbeschaffungs-, Auswahl-, Fort- und Ausbildungsgemeinschaften, Gemeinschafts-Sozialwerke, gemeinschaftliche Pensions- und Unterstützungskassen, Outplacement-Gemeinschaften und Beschäftigungsgesellschaften).

5.3.5 Konstitutive Vertragsbindungen (insb. Unternehmensverträge)

Einige schuldrechtlichen Vertragsbindungen, die ein Unternehmen eingeht, sind von derartiger struktureller Bedeutsamkeit und Bindungsintensität, daß sie zu den konstitutiven Unternehmensbindungen gerechnet werden müssen.

Ergebnisabführungsverträge

Mit diesem (aktienrechtlich in § 292 AktG geregelten) Unternehmensvertrag verpflichtet sich ein Unternehmen, seinen ganzen Gewinn oder einen Teil des Gewinnes oder den ganzen oder teilweisen Gewinn einzelner Betriebe an ein anderes Unternehmen abzuführen. Gesetzlich ist damit zugleich die Verpflichtung zur Verlusttragung des Gewinnberechtigten verbunden (§ 302 AktG). Den Minderheitsgesellschaftern müssen Ausgleichszahlungen (Dividendengarantie) oder angemessene Abfindungen angeboten werden.

Beherrschungsverträge

Ein Beherrschungsvertrag begründet einerseits die Befugnis des herrschenden Unternehmens, die Leitung gegenüber dem beherrschten Unternehmen auszuüben und verpflichtet andererseits das beherrschte Unternehmen zur Befolgung der Weisungen der weisungsberechtigten Obergesellschaft (§§ 292 ff. AktG). Das abhängige Unternehmen hat auch Weisungen mit nachteiligen Folgen auszuführen, sofern es sich nicht um einen Mißbrauchsfall handelt. Zum Abschluß eines Beherrschungsvertrages bedarf es der qualifizierten Mehrheit in den Hauptversammlungen (§ 293 AktG).

Betriebs- und Geschäftsführungsvertrag

Bei diesem Unternehmensvertrag erfolgt die Führung eines Betriebes durch einen Dritten (führendes Unternehmen) für fremde Rechnung aber im eigenen (Geschäftsführung) oder im fremden Namen (Betriebsführung).

Betriebspacht- und Betriebsüberlassungsvertrag

Es handelt sich um die Verpachtung (§ 581 BGB) oder Überlassung eines Betriebes oder von Betriebsteilen durch den rechtlichen Eigentümer an einen Dritten, der zur Nutzung und Fruchtziehung gegen Entgelt berechtigt wird. Während der Pächter im eigenen Namen und für eigene Rechnung auftritt, nutzt der Übernehmer bei Betriebsüberlassungsvertrag im Namen des Überlassenden auf eigene Rechnung. Das Pachtentgelt ist meist zumindest zum Teil ergebnisabhängig. Die Vertragsgestaltung kommt insb. in Betracht, wenn ein Unternehmensverkauf nicht gewünscht wird, die Überlassung nur temporär sein und sofort und ohne Errichtungsinvestitionen in ein laufendes Unternehmen eingestiegen werden soll. Beschränkungen ergeben sich aus der Regelung der §§ 292 ff. AktG.

Bedeutsame Miet- und Leasingverträge

Konstitutive Wirkungen gehen auch von langfristigen Miet- und Leasingverträgen aus, wenn diese wesentliche Betriebsgrundlagen betreffen. Beispielsweise ist für die unkündbare Grundmiet-/Leasingzeit eines im Sale-and-Lease-Back-Verfahren zurückgemieteten Verwaltungsgebäudes eine Standortverlegung der Geschäftsleitung praktisch beschränkt.

Lizenzverträge

Mit diesen Verträgen überläßt der Inhaber eines gewerblichen Schutzrechts (z.B. eines Patents) die vollständige oder teilweise Verwertung des Schutzrechts einem Dritten gegen Zahlung von Lizenzgebühren. Bei einer einfachen Lizenz bleibt dem Lizenzgeber noch ein eigenes Nutzungsrecht, während bei ausschließlicher Lizenz nur der Lizenznehmer zur Verwertung oder Weitervergabe berechtigt ist. Sog. Betriebslizenzen beschränken die Disposition noch weiter, weil sie nur mit dem Betrieb (Betriebsteil), zu dem sie gehört, übertragen werden dürfen.

Zulieferersysteme

Eine Form arbeitsteiliger Zusammenarbeit zur Nutzung von Spezialisierungsvorteilen ist in der Industrie (z.b. Kfz-Industrie) das Zulieferersystem. Dabei versorgen selbständige, aber stark eingebundene Zulieferer auf Dauer die Hersteller mit Bauteilen, Komponenten und Subsystemen. Die Einbindung ist beispielsweise an der Verpflichtung zur verbrauchsbezogenen Anlieferung (just in time) und an der Schicksalsgemeinschaft des Zulieferers mit seinem Abnehmer erkennbar.

Subunternehmersysteme

Beim *Subcontracting* bedient sich ein Generalunternehmer zur Erfüllung des von ihm übernommenen Auftrages anderer Unternehmer *(Subunternehmer)*. Rechtsbeziehungen entstehen nur zwischen dem Auftraggeber und dem Generalunternehmer sowie zwischen dem Generalunternehmer und dem Subunternehmer. Im Gegensatz zur Arbeitsgemeinschaft besteht keine gesellschaftsvertragliche Bindung. Die Bindung wird zwar grundsätzlich nur situativ für bestimmte Aufträge eingegangen, für viele Subunternehmer bestehen jedoch dauerhafte Beziehungen zum Hauptunternehmer. Das ist insb. der Fall, wenn das Subcontracting Ergebnis einer Outsourcing-Maßnahme des Hauptunternehmers ist.

Vertriebsbindungssysteme

Vertikale Bindungen mit konstitutivem Charakter betreffen vor allem die Einflußnahme bzw. Aufgabe der Dispostionsmacht im Vertrieb.

Beim *Handelsvertreter-System* als konstitutive Bindungsvariante werden selbständige Gewerbetreibende auf Dauer damit betraut, für einen anderen Unternehmer gegen Provision Geschäfte zu vermitteln (Vermittlungsvertreter) oder in dessen Namen abzuschließen (Abschlußvertreter) (§ 84 I HGB). Im Rahmen eines Dienstvertrags über Geschäftsbesorgungen ist der Handelsvertreter nicht nur zum Abschluß oder zur Vermittlung von Geschäften verpflichtet, er hat auch die Interessen des auftraggebenden Unternehmens zu wahren, die nötige Sorgfalt walten zu lassen, zu informieren und Geschäftsgeheimnisse zu bewahren. Oft wird Alleinvertretung (Einfirmenvertreter) und eine Wettbewerbsklausel für die Zeit nach Beendigung vereinbart.

Beim *Vertragshändlersystem* binden sich Hersteller und selbständige Händler hinsichtlich ihrer Dispositionsmöglichkeiten, indem einerseits Gebietsschutz und Markenrechte eingeräumt werden, andererseits Einbindung in die Marketingkonzeption und Produktexklusivität verlangt wird.

In ähnlicher Weise bindet beim *Franchise-System* ein Franchisegeber die selbständigen Unternehmer (Franchisenehmer), indem er ihnen gegen Entgelt – meist mit Gebietsschutz – ein komplettes Marketing- und Schulungskonzept zur Realisation mit eigenen Investitionen und auf eigenes Risiko überläßt. Der Franchisegeber kann so schnell und ohne eigenen Kapitaleinsatz den Markt mit seiner Idee durchdringen, während der Franchisenehmer ein fertiges, erfolgreiches Konzept übernehmen kann und von Marketinganstrengungen entlastet wird.

Agentursysteme kombinieren Elemente des Vertragshändlers und des Franchising mit jenen des Handelsvertreters. Selbständige Händler (Agenten) bieten in Kommission gelieferte Waren in fremdem Namen und auf fremde Rechnung zu vorgegebenen Preisen an und führen den Kaufpreis abzüglich einer Provision ab (z.B. Tankstellenverträge).

5.3.6 Gemeinschaftsunternehmen

Gemeinschaftsunternehmen (Partnerschaftsunternehmen, Joint-Venture) sind eine Form der längerfristigen wirtschaftlichen Zusammenarbeit zwischen 2 oder mehreren voneinander unabhängigen Unternehmen (Gesellschafterunternehmen). Sie entstehen durch die Gründung eines rechtlich selbständigen Unternehmens, das von den Partnern mit Kapital und Personal ausgestattet wird, um unter gemeinsamer Leitung und mit gemeinsamem Risiko Aufgaben im gemeinsamen Interesse der Gesellschafterunternehmen auszuführen. Häufig sind dies Produktions-, Entwicklungs- und Vertriebsgemeinschaftsunternehmen sowie internationale Joint-Ventures. Letztere bieten die Zusammenarbeit ausländischer mit gebietsansässigen Unternehmen zur gemeinsamen Markterschließung, Berücksichtigung von regionalen Eigenheiten, grenzüberschreitenden Arbeitsteilung, Know-How-Transfer und auch die Möglichkeit zur Umgehung von staatlichen Reglementierungen für Gebietsfremde. Gemeinschaftsunternehmen kommen sowohl in kooperativer als auch in konzentrativer Variante vor und unterliegen daher u.U. dem Kartellrecht oder der Fusionskontrolle.

5.3.7 Unternehmensbeteiligung/Unternehmensübernahme

Eine *Beteiligung* kennzeichnet den gesellschaftsrechtlichen Anteil an einer Gesellschaft (Beteiligungsgesellschaft) und bestimmt damit die Mitgliedschafts-, insb. Stimmrechte und die Anteile am Unternehmensergebnis. Handelt es sich um ein Einzelunternehmen, so kann beim Erwerb des gesamten Unternehmens von *Unternehmensakquisition* (-kauf, -übernahme) gesprochen werden; die Situation ist mit einer 100%-igen Beteiligung vergleichbar. Die Möglichkeit, über die beteiligungsverknüpften Mitgliedschaftsrechte dauerhaft Einfluß auf die Beteiligungsgesellschaft auszuüben, bestimmt die Intensität der Unternehmensbindung.

Beteiligungsquoten bis zu 25 % (*einfache Minderheitsbeteiligungen*, Kleinbeteiligungen) lassen im allgemeinen keinen Einfluß auf die Willensbildung des Beteiligungsunternehmens zu, sondern gewähren allenfalls einen gewissen Minderheitsschutz (z.B. Sonderprüfungsrecht, Einberufung einer Gesellschafterversammlung). Eine *Sperrminoritätsbeteiligung* (25 % + 1 Stimme) ermöglicht die Verhinderung von Beschlüssen, die an eine Dreiviertelmehrheit gebunden sind (z.b. Satzungs- und Kapitaländerungen, den Abschluß von Unternehmensverträgen oder die Auflösung). Mit einer *einfachen Mehrheitsbeteiligung* (mindestens 50 % und 1 Stimme) kann bei den meisten Entscheidungen die Willensdominanz des beteiligungsführenden Unternehmens durchgesetzt werden. Eine *qualifizierte Mehrheitsbeteiligung* (75 % und 1 Stimme) ermöglicht wegen des Fehlens einer Sperrminorität die Durchsetzung praktisch aller Beschlüsse der Gesellschafterversammlung und damit eine vollständige Beherrschung. Die *Eingliederungsbeteiligung* (mindestens 95 %) ermöglicht sogar, den Beschluß der Eingliederung in die beteiligungsführende Gesellschaft durchzusetzen. Eine *hundertprozentige Beteiligung* sichert eine einheitliche Leitung (Totalbeherrschung) zwischen beteiligungsführendem Unternehmen und der Beteiligungsgesellschaft. Vielfach genügt für die Beherrschung ein geringerer als der genannte Beteiligungsschwellenwert (25, 50, 75 %), wenn der Rest breit gestreut ist oder ein Teil der Gesellschafter das Stimmrecht nicht konfliktär ausübt oder nicht erscheint.

Der *Beteiligungserwerb* kann auf unterschiedlichen Wegen erfolgen: Bei Börsennotierung der Anteile (Aktien) und ausreichendem Angebot können dort die Anteile offen oder verdeckt erworben werden. Möglich ist auch ein öffentliches Aufkaufangebot (Übernahme-, Tausch- oder Abfindungsangebot) oder der Unternehmensbzw. Anteilserwerb durch direkte Verhandlungen mit den Inhabern der Beteiligungsrechte (z.B. von Aktienpaketen), ggf. gestützt durch Unternehmensberater, Industriemakler oder Banken. Je nach der Haltung der Anteilseigner oder Manager des Beteiligungsunternehmens zum Eignerwechsel liegt eine freundliche oder unfreundliche Übernahme vor (un-/friendly takeover).

Einen Spezialfall der Unternehmensbindung durch Beteiligungen stellen die *Unternehmensbeteiligungsgesellschaften* dar. Mit diesen im Gesetz über Unternehmensbeteiligungsgesellschaften (UBGG) geregelten Holding-Unternehmen soll nicht börsenfähigen Unternehmen indirekt der Zugang zum Publikums-Kapitalmarkt für Aktiengesellschaften eröffnet werden.

5.3.8 Konzerne

Bei einem *Konzern* (lat. concernere, zusammenfügen) handelt es sich um einen Zusammenschluß von mindestens zwei rechtlich selbständig bleibenden Unternehmen unter einheitlicher Leitung (§ 18 AktG). Beim Bestehen eines Beherrschungsvertrages oder bei Eingliederung wird ein Konzern unwiderlegbar vermutet.

Einheitliche Leitung bedeutet insb. eine Koordination der Unternehmenspolitik der rechtlich selbständigen Konzernunternehmen. Den Konzernunternehmen muß es unmöglich sein, auf Dauer eigene konfliktäre Zielvorstellungen gegen den Willen der Konzernleitung durchzusetzen. In diesem Sinne bildet der Konzern eine wirtschaftliche Einheit rechtlich selbständiger Unternehmen.

Nach dem Mittel zur Sicherung der einheitlichen Leitung werden idealtypisch drei Konzernarten unterschieden: *Beteiligungskonzern*, d.h. ein Konzern, bei dem die einheitliche Leitung im wesentlichen auf der mehrheitlichen Kapitalbeteiligung beruht; *Vertragskonzern* (i.e.S. ein Konzern, bei dem die einheitliche Leitung durch einen Konzernvertrag sichergestellt wird (§ 18 Abs. 2 AktG), i.w.S. aber jeder Konzern, bei dem eine unternehmensvertragliche Bindung besteht) und *faktischer Konzern*. Bei letzterem beruht die Sicherung der einheitlichen Leitung im wesentlichen auf faktischen Gegebenheiten (z.b. personelle Verflechtungen in den Leitungsorganen der Konzernunternehmen; Verschuldung; Nichtausübung der Stimmrechte Dritter). Praktisch finden die Bindungsinstrumente Beteiligung, Konzernvertrag, Personalunion und wirtschaftliche Abhängigkeit häufig kombiniert Anwendung.

Eine weitere Differenzierung kann nach der Art der Willensbildung im Konzern erfolgen: Im *Gleichordnungskonzern* besteht keine einseitige Abhängigkeit, vielmehr sind wechselseitige Beteiligung und Personalunion (Vorstands-Doppelmandate) die wichtigsten Konzernbindungsmittel. Ein *Unterordnungskonzern* besteht hingegen aus herrschendem und abhängigen Unternehmen; primär sichern Beteiligung und Beherrschungsvertrag die einheitliche Leitung durch die Konzernmuttergesellschaft. Wie bei allen Unternehmenszusammenschlüssen können auch hier *vertikale, horizontale* und *konglomerate* Konzerne unterschieden werden.

Die mit der Konzernbildung angestrebten *Ziele* sind vielfältig: Bei vertikaler Integration wird vor allem die Beherrschung der vor- oder nachgelagerten Wirtschaftsstufe, die Erhöhung der Marktmacht auf den Beschaffungs- und Absatzmärkten und die Vergrößerung der Wertschöpfung angestrebt. Die horizontale Konzernbildung bezweckt Rationalisierungsgewinne bei der gemeinsamen, abgestimmten Aufgabenbewältigung der Konzernunternehmen (sog. Synergieeffekte) und eine Integration von Leistungsprogrammen. Konglomerate Mischkonzerne stehen vor allem unter dem Aspekt einer strategischen Diversifizierung, des Risikoausgleichs eines heterogenen Leistungsangebots und Synergien im finanziellen und Managementbereich.

Da die Einzelabschlüsse der rechtlich selbständigen Konzernunternehmen wegen der vielfältigen Verbindungen im Konzern nicht mehr einen zutreffenden Einblick in die Vermögens-, Ertrags- und Finanzlage gewährleisten, ist ein konsolidierter *Konzernabschluß* zu erstellen (§§ 290 ff. HGB, § 11 Abs. 1 PublG). Dieser hat jedoch nur Informations-, keine Ausschüttungsbemessungsfunktion. *Steuerlich* bleiben die Konzernunternehmen auch selbständig, im Falle der Organschaft wird das Einkommen der Tochtergesellschaft(en) aber der Muttergesellschaft zugerechnet (§ 14 KStG). Unangemessene Gestaltungen im Konzern werden allerdings korrigiert.

Die Konzernbildung unterliegt der *Zusammenschlußkontrolle* der §§ 35 ff. GWB und der europarechtlichen Fusionskontrollrichtlinie. Für Konzerne bestehen besondere *Mitbestimmungsregelungen* (z.B. Konzernbetriebsrat, § 54 BetrVerfG; Aufsichtsratsvertreter im herrschenden Unternehmen, § 5 MitBestG).

5.3.9 Eingliederung und Verschmelzung

Der *Eingliederungskonzern* ist eine besonders enge Zusammenschlußform für zwei rechtlich selbständige Unternehmen. Nach §§ 319 ff. AktG müssen sich dazu alle oder mindestens 95 % der Anteile der einzugliedernden Gesellschaft bei der zukünftigen Hauptgesellschaft befinden. Diesem Stadium, in dem unwiderlegbar ein Konzern vermutet wird, folgt meist durch Mehrheitsbeschluß die Fusion. Gläubiger und Minderheitsgesellschafter werden durch Sicherheitsleistung, Haftung und Verlustausgleichspflicht bzw. Aktiventausch oder angemessene Abfindung besonders geschützt (§§ 320 ff. AktG).

Die *Fusion* (engl. merger) ist die stärkste Zusammenschlußform, weil sie zur Aufgabe der wirtschaftlichen und rechtlichen Eigenständigkeit mindestens eines der beteiligten Unternehmen führt. Es werden zwei Varianten unterschieden (§ 2 UmwG): Bei der *Verschmelzung durch Aufnahme* wird das Vermögen eines Unternehmens als Ganzes auf das andere bereits bestehende Unternehmen übertragen. Die *Verschmelzung durch Neubildung* ist hingegen durch Gründung eines neuen Unternehmens gekennzeichnet, auf das die Vermögen der fusionierenden Unternehmen übertragen werden. Weitere Unterscheidungen (Küting 1993, Sp. 1344) betreffen den leistungswirtschaftlichen Zusammenhang (horizontale, vertikale, heterogene Fusion), den Vermögensübergang (Einzel-/Gesamtrechtsnachfolge), die Konzernbindung (konzerninterne, -freie Fusion) und die (Inter-)Nationalität der Teilnehmer (binnenwirtschaftliche, internationale Fusion).

Handelsgesetzliche Regelungen lassen zur Vereinfachung eine liquidationslose Übertragung des gesamten Vermögens im Wege der *Gesamtrechtsnachfolge* zu, so daß die aufwendige Einzelrechtsübertragung entfällt. Die Gesellschafter der zu fusionierenden Gesellschaften erhalten zum (nach den Methoden der Unternehmensbewertung zu ermittelnden) *Umtauschverhältnis* Anteile des aufnehmenden oder neuen Unternehmens oder sind angemessen abzufinden; den Gläubigern der Altgesellschaften muß Sicherheit geleistet werden.

Fusionen unterliegen u.U. der *Zusammenschlußkontrolle* nach GWB und europäischem Wettbewerbsrecht. *Steuerlich* existieren Möglichkeiten, die Aufdeckung und Besteuerung stiller Reserven zu verhindern (UmwStG, Tauschgutachten), GrESt ist jedoch kaum zu vermeiden.

Betriebswirtschaftlich kommt es regelmäßig zu beträchtlichen Umstrukturierungen (organisatorische Um- und Neugestaltungen, Änderungen im Management, Personalanpassungen), Integrationsproblemen und Identitätsverlusten der Menschen, wodurch die Kosten der Fusionen erhöht und die gewünschten Synergieeffekte in Frage gestellt werden können („negative Synergien").

5.4 Konstitutionsänderungen durch Unternehmenstrennung

5.4.1 Unternehmenstrennung

Sieht man von den seltenen Fällen der *Entflechtung* eines von den Wettbewerbsaufsichtsbehörden untersagten Zusammenschlusses und der einmaligen Spaltung von DDR-Betrieben und Kombinaten zwecks Privatisierung durch die Treuhandanstalt ab, so sind im wesentlichen 3 Spaltungsfälle rechtlich formalisiert: die sog. *Betriebsaufspaltung*, die *Unternehmensspaltung* und die *Realteilung* von Personengesellschaften. Darüber hinaus können aber auch alle anderen dargestellten Formen der Unternehmensbindung rückgängig gemacht werden. Es gelten dann die oben beschriebenen Kriterien in entsprechender Weise, meist weil die Bindungsvorteile (Synergieeffekte, Steigerung der Marktmacht) nicht eingetreten sind oder die Kosten der Bindung (Kooperations- und Integrationskosten) überwiegen.

5.4.2 Betriebsaufspaltung

Bei der – im Ergebnis auch als Doppelgesellschaft gründbaren – *Betriebsaufspaltung* handelt es sich um die Trennung eines Einheitsunternehmens in mehrere (meist zwei) rechtlich selbständige Unternehmen, die sachlich (Pacht- oder Liefervertrag) und personell (gleiche Willensbildung, gleicher Gesellschafterkreis) verknüpft sind, aber unterschiedliche betriebliche Funktionen wahrnehmen. Häufig erfolgt eine Aufteilung in Vermögensverwaltung (Besitzunternehmen) und eigentlichen Betrieb (Betriebsunternehmen). Eine andere Variante trennt die Vertriebsfunktion ab (Vertriebsunternehmen) und beläßt die Leistungserstellung einschließlich der Vermögensverwaltung der Betriebs-/Produktionsgesellschaft. Grundsätzlich sind alle Rechtsformkombinationen innerhalb eines Rechtsformtyps (mitunternehmerische bzw. kapitalistische Betriebsaufspaltung) oder auch mit verschiedenen Rechtsformtypen möglich. Häufig wird die Betriebsgesellschaft als Kapitalgesellschaft, die Besitzgesellschaft als Personenunternehmen gestaltet. Vertriebsgesellschaft ist meist eine haftungsbegrenzte Kapitalgesellschaft.

Gründe für die Betriebsaufspaltung liegen in der Haftungsbeschränkung (Abschirmwirkung von Kapitalgesellschaften), in der Sicherung der Unternehmenskontinuität (Nachfolgeregelungen bei Familienunternehmen), Spezialisierungsvorteilen durch Funktionsausgliederung, Vermeidung betriebsgrößenabhängiger Rechtsfolgen (z.B. Offenlegung, Mitbestimmung) oder in der Erzielung von Steuervorteilen durch die Optimierung der rechtsformabhängigen Besteuerungsunterschiede.

5.4.3 Unternehmensspaltung

Unternehmensspaltung als Rechtsinstitut ist die Aufteilung des Vermögens eines Rechtsträgers im Wege der Gesamtrechtsnachfolge auf mindestens zwei Rechtsträger (wobei einer der Rechtsträger auch die zu spaltende Gesellschaft selbst sein kann) gegen Gewährung von Gesellschaftsrechten an der oder den aufnehmenden Gesellschaften erfolgt. Die Spaltung ist handelsrechtlich in §§ 123–173 UmwG geregelt, §§ 15, 20 UmwStG sichern weitgehende Steuerneutralität.

Je nach der Erhaltung der alten Rechtsform kann zwischen *formidentischer* und *formumwandelnder* Spaltung, nach der Veränderung der Beteiligungsverhältnisse zwischen *beteiligungswahrender* und *beteiligungsverändernder Spaltung* unterschieden werden.

Weiter ist nach § 123 Abs. 1-3 UmwG zwischen Aufspaltung, Abspaltung und Ausgliederung zu differenzieren. *Aufspaltung* eines Rechtsträgers ist die Übertragung aller Vermögensteile dieses (übertragenden) Rechtsträgers auf mindestens zwei andere (übernehmende) Rechtsträger gegen Gewährung von Gesellschaftsrechten der übernehmenden Rechtsträger an die Anteilseigner des übertragenden Rechtsträgers. *Abspaltung* ist die Übertragung eines oder mehrerer (aber nicht aller) Vermögensteile des weiterhin existenten übertragenden Rechtsträgers auf einen oder mehrere andere Rechtsträger gegen Gewährung von Gesellschaftsrechten der übernehmenden Rechtsträger an die Anteilseigner des übertragenden Rechtsträgers. *Ausgliederung* ist die Übertragung eines oder mehrerer Vermögensteile des weiterhin existenten übertragenden Rechtsträgers auf einen oder mehrere andere Rechtsträger gegen Gewährung von Gesellschaftsrechten an dem übernehmenden Rechtsträger. Im Unterschied zur Abspaltung gehen die als Gegenleistung gewährten Anteile an dem übernehmenden Rechtsträger in das Eigentum des übertragenden Rechtsträgers, nicht seiner Anteilseigner über.

Mögliche *Anlässe* für diese Arten der Unternehmensspaltung sind die Rückgängigmachung gescheiterter Zusammenschlüsse, die Begründung oder Auflösung von Gemeinschaftsunternehmen, freiwillige Desinvestments zur Geschäftsbereinigung, die Trennung von Gesellschafterstämmen (verfeindete Gesellschafter, Erbauseinandersetzung), die Tätigkeitsverlagerung und Umstrukturierung im Konzern (z.B. Wandlung vom Stammhaus- zum Holdingkonzern) sowie die Unterschreitung von gesetzlichen Schwellenwerten (z.B. für Mitbestimmung und Offenlegung).

5.4.4 Realteilung

Einen Spezialfall der Unternehmensteilung stellt die bei Einzelunternehmen und insb. Personengesellschaften mögliche *Realteilung* eines Vermögens dar. Sie liegt vor, wenn Teile des Gesellschaftsvermögens (einzelne Wirtschaftsgüter, Teilbetriebe, Betriebe) einer Personengesellschaft (auch Erbengemeinschaft eines Einzelunternehmers) auf einen oder mehrere ausscheidende Gesellschafter in natura übertragen werden. Entweder besteht die Gesellschaft mit vermindertem Vermögen fort oder sie wird aufgelöst; die übertragenen Teile werden als selbständige Betriebe geführt oder sie gehen in bestehende Betriebe auf. Neben Bewertungs- und Auseinandersetzungsproblemen tritt hier auch das Problem der Bemessung und Besteuerung eines gezahlten Spitzenausgleichs und der Auflösung stiller Reserven auf.

5.5 Entscheidungsprobleme und entscheidungsstützende Verfahren

Bei den Entscheidungen über Kooperationen, Wettbewerbsabsprachen und Unternehmenszusammenschlüssen handelt es sich – klammert man das Zusammenwirken bei gelegentlichen Einzelaufträgen aus – um *echte Führungsentscheidungen* mit strategischer Bedeutung („strategische Allianzen"), sie prägen als konstitutive Entscheidungen das gesamte Unternehmen und künftige Entscheidungen; sie sind auch rechtlich sehr sensibel (Kartellrecht), sie können den Fortbestand als selbständiges Unternehmen und das externe Unternehmenswachstum bestimmen. Den häufig erwarteten Synergieeffekten stehen Steuerungs- und Integrationsprobleme größerer Einheiten gegenüber. Beim Überwiegen der Nachteile müssen kostspielige und schmerzhafte Trennungsentscheidungen durchgesetzt werden.

Als *entscheidungsstützende Instrumente* können u.a. zum Einsatz kommen: Instrumente der strategischen Planung (z.B. Geschäftsfeldportfolio, Wettbewerbsvorteilsanalysen, Shareholder-Value-Kalküle), Verfahren der Unternehmensbewertung, Kostenvergleichsrechnungen, Investitionsrechenverfahren, Scoring-Kalküle, (internationale) Rechtsform- und Steuerbelastungsvergleiche, Jahresabschlußanalysen und prospektive Kapitalflußrechnungen.

Literaturverzeichnis

Behrens, K.C. (1971), Allgemeine Standortbestimmungslehre, 2. Aufl., Opladen 1971

Bienert, M.L. (1996), Standortmanagement. Methoden und Konzepte für Handels- und Dienstleistungsunternehmen, Wiesbaden 1996

Bleicher, K. (1991), Organisation: Strategien – Strukturen – Kulturen, 2. Aufl., Wiesbaden 1991

Chmielewicz, K. (1993), Stw. „Unternehmensverfassung", in: Wittmann, W. (Hrsg.), HWB, 5. Aufl., Stuttgart 1993, Sp. 4399-4417

Domschke, W., Drexl, A. (1985), Logistik: Standorte, 2. Aufl., München u.a. 1985

Emmerich, V. (1994), Kartellrecht, 7. Aufl., München 1994

Georges, H. (1969), Ausführliches lateinisch-deutsches Handwörterbuch, 12. Aufl., Hannover 1969

Gerum, E. (1992), Stw. „Unternehmensverfassung", in: Frese, E. (Hrsg.), HWO, 3. Aufl., Stuttgart 1992, Sp. 2480-2520

Hansmann, K.-W. (1997), Industrielles Management, 5. Aufl., München 1997

Heinen, E. (1985), Einführung in die Betriebswirtschaftslehre, 9. Aufl., Wiesbaden 1985

Janisch, M. (1993), Das strategische Anspruchsgruppenmanagement. Vom Shareholder Value zum Stakeholder Value, Bern u.a. 1993

Kappler, E., Rehkugler, H. (1991), Konstitutive Entscheidungen, in: Heinen, E. (Hrsg.), Industriebetriebslehre. Entscheidungen in Industriebetrieben, 9. Aufl., Wiesbaden 1991, S. 73-240

Küting, K. (1993), Stw. „Fusion", in: Wittmann, W. (Hrsg.), HWB, 5. Aufl., Stuttgart 1993, Sp. 1341-1353

Langen, E., Bunte, H.-J. (1998), in: Bunte, H.-J., (Hrsg.), Kommentar zum deutschen und europäischen Kartellrecht, 8. Aufl., Neuwied u.a. 1998

Monz, H. (1985), Methodische Entscheidungshilfen der Rechtsformberatung, Köln 1985

Rose, G., Glorius, C. (1992), Unternehmensformen und -verbindungen, Wiesbaden 1992

Schmidt, K. (1997), Gesellschaftsrecht, 3. Aufl., Köln u.a. 1997

Schreyögg, G. (1996), Organisation. Grundlagen moderner Organisationsgestaltung, Wiesbaden 1996

Schruff, W. (1993), Stw. „Konzern", in: Wittmann, W. (Hrsg.), HWB, 5. Aufl., Stuttgart 1993, Sp. 2274-2286

Schubert, W., Küting, K. (1981), Unternehmenszusammenschlüsse, München 1981

Steiner, M. (1993), Konstitutive Entscheidungen, in: Bitz, M., Dellmann, K., Domsch, M., Enger, H. (Hrsg.), Vahlens Kompendium der Betriebswirtschaftslehre, Bd. 1, 3. Aufl., München 1993, S. 115-169

Theisen, M.R. (1991), Der Konzern, Stuttgart 1991

Weber, A. (1909), Über den Standort der Industrien, 1. Teil: Reine Theorie des Standorts, Tübingen 1909

Witte, E. (1978), Die Verfassung des Unternehmens als Gegenstand betriebswirtschaftlicher Forschung, in: DBW, 1978, S. 331-340

4 Planung, Entscheidung und Kontrolle

Rüdiger von Nitzsch

Inhaltsverzeichnis

1 Planung, Entscheidung und Kontrolle im Prozeß der Unternehmensführung   131
  1.1 Ein Phasenschema aus entscheidungstheoretischer Sicht   131
  1.2 Planung, Entscheidung und Kontrolle in der Unternehmensorganisation   133
    1.2.1 Strategische, taktische und operative Ebene   133
    1.2.2 Idealtypische Koordination mit dem Prinzip der sukzessiven Konkretisierung   135
    1.2.3 Koordinationsprobleme in realen Unternehmen   136
  1.3 Zwischenfazit und weiteres Vorgehen   139
2 Planung   139
  2.1 Strategische Planung   140
    2.1.1 Strategische Zielanalyse   140
    2.1.2 Strategische Alternativensuche   143
    2.1.3 Strategische Prognose   152
  2.2 Taktische und operative Planung   153
    2.2.1 Taktische und operative Zielanalyse   153
    2.2.2 Taktische und operative Alternativensuche   154
    2.2.3 Taktische und operative Prognose   156
3 Entscheidung   159
  3.1 Individualentscheidungen bei Sicherheit   159
    3.1.1 Alternativenbewertung mit dem additiven Modell   160
    3.1.2 Entscheidung über die optimale Alternative   165
  3.2 Individualentscheidungen bei Unsicherheit   165
    3.2.1 Besonderheiten einer Bewertung bei unsicheren Erwartungen   165
    3.2.2 Entscheidung über die optimale Alternative   168
  3.3 Gruppenentscheidungen   169
  3.4 Ein deskriptives Entscheidungsmodell   170
4 Kontrolle   172
  4.1 Die Ermittlung von Plan-Ist-Abweichungen   173
    4.1.1 Arten von Plan-Ist-Abweichungen   173
    4.1.2 Zur Beobachtbarkeit der Plan-Ist-Abweichungen   174
  4.2 Ursachenanalysen zur Verbesserung der Planung   175

4.3 Kosten-Nutzen-Überlegungen in der Kontrolle 177
   4.3.1 Nutzen einer Kontrolle 178
   4.3.2 Kosten einer Kontrolle 179
   4.3.3 Zur Frage der Anpassungsdynamik 179
Literaturverzeichnis 182

1 Planung, Entscheidung und Kontrolle im Prozeß der Unternehmensführung

1.1 Ein Phasenschema aus entscheidungstheoretischer Sicht

Viele Aktivitäten sind nötig, um ein Unternehmen zu führen. Möchte man diese Tätigkeiten nicht nur benennen, sondern zugleich systematisieren, so bietet sich eine Unterteilung in planerische Tätigkeiten, in Entscheidungen und in Kontrollaktivitäten an. Auf dieser Basis läßt sich der Prozeß der Unternehmensführung als ein sich immer wiederholender Ablauf von Planung, Entscheidung sowie Kontrolle verstehen, wie es die Abbildung 1 veranschaulicht.

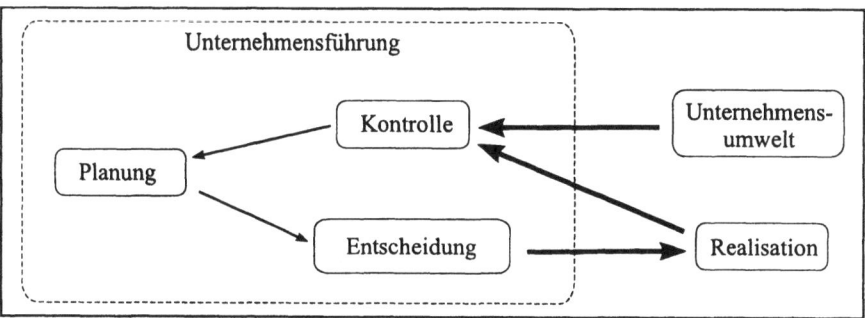

Abb. 1: Phasen des unternehmerischen Führungsprozesses

Durch Planung wird die Entscheidung vorbereitet, der Entscheidung folgt die Realisation der als optimal ermittelten Handlungsalternative. In der Kontrollphase ergeben sich aus den Beobachtungen dieser Realisation sowie aus der sonstigen Unternehmensumwelt neue Erkenntnisse für eine weitere Planung, und schon beginnt der Kreislauf wieder von neuem.

Dieser Zusammenhang zwischen den drei Phasen kann in einer entscheidungstheoretischen Sicht- und Denkweise deutlicher gemacht werden, wenn auf die drei Komponenten Ziele, Alternativen und Unsicherheit Bezug genommen wird. Dies sind genau die Komponenten, die im Grundmodell der präskriptiven Entscheidungslehre eine Strukturierung beliebiger Entscheidungssituationen ermöglichen (Bamberg/Coenenberg 1996), wie es die Abbildung 2 veranschaulicht.

Vereinfacht dargestellt ist es die Aufgabe der Planung, diese Ergebnismatrix aufzustellen. D.h., es sind Ziele zu definieren und mögliche Alternativen herauszuarbeiten. Unsicherheiten werden im Rahmen der Planung durch die Prognose von potentiellen zukünftigen Umweltkonstellationen (= Zuständen) berücksichtigt. Derartige Prognosen heißen Umweltprognosen. Im einfachsten Fall ist diese Prognose einwertig, d.h. es wird im Rahmen der Planung bei sicheren Erwartungen nur eine Umweltkonstellation für möglich erachtet. Bei einer mehrwertigen Prognose sind mehrere Zustände zu definieren und zugleich Wahrscheinlichkeiten für jeden Zustand zu erfragen. Die Alternativen werden definiert durch ihre Ausprägungen in den jeweiligen Zielen, die für jeden möglichen Zustand anzugeben sind. Die Ermittlung dieser Zielausprägungen heißt Wirkungsprognose.

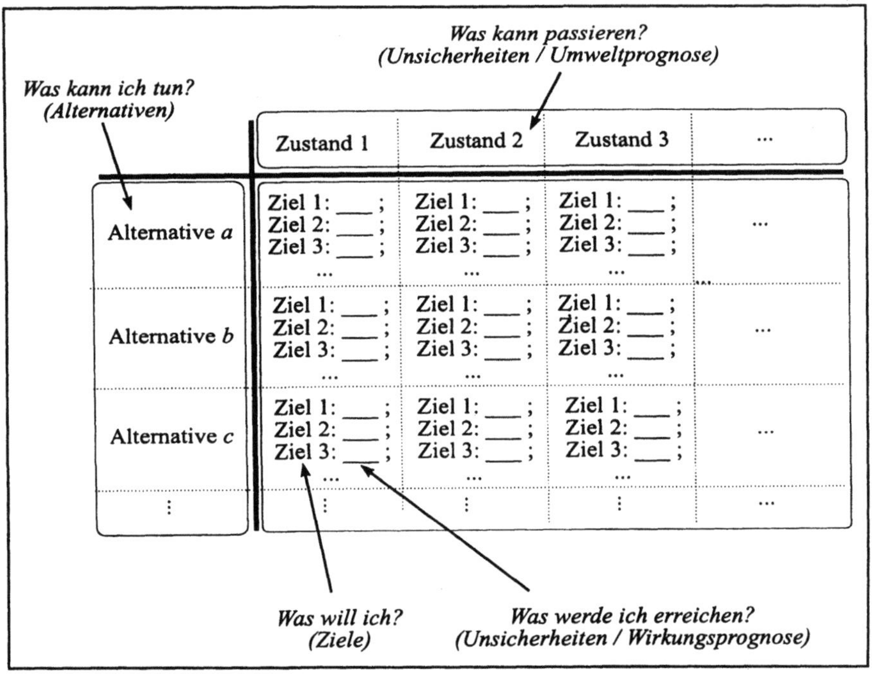

	Was kann ich tun? (Alternativen)	Was kann passieren? (Unsicherheiten / Umweltprognose)			
		Zustand 1	Zustand 2	Zustand 3	...
	Alternative *a*	Ziel 1: ___ ; Ziel 2: ___ ; Ziel 3: ___ ; ...	Ziel 1: ___ ; Ziel 2: ___ ; Ziel 3: ___ ; ...	Ziel 1: ___ ; Ziel 2: ___ ; Ziel 3: ___ ; ...	...
	Alternative *b*	Ziel 1: ___ ; Ziel 2: ___ ; Ziel 3: ___ ; ...	Ziel 1: ___ ; Ziel 2: ___ ; Ziel 3: ___ ; ...	Ziel 1: ___ ; Ziel 2: ___ ; Ziel 3: ___ ; ...	...
	Alternative *c*	Ziel 1: ___ ; Ziel 2: ___ ; Ziel 3: ___ ; ...	Ziel 1: ___ ; Ziel 2: ___ ; Ziel 3: ___ ; ...	Ziel 1: ___ ; Ziel 2: ___ ; Ziel 3: ___ ; ...	...
	:	:	:	:	...

Was will ich? (Ziele)   *Was werde ich erreichen?* (Unsicherheiten / Wirkungsprognose)

Abb. 2: Das Grundmodell der präskriptiven Entscheidungslehre: Die Ergebnismatrix

In der Entscheidungsphase erfolgt zunächst eine Bewertung der in der Planungsphase für möglich erachteten Alternativen und anschließend die Entscheidung für die nach dieser Bewertung beste Alternative. Da es keinen vernünftigen Grund gibt, nicht die beste Alternative zu wählen, hat der eigentliche Entscheidungsakt bei vorangegangener Bewertung einen trivialen Charakter. Die Bewertung erfolgt auf Basis der durch die Planung gegebenen Ziele, der Zustände (Umweltprognosen) und der Zielausprägungen (Wirkungsprognosen). Zu ermitteln sind in der Entscheidungsphase lediglich noch die Präferenzen des Entscheiders. Diese Präferenzen beinhalten zum einen die Bedeutung, die der Entscheider den Zielen im Vergleich zu anderen beimißt. Daneben beinhalten die Präferenzen Informationen darüber, wie der Entscheider jeweils bezogen auf ein Ziel die dort möglichen Ausprägungen bewertet. Wir werden im ersten Fall von Zielgewichten, im zweiten Fall von den zielspezifischen Präferenzen sprechen.

Die Kontrolle erfaßt Plan-Ist-Ergebnisabweichungen in den relevanten Zielen und versucht, diese Abweichungen zu analysieren, um dem Phasenschema der Abbildung 1 folgend im nächsten Schritt eine verbesserte Planung bzw. Entscheidung zu ermöglichen. Die Ergebnisabweichungen können hierbei zum einen aus fehlerhaften Umwelt- bzw. Wirkungsprognosen resultieren oder zum anderen auf Verhaltensabweichungen zurückzuführen sein. Im ersten Fall werden die Abweichungen mit dem Ziel untersucht, Hinweise für eine Prognoseverbesserung in den nächsten Planungsphasen zu erhalten. Verhaltensabweichungen können sich ergeben, wenn Unternehmensangehörige sich nicht so verhalten, wie es in der optimalen Handlungsalternative (oder sagen wir besser: Unternehmensstrategie) vorgesehen ist. Hierfür mag es vielfältige Gründe geben, z.b. schlechte Information der entsprechenden Mitarbeiter, Interessenkonflikte, mangelnde Anreizmechanismen und fehlende Sanktionsmöglichkeiten. Aufgabe einer Analyse von Verhaltensabweichungen ist es, diese Ursachen aufzudecken, um zukünftigen Verhaltensabweichungen im weiteren Prozeß der Unternehmensführung entgegenzuwirken.

Die Tabelle 1 faßt die bisherigen Ausführungen noch einmal in einer Übersicht zusammen, indem sie jeweils den Bezug der Komponenten Ziele, Alternativen und Unsicherheiten in den drei Phasen darstellt.

Tab. 1: Die drei Phasen der Unternehmensführung und ihre Komponenten

Komponenten/ Phasen	„Ziele"	„Alternativen"	„Unsicherheiten"
Planung	Zielanalyse	Alternativensuche	Umwelt- und Wirkungsprognose
Entscheidung	Ermittlung von Präferenzen	(Gegebene Alternativenmenge)	(Gegebene Wahrscheinlichkeiten und Zielausprägungen)
Kontrolle	Ergebnisabweichungen	Verhaltensabweichungen	Prognosefehler

1.2 Planung, Entscheidung und Kontrolle in der Unternehmensorganisation

In diesem Abschnitt wird das soeben allgemein dargestellte Phasenschema in den Kontext der Unternehmensorganisation eingebettet. In diesem Zusammenhang spielt die Aufteilung des Planungs-, Entscheidungs- und Kontrollsystems eines Unternehmens, im folgenden kurz PEK-System genannt, in eine strategische, taktische und operative Ebene eine zentrale Rolle.

1.2.1 Strategische, taktische und operative Ebene

Eine Differenzierung zwischen der strategischen, taktischen und operativen Ebene eines PEK-Systems kann am besten für den Bereich Planung vorgenommen werden.

Strategische, taktische und operative Planung: Wichtige Kriterien in dieser Differenzierung sind der Planungshorizont und der Kontretisierungsgrad der Planung. Eine strategische Planung ist immer langfristig angelegt, sie berücksichtigt auch Auswirkungen der Alternativen, die erst in fünf bis zehn Jahren von Relevanz für das Unternehmen sind. Aufgrund der mit diesem langen Planungshorizont einhergehenden Unsicherheiten ist die strategische Planung noch wenig konkret, sie gibt vielmehr nur grobe Vorgaben.

Das Gegenstück zur strategischen Planung bildet die operative Planung, die sich mit sehr konkreten, unmittelbar umsetzbaren Alternativen beschäftigt. Dies ist effizient nur möglich, wenn die Planung unter annähernd sicheren Erwartungen durchgeführt werden kann. Dies wiederum erfordert einen kurzfristigen Planungshorizont, den man in diesem Zusammenhang häufig auf ein Jahr beschränkt. Die unternehmensrelevanten (sicheren) Ausprägungen der Alternativen in diesem Zeitraum werden berücksichtigt, die späteren (unsicheren) Konsequenzen der Alternativen bleiben unberücksichtigt.

Die taktische Planung ist zwischen der strategischen und operativen einzuordnen. Der Planungshorizont ist mittelfristig, die Alternativen sind konkreter gefaßt als in der strategischen Planung, zur unmittelbaren Umsetzung fehlen jedoch noch weitere Konkretisierungen.

Strategische Planungen werden überwiegend vom Top Management (Inhaber, Vorstand, Geschäftsführer) oder entsprechend angegliederten Stabsabteilungen durchgeführt, die taktische vom Middle Management (z.B. Zweite Hierarchieebene, Leiter Produktion, Leiter Finanzen etc.), und die operative Planung vom Lower Management (Gruppen- oder Abteilungsleiterebene). Hierbei wird nicht ausgeschlossen, daß untere Ebenen bei der Planung in höheren Ebenen unterstützend tätig sind oder daß Planvorgaben für untere Ebenen von höheren Ebenen gegeben werden.

Strategische, taktische und operative Entscheidung: Es bietet sich an, von strategischen (taktischen/operativen) Entscheidungen genau dann zu sprechen, wenn sie auf der Grundlage einer strategischen (taktischen/operativen) Planung getroffen werden. So macht es wenig Sinn, eine Entscheidung als strategisch zu bezeichnen, wenn sie nur zufällig – d.h. ohne vorherige Planung – zu bedeutsamen langfristigen Konsequenzen für das Unternehmen führt. So kann die Entscheidung, bei Rot über die Ampel zu gehen, durchaus langfristige und bedeutende (unangenehme) Konsequenzen haben. Um eine strategische Entscheidung hat es sich dennoch nicht gehandelt.

Strategische Entscheidungen werden in der Regel vom Top Management getroffen. Im Gegensatz zur Durchführung der Planung fallen jedoch eine Vielzahl operativer sowie taktischer Entscheidungen ebenfalls in den Bereich des Top Managements. Das Top Management trifft solche Entscheidungen z.B. deshalb, weil diese Entscheidungen außerhalb der Kompetenzen der unteren Ebenen liegen oder es für eine schnelle Koordination der Unternehmensaktivitäten sinnvoll erscheint.

Strategische, taktische und operative Kontrolle: Bezüglich der Kontrolle lassen sich die Ebenen ebenfalls auf der Basis der Differenzierung von Planungsebenen unterscheiden. So soll von einer strategischen (taktischen/operativen) Kontrolle genau dann die Rede sein, wenn die Kontrollaktivitäten in der Sichtweise des Phasenschemas darauf ausgelegt sind, eine strategische (taktische/operative) Planung zu unterstützen.

Die strategische Kontrolle wird regelmäßig vom Top Management oder entsprechend angegliederten Stäben durchgeführt. Auch in der taktischen oder operativen Ebene kann eine entsprechende Selbstkontrolle stattfinden, sinnvoll und üblich ist jedoch auch eine Kontrolle aus der übergeordneten Ebene.

1.2.2 Idealtypische Koordination mit dem Prinzip der sukzessiven Konkretisierung

Die Aufgliederung des PEK-Systems in eine strategische, taktische und operative Ebene macht eine Koordination der Teilsysteme erforderlich. Unter der plausiblen Annahme, daß die Frage nach einer langfristig richtigen Orientierung des Unternehmens im Vordergrund steht, muß diese Koordination von der strategischen Ebene ausgehen. Da strategische Alternativen aber noch recht unkonkret definiert sind, muß eine weitere Konkretisierung erfolgen. Dies ist nur möglich, wenn jeweils kürzere Planungshorizonte unterstellt werden. Eine erste Konkretisierung erfolgt demnach in der taktischen Ebene, die letzte Konkretisierung in der operativen Ebene.

Unter Rückgriff auf das oben vorgestellte Phasenschema läßt sich diese idealtypische Koordination mit dem „Prinzip der sukzessiven Konkretisierung" noch spezifischer darstellen. Hierzu wird, wie aus der Abbildung 3 abzulesen ist, die Planungsphase aufgegliedert in die Zielanalyse, Alternativensuche und die Prognosen. An oberster Stelle steht demnach die strategische Planung mit einer langfristig ausgerichteten Zielanalyse, Alternativensuche und Prognose. Mit dieser Planung wird eine Entscheidungsvorbereitung erreicht, auf deren Basis das Unternehmen zu einer Entscheidung über die beste, langfristige Alternative bzw. Unternehmensstrategie gelangt. Diese optimale Unternehmensstrategie ist zunächst noch grob umrissen, sie läßt eine große Spannweite konkreter Fassungen zu. Aufgabe der taktischen Ebene ist es, mögliche Konkretisierungen bezogen auf einen mittelfristigen Zeithorizont als Alternativen auszuformulieren, spezifischere Umwelt- und Wirkungsprognosen zu erstellen und nach einer entsprechenden Bewertung die beste Konkretisierung als optimale taktische Alternative herauszustellen. Eine eigenständige taktische Zielanalyse existiert hierbei nicht. Die Ziele der taktischen Planung ergeben sich unmittelbar aus der Beschreibung der aus der strategischen Planung als optimal herausgestellten Alternative.

Die Beziehung zwischen der taktischen und operativen Ebene ist völlig analog. So weist die im Rahmen der taktischen Planung als optimal ermittelte Alternative noch Freiheitsgrade auf, die in der operativen Ebene soweit reduziert werden, daß die optimale operative Alternative realisiert werden kann.

Kontrolle findet unabhängig voneinander auf allen drei Ebenen statt. Dies gilt sowohl für die Beobachtung der Realisation als auch der sonstigen Unternehmensumwelt. In jeder Ebene kann dieser Kontrollprozeß neue Erkenntnisse für die Alternativensuche, die Prognosen und die Zielanalyse bringen. In der Zielanalyse der taktischen und operativen Ebene ergeben sich hierbei Modifikationen nur mittelbar, d.h. nach entsprechenden Änderungen der als optimal herausgestellten Alternative in der höheren Ebene.

Üblicherweise werden bestimmte Zyklen vorgegeben, in denen Kontrollen durchgeführt und darauf aufbauend neue Pläne erstellt werden bzw. Pläne überarbeitet werden. Wird – wie in Abbildung 4 aufgezeigt – in einem regelmäßigen Zyklus eine entsprechende Planung aufgestellt, in der die unterschiedlichen Teilplanungen geschachtelt auftreten und jedesmal entsprechend des Konzepts der sukzessiven Konkretisierung miteinander verknüpft sind, so spricht man in der Literatur von einer revolvierenden Planung (*Wild* 1982, S. 178 f.).

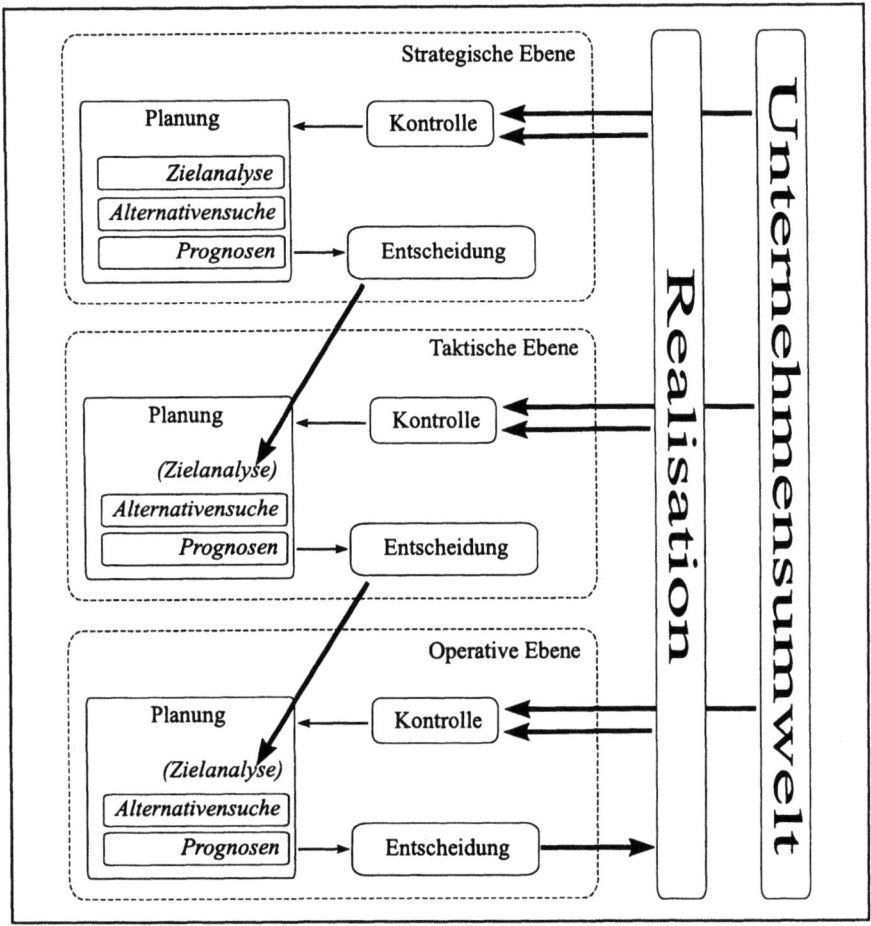

Abb. 3: Idealtypische Koordination zwischen der strategischen, taktischen und operativen Planungsebene mit dem Prinzip der sukzessiven Konkretisierung

1.2.3 Koordinationsprobleme in realen Unternehmen

Das im letzten Abschnitt vorgestellte Prinzip der sukzessiven Konkretisierung ist ein idealtypisches Bild einer wünschenswerten Koordination des PEK-Systems, das sich nur unter sehr hypothetischen Bedingungen als optimal erweist. So liegt eine wesentliche Voraussetzung für die Optimalität dieses Prinzips darin, daß es nur *eine* strategische, *eine* taktische und *eine* operative Planung gibt. In realen Unternehmen gilt diese Annahme regelmäßig nicht. Meist erfolgt schon in der taktischen Ebene eine Aufgliederung in unterschiedliche Teilplanungen, in jedem Fall finden sich in der operativen Ebene eine Vielzahl unterschiedlicher Teilplanungen. Die Abbildung 5 zeigt ein typisches Bild der Aufteilung des Planungssystems in einem größeren Unternehmen. Die strategische Planung wird von der Unternehmensleitung, dem Top Management, bzw. entsprechenden Stäben ausgeführt und nicht in Teilplanungen untergliedert. Auf der taktischen Planungsebene erfolgt eine Aufteilung nach zentralen Funktionen, wie z.b. Beschaffung, Produktion, F&E, Absatz, Finanzen, etc. In der operativen Ebene wird je nach Funktionsbereich noch weiter untergliedert.

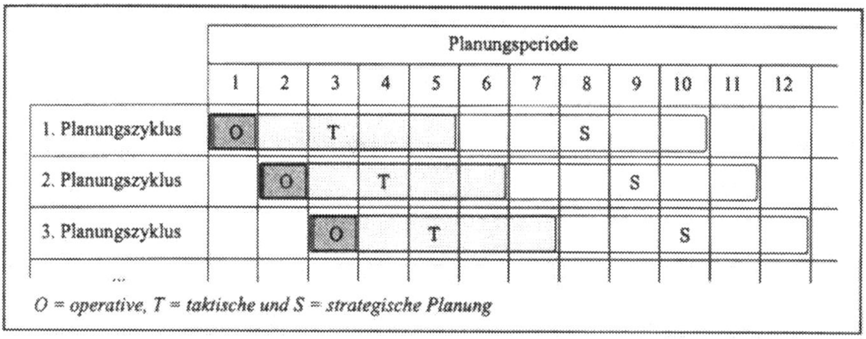

	Planungsperiode											
	1	2	3	4	5	6	7	8	9	10	11	12
1. Planungszyklus	O	T			S							
2. Planungszyklus		O	T			S						
3. Planungszyklus			O	T			S					

O = operative, T = taktische und S = strategische Planung

Abb. 4: Prinzip der revolvierenden Planung

Diese zusätzliche Aufgliederung in den unteren Ebenen macht eine weitergehende Koordination innerhalb einer Ebene notwendig. Hierfür sprechen zunächst drei Gründe. So existieren zum einen direkte Abhängigkeiten zwischen Planungsbereichen, wie z.b. zwischen Produktion und Absatz: Es kann nur das abgesetzt werden, was produziert wurde. Des weiteren ergeben sich Abhängigkeiten aus der Nutzung gemeinsamer Ressourcen. Und drittens kann ein Bewertungsverbund vorliegen, der eine isolierte Bewertung von Handlungsalternativen in Teilplanungen nicht zuläßt. Ein Beispiel für einen solchen Bewertungsverbund ist die Beurteilung von Risiken in Teilplanungen. Einzelrisiken sind in der Regel wenig aussagekräftig, denn sie können sich mit anderen Risiken kumulieren oder kompensieren. Risiko kann somit immer nur im Gesamtzusammenhang bewertet werden und Planungen sind dementsprechend zu koordinieren.

Da die Teilplanungen regelmäßig unter unterschiedlicher personeller Verantwortung stehen, gibt es neben den oben genannten sachlichen Motiven für eine Koordination auch personelle Aspekte. Ein wichtiger Aspekt liegt in diesem Zusammenhang in der Informationsasymmetrie der jeweiligen Planer. Strategische Planer können zwar regelmäßig auf eine Vielzahl relevanter Informationen zurückgreifen. Dennoch besitzen operative Planer möglicherweise Informationen, die in der strategischen Ebene nicht bekannt, aber für strategische Belange von Interesse sind. Ein Informationstransfer von unten nach oben kann in diesem Fall zu einer Verbesserung der strategischen Planung führen.

Im Zusammenhang mit der Informationsasymmetrie sind mögliche Interessenkonflikte als zweiter Aspekt zu nennen. Selbst bei konkret formulierten Zielvorgaben ist nicht immer gewährleistet, daß die unteren Ebenen im Sinne der oberen Ebenen bzw. des Unternehmens handeln. Die entsprechenden Verantwortlichen haben möglicherweise eigene persönliche Interessen und handeln opportunistisch. Handeln bedeutet hierbei nicht mehr ausschließlich Planen. Vielmehr erstreckt sich das opportunistische Handeln insbesondere auf die beiden anderen Phasen, die Entscheidung und die Kontrolle.

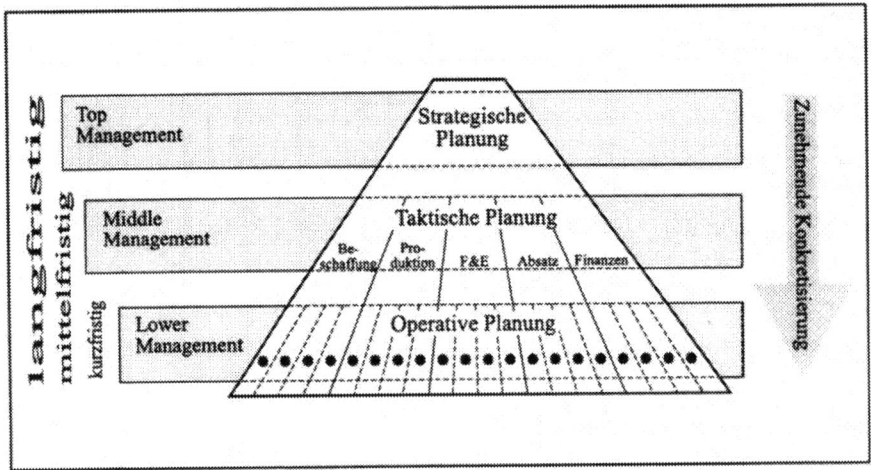

Abb. 5: Aufteilung des gesamten PEK-Systems in Teilsysteme

Überträgt man das Prinzip der sukzessiven Konkretisierung auf die in Abbildung 5 gezeigte Struktur, so ergibt sich eine sogenannte Top-down-Planung, bei der die Zielvorgaben für das Middle Management übersetzt werden und die Bereichsmanager des Middle Managements in einer weiteren Iteration Zielvorgaben für die jeweiligen Unterbereiche im Lower Management vorgeben.

In dieser Ausgestaltung ergeben sich jedoch Probleme durch die oben beschriebenen personellen Aspekte, da im wesentlichen nur der Informationsstand des Top Managements genutzt wird und das in den unteren Ebenen vorhandene Spezialwissen, sozusagen am Ort des Geschehens, unberücksichtigt bleibt. Optimal ausgenutzt würde dieses Wissen dahingegen in einer Bottom-up-Planung, bei der die Planung von unten nach oben vorgenommen wird. Bei diesem anderen Extrem ergeben sich jedoch Probleme durch die sachlichen Interdependenzen zwischen den Teilplanungen in einer Ebene. Während diese Interdependenzen in einer Top-down-Planung schon in der höheren Planungsebene explizit berücksichtigt werden können, muß diese Koordination in einer Planung von unten nach oben den jeweiligen Planern auf einer Ebene selbst überlassen werden. Bei einer fehlenden Abstimmung auf einer Ebene kann nicht ausgeschlossen werden, daß Teilplanungen getätigt werden, die zwar in einer isolierten Sichtweise des Unternehmensbereichs sinnvoll erscheinen, im Gesamtzusammenhang aber suboptimal sind.

Die erforderliche Koordination innerhalb einer Ebene kann entweder *simultan* oder *sukzessiv* erfolgen. In einer sukzessiven Vorgehensweise wird zunächst nur ein

Teilbereich, z.B. im Rahmen der taktischen Planungsebene der Absatz, geplant. Auf der Basis der entsprechenden Plandaten würden sich sukzessive andere Bereiche, wie die Produktionsplanung, Beschaffungsplanung etc. anschließen. Diese Vorgehensweise ist jedoch meist suboptimal. So bestehen Interdependenzen, die nur im Rahmen einer Planung hinreichend berücksichtigt werden könnten, die die relevanten Bereiche zusammenfaßt. Diese simultane Planung kann jedoch bei entsprechend gewünschter Konkretisierung durch die hohe Komplexität regelmäßig sehr aufwendig werden.

Die dargestellten Probleme lassen sich durch das Gegenstromverfahren, das einen Kompromiß der beiden vorgestellten Extreme Top down und Bottom up darstellt, im wesentlichen vermeiden. Im Gegenstromverfahren wechseln sich Top-Down- und Bottom-Up-Vorgehen ab. Auf eine erste grobe Top-Down-Vorgabe antworten die taktischen und operativen Ebenen mit Korrekturen und Hinweisen, die sich aus ihrem jeweils besseren Informationsstand ergeben. Hieran können sich im Prinzip weitere Schleifen anschließen, bis eine Planung erreicht ist, die zum einen eine Zielkonvergenz garantiert, zum anderen den hohen Informationsstand der unteren Ebenen zur Geltung kommen läßt und dazu eine vergleichsweise geringe Komplexität aufweist.

1.3 Zwischenfazit und weiteres Vorgehen

In den bisherigen Ausführungen wurden die Zusammenhänge zwischen den Phasen Planung, Entscheidung und Kontrolle zunächst im Hinblick auf die drei Komponenten Ziele, Alternativen und Unsicherheiten dargestellt. Auf dieser Basis erfolgte eine Einbettung der Phasen in den Kontext der Unternehmensorganisation und eine Diskussion der Koordinationsprobleme zwischen den PEK-Teilsystemen.

Wir wollen an dieser Stelle die Darstellung von Zusammenhängen beenden, um uns den einzelnen Phasen intensiver zu widmen. Der folgende Abschnitt 2 beschäftigt sich mit dem Bereich Planung, Abschnitt 3 behandelt die Entscheidungsphase und Abschnitt 4 die Kontrolle. Es versteht sich hierbei von selber, daß aufgrund des beschränkten Seitenumfangs jeweils nur die wichtigsten Instrumente bzw. Inhalte dargestellt werden können.

2 Planung

Dieser Abschnitt beschäftigt sich in seinem Schwerpunkt mit Instrumenten, die zu Planungszwecken eingesetzt werden können. Zur systematischen Darstellung der großen Vielzahl von möglichen Instrumenten bieten sich zwei Kriterien an. Zunächst läßt sich nach den in Tabelle 1 dargestellten Komponenten eine Aufgliederung in Instrumente zur Zielanalyse, Alternativensuche und Prognose vornehmen. Eine weitere Differenzierung wird möglich durch eine Unterscheidung zwischen einem Einsatz in der strategischen, taktischen oder operativen Planungsebene. Aus der Kombination ergeben sich insgesamt neun Konstellationen, wie es die Matrix in Abbildung 6 aufzeigt.

Häufig lassen sich Instrumente nicht exakt einer der neun möglichen Konstellationen zuordnen. Deshalb ist es sinnvoll, sich als Anwendungsprofil eines Instruments eine bestimmte Fläche in der Matrix vorzustellen, wobei die spezifische Positionierung und Gestalt der Fläche die Relevanz in den Konstellationen widerspiegelt. Die Abbildung 6 zeigt beispielhaft das Anwendungsprofil der Kreativitätstechniken. Der Schwerpunkt liegt in der taktischen und operativen Alternativensuche, zugleich wird aber auch eine Relevanz für Prognosezwecke angezeigt. Da, wie die Kreativitätstechniken, eine Vielzahl von Instrumenten ihre Schwerpunkte sowohl im taktischen als auch im operativen Bereich positionieren, wird in der Gliederung der folgenden Abschnitte nicht zwischen diesen beiden Planungsebenen differenziert.

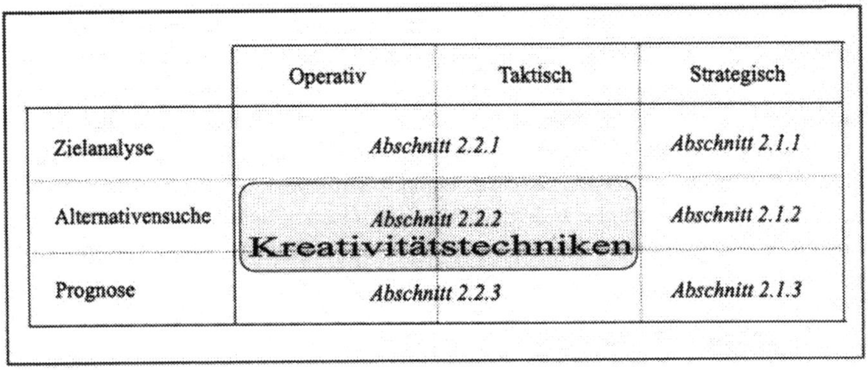

	Operativ	Taktisch	Strategisch
Zielanalyse	*Abschnitt 2.2.1*		*Abschnitt 2.1.1*
Alternativensuche	*Abschnitt 2.2.2* Kreativitätstechniken		*Abschnitt 2.1.2*
Prognose	*Abschnitt 2.2.3*		*Abschnitt 2.1.3*

Abb. 6: Klassifizierung von Planungsinstrumenten und Anwendungsprofil für das Instrument der Kreativitätstechniken

2.1 Strategische Planung

2.1.1 Strategische Zielanalyse

Was ist eigentlich unter einem Ziel zu verstehen? In der hier gewählten entscheidungstheoretischen Sichtweise ist ein Ziel die Beschreibung einer Größe, die für einen bestimmten Entscheider einen Wert beinhaltet. Man spricht in diesem Zusammenhang von Fundamentalzielen (Keeney 1992). Häufig hat man es bei Zielnennungen jedoch nicht mit Fundamentalzielen zu tun. So werden Ziele aufgeführt, die für sich gesehen keinen Wert besitzen, aber deshalb als erstrebenswert angesehen werden, weil sie sich positiv auf die Erreichung eines Fundamentalziels auswirken. Diese Ziele werden Instrumentalziele genannt. Entscheidungsrelevant dürften jedoch grundsätzlich nur Fundamentalziele sein, da nur hier Werte erfaßt werden. Weil Werte und somit Fundamentalziel nur von Menschen angegeben werden können, ist die Herleitung von Zielen eines Unternehmens – als rechtlich wirtschaftliches Konstrukt – nicht unproblematisch. Vor diesem Hintergrund soll im folgenden zunächst dargestellt werden, wie sich überhaupt Unternehmensziele, insbesondere außerökonomischer Art, erklären lassen. Anschließend werden die Konsequenzen für das strategische Zielsystem skizziert.

Zur Begründung eigenständiger Unternehmensziele

In den folgenden Ausführungen beschränken wir uns exemplarisch auf zwei Extremfälle. Zunächst wird die strategische Zielanalyse in einem kleineren Unternehmen betrachtet, das nur einer einzigen Person gehört. Diese Person wird auch als Shareholder bezeichnet, ihr gehören die gesamten Anteile (= shares) des Unternehmens. Anschließend wird auf ein größeres Unternehmen mit vielen Shareholdern Bezug genommen. Im ersten Fall mag man sich eine Einzelunternehmung, im zweiten Fall eine Aktiengesellschaft mit Streubesitz vorstellen.

In einem *kleineren Unternehmen mit nur einem Shareholder* folgt die Ausrichtung des Unternehmens ausschließlich den Interessen des Shareholders. Somit fällt die strategische Zielanalyse leicht. Die strategischen Ziele des Unternehmens entsprechen in diesem Fall denjenigen persönlichen, langfristigen Zielen des Eigentümers, die durch die unternehmerische Tätigkeit mittelbar oder unmittelbar verfolgt werden können. Hierbei müssen diese Ziele nicht nur ökonomischer Natur sein. So können Unternehmer auch soziale, ökologische, politische oder kulturelle Werte haben, die sie mit dem Unternehmen verfolgen möchten.

In das strategische Zielsystem sind demnach alle relevanten Fundamentalziele des Shareholders aufzunehmen, Instrumentalziele gehören gleichwohl nicht in das Zielsystem. Beispielsweise ist für einen selbstsüchtigen und unsozialen Unternehmer das Ziel Mitarbeiterzufriedenheit kein strategisches Ziel, wenn er nur deshalb zufriedene Mitarbeiter wünscht, damit die Mitarbeiter nicht kündigen und ihm hierdurch Kosten durch eine hohe Fluktuation entstehen. Für Unternehmer mit sozialer Verantwortung kann die Zufriedenheit der Unternehmensangehörigen aber durchaus von fundamentalem Wert sein. Nur in diesem Fall gehört dieses Ziel in das strategische Zielsystem.

Selbst die Vorstellung, das Unternehmen auf lange Zeit zu erhalten, ist nicht notwendigerweise ein strategisches Ziel. Aus rein ökonomischen Interessen wird ein Shareholder zwar tendenziell eine langfristig stabile Wettbewerbsfähigkeit präferieren, dies aber nur dann, wenn hierdurch sein Vermögen – bzw. etwas moderner ausgedrückt – der Shareholder Value vergrößert wird. So sind Situationen vorstellbar, in denen eine Liquidation der Unternehmensbereiche mit entsprechend günstiger Einzelveräußerung für den Shareholder günstiger ist als ein Weiterbestand.

Die Ableitung von strategischen Unternehmenszielen aus Werten von Menschen wird in einem *größeren Unternehmen mit vielen Shareholdern* schon dadurch problematisch, daß nicht nur die Werte von einer einzigen Person zu betrachten sind. So werden die Shareholder regelmäßig abweichende, möglicherweise sogar konträre Wertvorstellungen haben, so daß eine rationale Aggregation dieser Werte in einem einheitlichen Wertsystem als Grundlage eines strategischen Zielsystems häufig nicht möglich sein wird. Konträre Wertvorstellungen werden jedoch vornehmlich in außerökonomischen Bereichen anzutreffen sein. In ökonomischer Sicht ist regelmäßig davon auszugehen, daß eine Strategie zur Maximierung des Shareholder Values im Interesse jedes Anteilseigners liegt.

Zum anderen ergeben sich durch die Größe des Unternehmens Schwierigkeiten in der Ableitung strategischer Unternehmensziele. Ab einer bestimmten Größe eines

Unternehmens ist es nämlich nicht mehr möglich, andere Interessengruppen im Umfeld des Unternehmens, wie z.B. die Mitarbeiter, Kunden, Gläubiger etc., völlig unberücksichtigt zu lassen. Die Berücksichtigung dieser sogenannten Stakeholder (Cornel/Shapiro 1987; Freeman 1984), deren Wohl durch das Unternehmen in irgendeiner Weise beeinflußt wird („at stake" = auf dem Spiel stehen haben), muß hierbei nicht aus einer freiwilligen sozialen Einstellung seitens der Shareholder folgen. Vielmehr gibt es z.B. rechtliche Bestimmungen wie entsprechende Mitbestimmungsgesetze, die den Mitarbeitern Mitwirkungsrechte einräumen. Auch mag es wirtschaftliche Gründe geben, die ein Einbinden der Vorstellungen von Kunden oder Lieferanten, z.B. in der Konzeption einer langfristigen Entwicklung, als sinnvoll erscheinen lassen. Nicht zuletzt wird im Kontext der aktuellen Diskussion um das Stichwort Corporate Governance (vgl. Speckbacher 1997) deutlich gemacht, daß sehr stark kulturelle und gesellschaftliche Wertvorstellungen und Traditionen bestimmen, welche Interessen im Unternehmen zu berücksichtigen sind. Die deutsche Kultur stellt sich diesbezüglich wesentlich breiter dar als die eigentümerorientierte Prägung in den angelsächsischen Ländern. Durch diese möglicherweise umfangreiche Berücksichtigung von Werten der Stakeholder erfährt das Unternehmen – oben noch als rechtlich wirtschaftliches Konstrukt ohne eigene Ziele dargestellt – als Einrichtung zur Erfüllung vieler unterschiedlicher Interessen auch im Sinne des Koalitionsmodells von Cyert und March (1995) eine eigenständige Bedeutung. Ziele, wie Mitarbeiter- oder Kundenzufriedenheit, lassen sich in diesem Fall wesentlich einfacher erklären als in der oben beschriebenen Situation des kleinen Unternehmens mit nur einem Eigentümer, in der auf dessen Fundamentalziele rekurriert werden mußte. Beispielsweise ist es erst vor diesem Hintergrund möglich zu begründen, warum es ein erstrebenswertes langfristiges (Unternehmens-)Ziel sein kann, das Unternehmen als solches zu erhalten.

Die Aufstellung des strategischen Zielsystems

Die obigen Erläuterungen haben deutlich gemacht, daß das strategische Zielsystem zwei Interessengruppen berücksichtigt, die Shareholder und die Stakeholder. In kleineren Unternehmen dominieren eindeutig die Interessen der Shareholder, mit der Größe eines Unternehmens und der Anzahl der Shareholder kommt, wie gezeigt wurde, auch den Interessen der Stakeholder zunehmende Bedeutung zu. Beide Gruppen haben ökonomische und möglicherweise außerökonomische Ziele.

In ökonomischer Sicht werden die Interessen der Shareholder gut durch die Zielsetzung der Maximierung des Shareholder Value wiedergegeben. Unter dem Shareholder Value wird hierbei der aktuelle (handelbare) ökonomische Wert eines Unternehmens verstanden, der sich durch Abdiskontierung aller zukünftigen Cash flows mit einem Zinssatz ergibt, der einer Alternativanlage mit gleichem Risiko entspricht (Bühner 1990 und 1994, Copeland/Koller/Murrin 1996, Rappaport 1995). Andere Ziele, wie z.B. die Maximierung des RoI (Return on Investment), haben eher Instrumentalcharakter und sind nach den obigen Ausführungen über die Fundamentalität von Zielen weniger für das strategische Ziel geeignet.

Die ökonomischen Interessen der Stakeholder konfligieren zum Teil mit denen der Shareholder. So wünschen beispielsweise Mitarbeiter stabile hohe Löhne und Abnehmer dauerhaft niedrige Preise. Andererseits haben beide Gruppen meist ein gemeinsames Interesse daran, daß das Unternehmen auf absehbare Zeit weiterbesteht. Demzufolge findet das Streben nach der Erhaltung des Unternehmens im strategischen Zielsystem als ein wichtiges, fundamentales Ziel insbesondere auch zur Wahrung der Interessen der Stakeholder seinen Platz.

Neben diesen beiden zentralen ökonomischen Zielen der Shareholder und Stakeholder kann das strategische Zielsystem eine Reihe weiterer, vor allem außerökonomischer Ziele enthalten, die sich in einem Abstimmungsprozeß zwischen den einzelnen Interessengruppen über die Zeit entwickeln. Sinnvoll ist es, die Gesamtheit aller strategischen Ziele in einem strategischen Zielsystem, dem sogenannten Unternehmensleitbild, zusammenzufassen, wobei, bezogen auf die beiden Interessengruppen, die entsprechenden Zielausrichtungen ausformuliert werden. In einer etwas abstrakteren Form kann dieses Unternehmensleitbild als Vision bezeichnet und vermittelt werden. Die Vermittlung einer Unternehmensvision dient hierbei mehreren Zwecken. Zum einen fördert sie die Motivation der Mitarbeiter, zum anderen erleichtert sie in vielen Fällen die Koordination. Darüber hinaus verdeutlicht die Vision noch einmal den eigenständigen Charakter des Konstrukts Unternehmen.

2.1.2 Strategische Alternativensuche

In der strategischen Alternativensuche gilt es, Unternehmensstrategien zu finden, die im Hinblick auf die gesetzten strategischen Ziele vorteilhaft erscheinen. Welche Strategie aus dieser eingeschränkten Menge tatsächlich die beste ist und dementsprechend gewählt wird, ist noch von den Prognosen abhängig und wird der Sichtweise des Phasenschemas folgend in der nachgelagerten Phase der Entscheidung festgelegt. In der Phase der Alternativensuche wird lediglich eine geeignete Vorauswahl von Strategien getroffen.

Wir beginnen in den folgenden Ausführungen mit der Klassifizierung von drei erfolgreichen Strategietypen. Welche konkreten Strategien sich jeweils innerhalb eines Strategietyps für das einzelne Unternehmen herleiten lassen, wird anschließend im Rahmen der *Portfolio-Analyse*, dem auch heute noch dominierenden Instrument zur Generierung von Unternehmensstrategien, vorgestellt.

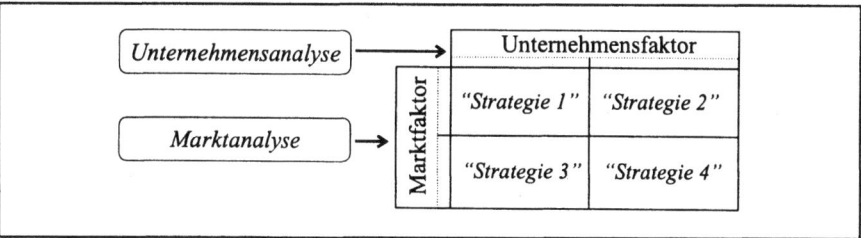

Abb. 7: Grundprinzip einer Portfolio-Analyse

In einer Portfolio-Analyse wird – wie aus Abbildung 7 ersichtlich – die strategische Ausgangssituation zunächst durch eine Gegenüberstellung von zwei Faktoren in einer Matrix visualisiert, um anschließend für die resultierenden Felder konkrete

Strategien formulieren zu können. Hierbei betrifft ein Faktor das Unternehmen, der andere Faktor den Markt, so daß eine Portfolio-Analyse demnach eine Markt- und Unternehmensanalyse voraussetzt. Vor diesem Hintergrund ist es sinnvoll, zwischen den folgenden Ausführungen zu den Erfolgsstrategietypen und den angekündigten Ausführungen zur Portfolio-Analyse auf Instrumente der Markt- und Unternehmensanalyse einzugehen.

Drei erfolgreiche Strategietypen nach Porter

In einer für Praxis und Forschung im Bereich der strategischen Planung wegweisenden Arbeit beschreibt Porter (1997) die Bestimmungsgründe für den Erfolg eines Unternehmens und leitet drei erfolgreiche Strategietypen ab. Nach Porters Überlegungen muß ein Unternehmen eine stabile Wettbewerbsposition einnehmen, mit der es sich gegen die folgenden fünf Wettbewerbskräfte behaupten kann.

Gefahr des Markteintritts. Treten neue Anbieter in einen Markt ein, so werden neue Kapazitäten angebotswirksam, was sich immer ungünstig auf die erzielbaren Preise auswirkt. Zudem können die Kosten steigen, da beispielsweise Abwerbungsversuche von Personal eingedämmt werden müssen oder die Zulieferer aufgrund der höheren Nachfrage und besseren Verhandlungsposition mit Preiserhöhungen reagieren.

Rivalität unter den bestehenden Wettbewerbern. Eine bestehende Rivalität unter den Wettbewerbern reduziert das Gewinnpotential aller Wettbewerber auf dem Markt. Deutlich wird dies insbesondere in einem ausgeprägten Preiswettbewerb, in dem sich die Anbieter im Kampf um die Marktanteile solange gegenseitig unterbieten, bis keiner mehr Geld verdient. Im Gegensatz hierzu stehen angenehmere Umgangsformen in Märkten, in denen beispielsweise durch gemeinsame Werbeaktionen gepaart mit einer ausgeprägten Produktdifferenzierung zum Wohle aller Wettbewerber an einem Strang gezogen wird und somit ein hohes Gewinnpotential für jeden Wettbewerber gesichert werden kann.

Druck durch Substitutionsprodukte. Die Lukrativität eines Marktes ist eingeschränkt, wenn die Abnehmer auf Produkte ausweichen können, die dieselbe Funktion haben. So wird mit zunehmender Höhe des Preises die Motivation der Abnehmer größer, auf die Substitutionsprodukte auszuweichen.

Verhandlungsposition gegenüber Abnehmern. Mit einer schlechteren Verhandlungsposition der Wettbewerber gegenüber den Abnehmern sinkt das Gewinnpotential der Wettbewerber. So können die Abnehmer zum einen den Preis drücken, eine bessere Qualität verlangen und zugleich die Wettbewerber gegeneinander ausspielen.

Verhandlungsposition gegenüber Zulieferern. Auch eine schlechte Verhandlungsposition gegenüber den Zulieferern wirkt sich ungünstig auf das Gewinnpotential der Wettbewerber aus. Die Zulieferer können Preise diktieren, die Qualität reduzieren und Leistungen zurückfahren.

Das Unternehmen muß also zum einen Märkte suchen, in denen diese Kräfte nur in geringem Umfang zu finden sind. So weisen Märkte mit geringer Wettbewerbsintensität grundsätzlich ein höheres Gewinnpotential auf als andere. Zum anderen muß es das Unternehmen schaffen, innerhalb eines Marktes Strategien zu finden, die sich gegen die vorhandenen Kräfte behaupten können. Porter zeigt, daß es diesbezüglich drei Klassen von Strategien gibt, mit denen dieses Ziel erreicht werden kann. Das Unternehmen kann sich mit einer *Kostenführerschaftsstrategie* einen stabilen Wettbewerbsvorteil durch einen Kostenvorsprung in der Produktion verschaffen. Es kann im Rahmen einer *Differenzierungsstrategie* versuchen, sein Produkt bzw. seine Dienstleistung durch bestimmte einmalige Eigenschaften oder Qualitäten gegenüber der Konkurrenz abzugrenzen. Oder es kann beide genannten Strategien kombinieren, indem es sich durch eine *Konzentration auf Schwerpunkte* auf Marktnischen spezialisiert. Welche Strategieklasse das Unternehmen wählt, hängt zum einen von den Fähigkeiten und Gegebenheiten im Unternehmen ab, zum anderen von der Situation im Markt.

In Porters Argumentation wird der Erfolg eines Unternehmens an seiner langfristigen Wettbewerbsfähigkeit gemessen. Somit betrifft die obige Analyse zunächst nur das strategische Ziel der Erhaltung des Unternehmens. Rappaport (1995) greift jedoch die genannten drei Erfolgsstrategien auf und belegt, daß diese Strategien auch im Hinblick auf die Maximierung des Shareholder Value geeignet sind. Hierdurch wird die Bedeutung dieser Strategietypen für die strategische Planung noch einmal hervorgehoben.

Marktanalyse

In der Analyse der Marktsituation sind vorrangig drei Fragen zu beantworten: Wie ist die Wettbewerbssituation im Markt, in welcher Entwicklungsphase befindet sich der Markt, und welche Bedürfnisse haben die Abnehmer?

Bezüglich der ersten Frage kann auf die eben vorgestellten fünf Wettbewerbskräfte zurückgegriffen werden. Dementsprechend gilt es zunächst, für diese Wettbewerbskräfte die für die Analyse beobachtbaren Bestimmungsgrößen herauszustellen (siehe im folgenden wiederum Porter 1997).

Wesentliche Bestimmungsgröße der *Gefahr des Markteintritts* sind zunächst Entrittsbarrieren. Zu den Eintrittsbarrieren gehören beispielsweise Betriebsgrößenersparnisse („Economies of Scale"), die es den neuen Anbietern erst bei einer sehr großen Kapazität erlauben, rentabel zu arbeiten. Ebenso abschreckend wirken hohe Umstellungskosten und ein ausgeprägtes Markenbewußtsein der Abnehmer. Eine Überwindung der Markteintrittsbarrieren ist mit Kosten verbunden. Die Entscheidung des Anbieters, ob er den Markteintritt wagt oder nicht, hängt demnach davon ab, ob er erwartet, diese Kosten durch die späteren Überschüsse kompensieren zu können. Diesbezüglich relevant ist somit das aktuelle Preisniveau in dem Markt und die Einschätzung, ob die bisherigen Anbieter auf sein Eindringen mit entsprechenden Maßnahmen, z.B. einem Preiskrieg, reagieren.

Ob eine hohe oder geringe Rivalität *unter den bestehenden Wettbewerbern* vorliegt, hängt zum einen von der Anzahl der Wettbewerber bzw. der Existenz von Marktführern ab. Aus der Anonymität eines Marktes mit vielen Wettbewerbern heraus trauen sich Einzelne eher, rivalisierende Strategien einzuschlagen, als in einer Situation, in der ein oder mehrere Marktführer disziplinierend und koordinierend eingreifen können. Des weiteren wird eine mögliche Rivalität zwischen den Wettbewerbern durch eine geringe Produktdifferenzierung bzw. niedrige Umstellungskosten auf Seiten der Abnehmer gefördert. Auch können überhöhte Kapazitäten und hohe Marktaustrittsbarrieren einzelne Wettbewerber zwingen, aggressiv und rivalisierend tätig zu werden.

Der *Druck durch Substitutionsprodukte* ist insbesondere dann groß, wenn es sich bei den Substitutionsprodukten um neue Technologien handelt, bei denen es nur eine Frage der Zeit ist, wann sie die herkömmlichen ablösen. Wenn dazu noch ein immer besseres Preis-Leistungsverhältnis bei den Substitutionsprodukten zu erwarten ist – man denke beispielsweise an die Substitution der Schreibmaschine durch die immer günstiger werdenden PC's –, schrumpfen die Gewinnpotentiale der Wettbewerber erheblich.

Die *Verhandlungsposition gegenüber Abnehmern* ist für die Wettbewerber grundsätzlich um so schlechter, je weniger Abnehmer die Produkte nachfragen. Ungünstig wirkt es sich zudem aus, wenn die Abnehmer glaubwürdig mit einer Rückwärtsintegration drohen können oder die Umstellungskosten bei einem Wechsel zwischen den Wettbewerbern niedrig sind. Die Abnehmer werden ihre gute Verhandlungsposition besonders dann ausnutzen, wenn ihre Gewinne niedrig sind oder das Produkt einen hohen prozentualen Anteil bei den Gesamtkosten der Abnehmer ausmacht.

Wann die *Verhandlungsposition gegenüber den Zulieferern* als schlecht anzusehen ist, ergibt sich in einer spiegelbildlichen Argumentation aus den obigen Ausführungen. Ungünstig wirkt es sich speziell aus, wenn nur wenige Zulieferer auf viele Wettbewerber stoßen und Ausweichmöglichkeiten der Wettbewerber auf Substitutionsprodukte nicht bestehen.

Wir kommen nun zur zweiten Frage im Rahmen der Marktanalyse, und zwar zur Einschätzung der zukünftigen Marktentwicklung. Die Abbildung 8 zeigt hierzu das Modell des Marktlebenszyklus, nach dem 4 Phasen zu unterscheiden sind (Homburg 1997, S. 86 f.).

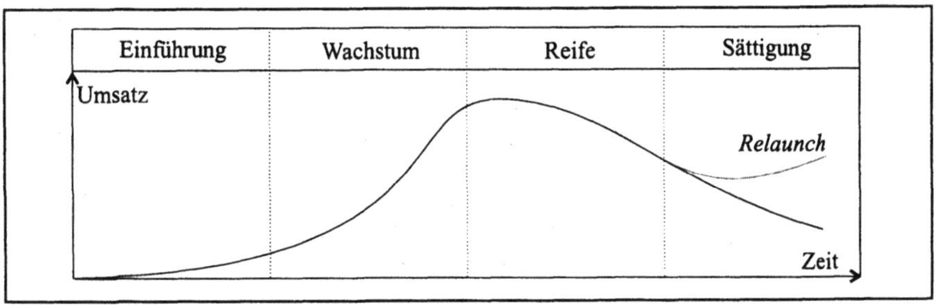

Abb. 8: Umsatz im Lebenszyklusmodell

In der Einführungsphase ist der Umsatz noch sehr gering, das Marktpotential schwer abschätzbar, die Anzahl der Wettbewerber klein und es liegen meist nur geringe Eintrittsbarrieren vor.

In der Wachstumsphase steigt der Umsatz deutlich an, und es sind schon einige neue Wettbewerber auf den Markt gekommen. In Folge dessen ergeben sich Preisunsicherheiten, so daß das Marktpotential immer noch nicht gut eingeschätzt werden kann. Die Eintrittsbarrieren werden aufgrund von Erfahrungseffekten der älteren

Wettbewerber höher, einige Kunden haben sich zudem habituell an einzelne Wettbewerber gebunden.

In der Reifephase stagniert der Umsatz, das Marktpotential ist nun klar überschaubar. Einzelne Wettbewerber mußten aufgrund von Kosten- oder Produktnachteilen schon vom Markt verschwinden, ein Markteintritt von neuen Wettbewerbern wird aufgrund der weiterhin hohen Eintrittsbarrieren und der schlechteren Zukunftsperspektiven unwahrscheinlich. Die meisten Kunden haben sich inzwischen fest an eine Marke gebunden.

In der Sättigungsphase fällt der Umsatz, die Wettbewerber reduzieren ihre Kapazitäten und ziehen sich vom Markt zurück. Eine Verlängerung der Reifephase wird möglicherweise dadurch begründet, daß die auf dem Markt befindlichen Produkte den geänderten Bedürfnissen der Kunden angepaßt werden bzw. so positioniert werden („Relaunch"), daß die Nachfrage auf hohem Niveau stabil bleibt oder wieder auflebt.

Das vorgestellte Modell des Marktzyklus, in entsprechender Weise zugleich als Produktlebenszyklus interpretierbar, zeigt nur ein idealtypisches Abbild der Realität. So belegen empirische Untersuchungen, daß sich nicht selten andere Verläufe ergeben (Rink/Swan 1979). Diese Tatsache sowie die fehlenden Aussagen darüber, wie lange die einzelnen Phasen andauern, machen das Lebenszyklusmodell zwar als Prognoseinstrument unzuverlässig, als grobe Einschätzung der aktuellen Situation in der Marktentwicklung, beispielsweise zur Weiterverwendung in der Portfolio-Analyse, ist dieses Modell jedoch akzeptabel.

Wir kommen nun zur letzten der drei Fragen, den Bedürfnissen der Abnehmer. Die Analyse dieser Bedürfnisse ist deshalb von großer Bedeutung, da nur die Produkte oder Dienstleistungen, die genau den Kundenbedürfnissen entsprechen, Kundenwerte schaffen, d.h. von den Kunden honoriert werden. Unterstützt werden kann eine entsprechende Kundenanalyse durch geeignete Marktbeobachtungen oder Kundenbefragungen, die jeweils einen Rückschluß auf Präferenzen ermöglichen (Schmidt 1996). Neben einem intensiven Monitoring im Rahmen von Früherkennungssystemen, die im Abschnitt 2.1.3 als Prognoseinstrument noch vorgestellt werden, sei in diesem Zusammenhang noch die Conjoint-Analyse als wichtiges Instrument genannt. In einer Conjoint-Analyse werden potentiellen Kunden hypothetische Produkt- oder Dienstleistungsalternativen zur Bewertung vorgelegt, die sich in einer Reihe von Merkmalsausprägungen unterscheiden. Durch ein geschickt gewähltes Befragungsdesign ist es sodann möglich, auf die Bedeutung, sprich die Kundenwerte, in den einzelnen Merkmalen zu schließen.

Unternehmensanalyse

Ziel der Unternehmensanalyse ist es, Stärken und Schwächen des eigenen Unternehmens herauszufinden. Zu diesem Zweck ist es sinnvoll, in einer systematischen Stärken-Schwächen-Analyse strategische Erfolgsfaktoren, wie es die Abbildung 9 beispielhaft zeigt, in eine Tabelle zu übernehmen und mit Hilfe eines Kompetenzprofils die Position des eigenen Unternehmens darzustellen.

Die eigentliche Kompetenzstärke zeigt sich jedoch erst in einem Vergleich zu wichtigen Wettbewerbern bzw. zu den besten aus der Konkurrenz. Dementsprechend gilt es, im Rahmen einer Konkurrentenanalyse die „Best Practices" anderer Unternehmen zu ermitteln und den eigenen Leistungen gegenüberzustellen. Zur Unterstützung dieses sogenannten *Benchmarking* gibt es heute schon Institutionen, die entsprechende Daten von Unternehmen sammeln und weitergeben

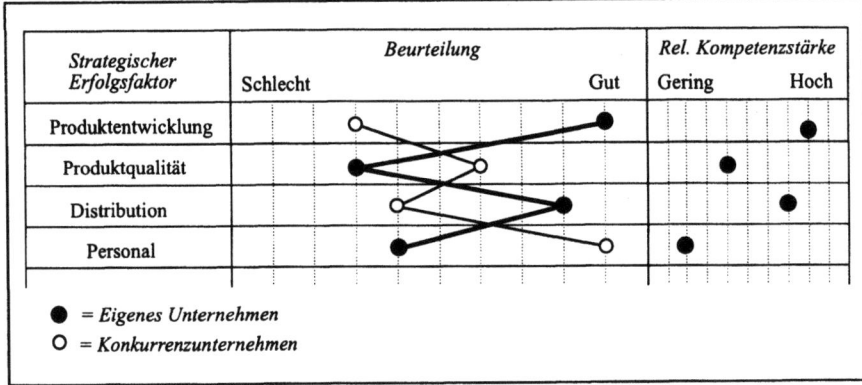

Abb. 9: Kompetenzprofil im Rahmen einer Stärken-Schwächenanalyse

Die wesentliche Frage betrifft jedoch die Auswahl der Erfolgsfaktoren. Von Interesse sind genau die Erfolgsfaktoren, die – wie der Name schon sagt – den Erfolg in nicht unerheblichem Umfang mit beeinflussen.

Speziell für das Zielkriterium des RoI (Return on Investment) wurden entsprechende Erfolgsfaktoren in der Vergangenheit im Rahmen des PIMS-Programms (*Profit Impact of Market Strategies*, siehe Buzell/Gale 1989 und Luchs/Müller 1985) gesucht. Auf der Basis sehr umfangreicher empirischer Unternehmensdaten wurde jeweils der RoI eines Unternehmens mittels linearer Regression in Beziehung zu über 200 charakteristischen Variablen gebracht. Hierbei ergab sich u.a., daß sich mit der Produktqualität, dem Marktanteil und mit der erforderlichen Kapitalbindung schon ein erheblicher Teil der Unterschiede im RoI zwischen den Unternehmen erklären läßt. Insgesamt konnten 48 kritische Erfolgsfaktoren ermittelt werden. Berücksichtigt man jedoch, daß aus empirischen Verknüpfungen keine Rückschlüsse auf kausale Zusammenhänge möglich sind, dürfen die Ergebnisse des PIMS-Programms nicht überbewertet und keine vorschnellen Handlungsempfehlungen abgeleitet werden.

Anders ist diese Situation in der Analyse von Rappaport (1995), der sich mit den Erfolgsfaktoren unter der Zielvorgabe der Maximierung des Shareholder-Value befaßt. Als sogenannte „Werttreiber" nennt er die Wachstumsrate der Umsätze, die betriebliche Gewinnmarge, den Gewinnsteuersatz, Investitionen in das Umlauf- und Anlagevermögen und die Kapitalkosten. Zwischen diesen Faktoren und dem Shareholder Value besteht eindeutig ein kausaler Zusammenhang, da die Werttreiber in die (theoretische) Bestimmungsgleichung des Shareholder Value als abdiskontierter Wert aller zukünftigen Cash flows eingehen.

Generierung von Unternehmensstrategien mit der Portfolio-Analyse

Portfolio-Analysen werden in den unterschiedlichsten Varianten vorgeschlagen und angewendet. Hierbei gibt es Portfolio-Analyse, die sich recht eng auf einen der drei oben vorgestellten Typen von Strategien beziehen, viele Varianten sind jedoch unabhängig von den Strategieklassen bzw. lassen sich für alle drei Strategieklassen anwenden. Im folgenden wird zunächst eine Variante vorgestellt, die sich auf Kostenführerschaftsstrategien bezieht, die zweite Variante kann im Kontext aller drei Strategietypen ihren Einsatz finden.

Die erste Portfolio-Analyse unternahm die Boston Consulting Group (BCG) zu Beginn der 70er Jahre. Sie stellte den relativen Marktanteil der jeweiligen Geschäfts- bzw. Produktbereiche des Unternehmens dem Marktwachstum in dem betreffenden Markt gegenüber. Der relative Marktanteil soll als Indikator dafür dienen, welcher Erfahrungsvorsprung und somit welche Kostensituation im Unternehmen in dem betreffenden strategischen Produktfeld vorliegt. Hierbei wird auf das Konzept der Erfahrungskurve zurückgegriffen, das den Zusammenhang zwischen Erfahrung und Kostensituation quantitativ beschreibt und im nächsten Abschnitt als Prognosemethode dargestellt wird. Beim Marktwachstum wird Bezug genommen auf den typischen Verlauf des Lebenszyklus mit den bekannten vier Phasen: Die beiden ersten Phasen der Einführung und des Wachstums beschreiben ein hohes Marktwachstum, die beiden letzten Phasen der Reife und Sättigung ein niedriges bzw. sogar ein Abfallen (siehe auch Abbildung 8).

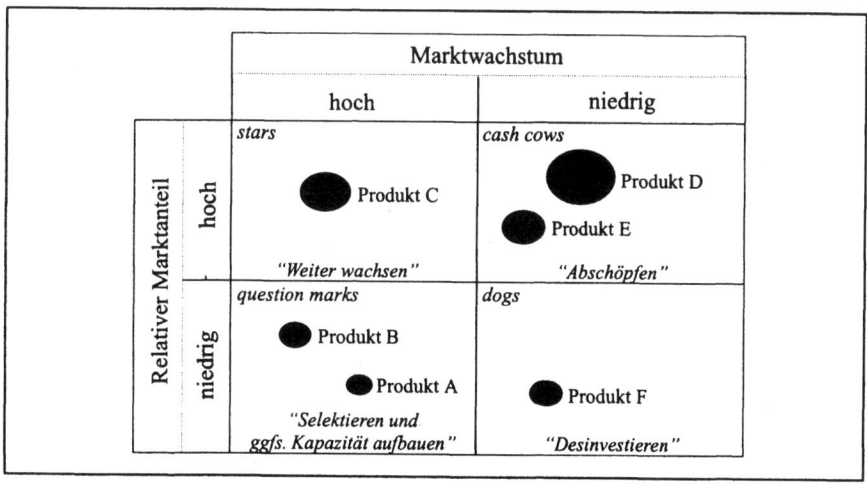

Abb. 10: Portfolio-Analyse auf Basis einer BCG-Matrix

Differenziert man in der Gegenüberstellung dieser beiden Faktoren zwischen einem hohen und niedrigen relativen Marktanteil einerseits und einem hohen und niedrigen Marktwachstum andererseits, so ergeben sich, wie Abbildung 10 zeigt, vier charakteristische Produkttypen.

Question marks beschreiben hierbei Nachwuchsprodukte, die Kostensituation ist noch schlecht, der Markt ist neu und wächst. Für die Unternehmen ist es in dieser Konstellation grundsätzlich günstig, schnell die Marktposition auszubauen und eine kostengünstige Produktion zu bewirken, so daß aus dem Question mark ein Star wird. Jedoch ist vorher genau zu analysieren, für welche Produkte diese relative Marktanteilssteigerung wirklich machbar erscheint und welche Produkte abgebaut werden sollten. Die Strategie lautet somit „Selektieren und ggf. Kapazität aufbauen". Überschüsse werden noch nicht erzielt, der finanzielle Bedarf ist sehr groß. *Stars* beschreiben Produkte, bei denen schon ein hoher relativer Marktanteil erreicht wurde, also eine günstige Kostensituation vorliegt, gleichzeitig der Markt aber noch weiter wächst. In diesem Fall lautet die Devise „Weiter wachsen". Aufgrund der günstigen Kostensituation werden zwar Gewinne erwirtschaftet, für den weiteren Ausbau der Produktionskapazitäten sowie für die Aufrechterhaltung des hohen Marktanteils sind jedoch Investitionen zu tätigen. Es wird weder ein hoher finanzieller Überschuß noch ein hohes Defizit auftreten. *Cash cows* beschreiben die für das Unternehmen günstigste Konstellation: Produkte mit einem hohen relativen Marktanteil und niedrigem Marktwachstum. Das Unternehmen hat durch entsprechende Erfahrung eine günstige Kostenstruktur erreicht, kann das Produkt günstig herstellen und erzielt hohe Gewinne. Zugleich liegt kein hohes Marktwachstum vor, so daß es für das Unternehmen nicht günstig ist, Investitionen in die Produktion oder in die Verbesserung der Marktpositionen zu tätigen. Der finanzielle Überschuß (Cash flow) ist hoch, die optimale Strategie lautet nur noch „Abschöpfen". *Dogs* sind Problemprodukte. Es liegt weder eine gute Kostenstruktur vor, noch bietet die Zukunft aufgrund des nicht wachsenden Marktes Aussichten auf Besserung. Gewinne oder finanzielle Überschüsse werden nicht erwirtschaftet, die Strategie lautet „Desinvestieren".

In der zweiten Variante der Portfolio-Analyse, dem *Kompetenz-Portfolio*, werden relative Kompetenzstärken, wie sie aus der vorgelagerten Unternehmensanalyse bekannt sind, den Kundenwerten, die im Rahmen der Marktanalyse zu ermitteln sind, gegenübergestellt. Mit einer Unterteilung in wiederum vier Matrixfelder erhält man eine Portfolio-Matrix, wie sie in Abbildung 11 beispielhaft angegeben ist (Hinterhuber 1996, S. 130 ff.).

Nach der Einordnung der einzelnen Unternehmensleistungen in diese Matrix ergibt sich für das Unternehmen ein aussagekräftiges Bild, aus dem sich Handlungsalternativen wie folgt ableiten lassen.

Treten hohe relative Kompetenzstärken in Verbindung mit hohen Kundenwerten auf, so spricht man von *Kernkompetenzen* (s. Prahalad/Hamel 1990 und Hinterhuber 1996, S. 11). Insbesondere Kernkompetenzen in der Distribution, Forschung und Entwicklung oder im Bereich der Qualität sind die beste Ausgangssituation für eine erfolgreiche Differenzierungsstrategie. Beziehen sich Kernkompetenzen auf die Effizienz in der Produktion, so ermöglichen sie eine Kostenführerschaftsstrategie. Eine Kernkompetenz bezieht sich nicht zwingend nur auf einen Markt, vielmehr kann sie dem Unternehmen in sehr unterschiedlichen Märkten hohe Vorteile bringen. Beispielsweise kann eine Kernkompetenz in der Herstellung von optischen Gläsern Vorteile im Markt für Teleskope, Lasertechnik und im Augenoptikmarkt mit sich bringen. Im günstigsten Fall sollten die Kernkompetenzen eines Unternehmens so geartet sein, daß das Unternehmen mit ihnen zugleich auf mehreren lukrativen Märkten agieren kann. In jedem Fall ist das Vorhandensein von Kernkompetenzen eine zwingende Voraussetzung, um langfristig bestehen zu können. Deshalb muß sich das Unternehmen bemühen, geschaffene Kernkompetenzen zu erhalten und auszubauen, die Strategie dieses Matrixfelds lautet demnach „Insourcing".

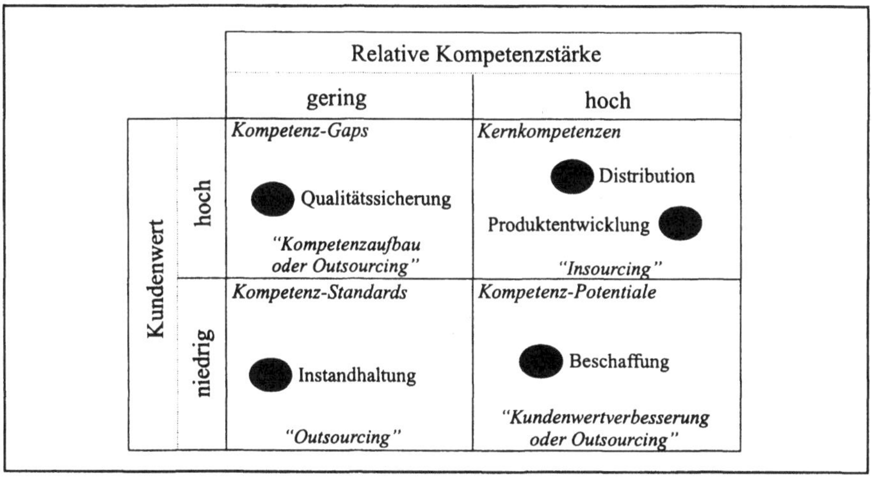

		Relative Kompetenzstärke	
		gering	hoch
Kundenwert	hoch	*Kompetenz-Gaps* ● Qualitätssicherung *"Kompetenzaufbau oder Outsourcing"*	*Kernkompetenzen* ● Distribution Produktentwicklung ● *"Insourcing"*
	niedrig	*Kompetenz-Standards* ● Instandhaltung *"Outsourcing"*	*Kompetenz-Potentiale* ● Beschaffung *"Kundenwertverbesserung oder Outsourcing"*

Abb. 11: Portfolio-Analyse auf Basis einer Kompetenzmatrix

Demgegenüber stehen Aktivitäten, die weder einen hohen Kundenwert besitzen, noch vom Unternehmen kompetent ausgeführt werden. Muß sich das Unternehmen mit solchen *Kompetenz-Standards* beschäftigen, werden wertvolle Ressourcen für einen geringen Nutzen eingesetzt. Dementsprechend gilt es, durch „Outsourcing" diese Aktivitäten aus dem Unternehmen auszugliedern.

In den beiden verbleibenden Matrixfeldern kann eine eindeutige Strategieempfehlung nicht mehr ausgesprochen werden. Für den Fall, daß bei einem hohen Kundenwert eine geringe Kompetenzstärke vorliegt, kann sich das Unternehmen keine Wettbewerbsvorteile erarbeiten. In diesem Fall kann es die Leistung entweder direkt ausgliedern oder es muß versuchen, diesen *Kompetenz-Gap* durch konsequenten Kompetenzaufbau zu schließen und somit neue Kernkompetenzen aufzubauen.

Fallen auf der anderen Seite hohe Kompetenzstärken und niedrige Kundenwerte zusammen, so werden die Ressourcen nicht effektiv eingesetzt. Hier bietet es sich an, die Unternehmensressourcen in der Zukunft nicht mehr zur Erhaltung der *Kompetenz-Potentiale* zu verschwenden und dementsprechend alsbald auszulagern. Die Alternative, den Markt durch entsprechendes Marketing dahingehend zu beeinflussen, daß die Kundenwerte erhöht werden und so wiederum Kernkompetenzen geschaffen werden, wird vermutlich nur in wenigen Fällen eine effiziente Strategie sein. Denn Kunden lassen sich vermutlich weniger leicht lenken als das eigene Unternehmen.

2.1.3 Strategische Prognose

Ob die im Rahmen der Alternativensuchphase als sinnvoll herausgestellten Unternehmensstrategien tatsächlich zum gewünschten Erfolg führen, hängt in der Regel von einigen Unsicherheiten in der Zukunft ab. Diese Unsicherheiten werden in der Prognosephase analysiert und operationalisiert.

Die Problematik einer langfristigen Prognose im Vergleich zu einer kurzfristigen liegt darin, daß Trends nicht einfach fortgeschrieben werden können. Der Planungshorizont ist zu lang, um Trendumbrüche ausschließen zu können. Die strategische Prognose muß demnach ein besonderes Augenmerk auf einen möglichen bevorstehenden Trendumbruch richten und insbesondere alle vorstellbaren Möglichkeiten einer zukünftigen Umweltentwicklung erfassen. Dies bedeutet, daß die strategische Umweltprognose typischerweise mehrwertig ist, d.h. mehrere alternative Umweltzustände in der Ergebnismatrix (siehe Abbildung 2) zu berücksichtigen sind.

Schon zu Beginn des Beitrags wurde zwischen der Umwelt- und Wirkungsprognose differenziert. In einer Umweltprognose werden die möglichen Umweltzustände und deren Wahrscheinlichkeiten ermittelt, mit der Wirkungsprognose werden die Zielausprägungen bei gegebenen Zuständen bestimmt.

Umweltprognosen

Als Instrumente zur Umweltprognose werden im folgenden Früherkennungssysteme und die Szenariotechnik vorgestellt. Unter den Begriff der *Früherkennungssysteme* faßt man meist drei Generationen von Systemen zusammen: Früherkennungssysteme auf der Basis von Kennzahlensystemen, auf Basis von Frühwarnindikatoren und auf Basis schwacher Signale (Hahn 1992). Da für eine fundierte strategische Prognose die letzte Generation am ehesten geeignet ist, wird nur diese Variante hier vorgestellt. Das Vorgehen in dieser Variante folgt der Annahme, daß keine Trendumbruch aus heiterem Himmel kommt, sondern daß es Vorboten gibt, die es lediglich zu finden und zu interpretieren gilt. Früherkennungssysteme auf Basis dieser schwachen Signale umfassen zwei Phasen. In der „Scanning-Phase" wird permanent und systematisch nach Anzeichen bzw. schwachen Signalen für bedeutende unternehmensrelevante Entwicklungen gesucht. „Gescannt" wird sowohl das allgemeine Umsystem der Unternehmung mit allen wirtschaftlichen, soziopolitischen und technologischen Teilfeldern, als auch das unternehmensspezifische Umsystem, d.h. der Absatzmarkt, Beschaffungsmarkt, Arbeitsmarkt etc. Wird hierbei ein mögliches Signal erkannt, so wird dieses Signal in einer zweiten Phase – dem „Monitoring" – weiter verfolgt. Ist beispielsweise in der Scanning-Phase ein kleiner, plötzlicher Anstieg bei einem Rohstoffpreis aufgefallen, so könnte dies ein Anzeichen einer Rohstoffverknappung sein, die in der Zukunft möglicherweise Rohstoffsubstitutionen notwendig macht, was für das Unternehmen von hoher Bedeutung sein kann. Demzufolge wird in der Monitoring-Phase die weitere Preisentwicklung genau beobachtet sowie analysiert und es werden in diesem Zusammenhang schon weitere Nachforschungen über die allgemeine Versorgungssituation bezogen auf diesen Rohstoff angestellt.

In einer *Szenario-Analyse* wird explizit untersucht, in welche unterschiedlichen Richtung (Szenarien) sich die Umwelt entwickeln kann. Hierbei gibt es eine Reihe möglicher Varianten, die jedoch folgendes Grundschema gemeinsam haben (Brauers/Weber 1986, Götze 1993). Zunächst werden die für das Unternehmen relevanten und unsicheren Umweltfaktoren ermittelt; diese Umweltfaktoren nennt man (kritische) Deskriptoren. Für einen Autohersteller kämen beispielsweise die Deskriptoren Wirtschaftswachstum, Benzinpreis, herrschendes Umweltbewußtsein, technologische Entwicklung und ähnliches in Frage. Jeder Deskriptor kann hierbei unterschiedliche Ausprägungen haben. Damit die spätere Analyse nicht zu kompliziert wird, beschränkt man sich in der Regel auf nicht mehr als zehn Deskriptoren und pro Deskriptor nur zwei bis drei Ausprägungen, z.B. geringes vs. hohes Wirtschaftswachstum oder Benzinpreis geringer als 0,70 Euro, zwischen 0,70 Euro und 0,85 Euro bzw. über 0,85 Euro. Anschließend gilt es herauszufinden, welche der möglichen Kombinationen der Deskriptorausprägungen – dies sind alle vorstellbaren Szenarien – besonders wahrscheinlich sind und dementsprechend als mögliche Zukunftsentwicklungen in der strategischen Planung berücksichtigt werden sollten. Zu diesem Zweck werden im Rahmen einer Cross-Impact-Analyse die Wechselwirkungen zwischen jeweils nur zwei Deskriptoren analysiert und diese Ergebnisse mit geeigneten Heuristiken auf die Szenariowahrscheinlichkeiten hochgerechnet.

Wirkungsprognosen

Die Wirkungsprognose ist im Vergleich zur Umweltprognose wesentlich einfacher. So erfordert die Wirkungsprognose lediglich die Aufstellung von Wirkungsmodellen, mit denen das Ergebnis für das jeweils betrachtete Ziel in Abhängigkeit von der gewählten Alternative und den unterschiedlichen Umweltzuständen abgeleitet werden kann. Die Zustände werden hierbei durch die Umweltprognose, z.B. als Szenarien vorgegeben. Die Wirkungsprognose fällt um so leichter, je detaillierter die Zustände die jeweiligen Umweltkonstellationen definieren. Da alle in Frage kommenden Umweltkonstellationen in Zuständen abzubilden sind, ist diese detaillierte Beschreibung jedoch nur möglich, wenn die Umweltprognose eine entsprechende Anzahl von Zuständen berücksichtigt.

2.2 Taktische und operative Planung

2.2.1 Taktische und operative Zielanalyse

Nach dem im Abschnitt 1.2.2 dargestellten Prinzip der sukzessiven Konkretisierung besteht die taktische sowie die operative Zielanalyse lediglich aus einer Konkretisierung der in der jeweils höheren Planungsebene ermittelten optimalen Alternative. Schon im Abschnitt 1.2.3 wurde jedoch dargestellt, daß in realen Unternehmen aufgrund der Beteiligung mehrerer Personen Informationsasymmetrien und Interessenkonflikte entstehen, die zur Anwendung des Gegenstromverfahrens führen. Für die taktische und operative Zielanalyse hat dies zur Konsequenz, daß im Verbund mit einer Konkretisierung Möglichkeiten vorgesehen werden müssen, den Informationsstand der unteren Ebenen zu berücksichtigen.

Außerdem müssen die Zielvorgaben mit entsprechenden Anreizen verknüpft werden, so daß die Interessen der Mitarbeiter in den unteren Ebenen dahin gelenkt werden, im Sinne des Unternehmens oder besser im Sinne der übergeordneten Planungsebene tätig zu werden, d.h. insbesondere die übergeordneten Ebenen mit unverfälschten Informationen zu versorgen. Um dies erreichen zu können, ist es für die taktische und operative Zielanalyse wichtig, das Verhalten der Unternehmensangehörigen richtig einzuschätzen. Modelle der deskriptiven Entscheidungsforschung, wie sie im Abschnitt 3.4 angesprochen werden, stellen vor diesem Hintergrund ein nützliches Instrument dar.

2.2.2 Taktische und operative Alternativensuche

Nach Festlegung der Zielvorgaben sind Alternativen zu finden, die geeignet erscheinen, die gesetzten Ziele zu erreichen. Im Gegensatz zur strategischen Planungsebene, die alle Unternehmensbereiche simultan umfaßt, sind in der taktischen und operativen Ebene funktionsbezogene Planungen anzustellen, wobei zum Teil sehr spezifische Instrumente zum Einsatz kommen. Man denke z.B. für den Bereich Produktion an die Produktionsprogrammplanung, im logistischen Sektor an eine Lagerhaltungs- oder Standortplanung und im Bereich Marketing an Instrumente zur Übertragung von Kundenwünschen in Produktmerkmale. In diesem Beitrag kann auf diese und weitere spezielle Instrumente nicht eingegangen werden (siehe hierzu Homburg 1997). Einige allgemeiner konzipierte Instrumente zur Alternativensuche, die in nahezu allen Funktionsbereichen zum Einsatz kommen können, sollen jedoch kurz skizziert werden.

Der Mensch neigt im allgemeinen dazu, bei einer Suche nach neuen Lösungen für ein Problem im Rahmen eines „anchoring and adjustment" zunächst bei alten Lösungen anzufangen, um diese dann zu verbessern. Kreative und gänzlich neuartige Lösungen werden durch diese Denkweise jedoch nicht gefördert. Vor diesem Hintergrund sind Kreativitätstechniken (Schlicksupp 1992) für die Phase der Alternativensuche von großer Bedeutung. Zu den Kreativitätstechniken zählt neben dem populären *Brainstorming* das systematischer und schriftlich vorgehende *Brainwriting*. Mit *Bionik* ist eine Technik gemeint, die Lösungen durch Analogiebetrachtungen aus der Natur zu ziehen versucht. Die *Synektik* ist eine sehr aufwendige Vorgehensweise, die den kreativen Problemlösungsprozeß von Individuen durch ein systematisches Wegbewegen vom ursprünglichen Problem – durch mehrere, unterschiedliche Analogiebildungen – forcieren möchte. *Morphologische Verfahren* sind analytische Verfahren, die durch eine geeignete Dekomponierung des Problems mit anschließender Synthese und Kombinationsbildung alle vorstellbaren Lösungen erfassen wollen.

Im Rahmen einer *Wertanalyse* (Hoffmann 1994) wird ebenfalls versucht, den Planer von bisherigen Denkmustern zu befreien, indem in höchster Konsequenz das Denken auf Funktionen gelenkt wird. Als Funktion wurde in der Wertanalyse ursprünglich eine bestimmte Eigenschaft eines Produktes verstanden, die vom Kunden erwünscht ist. Ziel war es, ein neues Produkt herzustellen, das die gleichen Funktionen für den Kunden besitzt wie das alte, jedoch kostengünstiger herzustellen ist. Die Vorgehensweise der Wertanalyse läßt sich unproblematisch auf

die Gestaltung von Dienstleistungen bzw. beliebigen (unternehmensinternen) Prozessen anwenden, mit denen bestimmte Ziele erreicht werden sollen.
Die bisher beschriebenen Instrumente weisen eher einen innovativen Charakter auf und erlauben es, neuartige Alternativen zu generieren. Die beiden nächsten Instrumente lasen sich demgegenüber als Strukturierungsmethoden auffassen, die eine Menge von möglichen Konkretisierungen einer bereits grob vorgegebenen Alternative offenlegen. So wird im Rahmen der *Netzplantechnik* (Altrogge 1996) zunächst das vorgegebene Gesamtprojekt in mehrere kleinere Einzelprojekte zerlegt, die jeweils eine Reihe von Abhängigkeiten aufweisen dürfen. Man denke beispielsweise an das Projekt „Produktentwicklung" oder „Erstellung des Jahresabschlusses". Mit der Aufstellung eines Netzplans, der auch die Interdependenzen zwischen den Einzelprojekten abbildet, können sodann konkrete Abfolgen der Einzelprojekte unter Berücksichtigung beliebiger Kosten-, Zeit- oder Kapazitätsvorgaben ermittelt werden.
Das spezielle Augenmerk des *Entschedungsbaumverfahrens* liegt in der Berücksichtigung mehrwertiger Prognosen in einem gleichfalls mehrstufigen Entscheidungsprozeß. Zur Erläuterung soll ein kleines Beispiel dienen. Ein Unternehmen plant eine Produktneuentwicklung, wobei noch unsicher ist, ob das Produkt zu einem Markterfolg wird oder nicht. Man hält einen Markterfolg für ebenso wahrscheinlich wie einen Mißerfolg, jedoch könnte eine Marktforschung genauere Hinweise auf die zu erwartende Nachfrage geben. Die Unternehmensleitung könnte aus einem positiven Ergebnis der Marktforschung folgern, daß es mit 90 % Wahrscheinlichkeit zu einem Markterfolg kommt, ein ungünstiges Ergebnis würde die Erfolgswahrscheinlichkeit auf 10 % sinken lassen. Wie das Ergebnis der Marktforschung ausgehen wird, ist ungewiß. Man geht daher von einer Wahrscheinlichkeit von 50 % für ein positives und 50 % für ein negatives Ergebnis aus. Die Entwicklungskosten für das Produkt betragen 100.000 Euro, die Marktforschung kostet 10.000 Euro. Im Falle eines Markterfolgs rechnet das Unternehmen mit Einnahmen in Höhe von 400.000 Euro, bei einem Mißerfolg geht das Unternehmen leer aus.
Die Abbildung 12 bildet das Entscheidungsproblem in einem Entscheidungsbaum ab, die wie folgt zu interpretieren ist. Die Linien, die nach rechts aus einem Quadrat (Entscheidungsknoten) entspringen, stellen Entscheidungen dar, und die Linien, die nach rechts aus einem Kreis (Ereignisknoten) entspringen, Ausprägungen eines unsicheren Ereignisses, d.h. Zustände. Bei letzteren werden zugleich die jeweiligen Zustandswahrscheinlichkeiten an den Linien mitangegeben. Hinter den Dreiecken stehen die Ergebnisse in dem betrachteten Ziel, die sich bei der entsprechenden Folge von Entscheidungen und Ereignissen ergeben. In diesem Beispiel wurde der Gewinn als Zielgröße unterstellt.
Ein Entscheidungsbaum nützt insbesondere in Entscheidungssituationen, in denen sich der Planer nicht darauf verlassen möchte, daß sich die Umwelt in einer bestimmten prognostizierten Weise entwickelt. Vielmehr werden bedingte Handlungsalternativen definiert, die die jeweils optimale Reaktion auf mögliche Umweltentwicklungen beschreiben. Diese bedingten Handlungsalternativen werden auch als Strategien bezeichnet, wodurch sich zwar eine terminologische Unsau-

berkeit im Hinblick auf die Differenzierung der Planungsebenen ergibt, durch den entsprechenden Textkontext ergeben sich aber meist keine Mißverständnisse. In der Abbildung ist beispielsweise folgende Strategie markiert: Es wird zunächst eine Marktforschung betrieben und nur bei einem günstigen Ergebnis das Produkt entwickelt.

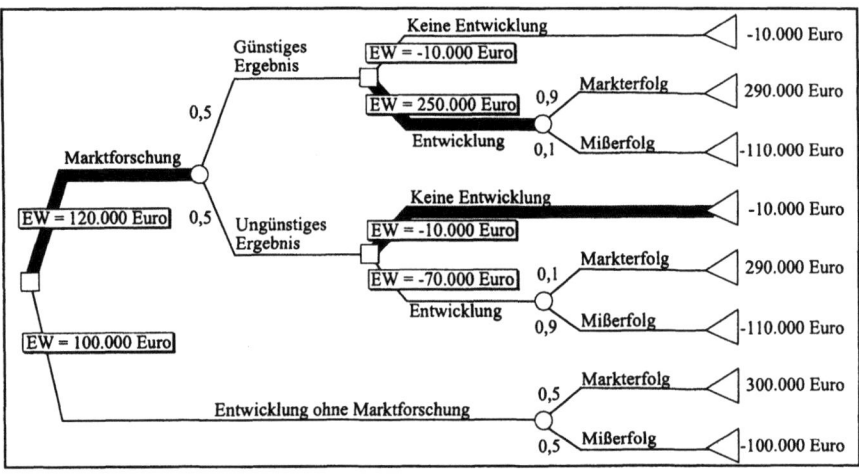

Abb. 12: Beispiel zur Erläuterung des Entscheidungsbaumverfahrens

Mit Hilfe eines Entscheidungsbaums lassen sich nicht nur die möglichen Handlungsalternativen generieren, sondern zugleich bewerten. Auch wenn die Bewertung von Alternativen erst im Abschnitt 3 behandelt wird, sei hier dieser Vorgriff erlaubt. Unterstellt man, daß der Entscheider die Strategie mit dem höchsten Erwartungswert wählt (auf diese Prämisse wird im Abschnitt 3 noch detaillierter eingegangen), läßt sich mit Hilfe des *Roll-back-Verfahrens* diese Strategie wie folgt finden. Ausgehend von den Konsequenzen berechnet man sukzessive von rechts nach links, wie in der Abbildung 12 dargestellt, Erwartungswerte, bis man zu einem Entscheidungsknoten gelangt. Dort wird jeweils die Aktion mit dem höchsten Erwartungswert markiert, und nur mit diesem Erwartungswert wird das weitere „Aufrollen" des Entscheidungsbaums von rechts nach links fortgeführt, bis man am ersten Entscheidungsknoten angelangt ist. In dem Beispiel ergibt sich für die oben genannte Strategie ein Erwartungswert von 120.000 Euro.

2.2.3 Taktische und operative Prognose

Nachdem die taktische und operative Zielanalyse sowie Alternativensuche dargestellt wurde, geht der folgende Abschnitt auf typische Methoden der taktischen und operativen Umwelt- und Wirkungsprognose ein.

Umweltprognosen

Bei taktischen und operativen Umweltprognosen (siehe z.B. Hansmann 1983, 1993 und Hüttner 1986) ist es häufig möglich, mit Hilfe von *Trendextrapolatio-*

nen aus Daten der Vergangenheit auf die Zukunft zu schließen (vgl. hierzu auch Beitrag Nr. 18 in Band 2). Die einfachste Variante ist die *einfache Mittelwertbildung*. Geht man davon aus, daß im Zeitpunkt t = 0 eine Prognose x_1 für den Zeitpunkt t =1 gesucht ist, z.B. für die Zielgröße Absatzmenge eines bestimmten Produkts, und kennt man die aktuelle Absatzzahl b_0 aus t = 0 sowie die Absatzzahlen b_{-n} bis b_{-1} der letzten n Perioden, so gilt für die Prognose

$$x_1 = \sum_{t=-n}^{0} b_t \frac{1}{n+1}.$$

Sinnvoll ist diese Festlegung einer Prognose, wenn davon auszugehen ist, daß alle bisherigen und zukünftigen Schwankungen rein zufällig sind bzw. keine systematisch wirkenden Einflußfaktoren ausmachbar sind. Von einer *gleitenden Mittelwertbildung* spricht man, wenn immer nur auf eine bestimmte Anzahl alter Beobachtungen, z.B. auf die jeweils zehn letzten Beobachtungen, zurückgegriffen wird.

Die Idee, jüngere Beobachtungen stärker in der Ableitung der Prognose zu berücksichtigen als ältere, findet ihren Ausdruck in der Methode des *gewogenen Durchschnitts*. Wie in der Methode der gleitenden Mittelwertbildung wird auf eine bestimmte Menge alter Beobachtungen Bezug genommen. Dann werden Gewichte w_t festgelegt, für die $w_t \leq w_{t+1}$ gilt. Für die Prognose folgt dann

$$x_1 = \sum_{t=-n}^{0} w_t b_t$$

mit $\sum_{t=-n}^{0} w_t = 1$. Ein Spezialfall dieser Vorgehensweise ist die Methode der *exponentiellen Glättung erster Ordnung*. Hier wird der Gedanke des gewogenen Durchschnitts dadurch umgesetzt, daß das Gewicht w_t für die alten Beobachtungen b_t ausgehend von t = 0 für jede Periode mit Hilfe eines konstanten, relativen Faktors $0 < \alpha < 1$ reduziert wird. Bei dieser Methode gilt also $w_t = \alpha w_{t+1}$ bzw.

$$x_1 = \sum_{t=-\infty}^{0} \alpha^{-t} w b_t = w b_0 + \alpha w b_{-1} + \alpha^2 w b_{-2} \ldots$$

mit $w = w_0$ und $\sum_{t=-n}^{0} \alpha^t w = 1$. Der besondere Vorteil dieser Methode liegt in der einfachen Anwendung. Ist nämlich erst einmal eine Prognose für einen Zeitpunkt berechnet worden, so ergibt sich die nächste Prognose durch $x_{t+1} = x_t + w (b_t - x_t)$. Der Nachteil dieser Methode, auf unendlich viele Werte der Vergangenheit zurückgreifen zu müssen, ist somit unerheblich. Es muß lediglich ein geeigneter Startwert ausgewählt werden. Den Parameter $w = 1 - \alpha$ bezeichnet man als *Glättungsfaktor*, er kann als Reaktionsgrad der Prognose auf den Fehler in der letzten Periode aufgefaßt werden. Je größer w ist, desto stärker reagiert die Prognose auf den Fehler der vorhergehenden Prognose.

Eine Erweiterung dieser Methode stellt die *exponentielle Glättung zweiter Ordnung* dar, in der die berechneten Prognosewerte einer erneuten Glättung unterzogen werden (Hüttner 1986, S. 60 ff.). Mit dieser Variante lassen sich insbesondere dann bessere Prognosen liefern, wenn ein linearer Trend vorliegt.

Neben einer Anwendung der vorgestellten Varianten der Trendextrapolation bieten sich alternative Prognosemöglichkeiten, wenn es einen Indikator gibt, der der interessierenden Entwicklung zeitlich vorgelagert ist und eindeutige Rückschlüsse auf diese Entwicklung zuläßt. Beispiele einer solchen *Indikatorprognose* zeigen sich in der Prognose der Nachfrage von Höschenwindeln durch den Indikator „Geburtenzahl" oder in der europäischen Absatzprognose eines Produkts, das aus den USA kopiert wurde, wobei der Absatz in den USA als Indikator dient.

Die abschließende Gruppe von Instrumenten zur Umweltprognose stellen *Prognosen auf der Basis von Befragungen* dar. Zu nennen sind hier *Repräsentativbefragungen*, die beispielsweise für die Vorhersage eines zukünftigen Absatzes herangezogen werden können. Eine andere Variante stellt die *Delphi-Methode* (Wechsler 1978) dar. Hier werden Experten möglichst unterschiedlicher Ausrichtung mittels entsprechender Fragebögen nach ihren individuellen Einschätzungen für eine bestimmte Entwicklung angehört. In weiteren Iterationen erhalten die Experten ein gezieltes und anonymes Feedback über die Meinungen der anderen Experten, wobei sehr stark abweichende Einschätzungen von den jeweiligen Experten begründet werden müssen. Durch diesen Rückkoppelungsprozeß, der theoretisch mehrfach wiederholt werden kann, erhofft man sich eine weitgehende Konvergenz der Einschätzung und somit fundierte Prognosen.

Wenn es auch typisch für die strategische Planung ist, Umweltprognosen mehrwertig zu gestalten, kann es zugleich in der taktischen oder operativen Ebene sinnvoll sein, mehrere mögliche Umweltzustände zu berücksichtigen. Zu den Prognoseinstrumenten gehören dementsprechend auch Techniken zur *Ermittlung von Wahrscheinlichkeiten* (Eisenführ/Weber 1994, S. 149 ff.). Wahrscheinlichkeiten können sich zum einen aus Beobachtungen der Vergangenheit herleiten lassen. Beispielsweise kann die Wahrscheinlichkeit dafür, daß das nächste produzierte Teilprodukt zum Ausschuß gehört, aus bekannten Häufigkeiten der Vergangenheit geschlossen werden. In diesem Fall spricht man von *frequentistischen Wahrscheinlichkeiten*. Meist jedoch hat man es mit Situationen zu tun, in denen dies nicht möglich ist. Dann gibt es keine frequentistischen Wahrscheinlichkeiten mehr, sondern nur noch subjektive. *Subjektive Wahrscheinlichkeiten* lassen sich nicht verifizieren oder falsifizieren. Sie sind ein Ausdruck der persönlichen Meinung, ob ein bestimmter Zustand eintritt oder nicht. Selbstverständlich hängen die subjektiven Wahrscheinlichkeiten von den verfügbaren Informationen ab, zugleich variieren meist die Wahrscheinlichkeiten zwischen Individuen.

Wirkungsprognosen

Schon im Kontext der strategischen Ebene wurde dargestellt, daß im Rahmen der Wirkungsprognose lediglich die Aufstellung eines Wirkungsmodells erfolgt. Instrumente zur Aufstellung eines strategischen Wirkungsmodells wurden weiter oben nicht vorgestellt. Innerhalb der taktischen bzw. operativen Ebene lassen sich jedoch zwei Instrumente nennen, die als spezielle Wirkungsmodelle aufgefaßt werden können, die Regressionsanalyse und das Modell der Erfahrungskurven.

In einer *Regressionsanalyse* wird allgemein auf der Basis eines gegebenen Datensatzes ein funktionaler, meist linearer Zusammenhang zwischen einer zu erklärenden Variable und einer Einflußvariablen (einfache Regression) oder mehreren Einflußvariablen (multiple Regression) gesucht. Die Regressionsanalyse stellt genau dann ein Wirkungsmodell dar, falls das Unternehmen die Einflußvariablen kontrolliert und die zu erklärende Variable im Zusammenhang mit einem Unternehmensziel steht. So ist beispielsweise eine Regressionsanalyse zur Ermittlung einer Preis-Absatz-Funktion aus empirischen Daten ein Wirkungsmodell. Der Preis wird vom Unternehmen gesetzt, die zu erklärende Zielvariable ist der Absatz.

Mit dem Modell der *Erfahrungskurven* wird ein Zusammenhang zwischen der im Zeitablauf kumulierten Produktionsmenge für ein Produkt und den Produktionskosten aufgestellt. Empirische Untersuchungen haben gezeigt, daß mit jeder Verdoppelung der kumulierten Produktionsmenge ein Stückkostensenkungspotential von 20 % bis 30 % bezogen auf die Vollkosten entsteht. Wohlgemerkt handelt es sich nur um ein Potential. Für die Realisierung dieses Potentials müssen die entsprechenden effizienzsteigernden Maßnahmen auch gesucht und umgesetzt werden. Für diesen Fall jedoch bietet das Erfahrungskurvenmodell als Wirkungsmodell vergleichsweise genaue Angaben über zukünftige Produktionskosten in Abhängigkeit von der vom Unternehmen vorzugebenden Produktionsmenge.

3 Entscheidung

Sobald Ziele, Alternativen und Prognosen vorliegen, kann dem Phasenschema folgend im Rahmen der Entscheidungsphase die optimale Alternative ermittelt werden. In diesem Abschnitt wird zum einen unterschieden, ob eine oder mehrere Personen an der Entscheidung mitwirken. Zum anderen interessiert, ob es sich um eine Entscheidung bei sicheren oder unsicheren Erwartungen, d.h. bei ein- oder mehrwertigen Umweltprognosen, handelt.

Grundsätzlich beziehen sich die folgenden Ausführungen auf den Entscheidungsprozeß in der strategischen, taktischen und operativen Ebene. Vor dem Hintergrund des zum Teil hohen Aufwands der darzustellenden Bewertungsverfahren ist jedoch verstärkt an einen Einsatz im strategischen Bereich zu denken, denn hier werden die für das Unternehmen bedeutenden Entscheidungen getroffen.

3.1 Individualentscheidungen bei Sicherheit

Wir beginnen mit dem einfachsten Fall, der Entscheidung einer Person bei sicheren Erwartungen. Verfolgt die Person, im folgenden auch Entscheider genannt, nur ein einziges Ziel, ist die optimale Alternative aus der vorgelagerten Planung direkt abzulesen. Es ist die Alternative mit der besten Zielausprägung. Sind mehrere Ziele zu berücksichtigen, ist dies ebenfalls noch möglich, falls eine Alternative in allen Zielen mindestens so gut ist wie die anderen. In diesem Fall spricht man von einer absoluten Dominanz. Insbesondere bei konfligierenden Zielen ist eine absolute Dominanz jedoch selten, so daß der Entscheider meist abwägen muß, welche Zielerreichung ihm wichtiger und welche ihm weniger wichtig ist. Zu diesem Zweck empfiehlt sich die Aufstellung eines Bewertungsmodells, wie es im folgenden dargestellt wird.

3.1.1 Alternativenbewertung mit dem additiven Modell

Mit einem Bewertungsmodell soll allen potentiellen Alternativen ein Präferenzwert zugewiesen werden, an dem abgelesen werden kann, wie stark der Entscheider die Alternative präferiert. Je höher der Präferenzwert ist, desto besser wird die Alternative vom Entscheider bewertet. Die Alternative mit dem höchsten Wert ist die optimale Alternative.

Da die Alternativenbewertung von den subjektiven Werten und Einstellungen abhängt, muß ein Bewertungsmodell über entsprechende Möglichkeiten verfügen, diese subjektiven Größen abzubilden. Zur Bewertung von Alternativen bei mehreren Zielen wird vor diesem Hintergrund meist auf das additive Modell

$$v(a) = \sum_{r=1}^{m} w_r \, v_r(a_r)$$

zurückgegriffen. In diesem Bewertungsmodell werden die Präferenzwerte durch die Wertfunktion v ermittelt, a kennzeichnet eine zu bewertende Alternative. Die Funktionen v_r heißen zielspezifische Wertfunktionen und spiegeln jeweils die zielspezifischen Präferenzen bezogen auf die Ausprägungen a_r der Alternative im Ziel r ($1 \leq r \leq m$) und $\sum_{r=1}^{m} w_r = 1$. Zur Normierung der Funktion ist in jedem Ziel eine schlechteste Ausprägung x_r^- und eine beste x_r^+ anzugeben, für die $v_r(x_r^-) = 0$ und $v_r(x_r^+) = 1$ definiert wird. Hierdurch wird eine Bandbreite möglicher Zielausprägungen vorgegeben, innerhalb derer alle Ausprägungen der potentiellen Alternativen liegen müssen.

Voraussetzungen zur Anwendung des additiven Modells

Für die Anwendung des additiven Modells muß das in der vorgelagerten Zielanalyse aufgestellte Zielsystem gegebenenfalls noch modifziert werden. So setzt eine valide Wiedergabe der Entscheiderpräferenzen durch das additive Bewertungsmodell nämlich voraus, daß das Zielsystem insbesondere fünf Bedingungen erfüllt (Keeney 1992, S. 82 ff.).

Das Zielsystem muß *vollständig* sein, d.h. alle entscheidungsrelevanten Aspekte beinhalten, und es sollte zugleich nur *Fundamentalziele* enthalten. Innerhalb der strategischen Ebene, auf die wir uns im folgenden zunächst beschränken wollen, wird eine Erfüllung dieser beiden ersten Bedingungen schon durch eine sorgfältig durchgeführte Zielanalyse garantiert.

Eine weitere Bedingung ist die *Redundanzfreiheit*. Eine Redundanz liegt vor, wenn ein inhaltlicher Teilaspekt in zwei Zielen gleichzeitig auftritt. Unerwünscht sind Redundanzen, da hierdurch im additiven Modell eine Übergewichtung eines Teilaspekts impliziert wird.

Mit der Forderung nach *Präferenzunabhängigkeit* soll unter anderem verhindert werden, daß die Bedeutung eines Ziels von einem anderen Ziel abhängt. Man unterscheidet diesbezüglich substitutionale und komplementäre Beziehungen zwischen Zielen (von Nitzsch 1996, S. 51). Für eine substitutionale Beziehung ist charakterisierend, daß ein Ziel wichtiger wird, je schlechter die Zielausprägung in dem anderen Ziel ist. Umgekehrt wächst bei einer komplementären Beziehung die Bedeutung eines Ziels mit der Zielerfüllung in einem anderen Ziel. Präferenzabhängigkeiten lassen sich nur in aufwendigeren Modellen, wie z.b. dem multiplikativen Modell (von Nitzsch 1996, S. 50 ff.), abbilden. Ihr Vorliegen hat zur Folge, daß Zielgewichte nicht mehr unabhängig von den anderen Zielen angegeben werden können. Im additiven Modell müssen die Zielgewichte dahingegen unabhängig von den anderen Zielen sein.

Liegen Redundanzen oder Präferenzabhängigkeiten vor, müssen geeignetere Zielformulierungen gefunden werden, wenn nicht eine verzerrte Präferenzwiedergabe in Kauf genommen werden soll. Es läßt sich jedoch beobachten, daß mit zunehmender Fundamentalität sowohl Redundanzen als auch Präferenzabhängigkeiten seltener auftreten. Falls demnach in der vorgelagerten Zielanalyse ein besonderes Augenmerk auf die Fundamentalität gerichtet wurde, sind diese beiden Bedingungen möglicherweise schon erfüllt.

Die letzte Voraussetzung zur Anwendung des additiven Modells ist die *Meßbarkeit* der Ziele. Bei einigen Zielen ist die Meßbarkeit durch eine naheliegende Meßskala, wie beispielsweise für den Shareholder Value durch eine Euro- oder Dollar-Skala, in natürlicher Weise gegeben. Andere Ziele, wie Mitarbeiterzufriedenheit o.ä., lassen sich wesentlich schwieriger messen. Hier könnte auf sogenannte „Proxyziele" ausgewichen werden, die leichter meßbar sind und in einem engen Zusammenhang zum eigentlichen Ziel stehen. Ein Beispiel wäre der durchschnittliche Krankenstand für das Ziel der Mitarbeiterzufriedenheit. Dieses Vorgehen führt jedoch zu dem unerwünschten Effekt, daß die Ziele an Fundamentalität verlieren. Besser ist es, eine künstliche Punkteskala von 0 bis 100 Punkten aufzustellen, in der einige Punktbewertungen (z.B. 0, 25, 50, 75 und 100) möglichst detailliert beschrieben werden, so daß eine Zuordnung der Alternativen zu Punktbewertungen möglich wird.

Die fünf genannten Bedingungen beziehen sich – wie oben erwähnt – auf die Ziele der strategischen Ebene. Auf der taktischen und operativen Ebene ergibt sich die Besonderheit, daß die Zielvorgaben der jeweils höheren Ebene die eigentliche Zielanalyse ersetzen. Fundamental sind diese Ziele nur dann, wenn es die Entscheider in der untergeordneten Ebene als eigenständigen Wert empfinden, die an sie gestellten Anforderungen innerhalb des Unternehmens zu erfüllen. In allen anderen Fällen liegt keine Fundamentalität vor, diese Eigenschaft kann auch nicht durch eine andere Formulierung der Ziele herbeigeführt werden. In dieser Situation gilt es, ein an der Zielvorgabe ausgerichtetes Handeln der Unternehmensangehörigen dadurch zu erreichen, daß geeignete Belohnungen bei Erfüllung der Zielvorgaben bzw. Strafen bei Nichterfüllung implementiert werden. Aus dem Blickwinkel der Entscheider in den unteren Ebenen werden aus den Zielvorgaben somit Instrumentalziele zur Erreichung ihrer persönlichen Ziele. In das Zielsystem dieser Entscheider dürfen diese persönlichen Ziele nicht aufgenommen werden.

Eine Lösung dieser aus entscheidungstheoretischer Perspektive nicht zufriedenstellenden Situation ergibt sich durch einen Wechsel der Sichtweise, wenn die Ziele nicht aus dem Blickwinkel der Entscheider aus der höheren Ebene bzw. der Unternehmensleitung untersucht werden. In diesem Fall bleibt nämlich die Fundamentalität der Ziele unverändert bestehen, da es sich bei den Zielvorgaben lediglich um inhaltliche Konkretisierungen des besten Wegs zur Erreichung der Fundamentalziele handelt. Für den eingegrenzten Entscheidungskontext der untergeordneten Ebene besitzen die Zielvorgaben hierbei immer noch die Fundamentaleigenschaft.

Damit jedoch dieser Wechsel der Sichtweise nicht nur in der Theorie, sondern auch in der Praxis möglich ist, muß die Unternehmensleitung über die Zielvorgaben hinaus die Präferenzen, d.h. die Zielgewichte und die zielspezifischen Bewertungen, vorgeben. Hierdurch kann sie insbesondere deutlich machen, in welchen Zielen Abweichungen von den Zielvorgaben schwerer wiegen und in welchen weniger. Mit dieser Vorgehensweise können sich die Planer und Entscheider der unteren Ebene darauf konzentrieren, bei gegebenen Zielvorgaben und gegebenem Bewertungsmodell, jedoch mit eigenen Prognosen und Alternativen, optimale Lösungen zu generieren.

Ermittlung der zielspezifischen Wertfunktionen und Zielgewichte im additiven Modell

Die Ermittlung der Parameter des additiven Bewertungsmodells umfaßt die Bestimmung der zielspezifischen Wertfunktionen und der Zielgewichte. Zur *Ermittlung der zielspezifischen Wertfunktionen* stehen eine Reihe von Verfahren zur Verfügung, wie z.B. die *Halbierungsmethode* oder *die Methode gleicher Wertdifferenzen* (Eisenführ/Weber 1994, S. 99 ff.), mit denen jeweils Stützstellen der Funktion innerhalb der Bandbreiten erfragt werden können. Zur Vervollständigung der Funktion kann entweder eine lineare Interpolation zwischen den Stützstellen erfolgen oder – falls es geeignet erscheint – eine gleichförmig verlaufende Funktion so plaziert werden, daß die Stützstellen möglichst gut angenähert werden. In der Abbildung 13 wird dies beispielhaft skizziert.

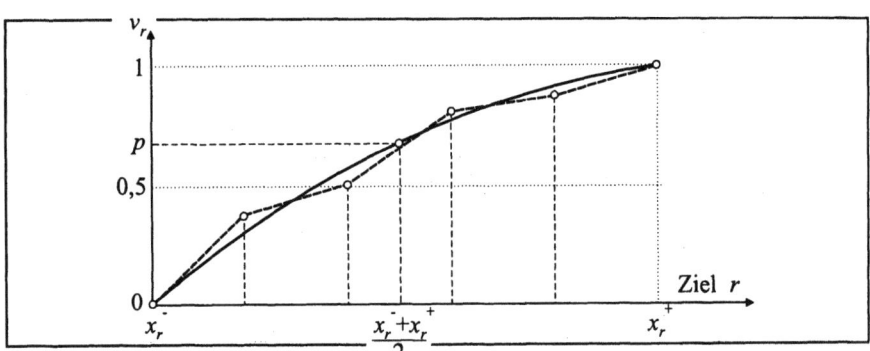

Abb. 13: Ermittlung einer Wertfunktion über das Erfragen von Stützstellen

Von einem gleichförmigen Verlauf ist insbesondere in der strategischen Ebene auszugehen, wenn es gilt, fundamental formulierte Ziele entweder zu maximieren oder zu minimieren. So läßt sich beobachten, daß unregelmäßige Verläufe von Wertfunktionen kaum bei Fundamentalzielen, jedoch häufig bei Instrumentalzielen oder Proxyzielen auftreten. Eine andere Ursache für unregelmäßige Verläufe zeigt sich für Wertfunktionen der taktischen und operativen Ebene, die auf die Erfüllung von bestimmten Zielvorgaben ausgerichtet sind. Diese Zielvorgaben ergeben sich aus der Konkretisierung der in der übergeordneten Ebene präferierten Alternative und stellen meist Punktziele dar, wie z.B. die Einhaltung eines Budgets für Telefonkosten in Höhe von 1.000 Euro für eine operative Organisationseinheit oder eine Herstellung von 100 Halbfertigfabrikaten etc. Mögliche Wertfunktion für die beiden genannten Beispiele zeigt Abbildung 14.

Die Wertfunktion für das Ziel Telefonkosten spiegelt die von der Unternehmensleitung geäußerte Präferenz wider, daß zunächst das Erreichen des Budgets positiv bewertet, zugleich jedoch auch eine weitere Unterschreitung positiv angesehen wird. Hingegen zeigt die Wertfunktion für das Ziel Herstellung von 100 Halbfertigfabrikaten, daß die Unternehmensleitung sowohl Abweichungen nach oben wie nach unten negativ bewertet. Für ein Verständnis dafür, daß diese Abweichungen unterschiedlich bewertet werden, stelle man sich beispielsweise folgendes vor: Eine Unterschreitung der Herstellungsmenge fällt aufgrund der hierdurch bedingten Engpässe in anderen Abteilungen stark ins Gewicht, eine Überschreitung wegen der mit der erhöhten Menge verbundenen Kapitalbindung bzw. der Lagerkosten nur gering. Eine Begründung für die unterschiedlichen Verläufe der beiden Funktionen läßt sich somit dadurch geben, daß im ersten Fall die Zielvorgabe vornehmlich Motivationscharakter besitzt, im zweiten Fall jedoch zur Koordination von Aktivitäten im Unternehmen gewählt wurde.

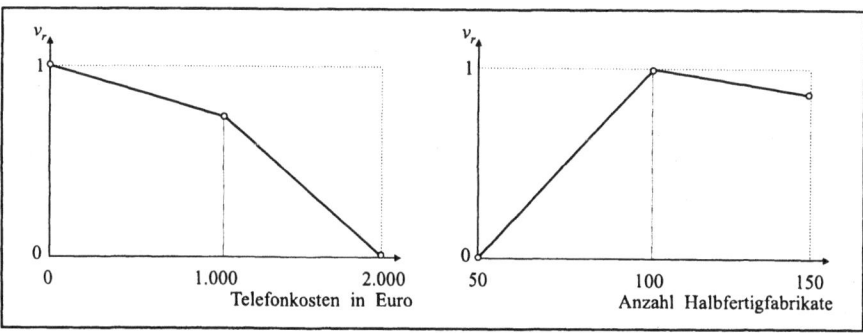

Abb. 14: Beispiel zweier ungleichförmig verlaufender Wertfunktionen der taktischen bzw. operativen Ebene

Während bei unregelmäßigen Verläufen eine Bestimmung der Wertfunktion über eine Mehrzahl geeigneter Stützstellen – insbesondere in der Umgebung der Zielvorgabe – zu erfolgen hat, bietet sich für einen gleichmäßigen Verlauf ein Rückgriff auf die Exponentialfunktion an. Mit einer Normierung der Exponentialfunktion in der Brandbreite von x_r^- bis x_r^+ auf das Intervall [0,1] ergibt sich die exponentielle Wertfunktion allgemein als

$$v_r(a_r) = \frac{1 - e^{c \frac{a_r - x_r^-}{x_r^+ - x_r^-}}}{1 - e^c}.$$

Diese Funktion hat genau einen freien Parameter c, mit dem der genaue Verlauf vorgegeben werden kann. Somit ist mit nur einer Stützstelleninformation, und zwar am günstigsten für die Stelle $(x_r^- + x_r^+)/2$, die gesamte Funktion determiniert. Gilt nämlich $v_r[(x_r^- + x_r^+)/2] = p$, so ist der Parameter c gemäß

$$c = 2\ln\left(\frac{1}{p} - 1\right)$$

bestimmt (von Nitzsch 1996, S. 117 f.).

Zur *Ermittlung der Zielgewichte* w_r empfiehlt sich die Anwendung des *Tradeoff-Verfahrens*. Idee dieses Verfahrens ist es, zwischen jeweils zwei Zielen Austauschraten (Tradeoffs) zu erfragen, aus denen auf ein Gewichtsverhältnis zwischen den Zielen geschlossen werden kann. Ein Tradeoff im Vergleich der Ziele Kosten und Ausschußquote ist beispielsweise die Aussage, daß für eine Verringerung der Ausschußquote von 5 % auf 4 % nun 200.000 Euro Kosten anstelle von 150.000 Euro in Kauf genommen werden. Aus diesem Tradeoff läßt sich unter Bezug auf die jeweiligen Bandbreiten auf das Verhältnis der Zielgewichte schließen. Bei einer Bandbreite im Ziel Ausschußquote von 0 % bis 5 % und einer linearen Wertfunktion würde die Differenz zwischen 4 % und 5 % Ausschußquote mit 0,2 auf der Wertskala in die Bewertung einfließen. Bei einer Bandbreite im Ziel Kosten von 0 bis 1 Mio. Euro und ebenfalls linearer Bewertung würden 50.000 Euro nur 0,05 auf der Wertskala entsprechen. Dementsprechend muß das Zielgewicht für Kosten genau viermal so hoch liegen (0,2/0,05 = 4) wie das Gewicht für das Ziel Ausschußquote. Man beachte hierbei, daß sich bei nichtlinearen Wertfunktionen aufgrund der abweichenden zielspezifischen Bewertungen ein anderes Ergebnis für das Verhältnis der Zielgewichte ergeben würde. Sind bei m Zielen m-1 derartige Tradeoffs ermittelt, so lassen sich unter Einbindung der Normierungsvorschrift $\sum_{r=1}^{m} w_r = 1$ alle Zielgewichte berechnen.

Der wesentliche Vorteil des Tradeoff-Verfahrens liegt in der Validität. Andere Zielgewichtungsverfahren (zu einer Übersicht siehe von Nitzsch 1992), wie sie z.B. im Analytical Hierarchy Process (Saaty 1980, von Nitzsch 1993) oder in den einfachen Verfahren der *Nutzwertanalyse* (Zangemeister 1976) angewendet werden, weisen den Mangel auf, daß sie die Bandbreitenabhängigkeit der Zielgewichte vernachlässigen. Sie erfragen von den Entscheidern pauschale Wichtigkeiten von Zielen, ohne zu berücksichtigen, daß sich mit einer größeren (kleineren) Bandbreite auch ein größeres (kleineres) Zielgewicht ergibt. So hätte in obigem Beispiel eine Bandbreite im Ziel Kosten von 0 bis 2 Mio. Euro zur Folge, daß bei weiterhin angenommener linearer Bewertung das Zielgewicht von Kosten genau acht mal so groß wäre wie das Gewicht des Ziels Ausschußquote, da die Kostendifferenz von 50.000 Euro nur noch einer Wertdifferenz von 0,025 entspricht. Empirische Untersuchungen (von Nitzsch/Weber 1991) belegen, daß Entscheider nicht in der Lage sind, diese Bandbreitenabhängigkeit der Ziele in ihren Wichtigkeitsaussagen eigenständig zu berücksichtigen, so daß solche Zielgewichtungsverfahren als nicht valide einzustufen sind.

3.1.2 Entscheidung über die optimale Alternative

Nach der Aufstellung des additiven Bewertungsmodells steht die optimale Alternative fest. Es ist die Alternative mit dem höchsten Wert der additiven Wertfunktion. Problematisch wird die Entscheidung über die auszuwählende Alternative höchstens dann, wenn im additiven Bewertungsmodell die Zielgewichte oder die Wertfunktionen nicht exakt spezifiziert wurden bzw. werden konnten. So ist es beispielsweise vorstellbar, daß sich Entscheider nicht gerne auf exakte Austauschraten festlegen wollen, sondern allenfalls bereit sind, Eingrenzungen vorzunehmen.

In diesen Fällen sogenannter *unvollständiger Information* können zum einen Sensitivitätsanalysen durchgeführt werden, um die Auswirkungen von Schwankungen der nicht exakt bekannten Größen auf den Wert der Alternativen zu untersuchen. Hieran anschließen könnte sich der Versuch einer gezielten Informationsverbesserung bezüglich der besonders sensitiven Größen. Zum anderen bietet sich das Instrument der *Dominanzüberprüfung* bei unvollständiger Information an (Weber 1987). Idee hierbei ist es, für alle im Rahmen der gegebenen unvollständigen Information möglichen Konstellationen zu überprüfen, ob eine Alternative besser oder zumindest gleich gut ist wie eine andere. Besteht beispielsweise die unvollständige Information darin, daß ein bestimmtes Zielgewicht zwischen 0,3 und 0,4 liegen muß, und führt eine Alternative a für alle Zielgewichte in diesem Intervall zu einem höheren Wert in der Wertfunktion als eine andere Alternative b, so liegt Dominanz vor. Dominiert eine Alternative alle anderen, so ist die Optimalität dieser Alternative gezeigt, ohne daß die Wertfunktion eindeutig ermittelt werden kann.

3.2 Individualentscheidungen bei Unsicherheit

In diesem Abschnitt werden Entscheidungen einer Person behandelt, bei denen die Ausprägungen der Alternativen nicht mehr mit Sicherheit bekannt sind, sondern statt dessen mehrwertige Umweltprognosen vorliegen.

3.2.1 Besonderheiten einer Bewertung bei unsicheren Erwartungen

Die grundsätzliche Vorgehensweise der Bewertung von unsicheren Alternativen ähnelt stark dem eben skizzierten Vorgehen bei sicheren Erwartungen. Der wesentliche Unterschied ergibt sich aus der Notwendigkeit, in das Bewertungsmodell die Risikopräferenzen des Entscheiders einfließen zu lassen.

Risikoeinstellung und deren Abbildung durch Nutzenfunktionen

Zur Abbildung von Risikopräferenzen können Wertfunktionen nicht herangezogen werden, sie spiegeln lediglich die Präferenzstärken bei sicheren Erwartungen wider. Deshalb muß in der Bewertung bei unsicheren Erwartungen auf ein anderes Funktionskonzept zurückgegriffen werden. Ein hierfür geeignetes Konzept stellen *Nutzenfunktionen* dar, wie sie von *Bernoulli* (1738) motiviert und von *von Neumann* und *Morgenstern* (1947) axiomatisiert wurden. Nutzenfunktionen werden im folgenden mit u bezeichnet.

Um den Unterschied zwischen Wert- und Nutzenfunktionen zu verdeutlichen, ist es sinnvoll, zunächst an einem Beispiel darzustellen, wie Nutzenfunktionen ermittelt werden. Betrachtet wird hierzu das Ziel Gewinn in der Bandbreite zwischen 0 und 100.000 Euro. Wie auch bei den Wertfunktionen wird die Nutzenfunktion auf das Intervall [0,1] normiert, d.h. es gilt u(0 Euro) = 0 und u(100.000 Euro) = 1. Es werden einige Methoden zur Ermittlung der Nutzenfunktionen vorgeschlagen (Eisenführ/Weber 1994, S. 220 ff.), von denen hier lediglich eine herausgegriffen werden soll. In der *Halbierungsmethode* erfragt man einen sicheren Euro-Betrag (Sicherheitsäquivalent), der vom Entscheider als gleichwertig zu einer Lotterie gesehen wird, bei der er mit einer Wahrscheinlichkeit von jeweils 50 % entweder ein Gewinn von 100.000 Euro oder 0 Euro erhält. Diese Lotterie hat einen Nutzenerwartungswert von 0,5 u(0 Euro) + 0,5 u(100.000 Euro) = 0,5. Dieser Wert wird der Nutzenfunktion an der Stelle des soeben erfragten Sicherheitsäquivalents der Lotterie zugewiesen. Falls der Entscheider beispielsweise als Sicherheitsäquivalent 40.000 Euro angibt, gilt u(40.000 Euro) = 0,5. Entsprechend lassen sich jeweils mit einer weiteren Halbierung der Intervalle [0 Euro, 40.000 Euro] und [40.000 Euro, 100.000 Euro] zwei zusätzliche Stützstellen für die Funktionswerte 0,25 und 0,75 erfragen, etc.

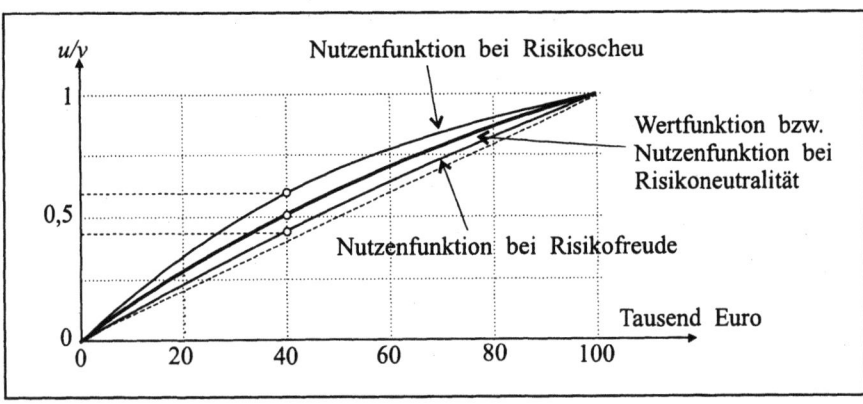

Abb. 15: Risikoeinstellung und das Verhältnis von Wert- und Nutzenfunktionen

Ein Entscheider gilt als risikoneutral, wenn er das Risiko weder negativ noch positiv in die Bewertung einfließen läßt, d.h. wenn die Nutzenfunktion mit der Wertfunktion übereinstimmt. Für das obige Beispiel bedeutet dies, daß der Entscheider einem Betrag von 40.000 Euro eine Präferenzstärke von 0,5 zuweist bzw. eine Verbesserung von 0 Euro auf 40.000 Euro genauso stark bewertet wie eine Verbesserung von 40.000 Euro auf 100.000 Euro.

Risikoscheu liegt vor, wenn das Risiko negativ bewertet wird. Im Beispiel müßte der Entscheider dementsprechend – wiederum bei einer Präferenzstärke von 0,5 für 40.000 Euro – als Sicherheitsäquivalent der Lotterie einen niedrigeren Betrag als 40.000 Euro angeben. In diesem Fall zieht er sozusagen eine Risikoprämie in der Bewertung der Lotterie ab, der sichere Betrag von 40.000 Euro ist in seinen Augen mehr wert als die Lotterie. Risikoscheu impliziert demnach, daß die Nutzenfunktion oberhalb der Wertfunktion liegt. Entsprechend folgt für einen risikofreudigen Entscheider, daß seine Nutzenfunktion unterhalb der Wertfunktion liegt. Die Abbildung 15 stellt diesen Zusammenhang noch einmal beispielhaft dar.

Die hier dargestellte Definition der Risikoeinstellung geht im deutschsprachigen Raum auf Arbeiten von Krelle (1968) zurück und bietet sich in einem Umfeld an, in dem es gilt, das Konzept der Risikopräferenzen zu erklären und deren Abbildung in Nutzenfunktionen verständlich zu machen. In der Literatur überwiegt jedoch eine alternative Definition der Risikoeinstellung, die sich anbietet, wenn lediglich Aussagen über die Gestalt der Nutzenfunktion getroffen werden sollen. Hiernach gelten Entscheider als risikoneutral, wenn die Nutzenfunktion linear ist, als risikoscheu, wenn die Nutzenfunktion konkav verläuft und als risikofreudig, wenn die Nutzenfunktion konvex ist (Bamberg/Coenenberg 1996, Bitz 1981, Laux 1998). Nicht zuletzt aus dieser Begriffsinterpretation heraus resultieren in der deutschen Literatur Mißverständnisse in der Modellierungskraft der Nutzenfunktion, die zu einer langen Diskussion um das Bernoulli-Prinzip führten. Die Diskussion wurde inzwischen mit Arbeiten von Kürsten (1992a und 1992b) und Dyckhoff (1993) abgeschlossen.

Das additive Bewertungsmodell bei unsicheren Erwartungen

Im Abschnitt 3.1.1 wurden die an das Zielsystem zu stellenden Voraussetzungen dargestellt, die zur Anwendung des additiven Modells bei sicheren Erwartungen erfüllt sein müssen. Eine Verschärfung dieser Voraussetzungen zur Anwendung des additiven Modells bei unsicheren Erwartungen ergibt sich im Zusammenhang der Forderung nach Präferenzunabhängigkeit. So impliziert Präferenzunabhängigkeit bei unsicheren Erwartungen, daß auch die Risikopräferenzen in einem Ziel jeweils unabhängig von den anderen Zielen sind. Das additive Modell ist beispielsweise nicht anwendbar, wenn der Entscheider bei einer schlechten Ausprägung im Ziel 1 bezüglich des Ziels 2 risikoscheu bewertet, bei einer guten Ausprägung in Ziel 2 risikofreudig.

Im Hinblick auf die Ermittlung des additiven Bewertungsmodells besteht lediglich der Unterschied, daß an die Stelle der zielspezifischen Wertfunktionen nun zielspezifische Nutzenfunktionen treten. Das additive Bewertungsmodell bei unsicheren Erwartungen ergibt sich demnach als

$$u(a) = \sum_{r=1}^{m} w_r \, u_r(a_r).$$

Für die Ermittlung der Zielgewichte ist wie auch bei sicheren Erwartungen das Tradeoff-Verfahren zu empfehlen.

3.2.2 Entscheidung über die optimale Alternative

Für den Fall, daß nur ein Ziel verfolgt wird, kann eine Alternative a durch ihre Ausprägungen a_i ($1 \leq i \leq n$) in den n möglichen Zuständen der mehrwertigen Umweltprognose charakterisiert werden. Die Wahrscheinlichkeit für einen Zustand wird mit p_i angegeben, es gilt $\Sigma_{i=1}^{n} p_i = 1$. Die beste Alternative ist diejenige, die den höchsten Nutzenerwartungswert (EU = expected utility) gemäß

$$EU(a) = \sum_{i=1}^{n} p_i \, u(a_i)$$

besitzt.

Sind mehrere Ziele zu berücksichtigen, ist a_i als Vektor ($a_{i1}, a_{i2}, ..., a_{im}$) zu verstehen, der für den Zustand i die Zielausprägungen für die m Ziele beschreibt. Dieser Vektor beinhaltet somit genau die Zielausprägungen, die in der Ergebnismatrix der Abbildung 2 in einem Matrixfeld aufgeführt sind. Wendet man auf diesen Vektor das additive Modell an, so ergibt sich gemäß

$$EU(a) = \sum_{i=1}^{n} p_i \sum_{r=1}^{m} \left(w_r u_r(a_{ir}) \right)$$

der Nutzenerwartungswert einer unsicheren Alternative mit mehreren Zielen.

Wie auch bei sicheren Erwartungen ist die optimale Alternative noch nicht aus dem Bewertungsmodell ablesbar, wenn unvollständige Information vorliegt. Bei unsicheren Erwartungen kann die Unvollständigkeit sogar sehr vielfältig gestaltet sein, sie kann sich nicht nur auf Zielgewichte oder die zielspezifischen Bewertungen beziehen, sondern auch auf Wahrscheinlichkeiten. Dennoch ist es auch hier gegebenenfalls möglich, über eine Dominanzüberprüfung eine optimale Alternative zu finden.

Ein besonderer Fall unvollständiger Information ergibt sich in der Konstellation, daß zwar die Wahrscheinlichkeiten für alle Zustände angegeben wurden, bezüglich der Nutzenfunktion jedoch nur bekannt ist, daß sie monoton steigt bzw. zusätzlich noch konkav ist. Dominanz läßt sich in diesem Fall über einen Vergleich von *Risikoprofilen* prüfen.

Risikoprofile zeigen an, mit welcher Wahrscheinlichkeit jeweils Ausprägungen erreicht oder überschritten werden. Liegt das Risikoprofil einer Alternative a nie unterhalb des Risikoprofils einer anderen Alternative b, wie es die Abbildung 16 links zeigt, so spricht man von einer *stochastischen Dominanz ersten Grades*. Ist bekannt, daß die Nutzenfunktion monoton steigt, kann man für diesen Fall zeigen, daß Alternative a die Alternative b dominiert.

Wenn man weiß, daß die Nutzenfunktion zugleich konkav ist, genügt *stochastische Dominanz zweiten Grades*. Eine Alternative a dominiert eine andere b stochastisch zweiten Grades, wenn für jede Ausprägung die Fläche unterhalb des Risikoprofils der Alternative a gemessen bis zu dieser Ausprägung nie geringer ist als die entsprechende Fläche für b. Wie es die Abbildung 16 rechts veranschaulicht, dürfen sich in diesem Fall die Risikoprofile sogar schneiden. Man mache sich klar, daß in dem Beispiel die stochastische Dominanz genau deshalb gegeben ist, da die eingeschlossene Fläche I größer ist als II.

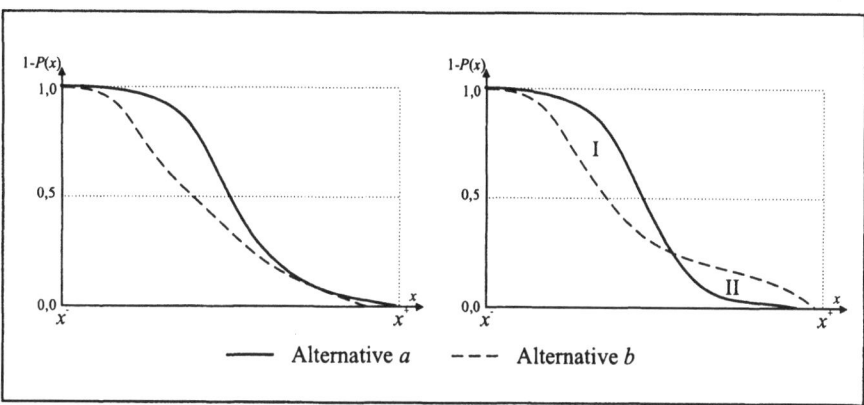

Abb. 16: Stochastische Dominanz ersten Grades (links) und zweiten Grades (rechts)

3.3 Gruppenentscheidungen

Im folgenden lösen wir uns von der Annahme, daß nur eine Person entscheidet. Insbesondere wenn es sich um wichtige, strategische Fragestellungen handelt, werden die Entscheidungen im Unternehmen häufig in Gruppen, wie z.B. im Vorstand, in der Gesellschafterversammlung oder auch in Projektgruppen getroffen. Grundsätzlich gibt es zwei Wege, das oben dargestellte Vorgehen der Alternativenbewertung in den Gruppenentscheidungsprozeß zu integrieren.

Die erste Möglichkeit besteht darin, daß zunächst jedes Gruppenmitglied selbständig gemäß seiner individuellen Präferenzen eine Bewertung der Alternativen vornimmt. In einem anschließenden Abstimmungsprozeß müßte sich die Gruppe dann auf eine Alternative einigen. Die zweite Möglichkeit sieht eine gemeinsame Bewertung in dem Sinne vor, daß die Gruppenmitglieder eine Einigung über die Präferenzen, d.h. Zielgewichte und zielspezifische Bewertungen, anstreben und erst nach dieser Abstimmung eine optimale Alternative bestimmen.

Gegen das erste Vorgehen spricht zum einen, daß zwar eine Vielzahl formaler Abstimmungsregeln (zu einer Übersicht siehe Schauenberg 1992) existieren, es aber keine gibt, die bestimmte grundlegende Rationalitätsanforderungen erfüllt, was von Arrow (1963) in seinem Unmöglichkeitstheorem nachgewiesen wurde. Zum anderen ist es im Hinblick auf den notwendigen Einigungsprozeß sicherlich sinnvoller, sich unmittelbar über die Gründe zu unterhalten, die zu einer unterschiedlichen Bewertung der Alternativen führen. Setzt man voraus, daß alle Gruppenmitglieder auf Basis derselben Planungsdaten (Ziele, Alternativen und

Prognosen) bewerten, kommen als Gründe, wie oben schon angesprochen, lediglich Unterschiede bei den Zielgewichten oder den zielspezifischen Bewertungen in Frage. Für den Fall, daß die Personen zugleich an der vorgelagerten Planung beteiligt sind, können Unterschiede auch in abweichenden Prognosen oder gänzlich vernachlässigten Zielen begründet sein. Um so eher ist es in dieser Situation sinnvoll, über diese Planungsprämissen und Präferenzen zu diskutieren. Nicht selten werden sich hierbei offensichtliche Fehleinschätzungen einzelner Personen frühzeitig korrigieren lassen.

Ein möglicher Einwand gegen eine frühzeitige Auseinandersetzung mit Präferenzen und Prognosen ist, daß sich entsprechende Einigungen regelmäßig nicht erzwingen lassen. In erster Linie ist hierbei an eine Einigung hinsichtlich der Zielgewichte zu denken, die bei konfligierenden Interessen sehr gut die Machtpositionen der Beteiligten widerspiegeln können. So wird jedes Gruppenmitglied versuchen, nur für seine Ziele möglichst hohe Gewichte zu erstreiten. Diesem kann jedoch entgegengehalten werden, daß schon eine Einigung auf Unter- und Obergrenzen bezogen beispielsweise auf Zielgewichte oder Prognosen möglicherweise ausreichend ist, um anschließend mit Dominanzüberprüfungen auf der Basis unvollständiger Information zu einer eindeutig optimalen Alternative zu gelangen.

Besonders erschwert wird jedoch eine frühzeitige Auseinandersetzung mit Präferenzen, wenn Gruppenmitglieder ihre eigentlichen Präferenzen nicht in der Gruppe preisgeben wollen. Dies ist insbesondere dann der Fall, wenn die Interessen zu eigennützig ausgerichtet sind oder den Rollenerwartungen nicht entsprechen. Diese Gruppenmitglieder werden wesentlich lieber über Alternativen diskutieren wollen, da sie hier andere Vorteile ihrer präferierten Alternative als Argumente vorschieben können. Cyert und March (1995) sowie Simon (1981) stellen es vor diesem Hintergrund als typisch für organisationales Entscheidungsverhalten dar, daß Kompromißlösungen in einer Diskussion über Alternativen gesucht werden und erst anschließend – bezogen auf diese Kompromißalternative – Ziele hergeleitet werden. Daß die Definition der Ziele in diesem Vorgehen nicht einen rationalen Gruppenentscheidungsprozeß unterstützt, ist offensichtlich.

3.4 Ein deskriptives Entscheidungsmodell

Mit den bisherigen präskriptiv orientierten Ausführungen zur Entscheidungsphase wurden Modelle und darauf aufbauende Instrumente vorgestellt, die einer Person oder Gruppe helfen, sich rational zu verhalten. Der Einsatz dieser Instrumente ist sinnvoll, da aus der Entscheidungsforschung bekannt ist, daß sich Individuen häufig nicht so verhalten, wie es die Modelle fordern. Um zu erkennen, in welchen Situationen Individuen regelmäßig unvernünftig entscheiden und um das Entscheidungsverhalten Dritter besser vorhersagen zu können, interessieren im folgenden Entscheidungsmodelle, die in einer deskriptiven Ausrichtung tatsächliches (unvernünftiges) Verhalten beschreiben und erklären.

Aus der Vielzahl der entwickelten Modelle (zu einer Übersicht siehe Weber/Camerer 1987) kristallisiert sich in jüngerer Zeit die Prospect Theory (Kahneman/Tversky 1979, Tversky/Kahneman 1991,1992) als dominierendes Modell heraus. Die Prospect Theory enthält eine Vielzahl von Aussagen über das menschliche Entscheidungsverhalten, u.a. wie Individuen Entscheidungssituationen strukturieren oder wie sie Wahrscheinlichkeiten wahrnehmen und in die Bewertung einfließen lassen. So neigen Individuen dazu, niedrige Wahrscheinlichkeiten zu überschätzen und hohe zu unterschätzen. Die drei wichtigsten Kerngedanken der Prospect Theory lassen sich wie folgt zusammenfassen.

Abnehmende Sensitivität. Mit zunehmender Entfernung vom Bezugspunkt nimmt die Wertschätzung einer bestimmten Ausprägungsdifferenz ab. An der Wertfunktion aus Abbildung 17 läßt sich diese Eigenschaft in der konkaven Gestalt rechts vom Bezugspunkt und der konvexen links vom Bezugspunkt erkennen. Diese Gestalt der Wertfunktion impliziert die Tendenz, daß im Gewinnbereich risikoscheu und im Verlustbereich risikofreudig entschieden wird.

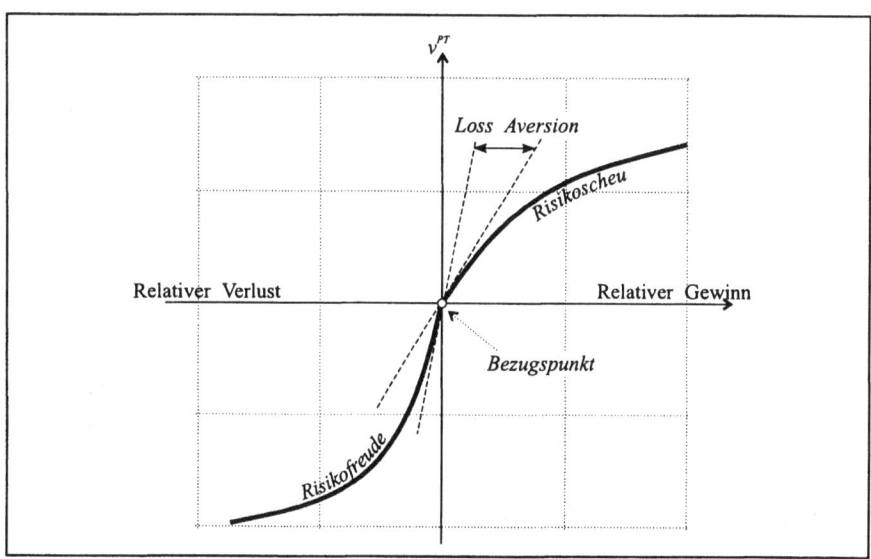

Abb. 17: Charakteristische Wertfunktion der Prospect Theory

Verlustaversion. Verluste werden stärker bewertet als gleich hohe Gewinne. Dies bedeutet, daß man sich z.B. über einen Verlust von 100 Euro mehr ärgert, als man sich über einen Gewinn von 100 Euro freut. An der Wertfunktion erkennt man die Verlustaversion (loss aversion) daran, daß die Wertfunktion im Verlustbereich steiler verläuft als im Gewinnbereich, was sich an der Knickstelle im Bezugspunkt zeigt.

Durch das Zusammenwirken dieser drei Aspekte offenbart sich die Lage des Bezugspunkts als bestimmende Größe im Entscheidungsverhalten von Individuen. Hieraus ergeben sich genau dann Konsequenzen für die Unternehmensplanung, wenn es gilt, Entscheidungsverhalten Dritter in die Planung zu berücksichtigen. Beispielsweise ist es zur Prognose des Kaufverhaltens von Kunden förderlich, deren Bezugspunkte im Prognosemodell mit zu berücksichtigen (Herrmann/von Nitzsch/ Huber 1998). Im Hinblick auf eine Verhaltenssteuerung innerhalb des Unternehmens macht es Sinn, bei der Gestaltung von Anreizsystemen Überlegungen anzustellen, wie entsprechende Bezugspunkte bei den Unternehmensangehörigen beeinflußt werden können. Auch läßt sich das Verhalten von Personen außerhalb des Unternehmens beeinflussen, wenn beispielsweise durch Marketing-Maßnahmen eine für das Unternehmen günstige Manipulation des Bezugspunktes der potentiellen Käufer erreicht wird (Herrmann/Bauer 1996, von Nitzsch 1998).

4 Kontrolle

Nach der Festlegung der optimalen Alternative schließen sich der Entscheidungsphase dem Phasenschema der Abbildung 1 folgend die Realisation und die Kontrolle an. Eine grundlegende Aufgabe der Kontrolle ist die Überprüfung, inwieweit die mit der optimalen Alternative festgelegten Plandaten tatsächlich eingetroffen sind. In dieser Ausrichtung ist die Kontrolle vergangenheitsbezogen und entspricht dem traditionellen Verständnis, daß Kontrolle lediglich den natürlichen Abschluß des Führungsprozesses darstellt (Gutenberg 1983).

Wie in der jüngeren Literatur jedoch deutlich wird, muß der Kontrolle ein wesentlich höherer Stellenwert beigemessen werden, weil sie die Eignung des definierten Planungsmodells überprüft, was allgemein als Prämissenkontrolle bezeichnet wird (Schreyögg 1994). Mit dem Planungsmodell – bestehend aus den Elementen Ziele, Alternativen und Prognosen – wird versucht, die Realität möglichst exakt abzubilden. Das Planungsmodell ist somit ungeeignet, wenn Ziele ungenau oder fehlerhaft aufgeführt sind, es nicht alle potentiell optimalen Alternativen enthält oder die Prognosen verbesserungsfähig sind. Ihren eigentlichen Sinn erhält die Kontrolle demnach erst durch die Analyse der ermittelten Abweichungen mit dem zukunftsorientierten Ziel, ein geeignetes Planungsmodell zu finden, das als realistisches Abbild der Realität obige Mängel nicht mehr enthält und somit eine bessere Planung und Entscheidung ermöglicht.

Der Kontrollbegriff läßt sich weiter fassen, wenn eine Überprüfung der Eignung des Planungsmodells auch unabhängig von gegebenen Planungsdaten im Sinne eines „ungerichteten Radars" zur Kontrolle gezählt wird (Bea/Haas 1997, S. 213 f.). Mit einer entsprechend großzügigeren Interpretation des Kontrollbegriffs wird jedoch eine Abgrenzung zwischen den Begriffen der Kontrolle und Planung schwieriger. So wären als typische Vertreter eines solchen Radarkontrollsystems Frühwarnsysteme auf der Basis schwacher Signale anzusehen, die in diesem Beitrag schon als strategische Planungsinstrumente vorgestellt wurden.

An dieser Stelle scheint es zugleich sinnvoll, die Begriffe Kontrolle und Controlling voneinander abzugrenzen. Auch wenn es unterschiedliche Auffassungen über den letztgenannten Begriff gibt (siehe z.B. *Horvath* 1994, *Küpper* 1997, *Weber* 1995), so umfaßt Controlling in jedem Fall deutlich mehr als nur Kontrolle. Neben Planungsfunktionen werden häufig auch Führungs- und Koordinationsfunktionen ganz oder in Teilen dem Controlling zugerechnet.

Für die folgenden Ausführungen bleiben wir bei dem oben eingeführten engen Verständnis von Kontrolle als Abweichungsanalyse, die aus zwei Schritten besteht. Im ersten Schritt sind Plan-Ist-Abweichungen zu ermitteln, im zweiten Schritt werden diese Abweichungen in einer Ursachenanalyse dahingehend untersucht, ob und wie sich die darauffolgende Planung verbessern läßt. Dieses Kontrollverständnis gilt für die strategische, taktische sowie operative Ebene.

Nach der Vorstellung dieser beiden Schritte im Abschnitt 4.1 und 4.2 behandelt der Abschnitt 4.3 die Frage, wann Abweichungs- bzw. Ursachenanalysen durchgeführt werden sollten bzw. wann sich der damit verbundene Aufwand lohnt.

4.1 Die Ermittlung von Plan-Ist-Abweichungen

4.1.1 Arten von Plan-Ist-Abweichungen

Die Kontrolle untersucht Abweichungen zwischen Ist- und Planwerten. Diese Plan-Ist-Abweichungen können sich also nur auf solche Größen beziehen, für die sowohl ein Planwert als auch ein Istwert existiert. In der Planung werden Umweltprognosen, Wirkungsprognosen, Alternativen, Ziele und als Aggregat dieser vier Teilplanungen die Zielausprägungen definiert. Für alle genannten Größen existieren zudem Istwerte und somit Plan-Ist-Abweichungen. Eine Ausnahme stellen lediglich die Ziele dar, wie es in Abbildung 18 veranschaulicht wird. Sie sind zwar Gegenstand der Planung, definieren allerdings nur die entscheidungsrelevanten Werte (z.B. Shareholder Value, Kundenzufriedenheit, etc.) oder legen mit anderen Worten nur eine Skala fest, auf der die Zielausprägungen – im folgenden als Ergebnisse bezeichnet – gemessen werden. Es gibt zwar eine Istrealisation von Zielausprägungen bzw. Ergebnissen, eine Istrealisation von Zielen ist jedoch konzeptionell nicht vorstellbar.

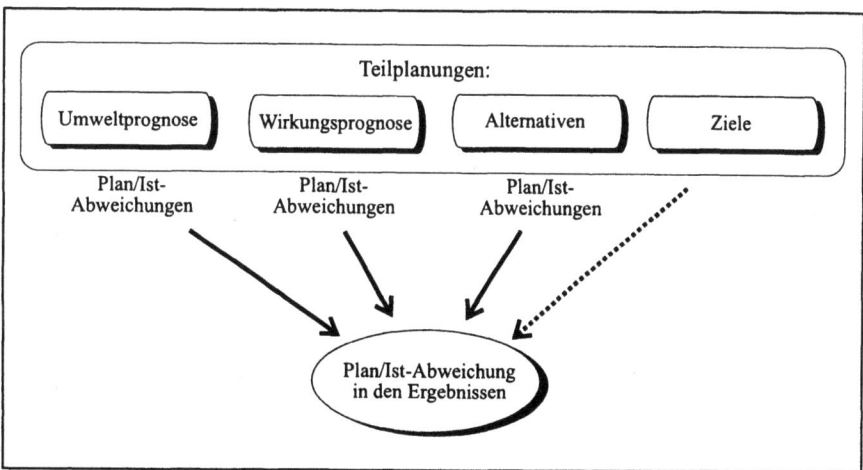

Abb. 18: Zusammenhang zwischen möglichen Plan-Ist-Abweichungen

Plan-Ist-Abweichungen treten in der strategischen, taktischen und operativen Ebene auf und können von unterschiedlichen Instanzen ermittelt werden. Neben der Unternehmensleitung, dem Aufsichts- oder Verwaltungsrat kommen als Instanzen vor allem die interne Revisions- oder die Controllingabteilung in Frage. Daneben können Plan-Ist-Abweichungen auch im Rahmen einer Selbstkontrolle oder in einer Kontrolle durch den unmittelbaren Vorgesetzten aufgedeckt werden. Auf externe Kontrollinstanzen, z.B. durch Wirtschaftsprüfer, wird an dieser Stelle nicht eingegangen, da sich der vorliegende Beitrag ausschließlich auf die Phasen des unternehmerischen Führungsprozesses bezieht.

4.1.2 Zur Beobachtbarkeit der Plan-Ist-Abweichungen

Ein besonderes Augenmerk der Kontrolle wird regelmäßig auf den Ergebnisabweichungen liegen, weil hier offensichtlich wird, ob das Unternehmen seine gesetzten Ziele kurzfristig, mittelfristig und langfristig erfüllt. Im kurz- und mittelfristigen Bereich werden von der jeweils höheren Ebene Zielvorgaben formuliert, wobei diese als Meilensteine auf dem Weg zum strategischen Ziel zu verstehen sind. Die strategische Planung besitzt ihre eigene Ergebnisplanung.

Ob sich bezüglich der Planung von Ergebnissen Abweichungen einstellen, ist typischerweise in einem Unternehmen allgemein beobachtbar. Unabhängig von den Personen, die mit der Ermittlung der Plan-Ist-Abweichungen beauftragt sind, sind diesbezügliche Informationsasymmetrien eher die Ausnahme.

Die Ergebnisabweichungen zeigen jedoch lediglich das Aggregat von Abweichungen in den Teilplanungen. So kommt es nur dann zu einer Plan-Ist-Abweichung in einem Ziel, falls eine fehlerhafte Prognose vorliegt und/oder nicht die geplante Alternative gewählt wurde. Zugleich ist auch der Fall vorstellbar, daß ohne eine Ergebnisabweichung Abweichungen in mehreren Teilplanungen auftreten. Dies ist möglich, wenn sich die Auswirkungen dieser Abweichungen auf das Ergebnis kompensieren.

In der strategischen und taktischen Ebene kann aufgrund des mindestens mittelfristigen Zeithorizonts regelmäßig davon ausgegangen werden, daß Abweichungen in den Umweltprognosen direkt beobachtbar sind. Die direkte Beobachtbarkeit gilt auch für die Auswahl der Alternative, da diese nach einer Konkretisierung als Zielvorgabe für die untere Ebene bekannt gemacht wird.

Hingegen ist es für die operative Planungsebene charakteristisch, daß Abweichungen in den Teilplanungen nicht direkt beobachtbar sind. So mag es der kontrollierenden Instanz zum Beispiel verborgen bleiben, ob ein schlechtes Ergebnis auf ungeplante Handlungen der Mitarbeiter (= Plan-Ist-Abweichungen bei den Alternativen) oder auf einen unglücklichen Umstand (= Plan-Ist-Abweichungen bei den Umweltprognosen) zurückzuführen ist. Beispielsweise kann der geringe Umsatz eines Außendienstmitarbeiters auf seine geringe Anstrengung zurückzuführen sein, oder es kann möglicherweise auch daran liegen, daß er trotz intensiver Bemühung keinen kaufwilligen Kunden angetroffen hat. Verständlicherweise hat der Außendienstmitarbeiter nicht immer ein Interesse, seine Situation wahrheitsgemäß darzustellen. In der Ermittlung von Plan-Ist-Abweichungen in den Teilplanungen kann sich die kontrollierende Instanz somit nicht unbedingt auf die Aussagen der Mitarbeiter verlassen.

Vor diesem Hintergrund sind Überlegungen anzustellen, ob nicht zumindest eine indirekte Beobachtbarkeit der Handlungen, der Umweltentwicklung oder tatsächlicher Wirkungszusammenhänge dadurch möglich ist, daß aus dem Ergebnis entsprechende Rückschüsse gezogen werden können. Dies ist jedoch im allgemeinen recht schwierig, wie es im folgenden für die drei Teilplanungen Umwelt- und Wirkungsprognose sowie Alternativen an dem Beispiel der Tabelle 2 skizziert werden soll. Die Umweltprognose hält zwei Zustände s_1 und s_2 für möglich, die Alternativenplanung drei Aktionen. Die Wirkungsprognose legt für die resultierenden sechs Kombinationen die Ergebnisse fest.

Tab. 2: Beispiel zur indirekten Beobachtbarkeit von Istrealisationen in den Teilplanungen

Aktion	Zustand	
	s_1	s_2
a	60	80
b	80	80
c	80	60

Ist nur das Ergebnis beobachtbar, ist ein sicherer Rückschluß auf die Zustände s_1 und s_2 nicht gewährleistet. Wird das Ergebnis 60 beobachtet, so kann lediglich gefolgert werden, daß die Aktion a oder c durchgeführt wurde. Wird das Ergebnis 80 beobachtet, kommen alle drei Aktionen in Frage. Selbst wenn neben den Ergebnissen zusätzlich die Aktionen beobachtbar sind, ist immer noch nicht gewährleistet, daß auf die Umweltentwicklung zurückgeschlossen werden kann. Bei Durchführung der Aktion a oder c ist dies zwar gegeben, wird aber die Aktion b durchgeführt und das Ergebnis 80 beobachtet, kann nicht auf den Zustand zurückgeschlossen werden.

Wirkungszusammenhänge können grundsätzlich nur beobachtet werden, wenn neben dem Ergebnis sowohl die Aktion als auch der Zustand transparent ist.

Mit einem Rückschluß auf die Aktionen verhält es sich ähnlich wie bei den Umweltprognosen. Sind im obigen Beispiel die Umweltzustände nicht beobachtbar, so können bei einer Realisation von 80 alle Aktionen durchgeführt worden sein, bei einer Realisation von 60 nur a oder c. Für den fall, daß zusätzlich der Zustand boebachtbar ist, kann jedoch ein Rückschluß möglich sein. Wird z.B. s_1 und das Ergebnis 60 beobachtet, so muß die Aktion a durchgeführt worden sei. Wird jedoch bei s_1 das Ergebnis 80 beobachtet, ist kein eindeutiger Rückschluß mehr möglich.

Die in diesem einfachen Beispiel gezeigten Konstellationen, in denen ein Rückschluß doch möglich ist, werden um so seltener, je komplexer die Entscheidungssituation wird. Insbesondere für den Fall, daß nicht mehr nur diskrete Verteilungen bei den Ergebnissen, sondern auch kontinuierliche Verteilungen analysiert werden, wird eine direkte Beobachtbarkeit nicht mehr möglich sein.

4.2 Ursachenanalysen zur Verbesserung der Planung

Der eigentliche Zweck der Kontrolle liegt – wie dargestellt wurde – darin, die nächste Planung zu verbessern. Hierfür gilt es, die Ursachen herauszufinden, die für die Abweichungen verantwortlich waren. Anschließend sind die Konsequenzen für die Planung zu erarbeiten.

Umweltprognosen

Für die Ermittlung und Auswertung von Plan-Ist-Abweichungen bei Umweltprognosen ist wichtig, auf die Differenzierung zwischen einwertigen und mehrwertigen Umweltprognosen zurückzukommen. Im Rahmen einer einwertigen Umweltprognose geht die Planung davon aus, daß ein bestimmter, prognostizierter Umweltzustand eintreten wird. Falls dieser Umweltzustand – z.B. der Dollar kostet am 31.12. des laufenden Geschäftsjahres 0,85 Euro – nicht eintritt, liegt eine Plan-Ist-Abweichung vor, deren Höhe zugleich bekannt ist. Plan-Ist-Abweichungen bei den Umweltprognosen zeigen, daß in der Planung die Umweltentwicklung nicht richtig eingeschätzt wurde. Somit ist dieser Fehler in einer Weise zu analysieren, daß in der Zukunft bessere Prognosen möglich sind. Zu untersuchen ist beispielsweise, ob in der Prognose Aspekte vernachlässigt wurden, falsche Informationen verwendet wurden, ob ein unpassendes Prognosemodell gewählt oder ob möglicherweise ungeeignete Personen beauftragt wurden, die Prognose zu erstellen.

Gelangt man in dieser Analyse zu dem Schluß, daß die relevante Entwicklung schlicht zu unsicher ist, um sichere Prognosen zu treffen, ist zu überlegen, den erhöhten Planungsaufwand einer mehrwertigen Prognose in Kauf zu nehmen. Dieser erhöhte Aufwand zeigt sich nicht nur darin, mehrere mögliche Umweltzustände zu formulieren, vielmehr müssen auch Wahrscheinlichkeiten für diese Zustände ermittelt und anstelle von Wertfunktionen Nutzenfunktionen erfragt werden, um Risikopräferenzen abbilden zu können.

Die Ermittlung von Plan-Ist-Abweichungen in einer mehrwertigen Prognose führt jedoch zu einem konzeptionellen Problem, da der Planwert nicht mehr eindeutig gegeben ist. Es existieren mehrere Zustände mit entsprechenden Wahrscheinlichkeiten als Planwerte, so daß ein eindeutiger Vergleichspunkt für den Istwert fehlt. Geht man im Extremfall davon aus, daß für jede Möglichkeit einer zukünftigen Umweltentwicklung jeweils ein Zustand formuliert wurde, dann kann die Prognose nie falsch sein. Es kann höchstens ein Umweltzustand eingetreten sein, der als (extrem) unwahrscheinlich eingestuft wurde. Auch in diesem Fall können jedoch Schwächen im Prognosemodell vermutet und somit ähnliche Überlegungen angestellt werden wie bei einer fehlerhaften einwertigen Prognose. Dies gilt in besonderem Maße dann, wenn mehrfach derartige Prognosen erstellt wurden.

Wirkungsprognosen

Plan-Ist-Abweichungen bei den Wirkungsprognosen zeigen, daß Wirkungszusammenhänge falsch eingeschätzt wurden und diesbezüglich Verbesserungen in der Prognose möglich sind. Neben den Ursachen, die im Zusammenhang mit Abweichungen bei den Umweltprognosen genannt wurden, können Gründe für Abweichungen auch darin liegen, daß unrealistische Kausalzusammenhänge unterstellt oder sogar Ursachen und Wirkungen verdreht wurden.

Die Auswertung dieser Gründe im Rahmen der Ursachenanalyse führt nicht nur zu einer realistischeren Modellierung der Wirkungszusammenhänge, sondern möglicherweise auch zu einer Generierung von zusätzlichen Alternativen bzw. zu Modifikationen bei den Prognosen. Wurde beispielsweise erkannt, daß trotz richtig eingeschätzter Nachfrage (= Umweltprognose) und planmäßiger Maschinenauslastung (= Alternativenplanung) der Umsatz deshalb nicht erreicht werden konnte, weil die Kapazität nicht vorhanden war, so muß die Wirkungsprognose bei unveränderter Kapazität nach unten korrigiert werden. Zugleich ist es sinnvoll, die Erhöhung der Kapazität als zusätzliche Alternative in die Planung zu integrieren.

Alternativenplanung

In der Planungsphase wird eine Menge möglicher Alternativen formuliert, aus der in der Entscheidungsphase die beste ausgewählt wird. Während in der operativen Ebene diese Alternative zur Realisation ansteht, beschreiben die Alternativen in der taktischen und strategischen Ebene lediglich unterschiedliche Möglichkeiten der Konkretisierung von Zielen bzw. Zielvorgaben.

Es ist jedoch nicht gewährleistet, daß sich alle Unternehmensangehörigen so verhalten, wie es die Planung vorsieht. Gründe hierfür sind neben einer schlechten Kommunikation der Planvorgaben oder einer Überforderung der Mitarbeiter insbesondere auch andere persönliche Interessen (z.B. geringe Anstrengung und viel Freizeit) bei opportunistischem Verhalten.

In der Ursachenanalyse gilt es, die Gründe für die Verhaltensabweichungen aufzudecken und entsprechende Lösungsmöglichkeiten in der Definition der Alternativenmenge vorzubereiten. Beispielsweise könnten für den Fall, daß Interessenkonflikte und opportunistisches Verhalten für die Abweichungen verantwortlich sind, stärkere Anreize oder Überwachungsmechanismen mit entsprechenden Sanktionen in Erwägung gezogen werden.

Ergebnisplanung

Plan-Ist-Abweichungen in den Ergebnissen stellen die Konsequenz von Abweichungen in den Teilplanungen dar. Deshalb lassen sich hier im Gegensatz zu den drei oben beschriebenen Abweichungen in den Teilplanungen nicht unmittelbar die Ursachen erforschen. Vielmehr sind in einer Vorstufe der Ursachenanalyse zunächst die für die Ergebnisabweichungen verantwortlichen Plan-Ist-Abweichungen in den Teilplanungen ausfindig zu machen und erst auf dieser Basis unter Rückgriff auf die obigen Ausführungen die Ursachen dieser Abweichungen herauszustellen. Wie schon am Beispiel des Außendienstmitarbeiters im Abschnitt 4.1.2 deutlich wurde, kann dies bei einer unzureichenden direkten oder indirekten Beobachtbarkeit der Umwelt und der Aktionen jedoch problematisch sein.

4.3 Kosten-Nutzen-Überlegungen in der Kontrolle

Eine sorgfältig durchgeführte Kontrolle, die Abweichungen offengelegt hat, führt zwar grundsätzlich zu einer Verbesserung der Planung, sie nimmt jedoch auch

Ressourcen in Anspruch. Vor diesem Hintergrund entsteht die ökonomische Notwendigkeit, mit Kosten-Nutzen-Überlegungen abzuwägen, wie häufig und in welchen Situationen Abweichungen ermittelt und Ursachenanalysen durchgeführt werden sollten.

4.3.1 Nutzen einer Kontrolle

Der Nutzen aus einer durch eine Ursachenanalyse verbesserten Planung ergibt sich aus der bewerteten Differenz zwischen der zukünftigen Realisation der Ergebnisse bei Planverbesserung und der zukünftigen Realisation bei Beibehaltung des Plans. Zur Bewertung dieser Differenz ist bei sicheren Erwartungen die in der Entscheidungsphase ermittelte Wertfunktion heranzuziehen, bei unsicheren Erwartungen ist ein Vergleich auf der Basis des Nutzenerwartungswerts anzustellen.

Nicht jede Verbesserung der Planung führt jedoch zu einem Nutzen. Wird beispielsweise im Rahmen einer Ursachenanalyse festgestellt, daß fehlerhafte Umweltprognosen zu korrigieren sind, so ergibt sich nur dann ein Nutzen, wenn bei einer Korrektur dieser Prognosen in der Planung eine andere Aktion als optimal herausgestellt wird. Für den Fall nämlich, daß sich keine Änderung bei den Aktionen ergibt, führt die verbesserte Planung nur zu geringeren Plan-Ist-Abweichungen in den Prognosen und den Ergebnissen, nicht jedoch zu einem besseren Ergebnis.

Demgegenüber ist bei Plan-Ist-Abweichungen in den Alternativen grundsätzlich davon auszugehen, daß sich durch entsprechende Plankorrekturen ein Nutzen einstellt. Andernfalls wäre die gewählte Aktion optimal und eine Plan-Ist-Abweichung würde nicht vorliegen.

Bei der Kontrolle handelt es sich grundsätzlich um eine Informationsbeschaffungsmaßnahme. Eine Informationsbeschaffung dient – ganz allgemein formuliert – dem Zweck, in der Zukunft eine bessere Position einzunehmen. In der Entscheidungslehre werden auf der Basis des Bayes'schen Theorems Bewertungskalküle vorgeschlagen, die für jede Informationsbeschaffungsmaßnahme einen sogenannten Informationswert berechnen können (Laux 1998). Ohne hierauf im Detail eingehen zu können, bietet es sich an, für die Informationsbeschaffungsmaßnahme „Kontrolle" in völliger Analogie zu diesen Bewertungskalkülen einen *Kontrollwert* zu definieren. Unterstellt man beispielsweise zur Vereinfachung einen risikoneutralen Entscheider, der lediglich das Ziel Gewinnmaximierung verfolgt, so ist der Kontrollwert die durch die Kontrolle erreichte Verbesserung des Gewinnerwartungswerts. Eine Kontrolle lohnt sich demnach, falls dieser Kontrollwert höher ist als die Kosten der Kontrolle.

Die praktische Ermittlung eines Kontrollwerts ist insofern nicht trivial, als daß in die Berechnung eine Reihe von (subjektiven) Einschätzungen einfließen müssen, ob und welche Ursachen gefunden werden und welche Auswirkungen Planungsverbesserungen haben. Ein zentraler Indikator für die Höhe des Kontrollwerts ist jedoch darin zu sehen, wie sensibel Ergebnisse auf Plan-Ist-Abweichungen in den Teilplanungen reagieren. Hierbei gilt grundsätzlich, daß der Kontrollwert in der Tendenz um so größer ist, je sensibler die Ergebnisse auf die betrachteten Abweichungen reagieren.

Zu berücksichtigen sind in entsprechenden Überlegungen auch Wechselwirkungen zwischen den Teilplanungen. So ist es beispielsweise möglich, daß eine Plan-Ist-Abweichung in der Teilplanung Umweltprognosen nur geringe Auswirkungen für die Ergebnisse besitzt, wenn die Aktionen planmäßig durchgeführt werden. Sollten jedoch zugleich Abweichungen bei den Aktionen vorliegen, so könnten sich in weitaus höherem Ausmaß Auswirkungen für die Ergebnisse ergeben. Man denke in diesem Zusammenhang an die Prognose des zukünftigen Dollarkurses und geplante Maßnahmen zur Wechselkurssicherung. Stellt sich ein von der Prognose abweichender Dollarkurs ein, so ergeben sich keine Ergebniskonsequenzen, falls der Wechselkurs abgesichert wurde. Nur für den Fall, daß das Währungsrisiko nicht gehedgt wurde, reagiert das Ergebnis sensibel auf den Wechselkurs.

In dem skizzierten Fall, daß Ergebnisabweichungen zumindest zum Teil durch mindestens zwei Abweichungen in den Teilplanungen bedingt werden, spricht man von Ergebnisabweichungen höherer Ordnung. Entsprechende Interaktionen zwischen den Teilplanungen verkomplizieren die Abschätzung der Sensibilität, da die Ergebnisauswirkungen von Plan-Ist-Abweichungen in einer Teilplanung abhängig von möglichen Abweichungen in anderen Teilplanungen sind. Dies gilt es, durch entsprechende Fallunterscheidungen zu berücksichtigen.

4.3.2 Kosten einer Kontrolle

Die Kosten der Kontrolle umfassen die Kosten der Ermittlung von Plan-Ist-Abweichungen und die Kosten der Ursachenanalyse. Da sich Ursachenanalysen nur auf Abweichungen in den Teilplanungen Umweltprognosen, Wirkungsprognosen und Alternativen beziehen können, entstehen insbesondere in den Situationen hohe Kontrollkosten, wenn lediglich Ergebnisabweichungen direkt beobachtbar sind, nicht aber die Abweichungen in den angesprochenen Teilplanungen. In diesem Fall gilt es nämlich, aus den Ergebnisabweichungen auf die jeweiligen Abweichungen in den Teilplanungen zurückzuschließen, wobei gegebenenfalls noch zusätzliche Informationen ex post beschafft werden müssen. Am obigen Beispiel des Außendienstmitarbeiters wurde deutlich, daß dies möglicherweise problematisch bzw. kostenintensiv sein kann. In der Tat existieren in Unternehmen, insbesondere in de operativen Ebene, nicht selten sogenannte Prinzipal-Agenten-Beziehungen, für die es charakterisierend ist, daß weder die unsicheren Umweltentwicklungen noch die Aktionen direkt beobachtbar sind und zugleich auf diese Parameter nicht kostenneutral aus den Ergebnissen zurückgeschlossen werden kann.

Über die Kosten der Ursachenanalysen nach Ermittlung der Abweichungen in den Teilplanungen lassen sich kaum allgemeine Aussagen ableiten. Das Spektrum reicht hier von einer offensichtlichen und kostenminimalen Ursachenerkennung bis zur Einsetzung von teuren Projektgruppen.

4.3.3 Zur Frage der Anpassungsdynamik

Die *Anpassungsdynamik* beschreibt den Modus, mit dem die Planung an die Erkenntnisse der Kontrolle angepaßt wird. Hierbei sollte die Kontrolle der Plananpassung grundsätzlich unmittelbar vorgelagert sein. Zeitliche Verzögerungen verringern die Aussagekraft der Abweichungsanalyse.

Mit den obigen Überlegungen wurde gezeigt, daß sich unter Kosten-Nutzen-Gesichtspunkten eine Kontrolle insbesondere dann anbietet, wenn Abweichungen in den Teilplanungen leicht beobachtbar sind. In diesem Fall ist grundsätzlich eine hohe Anpassungsdynamik sinnvoll.

In der Realität ist diese direkte Beobachtbarkeit häufig nicht gegeben. Vielmehr sind lediglich Ergebnisabweichungen unmittelbar transparent, die jedoch ohne eine Aufschlüsselung in die verantwortlichen Abweichungen in den Teilplanungen nur eine geringe Aussagekraft haben. Dieser Zusammenhang kann als das Dilemma der Kontrolle bezeichnet werden. Ergebniskontrollen sind somit tendenziell weniger effizient, so daß sich eine geringere Anpassungsdynamik anbietet.

Prinzipiell existieren zwei Möglichkeiten der zeitlichen Gestaltung einer Anpassung, die zeitlich regelmäßige und die Anpassung nach Bedarf. Im Rahmen einer *zeitlich regelmäßigen Anpassung* wird in regelmäßigen Abständen die Planung überarbeitet. Meist ist diese Anpassungsform in einen revolvierenden Planungsprozeß (siehe Abbildung 4) eingebunden, in dem die nächste Periode fein geplant wird, die darauffolgenden Perioden nur grob. Nach der ersten Periode werden die Plan-Ist-Abweichungen analysiert und aufbauend auf diesen Erkenntnissen die Feinplanung für die folgende Periode formuliert. Die Grobplanung wird entsprechend um eine Periode fortgeschrieben.

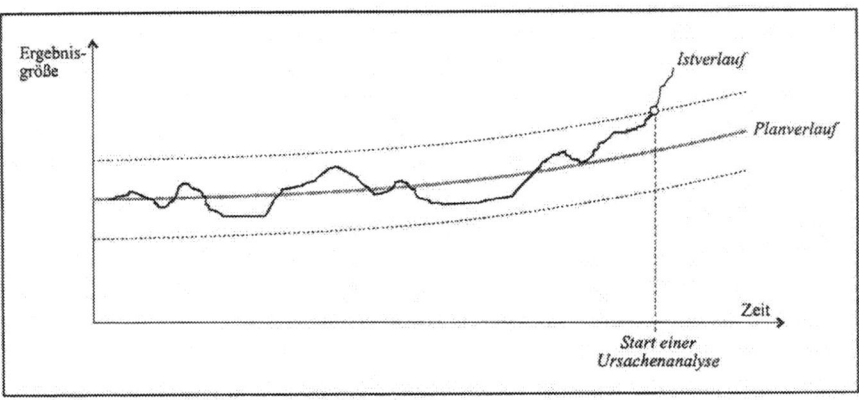

Abb. 19: Prinzip der Anpassung nach Bedarf auf der Basis eines kontinuierlichen Plan-Ist-Vergleichs

In dieser regelmäßigen Anpassungsform spielen Abschätzungen über den Kontrollwert in den Ergebnissen keine Rolle. Es findet beispielsweise auch dann eine Ursachenanalyse in den Ergebnissen statt, wenn keine Ergebnisabweichung vorliegt. Dieses Vorgehen berücksichtigt den Tatbestand, daß – wie oben gezeigt wurde – auch ohne eine Plan-Ist-Abweichung in den Ergebnissen Abweichungen in den Teilplanungen vorliegen können, die wiederum im Hinblick auf eine Verbesserung der Planung aussagekräftig sind.

Die zweite Möglichkeit ist die *Anpassung nach Bedarf*. In dieser Anpassungsform wird nur dann eine Ursachenanalyse durchgeführt, wenn ein hoher Kontrollwert vermutet (erste Variante) oder berechnet (zweite Variante) wird.

Wie oben schon dargestellt wurde, lassen sich entsprechende Vermutungen über die Höhe des Kontrollwertes allein aus der Höhe der Ergebnisabweichung ableiten. Insofern bietet es sich an, den Verlauf der Ergebnisgröße fortlaufend in Beziehung zum aktuellen Istverlauf zu setzen. Zugleich wird ein Intervall um den Planverlauf vorgegeben und festgelegt, daß eine Ursachenanalyse genau dann begonnen wird, wenn der Istverlauf diesen Intervall verläßt, wie es die Abbildung 19 veranschaulicht. In der Praxis existieren Faustregeln zur Festlegung dieses Intervalls, die sich entweder an der absoluten, an der relativen oder an einer Kombination beider Abweichungen orientieren (Drury u.a. 1993).

Für die Variante der exakten Berechnung von Kontrollwerten werden in der Literatur Modelle vorgeschlagen (Ewert/Wagenhofer 1997), in die neben der Höhe der Ergebnisabweichung unter anderem probabilistische Einschätzungen darüber eingehen, in welchem Umfang es sich bei den ermittelten Abweichungen um kontrollierbare Abweichungen in dem Sinne handelt, daß sie durch eine Korrektur von Aktionen vermieden werden können. Eine erfolgreiche Anwendung entsprechender Modelle hängt wesentlich davon ab, wie verläßlich derartige Einschätzungen gegeben werden können.

Literaturverzeichnis

Adam, D. (1996), Planung und Entscheidung, Wiesbaden 1996

Altrogge G. (1996), Netzplantechnik, 3. Aufl., München 1979

Arrow, K.J. (1963), Social choice and individual values, 2. Aufl., New Haven 1963

Bamberg, G., Coenenberg, A.G. (1996), Betriebswirtschaftliche Entscheidungslehre, 9. Aufl., München 1992

Bea, F.X., Haas, J. (1997), Strategisches Management, 2. Aufl., Stuttgart 1997

Bernoulli, D. (1738), Specimen theoriae novae de mensura sortis, in: Commen. Acad. Sci. Imper. Petropolitanae, 5. Jg. (1738), S. 175-192

Bitz, M. (1981), Entscheidungstheorie, München 1981

Brauers, J., Weber, M. (1986), Szenarioanalyse als Hilfsmittel der strategischen Planung: Methodenvergleich und Darstellung einer neuen Methode, in: Zeitschrift für Betriebswirtschaft, 56 Jg. (1986), S. 631-652

Bronner, R. (1989), Planung und Entscheidung, 2. Aufl., München 1989

Bühner, R. (1990), Das Management-Wert-Konzept, Stuttgart 1990

Bühner, R. (Hrsg.) (1994), Der Shareholder-Value-Report: Erfahrungen, Entwicklungen, Ergebnisse, Landsberg 1994

Buzzell, R.D., Gale, B.T. (1989), Das PIMS-Programm – Strategien und Unternehmenserfolg, Wiesbaden 1989

Copeland, T.E., Koller, T., Murrin, J. (1996), Valuation, Measuring and Managing the Value of Companies, 2. Aufl., New York 1996

Cornell, B., Shapiro, A.C. (1987), Corporate Stakeholders and Corporate Finance, in: Financial Management, 16. Jg. (1987), S. 5-14

Cyert, R.M., March, J.S. (1995), Eine verhaltenswissenschaftliche Theorie der Unternehmung, 2. Aufl., Stuttgart 1995

Domsch, M. u.a. (Hrsg.) (1988), Unternehmenserfolg: Planung – Ermittlung – Kontrolle, Wiesbaden 1988

Drury, C., Braund, S., Osborne, P., Tayles, M. (1993), Survey of Management Accounting Practices in UK Manufacturing Companies, Certified Accountants Educational Trusts, London 1993

Dyckhoff, H. (1993), Ordinale versus kardinale Messung beim Bernoulli-Prinzip: Eine Analogiebetrachtung von Risiko- und Zeitpräferenz, in: OR-Spektrum, 15. Jg. (1993), S. 139-146

Eisenführ, F. (1989), Entscheidungstheoretische Planungshilfen, in: Szyperski, N. (Hrsg.), Handwörterbuch der Planung, Stuttgart 1989, S. 397-406

Eisenführ, F., Weber, M. (1994), Rationales Entscheiden, 2. Aufl., Berlin 1994

Ewert, R., Wagenhofer, A. (1997), Interne Unternehmensrechnung, 3. Aufl., Heidelberg 1997

Franke, R. Zerres, M.P. (Hrsg.) (1988), Planungstechniken – Instrumente für zukunftsorientierte Unternehmensführung, Frankfurt 1988

Freeman, E.R. (1984), Strategic Management – A Stakeholder Approach, 2. Aufl., Marshfield 1984

French, S. (1993), Decision Theory: An Introduction to the Mathematics of Rationality, Ellis Horwood, Chichester 1993

Götze, U. (1993), Szenario-Technik in der strategischen Unternehmensplanung, 2. Aufl., Wiesbaden 1993

Gregory, R., Keeney, R.L. (1994), Creating Alternatives Using Stakeholder Values, in: Management Science, 40. Jg. (1994), S. 1035-1048

Gutenberg, E. (1983), Grundlagen der Betriebswirtschaftslehre, Bd. 1: Die Produktion, 24. Aufl., Berlin 1983

Hahn, D. (1992), Frühwarnsysteme, in: Krallmann, H., Papke, J., Rieger, B. (Hrsg.), Rechnergestützte Werkzeuge für das Management, Berlin 1992, S. 29-48

Hahn, D. (1996), PuK – Controllingkonzepte, Wiesbaden 1996
Hammer, R.M. (1992), Unternehmensplanung, München 1992
Hansmann, K.-W. (1983), Kurzlehrbuch Prognoseverfahren, Wiesbaden 1983
Hansmann, K.-W. (1993), Prognose und Prognosemethoden, in: Wittmann, W. (Hrsg.), Handwörterbuch der Betriebswirtschaftslehre, Bd. 2, Stuttgart 1993, S. 3546-3559
Hanssmann, F. (1990), Quantitative Betriebswirtschaftslehre, München 1990.
Herrmann, A., Bauer, H.H. (1996), Ein Ansatz zur Preisbündelung auf der Basis der „Prospect"-Theorie, in: Zeitschrift für betriebswirtschaftliche Forschung, 48. Jg. (1996), S. 675-694
Herrmann, A., von Nitzsch, R., Huber, F. (1998), Referenzpunktbezogenheit, Verlustaversion und abnehmende Sensitivität bei Kundenzufriedenheitsurteilen, in: Zeitschrift für Betriebswirtschaft, erscheint demnächst
Hinterhuber, H.H. (1996), Strategische Unternehmensführung – I. Strategisches Denken, 6. Aufl., Berlin 1996
Hinterhuber, H.H. (1997), Strategische Unternehmensführung – II. Strategisches Handeln, 6. Aufl., Berlin 1997
Hoffmann, H. (1994), Wertanalyse, Berlin 1994
Homburg, C. (1997), Quantitative Betriebswirtschaftslehre, 2. Aufl.., Wiesbaden 1997
Horváth, P. (1994), Controlling, 5. Aufl., München 1994
Hüttner, M. (1986), Prognoseverfahren und ihre Anwendung, Berlin 1986
Kahnemann, D., Tversky, A. (1979), Prospect theory: an analysis of decision under risk, in: Econometrica, 47. Jg. (1979), S. 263-291
Keeney, R.L. (1992), Value-Focused Thinking: A Path To Creative Decisionmaking, Harvard University Press, Cambridge 1992
Keeney, R.L., Raiffa, H. (1976), Decisions with Multiple Objectives: Preferences and Value Tradeoffs, New York 1976
Kreikebaum, H. (1997), Strategische Unternehmensplanung, 6. Aufl., Stuttgart 1997
Krelle, W. (1968), Präferenz- und Entscheidungstheorie, Tübingen 1968
Küpper, H.-U. (1997), Controlling, 2. Aufl., Stuttgart 1997
Küpper, H.-U., Winckler, B., Zhang, S. (1990), Planungsverfahren und Planungsinformationen als Instrumente des Controlling, in: Die Betriebswirtschaft, 50. Jg. (1990), S. 435-458
Kürsten, W. (1992a), Präferenzmessung, Kardinalität und sinnmachende Aussagen, in: Zeitschrift für Betriebswirtschaft, 62. Jg. (1992), S. 459-477
Kürsten, W. (1992b), Meßtheorie, Axiomatik und Bernoulli-Prinzip, in: Zeitschrift für Betriebswirtschaft, 62. Jg. (1992), S. 485-488
Laux, H. (1971), Flexible Investitionsplanung, Opladen 1971
Laux, H. (1998), Entscheidungstheorie, 4. Aufl., Berlin 1998
Luchs, R.H., Müller, R. (1985), Das PIMS-Programm – Strategien empirisch fundieren, in: Strategische Planung, 1. Jg. (1985), S. 79-98
Madridakis, S., Wheelwright, S.C., Hyndman, R. (1998), Forecasting Methods and Application, 3. Aufl., New York 1998
Mag, W. (1995), Unternehmensplanung, München 1995
Mintzberg, H. (1995), Die strategische Planung – Aufstieg, Niedergang und Neubestimmung, München 1995
Neumann, R. von (1992), Entscheidung bei Zielkonflikten, Wiesbaden 1992
Nitzsch, R. von (1993), Analytic Hierarchy Process und Multiattributive Werttheorie im Vergleich, in: Wirtschaftswissenschaftliches Studium, 22. Jg. (1993), S. 111-116
Nitzsch, R. von (1996), Entscheidungslehre, 3. Aufl., Aachen 1996
Nitzsch, R. von (1998), Prospect Theory und Käuferverhalten, in: Die Betriebswirtschaft, erscheint demnächst
Nitzsch, R.von, Weber, M. (1991), Bandbreiten-Effekt bei der Bestimmung von Zielgewichten, in: Zeitschrift für betriebswirtschaftliche Forschung, 43. Jg. (1991), S. 971-986
Pfohl, H.-C., Stölzle, W. (1997), Planung und Kontrolle, 2. Aufl., München 1997

Porter, M.E. (1996), Wettbewerbsvorteile: Spitzenleistungen erreichen und behaupten, 4. Aufl., Frankfurt 1996
Porter, M.E. (1997), Wettbewerbsstrategie, 9. Aufl., Frankfurt 1997
Prahalad, C.K., Hamel, G. (1990), The Core Competence of the Corporation, in: Harvard Business Review, 3. Jg. (1990), S. 79-91
Prahalad, C.K., Hamel, G. (1991), Nur Kernkompetenzen sichern das Überleben, in: Harvard Manager, 3. Jg. (1991), S. 66-78
Rappaport, A. (1995), Shareholder Value: Wertsteigerung als Mass-Stab für die Unternehmensführung, Stuttgart 1995
Rink, D., Swan, J. (1979), Product Life Cycle Research, in: Journal of Business Research, 7. Jg. (1979), S. 219-242
Saaty, T.L. (1980), The analytic hierarchy process, New York 1980
Schauenberg, B. (1992), Entscheidungsregeln, kollektive, in: Frese, E. (Hrsg), Handwörterbuch der Organisation, 3. Aufl., Stuttgart 1992, S. 426-444
Schlicksupp, H. (1992), Innovation, Kreativität und Ideenfindung, 4. Aufl., Würzburg 1992
Schmidt, R. (1996), Marktorientierte Konzeptfindung für langlebige Gebrauchsgüter: Messung und QFD-gestützte Umsetzung von Kundenforderungen und Kundenurteilen, Wiesbaden 1996
Schreyögg, G. (1994), Zum Verhältnis von Planung und Kontrolle, in: Wirtschaftswissenschaftliches Studium, 23. Jg. (1994), S. 345-351
Simon, H. (1988), Management strategischer Wettbewerbsvorteile, in: Zeitschrift für Betriebswirtschaft, 58. Jg. (1988), S. 461-480
Simon, H.A. (1981), Entscheidungsverhalten in Organisationen, München 1981
Speckbacher, G. (1997), Shareholder Value und Stakeholder Ansatz, in: Die Betriebswirtschaft, 57. Jg. (1997), S. 630-639
Steinmann, H. (Hrsg.) (1981), Planung und Kontrolle, München 1981
Strasmann, J. (1996), Kernkompetenzen – was Unternehmen wirklich erfolgreich macht, Stuttgart 1996
Streitferdt, L. (1983), Entscheidungsregeln zur Abweichungsauswertung, Würzburg 1983
Szyperski, N. (Hrsg.) (1989), Handwörterbuch der Planung, Stuttgart 1989
Troßmann, E. (1992), Prinzipien der rollenden Planung, in: Wirtschaftswissenschaftliches Studium, 21. Jg. (1992), S. 123-130
Tversky, A., Kahnemann D. (1991), Loss Aversion and Riskless Choice: A Reference Dependent Model, in: Quarterly Journal of Economics, 6. Jg. (1991), S. 1039-1061
Tversky, A., Kahnemann, D. (1992), Advances in Prospect Theory: Cumulative Representation of Uncertainty, in: Journal of Risk and Uncertainty, 5. Jg. (1992), S. 297-323
Weber, J. (1995), Einführung in das Controlling, 6. Aufl., Stuttgart 1995
Weber, M. (1987), Decision Making with Incomplete Information, in: European Journal of Operational Research, 28. Jg. (1987), S. 44-57
Weber, M., Camerer, C. (1987), Recent Developments in Modeling Preferences under Risk, in: OR Spektrum, 9. Jg. (1987), S. 129-151
Wechsler, W. (1978), Delphi-Methode, München 1978
Welge, M.K., Laham, A. (1992), Planung, Wiesbaden 1992
Wild, J. (1982), Grundlagen der Unternehmensplanung, Opladen 1982
Winterfeldt, D. von, Edwards, W. (1986), Decision analysis and behavioral research, Cambridge 1986
Zangemeister, C. (1976), Nutzwertanalyse, München 1976

5 Organisation

Margit Osterloh und Jetta Frost

Inhaltsverzeichnis

1 Der Begriff der Organisation	186
1.1 Der instrumentelle Organisationsbegriff	186
1.2 Der institutionelle Organisationsbegriff	187
1.3 Was heißt organisieren?	188
2 Die Koordinationsaufgaben der Organisation	189
2.1 Grundprinzipien der Koordination	189
2.1.1 Konditionalprogramme	189
2.1.2 Zweckprogramme	190
2.2 Prinzipien der Strukturgestaltung	192
2.2.1 Organisatorische Differenzierung	194
2.2.2 Organisatorische Integration	202
3 Die Orientierungsaufgaben der Organisation	211
3.1 Die Unterscheidung von explizitem und implizitem Wissen	212
3.2 Implizites Wissen in Organisationen	214
3.3 Orientierung und die Realisierung von vertikalen Synergien	215
4 Die Motivationsaufgaben der Organisation	216
4.1 Extrinsische Motivation	217
4.2 Intrinsische Motivation	217
4.3 Vor- und Nachteile intrinsischer Motivation	218
5 Zusammenführung der Koordinations-, Orientierungs- und Motivationsaufgaben am Beispiel moderner Organisationskonzepte	220
5.1 Die Profit Center-Organisation	220
5.2 Die Prozeßorganisation	222
5.3 Die Holdingorganisation	225
5.4 Interorganisationale Netzwerke	227
5.5 Fazit	228
Literaturverzeichnis	230

1 Der Begriff der Organisation

Organisation bedeutet die Existenz einer Ordnung, die zielgerichtet arbeitsteilige Aufgaben und Tätigkeiten regelt. Das Ziel ist, daß die Zusammenarbeit der Organisationsmitglieder mehr Wert schafft als die Summe der einzelnen Akteure oder die Koordination von Aktivitäten über den Markt erbringen würde („*Superadditivität*": 1 + 1 = 3). Dahinter stehen zwei grundsätzliche Fragen:
- Warum gibt es überhaupt Organisationen? Warum wickeln wir nicht alle Transaktionen über Märkte ab?
- Warum haben einige Organisationen mehr Erfolg als die Konkurrenz?

Um diese Fragen zu beantworten, müssen wir zunächst den Begriff der Organisation klären. Es gibt zahlreiche Klassifizierungen des Organisationsbegriffs. Jedoch können zwei Grundauffassungen unterschieden werden: Erstens Organisation als *Instrument* oder Mittel, mit deren Hilfe die Ziele einer Organisation erreicht werden sollen („das Unternehmen *hat* eine Organisation") und zweitens Organisation als *Institution* mit bestimmten Eigenschaften („das Unternehmen *ist* eine Organisation").

1.1 Der instrumentelle Organisationsbegriff

Der instrumentelle Organisationsbegriff kennzeichnet Organisation als das Resultat einer zielbewußten Tätigkeit, die effiziente Arbeitsabläufe sicherstellen soll. Innerhalb dieser Konzeption lassen sich zwei Begriffe unterscheiden: der funktionale und der konfigurative Organisationsbegriff (Schreyögg 1996).

Unter dem *funktionalen* Organisationsbegriff wird die Tätigkeit des Organisierens verstanden. Die Aufgabe des Organisierens ist eine von verschiedenen Funktionen der Unternehmensführung. Sie ergibt sich aus der Arbeitsteilung. Die komplexe Gesamtaufgabe des Unternehmens wird in verschiedene Teilaktivitäten zerlegt, die arbeitsteilig erbracht werden (Differenzierung, vgl. Abschnitt 2.2). Anschließend werden die Teilaufgaben durch generelle und fallweise Regelungen so koordiniert, daß die Erfüllung der unternehmerischen Gesamtaufgabe sichergestellt ist (Integration, vgl. Abschnitt 2.3).

Gemäß dem traditionellen funktionalen Organisationsbegriff dient die Organisation der Realisierung einer *geplanten Ordnung*. Planung und Organisation werden als getrennte Funktionen angesehen (Gutenberg 1929, 1951). Dabei ist die Organisation ein reines Vollzugsinstrument, welches das Geplante in die Wirklichkeit umsetzen soll. Dahinter steht die Vorstellung, daß die Willensbildung von der Willensdurchsetzung getrennt werden könnte. Schwierigkeiten beim Vollzug werden als ein Problem schlechter Planung verstanden, welches durch noch exaktere Planung zu lösen sei. Organisatorische Regelungen können aber nicht vom Reißbrett eins zu eins in die organisatorische Wirklichkeit umgesetzt werden. Es bestehen zahlreiche unplanbare Widerstände und Hindernisse. Organisationen sind keine Maschinen, vielmehr gilt: „In Organisationen tobt das Leben" (Küpper/Ortmann 1988, S. 7). Daraus resultiert, daß heute der funktionale Organisationsbegriff im Begriff des Change Management weiterentwickelt wurde. Der Umgang mit Widerstand gegen Änderungen wird dort als ein eigenständiges Problem behandelt (Pettigrew/Whipp 1991; Kotter 1996; Reiß/von Rosenstiel/Lanz 1997). Aus dieser Sicht werden Wandlungsprozesse nicht mehr als sequentielle Abfolge der Schritte Problemdefinition, Alternativensuche, -bewertung und -auswahl sowie Implementation angesehen. Es geht nicht mehr nur um die systematische Verarbeitung externer Informationen, sondern Organisationen müssen Wissen selber entwickeln (Nonaka 1994). Dies ist Gegenstand der Orientierungsfunktion (Abschnitt 3).

Der *konfigurative* Organisationsbegriff ist vor allem von Kosiol (1962, 1978) geprägt worden. Insbesondere im deutschsprachigen Raum bauen viele Arbeiten auf diesem Begriff auf. Organisation wird nach diesem Verständnis als dauerhafte Strukturierung von Arbeitsprozessen gekennzeichnet, die das Gefüge oder die Konfiguration von Ganzheiten ausmachen. Im Gegensatz zum funktionalen Organisationsbegriff liegt hier der Schwerpunkt nicht auf der Tätigkeit des Organisierens, sondern auf den *Organisationsstrukturen* als Ergebnis organisatorischer Gestaltungshandlungen. Organisation schließt folglich die Planung ein, das heißt, auch Planung muß organisiert werden.

Auch der konfigurative Organisationsbegriff kann traditionell oder modern verstanden werden. Der traditionelle Begriff behandelt nicht die Generierung und Auswahl von Zielen in einem multipersonalen Prozeß, sondern vornehmlich deren *Implementierung*. Die Organisation bildet den formalen Rahmen, innerhalb dessen die Aufgaben vollzogen werden. Solch ein Rahmen besteht aus formalen Regelungen wie beispielsweise aus Stellenbeschreibungen, Festlegungen der Leitungsspanne, Verfahrens- und Planungsrichtlinien usw. Organisation ist demzufolge ein Set von Regelungen, welches das Verhalten der Mitarbeiterinnen und Mitarbeiter einer Institution auf ein übergeordnetes, vorgängig definiertes Gesamtziel ausrichten soll. In modernen Ansätzen werden zunehmend auch Prozesse der Ziel- und Alternativengenerierung als Problembereich der Organisationsstruktur diskutiert (Prahalad/Bettis 1986; Frost 1998). Ungeeignete, schwerfällige Organisationsstrukturen verhindern die Wahrnehmung relevanter Entwicklungen im Wettbewerbsumfeld (vgl. Abschnitt 3).

1.2 Der institutionelle Organisationsbegriff

Der institutionelle Organisationsbegriff ist vor allem in der amerikanischen Management-Literatur, in der Soziologie und in der Organisationspsychologie verwendet worden (Scott 1986; Daft 1992). Das institutionelle Organisationsverständnis wählt einen umfassenderen Blickwinkel als das instrumentelle Organisationsverständnis: Es geht nicht nur um die formale Organisationsstruktur, sondern es wird das tatsächliche, empirisch beobachtbare Verhalten einbezogen. Dies schließt die informale Organisation ein, das heißt die „unsichtbaren Regeln" ohne offiziellen Charakter. Diese werden nicht mehr nur als Störfaktor angesehen. Vielmehr können sie die Kommunikation erleichtern, Vertrauen herstellen und die Unzulänglichkeiten der formalen Organisation ausgleichen. Ohne informale Regeln wäre „Dienst nach Vorschrift" an der Tagesordnung. Der institutionelle Organisationsbegriff behandelt damit auch Veränderungen von Strukturen, Widerstände bei den Organisationsmitgliedern oder Dysfunktionen bzw. Störungen im Arbeitsablauf, die im Rahmen des traditionellen instrumentellen Organisationsbegriffes nicht erklärt werden können.

Nach dem institutionellen Organisationsverständnis werden alle *zweckorientierten* sozialen Gebilde als Organisation bezeichnet (March/Simon 1958; Parsons 1966; Mayntz 1968). Dazu gehören auch Krankenhäuser, Kirchen, Schulen, Vereine, Selbsthilfegruppen, das Rote Kreuz oder Regierungen.

1.3 Was heißt organisieren?

Bereits die Gegenüberstellung des traditionellen und modernen Verständnisses im instrumentellen und institutionellen Organisationsbegriff hat gezeigt, daß die Aufgabe der Organisation in immer größerer Vielfalt gesehen wird. Gleichzeitig stellen wir fest, daß moderne Organisationskonzepte wie die Profit-Center-Organisation, die Prozeßorganisation, die Holdingorganisation und die Netzwerkorganisation übereinstimmend dadurch gekennzeichnet sind, daß sie soviel Markt wie möglich in die Organisation hineintragen wollen. Durch den Abbau von bürokratischen Regelungen sollen kleinere, dezentrale Einheiten entstehen. Als „Unternehmen im Unternehmen" sollen sie mehr Flexibilität und Innovativität ermöglichen. Der Marktdruck soll zu mehr Eigenverantwortlichkeit führen (Frese 1995a). Sind Organisationen um so erfolgreicher, je mehr marktähnliche Elemente sie enthalten? Oder gibt es besondere nicht-marktliche Elemente, die erfolgreiche von weniger erfolgreichen Organisationen unterscheiden? (Rumelt/Schendel/Teece 1991). Zur Beantwortung dieser Fragen unterscheiden wir zwischen der Koordination, der Orientierung und der Motivation von arbeitsteiligen Personenkollektiven.

Traditionellerweise wurden in der Organisationslehre nur die *Koordinationsaufgaben* berücksichtigt. Insbesondere die deutschsprachige Organisationslehre hat diese zu einem geschlossenen theoretischen Konzept entwickelt (Nordsieck 1934; Kosiol 1962; Grochla 1966; Frese 1995a). Die Koordinationsanforderungen ergeben sich aus dem organisatorischen Grundprinzip der interpersonellen Arbeitsteilung. Dabei geht es um die Festlegung und gegenseitige Abgrenzung von Kompetenzinhalten einzelner organisatorischer Einheiten nach horizontalen und vertikalen Aspekten. In der angelsächsischen Literatur werden schon seit langem die *Motivationsaufgaben* intensiv aus ganz unterschiedlicher Sicht diskutiert (McGregor 1960; Argyris 1964; Likert 1967; Milgrom/Roberts 1992). Erst in jüngster Zeit stößt die *Orientierungsdimension* auf großes Interesse. Orientierung beinhaltet die Fähigkeit, das für das Unternehmen relevante Wissen zu generieren, zu transferieren und zu speichern (Nonaka/Takeuchi 1995; Frost 1998). Relevant ist Wissen dann für ein Unternehmen, wenn es als Sensorium für die Wahrnehmung wichtiger Entwicklungen dient. Das Problem erschöpft sich nicht darin, Informationen zu verarbeiten. Vielmehr müssen die Informationen erst wahrgenommen, interpretiert und zu neuen Alternativen verknüpft werden.

2 Die Koordinationsaufgaben der Organisation

2.1 Grundprinzipien der Koordination

Wodurch unterscheidet sich die Koordination in Unternehmen gegenüber der auf Märkten? Märkte koordinieren über Angebot und Nachfrage und die daraus resultierenden Preise. Preise enthalten alle wichtigen Informationen für die Teilnahme am Markt (Hayek 1945). Das Ergebnis sind *Verträge*. Idealerweise handelt es sich auf dem Markt um vollständige Verträge wie zum Beispiel der Vertrag einer Restaurantbesitzerin mit ihrem Zulieferanten für Gemüse. Preis und zugesicherte Leistung sind eindeutig festgelegt.

Aber koordinieren Unternehmen die Arbeitsleistung ihrer Angestellen nicht auch durch Verträge, nämlich Arbeitsverträge? Zwar unterscheidet sich der Vertrag der Restaurantbesitzerin mit ihrem Lieferanten von dem Vertrag mit ihrem Koch in seiner Länge, in seiner wechselseitigen Abhängigkeit und in den Bezahlungsmodalitäten. Es sind verschiedene Verträge, aber beides sind Verträge. Jedoch gibt es ein wichtiges Unterscheidungsmerkmal zwischen Verträgen auf Arbeitsmärkten und Verträgen auf Gütermärkten: Arbeitsverträge sind in einem hohen Ausmaß *unvollständige* Verträge. Man kann bei der Vertragsschließung die Leistung des Arbeitnehmers oder der Arbeitnehmerin ex ante nicht genau spezifizieren. Wäre dies der Fall, gäbe es keinen Anlaß, die entsprechende Leistung *nicht* über den Markt einzukaufen (Simon 1991). Die Unvollständigkeit des Arbeitsvertrages wird dadurch kompensiert, daß sich der Arbeitnehmende gegenüber dem Arbeitgebenden innerhalb eines bestimmten Bereiches, der sogenannten *Indifferenzzone*, verpflichtet, den im Unternehmen gültigen operativen Regeln und Weisungen zu folgen (Barnard 1938). Diese sind die Essenz von Organisationen und machen einen wichtigen Unterschied zu Märkten aus (Coase 1937). Es gibt generell zwei Grundformen von Regeln und Weisungen: Konditionalprogramme und Zweckprogramme (Luhmann 1973). In der Betriebswirtschaftslehre wurde diese Unterscheidung unter anderer Bezeichnung von Hax (1965) eingeführt.

2.1.1 Konditionalprogramme

Konditionalprogramme folgen einer „Wenn-Dann"-Regel. Immer wenn das Ereignis A eintritt, ist die Handlung B zu ergreifen. Konditionalprogramme sind für Routineentscheidungen geeignet. Sie
- montieren Entscheidungen fest auf Tatbestände, unabhängig von der bezweckten Wirkung,
- ermöglichen eine Entlastung der Vorgesetzten durch Standardisierung,
- entlasten die kognitive Informationsverarbeitungskapazität aller Organisationsmitglieder durch Habitualisierung und Routinisierung,
- reduzieren Willkür, Unsicherheit und Mehrdeutigkeit,
- erhöhen die Verläßlichkeit,
- mildern Konflikte und
- erhöhen die Objektivierung, das heißt, sie sichern die Unabhängigkeit des Amtes von der Person.

Regeln in bürokratischen Unternehmen sind vorwiegend als Konditionalprogramme ausgestaltet. Beispiele sind Organigramme und Ablaufpläne. Organigramme regeln die Entscheidungsbefugnisse in vertikaler und horizontaler Sicht (vgl. Abschnitt 2.2 und 2.3). Ablaufpläne schreiben die zeitliche Reihenfolge von Aktivitäten vor. Konditionalprogramme haben jedoch auch Nachteile. Sie setzen die Vorhersehbarkeit der Ereignisse voraus, weil sie „Mechanismen für die Lösung schon gelöster Probleme" sind (Luhmann 1973, S. 260). Für innovative und neuartige Aufgaben sind sie deshalb nicht geeignet. Aus diesem Grund gilt heute die Bürokratie, die zu einem großen Teil auf Konditionalprogrammen beruht, als rückständig, unflexibel und innovationsfeindlich. Konditionalprogramme treten in Organisationen in zwei Variationen auf, die sich jedoch nicht immer deutlich voneinander trennen lassen (Gouldner 1968): als kristallisiertes Wissen und als Koordinationsnormen.

Kristallisiertes Wissen

Kristallisiertes Wissen stellt eine ökonomische Form der Speicherung und Übertragung von Spezialisten-Know-how dar (Demsetz 1991; March 1991). Der Nutzen der Arbeitsteilung kann erst dann realisiert werden, wenn etwa die Spezialistin für Controlling Regeln über die Kostenerfassung aufstellt, ohne daß alle übrigen Organisationsmitglieder genau Bescheid wissen müssen, warum die Regeln genau so und nicht anders ausfallen. Ohne solche Regeln müßte sich jedes Organisationsmitglied alles erforderliche Wissen selbst erwerben. Es gäbe keine Synergieeffekte, keine „economies of scale" (Größeneffekte) und damit keine „Superadditivität". Allerdings können Unternehmen mit solchen Regeln auch in die „Erfolgsfalle" tappen (Levitt/March 1988), nämlich dann, wenn das einstmals erfolgreiche Wissen neuen Bedingungen nicht mehr genügt. Dann werden solche Regeln – wie alle Konditionalprogramme – zur Zwangsjacke. „Dienst nach Vorschrift" kennzeichnet die dysfunktionale Wirkung solcher Regeln.

Koordinationsnormen

Koordinationsnormen sind Regeln, welche die gegenseitige Abstimmung erleichtern, ohne daß dabei Interessenkonflikte auftreten. So wie es den meisten Menschen gleichgültig ist, ob sie im Straßenverkehr rechts oder links fahren, ist es den meisten Organisationsmitgliedern gleichgültig, ob sie für Spesenabrechnungen ein rotes oder grünes Formular verwenden, solange alle derselben Regel folgen. Koordinationsregeln können in Unternehmen per Weisung viel schneller eingeführt werden als auf Märkten, wo es Verhandlungen bedarf. Aber auch hier gilt, daß solche, meist konditional formulierte Regeln unter veränderten Bedingungen zur Zwangsjacke werden können.

2.1.2 Zweckprogramme

Zweckprogramme erklären einen gewünschten Zustand für verbindlich, wie beispielsweise das Erreichen eines bestimmten Kostenlimits. Offen bleibt, welche Maßnahmen zu ergreifen sind, um den Zweck zu erreichen. Damit ermöglichen Zweckprogramme einen größeren Spielraum und eine höhere Flexibilität als Konditionalprogramme. Die reinste Ausprägung von Zweckprogrammen stellt das Markt- und Preissystem dar. Es determiniert keine Verfahrensvorschriften, sondern lediglich Leistung und Gegenleistung.

In Unternehmen ergänzen Zweck- und Konditionalprogramme einander, und es existieren zahlreiche Übergänge (Hax 1965): So hat etwa ein Einkäufer die Weisung einzuhalten, bei Unterschreitung eines Mindestvorrats eine Bestellung aufzugeben (Konditionalprogramm), Bestellmenge und Lieferant darf er selbst wählen, solange er ein vorgegebenes Kostenlimit einhält (Zweckprogramm). In der Organisationslehre ist die Idee der Zweckprogrammierung im Konzept des „*Management by Objectives*" (Odiorne 1967) konkretisiert worden.

Die Problemlösungstheorie hat die Dichotomie zwischen Zweck- und Konditionalprogrammen weiter differenziert und erweitert: Zweckprogramme können ihrerseits wohldefinierte oder schlechtdefinierte Probleme sein. Schlecht definiert sind sie dann, wenn kein eindeutiges Kriterium zur Verfügung steht, wann das Problem als gelöst gilt (Kirsch 1971; Dörner 1979; Osterloh 1985).

Zwecke sind meistens an Interessen geknüpft. Divergieren die Interessen, lösen sie Konflikte aus. Sie können zwar auch in Form von Weisungen vorgegeben werden. Weil Zweckprogramme aber Spielräume bei der Ausführung lassen, können sich Interessendivergenzen zwischen Weisungsgeber und Weisungsnehmer nachteilig auswirken, wenn die Leistung nicht eindeutig überwacht werden kann (Prinzipal-Agenten-Problem, z.B. Jensen/Meckling 1976). Für die daraus entstehenden Konflikte unterscheiden wir zwei Typen von Regeln, die auch außerhalb des Unternehmens angewendet werden, innerhalb von Unternehmen aber leichter zu realisieren sind: *Reziprozitätsnormen* und *Maximen*. Im Unterschied zu Konditionalprogrammen können beide nicht nur durch Weisungen durchgesetzt werden, sondern erfordern zusätzlich die inhaltliche Zustimmung der Organisationsmitglieder als ihre Regel. Weil sie final vom erzielbaren Ergebnis und den daran geknüpften Interessen definiert sind, reagieren sie flexibler auf verändertes Wissen und veränderte Rahmenbedingungen unter den Bedingungen unvollständiger Verträge.

Reziprozitätsnormen

Die reinste Form von Reziprozitätsnormen existiert auf dem Markt: Leistung und Gegenleistung in Form von Preisen definieren die reziproke Tauschbeziehung. In Unternehmen treten Reziprozitätsnormen vorwiegend als *implizite* oder psychologische Verträge auf (Akerlof 1982; Rousseau 1995). Sie beruhen auf freiwillig eingehaltenen Verhaltensnormen. Beispielsweise leisten Arbeitnehmer über die Mindestnorm hinaus, wenn sie das Gefühl haben, für diese Leistung überdurchschnittlich gewürdigt zu werden (Fehr/Gächter/Kirchsteiger 1997). Reziprozitätsnormen wirken aber auch zwischen Kollegen, zum Beispiel wenn einzelne Kollegen bei der Arbeit Unlustgefühle empfinden und am liebsten bummeln möchten. Sie könnten ihre Kollegen dadurch schädigen, daß sie den Begriff des Teams mißverstehen als „Toll, ein anderer machts" und sich als Trittbrettfahrer verhalten. Das Gesamtergebnis des Teams würde darunter leiden. Solche Dilemmasituationen, in denen aufgrund des Trittbrettfahrerproblems das Handlungsergebnis von der Kooperationsbereitschaft der Kollegen abhängt, ist vor allem von der Spieltheorie analysiert worden (z.B. Dixit/Nailbuff 1995). Bei fortdauernden Beziehungen kann diese Dilemmasituation („win-loose"-Situation) durch eine „Wiedu-mir-so-ich-dir"-Strategie (Axelrod 1987) zu beiderseitigem Vorteil gelöst werden („win-win"-Situation). Das gemeinsame Ergebnis im Team ist dann am höchsten, wenn sich alle einsetzen und sich niemand drückt. Durchsetzbar ist dies, wenn wechselseitig die Leistung beobachtet werden kann und man sich nur solange kooperativ verhält wie es die anderen Teammitglieder ebenfalls tun. Reziprozitätsnormen funktionieren um so besser, je länger die Kooperationsbeziehung dauert und je besser man sich kennt. Arbeitsbeziehungen sind hier um so mehr im Vorteil gegenüber reinen Marktbeziehungen, je mehr sie auf Dauer angelegt sind (Aoki 1990).

Maximen

Maximen sind Regeln, die von den Akteuren um ihrer selbst willen akzeptiert sind. Sie werden auch dann befolgt, wenn ihre Verletzung nicht sanktionierbar ist (Bubner 1976). Man braucht sie immer dann, wenn das Risiko, bei einer Regelverletzung erwischt zu werden, äußerst gering ist („golden opportunities", Frank 1988). Maximen werden auch dann respektiert, wenn kurz- oder langfristig Nachteile hingenommen werden müssen. Im Arbeitsalltag gibt es zahlreiche Situationen, in denen es zu kostspielig oder sogar unmöglich ist, die Mitarbeiterinnen und Mitarbeiter so zu überwachen, daß Täuschungen unmöglich werden. Je komplexer und vieldeutiger die Probleme sind und je weniger die Leistungen durch spezifizierte Verträge oder explizite Regeln zu überwachen sind, desto häufiger ist das der Fall.

Im Unterschied zu allen bisher genannten Regeltypen erfordern Maximen eine intrinsische Motivation (vgl. Abschnitt 4), die auf die Einhaltung von Regeln aus eigenem Antrieb, zum Beispiel aus Gründen der Einsicht, Solidarität oder Fairness gerichtet ist. Bei allen anderen Regeltypen wirken diese Motive unterstützend, sie werden aber vor allem aus Eigennutz eingehalten, sei es aus Angst vor Sanktionen oder um Reziprozitätsgewinne zu erzielen.

Maximen sind für die Koordinationsaufgabe in Unternehmen um so wichtiger, je unvollständiger, vieldeutiger und schwerer überwachbar die Verträge sind. Das bedeutet, daß die Koordinationsaufgabe in Unternehmen von der Motivation ihrer Mitglieder um so weniger losgelöst werden kann, desto mehr dies der Fall ist. Insbesondere das Merkmal der *Unvollständigkeit* unterscheidet Verträge in Unternehmen von Verträgen auf Märkten. Erfreulicherweise kann in Organisationen intrinsische Motivation systematisch besser erzeugt werden als auf Märkten (vgl. Abschnitt 4).

2.2 Prinzipien der Strukturgestaltung

Erst neuerdings wird versucht – wie in Abschnitt 1.3 bereits erwähnt –, Zweckprogramme in Form von marktlichen Elementen in die Organisation hineinzutragen. Die in diesem Abschnitt behandelten Prinzipien der Strukturgestaltung folgen jedoch noch weitgehend der traditionellen Organisationslehre. Im Mittelpunkt ste-

hen Konditionalprogramme, die allenfalls durch Elemente von Zweckprogrammen ergänzt werden.
Im deutschsprachigen Raum steht das Verhältnis von Aufbau- und Ablauforganisation im Mittelpunkt.

Aufbauorganisation

Die Aufbauorganisation befaßt sich mit der Bildung organisatorischer Einheiten nach dem *Zweck-Mittel-Prinzip*. Den wichtigsten Anknüpfungspunkt der Organisation stellen dabei die in einem Unternehmen zu erfüllenden Aufgaben dar. Allgemein kann eine Aufgabe als „Zielsetzung für zweckbezogene menschliche Handlungen" definiert werden (Kosiol 1962, S. 43). Diese Definition darf jedoch nicht den Eindruck erwecken, daß Kosiol ein Zweckprogramm im obengenannten Sinne meint. Vielmehr ist bei ihm das Verhältnis von Zweck-Mittel-Ordnung sowie von Zweck- und Konditionalprogrammierung ungeklärt (Luhmann 1973).

Mit der Zerlegung komplexer Aufgaben in Teileinheiten, der Stellenbildung und Festlegung der Kommunikations- und Weisungsbeziehungen schafft die Aufbauorganisation sozusagen die „statische organisatorische Infrastruktur" (Frese 1995a, S. 11). Die daraus enstehenden Strukturen sind *Koordinationsformen*, die das *Ordnungsprinzip* der Organisation realisieren (Abschnitte 2.2.1 und 2.2.2).

Ablauforganisation

Im Konzept von Kosiol folgt der Aufbauorganisation die Ablauforganisation als „Bewegungsvorgang". Die traditionelle Ablauforganisation beschreibt „den Ablauf des betrieblichen Geschehens, den Vollzug, die Ausübung oder Erfüllung von Funktionen, derentwegen Bestände geschaffen wurden. Im Vordergrund steht der Prozeß der Nutzung von in der Aufbauorganisation geschaffenen Potentialen" (Gaitanides 1992, Sp. 1). Dies führte in der klassischen Organisationslehre zu einer Dominanz der Aufbauorganisation. Die Ablauforganisation wurde als zweitrangig angesehen. Sie war faktisch die Fortsetzung der Aufbauorganisation ohne eigene Gestaltungsspielräume und degenerierte dadurch zum Lückenbüßer. Die Aufbauorganisation setzt die Prämissen, so daß die Regelung der Abläufe zu einer nachgeordneten, möglichst algorithmisierbaren Angelegenheit wird (Osterloh 1993).
Im aktuellen Konzept der Prozeßorganisation (vgl. Abschnitt 5.2) wird das Verhältnis von Aufbau- und Ablauforganisation umgedreht: Die Aufbauorganisation wird zur Fortsetzung der Ablauforganisation. Funktionsübergreifende Prozeßketten bilden das Segmentierungskriterium, nach denen in einem zweiten Schritt die Struktur geschaffen wird.

Differenzierung und Integration

Organisatorische Strukturgestaltung wird durch *Arbeitsteilung (Differenzierung)* und *Arbeitsvereinigung (Integration)* bestimmt. Differenzierung oder Spezialisierung bedeutet, daß der Gesamtaufgabenkomplex in einer Organisation durch Arbeitsteilung in Teilaufgaben zerlegt wird. Die Teilaufgaben werden verschiedenen Entscheidungsträgern zugeteilt. Diese bearbeiten bestimmte Problemausschnitte der Gesamtaufgabe selbständig (March/Simon 1958). Dadurch wird eine eindeutige Zuordnung von Verantwortlichkeiten möglich. Je stärker eine Organisation differenziert ist, um so wirksamere Integrationsmechanismen müssen zur Anwendung gelangen, um die nachteiligen Folgen der Arbeitsteilung zu überwinden (Lawrence/Lorsch 1967). Organisatorische Differenzierung kann horizontal oder vertikal erfolgen. Die *horizontale* Differenzierung erfolgt nach Funktionen, Objekten, Regionen, Projekten und Prozessen. Die *vertikale* Differenzierung beinhaltet Gliederungstiefe, Leitungsspanne und Stellenrelationen. Organisatorische Integration erfolgt *vertikal* durch Leitungsbeziehungen, Standardisierung und Delegation, *horizontal* durch Partizipation und durch Selbstabstimmung in Gruppen.

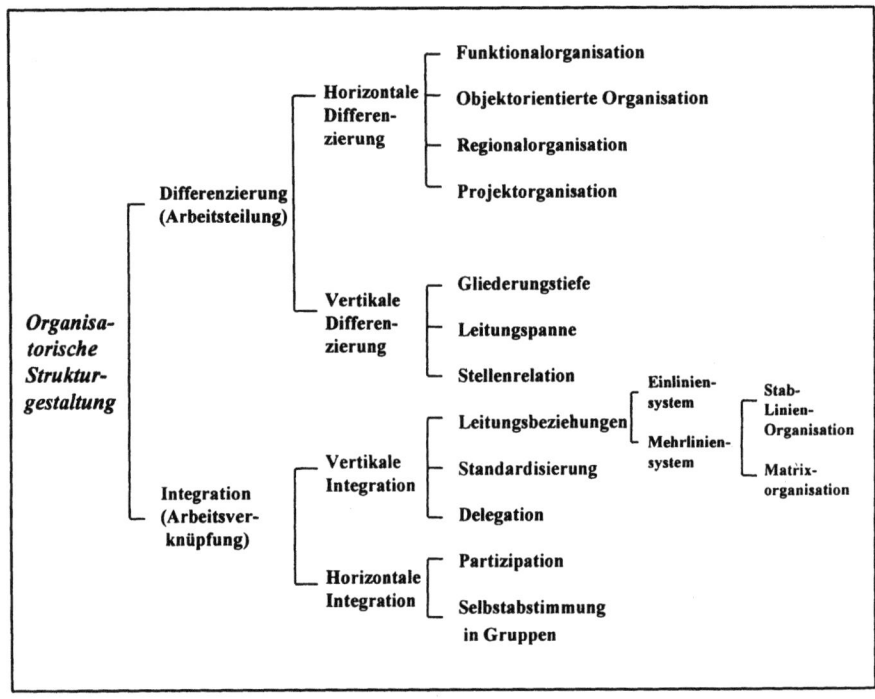

Abb. 1: Differenzierung und Integration als Grundprinzipien der Koordination

2.2.1 Organisatorische Differenzierung

Horizontale Differenzierung

Die horizontale Differenzierung betrifft die Ausgestaltung der Unternehmensstruktur aufgrund der unterschiedlichen Art der Stellen- und Abteilungsbildung. Aufgaben von verschiedenen Trägern werden zu Stellen zusammengefaßt. Je größer ein Unternehmen ist, desto ausdifferenzierter ist seine Abteilungsstruktur (Kieser 1992). Für die Klassifikation in Funktional- oder Divisionalorganisation (objektorientiert, regionalorientiert oder projektorientiert) ist jeweils die zweite Hierarchieebene unterhalb der Unternehmensleitung maßgebend.

Die funktionale Organisation
Die funktionale Organisationsstruktur stellt in der Entwicklung der Industriebetriebe die älteste Organisationsform dar. Die Gliederung eines Unternehmens nach dem Funktions- oder *Verrichtungsprinzip* bedeutet die Bildung von Teilbereichen, die „alle für eine *homogene* Gruppe von Handlungen notwendigen Kompetenzen auf sich vereinen" (Frese 1995a, S. 337). Aus diesem Grund wird die Funktionalorganisation hauptsächlich bei Unternehmen mit einem stabilen, homogenen Produktprogramm verwirklicht (Bleicher 1991).

Die Funktionsleiterinnen oder -leiter führen ihre Ressortbereiche in der Regel kostenorientiert nach Vorgabe von Budgets („Cost Center"). In Fall von Industriebetrieben bestehen diese Kerntätigkeitsfelder typischerweise aus den Bereichen Forschung & Entwicklung, Beschaffung, Produktion, Marketing und Verwaltung.

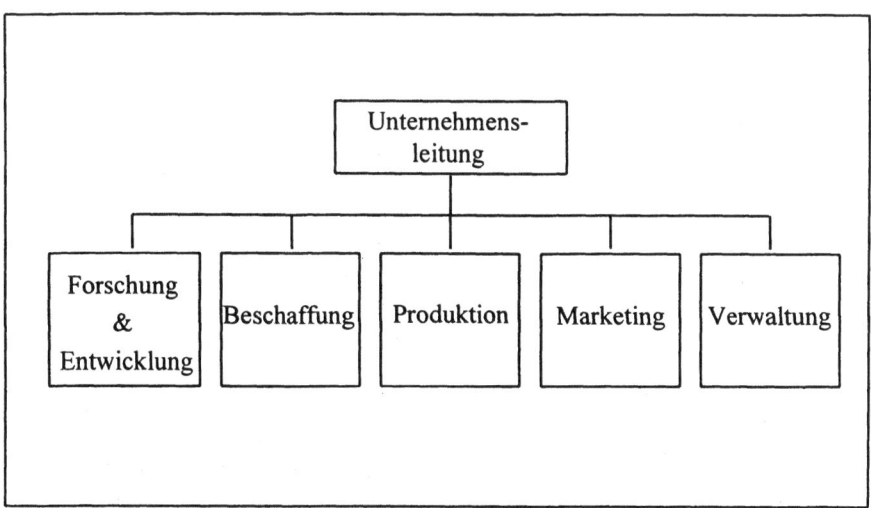

Abb. 2: Funktionalorganisation

Der *Vorteil* der Funktionalorganisation besteht darin, daß eine relativ exakte Dimensionierung der sachlichen und personellen Ressourcen gewährleistet ist. Leerkapazitäten und Doppelspurigkeiten können vermieden werden. Des weiteren können Größenvorteile („Economies of Scale") wie beispielsweise Kostendegressionseffekte durch große Losgrößen in der Fließfertigung realisiert werden. Schließlich führt die Orientierung an der fachlichen Spezialisierung der Aufgabenträger zu Lerneffekten, d.h. einer Steigerung von spezifischen Fertigkeiten.

Jedoch weist die Funktionalorganisation aufgrund der internen Leistungsverflechtung auch erhebliche *Nachteile* auf: Je diversifizierter das Leistungsprogramm des Unternehmens ist, desto weniger kommen Spezialisierungsvorteile zum Tragen. Dies deshalb, weil die Koordinations- und Abstimmungsanforderungen zwischen den einzelnen organisatorischen Funktionalbereichen zunehmen. Des weiteren läßt sich in funktional organisierten Unternehmen ein ausgeprägt segmentiertes Verhalten der Teilbereiche beobachten (Lawrence/Lorsch 1967). Dies führt zu einem ausgeprägten „Funktionsdenken" und unproduktiven Konflikten, wodurch das Gesamtoptimum gefährdet werden kann. Die zentrale Koordination obliegt der Unternehmensleitung, die damit aber schnell überfordert ist. In diesem Fall wird das Gesamtziel allenfalls im „Blindflug" angesteuert. Die Verantwortung für organisatorische Ineffizienzen kann kaum mehr angemessen lokalisiert werden. Sie kann deshalb leicht anderen Bereichen zugeschoben werden (Khandwalla 1977). Im schlimmsten Fall tritt der Zustand der „organisierten Unverantwortlichkeit" ein.

Bei einem diversifizierten Leistungsprogramm ist die Funktionalorganisation anderen Organisationsformen in bezug auf die Realisierung von horizontalen Synergien unterlegen, welche alle für die Verwirklichung eines Auftrages notwendigen Entscheidungskompetenzen in einem organisatorischen Bereich vereinen.

Die objektorientierte Organisation
In der objektorientierten Organisation sind die organisatorischen Einheiten nach produktbezogenen Teilbereichen (Objekten) gegliedert. Alle Verrichtungen, die zu einer Produktgruppe oder Dienstleistungsart gehören, werden als eigenständige Division, Sparte oder als eigenständiger Geschäftsbereich geführt (Rühli 1993).

In seiner historischen Analyse konnte Chandler (1962) am Beispiel der amerikanischen Unternehmen Du Pont und General Motors zeigen, daß die objektorientierte Organisation als Folge einer Strategie der Diversifikation in neue Produkte und Märkte entstand. Die traditionelle Funktionalorganisation genügte den Koordinationsanforderungen eines Unternehmens mit diversifiziertem Mehrproduktprogramm nicht mehr.

Die Objekt- bzw. Spartengliederung befindet sich unmittelbar auf der *zweiten* Ebene, d.h. unmittelbar unterhalb der Unternehmensleitung. Dadurch entstehen zweckorientierte Entscheidungskompetenzen für die jeweilige Spartenleitung. Die darauffolgenden Ebenen innerhalb der Sparten sind häufig wieder funktional gegliedert. Je autonomer die Sparten entscheiden können, desto größer ist der Dezentralisationsgrad. Werden möglichst wenige Aufgaben in Zentralbereichen zusammengefaßt, spricht man von einer dezentralen Spartenorganisation, in der die Spartenleitung eigenständig über die Erstellung oder den Bezug von (internen) Leistungen entscheiden kann (Bühner 1992).

Der *Vorteil* der objektorientierten Organisationsstruktur besteht darin, daß bei einer Verwirklichung des Konzepts in reiner Form alle für ein Objekt notwendigen Kompetenzen in einer Entscheidungseinheit vereint sind, so daß horizontale Synergievorteile („Economies of Scope" oder Breiteneffekte) realisiert werden können. Die interne Leistungsverflechtung wird in die Sparten internalisiert (Frese 1995a). Die einzelnen Sparten sind für ihren Erfolg verantwortlich. Gegenüber der funktionalen Organisation besteht eine wesentlich stärkere Kundenorientierung sowie die Fähigkeit, schnell und flexibel auf Marktänderungen reagieren zu können. Im Gegensatz zur Funktionalorganisation können Elemente einer Zweckprogrammierung – wie bei allen divisionalen Organisationskonzepten – stärker berücksichtigt werden.

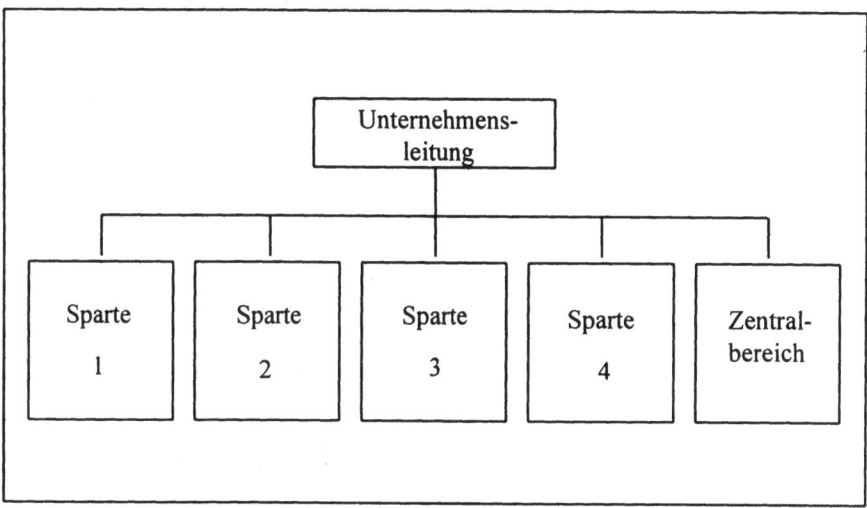

Abb. 3: Objektorientierte Organisation

Allerdings hat die objektorientierte Organisation auch *Nachteile*: Bei einer konsequenten Spartengliederung wird auf die Ausnutzung von Vorteilen der Größendegression („Economies of Scale") verzichtet. Sind bestimmte Funktionsbereiche – wie beispielsweise die Absatztätigkeiten – in mehreren Sparten parallel vorhanden, kommt es zu ineffizienten Doppelspurigkeiten.

Die Regionalorganisation
Die zunehmende Multinationalität vieler Unternehmen hat die Regionalorganisation zu einer bedeutenden Organisationsform werden lassen. Die Regionalorganisation ist ein divisionales Strukturkonzept, bei der die organisatorischen Teileinheiten nach geographisch oder regional abgrenzbaren Merkmalen gebildet werden. Jede Einheit trifft Entscheidungen über den Einsatz von Ressourcen für sämtliche Funktionen eines bestimmten Regionalbereichs (Frese 1995a). In der Unternehmenspraxis erweist sich eine regionale Differenzierung häufig als historisch gewachsen und wird mit einer produkt- oder funktionalbezogenen Spezialisierung zu einer zweidimensionalen Organisationsstruktur kombiniert (Matrixorganisation vgl. Abschnitt 2.3.1).

Die *Vorteile* der Regionalorganisation ergeben sich durch das einheitliche, koordinierte Auftreten auf einem regional abgegrenzten Markt. Dies ist vorteilhaft, wenn zum einen unterschiedliche räumliche Märkte eine differenzierte Produktpolitik erfordern und zum anderen standortgebundene Aktivitäten erforderlich sind (Alewell 1992). So erfordert beispielsweise die Realisierung großer Bauvorhaben den ständigen Kontakt mit Marktpartnern vor Ort. Ihre hohe Autonomie wirkt sich positiv auf die Motivation der regionalen Einheiten aus. Die *Nachteile* der Regionalorganisation bestehen ebenso wie in der objektorientierten Organisation darin, daß eine Gliederung nach dem Regionalprinzip die Realisierung von Spezialisierungsvorteilen verhindert.

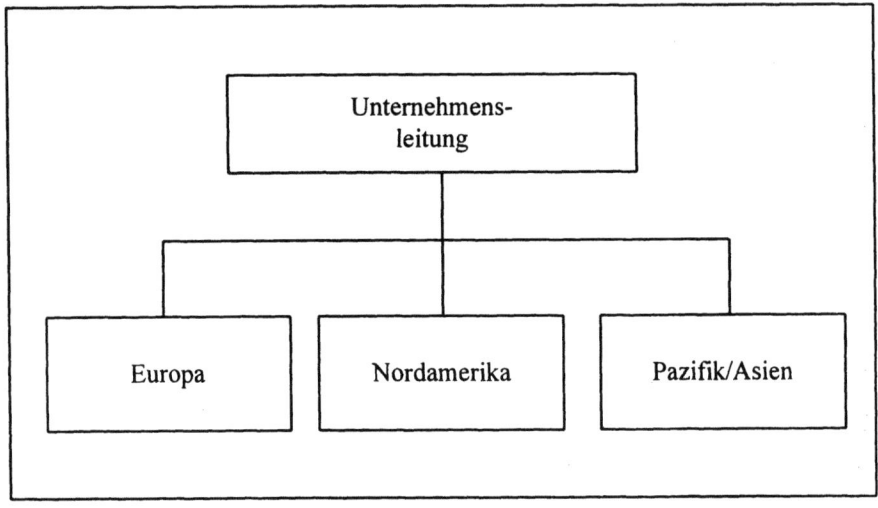

Abb. 4: Regionalorganisation

Die Projektorganisation
Projekte sind „Unternehmen auf Zeit". Daraus leiten sich die Hauptaufgaben der Projektorganisation ab: Bewältigung von Singularität (Einzigartigkeit), Komplexität und relativer Neuartigkeit, zeitliche Befristung sowie ein funktionsübergreifender Aufgabenumfang.

Der entscheidende *Vorteil* von Projektorganisationen besteht darin, daß sie ein hohes Maß an Flexibilität bieten und damit besonders für die Bearbeitung von innovativen Aufgaben geeignet sind. Daraus resultiert aber zugleich auch ein *Nachteil*: Projektaufgaben bringen „ein instabiles Element in ein auf Dauer angelegtes organisatorisches System" (Frese 1995a, S. 470). Je höher dabei der Anteil an mitwirkenden Unternehmensbereichen ist, desto aufwendiger wird die Koordination.

Es gibt viele verschiedene Varianten der Projektorganisation, die sich jedoch alle in dem Spannungsfeld zwischen der Ausrichtung der Gesamtorganisation auf die Projekterfordernisse einerseits und der Abwicklung von Projektaufgaben im Rahmen der bestehenden Organisation andererseits bewegen. Die drei bekanntesten Varianten sind die Projekt-Stabs-Organisation, die Matrix-Projektorganisation und die reine Projektorganisation.

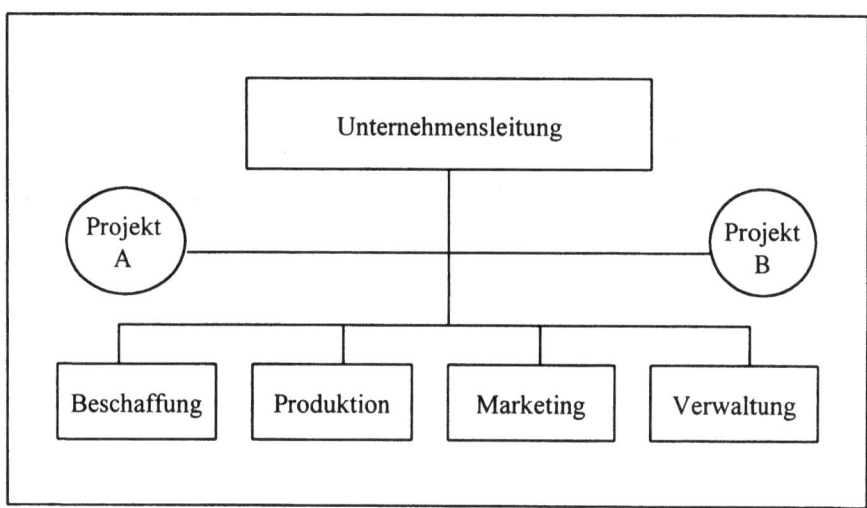

Abb. 5: Projekt-Stabs-Organisation

Die *Projekt-Stabs-Organisation* wird häufig auch als Einfluß-Projektorganisation oder Projektkoordination bezeichnet. Die Projektaufgaben werden wie Stabsaufgaben von einem Projektteam wahrgenommen. Dieses ist hauptsächlich mit der Informationssuche und -bearbeitung sowie der Entscheidungsvorbereitung beschäftigt, da die Projektstäbe gegenüber der Linie nicht weisungsbefugt sind. Wichtige Projektentscheidungen werden von den übergeordneten Instanzen getroffen. Aufgrund seiner Fachkompetenz und seines hohen Informationsstandes hat ein Projektstab aber häufig die Möglichkeit der informellen Koordination, das heißt, er hat faktisch einen stärkeren Einfluß auf die Projekte als es der eigentlichen Stabskonzeption (vgl. Abschnitt 2.2.2) entspricht.

Bei der *Matrix-Projektorganisation* werden die Projekte als gleichberechtigte Dimensionen neben dem funktions- oder objektbezogenen Entscheidungssystem hinzugefügt. Damit wird eine Kompetenzaufteilung zwischen der Linie, die für die Erfüllung permanenter Aufgaben zuständig ist, und dem projektbezogenen Leitungssystem vollzogen. Die Projektleiter sind für die Definition und Ausgestaltung der erhaltenen Leistungsaufträge zuständig. Das bedeutet, daß die Mitglieder eines Projektteams gleichzeitig von zwei Instanzen Anweisungen erhalten. Der Vorteil besteht darin, daß diese Schnittstellen als Basis für eine fruchtbare Zusammenarbeit zwischen Projektteam und Mitarbeitern der übrigen Instanzen wirken können. Dadurch lassen sich Abstimmungsschwierigkeiten zwischen den Projekt- und Linienaufgaben verhindern. Andererseits sind die Schnittstellen zwischen den horizontalen Kompetenzlinien des Projektteams und den vertikalen der übrigen Instanzen immer wieder Ursache für Konflikte, weil zwischen den auf die Ideenfindung spezialisierten Projektteams und den auf die Implementierung dieser Ideen spezialisierten Linienfunktionen organisatorisch getrennt wird.

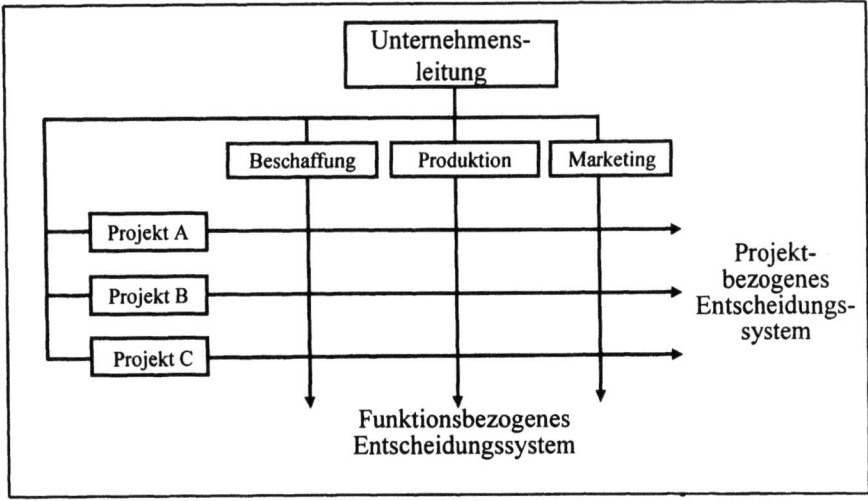

Abb. 6: Matrix-Projektorganisation

Die *reine Projektorganisation* hat den nachhaltigsten Einfluß auf die bestehende Organisation. Es werden zeitlich befristete Organisationseinheiten (Task Forces) für die ausschließliche Erfüllung der Projektaufgaben geschaffen (Grün 1992). Diese sind ausschließlich für die Erfüllung von Projektaufgaben zuständig. Dabei greifen die Projektteams auf eigene projektspezifische Ressourcen zurück. Alle Mitarbeiterinnen und Mitarbeiter eines Projektes werden von ihren bisherigen Linienfunktionen freigestellt und diesen selbständigen Projektbereichen zugeteilt. Die Projekt-Koordinatoren haben volle Weisungsbefugnis gegenüber diesen Mitarbeitern. Häufig werden für die Bearbeitung der Projektaufgabe auch noch Unternehmensexterne hinzugezogen. Die Mitarbeit in einem solchen Projektteam ist häufig anspruchsvoll, weil ein hoher Grad an Eigenverantwortlichkeit notwendig ist. Andererseits kann die Unsicherheit der beteiligten Projektteammitglieder über ihren Status nach Abschluß des Projektes Motivationsprobleme mit sich bringen. So kann die mangelnde Kontinuität der Arbeitsbedingungen zu der Befürchtung führen, Nachteile bei der Eingliederung in die Linienorganisation in Kauf nehmen zu müssen, was zu Frustrationen führen kann (Reeser 1969).

Vertikale Differenzierung

Die vertikale Differenzierung beschreibt die hierarchische Detaillierung der Entscheidungs- und Weisungsbefugnisse. Es werden unterschiedliche, rangmäßige Positionen im Stellengefüge gebildet. Sie ergeben sich aus dem Erfordernis, die einzelnen Stellen auf das übergeordnete Ziel auszurichten. Dazu gehören Überlegungen zur Gestaltung der optimalen Gliederungstiefe, Leitungsspanne und der Stellenrelationen (Kieser/Kubicek 1992).

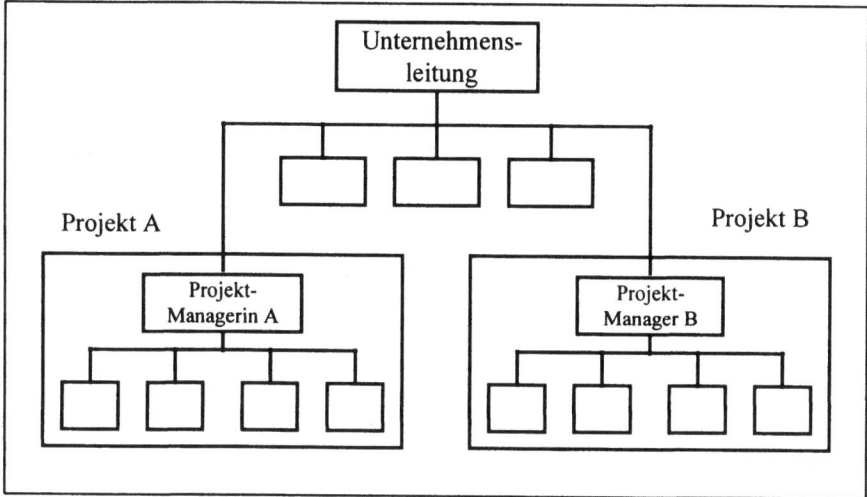

Abb. 7: Reine Projektorganisation

Gliederungstiefe
Die Gliederungstiefe bestimmt über die Anzahl der hierarchischen Ebenen im Unternehmen. Je größer die Gliederungstiefe *oder vertikale Spanne* einer Organisation ist, desto steiler verläuft die Pyramide des Organigramms (Pugh et. al. 1968). Die hierarchische Gliederung des Stellengefüges führt zu einer rangmäßigen Differenzierung zwischen den Organisationsmitgliedern.
Bei einer größeren Gliederungstiefe wird der vertikale Informationsfluß häufiger unterbrochen (Carzo/Yanouzas 1969). Erstens müssen mehr hierarchische Ebenen überwunden werden und zweitens behindern Statusdifferenzen die Weitergabe von Informationen. Andererseits kann eine niedrigere Gliederungstiefe mit weniger Ebenen zu einer verlängerten Bearbeitungszeit führen, weil der Zeitbedarf für Beratungen und Diskussionen steigt (Blau/Schoenherr 1971).

Leitungsspanne
Die Leitungsspanne oder *Subordinationsspanne* einer Organisation kennzeichnet die Anzahl der Stellen, die einer Instanz direkt unterstellt sind. Es geht um die Frage, wieviele Untergebene oder Mitarbeiter eine Vorgesetzte haben sollte. Je größer die Leitungsspanne ist, desto weniger hierarchische Ebenen müssen gebildet werden. Dies führt insgesamt zu einer flacheren Form der Gesamtorganisation. Aussagen zum optimalen Umfang einer Leitungsspanne sind jedoch nicht generell möglich.
Die optimale Leitungsspanne hängt hauptsächlich von zwei Bedingungen ab (Woodward 1965; Mintzberg 1979): von den *Merkmalen der Aufgabe* und vom *Führungsstil*. Routinisierbare, gleichförmige Aufgaben ermöglichen eine stärkere Standardisierung. Diese reduziert den Koordinationsbedarf von Vorgesetzten, so daß ihnen eine größere Anzahl an Untergebenen unterstellt werden kann. Ein par-

tizipativer Führungsstil erfordert eine intensive Kommunikation und Zusammenarbeit. Daraus resultiert eine geringere Leitungsspanne.

Stellenrelationen
Stellenrelationen sind Kennzahlen, die das Verhältnis zwischen bestimmten Arten von Stellen beschreiben. Sie beinhalten beispielsweise die Relation zwischen Instanzen und Ausführungsstellen (Kieser/Kubicek 1992). Des weiteren dienen sie dazu, die Wirtschaftlichkeit oder Zweckmäßigkeit des Leitungssystems verdeutlichen zu können.

2.2.2 Organisatorische Integration

Organisatorische Arbeitsteilung stellt immer einen „Vereinfachungsmechanismus" dar, mit dem die Entscheidungskomplexität für die einzelnen Organisationsmitglieder reduziert werden kann (Barnard 1938; Simon 1945). Dies macht einen wichtigen Vorteil von Organisationen gegenüber Märkten aus. Zwischen den organisatorischen Teilbereichen bestehen jedoch *Interdependenzen*. Entscheidungen in einem Teilbereich haben Auswirkungen auf Entscheidungen in anderen Teilbereichen. Integration bedeutet, daß die interdependenten Teilaufgaben einer Organisation wieder zielgerichtet zusammengefaßt werden, so daß eine *geschlossene Leistungseinheit* entsteht und die Zusammenarbeit zwischen den verschiedenen Teileinheiten sichergestellt ist (Lawrence/Lorsch 1967).

Zur Bewältigung des Integrationsproblems gibt es verschiedene Mechanismen oder Instrumente. Grundsätzlich kann zwischen der vertikalen und der horizontalen Verknüpfung unterschieden werden (Schreyögg 1996). Die Integration durch eine *vertikale* Verknüpfung stellt das klassische Instrument der Organisation im Unterschied zu Märkten dar. Sie beinhaltet die Koordination durch Weisung in Form von Leitungsbeziehungen, Standardisierung und Delegation (vorwiegend Konditionalprogramme). Die Integration durch *horizontale* Verknüpfung ermöglicht die Anwendung von Reziprozitätsnormen und Maximen (Zweckprogramme) in Form von Partizipation und Selbstabstimmung in Teams.

Vertikale Verknüpfung: Integration durch Leitungsbeziehungen, Standardisierung, Delegation und Partizipation

Integration durch vertikale Verknüpfung betrifft die *Komplexitätsverarbeitung* im Entscheidungsprozeß über alle verschiedenen Hierarchieebenen hinweg. Sie beinhaltet deshalb vor allem den Aspekt des *Handlungsspielraums*. Vertikale Arbeitsteilung gibt es in Form von Leitungsbeziehungen, Standardisierung und Delegation. Die unterschiedlichen Varianten der Partizipation stellen Übergangsformen zwischen vertikaler und horizontaler Verknüpfung dar.

Leitungsbeziehungen
In einer Organisation kann zwischen Leitungs- und Ausführungsaufgaben unterschieden werden. Leitungsinstanzen sind Stellen, die anderen Stellen Weisungen erteilen dürfen. Leitungsbeziehungen regeln den *Dienstweg* in einer Organisation

(Rühli 1993). Es lassen sich zwei idealtypische Grundformen unterscheiden: das Einlinien- und das Mehrliniensystem (Kosiol 1962).

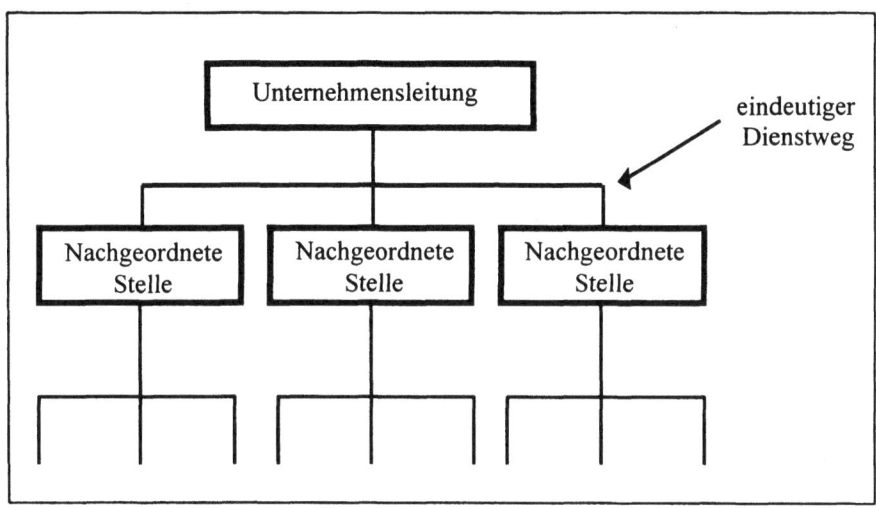

Abb. 8: Einliniensystem

Grundprinzip des *Einliniensystems* ist die von Fayol (1916) entwickelte „Einheit der Auftragserteilung". Einliniensysteme entstehen, wenn die Gesamtaufgabe des Unternehmens nach einem einzigen Kriterium in Teilaufgaben zerlegt wird. Die Untergebenen erhalten auf dem direkten Dienstweg nur von der ihr unmittelbar vorgesetzten Stelle Anweisungen.

Der *Vorteil* dieses Systems besteht in der einfachen und klaren Gliederung des Beziehungsgefüges, weil Zuständigkeiten und Verantwortung eindeutig „in einer Hand" sind. *Nachteile* ergeben sich aus der geringen Reaktionsgeschwindigkeit aufgrund langer, mehrstufiger Entscheidungswege. Dies kann unter Umständen zum sogenannten „Kamineffekt" führen. Wie bei einem Kamin müssen nämlich sämtliche Informationen den gesamten Instanzenweg bis zur Unternehmensspitze durchlaufen. Dies führt zu einer Überlastung der Unternehmensspitze.

Grundprinzip des *Mehrliniensystems* ist die Funktionsteilung und damit Spezialisierung auf der Leitungsebene. Ein Beispiel ist das von Taylor (1911) entwickelte „Funktionsmeisterprinzip". Es bedeutet, daß die nachgeordneten Stellen für verschiedene Tätigkeiten verschiedene Vorgesetzte haben.

Der *Vorteil* dieses Systems besteht in der hohen Spezialisierung der Vorgesetzten. Außerdem bietet das Mehrliniensystem die Chance, das eindimensionale Hierarchiedenken zu reduzieren, weil es mehrere Dienstwege gibt. Dies stellt jedoch zugleich auch ein *Nachteil* dar: Die Vielfachunterstellung der Untergebenen kann zu Verunsicherungen und Kompetenzkonflikten führen. Außerdem entsteht bei den vorgesetzten Stellen ein erheblicher Koordinationsaufwand.

Die beiden Grundformen der Leitungsbeziehungen treten in der Unternehmenspraxis in zahlreichen Mischformen auf. Die bekanntesten sind die Stab-Linien-Organisation und die Matrix-Organisation.

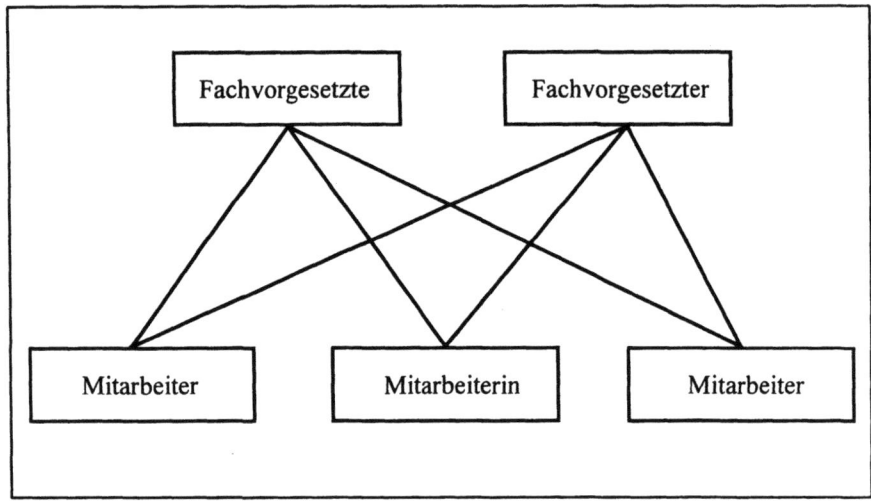

Abb. 9: Mehrliniensystem

Die *Stab-Linien-Organisation* ist durch die permanente Ergänzung des Einliniensystems mit Leitungshilfsstellen, den sogenannten Stäben, charakterisiert. Typische Stabsstellen sind das Controlling und die strategische Planung. Stäbe haben die Aufgabe, die Linieninstanzen in der Entscheidungsvorbereitung fachlich zu beraten und unterstützen. Im Gegensatz zu den Leitungsstellen besitzen sie im allgemeinen keine Entscheidungs- und Weisungskompetenzen. Jedoch erhalten sie häufig ein sogenanntes „funktionales Weisungsrecht" in eng begrenzten fachtechnischen Bereichen, weil sie ein großes Spezialisten- und Erfahrungswissen besitzen.

Der *Vorteil* der Stab-Linien-Organisation besteht in der Entlastung der Linieninstanzen. Die Spezialisten helfen der Linie, Entscheidungen sachgerechter und vertiefter treffen zu können (Rühli 1996). Jedoch gibt es auch *Nachteile*: Die Trennung in Entscheidungsvorbereitung und Entscheidung kann nicht klar gezogen werden (Irle 1971). Daraus resultiert ein Konfliktpotential zwischen Stäben und Linieninstanzen. Die Arbeit von Stäben wird von den Linieninstanzen als „Wasserkopf" empfunden, denen gerne der Vorwurf der Praxisferne gemacht wird (Krüger 1994). Ein Ausweg ist ein hoher Partizipationsgrad zwischen Stab und Linie.

Bei der *Matrix-Organisation* kommen zwei Gliederungsprinzipien hierarchisch gleichberechtigt zur Anwendung. Es entsteht eine duale Leitungsbeziehung. An der Schnittstelle entsteht eine Doppelunterstellung und die Notwendigkeit, die sich überschneidenden Kompetenzen zum Ausgleich zu bringen (Rühli 1996). Um die daraus entstehenden Konflikte zu entschärfen, wird häufig eine Kompetenzaufteilung zwischen produkt- bzw. marktorientierten und funktionsorientierten Kriterien gewählt: Die für die Produkt-Markt-Angelegenheiten zuständige Matrixstelle bestimmt das „Was" und „Wann" und die für die Funktionen zuständige Matrixstelle das „Wer" und „Wie" (Bühner 1986).

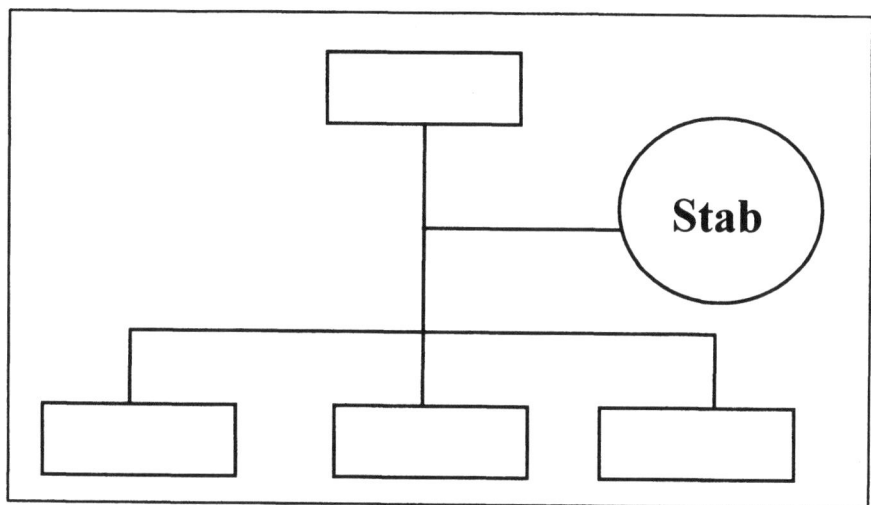

Abb. 10: Stab-Linien-Organisation

Ziel der Matrix-Organisation ist es, Kommunikations- und Koordinationsprozesse bewußt in der Struktur zu verankern, um die Entscheidungsfindung besser miteinander abstimmen zu können und die Entscheidungsqualität zu erhöhen. Man erhofft sich durch die Einbringung zusätzlicher Dimensionen eine Verbreiterung der Problemsicht (Galbraith 1973).

Dieses in den Schnittstellen institutionalisierte Konfliktpotential gilt als der *Vorteil* der Matrix-Organisation. Jedoch hat die Doppelunterstellung auch *Nachteile*: Die Doppelunterstellung kann zu Koordinationsschwierigkeiten und Rollenambiguitäten führen, weil jede organisatorische Schnittstelle eine Quelle der organisatorischen Unverantwortlichkeit ist. Darüber hinaus stellt die Matrix-Organisation hohe Anforderungen an die Konfliktfähigkeit und -toleranz der Mitarbeiterinnen und Mitarbeiter, insbesondere dann, wenn über die beiden Dienstwege widersprüchliche Führungsimpulse kommen (Rühli 1996).

Standardisierung
Standardisierung stellt eine besondere Form der Leitungsbeziehung dar: Fallweise Regelungen werden durch generelle Regelungen ersetzt. Werden sie in schriftlicher Form gegeben, spricht man von Formalisierung. Standardisierung und Formalisierung stellen Konditionalprogramme in reiner Form dar. Es werden klare Wenn-Dann-Regeln festgelegt. Je häufiger sie angewendet werden, desto routinisierter und habitualisierter laufen sie ab. Die Vor- und Nachteile der Standardisierung faßt die Tabelle in Abbildung 12 zusammen.

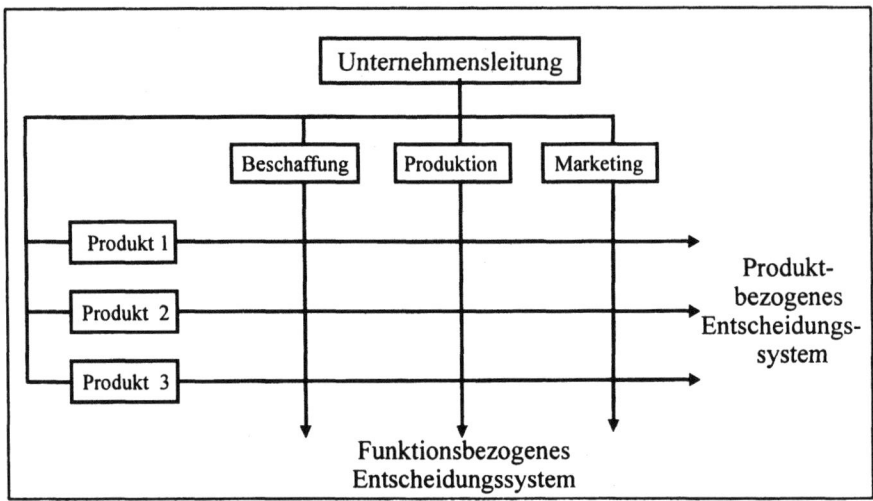

Abb. 11: Matrix-Organisation

Delegation
Delegation beinhaltet den Prozeß der Kompetenzübertragung. Dabei handelt es sich um die vertikale Abtretung von Befugnissen und Kompetenzen an eine nachgeordnete Stelle („A oder B entscheidet"). Eine Entscheidungsaufgabe wird *im voraus* in Teilentscheidungen aufgegliedert, so daß damit der Ermessens- und Entfaltungsspielraum untergeordneter Stellen erfaßt wird. Sie enthalten deshalb neben konditionalen Regeln immer auch Elemente von Zweckprogrammen. Innerhalb abgegrenzter Verantwortungsbereiche sollen die betreffenden Aufgabenträger selbständig die Handlungsalternativen wählen, die den vorgegebenen Zweck realisieren.

Der Delegationsgrad ist um so höher, je unabhängiger die untergebenen Stellen in bezug auf die Teilziele sowie die dafür einzusetzenden Mittel entscheiden können (Hill/Fehlbaum/Ulrich 1994). Die Vor- und Nachteile der Delegation sind in der Tabelle in Abbildung 13 zusammengefaßt.

Partizipation
Partizipation bedeutet im wesentlichen die *Beteiligung* von Organisationsmitgliedern an der Willensbildung einer hierarchisch höheren Ebene. Dies bedeutet, daß die Untergebenen und ihre Vorgesetzten anfallende Entscheidungen gemeinsam treffen („A und B entscheiden gemeinsam"). Wichtig ist, daß die Beteiligten Einfluß auf den Verlauf und den Ausgang von Entscheidungsprozessen nehmen können (Brose/Corsten 1983). Partizipation wird dabei als Variable gesehen, mit deren Hilfe die Führung nicht-autoritär gestaltet werden kann (Hill/Fehlbaum/Ulrich 1994).

	Vorteile	Nachteile
Kapazitätsaspekt	• Routinen ermöglichen eine Entlastung • Möglichkeit einer größeren Kontrollspanne	• Es besteht die Gefahr der Schematisierung
Aspekt der Entscheidungsvielfalt	• Objektivierung und Stabilisierung von Entscheidungsprozessen wird ermöglicht	• Es besteht die Gefahr des Flexibilitätsverlusts
Personenbezogener Aspekt	• Willkürentscheidungen werden reduziert	• Ohnmacht gegenüber dem „Apparat" • Monotonie

Abb. 12: Vor- und Nachteile der Standardisierung

	Vorteile	Nachteile
Kapazitätsaspekt	• Die Vorgesetzten werden entlastet • Sie können sich auf wichtige Entscheidungen konzentrieren	• Höhere Qualität der Mitarbeiterinnen und Mitarbeiter ist nötig
Aspekt der Entscheidungsvielfalt	• Entscheidungen werden „vor Ort" gefällt	• Klare Situationsdefinition ist nötig
Personenbezogener Aspekt	• Positive Lernprozesse fördern die fachliche Kompetenz	• Die Leistungsanforderungen steigen

Abb. 13: Vor- und Nachteile der Delegation

	Vorteile	Nachteile
Kapazitätsaspekt	• Raum für intensivere Kommunikation • Der Widerstand bei der Umsetzung ist geringer	• Echte Partizipation ist nur mit wenigen Mitarbeitern möglich, das erfordert eine kleine Leitungsspanne
Aspekt der Entscheidungsvielfalt	• Höhere Wissensintegration • Irrtumsausgleich	• Es kann Gruppen- und Kompromißdenken entstehen
Personenbezogener Aspekt	• Die Identifikationsmöglichkeit mit dem Entscheidungsergebnis fördert intrinsische Motivation	• Nicht diskussionsgewandte Mitarbeiter können leicht demotiviert werden

Abb. 14: Vor- und Nachteile der Partizipation

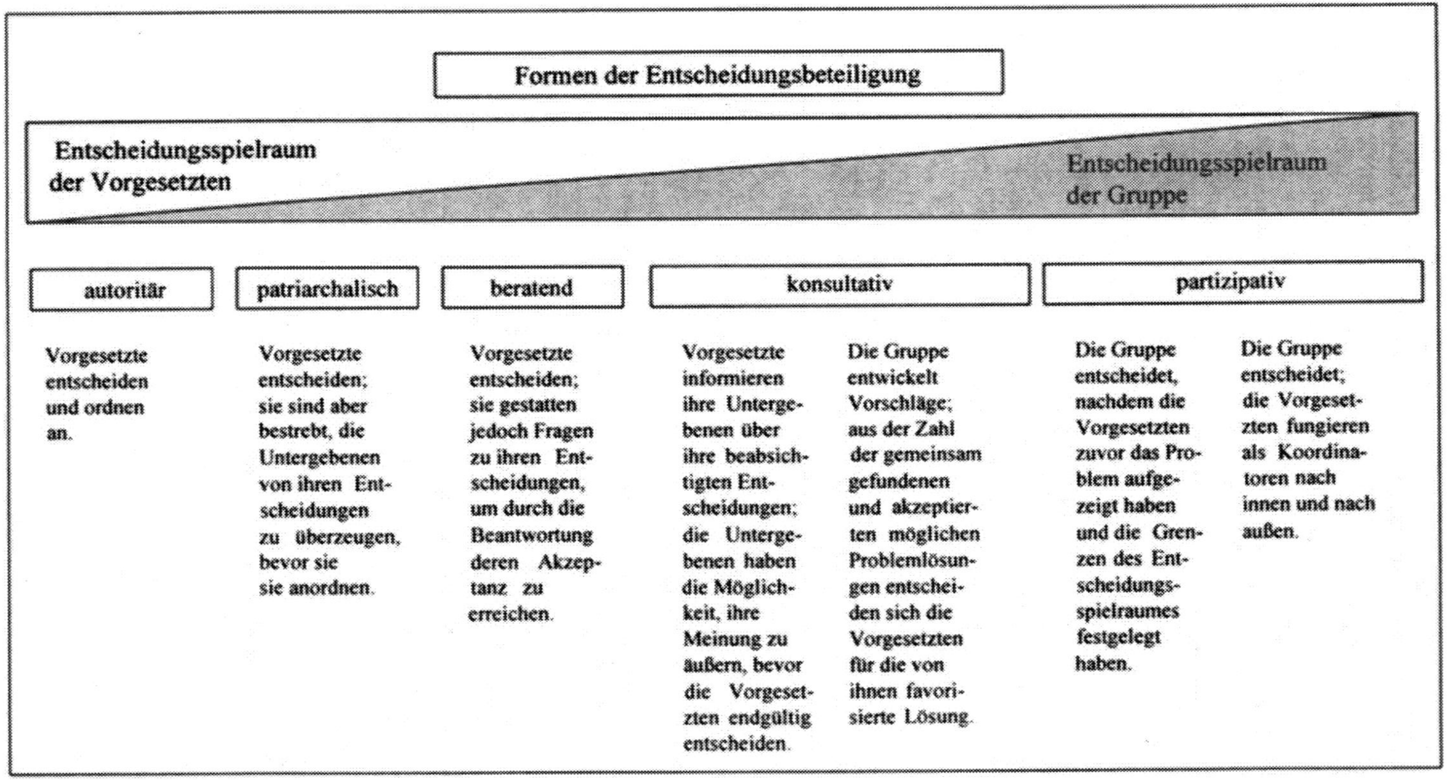

208

	Formen der Entscheidungsbeteiligung				
Entscheidungsspielraum der Vorgesetzten					Entscheidungsspielraum der Gruppe
autoritär	patriarchalisch	beratend	konsultativ	partizipativ	
Vorgesetzte entscheiden und ordnen an.	Vorgesetzte entscheiden; sie sind aber bestrebt, die Untergebenen von ihren Entscheidungen zu überzeugen, bevor sie anordnen.	Vorgesetzte entscheiden; sie gestatten jedoch Fragen zu ihren Entscheidungen, um durch die Beantwortung deren Akzeptanz zu erreichen.	Vorgesetzte informieren ihre Untergebenen über ihre beabsichtigten Entscheidungen; die Untergebenen haben die Möglichkeit, ihre Meinung zu äußern, bevor die Vorgesetzten endgültig entscheiden.	Die Gruppe entwickelt Vorschläge; aus der Zahl der gemeinsam gefundenen und akzeptierten möglichen Problemlösungen entscheiden sich die Vorgesetzten für die von ihnen favorisierte Lösung.	Die Gruppe entscheidet, nachdem die Vorgesetzten zuvor das Problem aufgezeigt haben und die Grenzen des Entscheidungsspielraumes festgelegt haben.
					Die Gruppe entscheidet; die Vorgesetzten fungieren als Koordinatoren nach innen und nach außen.

Quelle: *Tannenbaum/Schmid 1958*
Abb. 15: Stufen der Partizipation als Formen der Entscheidungsbeteiligung

Es lassen sich verschiedene Stufen der Partizipation unterscheiden, die davon abhängen, inwieweit die Mitarbeiterinnen und Mitarbeiter in Entscheidungsprozesse einbezogen werden. In Abbildung 15 werden die Abstufungen verdeutlicht. Diese Stufen stellen damit bereits Übergangsformen zwischen vertikaler und horizontaler Verknüpfung dar.

Horizontale Verknüpfung: Integration durch Selbstabstimmung in Gruppen
Integration durch horizontale Verknüpfung betrifft die *partizipative*, auf dem Konsens- oder Kompromißprinzip fußende Abstimmung *in* und *zwischen* Gruppen. Der *Konsens* entsteht aufgrund der freien Zustimmung aller Betroffenen. Er ermöglicht eine friedliche Handlungskoordination auf der Basis von Gründen oder Maximen, von deren Richtigkeit man überzeugt ist. Ein Konsens beruht damit auf verständigungsorientiertem Handeln im Gegensatz zu erfolgsorientiertem Handeln (Habermas 1981; Steinmann/Löhr 1994). Der *Kompromiß* beruht hingegen auf Reziprozitätsnormen, die eigennützig oder erfolgsorientiert eingehalten werden. Kompromisse ermöglichen jedoch nur einen labilen Frieden, weil jede Änderung der Erfolgsaussichten die einzelnen Gruppenmitglieder veranlaßt, die eigene Position doch noch zu verbessern (Steinmann/Schreyögg 1997).

Grundprinzipien der Gruppenarbeit
Eine Gruppe oder ein Team ist mehr als eine Ansammlung von Personen am gleichen Ort zur gleichen Zeit. Vielmehr ist das Team eine kleine Anzahl von Personen mit
- unterschiedlichen Fähigkeiten,
- häufigen „face to face"-Kontakten,
- einem gemeinsamen Ziel,
- einem Zusammengehörigkeitsgefühl (Teamgeist, esprit de corps, Wir-Gefühl),
- eigenen Gruppennormen,
- wechselseitiger (statt hierarchischer) Kontrolle und
- partizipativer Kooperation,
die über einen längeren Zeitraum hinweg zusammenarbeiten. Sie haben einen Teamsprecher oder eine Teamsprecherin, die nach außen hin die Gruppe vertritt. Im Innenverhältnis haben diese jedoch keine Vorgesetzten-, sondern eine Moderatorenfunktion.

Teams sind nicht umsonst zum Schlüsselbegriff aller modernen Organisationskonzepte geworden, haben sie doch eine Reihe von entscheidenden *Vorteilen* gegenüber der klassischen hierarchischen Struktur. Erstens erhöhen die unterschiedlichen Fähigkeiten der Teammitglieder die Qualität der Entscheidungen. Zweitens bewirkt das Zusammengehörigkeitsgefühl eine höhere Arbeitszufriedenheit, geringere Fehlzeiten und niedrigere Fluktuation. Drittens ersparen die gemeinsamen Gruppennormen Einigungskosten. Die wechselseitige Kontrolle erschwert Trittbrettfahren im Sinne des: „Toll, ein anderer macht's". Viertens verringert die partizipative Entscheidungsfindung die Widerstände bei der Umsetzung, weil die verschiedenen Interessen schon in die Entscheidungsfindung Eingang gefunden haben: Betroffene sind zu Beteiligten geworden. Fünftens wird die Entscheidungsunsicherheit bei komplexen Aufgaben durch die „face-to-face"-Kommunikation reduziert. Wissen (insbesondere implizites Wissen, Abschnitt 3) kann leichter übertragen werden.

Allerdings weist Teamarbeit auch *Nachteile* auf: Erstens besteht die Gefahr des *Gruppendenkens* (Janis 1972). Damit ist die Neigung gemeint, vorschnell Einmütigkeit herzustellen, indem das autonome und kritische Denken dem Harmoniebedürfnis geopfert wird. Gruppendenken kann man aber wirkungsvoll entgegentreten, indem man gezielt für eine Meinungsvielfalt im Team sorgt. Gut geeignet sind: hohe Diversität der Gruppenmitglieder, beispielsweise nach Geschlecht (z.b. Osterloh/Wübker 1998) oder fachlichem Hintergrund (z.B. Bantel/Jackson 1989), Bildung von Parallelgruppen, Mitgliedschaft in verschiedenen Gruppen sowie Ernennung eines advocatus diaboli (Steinmann/Schreyögg 1997). Alle diese Maßnahmen sind zugleich Voraussetzungen für wirkungsvolles organisationales Lernen. Zweitens beanspruchen partizipative Konsensbildungsprozesse viel *mehr Zeit* als das Erteilen von Weisungen. Dieser Nachteil wird aber in den meisten Fällen durch die höhere Entscheidungsqualität und die niedrigeren Widerstände bei der Umsetzung mehr als ausgeglichen. Drittens macht die *enge wechselseitige Abhängigkeit* innerhalb eines Teams empfindlich gegenüber Gruppenmitgliedern, die nicht den Gruppennormen entsprechen. Dies kann zur Folge haben, daß diese Gruppenmitglieder systematisch belästigt und von wichtigen Gruppenentscheidungen ausgeschlossen werden. Es kommt zum „Mobbing".

Die Integration durch Selbstabstimmung innerhalb von Teams oder Gruppen ist um so wirkungsvoller, desto mehr folgende Kriterien erfüllt sind:
– *Purposing:* Erfolgreiche Teams verwenden viel Zeit damit, sich über die Ziele klar zu werden und zu einigen. Darüber hinaus formulieren sie konkrete Zielvorgaben wie beispielsweise „Senkung der Durchlaufzeit um 40%".
– *Timing:* Besonders hohe Leistungen werden bei einer Zusammenarbeit von einem bis fünf Jahren erzielt. Die Gruppe muß nämlich zuerst die Phasen des „Forming, Storming, Norming" bewältigen, bevor sie für das eigentliche „Performing" fit ist (Tuckman 1965). Dies bedeutet, daß jede Gruppe die Phasen der Gruppenbildung, des Zusammenraufens und der Formulierung von Gruppennormen durchlaufen muß, bevor eine hohe Leistung erzielt werden kann.
– *Right mix:* Das Team sollte aus weniger als zehn Mitgliedern bestehen. Diese sollten nicht nur einen heterogenen fachlichen Hintergrund haben, sondern eine gute Mischung aus funktionalem Expertenwissen, Problemlösungswissen und sozialer Kompetenz bilden.

Abstimmung zwischen Gruppen
Für die Abstimmung zwischen Gruppen stehen drei Grundformen zur Verfügung (Osterloh 1997): die Koordination durch Selbstabstimmung, durch Weisungen oder durch interne Märkte und Preise. In der Unternehmenspraxis existieren daneben zahlreiche Übergangsformen.
– Die *Koordination durch Selbstabstimmung* zwischen Gruppen ist im Konzept der überlappenden Gruppen von Likert (1967) ausformuliert worden. Die verschiedenen Gruppen sind horizontal und vertikal miteinander durch ein gemeinsames Gruppenmitglied („Linking pin") verknüpft.

- Die *Koordination durch Weisungen* ist die am häufigsten verwendete Koordinationsform. Sie entspricht dem traditionellen bürokratischen Modell.
- Bei der *Koordination durch interne Märkte und Preise* ist jede Gruppe als ein eigenständiges Profit Center ausgestaltet (Abschnitt 5.1). Der Transfer von Leistungen zwischen den verschiedenen Bereichen wird durch Verrechnungspreise geregelt.

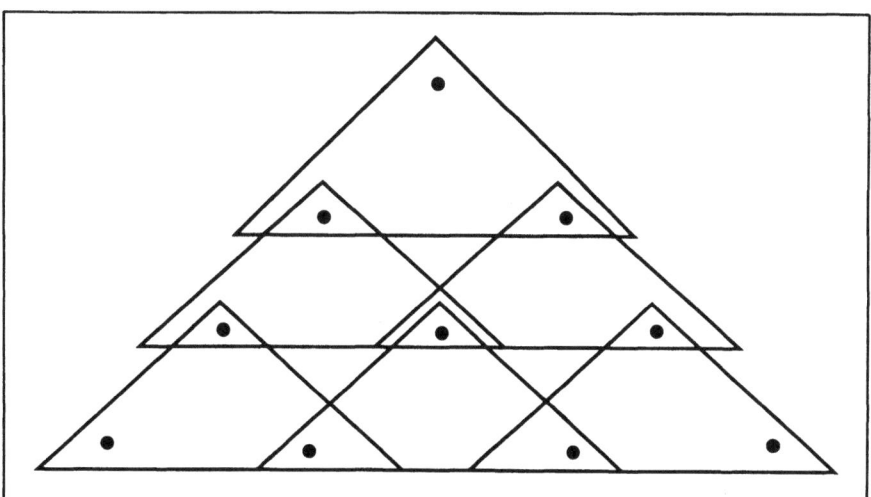

Quelle: Likert 1967
Abb. 16: Überlappende Gruppenstruktur

3 Die Orientierungaufgaben der Organisation

Orientierung meint die Fähigkeit, das für das Unternehmen relevante Wissen zu generieren (Frost 1998). Es geht um die Frage, wie Organisationsstrukturen gewährleisten, daß relevante Probleme wahrgenommen, Strategien und Handlungsalternativen entwickelt werden und wie das Wissen der Organisationsmitglieder unternehmensweit diffundieren kann.

Daß die Orientierungsleistung keine Selbstverständlichkeit ist, zeigt die Krise der Schweizer Uhrenindustrie in den siebziger und von IBM in den achtziger Jahren. Bis in die 90er Jahre ging die Führungsspitze von IBM davon aus, daß die Kunden immer leistungsfähigere Mainframe-Computer nachfragen würden. Als Mitte der 70er Jahre Steve Jobs und Steve Wonziak die ersten Personal Computer entwickelten, ahnte bei IBM niemand, welche Konsequenzen dies nach sich ziehen würde. Drei Jahre ignorierte IBM die Markteinführung der Personal Computer. 1980 entwickelte das Unternehmen zwar einen eigenen IBM-PC und konnte im Marktsegment „Personal Computer" die Marktführung übernehmen. Trotzdem dominierte in diesem Geschäftsbereich weiterhin das Denken und die Geschäftslogik des Mainframe-Business. Anfang der 90er Jahre war offensichtlich, daß die Mainframe-Computer nicht mehr zukunftsfähig sind. Bei den Personal Computern verlor das Unternehmen Geld. Da es nicht gewohnt war, sich im harten Wettbewerb gegenüber den Konkurrenten zu behaupten, konnte es auch seine Marktposition nicht mehr verbessern. 1992 war ein Turnaround fällig. Diese Restrukturierung kostete IBM 24 Milliarden Dollar, es mußte seinen Personalbestand binnen weniger Jahre von 400 000 auf 225 000 Beschäftigte reduzieren (Chesbrough/Teece 1996).

Die Orientierungsanforderungen resultieren demzufolge aus einer dynamischen und durch Ambiguität gekennzeichneten Umwelt. Orientierung beinhaltet die Wahrnehmung und Definition von Anforderungen aus der Umwelt durch Personenkollektive. Diese sind meist durch inkonsistente Wahrnehmungsmuster und Präferenzen sowie unterschiedliche Orientierungen an Regeln gekennzeichnet (Smircich 1983; March 1988). Damit ist gemeint, daß in einem Zustand fundamentaler Unsicherheit für die Organisationsstruktur nicht nur die Formel von Chandler (1962) *„structure follows strategy"* gilt, sondern auch deren Umkehrung *„strategy follows structure"*. Es hängt von der Organisationsstruktur ab, ob und wie Umweltanforderungen durch die Organisationsmitglieder wahrgenommen, welche strategischen Ziele definiert und implementiert werden.

Damit muß die Organisationsstruktur *simultan* die Koordinations- und Orientierungsaufgaben erfüllen. Es geht darum, organisationale Voraussetzungen so zu schaffen, daß neues Wissen kontinuierlich aufgebaut und im Unternehmen verankert werden kann. Relevant ist Wissen immer dann für ein Unternehmen, wenn es als Sensorium für die Wahrnehmung wichtiger Entwicklungen dient. Verfügt ein Unternehmen bereits über ein gewisses Maß an Fachwissen in einem bestimmten Gebiet, zum Beispiel durch eine eigene Forschung und Entwicklung, so kann es den Wert neuer Informationen über dieses Gebiet schneller erkennen und besser beurteilen als Unternehmen ohne solches Vorwissen. Genau dies beschreibt der Begriff der *absorptiven Kapazität* (Cohen/Levinthal 1990). Damit ist gemeint, daß Unternehmen nur dann für neue Informationen aufnahmefähig sind, wenn schon eine hinreichende organisatorische Wissensbasis geschaffen wurde.

Die Fähigkeit, aus kollektiven Lernprozessen handlungsrelevantes Wissen zu generieren, wird damit in Zukunft zum wichtigsten Wettbewerbsvorteil (Prahalad/Hamel 1990; Barney 1991; Grant 1996a; 1996b; Kogut/Zander 1996; Spender 1996). Erst dies schafft für das Unternehmen einen schwer imitierbaren Wettbewerbsvorteil gegenüber Konkurrenten, weil diese Fähigkeit nicht gekauft, sondern im Unternehmen selbst erzeugt werden muß. Jedes Lernen braucht Zeit. So kann man das Vermögen nicht kaufen, Englisch zu sprechen oder einen mathematischen Beweis nachzuvollziehen. Deshalb führen nicht-handelbare Ressourcen zu einem viel nachhaltigeren Wettbewerbsvorteil als solche, die auf dem Markt erworben werden können, wie zum Beispiel Computer-Software oder eine Maschine.

3.1 Die Unterscheidung von explizitem und implizitem Wissen

Der Entwicklung unternehmensspezifischer Orientierungsmuster liegt dabei ein Wissen zugrunde, das nicht vollständig explizit ausformuliert ist, sondern als *impliziter* Bestandteil in den Köpfen der Organisationsmitglieder verankert ist. Aus

diesem Grund ist es für die Konkurrenz schwer imitierbar und kann deshalb vom Unternehmen als Quelle für einen nachhaltigen Wettbewerbsvorteil verwendet werden. Die Unterscheidung zwischen explizitem und implizitem Wissen ist von Polanyi (1985) geprägt worden.
- *Explizites* Wissen ist schriftlich oder symbolisch darstellbar und kann leicht multipliziert werden. Dieses Wissen wird in Büchern, Zeitungen, technischen Zeichnungen, im Internet oder durch E-mails verbreitet und ist deshalb auch käuflich erwerbbar.
- *Implizites* Wissen („Tacit Knowledge") kann nicht gekauft oder gehandelt werden, weil es im Unterschied zu explizitem Wissen nicht in Buchstaben, Zahlen oder Zeichnungen darstellbar ist. Es existiert nur in den Köpfen und Fähigkeiten der Menschen, die es beherrschen. Implizites Wissen bedeutet, „daß wir mehr wissen, als wir zu sagen wissen" (Polanyi 1985, S. 14). Dazu gehören einerseits Intuition, „Fingerspitzengefühl", die Fähigkeit, ein Gesicht unter Tausenden wiederzuerkennen, ansozialisierter Habitus oder kulturelle Deutungsmuster. Andererseits beinhaltet es die Beherrschung körperlicher Routinen, wie Radfahren, Seiltanzen oder die komplexe Feinmotorik einer Chirurgin. All diese Fähigkeiten kann ein Mensch nicht ausschließlich aus Büchern lernen. Die Bedeutung dieses Wissens verdeutlicht folgender Befund: Trotz des riesigen Wachstums von Informationstechnologien, reisen Top-Manager nicht weniger als früher. Mehr denn je sind sie auf „face-to-face"-Kontakte angewiesen, um ihr implizites Wissen zu übertragen (Picot/Reichwald/Wiegand 1996).

Implizites Wissen stellt die Grundvoraussetzung der schweren Imitierbarkeit, der begrenzten Verfügbarkeit und der Unternehmensspezifität von Ressourcen dar, wenn es gelingt, dieses Wissen organisatorisch zu verankern (vgl. z.B. Nonaka/Takeuchi 1995; Van Krogh/Venzin 1995; Frost 1998). Dafür gibt es zwei Gründe:
- Zum einen ist implizites Wissen viel schwieriger und kostspieliger zu übertragen als explizites Wissen. Seine Übertragung und Verbreitung setzt Personen und nicht bloß Informationstechnologien voraus. Zudem läßt es sich nicht billig multiplizieren, z.B. über Buchdruck oder elektronische Medien.
- Zum anderen kann implizites Wissen nur von denjenigen genutzt werden, die an seiner Produktion beteiligt waren. Beispielsweise kennen nur die Entwickler und Entwicklerinnen eines Software-Programmes ihr Produkt in- und auswendig. Deswegen ist implizites Wissen ein sogenanntes *privates* Gut, das heißt ein Gut, von dessen Nutzung diejenigen ausgeschlossen werden können, die zu seiner Erstellung nichts beigetragen haben. Hingegen ist explizites Wissen (mit der Ausnahme von Patenten oder Copyrights) ein öffentliches Gut, das heißt ein Gut, von dem niemand ausgeschlossen werden kann, sobald es einmal erstellt worden ist. Ist einmal ein Aufsatz gedruckt, ist es außerordentlich schwer, das Kopieren oder Vervielfältigen zu verhindern. Das im Aufsatz enthaltene explizite Wissen stellt keinen Wettbewerbsvorteil mehr dar.

3.2 Implizites Wissen in Organisationen

Eine Organisation ist auf ihre Mitglieder angewiesen, um Wissen als den wichtigsten Bestandteil von *Kernkompetenzen* (Prahalad/Hamel 1990) generieren zu können. Dies bedeutet, daß die individuellen Fertigkeiten und Kenntnisse, welche die einzelnen Organisationsmitglieder in das Unternehmen einzubringen bereit sind, die Ausgangsbasis organisationalen Wissens darstellen. Ein nachhaltiger, schwer imitierbarer Wettbewerbsvorteil entsteht jedoch erst aus der Fähigkeit, die verschiedensten Wissensbausteine in immer neuer und flexibler Weise miteinander, aber auch mit neuem Wissen zu verknüpfen.

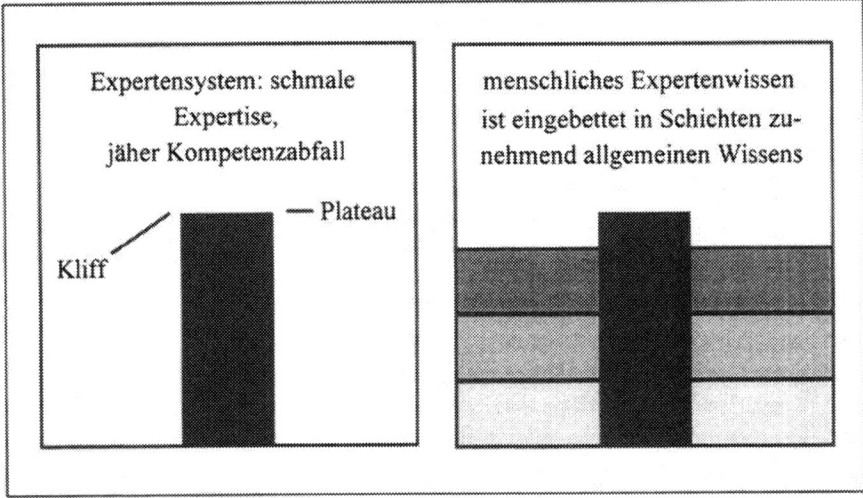

Quelle: Meyer-Fujara/Puppe/Wachsmuth 1993, S. 722
Abb. 17: Der Kliff- und Plateau-Effekt

Eine besondere Bedeutung nimmt hierbei das (implizite) Kontextwissen ein. Derartiges Wissen besteht zu einem großen Teil aus alltagsweltlichem Wissen, das an die Erfahrungshintergründe und internen Kontexte der Wissensträger gebunden ist, was durch folgende Überlegung verdeutlicht wird (Meyer-Fujara/Puppe/Wachsmuth 1993): Die Forschung zur künstlichen Intelligenz zeigt, daß Expertensysteme nur einen sehr engen Bereich von Wissen abdecken. An den Grenzen des im Expertensystem modellierten Wissens sinkt dessen Kompetenz abrupt auf Null. Im Gegensatz dazu betten menschliche Problemlöser ihr Expertenwissen in mehrere Schichten von (implizitem) Kontextwissen ein. Dieses können sie heranziehen, wenn ihr begrenztes Expertenwissen versagt, wie es die Abbildung 17 zeigt.

Im *Wechselspiel* („Knowledge Conversion") zwischen implizitem und explizitem Wissen liegt die zentrale Anforderung für die Entwicklung organisationalen Wissens (Nonaka/Takeuchi 1995). Als gemeinsam geteiltes Wissen macht es die Unternehmensspezifität aus. Es gibt dafür keine externen Beschaffungsmöglichkeiten. Nach außen hin ist es lediglich über seine Wirkungen sichtbar. Organisationales Wissen kann nicht gemessen und nicht bilanziert werden. Dennoch trägt es wesentlich zum Unternehmenserfolg bei.

Es ist fast unvorstellbar, wieviel Wissen sich Expertinnen und Experten in ihrem beruflichen Alltag individuell aneignen. Aus diesen Wissensquellen können Unternehmen für die Entwicklung neuer Produkte und innovativer Problemlösungen schöpfen. Das setzt allerdings voraus, daß das implizite Wissen auch tatsächlich an andere Organisationsmitglieder übertragen wird. Wird implizites Wissen von mehreren Personen in ein Team eingebracht, z.B. bei der Produktion eines komplexen Produktes, kann der Beitrag eines Einzelnen nicht mehr zugerechnet und entprechend entlohnt werden. Das im Produkt inkorporierte Wissen hat hier den Charakter eines teamspezifischen öffentlichen Gutes. Wie bei allen öffentlichen Gütern besteht die Gefahr, daß die Teammitglieder sich als Trittbrettfahrer verhalten – es sei denn, sie sind in ihrer Arbeit selbst (intrinsisch) motiviert. Auch die Überlegungen zur Orientierung weisen demnach auf die Bedeutung der Motivationsaufgabe hin (Abschnitt 4).

Was bedeutet die Unterscheidung von explizitem und implizitem Wissen für die *Unterscheidung* von Unternehmen und Märkten? Auf reinen Märkten stellt das Preissystem die Orientierungsgrundlage dar. Jedoch widerspiegeln Preise nur objektivierte Informationen (oder explizites Wissen) über den Tauschwert bekannter, handelbarer Güter und Leistungen. Die Entwicklung neuer, innovativer oder nicht-standardisierbarer Güter und Leistungen setzt jedoch implizites Wissen voraus. Dieses kann nicht unabhängig von Personen oder „face-to-face"-Kontakten transferiert werden. Deshalb kann Wissen um so leichter über Unternehmensgrenzen hinaus gehandelt werden, je mehr es den Charakter von kodifizierbarem, explizitem Wissen hat (Chesbrough/Teece 1996). Ähnliches gilt für die Möglichkeiten, Aktivitäten innerhalb eines Unternehmens in Profit Centers zu organisieren (Abschnitt 5.1). Je eher das Wissen, das zwischen Profit Centers ausgetauscht werden muß, den Charakter von explizitem Wissen hat, desto eher kann es mit marktpreisähnlichen Transferpreisen bewertet werden. In diesem Fall begründet dieses Wissen allerdings auch keinen nachhaltigen Wettbewerbsvorteil in Form einer Kernkompetenz, weil explizites Wissen (sofern es nicht patentiert ist) leicht imitierbares Wissen ist.

3.3 Orientierung und die Realisierung von vertikalen Synergien

Die Rolle des impliziten Wissens in Organisationen hat erhebliche Konsequenzen für die *In- und Outsourcing*-Überlegungen eines Unternehmens. Ziel ist die Realisierung von *vertikalen Synergien* durch die optimale Gestaltung der Fertigungstiefe des Leistungserstellungsprozesses. Werden zur Verringerung der Leistungstiefe Teile der betrieblichen Wertschöpfungskette auf vor- und nachgelagerte Unternehmen ausgelagert, so resultiert daraus eine geringere Fertigungskomplexität. Bislang sind „make-or-buy"-Entscheidungen vor allem in der betrieblichen Kostenrechnung (z.B. Männel 1981) oder im Rahmen des Transaktionskostenansatzes behandelt worden (z.B. Williamson 1975; Picot 1982, 1991). Die „make-or-buy"-Entscheidung ist in diesen Ansätzen eher eine taktisch-operative. Im Mittelpunkt steht die Überlegung, wie eine spezifische Leistung zu minimalen Kosten beschafft werden kann. Es geht primär um eine Verbesserung bereits realisierter Produkt-/Marktpositionen und nicht um die diesen zugrundeliegenden Fähigkeiten und Kompetenzen.

Der Aspekt der Orientierung thematisiert hingegen nicht mehr nur gegenwärtige Kostenvorteile, sondern die Identifikation unternehmensspezifischer, wissensbasierter Fähigkeiten, die nicht frei auf einem Markt gehandelt werden können. Würde ein Unternehmen deren strategisches Potential nicht erkennen und sie im Wege des Outsourcing auslagern, so bestünde die Gefahr des „hollowing out", das heißt des Aushöhlens der eigenen Kernkompetenzen (Teece et al. 1994).

Auf der anderen Seite muß ein Unternehmen verhindern, daß seine spezifischen Fähigkeiten und Routinen zur Zwangsjacke werden (Ghemawat 1991). Der Wunsch nach einem wirksamen Imitationsschutz darf nicht mit dem Verlust an strategischer Flexibilität erkauft werden. Bei der Realisierung vertikaler Synergievorteile geht es deshalb um die *Kombination* zwischen der Konzentration auf unternehmensspezifische Kernkompetenzen und dem Outsourcing von strategisch nicht relevanten Aktivitäten. Die Entscheidung für eine strategisch orientierte „make-or-buy"-Option beruht im wesentlichen auf folgenden Faktoren (Kogut/Zander 1992):
- auf der Qualität des bisher erworbenen Fähigkeitenbündels,
- auf dem organisationalen Lernpotential zur Aneignung neuer sowie zur kritischen Reflektion der bereits vorhandenen Fähigkeiten,
- auf deren Eignung zur Erschließung neuer Märkte.

Unternehmen sollten solche Leistungen über den Markt beziehen, bei denen die Zulieferer uneinholbare Spezialisierungsvorteile haben und die kein eigenes, unternehmensspezifisches Know-how verlangen, sowie bei denen das Ausmaß an implizitem Wissen gering ist, das vom Zulieferer zum Produzenten fließen muß. Dann entstehen folgende Vorteile des Outsourcing (vgl. Quinn/Hilmer 1994):
- Der Return on Investment kann maximiert werden, weil das Unternehmen seine Investitionen dort konzentriert, wo es seine Stärken hat.
- Die Markteintrittsbarrieren werden gegenüber den Konkurrenten erhöht.
- Die Kernkompetenzen der Lieferanten werden optimal genutzt, weil diese ihrerseits ihre Investitionen dort konzentrieren, wo sie ihre Stärken haben.

4 Die Motivationsaufgaben der Organisation

Neben den Fertigkeiten und Fähigkeiten der Organisationsmitglieder trägt auch deren Motivation als wesentliche Bestimmungsgröße menschlichen Handelns unmittelbar zum Unternehmenserfolg bei. Motivation ist der *Antrieb zum Handeln* und umfaßt jenen Teil des menschlichen Handelns, der ihm Richtung, Stärke und Dauer verleiht (Weiner 1994). Sie ist die Energie, die Individuen für eine bestimmte Handlung aktiviert (Wächter 1990). Im unternehmerischen Kontext ist Motivation kein Selbstzweck, sondern sollte simultan die Koordinations- und Orientierungsaufgaben unterstützen. Deshalb müssen bei der Organisationsgestaltung *Motivierungspotentiale* geschaffen werden, die das Entstehen zielorientierter Motivation fördern (Kleinbeck/Quast 1992). In der Motivationspsychologie werden zwei Formen der Motivation unterschieden, die extrinsische und die intrinsische Motivation.

4.1 Extrinsische Motivation

Die extrinsische Motivation beruht auf einem Antrieb durch externe Belohnung und Bestrafung. Beispiele sind Geld, Anerkennung oder Status. Externe Anreize dienen als Mittel zum Zweck der Bedürfnisbefriedigung und nicht zur unmittelbaren Bedürfnisbefriedigung selbst. Sie sollen Organisationsmitglieder dazu veranlassen, ihre eigenen Ziele mit denen des Unternehmens zu koppeln (Schanz 1991; Milgrom/Roberts 1992). Frey/Bohnet (1994) sprechen in diesem Zusammenhang von einem *Disziplinierungs-Effekt*, bei dem die Opportunitätskosten des nichtbelohnten Verhaltens steigen.

Belohnungen und Bestrafungen haben nur dann eine externe Anreizwirkung, wenn die Leistungsanforderungen klar definiert sind und die erbrachte Leistung eindeutig zugerechnet und kontrolliert werden kann. Deshalb ist „pay for performance" das ideale Anreizsystem für die extrinsische Motivation. Bei Aufgaben, für deren Bearbeitung implizites Wissen benötigt wird, wie beispielsweise für die Generierung von Kernkompetenzen, ist extrinsische Motivation nicht ausreichend. In diesen Fällen ist intrinsische Motivation unverzichtbar.

4.2 Intrinsische Motivation

Die intrinsische Motivation trägt auf unmittelbare Weise zur Bedürfnisbefriedigung bei. Intrinsisch motiviert ist, wer eine Tätigkeit um ihrer selbst willen ausübt (Deci 1975). In diesem Fall kann die Motivation nur über einen interessanten und herausfordernden Arbeitsinhalt, durch Überzeugungen oder Maximen ermöglicht werden. Gute Voraussetzungen hierfür sind (Hackman/Oldham 1980; Ulich 1994; Frey/Osterloh 1997):
- *Weitgehende Selbstkontrolle und Autonomie* der Organisationsmitglieder, so daß sie über einen großen subjektiven Handlungsspielraum verfügen.
- *Interesse an der Tätigkeit.* Je interessanter, umfangreicher und anspruchsvoller die Tätigkeit ist, desto höher ist das Interesse an der Arbeit und desto höher ist die intrinsische Motivation.
- *Persönliche Beziehungen* und Kommunikationsmöglichkeiten im Arbeitsumfeld.
- *Hoher Grad an Partizipation* (Abschnitt 2.2.2). Je höher die Mitentscheidungsmöglichkeit, desto mehr engagieren sich die Organisationsmitglieder für die gemeinsam getroffenen Ziele und machen sie zu ihren eigenen.
- *Zielvereinbarungen.* Intrinsische Motivation wird durch gemeinsame Zielvereinbarungen gefördert, weil man durch Ziele etwas über die eigene Leistungsfähigkeit erfährt. Dies ist jedoch nur dann der Fall, wenn Zielvereinbarungen primär der Selbstkontrolle und der Selbstverpflichtung dienen. Überwiegt die Fremdkontrolle durch Zielvorgaben, kann die intrinsische Motivation sogar zerstört werden. Dies deshalb, weil vorgegebene Ziele meist keine Selbstverpflichtung bewirken.

– *Faire Behandlung*. Fühlen sich die Organisationsmitglieder ungerecht behandelt (zum Beispiel in bezug auf interessante Arbeitsaufgaben, Anerkennung oder Entlohnung) sinkt ihr Arbeitsengagement (Lind/Tyler 1988).
– *Thematische Übereinstimmung des Handlungsziels mit dem Fluß der Aktivitäten*. Damit ist gemeint, daß beispielsweise beim Bergsteigen nicht nur das Erreichen des Gipfels, sondern das Aufsteigen selbst motivierend ist (Csikszentmihalyi 1993).

Es konnte nachgewiesen werden, daß Individuen unter bestimmten Bedingungen produktiver arbeiten, wenn sie nicht davon ausgehen, für ihre Leistungen besonders belohnt zu werden (Deci 1975; Deci/Ryan 1985; Kohn 1993; Frey 1997). Belohnungen können sogar die intrinsische Motivation verdrängen. Belohnung hat zwei Aspekte, einen kontrollierenden und einen informierenden. Überwiegt der *informierende* Aspekt, wird dadurch das Gefühl der Kompetenz und der Selbstkontrolle und damit die intrinsische Motivation gestärkt. Überwiegt der *kontrollierende* Aspekt, wird die Verantwortung für die Aktivität dem Kontrollierenden zugerechnet; die intrinsische Motivation wird dadurch reduziert. Den gleichen Effekt haben Weisungen oder Strafen. Auch sie reduzieren das Gefühl der Selbstkontrolle. Aktivitäten zu bezahlen, kann deshalb „verborgene Kosten der Belohnung" (Lepper/Greene 1978), „punishment with rewards" (Kohn 1993) oder einen Verdrängungs-Effekt auslösen (Frey 1997; Frey/Osterloh 1997). Der ursprünglich angestrebte Disziplinierungseffekt der extrinsischen Motivierung kann auf diese Weise bewirken, daß die Organisationsmitglieder *nur* noch gegen Belohnungen arbeiten (Weiner 1988; Heckhausen 1989).

Die Wirkung intrinsischer Motivation läßt sich empirisch nicht immer eindeutig von der extrinsischen Motivation trennen. Wenn jemand aus Vergnügen einen Berg besteigt, dann läßt sich dafür immer ein extrinsisches Motiv, zum Beispiel Körpertraining oder Anerkennung durch Freunde, finden. Entscheidend ist: Wenn ein Ziel nur als Mittel zur Erreichung eines anderen Ziels angesehen wird, dann büßt das erste Ziel an Wert ein (Kruglanski 1975). Ein Bonussystem bewirkt deshalb meistens, wenn auch nicht zwingend, daß das unmittelbare Ziel, zum Beispiel die Erhöhung der Kundenzufriedenheit, bei den Mitarbeiterinnen und Mitarbeitern an Interesse verliert.

4.3 Vor- und Nachteile intrinsischer Motivation

Die Bedeutung der *intrinsischen Motivation* ergibt sich aus zahlreichen empirischen Untersuchungen (z.B. Kern/Schumann 1985). Sie zeigen, daß die direkte Leistungskontrolle in immer weniger Arbeitsbereichen möglich ist.

Extrinsische Motivation reicht nicht aus, wenn es um die Generierung zukünftig benötigter Fähigkeiten geht. Kreativität läßt sich nicht verordnen. Damit wird intrinsische Motivation immer wichtiger. Dies aus drei Gründen:
– Intrinsische Motivation ist bei wenig standardisierbaren und innovativen Arbeitsleistungen in Teams notwendig. Monetäre Anreize bewirken in komplexen und neuartigen Situationen, daß Individuen zu stereotypen Wiederholungen von bereits Bewährtem neigen (Schwartz 1990). Weil „people do what they are measured to do", ist es schwierig oder gar unmöglich, exakte Maßstäbe für noch

unbekannte Alternativen zu setzen (Thom/Etienne 1997). Es ist dies das bereits behandelte Problem, daß die Koordination durch Regeln in Unternehmen dann um so weniger durch extrinsisch motivierte Regelbefolgung gelingt, je unvollständiger die Arbeitsverträge sind.
- In Innovationsprozessen spielen die Geschwindigkeit und Intensität des individuellen Lernens eine entscheidende Rolle. Experimentelle Untersuchungen zeigen, daß die Lerngeschwindigkeit und das konzeptuelle Verständnis durch Überwachung verringert wird. Unter dem Druck einer ausgesetzten Belohnung werden weniger anspruchsvolle Niveaus der Lernleistung bevorzugt, oder es wird flüchtiger oder schneller gearbeitet. Schon die Erfahrung mit Kindern lehrt, daß die Hausaufgaben um so flüchtiger gemacht werden, je strikter Belohnungen ausgesetzt werden (Bandura/McDonald 1963; Heckhausen 1989; Deci/Flaste 1995).
- Die Übertragung von implizitem Wissen innerhalb von Teams kann nicht durch Sanktionen erzwungen werden. In diesem Fall ist das Handlungsergebnis nicht auf die einzelnen Teammitglieder zurechenbar. Die wechselseitige Kontrolle ist stark eingeschränkt. Ohne intrinsische Motivation wäre Drückebergerei zu erwarten.

Dennoch darf in einem Unternehmen nicht nur auf *intrinsische* Motivation abgestellt werden, weil sie auch *Nachteile* hat (Frey/Osterloh 1997):
- Sie ist viel schwieriger als die extrinsische Motivation zu erzeugen. Genaugenommen kann sie gar nicht erzeugt, sondern nur ermöglicht werden (Sprenger 1997).
- Die Richtung der intrinsischen Motivation ist nicht punktgenau zu beeinflussen. Schließlich geht es nicht um intrinsische Motivation schlechthin, sondern um Motivation in die Richtung eines gemeinsamen Unternehmensziels.
- Intrinsische Motivation hat nicht immer einen positiven Inhalt. Rachsucht, Neid und Geltungssucht sind Beispiele dafür.

Die Nachteile der intrinsischen Motivation sind die *Vorteile* der *extrinsischen* Motivation. Extrinsische Motivation führt in einem Unternehmen zu einer inhaltlichen *Flexibilisierung* der Handlungsziele. Dies bedeutet, die Organisationsakteure sind bereit, an Aufgaben mitzuwirken, die nicht von vornherein auf großes Interesse stoßen. Darüber hinaus kann intrinsische Motivation durch Belohnungen sogar erst angeregt werden. Sie veranlassen die Organisationsmitglieder dazu, sich mit ungewohnten oder schwierigen Aufgaben überhaupt zu beschäftigen. Stellt sich während der Bearbeitung ein Kompetenzerleben ein, so wird intrinsische Motivation gefördert (vgl. Heckhausen 1989).

Deshalb kann auf die extrinsische Motivierung nicht verzichtet werden. Die Gestaltung der Motivationsaufgaben, das heißt der Anreizsysteme im Unternehmen, bedingt deshalb, daß das „richtige" Verhältnis zwischen intrinsischer und extrinsischer Motivation gefunden werden muß. Dieses bestimmt sich aus dem *Nettoeffekt* zwischen dem Verdrängungs-Effekt und dem Disziplinierungs-Effekt (Frey/Osterloh 1997). Ein Unternehmen muß die Schwierigkeiten bei der Erzeugung und Verdrängung intrinsischer Motivierung mit den Sanktionswirkungen extrinsischer Motivierung ins *Verhältnis* setzen und daraus Erkenntnisse für die Gestaltung seiner Anreizsysteme ableiten (Abschnitt 5).

5 Zusammenführung der Koordinations-, Orientierungs- und Motivationsaufgaben am Beispiel moderner Organisationskonzepte

Eingangs haben wir gefragt, ob Organisationen um so erfolgreicher sind, je mehr marktähnliche Elemente sie enthalten (Abschnitt 1.3). Am Beispiel aktueller Organisationskonzepte (Profit-Center-Organisation, Prozeßorganisation, Holdingorganisation und interorganisationale Netzwerke) wollen wir diese Frage beantworten. Wir integrieren dazu die gewonnenen Erkenntnisse über die Koordinations-, Orientierungs- und Motivationsaufgaben der Organisation.

5.1 Die Profit-Center-Organisation

Das Grundprinzip der Profit-Center-Organisation besteht in der Stärkung der *Autonomie* für Bereiche, die in der Regel nach dem Objektprinzip gebildet werden. Ein Profit Center ist ein organisatorischer Teilbereich, für den ein *eigener Periodenerfolg* ermittelt werden kann. Profit Center stellen eine Art „Unternehmen im Unternehmen" dar, in denen das Denken nicht in Verrichtungen, sondern in Produkten oder Dienstleistungen und den dafür erzielbaren Preisen erfolgt. Die Leistung der Profit Center soll anhand des von ihnen erwirtschafteten Gewinns beurteilt werden. Das setzt allerdings voraus, daß die Ertrags- und Aufwandsgrößen eindeutig zurechenbar sind. Deshalb sollten Profit Center idealerweise einen eigenen Marktzugang haben. Ist dies nicht der Fall, müssen die Leistungen zwischen den verschiedenen Profit Center entlang der innerbetrieblichen Wertschöpfungskette über Verrechnungspreise koordiniert werden. Jedoch erreichen normalerweise Profit Center nicht die kritische Größe für eine selbständige Bearbeitung aller unternehmerischen Funktionen, so daß es immer Aufgaben mit übergreifendem Charakter gibt. Diese werden als Zentralbereiche, häufig in Form von Cost Center, ausgegliedert. Die Inanspruchnahme dieser Leistungen wird den Profit Centern verrechnet.

In der Profit-Center-Organisation soll die *Koordinationsaufgabe* durch interne Märkte und Preise erfüllt werden. Der Vorteil ist, daß Kosten- und Leistungstransparenz erzielt wird. Das „Denken in Preisen und Leistungen" erzieht dazu, Leistungsniveaus und die daraus resultierenden Preise in „Service Level Agreements" zu spezifizieren. Die Profit Center bezahlen nur noch für die Leistungen, die sie wirklich benötigen. Die Zulieferer werden zur Orientierung am (internen) Kunden angehalten. Allerdings bestehen zwischen den einzelnen Profit Centers meistens Leistungsverflechtungen, deren Zurechnung durch Verrechnungspreise keineswegs problemlos ist. In der Regel wird die Autonomie der Profit Center eingeschränkt, damit das Gesamtunternehmen Synergien realisieren kann und Bereichsegoismen verhindert werden. Daraus resultiert erstens, daß zwischen den Profit Center häufig Transferzwang besteht. Zweitens müssen auch Profit Center einheitlichen Unternehmensrichtlinien genügen, zum Beispiel für das Controlling oder die Informatik. In diesem Fall ist die Koordinationsleistung durch die zentrale Planung zu erbringen, womit die eigentlich beabsichtigte Koordinationswirkung der Verrechungspreise abgeschwächt wird. An die Stelle von marktorientierten treten administrative, kostenorientierte Verrechungspreise. Diese werden entweder intern ausgehandelt oder von der Unternehmensleitung diktiert. In der Unternehmenspraxis wird häufig noch ein prozentualer Gewinn aufgeschlagen („Cost plus"-Verfahren). In jedem dieser Fälle wird die angestrebte Kosten- und Leistungstransparenz und die Vergleichbarkeit mit Marktpreisen beeinträchtigt. Bürokratische Elemente werden verstärkt. Es gibt folglich in der Profit-Center-Organisation einen „trade-off": Einerseits sollen die Profit Center wie selbständige Unternehmen agieren. Andererseits sollen Synergieeffekte des Gesamtunternehmens realisiert werden (Schmalenbach 1941). Ohne diese Synergien gäbe es keinen Grund, die Profit Center nicht als selbständige Unternehmen auszugliedern.

Die *Orientierungsaufgabe* ist in der Profit-Center-Organisation eine zweifache. *Zwischen* den einzelnen Profit Center erfolgt der Wissensaustausch über interne Verträge, in denen Preise und Leistungen festgelegt werden. Die ausgetauschten Komponenten oder Module müssen spezifiziert, das heißt explizit gemacht werden. Mit der Explizierung werden diese Leistungen jedoch zugleich leichter imitierbar. Hinzu kommt, daß der Wettbewerb zwischen den Profit Centern den Austausch impliziten Wissens verhindert. Im Gegensatz dazu kann *innerhalb* der Profit Centers implizites Wissen leicht ausgetauscht werden. Dieser Austausch ist die Voraussetzung dafür, daß ein einzigartiges, schwer imitierbares Produkt entsteht. Das implizite Wissen von spezialisierten Profit-Center-Mitgliedern, die im Team arbeiten, ist weder einzeln, noch im Verbund handelbar. Es kann nur als inkorporierter Bestandteil des Produktes (respektive der Dienstleistung) extern oder intern verkauft werden. Beispiele sind die Herstellung eines komplexen technischen Produktes oder eines erstklassigen Weines (Grant 1996b). In beiden Fällen kann das Wissen, das zur Herstellung benötigt wird, nicht durch „Reverse Engineering" expliziert werden. „Reverse Engineering" ist die Zerlegung eines Produktes mit dem Ziel, das zugrunde liegende Fertigungswissen zu erlangen (Bullinger 1994).

Die *Motivationsaufgabe* stellt sich ebenfalls als eine zweifache dar. *Zwischen* den Profit-Center-Organisation stellt sie vor allem auf *extrinsische* Motivation ab. Marktpreisorientierte Verrechnungspreise steuern das Verhalten von Profit-Center-Leiterinnen und -Leitern, indem sie erstens den Gewinnbeitrag der Teilbereiche ermitteln, zweitens die Grundlagen für eine erfolgsabhängige Leistungsbeurteilung schaffen und drittens eine gegenseitige Kontrolle ermöglichen. Diese Steuerung ist deshalb effizienter als die Steuerung über Budgets, weil neben dem Aufwand auch der Ertrag zugerechnet wird. *Innerhalb* der Profit Center ist intrinsische Motivation nötig und möglich. Nötig ist sie, wenn implizites Wissen im Team zu übertragen ist. Dies kann nicht angeordnet werden (Osterloh/Wübker 1998). Möglich ist intrinsische Motivation, weil das Profit Center erstens eine erhöhte Autonomie im Vergleich zur traditionellen Funktionalorganisation gewährt. Die Steuerung über Preise (Zweckprogramme, Abschnitt 2.1.2) ermöglicht größere Spielräume als die detaillierte Vorgabe von Verhaltensvorschriften (Konditionalprogramme, Abschnitt 2.1.1). Zweitens wird die intrinsische Motivation dann gefördert, wenn der informierende Aspekt des erwirtschafteten Profit-Center-Ergebnisses höher bewertet wird als der Fremdsteuerungsaspekt (Abschnitt 4.2). Auch dadurch steigen Selbstkontrolle und Autonomie.

Die Unternehmenspraxis zeigt, daß die intrinsische Motivation in Profit Center von größerer Bedeutung ist als die extrinsische Motivation. Befragungen haben ergeben, daß Profit-Center-Leiterinnen und -Leiter die Entscheidungsautonomie in ihrem Bereich höher werten als zusätzliche finanzielle Anreize (Kreuter 1997). Hingegen wird die intrinsische Motivation zerstört, wenn administrative Preise oder der Transferzwang als unfair empfunden werden (Frese 1995b).

5.2 Die Prozeßorganisation

Die Prozeßorganisation ist noch ein sehr junges Organisationskonzept, das im Zuge der „Business-Reengineering-Welle" große Popularität erlangt hat (Hammer/Champy 1994). Grundidee ist, Prozesse als organisatorisches Strukturierungs- oder Segmentierungskriterium heranzuziehen (Osterloh/Frost 1996). Organisatorische Prozesse bilden inhaltlich abgeschlossene Erfüllungsvorgänge und umfassen alle für die Erbringung einer Leistung notwendigen Aktivitäten (Gaitanides 1983). Insofern stellt die Prozeßorganisation eine besondere Form der Profit-Center-Organisation dar. Sie setzt ebenfalls eine objektorientierte Gliederung voraus. Die unternehmensinterne Wertschöpfungskette ist nicht mehr auf mehrere organisatorische Einheiten oder Profit Centers aufgeteilt. Vielmehr wird sie so gestaltet, daß eigenständige Zuständigkeitsbereiche *ohne Schnittstellen* entstehen. Organisationale Schnittstellen bedeuten nämlich immer eine Unterbrechung des ganzheitlichen Aufgabenzusammenhangs. Jede Schnittstelle ist erstens eine *Liegestelle,* weil zeitliche Abstimmungsprobleme bei der Übergabe entstehen, zweitens eine *Irrtumsquelle,* weil Informationsverluste über den gesamten Aufgabenzusammenhang entstehen und drittens eine *Quelle der organisatorischen Unverantwortlichkeit,* weil Fehler und Unzulänglichkeiten nur noch schwer zurechenbar sind. Die Folge ist eine aufwendige Abstimmung über Stellen, Abteilungen und Unternehmensbereiche hinweg.

Ziel der Prozeßorganisation ist die Schaffung möglichst durchgängiger Prozesse vom Kunden bis zum Lieferanten als „kundenorientierte Rundumbearbeitung". Damit wird der Kunde sozusagen ins Organigramm hineingeholt, weil eine unmittelbare Rückkopplung möglich ist. Die Prozeßorganisation ist durch drei wichtige organisatorische Elemente gekennzeichnet (Osterloh/Frost 1996): Kernprozesse, Supportprozesse und funktionale Schulen. Jeder Prozeß soll als Team ausgestaltet werden, das sich im Innenverhältnis im Wege der Selbstorganisation abstimmt (Abschnitt 2.3.2).

– *Kernprozesse* sind strategisch relevante Wertschöpfungsprozesse, die aus den Kernkompetenzen des Unternehmens abgeleitet werden. Kernprozesse sollten immer einen externen Marktkontakt haben, weil sie alle Aktivitäten umfassen, die zur Erfüllung eines Kundenauftrags benötigt werden. Sind einzelne Kernprozesse zu umfangreich für ein Team, so kann eine weitere horizontale Aufteilung nach Komplexität der Teilprozesse oder nach Kundengruppen erfolgen.

- *Supportprozesse* erfüllen unterstützende Aufgaben und haben eine Zulieferfunktion für die Kernprozesse. Dies bedeutet, daß sie keinen direkten Marktkontakt haben müssen. Wichtig ist, daß die Leistungsverflechtung zwischen Kern- und Supportprozeß so gering ist, daß der Supportprozeß als eigenständige Leistung in Form eines Profit Center separierbar ist. Dabei handelt es sich um standardisierbare Leistungen, die einem „Benchmarking" unterzogen werden können. Benchmarking bedeutet den Vergleich der eigenen Leistung mit der des „klassenbesten" Konkurrenten.
- *Funktionale Schulen* oder *Kompetenzzentren* bieten spezifische Fachkenntnisse an, die aufgrund der Realisierung von Spezialisierungsvorteilen nicht in die Kernprozesse eingegliedert sind. Sie haben deshalb primär eine Dienstleistungsaufgabe, nämlich die Vermittlung von Wissen an die Prozesse. Praktisch bedeutet dies, daß funktionale Schulen als Cost Center ausgestaltet werden. Es muß von Fall zu Fall ausgehandelt werden, welcher Anteil des Budgets für Dienstleistungen und welcher für eigenständigen kreativen Wissenserwerb verwendet werden darf. Wichtig ist, daß funktionale Schulen ebenso wie die Kernprozesse zum Wettbewerbsvorteil des Unternehmens beitragen. Im Unterschied zu den Kernprozessen haben sie jedoch keinen direkten Kundenkontakt.

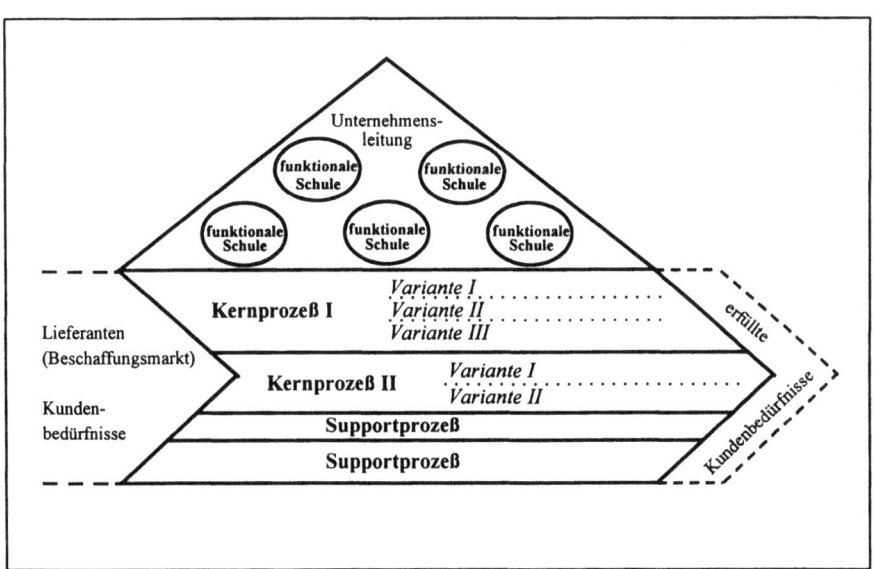

Abb. 18: Prozeßorganisation

Die Prozeßorganisation erfüllt die *Koordinationsaufgaben* besonders gut, weil sie die Schnittstellenproblematik besser löst als die meisten herkömmlichen Organisationskonzepte. Verschiedene Tätigkeiten werden funktionsübergreifend verzahnt. Dies ermöglicht die Realisierung *hoher horizontaler Synergien*. Dadurch wird der Koordinationsaufwand auf ein Minimum reduziert, weil die Abhängigkeit von Leistungen anderer Organisationseinheiten aufgrund unterschiedlicher Aufgaben, Zeit- und Zielprioritäten abnimmt. Würden lediglich Prozesse betrachtet werden, hätte die Prozeßorganisation *Nachteile* bezüglich der Realisierung von *Spezialisierungsvorteilen*, weil die Spezialisten auf die einzelnen Prozesse verteilt wären. Durch die Gestaltung von Kompetenzzentren oder funktionalen Schulen können aber auch in der Prozeßorganisation Spezialisierungsvorteile realisiert werden. In der Prozeßorganisation können darüber hinaus *vertikale Synergien* besonders gut realisiert werden, weil Supportprozesse ohne Schwierigkeiten im Wege des Outsourcing ausgelagert werden können. Die Konzentration auf unternehmenseigene Stärken verhilft dem Unternehmen, die Länge und Komplexität seiner Wertschöpfungskette zu verringern. Durchgängige Prozeßketten vom Beschaffungs- bis zum Absatzmarkt sind leichter zu gestalten. Dies fördert das „one-face-to-customer"- und das „one-face-is-accountable"-Prinzip. Dabei hat die Unterscheidung zwischen Kern- und Supportprozessen eine strategische Bedeutung. Werden irrtümlicherweise Bereiche als Supportprozesse definiert, die firmenspezifisches Know-how beinhalten und damit eigentlich zu den Kernprozessen oder funktionalen Schulen gehören müßten, besteht die Gefahr des „hollowing out".

Die *Orientierungsaufgabe* hat auch in der Prozeßorganisation zwei Aspekte, die zentral für die Prozeßsegmentierung sind. Jeder Prozeß enthält eine vollständige, kundenorientierte Ablaufkette, so daß zwischen den Prozessen ein möglichst geringer Anteil an implizitem Wissen ausgetauscht werden muß. *Innerhalb* der Prozesse kann implizites Wissen zwischen den Teammitgliedern leicht übertragen werden, weil es keine Schnittstellen mehr gibt und „face-to-face"-Kontakte möglich sind. Die „interlocked activities" innerhalb von Prozessen sind deshalb schwerer imitierbar als einzelne Aktivitäten (Porter 1996). *Zwischen* den Prozessen sowie zwischen den Prozessen und den funktionalen Schulen wird in erster Linie explizites Wissen transferiert. Jedoch agieren die Prozesse im Unternehmen nicht autonom, sondern sind miteinander und mit den funktionalen Schulen verknüpft, um unternehmensspezifische Kernkompetenzen generieren zu können. Deshalb ist darauf zu achten, daß organisationale Lernprozesse und der Austausch von implizitem Wissen nicht ausschließlich innerhalb der Prozesse stattfindet, sondern auch zwischen den Prozessen und den funktionalen Schulen. Mittel dazu sind beispielsweise überlappende Gruppen (Abschnitt 2.2.2) und Job-Rotation.

Die *Motivationsaufgabe* ist bei der Prozeßorganisation ähnlich gelagert wie bei der Profit-Center-Organisation. Die Prozeßorganisation hat aber entscheidende motivationale *Vorteile* im Hinblick auf den Kontakt zum Kunden und die Verrechnungspreisgestaltung (Osterloh 1997). Die Prozesse sind so segmentiert, daß sie jeweils „vom Kunden zum Kunden" reichen. Das bewirkt erstens, daß den Prozessen ein höherer Handlungsspielraum zugebilligt werden kann, weil eine direkte Rückkopplung durch den Kunden besteht. Dadurch werden die Partizipationsmöglichkeit und die erlebte Kompetenz gestärkt. Es ist ein geringeres Ausmaß an Weisungen nötig. Zweitens werden weniger interne Verrechnungspreise benötigt, weil jeder Prozeß einer direkten Marktbewertung ausgesetzt ist. Administrative Verrechnungspreise werden von den Beschäftigten leicht als manipulativ interpretiert (Frese 1997). Hingegen gelten Marktpreise als objektiv und werden deshalb eher als fair akzeptiert.

5.3 Die Holdingorganisation

Die Holdingorganisation ist eine spezifische Form der Profit-Center-Organisation, bei der diese rechtlich verselbständigt sind. Im Schwerpunkt geht es um die Rolle der Gesamtleitung in der Unternehmensstruktur. Das Unternehmen wird in zwei oder mehr unternehmerische Ebenen aufgeteilt (Bühner 1987): Die *Mutter-* oder *Obergesellschaft* bildet die erste Ebene (Konzernspitze), die jedoch keine operativen Tätigkeiten ausführt, sondern sich auf die einheitliche Leitung des Konzerns konzentriert (Rühli 1996). Ihre wichtigste Aufgabe besteht in der konzernweiten Finanzierungspolitik, das heißt Kapital-, Liquiditäts- und Erfolgsplanung. Die zweite Ebene beinhaltet die *wirtschaftlich-rechtlich selbständigen* Geschäftsbereiche als *Tochtergesellschaften*. Die Transparenz wird gegenüber der Profit-Center-Organisation erhöht, weil die rechtliche Verselbständigung zu einer eindeutigeren Erfolgszurechnung führt.

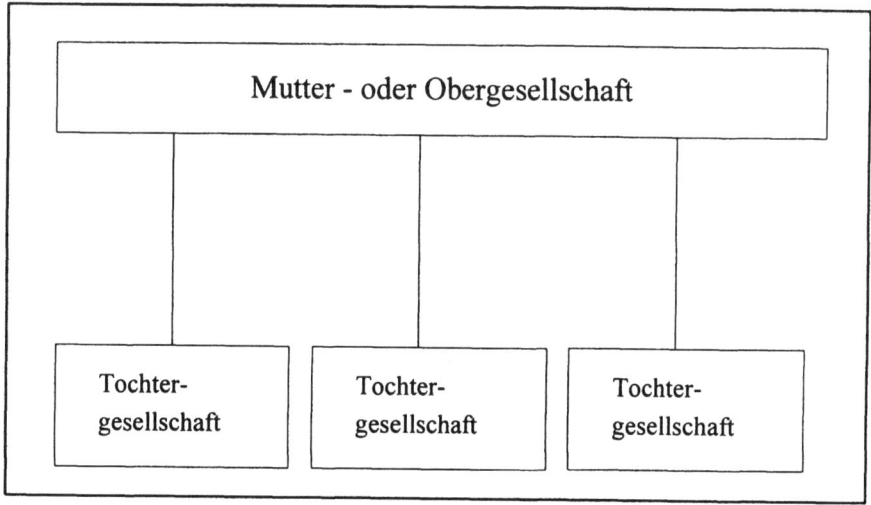

Abb. 19: Holdingorganisation

Holdingorganisationen werden gebildet, um die Vorteile großer Unternehmenseinheiten wie finanzielle Stärke, Marktmacht und „Economies of Scale" mit den Vorteilen kleiner (mittelständischer) Einheiten wie Flexibilität, Kooperationsfähigkeit und Marktnähe zu kombinieren (Bernhardt/Witt 1995). So sind die dezentralen Tochtergesellschaften beweglicher, weil sie eigenständige Entscheidungen treffen. Sie können, im Unterschied zu den Profit Center, auch den strategischen Bereich umfassen, zum Beispiel Joint Ventures, Kooperationen, Kauf und Verkauf von Unternehmensbereichen. Da die einzelnen Holdinggesellschaften anhand des von ihnen erwirtschafteten Gewinns beurteilt werden, können Quersubventionierungen schlecht rentierender durch die ertragreichen Gesellschaften offengelegt werden. Einzelne Gesellschaften können leichter ge- oder verkauft werden. In einigen Ländern machen zudem steuerliche Privilegien die Holdingorganisation attraktiv. Trotz der rechtlichen Selbständigkeit, werden in der Holdingorganisation – ähnlich wie bei der Profit-Center-Organisation – einzelne Funktionen zentralisiert und in die Obergesellschaft eingegliedert, um Größeneffekte und Spezialisierungsvorteile ausnutzen zu können. Beispiele sind das Controlling sowie die Steuer- und Rechtsabteilung.

Je nach *Autonomiegrad* der Tochtergesellschaften können verschiedene Holdingformen unterschieden werden, die in Abbildung 20 im Verhältnis zur Profit-Center- und Geschäftsbereichsorganisation dargestellt sind. Mit zunehmendem Autonomiegrad sinken die Synergien zwischen den verschiedenen Divisionen oder Bereichen des Gesamtunternehmens.

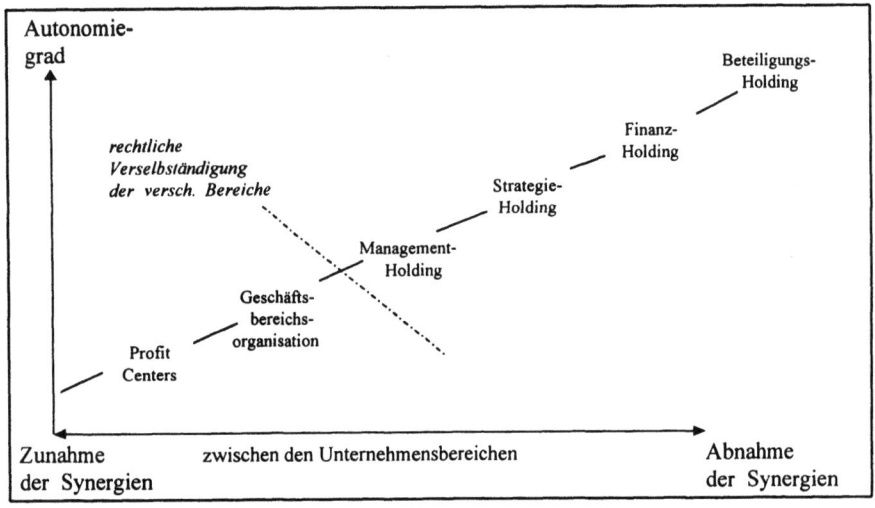

Abb. 20: Formen der Holdingorganisation

– Eine *Management-Holding* entsteht durch die vermehrte Übernahme von Managementfunktionen durch die Obergesellschaft. So werden viele Aktivitäten beispielsweise im Marketing oder in der Forschung & Entwicklung zentral koordiniert. Die Beteiligungsgesellschaften sollen zu einer wirtschaftlichen Einheit zusammengeführt werden, um Synergievorteile realisieren zu können.
– In der *Strategie-Holding* nimmt die Obergesellschaft die strategische Ausrichtung der gesamten Unternehmensgruppe sowie das strategische Controlling vor.
– In der *Finanz-Holding* übernimmt die Obergesellschaft die Planung, Steuerung und Kontrolle der Finanzströme des Beteiligungsportfolios. Bezweckt wird eine angemessene Gestaltung der Eigentumsverhältnisse und eine Optimierung der Steuerbelastung.
– In der *Beteiligungs-Holding* beschränkt sich die Obergesellschaft darauf, Beteiligungen zu halten und zu verwalten. In das Management der einzelnen Beteiligungsgesellschaften wird nicht eingegriffen.

Die *Koordinationsaufgabe* zwischen den Tochtergesellschaften sowie zwischen Tochter- und Muttergesellschaft wird hauptsächlich durch Märkte und Preise wahrgenommen. Je autonomer die Tochtergesellschaften sind, desto mehr ist dies der Fall. Sollen Synergieeffekte erzielt werden, muß die marktliche Beziehung abgeschwächt und durch administrative Maßnahmen ersetzt werden, zum Beispiel durch Richtlinien oder personelle Verflechtungen.

Die Erfüllung der *Orientierungsaufgabe* nach *innen* hängt von der gewählten Binnenstruktur der Tochtergesellschaften ab. Zwischen den verschiedenen Gesellschaften wird um so mehr Wissen expliziert und um so weniger implizites Wissen übertragen, je mehr marktliche Elemente vorhanden sind. Marktlicher Wettbewerb zwingt dazu, Leistungen und Gegenleistungen zu spezifizieren. Gleichzeitig verhindert der Wettbewerb die freiwillige Übertragung von implizitem Wissen.

Die *Motivationsaufgabe* ist in der Holdingorganisation nach dem gleichen Prinzip zu handhaben wie bei der Profit-Center-Organisation (Abschnitt 5.1). Je höher die Autonomie ist und je größer der Anteil an marktlichen Mechanismen zwischen den einzelnen Gesellschaften ist, desto stärker wird in der Beziehung zwischen Tochtergesellschaften auf extrinsische Motivation abgestellt.

5.4 Interorganisationale Netzwerke

Organisationsstrukturen reichen bisweilen über die eigenen *Unternehmensgrenzen* hinaus: Bei interorganisationalen Netzwerken handelt es sich um eine vernetzte Kooperation zwischen Kooperationspartnern. Die *Wertschöpfungskette* zur Erstellung eines Produktes oder einer Leistung ist so aufgesplittet, daß die einzelnen Stufen von verschiedenen Netzwerkpartnern bearbeitet werden. Die Netzwerkpartner sind, wie bei der Holdingorganisation, rechtlich selbständig. Die wirtschaftliche Abhängigkeit gestaltet sich jedoch anders. Sie resultiert nicht aus Kapitalverflechtungen, sondern aus langfristigen Verträgen. Damit ändert sich das traditionelle Verhältnis zwischen Produzenten und Lieferanten. Netzwerke entstehen als dritter Weg zwischen Markt und Integration in die Organisation.

Ziel der Bildung interorganisationaler Netzwerke ist es, durch die enge Zusammenarbeit die strategische Flexibilität der beteiligten Partner zu erhöhen (Sydow 1992). Interorganisationale Netzwerke sind das Ergebnis einer *Modularisierung*. Dabei werden mitunter auch unternehmerische Kernbereiche wie die Forschung und Entwicklung oder die Produktion zusammen mit den strategischen Partnern bearbeitet. Dies unterscheidet interorganisationale Netzwerke von der Prozeßorganisation (Abschnitt 5.2). Bei der Prozeßorganisation werden lediglich strategisch nicht relevante Geschäftsaktivitäten im Wege des Outsourcing ausgelagert.

Bezüglich der *Koordinationsaufgabe* haben interorganisationale Netzwerke Vor- und Nachteile. Die Vorteile liegen in der geringeren Fertigungskomplexität und in der Konzentration auf die unternehmensspezifischen Kernkompetenzen. Dadurch wird die interne Abstimmung erleichtert. Statt Komponenten oder Baugruppen selber zu fertigen, werden diese als ganze Subsysteme von Zulieferern bezogen, wodurch die Anzahl der Lieferanten und damit die der Schnittstellen drastisch sinkt. Die Nachteile bestehen im Risiko der partiellen Systembeherrschung. Damit ist gemeint, daß die Leitung eines interorganisationalen Netzwerkes eine hochkomplexe Aufgabe ist, die in der Regel von keinem der beteiligten Unternehmen vollständig beherrscht wird.

Auch die *Orientierungsaufgabe* hat Vor- und Nachteile. Vorteile ergeben sich wie bei der Profit-Center-Organisation (Abschnitt 5.1) aus der Notwendigkeit, Leistungen und Gegenleistungen zu spezifizieren, das heißt explizit zu machen. Die Standards der erforderlichen Leistungen werden transparenter und gründlicher überdacht. Die Nachteile bestehen in der Gefahr des *Kompetenzverlustes*, wenn im Wege des Outsourcing strategisch relevante Wertschöpfungsaktivitäten an die Partnerunternehmen verlagert werden. Implizites Wissen wird nicht kontinuierlich weiterentwickelt und die absorptive Kapazität für zentrale Bereiche kann allmählich verloren gehen. Die Probleme, die sich ein Unternehmen damit einhandeln kann, beschreiben Bettis/Bradley/Hamel (1992) anschaulich als „*Outsourcing-Spirale*": Die zunächst positiven Outsourcing-Erfahrungen bestärken das Unternehmen, der „buy"-Option regelmäßig den Vorzug gegenüber der „make"-Option zu geben. Eine sukzessive Ausweitung der Fremdbeschaffung führt kurzfristig zu einer Konsolidierung der leistungsschwächeren Geschäftsbereiche. Im Extremfall wird ein Unternehmen zu einem reinen „Transaktionsbroker". Im Rahmen der Ressourcenallokation erfolgt eine immer stärkere Desinvestitionsstrategie bis das Unternehmen keine Kernkompetenzen mehr hat.

So hat „worlds of wonder", ein US-amerikanisches Unternehmen für elektronisches Spielzeug, durch ein rigoroses Outsourcing der Produktion entscheidende Kernkompetenzen an fernöstliche Zulieferer verloren. Das Unternehmen hat sich auf seine Marketing- und Distributionskompetenz verlassen und nicht bemerkt, daß sich die fernöstlichen Zulieferer diese Kompetenz mit der Zeit angeeignet und vorwärts integriert haben. Es kam zum „hollowing out", das heißt zum Aushöhlen von Kernkompetenzen. Die Zulieferer wurden nicht nur zum Hauptkonkurrenten, sondern sie haben „worlds of wonder" vom Markt verdrängt, weil es keine Produktionskompetenz mehr hatte (Teece et al. 1994).

Die *Motivationsaufgabe* in interorganisationalen Netzwerken besteht darin, ein Gleichgewicht von extrinsischer und intrinsischer Motivation aufrecht zu erhalten. Einerseits stehen Netzwerkpartner miteinander im Wettbewerb um Preise und Ressourcen. Andererseits beruhen langfristige Netzwerkpartnerschaften zu einem höheren Ausmaß als reine Marktbeziehungen auf teilweise unvollständigen Verträgen. Die Erfüllung unvollständiger Verträge bedarf immer dann intrinsischer Motivation, wenn „golden opportunities" existieren (Abschnitt 2.1.2).

5.5 Fazit

Die Darstellung moderner Organisationskonzepte zeigt, daß immer mehr marktliche Elemente in die Unternehmensorganisation Einzug halten. Was unterscheidet Unternehmen dann noch von Märkten? Die Antwort lautet: Unternehmen haben ein umfangreicheres Repertoire an Koordinations-, Orientierungs- und Motivationsinstrumenten zur Verfügung. Die geschickte Mischung dieser Instrumente macht erfolgreiche und weniger erfolgreiche Organisationen aus:

- Märkte koordinieren nur über Preise und Wettbewerb. Organisationen steht zusätzlich das gesamte Spektrum zwischen Konditional- und Zweckprogrammen zur Verfügung.
- Das Markt- und Preissystem kann systematisch nur explizites Wissen übertragen. Organisationen hingegen müssen zusätzlich die Entwicklung und Übertragung impliziten Wissens beherrschen, wenn sie einen nachhaltigen Wettbewerbsvorteil erringen wollen.
- Das Markt- und Preissystem schließt zwar intrinsische Motivation nicht grundsätzlich aus. Die Konstruktionslogik des Marktes setzt aber intrinsische Motivation nicht systematisch voraus, sondern stellt auf extrinsische Motivation ab. Im Gegensatz dazu brauchen Organisationen beide Formen von Motivation. Sie können in vielfältiger Weise Anreize für die extrinsische Motivation zur Verfügung stellen *und* die geeigneten Bedingungen für die intrinsische Motivation schaffen.

Es wird also immer Organisationen geben, weil Märkte zahlreiche Aufgaben nicht erfüllen können. Deshalb werden auch in Zukunft die meisten von uns in Kliniken geboren, Schulen besuchen, in Unternehmen arbeiten, Fußball im Verein spielen, Steuern an das Finanzamt zahlen, und schlußendlich wird eine Behörde den Totenschein ausstellen (Pfeffer 1997). Wir leben in einer Organisationsgesellschaft (Simon 1991).

Literaturverzeichnis

Akerlof, G.A. (1982), Labour Contracts as Partial Gift Exchange, in: Quarterly Journal of Economics, 84. Jg. (1982), S. 488-500

Alewell, K. (1992), Regionalorganisation, in: Frese, E. (Hrsg.), Handwörterbuch der Organisation, 3. Aufl., Stuttgart 1992, Sp. 2184-2196

Aoki, M. (1990), Rents and the Theory of Firms, in: Aoki, M., Gustafsson, B., Williamson, O. (Hrsg.), The Firm as a Nexus of Treatis, London 1990

Argyris, C. (1964), Integrating the Individual and the Organization, New York 1964

Axelrod, R. (1981), Die Evolution der Kooperation, München 1981

Bandura, A., McDonald, F. (1963), Influence of Social Reinforcement and the Behaviour of Models in Shaping Children's Moral Judgement, in: Journal of Abnormal Social Psychology, 67. Jg. (1963), S. 274-281

Bantel, K.A., Jackson, S.E. (1989), Top Management and Innovations in Banking: Does the Composition of the Top Team Make a Different?, in: Strategic Management Journal, 10. Jg. (1989), S. 107-124

Barnard, C.I. (1938), The Functions of the Executive, Cambridge, Mass. 1938

Barney, J.B. (1991), Firm Resources and Sustained Competitive Advantages, in: Journal of Management, 17. Jg. (1991), S. 99-120

Bernhardt, W., Witt, P. (1995), Holding-Modelle und Holding-Moden, in: Zeitschrift für Betriebswirtschaft, 65. Jg. (1995), S. 1341-1364

Bettis, R.A., Bradley, S.P., Prahalad, C.K. (1992), Outsourcing and Industrial Decline, in: Academy of Management Executive, 6. Jg. (1992), S. 7-22

Blau, P.M., Schoenherr, P.A. (1971), The Structure of Organizations, New York 1971

Bleicher, K. (1991), Organisation, Strategien, Strukturen, Kulturen, 2. vollst. neu bearb. Aufl., Wiesbaden 1991

Blum, E. (1982), Betriebsorganisation, Wiesbaden 1982

Brose, P., Corsten, H. (1983), Verhaltenstheoretische Überlegungen zur Partizipation. Entwurf eines interaktiven Ansatzes, in: Zeitschrift für Betriebswirtschaft, 53. Jg. (1983), S. 26-44

Bubner, R. (1976), Handlung, Sprache und Vernunft. Grundbegriffe praktischer Philosophie, Frankfurt a.M. 1976

Bühner, R. (1986), Betriebswirtschaftliche Organisationslehre, 2. Aufl., München u.a. 1986

Bühner, R. (1987), Management-Holding, in: Die Betriebswirtschaft, 47. Jg. (1987), S. 40-49

Bühner, R. (1992), Spartenorganisation, in: Frese, E. (Hrsg.), Handwörterbuch der Organisation, 3. Aufl., Stuttgart 1992, Sp. 2274-2287

Bullinger, H.J. (1994), Einführung in das Technologiemanagement. Modelle, Methoden, Praxisbeispiele, Stuttgart 1994

Carzo, R., Yanouzas, J.N. (1969), Effects of Flat and Tall Organization Structure, in: Administrative Science Quarterly, 14. Jg. (1969), S. 178-191

Chandler, A.D. Jr. (1962), Strategy and Structure. Chapters in the History of the American Industrial Enterprise, Cambridge, Mass. 1962 (13. Aufl., 1984)

Chesbrough, H.W., Teece, D.J (1996), Innovation richtig organisieren – aber ist virtuell auch virtuos?, in: Harvard Manager, 18. Jg. (1996), S. 63-70

Coase, Ronald H. (1937), The Nature of the Firm, in: Economica, 4. Jg. (1937), S. 386-405

Cohen, W.L., Levinthal, D.M. (1990), Absorptive Capacity: A New Perspective on Learning and Innovation, in: Administrative Science Quarterly, 35. Jg. (1990), S. 128-152

Csikszentmihalyi, M. (1993), Das Flow-Erlebnis. Jenseits von Angst und Langeweile: Im Tun aufgehen, 5. Aufl., Stuttgart 1993

Daft, R.L. (1992), Organization Theory and Design, 4. Aufl., St. Paul u.a. 1992

Deci, E.L. (1975), Intrinsic Motivation, New York 1975

Deci, E.L., Flaste, R. (1995), Why do we do what we do: the Dynamics of Personal Autonomy, New York 1995

Deci, E.L., Ryan, R.M. (1985), Intrinsic Motivation and Self-Determination in Human Behavior, New York 1985

Demsetz, H. (1991), The Theory of the Firm Revisited, in: Williamson, O.E./Winter, S.G. (Hrsg.), The Nature of the Firm, New York 1991, S. 159-178

Dixit, A.K., Nailbuff, B.J. (1995), Spieltheorie für Einsteiger. Know-how für Gewinner, Stuttgart 1995

Dörner, D. (1979), Problemlösen als Informationsverarbeitung, 2. Aufl., Stuttgart 1979

Fayol, H. (1916), Administration Industrielle et Génerale, Paris 1916

Fehr, E., Gächter, S., Kirchsteiger, G. (1997), Recipocity as a Contract Enforcement Device, in: Econometrica, Jg. 65 (1997), S. 833-860

Frank, R.H. (1988), Passions within Reason. The Strategic Role of the Emotions, New York 1988

Frese, E. (1995a), Grundlagen der Organisation. Konzept – Prinzipien – Strukturen, 6. Aufl., Wiesbaden 1995

Frese, E. (1995b), Profit Center und Verrechnungspreise. Organisationstheoretische Analyse eines aktuellen Problems, in: Zeitschrift für betriebswirtschaftliche Forschung, 47. Jg. (1995), S. 942-954

Frese, E. (1997), Unternehmensinterne Märkte – Konzeptionelle Überlegungen zu einem aktuellen Thema, in: Küpper, U., Troßmann, E. (Hrsg.), Das Rechnungswesen im Spannungsfeld zwischen strategischem und operativem Management, Berlin 1997, S. 129-146

Frey, B.S. (1997), Markt und Motivation. Wie Preise die (Arbeits-)Moral verdrängen, München 1997

Frey, B.S., Bohnet, I. (1994), Die Ökonomie zwischen extrinsischer und intrinsischer Motivation, in: Homo Oeconomicus (1994), Band XI, S. 1-19

Frey, B.S., Osterloh, M. (1997), Sanktionen oder Seelenmassage? Motivationale Grundlagen der Unternehmensführung, in: Die Betriebswirtschaft, 57. Jg. (1997), S. 307-321

Frost, J. (1998), Die Koordinations- und Orientierungsfunktion der Organisation, Bern u.a. 1998

Gaitanides, M. (1983), Prozeßorganisation, München 1983

Gaitanides, M. (1992), Ablauforganisation, in: Frese, E. (Hrsg.), Handwörterbuch der Organisation, 3. Aufl., Stuttgart 1992, Sp. 3-18

Galbraith, J.R. (1973), Designing Complex Organizations, Reading, Mass. 1973

Ghemawat, R: (1991), Commitment: The Dynamics of Strategy, New York 1991

Gouldner, A.W. (1968), „Disziplinäre" und „repräsentative" Bürokratie, in: Mayntz, R. (Hrsg.), Bürokratische Organisation, Köln u.a. 1968, S. 429-436

Grant, R.M. (1996a), Toward a Knowledge-Based Theory of the Firm, in: Strategic Management Journal, 17. Jg. (1996), Special Issue Winter, S. 109-122

Grant, R.M. (1996b), Prospering in Dynamically-Competitive Environments: Organizational Capability as Knowledge Integration, in: Organization Science, 7. Jg. (1996), S. 375-387

Grochla, E. (1966), Automation und Organisation, Wiesbaden 1966

Grochla, E. (1982), Grundlagen der organisatorischen Gestaltung, Stuttgart 1982

Grün, O. (1992), Projektorganisation, in: Frese, E. (Hrsg.), Handwörterbuch der Organisation, 3. Aufl., Stuttgart 1992, Sp. 2102-2116

Gutenberg, E. (1929), Die Unternehmung als Gegenstand betriebswirtschaftlicher Theoriebildung, Frankfurt a.M. 1929

Gutenberg, E. (1951), Grundlagen der Betriebswirtschaftslehre, Band I: Die Produktion, Berlin u.a. 1951 (24. Aufl. 1983)

Habermas, J. (1981), Theorie des kommunikativen Handelns, 2 Bände, Frankfurt a.M. 1981

Hackman, R.J., Oldham, G.R. (1980), Work Redesign, Reading Mass. 1980

Hammer, M., Champy, J. (1994), Business Reengineering – Radikalkur für das Unternehmen, Frankfurt a.M. 1994

Hax, K. (1965), Die Koordination von Entscheidungen. Ein Beitrag zur betriebswirtschaftlichen Organisationslehre, Köln u.a. 1965

Hayek, F.A. (1945), The Use of Knowledge in Society, in: American Economic Review, 35. Jg. (1945), S. 519-530

Heckhausen, H. (1989), Motivation und Handeln, 2. Aufl., Berlin 1989

Hill, W., Fehlbaum, R., Ulrich, P. (1994), Organisationslehre 1: Ziele, Instrumente und Bedingungen der Organisation sozialer Systeme, 5. überarb. Aufl., Bern u.a. 1994

Irle, M. (1971), Macht und Entscheidungen in Organisatonen. Studien gegen das Linie-Stab-Prinzip, Frankfurt a.m. 1971

Janis, I.L. (1972), Victims of Groupthink. A Psychological Study of Foreign Policy Decisions and Fiascos, Boston 1972

Jensen, M.C., Meckling, W.H. (1976), The Theory of the Firm. Managerial Behavior, Agency Cost and Ownership Structure, in: Journal of Financial Economics, 3. Jg. (1976), S. 305-360

Kern, H., Schumann, M. (1985), Das Ende der Arbeitsteilung ?, München 1985

Khandwalla, P.N. (1973), Viable and Effective Organizational Design of Firms, in: Academy of Management Journal, 16. Jg. (1973), S. 481-495

Kieser, A. (1992), Abteilungsbildung, in: Frese, E. (Hrsg.), Handwörterbuch der Organisation, 3. Aufl., Stuttgart 1992, Sp. 57-72

Kieser, A., Kubicek, H. (1992), Organisation, 3. völlig neu bearb. Aufl., Berlin u.a. 1992

Kirsch, W. (1971), Entscheidungsprozesse, 3. Band: Entscheidungen in Organisationen, Wiesbaden 1971

Kleinbeck, U., Quast, H.H. (1992), Motivation, in: Frese, E. (Hrsg.), Handwörterbuch der Organisation, 3. Aufl., Stuttgart 1991, Sp. 1420-1434

Kogut, B., Zander, U. (1992), Knowledge of the Firm, Combinative Capabilities, and the Replication of Technology, in: Organization Science, 3. Jg. (1992), S. 383-397

Kogut, B., Zander, U. (1996), What Firms do? Coordination, Identity, and Learning, in: Organization Science, 7. Jg. (1996), S. 502-518

Kohn, A. (1993), Punished by Reward. The Trouble with Gold Stars, Incentive Plans, A's, Praise, and other Bribes, Boston 1993

Kosiol, E. (1959), Grundlagen und Methoden der Organisationsforschung, Berlin 1959

Kosiol, E. (1962), Organisation der Unternehmung, Wiesbaden 1962 (2. Aufl. 1976)

Kosiol, E. (1978), Aufgabenanalyse und Aufgabensynthese, in: Grochla, E. (Hrsg.), Elemente der organisatorischen Gestaltung, Reinbek 1978, S. 66-84

Kotter, J.P. (1996), Leading Change, Boston 1996

Kreuter, A. (1997), Verrechnungspreise in Profit-Center-Organisationen, München und Mering 1997

Krogh, G. von, Venzin, M. (1995), Anhaltende Wettbewerbsvorteile durch Wissensmanagement, in: Die Unternehmung, 49. Jg. (1995), S. 417-436

Krüger, W. (1994), Umsetzung neuer Organisationsstrategien: Das Implementierungsproblem, in: Frese, E., Maly, W. (Hrsg.), Organisationsstrategien zur Sicherung der Wettbewerbsfähigkeit: Lösungen deutscher Unternehmen, Zeitschrift für betriebswirtschaftliche Forschung, 46 Jg. (1994), Sonderheft 33, S. 197-221

Kruglanski, A.W. (1975), The Endogenous-Exogenous Partitition in Attribution Theory, in: Psychological Review, 82. Jg. (1975), S. 387-406

Küpper, W., Ortmann, G. (1988), Vorwort der Herausgeber, in: Küpper, W., Ortmann, G. (Hrsg.), Mikropolitik, Rationalität, Macht und Spiele in Organisationen, Opladen 1988, S. 7-12

Lawrence, P.R., Lorsch, J.W. (1969), Organization and Environment. Managing Differentiation and Integration, Boston 1969

Lepper, M.R., Greene, D. (1978), The Hidden Costs of Reward: New Perspectives on the Psychology of Human Motivation, Hillsdale 1978

Levitt, B., March, J.G. (1988), Organizational Learning, in: Annual Review of Sociology, 14. Jg. (1988), S. 319-340

Likert, R. (1967), The Human Organization, New York 1967

Lind, E.A., Tyler, R.E. (1988), The Social Psychology of Procedural Justice, New York 1988

Luhmann, N. (1973), Zweckbegriff und Systemrationalität, Frankfurt a.M. 1973

Männel, W. (1981), Die Wahl zwischen Eigenfertigung und Fremdbezug. Theoretische Grundlagen, praktische Fälle, 2. Aufl., Stuttgart 1981

March, J.G. (1988), Decisions and Organizations, Oxford 1988

March, J.G. (1991), Exploration and Exploitation in Organizational Learning, in: Organization Science, 2. Jg. (1991), S. 71-87

March, J.G., Simon, H.A. (1958), Organizations, New York und Oxford 1958

Mayntz, R. (1968), Soziologie der Organisation, 3. Aufl., Reinbek 1968

McGregor, D. (1960), The Human Side of Enterprise, New York 1960

Meyer-Fujara, J., Puppe, F., Wachsmuth, I. (1993), Expertensysteme und Wissensmodellierung, in: Görz, G. (Hrsg.), Einführung in die künstliche Intelligenz, Bonn u.a. 1993

Milgrom, P., Roberts, J. (1992), Economics, Organization, and Management, New Jersey 1992

Mintzberg, H. (1979), The Structuring of Organizations. A Synthesis of the Research, Englewood Cliffs, N.J. 1979

Nonaka, I. (1994), A Dynamic Theory of Organizational Knowledge Creation, in: Organization Science, 5. Jg. (1994), S. 14-37

Nonaka, I., Takeuchi, H. (1995), The Knowledge Creation Comapany. How Japanese Companies Create the Dynamics of Innovation, Oxford 1995

Nordsieck, F. (1934), Grundlagen der Organisatonslehre, Stuttgart 1934

Odiorne, G.S. (1967), Management by Objectives, Führung durch Vorgabe von Zielen, München 1967

Osterloh, M. (1985), Zum Begriff des Handlungsspielraumes in der Organisations- und Führungstheorie, in: Zeitschrift für betriebswirtschaftliche Forschung, 37. Jg. (1985), S. 291-310

Osterloh, M. (1993), Die innovative Organisation im Spannungsfeld von Aufbau- und Ablauforganisation, in: Krulis-Randa, J., Staffelbach, B., Wehrli, H.P. (Hrsg.), Führen von Organisationen, Bern u.a. 1993, S. 214-294

Osterloh, M. (1997), Selbststeuernde Gruppen in der Prozeßorganisation, in: Scholz, C. (Hrsg.), Individualisierung als Paradigma, Festschrift für Hans Jürgen Drumm, Stuttgart 1997, S. 179-199

Osterloh, M., Frost, J. (1996), Prozeßmanagement als Kernkompetenz, Wiesbaden 1996
Osterloh, M., Wübker, S. (1998), Wettbewerbsvorteile durch Prozeß- und Wissensmanagement. Mit Chancengleichheit auf Erfolgskurs, Wiesbaden 1998 (im Druck)
Parsons, T. (1966), Societies: Evolutionary and Comparative Perspectives, Englewood Cliffs, N.J. 1966
Pettigrew, A., Whipp, R. (1991), Managing Change for Competitive Success, Cambridge Mass. 1991
Pfeffer, J. (1997), New Directions for Organization Theory. Problems and Prospects, Oxford und New York 1997
Picot, A. (1982), Transaktionskostenansatz in der Organisationstheorie. Stand der Diskussionen und Aussagewert, in: Die Betriebswirtschaft, 42. Jg. (1982), S. 267-284
Picot, A. (1991), Ein neuer Ansatz zur Gestaltung der Leistungstiefe, in: Zeitschrift für betriebswirtschaftliche Forschung, 43. Jg. (1991), S. 336-359
Picot, A., Reichwald, R., Wiegand, R.T. (1996), Die grenzenlose Unternehmung. Information, Organisation und Management, Wiesbaden 1996
Polanyi, M. (1985), Implizites Wissen, Frankfurt a.M. 1985
Porter, M.E. (1996), What is Strategy?, in: Harvard Business Review, 74. Jg. (1996), Nr. 6, S. 61-78
Prahalad, C.K., Bettis, R.A. (1986), The Dominant Logic: A New Linkage Between Diversity and Performance, in: Strategic Management Journal, 7. Jg. (1986), S. 485-501
Prahalad, C.K., Hamel, G. (1990), The Core Competence of the Corporation, in: Harvard Business Review, 68. Jg. (1990), Nr. 3, S. 79-91
Quinn, J.B., Hilmer, F.G. (1994), Strategic Outsourcing, in: Sloan Management Review, 33. Jg. (1994), Summer, S. 43-55
Reeser, C. (1969), Some Potential Human Problems of the Project Form of Organization, in: Academy of Management Journal, 12. Jg. (1969), S. 459-467
Reiß, M., von Rosenstiel, L., Lanz, A. (1997) (Hrsg.), Change Management, Stuttgart 1997
Rousseau, D. (1995), Psychological Contracts in Organizations, London 1995
Rühli, E. (1993), Organisationsformen, in: Köhler, R., Kern, W., Wysocki, K., Küpper, H.U. (Hrsg.), Handwörterbuch der Betriebswirtschaftslehre, 5. Aufl., Stuttgart 1993, Sp. 3031-3046
Rühli, E. (1996), Unternehmensführung und Unternehmenspolitik, Band 1, 3. Aufl., Bern und Stuttgart 1996
Rumelt, R.P., Schendel, D., Teece, D.J. (1991), Strategic Management and Economics, in: Strategic Management Journal, Special Issue Winter, 12. Jg. (1991), S. 5-29
Schanz, G. (1991), Motivationale Grundlagen der Gestaltung von Anreizsystemen, in: Schanz, G. (Hrsg.), Handbuch Anreizsysteme in Wirtschaft und Verwaltung, Stuttgart 1991, S. 257-274
Schreyögg, G. (1996), Organisation. Grundlagen moderner Organisationsgestaltung, Wiesbaden 1996
Schmalenbach, E. (1941), Über Dienststellengliederung im Großbetrieb, Leipzig 1941
Schwarz, H. (1974), Betriebsorganisation als Führungsaufgabe, 7. Aufl., München 1974
Schwartz, B. (1990), The Creation and Destruction of Value, in: American Psychologist 45. Jg. (1990), S. 7-152
Scott, R.W. (1986), Grundlagen der Organisationstheorie, Frankfurt a.M. 1986
Simon, H.A. (1945), Administrative Behavior. A Study of Decision-Making-Processes in Administrative Organization, New York 1945 (3. Aufl. 1976)
Simon, H.A. (1991), Organizations and Markets, in: Journal of Economic Perspectives, 5. Jg. (1991), S. 25-44

Smircich, L. (1983), Concepts of Culture and Organizational Analysis, in: Administrative Science Quarterly, 28. Jg. (1983), S. 339-358
Spender, J.-C. (1996), Making Knowledge the Basis of a Dynamic Theory of the Firm, in: Strategic Management Journal, 17. Jg. (1996), Special Issue Winter, S. 45-62
Sprenger, R. (1997), Mythos Motivation. Wege aus einer Sackgasse, 12. Aufl., Frankfurt a.M. 1997
Steinmann, H., Löhr, A. (1994), Grundlagen der Unternehmensethik, 2. Aufl., Stuttgart u.a. 1994
Steinmann, H., Schreyögg, G. (1997), Management. Grundlagen der Unternehmensführung, 4. Aufl., Wiesbaden 1997
Sydow, J. (1992), Strategische Netzwerke. Evolution und Organisation, Wiesbaden 1992
Tannenbaum, R., Schmid, W.H. (1958), How to Choose a Leadership Pattern, in: Harvard Business Review, 36. Jg. (1958), Nr. 2, S. 94-101
Taylor, F.W. (1911), The Principle of Scientific Management, New York 1911
Teece, D.J., Rumelt, R.P., Dosi, G., Winter, S.G. (1994), Understanding Corporate Coherence. Theory and Evidence, in: Journal of Economic Behavior and Organization, 23. Jg. (1994), S. 1-30
Thom, N., Etienne, M. (1997), Betriebliches Vorschlagswesen: Vom klassischen Modell zum modernen Ideenmanagement, in: Wirtschaftswissenschaftliches Studium, 26. Jg. (1997), S. 564-570
Ulich, E. (1994), Arbeitspsychologie, 2. Aufl., Zürich 1994
Ulrich, H. (1949), Betriebswirtschaftliche Organisationslehre, Bern 1949
Wächter, H. (1990), Tendenzen der betrieblichen Lohnpolitik in motivationstheoretischer Hinsicht, in: Schanz, G. (Hrsg.), Handbuch Anreizsysteme in Wirtschaft und Verwaltung, Stuttgart 1991, S. 195-214
Weiner, B. (1994), Motivationspsychologie, 3. Aufl., Weinheim u.a. 1994
Williamson, O.E. (1975), Markets and Hierarchies: Analysis and Antitrust Implications. A Study in the Economics of Internal Organization, New York u.a. 1975
Woodward, J. (1965), Industrial Organization, Theory and Practice, London u.a. 1965

6 Personalmanagement

Walter A. Oechsler

Inhaltsverzeichnis

1 Entwicklung des Personalmanagement in der Praxis	238
2 Wissenschaftliche Ansätze zum Personalmanagement	239
3 Strategisches Personalmanagement	247
3.1 Integration von Unternehmens- und Personalstrategie	247
3.2 Strategie- und Leistungsorientierung von Instrumenten des Personalmanagement	249
4 Instrumente des Personalmanagement	250
4.1 Personalplanung	250
4.2 Personalauswahl	252
4.3 Personalbeurteilung	254
4.4 Personalentgelt	255
4.5 Personalentwicklung	257
5 Computergestützter Einsatz der Instrumente des Personalmanagement	259
6 Arbeitsrechtlicher Regelungsrahmen des Personalmanagement	263
Literaturverzeichnis	269

1 Entwicklung des Personalmanagement in der Praxis

Die Personalarbeit in Unternehmen hat unterschiedliche Phasen durchlaufen, die in Zusammenhang stehen mit der Entwicklung der Unternehmensumwelt und mit Fortschritten des Management (vgl. Oechsler 1996; ferner Wunderer 1994).

Bis Ende der sechziger Jahre dominierte ein rein administrativ ausgerichtetes Personalwesen. In einer relativ stabilen Umwelt konnten im Zuge stetigen Wirtschaftswachstums Massenprodukte relativ problemlos gefertigt und abgesetzt werden. Die Personalabteilung fungierte als „zentrales Lohn- und Einstellungsbüro" ohne größere dispositive Aufgaben.

In den siebziger Jahren änderte sich dies vor allem wegen neuer arbeitsrechtlicher Regelungen. Die Bestimmungen des Betriebsverfassungsgesetzes 1972 erforderten schon aus Gründen der Gleichbehandlung der Mitarbeiter eine systematische Personalarbeit. Im Personalwesen wurden unter Beachtung der Partizipationsrechte des Betriebsrats Systeme zur Lösung personalwirtschaftlicher Probleme erarbeitet, die sich dann z.b. in Auswahlrichtlinien oder in Systemen der Arbeitsbewertung und Leistungsbeurteilung konkretisierten.

Mit dieser Entwicklung begann auch eine Professionalisierung der Personalarbeit. Diese wurde im Unternehmen aufgewertet, indem die Personalfunktion sowohl durch das Montanmitbestimmungsgesetz 1951 als auch das Mitbestimmungsgesetz 1976 im Leitungsgremium von Kapitalgesellschaften verankert wurde. In dieser Phase entfaltete die Personalarbeit eine Ordnungsfunktion, wobei das betriebliche Personalmanagement mit Blick auf die einzusetzenden Instrumente systematisch ausgestaltet wurde. Nachteiliger Effekt dabei war aber auch, daß den Führungskräften zentrale Regelungen vorgegeben wurden und sie dadurch bei ihrer Führungsaufgabe teilweise entmündigt wurden.

Eine Folge davon war, daß in den achtziger Jahren eine Tendenz zur Dezentralisierung der Personalabteilung eingeleitet wurde, indem in Form von Personalreferentensystemen organisatorische Mittelinstanzen eingeführt wurden, die zwischen zentraler Personalabteilung und dezentralen Führungskräften Vermittlungs- und Umsetzungsaufgaben hatten. Bei dieser Entwicklung stellten sich mehrere Probleme ein. Zum einen waren die Betreuungsumfänge der Personalreferenten zu groß und zum anderen kam bei den Führungskräften eine „Konsumhaltung" auf. Diese erwarteten nämlich von den Personalreferenten auch Lösungen für ihre Führungsprobleme. Die Personalarbeit wurde unter aufkommendem Konkurrenzdruck auf Rationalisierung, Flexibilisierung und Personalabbau ausgerichtet.

Die neunziger Jahre sind gekennzeichnet durch eine Tendenz zur weiteren Dezentralisierung der Personalarbeit. Die zentrale Personalabteilung ist vor allem zuständig für die Entwicklung strategischer und unternehmensweiter Personalkonzepte sowie für die Führungskräfteentwicklung und Entgeltgestaltung. Die praktische Personalarbeit wird von der Personalplanung über die Personalauswahl, den Personaleinsatz, die Entgeltfindung bis zur Personalentwicklung auf die Führungskräfte in den Fachbereichen verlagert. Diese Entwicklung steht in Zusammenhang mit der Einrichtung kleiner organisatorischer Einheiten in Form von

Center-Konzepten, die entweder Kosten- oder Gewinnverantwortung haben (vgl. Schartner 1990; ferner Oechsler 1997). Mit diesen Konzepten ist zum einen eine verstärkte Wertschöpfungsorientierung verbunden, d.h., daß alle Aktivitäten des Personalmanagement einen wertschöpfenden Beitrag für den zu erfüllenden Leistungsprozeß haben sollen. Zum anderen wird dabei auch Personalverantwortung delegiert, so daß Führungskräfte auch mit Blick auf das Personalmanagement unternehmerisch handeln können.

Damit ist in der Praxis eine Entwicklungstendenz festzustellen, daß Personalmanagement als Teilfunktion des Managementprozesses begriffen wird. Unternehmerisches Handeln im Rahmen der Personalarbeit ist nur mit Bezug zum übergreifenden Managementprozeß möglich. Weiterhin zeigt die Entwicklung in der Praxis, daß jede Führungskraft, die Managementfunktionen wahrnimmt, einen Großteil der Teilfunktionen des Personalmanagement übernehmen und beherrschen muß. Bei der immer komplexer werdenden Technologie ist es bspw. nur möglich, Personalplanung und Personalentwicklung durch die Führungskräfte vor Ort durchführen zu lassen. Nur die Führungskräfte, die sich mit der Technologie auskennen, können bei technologischen Änderungen den daraus resultierenden quantitativen und qualitativen Personalbedarf abschätzen und die entsprechenden Personalentwicklungsmaßnahmen spezifizieren.

Personalmanagement hat sich dadurch in der Praxis zu einem bedeutenden Bereich des Management entwickelt und wird auch in der Ausbildung zumindest in den „US-Business Schools" im Rahmen einer „general management"-Perspektive vermittelt.

Parallel zu dieser Entwicklung des Personalmanagement in der Unternehmenspraxis läßt sich auch eine entsprechende Ausrichtung von wissenschaftlichen Ansätzen zum Personalmanagement feststellen.

2 Wissenschaftliche Ansätze zum Personalmanagement

Die Entwicklung des Personalmanagement in der Praxis hat deutlich werden lassen, daß unter Personalmanagement eine Reihe von Aktivitäten zu verstehen ist, die im wesentlichen Vorgaben für den Führungsprozeß und Instrumente der Führung beinhalten. Während sich die administrative Personalarbeit und die Entwicklung von personalwirtschaftlichen Systemen und Instrumenten im Rahmen der Ordnungsfunktion vor allem auf die Systemgestaltung bezogen, kommen in den neueren Entwicklungen zur Dezentralisierung und zur Wertschöpfungsorientierung vor allem führungspolitische Aspekte zum Tragen. Personalmanagement umfaßt damit im Sinne von Tätigkeiten der Verhaltenssteuerung (Führung des Personals) und im Sinne der Systemgestaltung die Herstellung von Rahmenbedingungen für das Personal (vgl. Berthel 1995). Im folgenden soll nachgezeichnet werden, wie sich die wissenschaftlichen Ansätze bis zu diesem umfassenden Verständnis von Personalmanagement entwickelt haben.

Administrative Personalarbeit ist aus wissenschaftlicher Sicht den Ansätzen des Scientific Management gleichzusetzen. In diesen, durch Arbeitsvereinfachung und technische Rationalisierung gekennzeichneten Ansätzen ist Personal lediglich ein

Produktionsfaktor. Dies hat sich auch im sog. Produktionsfaktor-Ansatz im Rahmen des Systementwurfs von Gutenberg niedergeschlagen (vgl. Gutenberg 1951). Das System der produktiven Faktoren besteht dabei aus Elementarfaktoren (menschliche Arbeitsleistung, Betriebsmittel, Werkstoffe) und dispositiven Faktoren (Geschäfts- und Betriebsleitung, Planung, Betriebsorganisation). In diesem System wird der Produktionsfaktor Arbeit in objektbezogene, d.h. ausführende, und in dispositive, d.h. anweisende, Arbeit unterteilt und hinsichtlich seiner optimalen Ergiebigkeit geprüft und eingesetzt. Dieser Grundhaltung entsprechend bestanden die wichtigsten Instrumente des Scientific Management aus Zeit- und Bewegungsstudien, um einen technisch und ökonomisch möglichst rationalen Einsatz des Personals zu ermöglichen. Dieser Ansatz war auch den Umweltbedingungen und der Produktionsweise bis in die sechziger Jahre gerecht. In dieser Zeit wurden durch immer neue Produkte neue Märkte erschlossen, die in Form von einförmiger Massenproduktion befriedigt wurden. Damit hat der Produktionsfaktor-Ansatz Erklärungsrelevanz für die Zeit der Industrialisierung und vor allem des wirtschaftlichen Aufschwungs. Die in dieser typischen Industriegesellschaft dominierende Unternehmensstrategie war die der Einführung der Massenproduktion, die produktionstechnisch über getaktete Fließfertigung umgesetzt wurde und mittels Zeit- und Bewegungsstudien zu sinnentleerten Arbeitsinhalten führte.

In dieser Zeit entstand auch eine administrative Variante, die auf die Anwendung von Managementprinzipien abstellte und grundlegend war für die Entwicklung des Bürokratiemodells. Auf der Basis dieses Modells wurde über Strukturierung und Ordnungsbildung Personalarbeit geregelt, was sich in der Ordnungsfunktion der siebziger Jahre ausdrückte.

Bürokratische Systemgestaltung und -steuerung wurden begleitet von der Entwicklung verhaltenstheoretischer Erkenntnisse, die für Instrumente des Personalmanagement verwertet wurden. Diese Entwicklung wurde eingeleitet durch die sog. „Human Relations Bewegung", die auch als Gegenbewegung zu Scientific Management gesehen wird. In diesem Zusammenhang sind verstärkt empirische Untersuchungen zu verzeichnen, wie z.B. die sog. „Hawthorne"-Untersuchungen, bei denen u.a. die Auswirkungen unterschiedlicher Beleuchtungsstärken auf die Leistung der Arbeitnehmer untersucht wurden. Dabei ergab sich, daß sowohl bei der Arbeitsgruppe mit variierender Beleuchtung als auch bei der Kontrollgruppe, bei der die Beleuchtung unverändert blieb, die Produktivität in etwa gleicher Weise anstieg. Auf diese Weise wurde entdeckt, daß der arbeitende Mensch nicht nur auf finanzielle Anreize anspricht, sondern schon allein auf die Tatsache, daß man sich um ihn kümmerte. Diese Erkenntnisse wurden dann technokratisch umgesetzt, indem davon ausgegangen wurde, daß über die Verbesserung der Arbeitsbedingungen und sozialen Beziehungen eine Steigerung der Zufriedenheit und Arbeitsmoral zu erreichen ist.

Ähnliche Überlegungen lagen auch Anreiz-Beitrags-theoretischen Ansätzen zugrunde (vgl. Kupsch/Marr 1991). Im Rahmen der Anreiz-Beitrags-Theorie wird grundsätzlich davon ausgegangen, daß arbeitende Menschen die gegebenen Anreize im Lichte ihrer Beiträge bewerten und ihre Teilnahmeentscheidung und ihr Handeln vom Ergebnis dieses Bewertungsprozesses abhängig machen.

Schließlich taucht im Zusammenhang mit Strukturierung und Ordnungsbildung auch die konflikttheoretische Perspektive auf, daß nämlich konfligierende Interessenlagen im Unternehmen durch Strukturbildung kanalisiert werden. Im konfliktorientierten Ansatz steht damit der Interessengegensatz zwischen Arbeit und Kapital im Mittelpunkt der Betrachtung. Personalmanagement kann in diesem Zusammenhang begriffen werden als Erklären und Handhaben von Konflikten mit dem Ziel, einen Interessenausgleich zu finden. Für einen solchen Ansatz spricht die Tatsache, daß die in Unternehmen verfolgten ökonomischen und sozialen Ziele vielfältige Konkurrenzbeziehungen aufweisen. Wegen der daraus resultierenden Spannungszustände sind Konflikte in Organisationen unvermeidbar. Sie sollten toleriert werden, um auch ihre positiven Funktionen in Form des Wandels zu nutzen (vgl. Marr/Stitzel 1979). Konflikte werden damit als ein integrativer Bestandteil des Verhaltens von Individuen in Organisationen gesehen. Über die Steuerung des Konfliktgeschehens in Unternehmen wird jeweils ein Ausgleich zwischen ökonomischer und sozialer Rationalität angestrebt, was eine sozialpartnerschaftliche Koexistenz ermöglicht.

Im Gegensatz zu diesem auf Interessenausgleich und Sozialpartnerschaft angelegten konflikttheoretischen Ansatz wird in der „arbeitsorientierten Einzelwirtschaftslehre" (AOEWL) (vgl. AOEWL 1974) eine Position eingenommen, die einen alternativen Entwurf zu der herrschenden, an Kapitalinteressen orientierten Betriebswirtschaftslehre darstellt und die sich der an Arbeitnehmerinteressen orientierten Umgestaltung betriebswirtschaftlicher Instrumentarien widmet. Im Rahmen der AOEWL werden bspw. anhand der Personalplanung konfliktäre Interessen kapitalorientierter langfristiger Minimierung der Personalkosten und arbeitsorientierter Arbeitsplatz- und Einkommenssicherung dargestellt und eine arbeitsorientiert ausgerichtete Umgestaltung des personalwirtschaftlichen Instrumentariums gefordert. Dieser Forderung liegt das Verfolgen einer „emanzipatorischen Rationalität" zugrunde, die im Gegensatz zur eindimensional ökonomischen Kapitalrentabilität nur gesellschaftsbezogen mehrdimensional zu erfassen ist und deshalb auch Operationalisierungs- und Konfliktprobleme mit sich bringt. Der AOEWL-Ansatz verdeutlicht die Konfliktträchtigkeit der Personalarbeit. Arbeit ist ein zentraler Aspekt menschlicher Existenz, durch dessen Berücksichtigung im Personalmanagement Beziehungszusammenhänge aufgedeckt werden, von denen andere betriebswirtschaftliche Teilgebiete abstrahieren. Dabei erfolgt eine bewußte Anknüpfung an gesellschaftspolitischen Problemstellungen. In diesem Ansatz werden Fragen der Demokratisierung und Humanisierung sowie der Funktion der Gewerkschaften in den Vordergrund gerückt (vgl. Wächter 1979, S. 74 f.).

Die Entwicklungen zur Dezentralisierung und zu wertschöpfungsorientiertem unternehmerischem Denken im Rahmen des Personalmanagement in den neunziger Jahren werden vor allem durch die im angelsächsischen Sprachraum entwickelten Ansätze zum Human Resource Management aufgegriffen.

Human Resource Management geht von seinem Anspruch her über die herkömmliche Konzeption der Personalarbeit hinaus. Charakteristisch ist, daß Menschen als Erfolgsfaktoren betrachtet werden, die zusammen mit den übrigen Ressourcen des Unternehmens so geführt, motiviert und entwickelt werden müssen, daß dies direkt zum Erreichen von Unternehmenszielen beiträgt (vgl. Handy et al. 1989; ferner Guest 1987). Diese Neuorientierung läßt sich in einer Gegenüberstellung des Betrieblichen Personalwesens und des Human Resource Management darstellen (vgl. Abbildung 1).

	Betriebliches Personalwesen	Human Resource Management
Unternehmenspolitische Einordnung	nachgelagerte betriebliche Funktion	Intergrierter Bestandteil der Unternehmensstrategie
Aktivitätenhorizont	kurzfristig-reaktiv	langfristig-proaktiv
Interessenperspektive	Interessenpluralistisch konfliktorientiert	interessenmonisitsch harmonieorientiert
Personalpolitisches Instrumentarium	bürokratisch-vereinheitlicht zentralisiert-standardisiert	organisch-flexibel dezentral-situativ
Kontrolle	Fremdkontrolle	Selbstkontrolle
Erfolgskriterien	Konformität Kostenreduzierung	Selbstverpflichtung Intensivierung der Arbeit
Grundhaltung	verwaltend	unternehmerisch

Abb. 1: Unterschiede zwischen betrieblichem Personalwesen und Human Resource Management

Während das traditionelle betriebliche Personalwesen eine nachgelagerte betriebliche Teilfunktion war, ist Human Resource Management ein integrierter Bestandteil der Unternehmensstrategie. Der Aktivitätenhorizont ist damit langfristig proaktiv ausgerichtet und nicht kurzfristig reaktiv. Die Interessenperspektive sollte sich dabei tendenziell von konfliktorientiert zu harmonieorientiert wandeln, während das personalpolitische Instrumentarium von bürokratisch-vereinheitlicht und zentralisiert sowie standardisiert zu organisch-flexibel und dezentralsituativ geändert wird. Statt Fremdkontrolle wird Selbstkontrolle durchgeführt, wobei Konformität und Kostenreduzierung durch Selbstverpflichtung und Intensivierung der Arbeit abgelöst werden. Daraus resultiert eine Grundhaltung, die sich von administrativ-verwaltend zu unternehmerisch-dispositiv ändert.

In dieser Gegenüberstellung kommt der Bedeutungszuwachs des Personals für den Erfolg von Unternehmen zum Tragen, der auf die veränderten Umweltanforderungen zurückzuführen ist. Der weltweite (globale) Wettbewerb hat dazu geführt, daß durch einförmige Massenproduktion kein Weltmarktniveau erreicht werden kann. Hierfür sind Unternehmensstrategien erforderlich, die sich flexibel an den speziellen Wünschen der Kunden ausrichten und höchste Produktqualität voraussetzen. Eine derartige Unternehmensstrategie erfordert die Einbindung der Personalstrategie in Produkt- und Marktüberlegungen, um entsprechend hoch qualifizierte Mitarbeiter und unternehmerische Initiative zur permanenten Verbesserung von Leistungsprozessen zu erreichen.

Die konzeptionellen Ansätze des Human Resource Management greifen die dargestellten Kriterien in unterschiedlicher Weise auf. Im Human Resource Management Ansatz der Harvard Business School steht bspw. die Gestaltung von Politikfeldern im Vordergrund, um Selbstverpflichtung und -kontrolle in einem harmonischen Gesamtunternehmen zu erreichen. Der Ansatz der Michigan School betont dagegen die strategische Einbindung in die Unternehmenspolitik sowie die strategische und leistungsorientierte Ausgestaltung der Instrumente des Personalmanagement. Schließlich wendet sich der INSEAD-Ansatz gegen Bürokratisierung und Standardisierung und fordert unkonventionelle Vorgehensweisen und das Management von Gegensätzen zur Bewältigung komplexer Probleme.

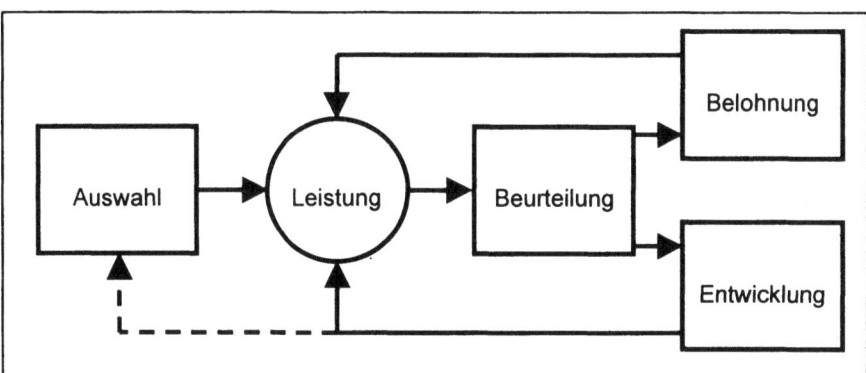

Abb. 2: Human Resource Kreislauf

Der Harvard-Ansatz geht auf die Entwicklung eines Ausbildungsprogramms zu Human Resource Management im Rahmen einer „general management"-Perspektive zurück. Dabei sollen auf der Grundlage der Berücksichtigung verschiedener Interessengruppen und situativer Einflußfaktoren solche Human Resource-Politiken entwickelt werden, die unter Ausgestaltung der Variablen Arbeitnehmereinfluß, Einsatz der Arbeitskräfte, Belohnungssysteme und Arbeitssysteme möglichst große Human Resource-Ergebnisse erzielen. Diese Ergebnisse stellen sich durch das Ausmaß der Verpflichtung, der Kompetenz, der Übereinstimmung in den Zielen und in der Kostenwirtschaftlichkeit ein. Damit ist der Harvard-Ansatz eine umfangreiche Auflistung von Determinanten und Folgen von Human Resource Management Politiken, die zum Schulungsprogramm für alle Führungskräfte gehören (vgl. Beer et al. 1985; ferner Liebel/Oechsler 1994).

Der strategische Human Resource Management Ansatz der Michigan School richtet sich auf eine Integration von Unternehmensstrategie, Organisationsstruktur und Human Resource Management. Damit sollten Zusammenhänge zwischen Strategie, Struktur und Personal integrativ bei Entscheidungen berücksichtigt werden, was eine Einbindung des Personalmanagement in Strategie- und Organisationsentscheidungen mit sich bringt. Neben dieser unternehmerischen Perspektive wird dann im Michigan-Ansatz ein systematischer Instrumentenkreislauf ausgestaltet, den jede Führungskraft dezentral beherrschen muß. Human Resource Management bezieht in diesen Kreislauf systematisch Personalauswahl, -beurteilung, -entwicklung und Anreiz- bzw. Entgeltsysteme ein, wobei die Wirkung der Instrumente in diesem Kreislauf (vgl. Abbildung 2) auf die Leistung als abhängige Variable gerichtet ist (vgl. Tichy et al. 1982; ferner Liebel/Oechsler 1994, S.7).

	Agentur	Funktional	Divisional	Matrix-Form
Die Rolle des Human Resource Management-Systems	Informeller Prozeß	Akquisition/ Ausbildung/ Erhaltung	Entwicklung/ Beratung	Ganzheitliches Ausschöpfen von Potentialen
Personalplanungsstrategie	Keine	Aufbau von Humankapital	Einsatz von Humankapital	Personalbedarfsanalyse und -prognose
Ausgestaltung der Personalarbeit				
• Gewicht auf funktionaler Form	Informeller Prozeß	Rekrutierung und Auswahl	Rekrutierung und Auswahl	Rekrutierung und Auswahl
		Ausbildung, Leistungsbeurteilung, Lohn- und Gehaltsabrechnung	Ausbildung, Leistungsbeurteilung, Lohn- und Gehaltsabrechnung	Ausbildung, Leistungsbeurteilung, Lohn- und Gehaltsabrechnung
• Gewicht auf divisionaler Form			Leistungsentgeltsystem	Leistungsentgeltsystem
			Personalplanung und -entwicklung turnusmäßiger Arbeitsplatzwechsel	Personalplanung und -entwicklung turnusmäßiger Arbeitsplatzwechsel
• Gewicht auf Matrix-Form				Planvoller Wechsel zwischen Abteilungen, Karriereplanung, Assessment Centers, Job Enrichment, Team-Entwicklung über fachliche, interpersonelle Fähigkeiten

Abb. 3: Evolution von Systemen des Human Resource Management

Bedeutend ist hierbei, daß sämtliche Instrumente des Personalmanagement auf die Leistung bezogen werden und auch eine strategische Dimension aufweisen, die aus der Integration von Strategie, Struktur und Personal resultiert.

Im Michigan-Ansatz wird damit die Bedeutung der strategischen Orientierung des Human Resource Management aufgezeigt. Strategisches Human Resource Management hat sich in evolutionsorientierter Sicht über verschiedene Entwicklungsstufen des Unternehmens (vgl. Abbildung 3) herausgebildet (vgl. Oechsler 1996).

Bürokratiemodell 1950/60	Kontingenz-Konsistenztheorie 1970/80	Management von Dualitäten 1990
Managementprinzipien zur Strukturierung und Ordnungsbildung	Entsprechungsdenken von interner und externer Komplexität	Management in einer turbulenten, komplexen und instabilen Umwelt
- Scientific Management z.B. Prinzip der Einheit der Auftragserteilung - Bürokratietheorie z.B. Idealtypus bürokratischer Herrschaft	- Kontingenztheorie z.B. "fit" zwischen Umweltanforderungen und internen Abteilungen - Konsistenztheorie z.B. konsistentes Modell der Organisation und Führung	- Management von Dualitäten z.B. gleichzeitiges Verwirklichen von Gegensätzen wie Kooperation und Wettbewerb - Selbstorganisatorische Fähigkeiten für Innovation und Kreativität
• Harzburger Modell	• 7 S- Modell	• Organisationales Lernen
= Entstehung des Regelungssystems zur Mitbestimmung	= geringfügige Reformen zur Fortschreibung des Mitbestimmungssystems	= Globalisierung des Faktors Kapital und Territorialisierung der Mitbestimmung

Quelle: Evans/Doz 1992
Abb. 4: Drei Epochen des Management-Denkens

In einfachen Organisationsformen wie der Agentur gab es kein Human Resource Management. Funktional gegliederte Organisationen wurden dominiert von Arbeitsteilung und Spezialisierung, wobei die Personalabteilung hauptsächlich mit Einstellung, Fragen des Arbeitseinsatzes und der Entgeltadministration befaßt war. Personalabteilungen in divisionalisierten Unternehmen wurden wegen ihrer personalentwickelnden und beratenden Rolle reorganisiert und übernahmen z.B. Anwerbung und Ausbildung von Arbeitnehmern. Dies half, die grundsätzliche Strategie divisionalisierter Unternehmen zu unterstützen und qualifizierte Arbeitskräfte für die verschiedenen Divisionen bzw. Geschäftsbereiche bereitzustellen.

Organisationsformen wie Projekt- oder Matrixorganisation verlangen strategisches Human Resource Management. Die Abläufe in diesen neuen Strukturen bedingen erhöhten Planungsaufwand und machen es erforderlich, Strategie, Struktur und Personal miteinander abzustimmen. Der Ansatz der Michigan School hat deutlich werden lassen, daß im Human Resource Management gleichzeitig Zentralisierung und Dezentralisierung verfolgt werden müssen. Strategische Integration kann einerseits nur zentral erfolgen, während andererseits der Instrumentenkreislauf nur dezentral bei Führungskräften und Mitarbeitern ablaufen kann. Folglich müssen zwei gegensätzliche Tendenzen gleichzeitig verfolgt werden, was von der INSEAD-Schule als „management of dualities" bezeichnet wird. Dieser Ansatz basiert auf dem grundlegenden Wandel der Umwelt und der Managementparadigmen (vgl. Abbildung 4).

Wettbewerb – Partnerschaft
Differenzierung – Integration
locker – straff
Steuerung – Unternehmertum
geplant – opportunistisch
formal – informal
Vision- Realität
Dezentralisation – Zentralisation
Geschäftslogik – technische Logik
Analyse – Intuition
Delegation – Steuerung
Individualität- Teamwork
Aktion – Reflektion
Änderung – Kontinuität
Top-down – Bottom-up
Toleranz – Rechenschaft
Flexibilität – Starrheit

Quelle: Evans/Doz 1992
Abb. 5: Management von Dualitäten

Auch hier findet sich das in den 50-er und 60-er Jahren dominierende Bürokratiemodell, das auf Strukturierung und Ordnungsbildung abzielt. Diese Epoche wurde in den 80-er Jahren durch die Suche nach situativen Übereinstimmungen in Form eines „fit" zwischen Unternehmung und Umwelt abgelöst, wofür die wachsende Konkurrenz auf den Märkten ausschlaggebend war. In den 90-er Jahren versagen jedoch Ordnungsbildung und situatives Entsprechungsdenken als Problemlösungskonzepte, weil die Umwelt durch Instabilitäten, Turbulenzen und Entwicklungsbrüche gekennzeichnet ist. Jetzt sind vor allem Initiative und Kreativität wichtig sowie die Fähigkeit, Gegensätze gleichzeitig zu verwirklichen, die in folgenden Gegensatzpaaren (vgl. Abbildung 5) dargestellt werden können.

Die Aufgabe des Personalmanagement besteht darin, diese große Bandbreite von Problemlösungskompetenz zu vermitteln und vorzuhalten, um eindimensional ausgerichtete Problemlösungen zu überwinden.

3 Strategisches Personalmanagement

Aktueller Stand in Wissenschaft und Praxis ist die Orientierung am strategischen Personalmanagement. In Anlehnung an den strategischen Human Resource Management Ansatz geht es dabei zum einen um die Integration von Unternehmens- und Personalstrategie und zum anderen um die strategie- und leistungsorientierte Ausrichtung von Instrumenten des Personalmagement unter Beachtung der vieldimensionalen Anforderungen der Leistungsprozesse (vgl. Elsik 1992).

3.1 Integration von Unternehmens- und Personalstrategie

Die unternehmerische Ausrichtung und die Auffassung von Mitarbeitern als strategischen Wettbewerbsfaktor erfordert einen Ansatz des Personalmanagement, der auf die Formulierung und Implementierung langfristiger Planungen ausgerichtet ist. Strategisches Management besteht dabei aus drei Kernelementen (vgl. Abbildung 6):

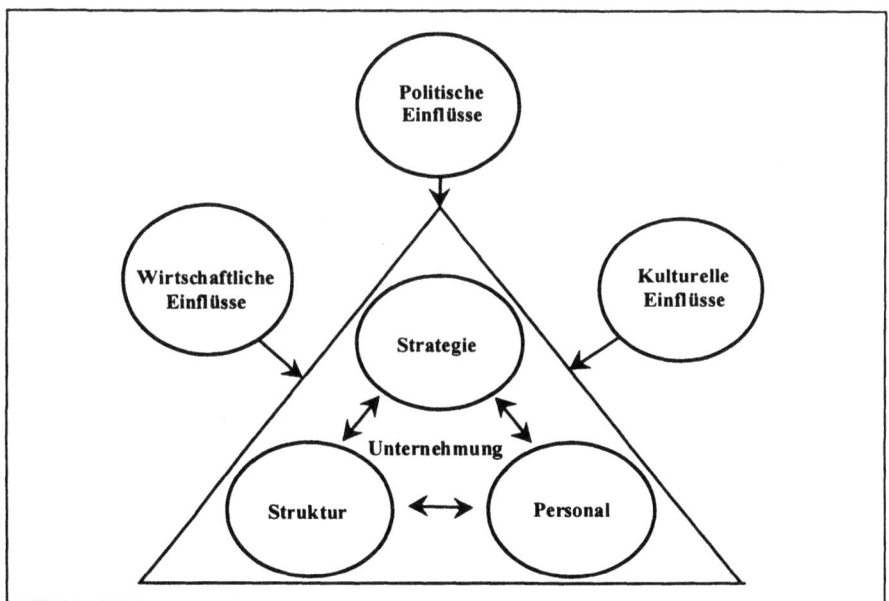

Abb. 6: Integration von Unternehmensstrategie, Unternehmensstruktur und Personal

– *Strategie*: Das Unternehmen hat eine langfristige Ausrichtung, mit welchen Produkten auf welchen Märkten agiert werden soll.

- *Struktur*: Im Rahmen einer strategiekonformen Organisationsstruktur werden Prozesse der Leistungserstellung und -verwertung durchgeführt, die sich in bestimmten Formen der Produktions- und Vertriebsorganisation konkretisieren.
- *Personal*: Die Aktivitäten des Personalmanagement sind darauf gerichtet, das für die Umsetzung der Strategie in der entsprechenden Struktur quantitativ und qualtitativ erforderliche Personal zu gewinnen, zu erhalten, weiterzuentwickeln und wirtschaftlich einzusetzen.

Kennzeichnend für diesen Ansatz ist, daß Entscheidungen über Strategie, Struktur und Personal simultan getroffen werden. Traditionell ist die strategische Entscheidung über das Produkt-Markt-Konzept, Entscheidungen über Organisationsstrukturen, Investitionen und schließlich Personal vorgelagert. Im strategischen Personalmanagement werden Erfolgspotentiale der Mitarbeiter simultan mit Strategie- und Strukturentscheidungen verknüpft. Dies ist die zentrale Komponente des Personalmanagement, in der die Integration in die Unternehmensstrategie zum Ausdruck kommt. Damit läßt sich auch die in der Praxis festgestellte Tendenz zu unternehmerischer Personalarbeit erklären.

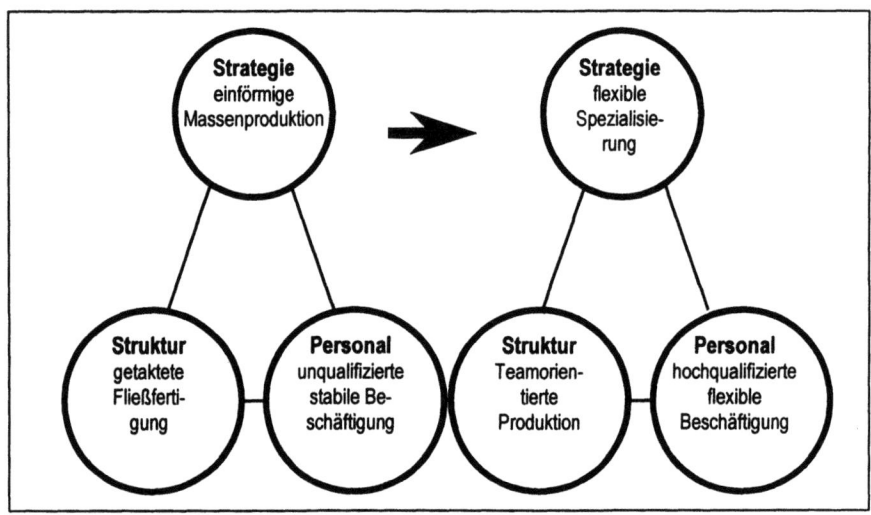

Abb. 7: Wandel von Strategie, Struktur und Personal

Hinsichtlich der Konfiguration von Strategie, Struktur und Personal hat sich mit dem Übergang von der stabilen Industriegesellschaft in die flexible Informationsgesellschaft ein grundlegender Wandel vollzogen. Während in der stabilen Industriegesellschaft die Strategie der einförmigen Massenproduktion vorherrschte, die mit getakteter Fließfertigung und unqualifiziertem, aber stabil beschäftigtem Personal einherging, dominiert in der flexiblen Informationsgesellschaft eine Strategie der flexiblen Spezialisierung (vgl. Abbildung 7). Diese Strategie ist verbunden mit teamorientierten Organisations- und Produktionsformen und hochqualifiziertem Personal, das möglichst flexibel einsetzbar sein muß.

Das flexible Eingehen auf Kundenwünsche und das damit verbundene Qualitätsmanagement erfordern eine permanente Intensivierung von Leistungsprozessen von Seiten der Führungskräfte und Mitarbeiter, was durch den systematischen Einsatz von Instrumenten des Personalmanagement unterstützt wird.

Auf der Basis der strategischen und strukturellen Integration des Personalmanagement werden Instrumente der dezentralen Personalarbeit strategisch und leistungsorientiert ausgerichtet. Unter Beachtung der strategischen Vorhaben und der aktuellen Leistungsprozesse werden nämlich auf dezentraler Ebene systematisch Personalplanung, Personalauswahl, Personalbeurteilung, Personalentwicklung und Anreiz- beziehungsweise Entgeltsysteme eingesetzt (vgl. Abbildung 8), die systematisch aufeinander abgestimmt werden (vgl. Tichy et al. 1982, S. 50; ferner Oechsler 1997, S. 19).

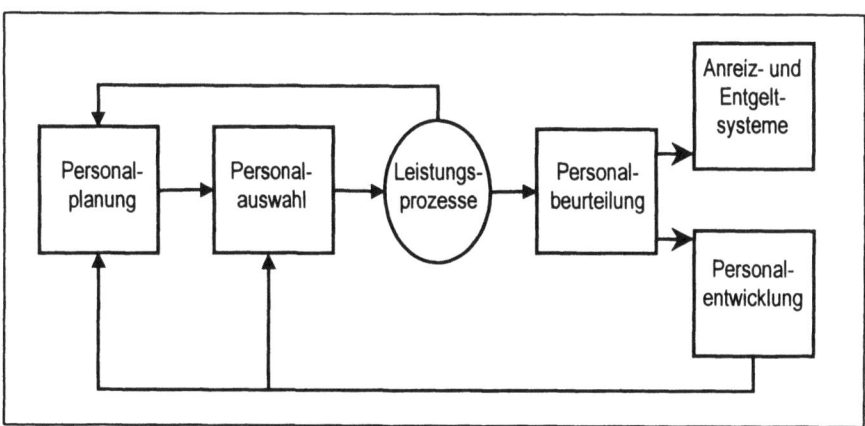

Abb. 8: Systematischer Einsatz von Instrumenten des Personalmanagement

3.2 Strategie- und Leistungsorientierung von Instrumenten des Personalmanagement

Die Instrumente des Personalmanagement sind zum einen strategisch orientiert, d.h. sie sind auf die langfristig zu erreichenden Ziele ausgerichtet und zum anderen an den Leistungsprozessen orientiert, sie knüpfen also unmittelbar an kritischen Erfolgsfaktoren der Leistungsprozesse an. Diese zweifache Orientierung läßt sich anhand der Abbildung 9 darstellen.

Die Orientierung an den Leistungsprozessen bedeutet, daß die Instrumente des Personalmanagement kurzfristig an den kritischen Erfolgsfaktoren der aktuellen L eistungsprozesse ausgerichtet werden. Das hat für die Personalplanung zur Folge, daß sich die Anforderungen erfolgskritischer Leistungskomponenten in der quantitativen und qualitativen Personalplanung niederschlagen. Für die Personalauswahl bedeutet dies, daß die Erfüllung erfolgskritischer Arbeitsinhalte als Kriterien der Personalauswahl dienen und auch die Kriterien für die Personalbeurteilung darstellen. Mit Blick auf die Personalentwicklung, werden kurzfristige Qualifikationslücken geschlossen und hinsichtlich der Entgeltsysteme leistungsabhängige Zulagen und Prämien gewährt. Mit Blick auf diese zweifache Strategie- und Leistungsorientierung werden im folgenden die Instrumente des Personalmanagement erläutert.

	Personalplanung	Personalauswahl	Personalbeurteilung	Anreize/ Entgelt	Personalentwicklung
Leistungsorientierung	Ermittlung erfolgskritischer Qualifikationen mittels Schätzverfahren und arbeitswissenschaftlicher Verfahren	Kritische Arbeitsinhalte und interpersonelle Kompetenzen	Zielvereinbarungen und kritische Arbeitsinhalte	Qualifikationsorientiertes Grundentgelt und leistungsabhängige Zulagen und Prämien	Schließen kurzfristiger Qualifikationslücken
Strategieorientierung	Szenariengeleitete langfristige Korridore (Trends, Simulationsmodelle) Integrierte Investitions- und Personalplanung	Strategie-, Innovations- und Lernfähigkeit	Strategische Meilensteine und Qualifikation	Langfristige Anreize/ Belohnungssysteme; Cafeteria-Systeme	Skill-Developement, Potentialschätzung

Abb. 9: Strategie- und leistungsorientierte Instrumente des Personalmanagement

Die Strategieorientierung der Instrumente ergibt sich aus dem jeweiligen langfristigen Produkt-Markt-Konzept, das generell für die Personalplanung Szenarien erfordert, für die Personalauswahl Strategie- und Innovationsfähigkeit sowie für die Personalbeurteilung die Orientierung an strategischen Meilensteinen, mit Blick auf die Personalentwicklung langfristige Qualifikationsvermittlung und Potentialschätzung und schließlich für die Entgeltsysteme das Setzen langfristiger Anreize in Form von Beteiligungssystemen und Cafeteria-Modellen.

4 Instrumente des Personalmanagement

4.1 Personalplanung

Die Personalplanung hat zunächst eine strategische Komponente, die sich vor allem auf die quantitative und qualitative Personalbedarfsplanung bezieht. Diese strategische Komponente erfordert eine Orientierung an der strategischen Unternehmensplanung, d.h. es sollte simultan mit der Entscheidung über das Produkt-Markt-Konzept der erforderliche quantitative und qualitative Personalbedarf geplant werden.

- **Intuitive Verfahren**
  - Schätzverfahren
  - Stellenplan-/Arbeitsplatzmethode
  - Funktionendiagramm
  - Netzplantechnik
- **Arbeitswissenschaftliche Verfahren**
  - REFA
  - MTM
- **Mathematische Verfahren**
  - Trendverfahren
  - Korrelation/Regression
  - Modellbildung/Simulation

Abb. 10: Verfahren der Personalplanung

Für diese langfristige Planung eigenen sich vor allem mathematische Verfahren als Heuristiken, die aus Trendverfahren, Korrelation und Regression sowie aus Modellbildung und Simulation bestehen. Heuristischer Ausgangspunkt einer Personalplanung kann eine Trendextrapolation sein. Diese eignet sich vor allem bei einem langen Referenzzeitraum und bei einem relativ großen Personalkörper als Ausgangspunkt, um darauf aufbauend mit Hilfe von Szenarien qualitative Entwicklungstrends einzubringen. Auf dieser Basis können dann mit Hilfe von Simulationsmodellen optimistische und pessimistische Varianten dargestellt werden, um den Korridor festzulegen, innerhalb dessen wohl die langfristige Entwicklung liegen wird. Auf dieser relativ groben langfristigen Grundlage lassen sich dann mittelfristig Schätzverfahren einsetzten, um den quantitativen und qualitativen Personalbedarf weiter zu konkretisieren (vgl. Abbildung 10)

Ein Beispiel hierfür stellt die integrierte Investitions- und Personalplanung dar. Diese bei der Audi AG praktizierte Planungsmethode setzt an der strategisch ausgerichteten Modellpolitik an. Die Entwicklung eines Automobils dauert ca. 5 Jahre. Nach etwa zwei Jahren ist ein Modell so weit entwickelt, daß die Investitionsentscheidungen getroffen werden, mit denen die Fertigungsverfahren für das neue Modell festgelegt werden. Zu diesem Zeitpunkt setzt die integrierte Investitions- und Personalplanung ein, d.h., es wird eine Auswirkungsanalyse der geplanten Investitionen hinsichtlich des quantitativen und qualitativen Personalbedarfs durchgeführt. Hierfür wird ein einfaches Schätzverfahren eingesetzt. Die Meister, die einen bestimmten Produktionsabschnitt verantworten, schätzen den aus den geplanten Investitionen resultierenden quantitativen und qualitativen Personalbedarf. Diese Angaben werden aggregiert, so daß etwa drei Jahre vor

Produktionsbeginn der quantitative und qualitative Personalbedarf ermittelt ist. Diese drei Jahre können dann genutzt werden, um die erforderliche Personalbeschaffungs-, Personalentwicklungs-, Personaleinsatz- oder auch Personalfreisetzungsplanung durch den Einsatz entsprechender Maßnahmen zu konkretisieren.

Mit Blick auf die Leistungsprozesse können dann vor allem im Produktionsbereich arbeitswissenschaftliche Verfahren eingesetzt werden, um über das Zeit-/Mengengerüst den quantitativen und qualitativen Personalbedarf aus kurzfristiger Sicht zu ermitteln. So wird über das Refa-Verfahren der Arbeitsablauf in einzelne Arbeitsvorgänge zerlegt. Für jeden Arbeitsvorgang wird die notwendige Zeit gemessen, um so unter zusätzlicher Berücksichtigung von Rüst-, Erholungs- und Störzeiten die für einen Produktionsvorgang notwendige Gesamtarbeitszeit zu ermitteln.

In ähnlicher Weise werden im Rahmen der MTM-Verfahren für körperliche Arbeiten sogenannte Bewegungsstudien durchgeführt, die Grundraster für die zu verrichtenden Bewegungen darstellen. Auch hierfür werden Zeitwerte ermittelt und zu einer Gesamtarbeitszeit zusammengefaßt. Für das auf dieser Basis zu verrichtende Arbeitsvolumen kann unter Heranziehen der geplanten Produktionsmenge und der Arbeitszeit je Mitarbeiter der Personalbedarf errechnet werden (vgl. Oechsler 1997, S. 116).

Weitere Verfahren, die eingesetzt werden können, sind die Netzplantechnik, bei der Verrichtungen entsprechend ihrer logischen Struktur dargestellt werden, oder Funktionsdiagramme und Stellenpläne, bei denen aber das Problem besteht, daß gegenwärtige Zustände unproblematisiert in die Zukunft fortgeschrieben werden.

4.2 Personalauswahl

Sofern sich aus der Personalplanung ein Personalbedarf ergibt, erfolgen Maßnahmen der Personalbeschaffung und der Personalauswahl. Wichtigstes Instrument der Personalbeschaffung ist nach wie vor die Stellenanzeige. In einer Stellenanzeige werden zu besetzende Stellen vor allem hinsichtlich der zu erfüllenden Anforderungen und der hierfür erforderlichen Qualifikationen spezifiziert.

Bewerbungen auf eine Stellenanzeige machen in der Regel zunächst eine Personalvorauswahl erforderlich, die anhand der eingereichten Bewerbungsunterlagen durchgeführt wird.

Ausgangspunkt der Personalauswahl (vgl. hierzu und zum folgenden Abbildung 11) und Instrument der Vorauswahl ist eine Analyse der Bewerbungsunterlagen, die in der Regel Bewerbungsschreiben, Lebenslauf, Zeugnisse, Referenzen und u.U. Arbeitsproben enthalten. Diese Unterlagen liefern erste Aufschlüsse über den Werdegang, der vor allem unter den Aspekten der Zielorientierung und der erreichten Ergebnisse analysiert wird. Bei der Vorauswahl können aus strategischer und leistungsorientierter Sicht sog. „individual achievement records" eingesetzt werden, bei denen die aufgelisteten strategischen und leistungsorientierten kritischen Erfolgsfaktoren den jeweiligen Ausbildungen und Erfahrungen gegenüber gestellt werden.

Analyse und Bewertung der Bewerbungsunterlagen zur Vorauswahl	Vorstellungsgespräch	Testverfahren	Assessment Center	Graphologisches Gutachten
↓	↓	↓	↓	↓
Analyse des Bewerbungsschreibens; Lebenslaufanalyse	Analyse des Ausdrucksverhaltens	Leistungstests	Arbeitsversuch in Laborsituation	Analyse des Persönlichkeitsbilds
Zeugnisanalyse; Prüfung der Referenzen; Lichtbildanalyse	Analyse des Leistungsverhaltens	Intelligenztests	Festlegung von Bewertungsdimensionen	Analyse des Leistungsbildes
Prüfung des biographischen Fragebogens; Analyse von Arbeitsproben	Analyse des Sozialverhaltens	Charakter- und Persönlichkeitstests	Beurteilung durch erfahrene Führungskräfte	Analyse der Leistungsstörung

Abb. 11: Verfahren der Personalauswahl

Auf der Grundlage der Vorauswahl werden Bewerber zu einem Vorstellungsgespräch eingeladen, bei dem qualitativ auf die strategisch erforderlichen Kriterien, wie z.B. die Fähigkeit zur Entwicklung von Strategien und Szenarien oder Innovations- und Lernfähigkeit eingegangen werden kann. Auch können kritische Merkmale des Leistungsprozesses und dafür erforderliche interpersonelle Kompetenzen angesprochen werden.

Weiterhin können Testverfahren eingesetzt werden. Als Test kann ein Verfahren bezeichnet werden, das personale Handlungsdispositionen mißt und zwar so, daß von einem Handlungsausschnitt Rückschlüsse auf überdauernde Merkmale des Handelns einer Person gezogen werden können. Mit Blick auf die strategie- und leistungsrelevanten Merkmale kommen lediglich psychometrische Tests in Frage, mit denen wie bei Leistungs- und Intelligenztests die Ausprägungen bestimmter Handlungsdimensionen gemessen werden. Projektive Verfahren richten sich auf die Interpretation der gesamten Persönlichkeit in Form von Charakter- und Persönlichkeitstests und stehen in keinem Zusammenhang mit erfolgskritischen Strategie- und Leistungsmerkmalen.

Als Alternative zu Testbatterien haben sich in der Praxis Assessment-Center herausgebildet, mit denen sich v.a. strategisch wichtige Orientierungen und interpersonelle Fähigkeiten abprüfen lassen. Aus methodischer Sicht ist dabei zum einen von Bedeutung, inwieweit die Auswahldimensionen tatsächlich kritische Erfolgsfaktoren in der Praxis darstellen. Zum anderen stellt sich die Frage, ob es gelingt, diese kritischen Erfolgsfaktoren in Versuchsanordnungen in einer Laborsituation zu übersetzen und entsprechend abprüfen zu können. Schließlich ist zu überprüfen, ob die Beurteiler zu gültigen und zuverlässigen Beurteilungen kommen.

Die Einholung graphologischer Gutachten stellt ein kontrovers diskutiertes Hilfsmittel bei der Personalauswahl dar, da von Merkmalen der Handschrift auf erfolgsrelevante Persönlichkeitsmerkmale geschlossen wird. Problematisch ist dabei aus methodischer Sicht, wie aus einem handgeschriebenen Lebenslauf zutreffende Deutungen charakterlicher Merkmale gewonnen werden können, die zudem wichtig für einen späteren Berufserfolg sein sollen.

An die Personalauswahl schließt sich die Einführung neuer Mitarbeiter an, die hinsichtlich der Aufgabenbereiche zu unterrichten sind und über mögliche Unfallgefahren zu belehren sind. Danach werden Mitarbeiter in den Leistungsprozessen eingesetzt und hinsichtlich der erzielten Leistungsergebnisse beurteilt.

4.3 Personalbeurteilung

Die Personalbeurteilung bezieht sich auf die Feststellung von Leistungsergebnissen. Deshalb sollten Beurteilungsverfahren an konkreten Leistungsvereinbarungen ansetzen, da nur diese einer sinnvollen Beurteilung unterzogen werden können. Aus strategischer Sicht kommen hierfür langfristige Zielvereinbarungen in Frage, die in Form von sog. strategischen Meilensteinen die langfristig zu erreichenden Leistungsergebnisse markieren. Mit Blick auf den zu erfüllenden Leistungsprozeß werden kurzfristige Leistungsvereinbarungen getroffen, welche die erforderlichen Schritte für die strategischen Meilensteine operationalisieren. Mit diesen zwei Orientierungen kann erreicht werden, daß die langfristige Ausrichtung präventiv gegen eine kurzfristige Suboptimierung wirkt.

Neben Zielvereinbarungen kommen mit Blick auf den Leistungsprozeß damit nur Beurteilungsverfahren in Frage, die an kritischen Erfolgsfaktoren der Leistung ansetzen. Dabei geht es in einem ersten Schritt darum, kritische Arbeitsinhalte bei Leistungsprozessen zu identifizieren. Beurteiler und zu Beurteilende müssen sich darüber im klaren werden, welche Arbeitsinhalte bei den Leistungsprozessen als kritische Erfolgs- und Mißerfolgsfaktoren fungieren. Diese sind daran zu erkennen, daß Leistungsstörungen dazu führen, daß nachgelagerte Leistungsprozesse unter Leistungsstörungen leiden oder daß mit Leistungsstörungen hohe finanzielle Verluste verbunden sind. Die Vereinbarung kritischer Arbeitsinhalte hat vor allem zur Folge, daß Transparenz über Leistungserwartungen besteht. Dies ist ein wichtiger Bestandteil des Führungsprozesses. Werden dann noch Leistungsstandards definiert, die z.B. für eine hervorragende Leistungsbeurteilung zu erreichen sind, besteht völlige Transparenz über Leistungserwartungen.

Wichtigstes Instrument bei der Vereinbarung von Leistungserwartungen und bei der Besprechung des Beurteilungsergebnisses ist das Mitarbeitergespräch. Dieses dient dazu, Zielvereinbarungen oder Vereinbarungen über Leistungserwartungen zwischen Beurteiler und zu Beurteilenden zu treffen, während der Leistungsprozesse Feedback-Informationen zu geben und die Ergebnisse des Soll-Ist-Vergleichs zu besprechen. Dabei ist festzustellen, ob die Leistungserwartungen erfüllt wurden bzw. worauf es zurückzuführen ist, wenn Soll-Ist-Diskrepanzen aufgetreten sind. Bei Leistungsstörungen können dann die erforderlichen Maßnahmen zur Leistungsverbesserung in Form der Personalentwicklung festgelegt werden. Bei hervorragenden Leistungen erfolgt eine Anerkennung über das Anreiz- und Entgeltsystem.

Um Leistungsprozessen in einer ganzheitlichen Betrachtung bei der Personalbeurteilung gerecht zu werden, sind sämtliche Facetten des Leistungsprozesses zu beurteilen. Dies bedeutet nicht nur die traditionell vorherrschende hierarchische Beurteilung durch den Vorgesetzten, sondern auch die Aufwärtsbeurteilung, inwiefern ein Vorgesetzter seinen Führungspflichten nachgekommen ist. Weiterhin sind die internen bzw. externen Leistungsempfänger für die Beurteilung heranzuziehen. Schließlich können auch Gleichgestellte sich gegenseitig hinsichtlich ihrer Leistungsbeiträge beurteilen. Insgesamt ergibt dies die sog. 360-Grad-Beurteilung, bei der Mosaiksteine des Leistungserstellungsprozesses zu einem Gesamtleistungsbild zusammengesetzt werden. Der wichtigste Punkt bei der ganzheitlichen Beurteilung von Leistungsprozessen ist das Erkennen erfolgskritischer Momente im Leistungsprozeß, die für qualitätssichernde Maßnahmen und für die Intensivierung von Leistungsprozessen erforderlich sind. Die geschilderte ganzheitliche Beurteilung stellt damit den Kernprozeß der Personalführung dar.

4.4 Personalentgelt

Traditionell folgt die Entgeltfindung einer Systematik bei der ausgehend von Stellenbeschreibungen die Stellen mittels Arbeitsbewertungsverfahren entsprechend ihrer Anforderungen bewertet werden. Den dadurch differenzierten Stellenwerten werden dann Grundentgelte zugeordnet, so daß eine Entgelthierarchie entsteht, bei der die Grundentgelte um so höher werden, je höher die Anforderungen sind. Darauf aufbauend werden individuelle Leistungen mittels Leistungsbeurteilungsverfahren beurteilt und mit Leistungszulagen honoriert. Anforderungsorientiertes Grundentgelt und Leistungszulagen ergeben dann das Entgelt.

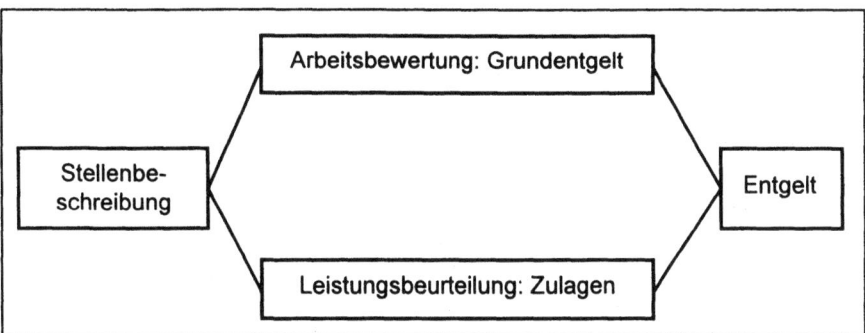

Abb. 12: Systematik der Entgeltfindung

Die dargestellte traditionelle Systematik der Entgeltfindung (vgl. Abbildung 12) leidet nicht nur unter methodischen Problemen der Arbeitsbewertungs- und Leistungsbeurteilungsverfahren, sondern auch unter der Starrheit dieses Systems. Diese Systematik wurde in der stabilen Industriegesellschaft entwickelt und führt heute zu einem enormen Fortschreibungsaufwand, weil sich aufgrund technologischen Wandels die Stelleninhalte und Arbeitsanforderungen permanent ändern.

Die Aktualisierung von Stellenbeschreibungen und die entsprechende Neubewertung sind so aufwendig, daß inzwischen eine Tendenz festzustellen ist, das Grundentgelt pauschal in Bandbreiten von Arbeitssystemen festzulegen. Pauschaliertes Grundentgelt mindert den Neubewertungsaufwand und läßt zudem flexiblen Personaleinsatz zu, wie er bei teamorientierten Organisations- und Produktionsformen erforderlich ist. An der Spitze der Entwicklung dieser Tendenz stehen qualifikationsorientierte Entgeltsysteme, bei denen im Zuge der zu beobachtenden Höherqualifizierungstendenz die Grundentgelte nach der verwertbaren Qualifikation differenziert werden. Dieser tendenziell in der Höhe rückläufige fixe Grundentgeltbestandteil wird durch einen größer werdenden variablen leistungsabhängigen Entgeltbestandteil in Form von Zulagen und Prämien ergänzt. Verantwortlich hierfür sind vor allem die Qualitätserfordernisse bei den Leistungsprozessen.

Aufgrund dieser Tendenz verlieren auch mechanistisch ausgerichtete Lohnformen wie der Akkordlohn ebenfalls an Bedeutung in der Praxis und werden zunehmend durch Prämien- und Pensumlohn ersetzt.

Deshalb bietet es sich generell an, auf differenzierte Stellenbeschreibungen und tayloristisch ausgerichtete Verfahren der Arbeitsbewertung zu verzichten und sich auf pauschaliertes Grundentgelt und kritische Erfolgsfaktoren der Leistungsprozesse zu konzentrieren, die dann zu Leistungszulagen und -prämien führen, wenn sie entsprechend erfüllt werden (vgl. Oechsler 1997).

Aus strategischer Sicht erfolgt eine Orientierung an langfristigen Anreizen in Form von strategischen Meilensteinen. Solche langfristig zu erreichenden Zielgrößen werden dann vor allem über Beteiligungssysteme entgolten, die wiederum eine langfristige Bindungswirkung entfalten, da Mitarbeiterbeteiligungen in der Regel über fünf Jahre nicht kündbar sind. Die Ausgestaltung von Beteiligungssystemen kann sehr flexibel gehandhabt werden, je nachdem ob es sich um Fremd- oder Eigenkapitalbeteiligung, um Erfolgsbeteiligung mit oder ohne Mitsprache handelt. Auch kann das Beteiligungsangebot an die Mitarbeiter gehen oder nur die Führungskräfte einbeziehen, die in letzter Zeit über „stock option plans" strategisch in die Entgeltfindung eingebunden werden.

Eine weitere Möglichkeit flexibler und strategisch ausgerichteter Entgeltfindung sind Cafeteria-Systeme, bei denen die Mitarbeiter die Möglichkeit haben, zwischen verschiedenen Entgeltalternativen im Rahmen eines Entgeltbudgets zu wählen.

Es können folglich Entgeltbestandteile periodisch so zusammengestellt werden, daß diese den jeweiligen Bedürfnis- und Finanzlagen entsprechen. Während Cafeteria-Systeme in Deutschland aufgrund der rechtlichen Lage nur im Nebenleistungsbereich eingesetzt werden, haben sie sich in den USA auf breiter Ebene durchgesetzt (vgl. Grawert/Wagner 1990, S. 23). Allerdings werden Cafeteria-Systeme wegen des damit verbundenen hohen Verwaltungsaufwands häufig nur für Führungskräfte angeboten (vgl. Oechsler/Kastura 1993, S. 356).

Die innerhalb eines Cafeteria-Systems anzubietenden Leistungen (Auswahlelemente) müssen mit Blick auf die Arbeitgeber- und Arbeitnehmerseite festgelegt werden. Aus Mitarbeitersicht sind solche Elemente dann attraktiv, wenn es sich um Barauszahlungen handelt und sich dadurch ein höheres Nettoeinkommen ergibt, oder der individuelle Nutzen der Mitarbeiter bezogen auf immaterielle Werte ansteigt (vgl. Grawert/Wagner 1990, S. 24). Die Attraktivität freiwilliger Sozialleistungen für die Arbeitgeberseite hängt von finanziellen Gesichtspunkten ab. Einerseits kann das Nettoeinkommen durch die Nutzung von Steuervorteilen erhöht werden (z.b. durch das Angebot von Firmenwagen, Direktversicherungen und zusätzliche Unfallversicherungen). Andererseits kann das Unternehmen i.d.R. günstigere Konditionen z.b. beim Abschluß von Leasingverträgen oder Gruppenversicherungen erhalten als Einzelpersonen.

In Cafeteria-Systemen sind Nebenleistungen enthalten, die im Rahmen der betrieblichen Sozialpolitik gewährt werden wie z.B. Altersversorgung. Betriebliche Sozialleistungen stellen einen Bestandteil der Personalzusatzkosten dar, die weiterhin aus tariflichen (z.b. Sonderzahlungen wie dem 13. Monatsentgelt) und gesetzlichen Bestandteilen bestehen. Die gesetzlichen Personalzusatzkosten umfassen die Arbeitgeberanteile zu den Sozialversicherungen (Kranken-, Arbeitslosen-, Renten-, Pflegeversicherung sowie Unfallversicherung) und die Kosten weiterer Arbeitnehmergesetze wie z.b. Mutterschutzgesetz, Entgeltfortzahlung im Krankheitsfall. Tariflich vereinbarte Personalzusatzkosten sind z.b. das jährliche Sonderentgelt oder das Urlaubsgeld. Hierzu können noch betriebliche Sozialleistungen kommen wie z.b. betriebliche Versorgungszusagen. Die Personalzusatzkosten betragen ca. 80 % des Direktentgelts im Durchschnitt, was einen gravierenden Nachteil im internationalen Wettbewerb darstellt.

4.5 Personalentwicklung

Maßnahmen der Personalentwicklung zielen darauf ab, bestehende Qualifikationen zu erweitern oder zu vertiefen und neue Qualifikationen zu vermitteln.

Sofern bei Leistungsprozessen Störungen auftreten, lassen sich Personalentwicklungsmaßnahmen in Form von Leistungsverbesserungsprogrammen ableiten. Weiterhin ergibt sich Entwicklungsbedarf auf der integrativen Ebene von Strategie-, Organisations- und Personalentwicklung. Dies läßt sich in einem Regelkreis der Personalentwicklung darstellen (vgl. Abbildung 13).

Mit Blick auf die Leistungsorientierung ergibt die Leistungsbeurteilung unter Umständen Qualifikationsdefizite, die zu Leistungsstörungen geführt haben. Diese werden in einem Mitarbeiterberatungs- und Fördergespräch mit den Mitarbeitern erörtert. Bei diesem Gespräch lassen sich Entwicklungsziele der Mitarbeiter und Entwicklungsperspektiven im Unternehmen abgleichen. Weiterhin werden erforderliche Weiterbildungs- und Qualifizierungsmaßnahmen besprochen und festgelegt.

Über diese traditionelle Personalentwicklung in Form des Schließens von Qualifikationslücken hinaus ergeben sich Personalentwicklungsbedarfe aus der Strategie- und Organisationsentwicklung. Beinhaltet die Strategie z.B. die Betonung von kundenorientiertem Service, der organisatorisch in Projektteams umgesetzt wird, so ist im Rahmen der Personalentwicklung skill development hinsichtlich sozialer Kompetenzen wie Teamfähigkeit erforderlich.

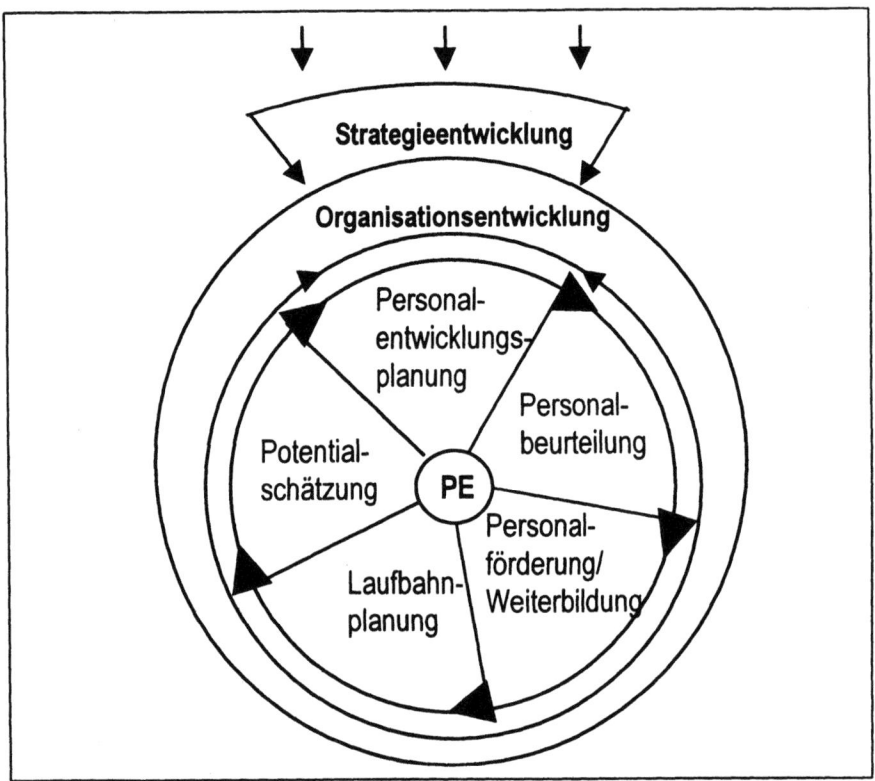

Abb. 13: Regelkreis der Personalentwicklung

Weiterhin hat die Potentialschätzung strategischen Bezug, wenn es z.B. darum geht, das Potential für das Einnehmen von Führungspositionen zu schätzen. Während der Leistungsbeurteilung immer retrospektiv Leistungen in einem bestimmten Leistungsprozeß zugrunde liegen, soll mit der Potentialschätzung die Eignung für künftige Leistungsprozesse geschätzt werden. Dies ist mit Hilfe von Assessment-Center-Verfahren dann möglich, wenn die kritischen Erfolgsfaktoren künftiger Leistungsprozesse ermittelt wurden und es gelingt, diese in Versuchsanordnungen in Laborsituationen abzuprüfen. Auf einer derartigen Grundlage können dann Laufbahnentscheidungen getroffen werden. Danach beginnt der Regelkreis der Personalentwicklung erneut mit der Leistungsbeurteilung und der Ausrichtung an neuen Tendenzen aus der Strategie- und Organisationsentwicklung. Ferner ergeben sich Feedback-Informationen für die Personalplanung, insbesondere die Personalentwicklungsplanung und die Personalauswahl.

5 Computergestützter Einsatz der Instrumente des Personalmanagement

Der Einsatz neuer Instrumente der Personalplanung, -auswahl, -beschaffung, der Entgeltfindung und Personalentwicklung erfolgt zunehmend mittels computergestützter Personalinformationssysteme. Ein Personalinformationssystem kann definiert werden als System zur geordneten Erfassung, Speicherung, Transformation und Ausgabe von für das Personalmanagement relevanten Informationen über das Personal zur Versorgung der betrieblichen und überbetrieblichen Nutzer mit denjenigen Informationen, die sie zur Wahrnehmung ihrer Führungs- und Verwaltungsaufgaben benötigen (vgl. Domsch/Schnebele 1986, S. 3).

Hinter dieser Definition steht die Vorstellung von einem idealtypischen Personalinformationssystem, das in der Praxis nicht immer realisiert werden kann. Je nach Aufgabengebiet und damit je nach Ausbau- und Entwicklungsstand können Personalinformationssysteme sehr unterschiedlich ausgestaltet sein. Die in der Anfangsphase verfolgten Ideen einer lückenlosen Erhebung und Speicherung sämtlicher Personaldaten sowie die umfassende Unterstützung aller Aufgaben im Personalbereich sind inzwischen einer realistischeren Einschätzung gewichen (vgl. Mülder 1991, S. 3). Heutzutage werden Personalinformationssysteme daher bewußt aufgaben- und zielorientiert entwickelt und als „offene" Systeme gestaltet, die abänderbar und erweiterungsfähig sind (vgl. Heinrich/Pils 1979, S. 21 f.; Grünefeld 1987, S. 48). So sind in der Praxis sehr viele Systeme modular aufgebaut und bestehen beispielsweise aus einem Basis-Modul, einem Fehlzeiten-Modul, einem Lohn- und Gehaltsabrechnungs-Modul, einem Bewerber-Modul etc. Dem Anwender bleibt es überlassen, ob er alle Module oder nur einen Teil davon ausgestalten und einsetzten möchte.

Bei einer Systematisierung nach Art der Aufgabenstellung wird vielfach zwischen administrativen und dispositiven Systemen unterschieden. Administrative Systeme erfüllen rechtliche und betriebliche Erfordernisse von vergangenheitsbezogenen, abrechnungstechnischen und verwaltungsmäßigen Aufgaben. Zudem besitzen sie einfache Statistik- und Berichtsfunktionen. Charakteristische Merkmale administrativer Aufgaben sind die Massenverarbeitung von Daten, die hohe Formalisierbarkeit und das periodische Wiederkehren. Daher liegt es nahe, daß die Anfänge der Personalinformationssysteme in der Lohn- und Gehaltsabrechnung zu finden sind. Mittlerweile bieten Personalinformationssysteme jedoch meist ebenso Unterstützung bei der administrativen Abwicklung der Personalauswahl, bei der Personalentwicklung – z.B. durch die Vereinfachung und Automatisierung von Einladungen und Abrechnungen – und nicht zuletzt unterstützen Personalinformationssysteme auch flexible Entgeltformen, da der administrative Mehraufwand effizient bewältigt werden kann.

Dispositive Systeme unterstützen Entscheidungsaufgaben im Rahmen des Personalmanagement. Sie dienen zur Aufbereitung von Datenmaterial und liefern damit eine bessere Informationsgrundlage und Entscheidungshilfe für zukünftige Problembereiche der Personalplanung und -steuerung. Damit unterstützen sie schlecht strukturierte, in größeren unregelmäßigen Abständen auftretende Entscheidungsprobleme. In der Regel schließen dispositive Systeme den administrativen Teil mit ein. Empirische Untersuchungen zur Anwendung von Personalinformationssystemen zeigen jedoch, daß der Anwendungsschwerpunkt bei administrativen Aufgaben liegt (vgl. dazu Kilian 1982, S. 43 f.; Scholz 1994; Theil 1991, S. 96).

Der allgemeine Aufbau eines Personalinformationssystems enthält die drei Komponenten Datenbank, Methoden- und Modellbank sowie EDV-System (vgl. Abbildung 14).

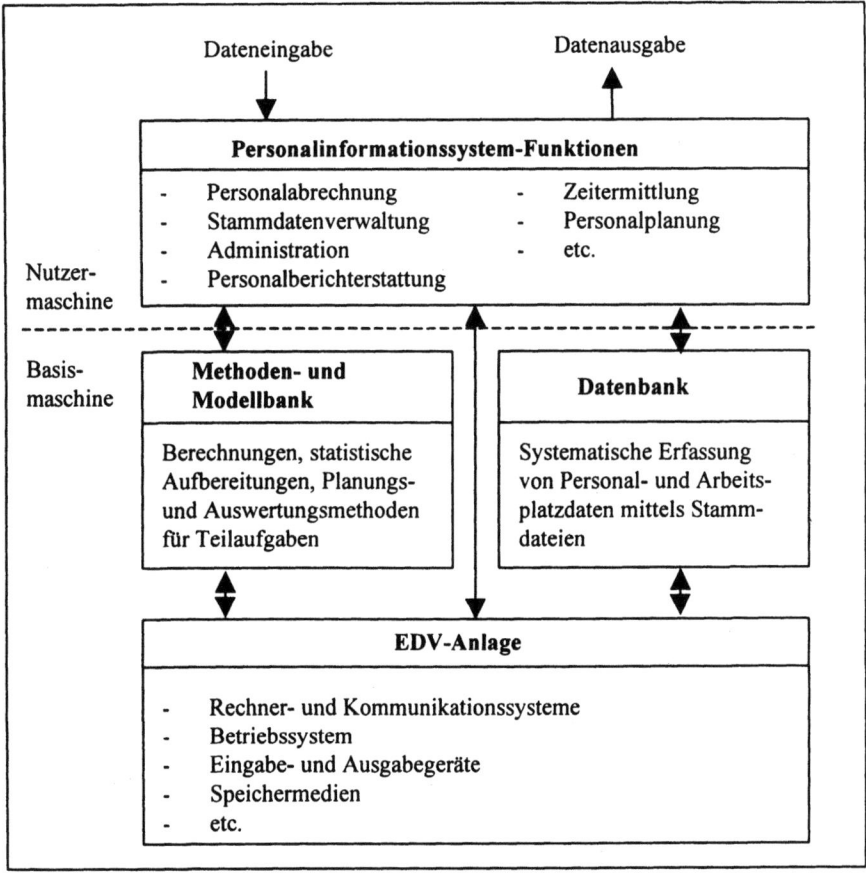

Quelle: Oechsler 1997, S. 140
Abb. 14: Struktur eines Personalinformationssystems

Die für die Aufgabenerfüllung eines Personalinformationssystems notwendigen Personal- und Arbeitsplatzdaten werden in einer Datenbank gespeichert, so daß eine geeignete Datenorganisation für die Verarbeitung, Auswertung und Verknüpfung von Daten unterschiedlicher Aufgabengebiete ermöglicht wird (vgl. Olfert/Steinbuch 1990, S. 366). Die Datenbank selbst enthält verschiedene Dateien, wobei der inhaltliche Grundaufbau eine Personalstammdatei und eine Arbeitsplatzstammdatei vorsieht (vgl. Sämann/Schulte/Weertz 1976, S. 41). Der Mindest-Stammdatenbestand umfaßt im Regelfall 100 bis 300 Datenfelder pro Mitarbeiter, selbst wenn ausschließlich administrative Aufgaben ausgeführt werden (vgl. Mülder 1994, S. 156). Die Gliederung von Personal- und Arbeitsplatzstammdatei sollte analog erfolgen, so daß Anforderungen des Arbeitsplatzes den Eignungen des Personals gegenübergestellt werden können. Als Gliederungsmerkmale können in Betracht kommen (vgl. das detaillierte Beispiel bei Domsch 1980, S. 26 ff.):

- Allgemeine Merkmale, die der Identifizierung von Arbeitsplätzen und Personal dienen;
- Kenntnis- und Einsatzmerkmale, die vom Arbeitsplatz her die erforderlichen Bildungsvoraussetzungen, Berufserfahrung und weitere Spezialangaben umfassen und von Seiten des Personals deren Bildungstand, Berufserfahrung und ebenso weitere Spezialangaben beinhalten;
- physische Merkmale, die Arbeitsplatzanforderungen hinsichtlich muskelmäßiger Beanspruchung, Körperhaltung, Umgebungseinflüssen und entsprechende Eignungen des Personals umfassen;
- psychische Merkmale, die geistige Merkmale, Arbeits- und Gemeinschaftsverhalten, sensomotorische Merkmale etc. wiederum aus Sicht des Arbeitsplatzes und des Personals enthalten;
- Abrechnungsmerkmale für die Leistungsanforderungen am Arbeitsplatz und die Entgeltfindung.

Die Verarbeitung und Auswertung der in der Datenbank gespeicherten Informationen erfolgt z.B. mit Hilfe von Berechnungsverfahren und Algorithmen, die in der Methoden- und Modellbank gespeichert sind. Zu Methoden und Modellen eines Personalinformationssystems können einfache Suchprogramme, Analyseverfahren, mathematisch-statistische Verfahren, Alarmberichte, Planungsmodelle, umfangreiche Abrechnungs- und Berechnungsverfahren für die Lohn- und Gehaltsabrechnung sowie Profilabgleiche zählen (vgl. Henss/Mikos 1984, S. 26 f.). Die gesamten Personalmanagementaufgaben können jedoch keineswegs vollständig mit Hilfe von Methoden und Modellen automatisiert werden.

Zur technischen Umsetzung der Methoden und Modelle sowie zur erforderlichen Speicherung der gesamten Datenmenge und Ausführung der Personalinformationssystem-Funktionen (vgl. Abbildung 15) ist eine leistungsfähige, auf die verfolgten Unternehmensziele zugeschnittene EDV-Anlagenkonfiguration erforderlich.

Auf der Grundlage der Datenbank, der Methoden- und Modellbank und der EDV-Anlage werden die Personalinformationssystem-Funktionen durch entsprechende Software realisiert. Für den Anwender steht die Software selbst mit ihren funktionalen Leistungskomponenten wie Leistungsumfang und -qualität im Vordergrund. Ursprünglich wurde die personalwirtschaftliche Software hauptsächlich für Großrechneranlagen konzipiert, wobei es sich hierbei in den meisten Fällen um erweiterte Lohn- und Gehaltsprogramme – wie z.B. PAISY, LOGA oder IPAS – handelt. In den letzten Jahren sind zahlreiche Produkte auch als PC-Version bzw. ausschließlich als PC-Version erhältlich. Der PC kann als „Stand alone"-Rechner, d.h. losgelöst von der übrigen EDV, oder aber in PC-Netze eingebunden betrieben werden. Zusätzlich besteht die Möglichkeit, ein PC-Netzwerk mit Anschluß an eine Großrechneranlage einzurichten (vgl. Steyrer 1988, S. 344).

Personalabrechnung
- Berechnung der Löhne und Gehälter
- Führung der Lohn- und Gehaltskonten
- Lohnsteuerabrechnung
- Sozialversicherung
- Pfändung und Darlehen
- Telefonabrechnung

Stammdatenverwaltung
- Personaldatenerfassung bei Neueinstellung
- Arbeitsvertragsdaten
- Ausbildungsdaten
- Tätigkeiten
- Bisherige Beschäftigung
- Beurteilungsdaten
- Änderungsdienste für Personalien
- Bewerbungsverwaltung

Administration
- Verwaltungsarbeit bei Einstellungen, Entlassungen, Versetzungen, Beförderungen
- Terminüberwachung
- Bescheinigungen

Personalberichterstattung
- Tabellenauswertung
- Erstellung interner Personalstatistiken (z.B. Altersstruktur, Fluktuationsstatistik, etc.)
- Statistiken für externe Adressdaten
- Kennzahlenermittlung
- Grafische Aufbereitung von Kennzahlen und Statistiken
- Meldungen an interne und externe Adressaten

Zeitermittlung
- Anwesenheitskontrolle
- Fehlzeitenverwaltung und -auswertung
- Urlaubsabrechnung
- Schichtpläne
- Krankenstände

Personalplanung
- Personalbedarfsplanung (Stellenplan)
- Personaleinsatzplanung
- Personalentwicklungsplanung
- Personalbeschaffungs-/freisetzungsplanung
- Personalkostenplanung, Gehaltshochrechnung

Abb. 15: Hauptfunktionen von Personalinformationssystemen

Zunehmend werden heutzutage jedoch Großrechneranlagen durch sog. „Client/Server"-Architekturen ersetzt, d.h. spezialisierte PC übernehmen spezifische Teilfunktionen des Informationssystems. Die Vorteile eines PC werden insbesondere in den niedrigen Hardware- und Betriebskosten, der großen Flexibilität sowie in der ständigen Verfügbarkeit, die eine dezentrale Datenhaltung und -analyse erlaubt, gesehen. Auch die Grafik- und Textverarbeitung ist auf dem PC im Gegensatz zur Großrechneranlage problemlos möglich.

Insgesamt ist der Markt für personalwirtschaftliche Software in den letzten Jahren ständig gewachsen (vgl. Seibt 1990, S. 126), so daß der potentielle Käufer häufig überfordert ist, das Programm zu finden, welches seinen Ansprüchen genügt. Daher sollen im folgenden einige Anforderungen an moderne Informationssysteme aufgeführt werden, die bei der Beurteilung und Auswahl von Personalinformationssystemen von herausragender Bedeutung sind (vgl. Mülder 1994, S. 158 ff.; ferner Oechsler/Strohmeier/Kreft 1993):

- *Sicherheit*: Der Umgang mit sensiblen Personaldaten erfordert eine größtmögliche Sicherheit bei Zugriff, Speicherung und Übertragung. In diesem Zusammenhang ist ferner die Protokollierung sämtlicher Datenänderungen, der Schutz vor Datenverlust durch tägliches Sichern auf externen Speichermedien und der Schutz vor unberechtigtem Lesen durch Vergabe von Passwörtern und durch Verschlüsselung der Daten unerläßlich.
- *Integration*: Im Sinne eines ganzheitlichen und integrativen Personalinformationssystems muß die einmalige und dezentrale Datenerfassung gewährleistet und die komplette Bearbeitung eines Vorgangs möglich sein.
- *Flexibilität*: Personalinformationssysteme müssen sich durch Erweiterung von geeigneten Modulen oder Teilmodulen an heutige und zukünftige Anforderungen anpassen lassen.
- *Wirtschaftlichkeit*: Bei der Auswahl eines Personalinformationssystems ist ferner auf die Amortisation der Anschaffungskosten sowie die Effizienz in Hinblick auf geringe Lauf- und Antwortzeiten und geringen Speicherplatzbedarf zu achten.
- *Benutzerfreundlichkeit*: Personalinformationssysteme sollten über eine graphische Benutzeroberfläche verfügen; ferner sollte der Umgang mit dem System einfach erlernbar sein. Insbesondere sollten gute Handbücher und ggf. Selbsterlernungsmöglichkeiten verfügbar sein.

6 Arbeitsrechtlicher Regelungsrahmen des Personalmanagement

Strategisches Personalmanagement, das konzeptionell in Nordamerika entwickelt wurde, ist im arbeitsrechtlichen Regelungsrahmen der Bundesrepublik Deutschland (vgl. Abbildung 16) anzuwenden. Dieser Regelungsrahmen ist in der stabilen Industriegesellschaft entstanden, was die Entstehungsjahre der wichtigsten Gesetze belegen (MontanMitbestG 1951, BetrVG 1952 – novelliert 1972, TVG 1961, MitbestG 1976).

Der arbeitsrechtliche Regelungsrahmen ist grundsätzlich so ausgestaltet, daß unternehmerische Leitentscheidungen dem Arbeitgeber vorbehalten bleiben, d.h.

daß strategische Entscheidungen über das Produkt-Markt-Konzept dem Direktionsrecht des Arbeitgebers mitbestimmungsfrei zustehen. Dabei ist festzustellen, daß sowohl das MontanMitbestG als auch das MitbestG von 1976 im Leitungsorgan von großen Kapitalgesellschaften einen Arbeitsdirektor vorsehen, der als gleichberechtigtes Vorstandsmitglied fungiert. Dies bedeutet eine institutionelle Einbindung des Personalmanagement in das Leitungsorgan von Großunternehmen und kommt dem Gedanken der Integration von Strategie, Struktur und Personal sehr nahe.

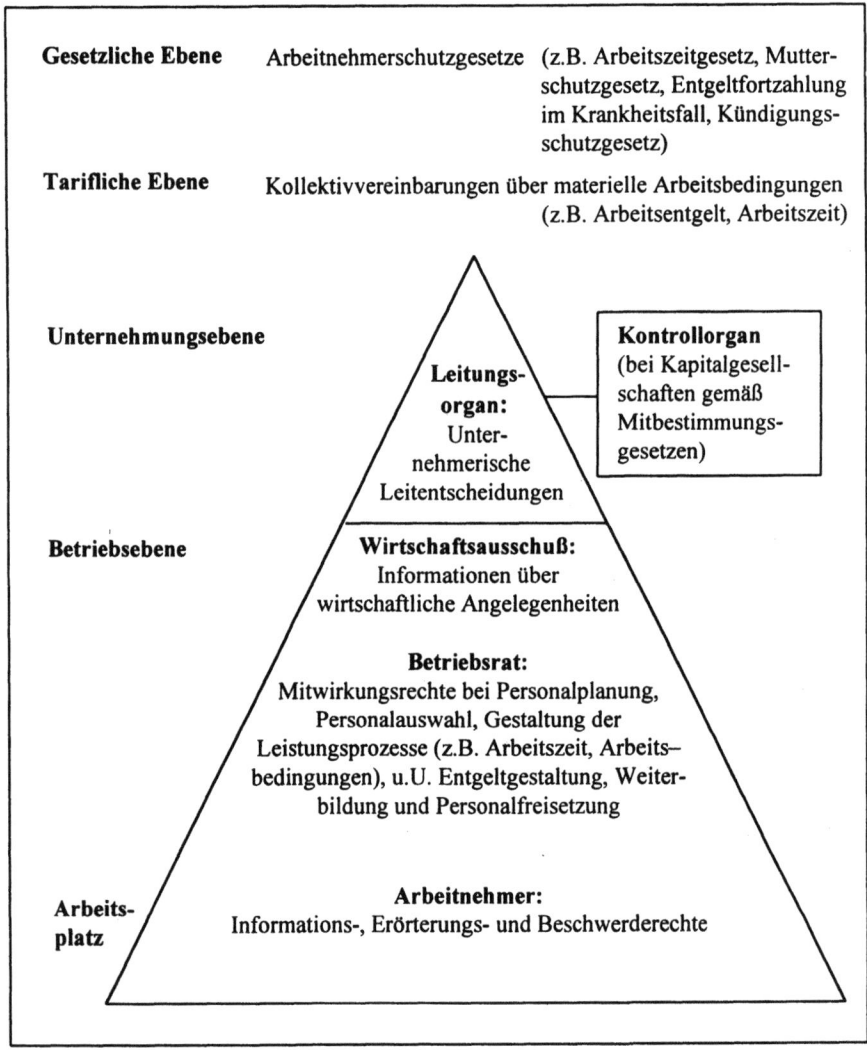

Abb. 16: Arbeitsrechtlicher Regelungsrahmen

Diese Regelung im Rahmen der Unternehmensverfassung für das Leitungsorgan wird ergänzt durch die Arbeitnehmermitbestimmung im Kontrollorgan, die je nach Mitbestimmungsgesetz eine unterschiedliche Anzahl von Arbeitnehmervertretern im Kontrollorgan vorsieht. Über das Kontrollorgan erhalten die Arbeitnehmer vor allem wirtschaftliche Informationen, die als Grundlage für die Partizipation von Arbeitnehmervertretungsorganen dienen.

Arbeitnehmerschutz wird in dem dargestellten Regelungsrahmen so verwirklicht, daß der Arbeitgeber an Arbeitnehmerschutzgesetze gebunden ist und, sofern er tarifgebunden ist, an kollektive Vereinbarungen auf tariflicher Ebene.

Auf der Ebene der Betriebsverfassung, deren Geltungsbereich sich auf alle Betriebe ab fünf ständigen wahlberechtigten Arbeitnehmer bezieht, erhalten die Arbeitnehmer wirtschaftliche Informationen im Wirtschaftsausschuß, der ab hundert Arbeitnehmer zu bilden ist. Auch diese Informationen können als Informationsgrundlage für Arbeitnehmerbeteiligung angesehen werden, wenn auch der Informationskatalog des Wirtschaftsausschusses stärker auf die Lage als auf die strategischen Vorhaben des Unternehmens bezogen ist.

Bei der Personalplanung ist aus rechtlicher Sicht bedeutsam, daß der Betriebsrat zwar ein Initiativrecht hat, das er aber nicht durchsetzen kann. Sofern der Arbeitgeber keine Personalplanung einführen möchte, bleibt ihm dies freigestellt. Sobald eine Personalplanung eingeführt ist, hat der Betriebsrat ein Unterrichtungs- und Erörterungsrecht. Der Arbeitgeber muß ihn rechtzeitig anhand von Unterlagen über die Ergebnisse der Personalplanung, insbesondere der Personalbedarfsplanung, unterrichten.

Aus rechtlicher Sicht ist zu beachten, daß der Betriebsrat beim Einsatz verschiedener Auswahlinstrumente zu beteiligen ist. Sofern Personalfragebögen eingesetzt werden, hat der Betriebsrat ein Zustimmungsrecht. Werden im Rahmen der Personalauswahl allgemeine Beurteilungsgrundsätze aufgestellt, besitzt der Betriebsrat ein Mitbestimmungsrecht ebenso wie bei der Erstellung von Richtlinien über die personelle Auswahl bei Einstellungen, Versetzungen und Umgruppierungen. Bei geplanten Einstellungen ist der Betriebsrat zu unterrichten und seine Zustimmung einzuholen. Unter bestimmten Voraussetzungen kann der Betriebsrat seine Zustimmung verweigern. Dies wirkt sich ebenso auf die Gestaltung der Leistungsprozesse aus wie die Mitbestimmungsrechte des Betriebsrats bei der Arbeitszeitgestaltung und der Gestaltung von Arbeitsbedingungen.

Für die Regelung der Entgeltfindung gilt, daß zwischen Tarifvertragsparteien Tarifverträge auf kollektiver Ebene (nach Branchen und Tarifbezirken) geschlossen werden. Tarifparteien sind die Mitglieder in einem Arbeitgeberverband einerseits und die jeweilige Gewerkschaft, die für die in dieser Gewerkschaft organisierten Arbeitnehmer Tarifverträge abschließt. In Lohn- und Gehaltsrahmentarifverträgen werden die für die Entgeltfindung eingesetzten Verfahren geregelt. Änderungen der Entgelthöhen werden in kurzfristigeren Lohn- und Gehaltstarifverträgen geregelt. In den Rahmentarifverträgen werden nicht nur Arbeitsbewertungsverfahren, sondern auch Leistungsbeurteilungsverfahren festgelegt. Davon kann auf betrieblicher Ebene nur dann abgewichen werden, wenn der Tarifvertrag eine Öffnungsklausel enthält. Auf Tarifvertragsebene herrscht bei laufenden Tarifverträgen Friedenspflicht. Treten bei neuen Tarifverhandlungen Konflikte auf, so können diese zum Arbeitskampf und zur Aussperrung auf Arbeitgeberseite führen, wenn die Verhandlungsmöglichkeiten und Schlichtungsverfahren ausgeschöpft sind. Sofern ein Arbeitgeber aus dem Arbeitgeberverband austritt, unterliegt er einer Nachwirkung der Tarifverträge, die dann erlischt, wenn neue Tarifverträge abgeschlossen werden.

Im Falle einer Öffnungsklausel im Tarifvertrag bzw. bei Arbeitgebern, die nicht dem Arbeitgeberverband angehören, können die Entgeltregelungen über eine Betriebsvereinbarung getroffen werden, wobei dem Betriebsrat ein Mitbestimmungsrecht zukommt.

Hinsichtlich der Personalentwicklung sind im BetrVG keine ausdrücklichen Regelungen zu finden. Lediglich hinsichtlich der betrieblichen Fortbildung kommen dem Betriebsrat bestimmte Mitwirkungsrechte zu, wie z.B. bei der Bestellung des betrieblichen Bildungsbeauftragten und bei der Auswahl von Teilnehmern für Fortbildungsmaßnahmen. Sofern z.B. Assessment-Center eingesetzt werden, sind gegebenenfalls die Regelungen zu Auswahlrichtlinien, Beurteilungsgrundsätzen usw. zu beachten.

Schließlich ist anzumerken, daß der Einsatz von Personalinformationssystemen dann mitbestimmungspflichtig ist, wenn es sich dabei um eine technische Einrichtung handelt, die dazu bestimmt ist, individuelles Verhalten oder Leistung zu überwachen. Diesen Sachverhalt erfüllen Personalinformationssysteme insofern, als aus Gründen des Datenschutzes und der Datensicherheit Protokollbänder vorgesehen sind, die aufzeichnen, wer wann mit dem System welche Operationen durchgeführt hat.

Neben Mitwirkungsrechten des Betriebsrats beim Einsatz von Instrumenten des Personalmanagement ist auch die Personalfreisetzung in Form der Beendigung von Arbeitsverhältnissen ausgiebig geregelt. Unproblematisch ist die Beendigung befristeter Arbeitsverhältnisse, da sie mit der Auslauffrist enden. Unbefristete Arbeitsverhältnisse bedürfen im Regelfall der Kündigung, die allerdings „ultima ratio" sein sollte. Dies bedeutet, daß vor einer Kündigung alle anderen Möglichkeiten ausgeschöpft werden müssen wie z.B. Nichtersetzen natürlicher Fluktuation oder Weiterbeschäftigung unter geänderten Bedingungen (Änderungskündigung).

Kommt es zur Kündigung, sind zunächst Kündigungsfristen zu beachten, die grundsätzlich vier Wochen zum 15. oder Ende des Kalendermonats betragen. Danach ist das Kündigungsschutzgesetz zu beachten, das für Betriebe mit in der Regel mehr als 10 Arbeitnehmer gilt. Danach ist eine Kündigung nur zulässig, wenn sie nicht sozial ungerechtfertigt ist. Um sozial gerechtfertigt zu sein, muß die Kündigung auf personen-, verhaltens- oder betriebsbedingten Gründen beruhen (vgl. Oechsler, 1997, S. 215 ff.).

– *Personenbedingte Kündigung*: Mit Hilfe der personenbedingten Kündigung besitzt der Arbeitgeber die Möglichkeit, einen Arbeitsvertrag aufzulösen, dessen Zweck nicht mehr erfüllt werden kann, da der Arbeitnehmer die Fähigkeit zur Erbringung der Arbeitsleistung verloren hat.

– *Verhaltensbedingte Kündigung*: Die verhaltensbedingte Kündigung ermöglicht es dem Arbeitgeber, auf ein vertragswidriges Verhalten des Arbeitnehmers auch dann zu reagieren, wenn die Schwelle für eine außerordentliche Kündigung noch nicht erreicht ist. Der Kündigung vorauszugehen hat – mit Ausnahme von gravierenden Verstößen – eine vorherige Abmahnung des pflichtwidrigen Verhaltens unter Androhung der rechtlichen Konsequenzen im Wiederholungsfall.

– *Betriebsbedingte Kündigung*: Mit dem Recht zur betriebsbedingten Kündigung soll der Arbeitgeber die Möglichkeit erhalten, den realen Personalbestand dem tatsächlichen Personalbedarf in dem jeweiligen Betrieb anzupassen, sofern dies betriebswirtschaftlich erforderlich ist. Offenbar unsachliche, unvernünftige und willkürliche Rationalisierungen sind allerdings nicht zulässig. Das bereits oben erwähnte ultima-ratio-Prinzip nimmt den Arbeitgeber bei einer betriebsbedingten Kündigung insoweit besonders in die Pflicht, als es ihm hierbei die Prüfung auferlegt, ob im Rahmen der betriebswirtschaftlichen Gegebenheiten eine Weiterbeschäftigung des Arbeitnehmers im Unternehmen etwa durch vorübergehende Einführung von Kurzarbeit möglich ist.

Wirksamkeitsvoraussetzung einer vom Arbeitgeber ausgesprochenen Kündigung ist die ordentliche Anhörung des Betriebsrats, d.h. der Betriebsrat hat ein Mitwirkungsrecht bei Kündigungen nach §§ 102, 103 BetrVG. Während bei der Kündigung von leitenden Angestellten nur eine rechtzeitige Unterrichtung an den Betriebsrat erfolgen muß (§ 105 BetrVG) ist der Betriebsrat vor jeder anderen Kündigung unter Mitteilung der Kündigungsgründe anzuhören, da andernfalls die Kündigung unwirksam ist (§ 102 Abs. 1 BetrVG).

In Betrieben mit regelmäßig mehr als 20 wahlberechtigten Arbeitnehmern besitzt der Betriebsrat ein Mitbestimmungsrecht bei Personalabbau angesichts der §§ 111 ff. BetrVG, wobei sich die Beteiligung auch auf die Erstellung von Interessenausgleich und Sozialplan erstreckt. Nach der Rechtsprechung des BAG erfaßt § 111 Nr. 1 BetrVG als Betriebsänderung nicht nur die Verringerung der Betriebsanlagen, sondern auch die Reduzierung der Belegschaft. Bei einer Verminderung des Personals muß jedoch ein erheblicher Teil der Belegschaft von der Maßnahme betroffen sein, damit eine Betriebsänderung im Sinne von § 111 Nr. 1 BetrVG vorliegt. Anhaltspunkte hierfür bieten nach der Rechtsprechung des BAG in entsprechender Anwendung die Größenangaben des § 17 Abs. 1 KSchG, wobei allerdings stets mindestens 5% der Belegschaft betroffen sein müssen.

Schließlich ist noch die außerordentliche Kündigung zu beachten, bei der eine so schwerwiegende Störung der sich aus dem Arbeitsverhältnis ergebenden Arbeitnehmerpflichten vorliegen muß, daß die Fortsetzung des Arbeitsverhältnisses unzumutbar ist.

Über die Mitbestimmung des Betriebsrats als Arbeitnehmervertretungsorgan hinaus kommen den einzelnen Arbeitnehmern bestimmte Individualrechte zu. Diese sind in ihren Arbeitsbereich einzuweisen und über Unfallverhütungsmaßnahmen zu unterrichten. Weiterhin hat der Arbeitgeber bei technischen Änderungen mit dem betroffenen Arbeitnehmer zu erörtern, wie die Qualifikationen den neuen Anforderungen angepaßt werden können. Der Arbeitnehmer hat zudem ein Einsichtsrecht in seine Personalakte und kann verlangen, daß ihm die Zusammensetzung seines Entgelts erläutert wird. Schließlich besitzt der Arbeitnehmer ein

Beschwerderecht, das er mit Unterstützung des Betriebsrats bis zur Einigungsstelle vorantreiben kann.

Die Einigungsstelle dient als Konfliktlösungsmechanismus. Diese ist v.a. dann zuständig, wenn der Betriebsrat ein Mitbestimmungsrecht hat und beide Parteien sich nicht einigen können. Die Einigungsstelle besteht aus einer gleichen Anzahl von Beisitzern auf Arbeitgeber- und Arbeitnehmerseite und einem neutralen Vorsitzenden. Die Einigungsstelle entscheidet Streitfälle verbindlich. Damit soll sichergestellt werden, daß auf Betriebsebene die Funktionsfähigkeit gewahrt wird und daß Konflikte beigelegt werden, ohne den Betriebsfrieden zu stören.

Diese sozialpartnerschaftliche Grundhaltung kommt einem harmonieorientierten Personalmanagement entgegen. Doch ist insgesamt festzustellen, daß die aus der stabilen Industriegesellschaft stammende Betriebsverfassung ihren Schwerpunkt auf Mitwirkungssachverhalte im Rahmen des Produktionsprozesses legt. Derartige Mitwirkungsmöglichkeiten verlieren aber bei teamorientierten Organisations- und Produktionsformen an Bedeutung, weil zunehmend Arbeitgeberkompetenzen auf die Teams delegiert werden und diese deshalb selbst z.B. Personal auswählen und Formen der Leistungsbeurteilung und Prozeßverbesserung- sowie Personalentwicklung finden. Eine zeitgemäße Betriebsverfassung könnte diese Aspekte vernachlässigen und müßte dagegen eine verbindliche Personalplanung vorsehen, da sie Ausgangspunkt eines strategischen Personalmanagement ist.

Dies würde bedeuten, daß mit Blick auf strategisches Personalmanagement der Schwerpunkt auf die Personalplanung gelegt werden müßte. Dagegen ist derzeit festzustellen, daß sich der Schwerpunkt der Regelungen auf die Beendigung von Arbeitsverhältnissen bezieht. Dadurch wird mehr Bedeutung auf die Beendigung als auf die Begründung von Arbeitsverhältnissen gelegt. Dies führt insbesondere dazu, daß das gegenwärtige Arbeitsrecht vor allem diejenigen schützt, die in Arbeit sind, was die „Insider-Outsider"-Problematik verschärft und Arbeitslosen kaum eine Chance läßt, wieder Beschäftigung zu erhalten.

Weiterhin müßte die tarifvertragliche Praxis insofern geändert werden, als nicht für jeden Sachverhalt separate Tarifverträge abgeschlossen werden, sondern diese Regelungsinhalte in einem Gesamtpaket in Form eines Cafeteria-Modells geregelt werden sollten, um auf der Betriebsebene mehr Flexibilität zu schaffen. Schließlich wird bei der zunehmenden Globalisierung des Management deutlich, daß territorial angelegte Mitbestimmungssysteme weiterentwickelt werden müssen, wie dies an der Einrichtung europäischer Betriebsräte deutlich wird. Der arbeitsrechtliche Kontext des Personalmanagement ist zudem ein wichtiger Einflußfaktor auf Standortentscheidungen im internationalem Wettbewerb.

Literaturverzeichnis

AOEWL (1974), Grundelemente einer arbeitsorientierten Einzelwirtschaftslehre, Projektgruppe im WSI, Nr. 23, Köln 1974

Beer, M., Spector, B., Lawrence, P.R., Mills, D.Q., Walton, R.E. (1985), Human Resource Management. A General Manager's Perspective, New York 1985

Berthel, J. (1995), Personal-Management, Grundzüge zur Konzeption betrieblicher Personalarbeit, 4. Aufl., Stuttgart 1995

Domsch, M. (1980), Systemgestützte Personalarbeit, Wiesbaden 1980

Domsch, M., Schnebele, A. (1986), Personalinformationssysteme. Instrumente der Personalführung und Personalverwaltung, in: Soziale Betriebs-Praxis, o. Jg. (1986), Nr. 1, S. 1-33

Elsik, W. (1992), Strategisches Personalmanagement, Konzeptionen und Konsequenzen, München/Mering 1992

Evans, P., Doz, Y. (1992), Dualities. A Paradigm for Human Resource and Organizational Development in Complex Multinationals, in: Pucik, V., Tichy, N.M., Barnet, C.K. (Hrsg.), Globalizing Management, New York u.a. 1992, S. 85-106

Grawert, A., Wagner, D. (1990), Erfahrungen mit Cafeteria-Modellen, in: Personalwirtschaft, 17. Jg. (1990), Nr. 10, S. 23-29

Grünefeld, H.G. (1987), Personalberichterstattung mit Informationssystemen. Möglichkeiten, Methoden, Beispiele, Wiesbaden 1987

Guest, D.E. (1987), Human Resource Management and Industrial Relations, in: Journal of Management Studies, Vol. 24 (1987), Nr. 5, S. 503-521

Gutenberg, E. (1951), Grundlagen der Betriebswirtschaftslehre, Bd. 1, Die Produktion, Berlin, Göttingen, Heidelberg 1951

Handy, L., Barham, K., Panter, S., Winhard, A. (1989), Beyond the Personnel Function. The Strategic Management of Human Resources, in: Journal of European Industrial Training, Vol. 13 (1989), Nr. 1, S. 13-18

Heinrich, L.J., Pils, M. (1979), Betriebsinformatik im Personalbereich. Die Planung computergestützter Personalinformationssysteme, Würzburg u.a. 1979

Henss, K., Mikos, L. (1984), Personalinformationssysteme. Der große Bruder im Betrieb, Berlin 1984

Kilian, W. (1982), Personalinformationssysteme in deutschen Großunternehmen, 2. Aufl., Berlin u.a. 1982

Kupsch, P.U., Marr, R. (1991), Personalwirtschaft, in: Heinen, E. (Hrsg.), Industriebetriebslehre, Entscheidungen im Industriebetrieb, 9. Aufl., Wiesbaden 1991, S. 729-896

Liebel, H.J., Oechsler, W.A. (1994), Handbuch Human-Resource-Management, Wiesbaden 1994

Marr, R., Stitzel, M. (1979), Personalwirtschaft. Ein konfliktorientierter Ansatz, München 1979

Mülder, W. (1991), Computergestützte Personalarbeit, in: Grünewald, H.G. (Hrsg.), agplan Handbuch zur Unternehmensplanung, 2. Aufl., Bd. 4, Berlin 1991, S. 1-72

Mülder, W. (1994), Zehn Forderungen an computergestützte Personalinformationssysteme, in: Personal, 46. Jg. (1994), Nr. 4, S. 156-161

Oechsler, W.A. (1996), Historische Entwicklung zum Human Resource Management, in: Knauth, P., Wollert, A. (Hrsg.), Human Resource Management. Neue Formen betrieblicher Arbeitsorganisation und Mitarbeiterführung. Strategien. Konzepte. Praxisbeispiele, Köln 1996, Kap. 3.3, S. 1-30

Oechsler, W.A. (1997), Personal und Arbeit: Einführung in die Personalwirtschaft unter Einbeziehung des Arbeitsrechts, 6. Aufl., München u.a. 1997

Oechsler, W.A., Kastura, B. (1993), Betriebliche Sozialleistungen. Entwicklungen und Perspektive, in: Weber, W. (Hrsg.), Entgeltsysteme, Stuttgart 1993, S. 341-363

Oechsler, W.A., Strohmeier, S., Kreft, J. (1996), PC-gestützte Standardsoftware zur Personalplanung, Bamberg Betriebswirtschaftliche Beiträge, Nr. 110, Bamberg 1996

Olfert, K., Steinbuch, P.A. (1990), Personalwirtschaft, 2. Aufl., Ludwigshafen 1990

Sämann, W., Schulte, B., Weertz, K. (1976), Struktureller Aufbau und Leistungsbreite bestehender Personalinformationssysteme, Frankfurt 1976

Schartner, H. (1990), Eine neue Rolle des Personalwesens bei BMW? Die Führungskraft als Personalverantwortlicher, in: Personalführung, 23. Jg. (1990), Nr. 1, S. 32-37

Scholz, C. (1994), Personalmanagement, 4. Aufl., München 1994

Seibt, D. (1990), Computerunterstützte Personalinformationssysteme, in: Kurbel, K., Strunz, H. (Hrsg.), Handbuch Wirtschaftsinformatik, Stuttgart 1990, S. 119-136

Steyrer, J. (1988), EDV-unterstützte Personalplanung, in: Zeitschrift für Organisation, 57. Jg. (1988), Nr. 5, S. 343-346

Theil, M. (1991), Analyse des Softwaremarktes und der Anwenderbedürfnisse im Bereich Personalwesen. Arbeitsberichte zum Tätigkeitsfeld Informationsverarbeitung und Informationswirtschaft der Wirtschaftsuniversität Wien, Nr. 9, Wien 1991

Tichy, N.M., Fombrun, C.J., Devanna, M.A. (1982), Strategic Human Resource Management, in: Sloan Management Review, Winter 1982, S. 47-60

Wächter, H. (1979), Einführung in das Personalwesen. Darstellung, Kontrollfragen und Lösungen, Herne 1979

Wunderer, R. (1994), Das Personalwesen auf dem Weg zu einem Wertschöpfungs-Center, in: Personal, Heft 4, 1994, S. 148-154

7 Beschaffung

Udo Koppelmann

Inhaltsverzeichnis

1 Der Zusammenhang	272
2 Die Beschaffungsobjekte	273
3 Anforderungen an die Beschaffungsdisziplin	274
4 Theoretische Grundlagen	276
5 Der Beschaffungsprozeß	279
5.1 Einige theoretische Vorüberlegungen	279
5.2 Der Gesamtprozeß	282
5.3 Die Situationsanalyse	286
5.3.1 Beschaffungskonstellationen	286
5.3.2 Potentialüberlegungen	287
5.3.3 Zielüberlegungen	287
5.4 Die Bedarfsanalyse	291
5.4.1 Bedarfsanforderungen	294
5.4.2 Zur Auswahl der Bedarfsanforderungen	294
5.4.3 Methoden der Bedarfsanalyse	294
5.4.4 Outsourcing	298
5.5 Die Marktanalyse	299
5.5.1 Merkmale zur Märkteanalyse	299
5.5.2 Die Marktfeldentscheidung	300
5.6 Lieferantenanalyse	302
5.7 Lieferantenverhandlung	304
5.8 Die Informationsphase	307
5.8.1 Beschaffungsmarktforschung	307
5.8.2 Beschaffungskontrolle	308
Literaturverzeichnis	315

1 Der Zusammenhang

Die Betriebswirtschaftslehre befaßt sich mit der *Fremdbedarfsdeckung* durch Unternehmen. Die Fremdbedarfsdeckung dient der Zielerreichung des Unternehmens. Konstituierendes Merkmal des Handelns ist dabei das *ökonomische Prinzip*, das hier in den Ausprägungen als Minimalprinzip (fixiertes Ergebnis mit geringstmöglichen Kosten) und als Maximalprinzip (maximales Ergebnis bei fixierten Kosten) interessiert. Es geht um die Optimierung der *Input-/Outputrelation*.

Wenn man fremde Bedarfe befriedigen will, müssen nach deren Entdeckung und Konkretisierung *Mittel* der Bedarfsdeckung entwickelt und produziert werden. Das können materielle Güter (Sachgüter, Sachprodukte) oder immaterielle Güter (Dienstleistungen, Informationen, Rechte) sein. Um Angebote bedarfsgerecht produzieren zu können, sind *Produktionsfaktoren* nötig, die beschafft werden müssen. Der Zusammenhang wird aus Abbildung 1 deutlich.

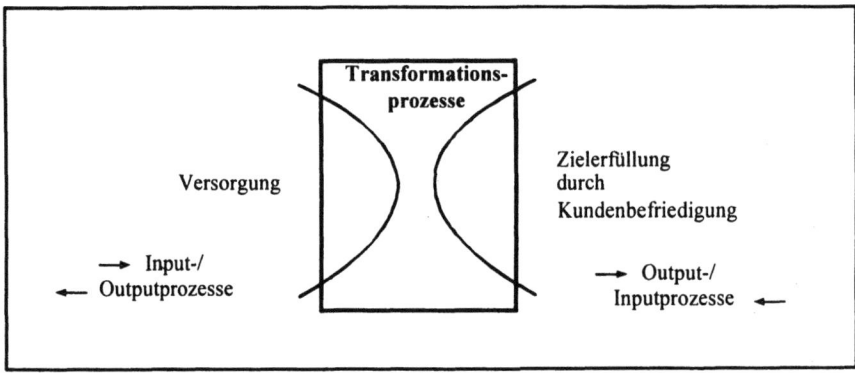

Abb. 1: Input-/Outputprozesse

Gleichgültig, ob Sachgüter oder Dienstleistungen erzeugt und angeboten werden sollen, es werden Produktionsfaktoren benötigt – ohne Versorgung keine Produktion (Transformation), ohne Versorgung kein Absatz.

Die Prozeßstufe der Versorgung kann nun insgesamt (Beschaffung und Logistik) oder getrennt in *Beschaffung* (procurement) und Logistik (supply chain management) andererseits behandelt werden. Folgt man dem Gedanken, ähnliche Prozesse durchgängig zu steuern, führt das zu einer integrierten Logistik (Versorgungs-, Transformations-, Distributionslogistik). Denkbar ist auch eine durchgängige Marktbearbeitung (*Beschaffungs- und Absatzmarketing*). Damit würde man der Realität jedoch weit vorausgreifen, so daß hier eine Beschränkung auf die *Beschaffungsperspektive* erfolgt. Diese Trennung von Logistik und Beschaffung läßt sich auch durch unterschiedliche Tätigkeitsschwerpunkte und dazu passende Methoden rechtfertigen. Während die *Marktbearbeitung* hochkomplex und mit starken Unsicherheiten über die Instrumentalwirkungen verknüpft ist, sind demgegenüber bei der Logistik Optimierungen durchaus möglich.

2 Die Beschaffungsobjekte

In der *Materialwirtschaft*, dem Vorläufer des Beschaffungsmarketing, konzentriert sich die Versorgungsaufgabe auf Roh-, Hilfs- und Betriebsstoffe, Teil- und Fertigfabrikate sowie Werkzeuge, Maschinen und Anlagen. Gutenberg (1983, S. 3) spricht – neben Arbeitsleistungen – von Betriebsmitteln und Werkstoffen als den produktiven Faktoren.

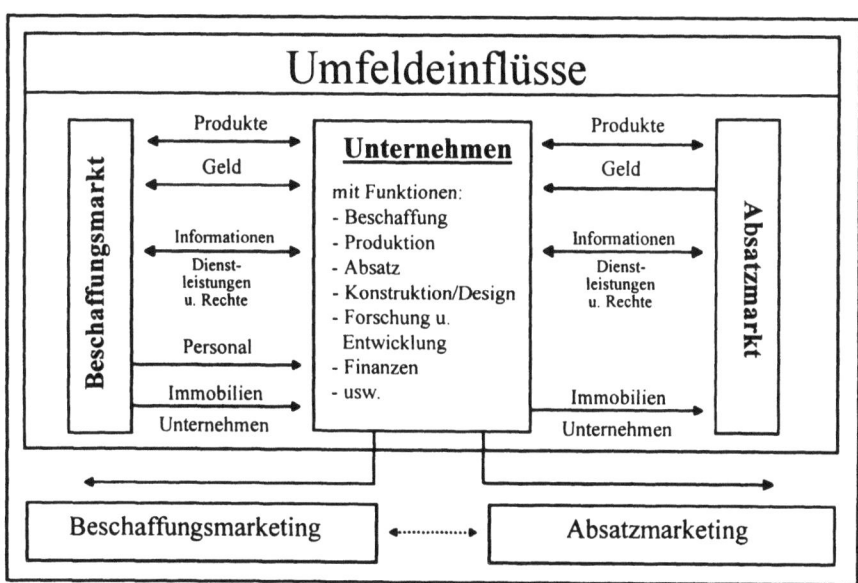

Abb. 2: Das Unternehmen im Markt

Inzwischen hat sich die Versorgungsaufgabe deutlich erweitert. Je komplexer beschafft wird, um so eher stellt sich die Frage, ob das, was früher andere Funktionsbereiche zur eigenen Funktionserfüllung „besorgt" haben, nicht doch besser von Funktionsträgern beschafft wird, die über eine besondere Beschaffungskompetenz verfügen. In starkem Maße hat die Diskussion um *Outsourcingüberlegungen* dazu geführt, daß man in den jeweiligen Entscheidungssituationen *Alternativkenntnisse* benötigt: Soll man EDV-Aufgaben, Kantinenverpflegung, Transportleistungen, die Produktion, Werbung usw. selbst durchführen oder versuchen, andere zu gewinnen, die das „leistungsbesser" oder/und kostengünstiger erledigen können. So ist es denkbar, das Preisangebot des eigenen Profitcenters „Produktion" dem Preisangebot eines Lieferanten gegenüberzustellen. Bei einer Entscheidung für Fremdproduktion würden statt Produktionsfaktoren, die einer Transformation unterzogen werden müßten, lediglich Fertigprodukte beschafft. Die Komplexität der eigenen Produktion würde durch diesen Beschaffungsvorgang auf den Lieferanten verlagert. In einigen Branchen (z.B. Textilien, Sportartikel, Buchverlage) herrscht bereits diese Praxis, in anderen (z.B. Automobilindustrie) bewegt man sich in diese Richtung, wenn man mehr und mehr Komponenten beschafft und sich im wesentlichen auf die Montage beschränkt (Modular/System Sourcing). Einen Überblick über die möglichen Beschaffungsobjekte gibt Abbildung 2.

Die Beschaffungsobjektkategorie *Produkt* erweist sich als vielschichtig. Neben Roh-, Hilfs- und Betriebsstoffen (z.b. Energie) gehen auch Teilfertig- und Fertigfabrikate in das zu erstellende Produkt ein. Das Spektrum der Fertigfabrikate reicht von einfachen Teilen (z.b. Schrauben, Verpackung) bis zu hochkomplexen Systemen (z.b. Motor und Getriebe, Fahrwerk). Es handelt sich um Repetierfaktoren.

Daneben werden Produkte als Potentialfaktoren beschafft (z.b. Werkzeuge, Maschinen, Geräte, Anlagen), die für eine wiederholte Benutzung zur Verfügung stehen. Als ein besonderer Potentialfaktor können Rechte (z.b. Lizenzen) eine Rolle spielen.

In den letzten Jahren hat die Beschaffung von *Dienstleistungen* an Bedeutung gewonnen. Die Verlagerung von Werbeaktivitäten in Werbeagenturen hat lange Tradition. Vielfältige Aufgaben aus verschiedenen Funktionsbereichen (z.B. Beratung, Schulung, EDV, Konstruktion, Design, Marktforschung) können als fremde Dienstleistung beschafft werden. Was ursprünglich aus den einzelnen Funktionsbereichen als Teilaufgabe nach „draußen" vergeben wurde, wird zunehmend von der Beschaffungsabteilung professionell betreut. Dies sind in mehr oder minder umfangreicher Ausprägung die Kernfelder der Beschaffung.

Noch ungewöhnlicher ist die Sicht, daß die *Personalbeschaffung* auch über die Beschaffungsabteilung abgewickelt wird. Dies wird mit der Besonderheit des Beschaffungsobjektes begründet. Nun hat jedes Beschaffungsobjekt seine Besonderheiten, die vom jeweiligen Funktionsträger beachtet werden müssen – das Argument überzeugt also weniger. Ähnlich einer Maschine haben wir es mit einem Potentialfaktor zu tun. Dennoch werden wir uns hier nicht mit der Personalbeschaffung befassen, weil wir dies so in der Praxis noch nicht vorfinden. Ähnliches gilt für die *Geld-* und *Kapitalbeschaffung.* Sie wird von der Abteilung Finanzen durchgeführt, die auch für die Geld- und Kapitalverwendung (z.B. Investition) zuständig ist. Mit dem Hinweis auf Diskontinuitäten der Beschaffung von Grundstücken, Gebäuden und Unternehmen wird begründet, daß auch diese Beschaffungsobjekte nicht von der Beschaffungsabteilung betreut werden.

Aus dieser Objektbeschreibung ergibt sich, daß manches im Tätigkeitsfeld historisch gewachsen ist, daß sich sicherlich noch manches ändern wird, je ähnlicher die Prozeßgestaltung wird.

3 Anforderungen an die Beschaffungsdisziplin

Die Zuwendung zu einer Disziplin kann in verschiedenen Schritten erfolgen. Zuerst wird begründet, warum man sich einem Forschungsfeld widmet (*Begründungszusammenhang*). Einige Facetten wurden bereits erwähnt. Je nach Abstraktionsgrad erfolgt dann die Beschreibung des Beobachteten und dessen, was man untersuchen will (→ *Beschreibungszusammenhang*). Es entsteht eine theoretische Struktur. Sie präjudiziert die Sichtweise der dann folgenden Analysen. Sie münden in Erklärungen zum Beispiel darüber, welche Elemente das System und wie sich die Elemente gegenseitig beeinflussen (→ *Erklärungszusammenhang*). An dieser Stelle müssen praxisorientierte wissenschaftliche Disziplinen nicht halt machen. Die Frage nach der Verwendung der Erkenntnisse ist durchaus zulässig. Hier interessiert der *Entscheidungszusammenhang*. Struktur und Wirkungskomplex des Analysefeldes erleichtern nicht gerade die Suche rationaler Entscheidungen, dennoch wird man sich um Lösungswege bemühen müssen.

Neben diesen grundsätzlichen Forschungsakzenten müssen auch einige inhaltliche Aspekte bedacht werden, um Hilfen für die Praxis aus der Theorie zu begründen.

Strategieorientierung statt Ausführungsorientierung sei an den Anfang des Anforderungskataloges gestellt. Die Beschaffung leistungs- oder kostenbedeutsamer Objekte – man könnte von Hebelprodukten sprechen – erfordert Überlegungen, die über den Tag hinausgehen. Global Sourcing, System Sourcing, Simultaneous Engineering als hochkomplexe Entscheidungen setzen umfangreiche Analysen voraus.

Prozeßorientierung statt begrenzter Funktionsorientierung wird spätestens seit Porter (1986) als allgemeingültige Forderung erhoben. An den jeweils relevanten Stufen des Entscheidungsprozesses „Entwicklung und Vermarktung eines neuen Produktes" muß die Beschaffung mit ihrem Wissen einbezogen werden und nicht erst dann, wenn alle Entscheidungen bereits gefällt sind und nur das Umsetzungsproblem noch ansteht. Die daraus resultierende Prozeßfähigkeit erhöht die Kompetenzanforderungen, um im Kreis der anderen Funktionsträger die erfolgsentscheidenden Beiträge leisten zu können.

Aus der Prozeßorientierung folgt zwangsläufig auch ein verstärktes Bemühen um *Verhaltensorientierung*. Beschaffung als Dienstleistung zwischen außen und innen weist eine starke Verhandlungskomponente auf. Dem Lieferanten gegenüber wird man weniger mit Diktieren als mit Verhandeln erfolgreich sein können. Und auch bei der internen Bedarfsfeststellung müssen insulare Bestlösungen zugunsten gesamtunternehmensbezogener Bestlösungen zurückgestellt werden.

Der Forderung nach *Entscheidungsorientierung* mag sich der eine oder andere entziehen. Wenn man jedoch bedenkt, welche Anforderungen an die Beschaffung seit kurzem auch in der Praxis gestellt werden, bietet sich die Erfüllung dieser Anforderungen um so mehr an, je schneller man den Kompetenzanforderungen Rechnung tragen will. Dazu gehört zu einen die Ausweitung der Handlungsalternativen und zum anderen die Suche nach Entscheidungsbedingungen, die eine spezifische Alternativenauswahl nahelegen.

Entscheidungen ohne zweckdienliche Informationen führen in die Irre. Eine professionelle *Informationsorientierung*, wie sie im Absatzmarketing selbstverständlich ist, muß der Praxis geboten werden – zumal sie dort gefordert, aber selten praktiziert wird. So basieren manche Global-Sourcing-Entscheidungen eher auf hoffnungsgestützter Plausibilität denn auf informationsgestützter Rationalität.

Und schließlich sollte auch eine adäquate *Theorieorientierung* nicht außer acht gelassen werden. Ansatzpunkte bieten die Koalitionstheorie, die Anreiz-Beitrag-Theorie, die Netzwerktheorie für die grundsätzliche Strukturierung. Die verhaltenswissenschaftlichen Theorien leisten vor allem für den Verhandlungsbereich manche Erklärungshilfe.

4 Theoretische Grundlagen

Das Verständnis der im folgenden Kapitel dargestellten Inhalte wird wesentlich erleichtert, wenn man sich über die theoretische Fundierung Klarheit verschafft hat.

Die Lieferanten-Beschaffer-Realität ist vielfach noch von gegenseitigem Mißtrauen geprägt, von der Vermutung, daß der andere zu eigenen Lasten profitiert. Es wird zwar vielfach von fairer Partnerschaft geredet, die tägliche Wirklichkeit spiegelt das jedoch nur unvollkommen wider. Damit ist eine langfristige, für beide Seiten erfolgreiche Zusammenarbeit nicht möglich.

Den Ausgangspunkt der Überlegungen bildet die *Koalitionstheorie* (Simon 1955, March/Simon 1958, Cyert/March 1963). Das Unternehmen wird als Koalition betrachtet, die langfristig nur so lange überlebt, wie die Koalitionspartner den subjektiven Eindruck haben, daß sie für das, was sie in den Topf tun, was sie für das Unternehmen leisten, einen fairen Gegenwert bekommen. Das kann sich in Geld, sozialer Anerkennung, Lern- und Karrieremöglichkeit usw. niederschlagen. Wer jedoch den Eindruck hat, ausgenutzt zu werden und keine Chancen sieht, diesen Status zu verändern, der wird nach einem neuen Arbeitgeber suchen. Die Besten, in die man meistens auch erheblich investiert hat, haben die besten Chancen zu gehen, einen neuen Arbeitgeber zu finden. Die Schlechteren und die Älteren igeln sich ein, sie reduzieren ihr Engagement, ihren Leistungsinput vielfach sogar unter die Grenze, die ihrem Leistungsäquivalent entspräche. Das führt langfristig zum Tode des Unternehmens.

Die unternehmensinterne Betrachtung kann auch auf die Beziehung des Unternehmens mit seinem Umfeld ausgedehnt werden (Pfeffer/Salancik 1978). Wir wollen uns hier auf die *Lieferantenbeziehung* konzentrieren. Auch zwischen Beschaffer und Lieferant kommt es zu einer Koalition. Diese Koalition funktioniert langfristig nur so lange zufriedenstellend, wie beide Koalitionspartner den Eindruck haben, fair bedient zu werden (Win-Win-Position). Wer das Gefühl hat, „über den Tisch gezogen" worden zu sein, wird sein Verhalten dem anpassen. Der Lieferant, der unter Selbstkosten anbieten mußte, wird nach Einsparungsmöglichkeiten suchen, indem er z.B. seine Einkaufs-Qualitätskosten senkt; weil es ein ärgerlicher Auftrag ist, wird er die gewinnträchtigen Aufträge bevorzugen, die Zuverlässigkeit sinkt. Änderungswünschen (Menge, Zeit, Qualität) gegenüber wird er sich eher zugeknöpft verhalten usw.; Investitionsanreize sind kaum erkennbar. Der Beschaffer, der sich übervorteilt fühlt, wird sein Hauptaugenmerk auf einen Lieferantenwechsel richten, wird sein Entgegenkommen bei anderen Beschaffungsobjekten überprüfen usw.

Wenn der Koalitionsfriede gestört ist, wird man eher nach Fehlern und weniger nach Fehlerbeseitigungsmöglichkeiten suchen. Damit ist eine langfristige Partnerschaft gestört.

Auf der Koalitionstheorie basiert die *Anreiz-Beitrags-Theorie* (Contribution-Inducement-Concept). Wie Abbildung 3 zeigt, treffen Beschaffer und Lieferanten aufeinander, indem sie prüfen, was jeweils der andere will und dafür gibt (Biergans 1984).

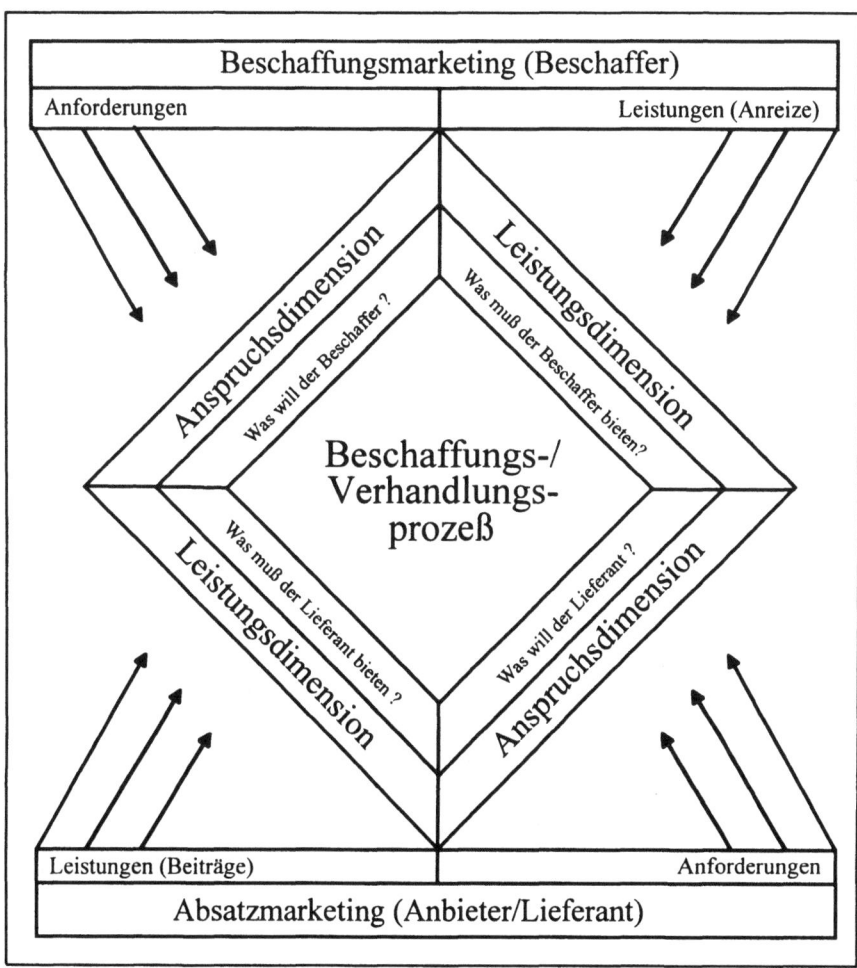

Abb. 3: Beschaffung als Anreiz-Beitrags-Konzept

Zum einen stehen den Leistungen (*Beiträgen*) des Lieferanten die Leistungen (*Anreize*) des Beschaffers gegenüber. Sie reflektieren die jeweiligen Anforderungen der beiden Verhandlungspartner. Theoretisch entsprechen sich die jeweiligen Anspruchs- und Leistungsdimensionen.

Gemäß dem ökonomischen Prinzip geht es darum, die unbedingt notwendigen Forderungen mit solchen Anreizen durchzusetzen, die das beschaffende Unter-

nehmen möglichst wenig kosten; das heißt nicht: mit möglichst wenig Anreizen.
Die gehobenen Anreize
- müssen den Lieferanten zufriedenstellen,
- müssen als Paket geringstmögliche Kosten verursachen.

Das führt zwangsläufig zur Suche nach Anreizmöglichkeiten, zur Wirkungsprognose (was können sie beim Lieferanten positiv bewirken?) und zur Kostenbewertung der Leistungen im eigenen Unternehmen. Das geht damit wesentlich über den Preis als alleinigem Anreiz hinaus; die Frage ist vielmehr, was es für das beschaffende Unternehmen an möglichst billigen geldwerten Vorteilen für den Lieferanten gibt, um ihm die Lieferung interessanter Beschaffungsobjekte zu niedrigen Preisen als ökonomisch sinnvoll erscheinen zu lassen. Die Konsequenzen, die sich hieraus für die Bedarfsermittlung und die Verhandlungsphase ergeben, lassen sich bereits hier im groben erahnen. Vielfach sind die anbietbaren Leistungen nicht bekannt. Wenn sie es denn sind, weiß man wenig über ihre Kosten. Und noch weniger weiß man über die mit diesen Leistungen erzielbaren Wirkungen bei Lieferanten.

Gestützt wird die als Basis dienende Anreiz-Beitrags-Theorie durch einige weitere Theoriebezüge. Die *Gratifikationstheorie* widmet sich der Frage, *warum* ein Tausch überhaupt zustandekommt (Schanz 1977). Gratifikationen lassen sich als Belohnungen und Bestrafungen verstehen. Sie haben eine motivationale (Belohnungen erzielen, Bestrafungen vermeiden) und eine kognitive Komponente. Bei Tätigkeitswiederholungen möchte man das Negative vermeiden, das Positive wiederholen. Lerntheoretisch schlägt sich das im Lernen nach dem Verstärkerprinzip nieder.

In der *Interaktionstheorie* wird geprüft, wie Austausch stattfindet. Ein erster Grundgedanke besagt, daß menschliches Verhalten untereinander durch den bereits erwähnten Belohnungs-/Bestrafungsaspekt geprägt wird. Eine Austauschbeziehung zwischen Lieferant und Beschaffer ist um so wahrscheinlicher, „je größer deren Fähigkeit ist, sich durch ihr Verhalten gegenseitig zu belohnen und je deutlicher sie diese Möglichkeit wahrnehmen" (Biergans 1984, S. 131). Der zweite Grundgedanke betont die ökonomische Seite. Wählt ein Interaktionspartner (z.B. Lieferant) eine alternative Verhaltensweise (beliefert z.B. ein anderes Unternehmen), dann entstehen Kosten, weil er auf die Belohnung verzichtet, die er dadurch erhalten hätte, daß er mich beliefert hätte. Sein Gewinn errechnet sich somit aus dem Belohnungswert (Belieferung des anderen Unternehmens), vermindert um die Kosten (nicht erlangter Belohnungswert durch mich). Ich kann den Lieferanten nur dadurch zur Lieferung an mich bewegen, daß ich meinen Belohnungswert steigere und der Lieferant diese Belohnung für sich nachvollzieht.

Auch die *Netzwerktheorie* (Siebert 1991, S. 293 ff.) greift den Austauschprozeß auf. Während der Markt als unsichtbare Hand die Steuerung von Angebot und Nachfrage übernimmt, erfolgt im eigenen Unternehmen (→ Eigenfertigung) ein hierarchischer Austauschprozeß. Im Netzwerk dagegen handelt es sich um einen reziproken, interaktiven Austausch bei gegenseitiger Abhängigkeit. Das dürfte der typische Fall bei den Beschaffungsstrategien des Modular Sourcing, Simutaneous Engineering usw. sein.

5 Der Beschaffungsprozeß

5.1 Einige theoretische Vorüberlegungen

Das Lösen von Aufgaben in beliebigen Funktionsbereichen kann strukturell als *Problemlösungsprozeß* betrachtet werden. Übertragen auf die Beschaffungsplanung führt das zu der in Abbildung 4 dargestellten allgemeinen Beschaffungs-Planungs-Prozeßstruktur.

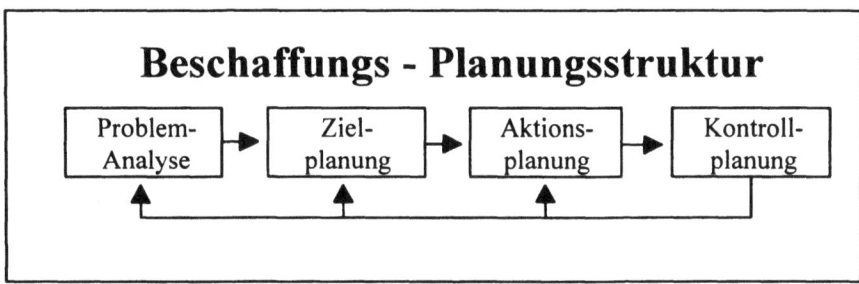

Abb. 4: Beschaffungs-Planungs-Prozeßstruktur

Aus dieser Grundstruktur müssen wir den spezifischen detailreichen Beschaffungs-Planungs-Prozeß ableiten.

Wo soll man mit der Problemlösung ansetzen? Die *isolierte* Betrachtung von Beschaffungsaufgaben wird dem Gedanken prozeßorientierten Handelns nicht gerecht. Im Plan müssen die Vernetzungsmöglichkeiten bereits angelegt sein. Dazu erweist es sich als zweckmäßig, auf das von Gutenberg (1983, S. 163 f.) formulierte Ausgleichsgesetz der Planung zurückgreifen. Man orientiert sich am „Flaschenhals" der Planung, weil er durch die geringste Handlungsalternativität den Raum für weiteres Handeln einengt. In Wettbewerbswirtschaften bildet meist der Absatz den Planungsengpaß. Das führt zu der in Abbildung 5 dargestellten Situation.

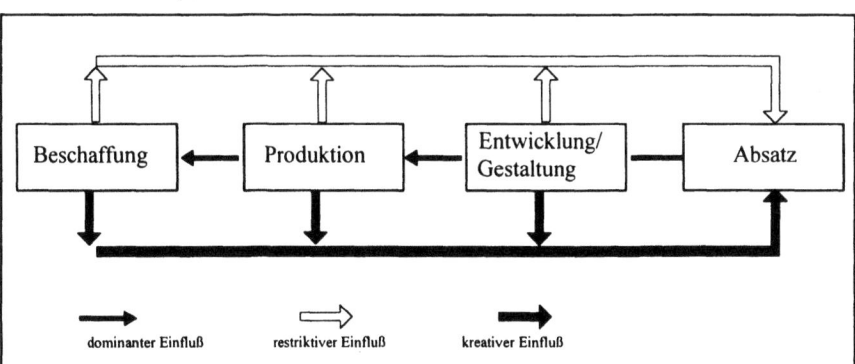

Abb. 5: Planungseinflüsse zwischen betrieblichen Funktionsbereichen

Der Kunde definiert die Aufgabe, im Absatzbereich wird das Problem identifiziert, aus dessen Lösung man sich die eigene Zielerfüllung verspricht. In den Bereichen F+E, Konstruktion, Design usw. wird nach Lösungsmöglichkeiten gesucht. Die Lösungsmöglichkeit mit dem größten Erfolgspotential wird dann hergestellt, die dafür notwendigen Inputfaktoren beschafft. Dies ist der Hauptstrang der Planung. Er wird umlagert von kreativen und restriktiven Einflüssen. So können kreative Vorschläge für Problemlösungen aus der Gestaltung kommen, für die man dann die Problemsituation identifizieren muß. Uns interessieren kreative Einflüsse aus dem Beschaffungsbereich. Sie können zu Produktmodifikationen führen, sie können Make- in Buy-Entscheidungen umwandeln usw. Restriktive Einflüsse kennt man zuhauf bei der Entwicklung neuer Angebote. Der Satz „das geht nicht, das haben wir noch nie gemacht" ist sicher jedem schon mehrfach abwehrend entgegengeschleudert worden. Diese Ideenkilleraussagen sollten zuerst einmal in Suchaufwand der Hindernisbeseitigung umgewandelt werden. Aber dann können tatsächlich zumindest so unüberwindbare Barrieren übrigbleiben. Im Beschaffungsbereich kann auf Marktentwicklungen hingewiesen werden, die eine kontinuierliche Versorgung zu akzeptablen Bedingungen nicht gewährleisten. Das kann zu Modifikationsüberlegungen bei der Gestaltung führen.

Aus Abbildung 5 könnte die falsche Auffassung abgeleitet werden, daß die Funktionsplanungen beginnend beim Absatz sukzessiv hintereinander gestaltet würden. Demgegenüber ist jedoch eine schrittweise *Simultanplanung* vorzuziehen, wie sie Abbildung 6 zeigt.

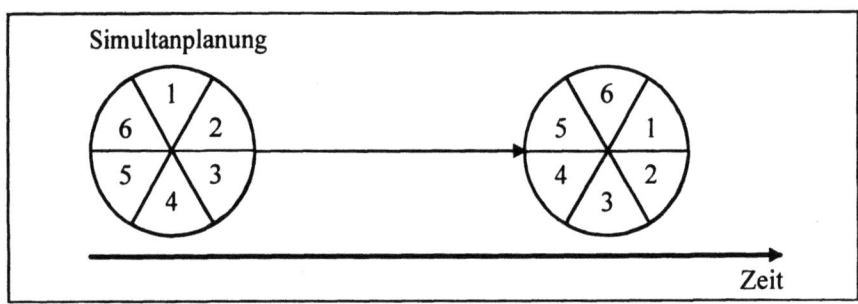

Abb. 6: Simultanes Arbeiten im Team

Durch die Teamarbeit soll statt des meist üblichen Sukzessivplanens vermehrt simultan geplant werden. Eine Aufgabenstellung wird gemeinsam von denjenigen, die für die Lösung verantwortlich sind (z.B. Mitarbeiter aus Absatz, Gestaltung, Beschaffung, Logistik, Produktion, Finanzen), erarbeitet. Funktionspezifische Lösungsaufgaben müssen zwischen den Gruppensitzungen erledigt werden. Durch die Teamarbeit soll zweierlei erreicht werden:
– In kürzerer Zeit sollen optimale Ergebnisse vorliegen. Wenn man die Lösungsbeiträge der jeweiligen Fachbereiche jeweils hintereinander schaltet, geht zuviel Zeit verloren; wenn die Beschaffung mit der Analyse erst beginnt, wenn Produktion und Konstruktion zugestimmt haben und nachdem hoffentlich der Eng-

paßsektor Absatz (Produktmanagement) die Marktdefinition erstellt hat, dann gleicht das einer Echternacher Springprozession. „Perlenkettenplanung" wird in Zukunft an Bedeutung verlieren.
– Durch gemeinsames Denken sind bessere Lösungen möglich, weil vernetzt gedacht wird.

Um zu zeigen, wie eine solche vernetzende Prozeßstruktur aussehen kann, haben wir in Abbildung 7 vereinfacht die beiden ersten Stufen zusammengefaßt und ihnen Planungsinhalte aus Absatz, Gestaltung, Produktion und Beschaffung zugeordnet, die gemeinsam im Team erörtert und entschieden werden müssen.

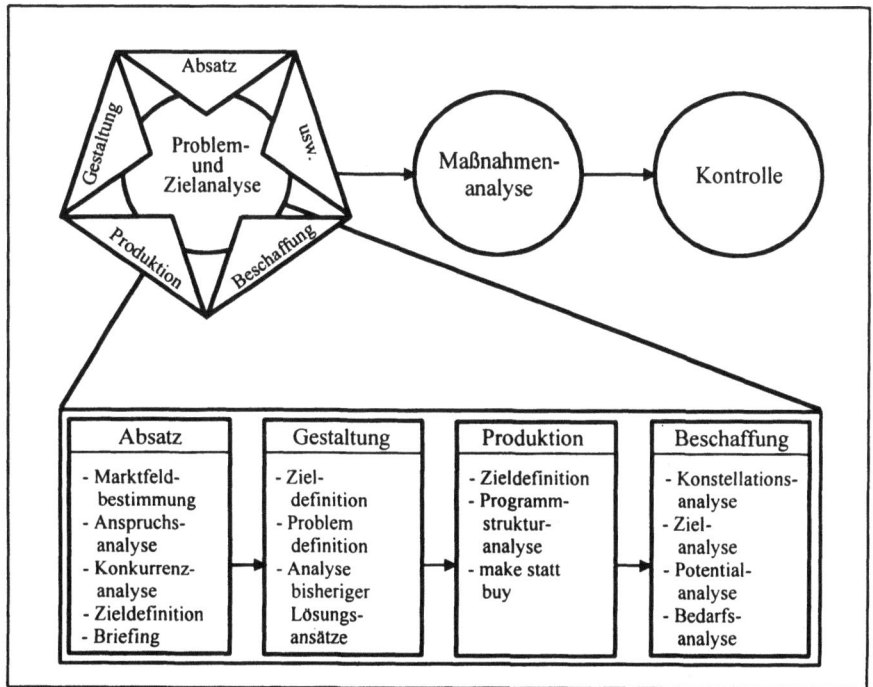

Abb. 7: Zur Vernetzung der Analysearbeit

Die Problemschwerpunkte werden vom jeweiligen Funktionsträger erarbeitet, gemeinsam geprüft und im Team verabschiedet.

Diese Intra-Betrachtung muß um eine *Inter*-Betrachtung ergänzt werden. Genauso wie das eigene Unternehmen prozeßorientiert (Funktions-)Grenzen überschreitet, liegt es vor allem bei dem System (Modular) Sourcing nahe, diese Überlegungen auch auf die Zusammenarbeit mit Lieferanten zu übertragen. Begriffe wie Advanced Purchasing, Foreward Sourcing, Early Supplier Involvement umschreiben das Gemeinte. Wenn man über Neuentwicklungen nachdenkt, spielt dieser Gedanke insbesondere bei Modular Sourcing eine große Rolle. Auch bei Rationalisierungsprüfungen von bereits Bestehendem empfiehlt sich das Verknüpfen der eigenen Abteilungen mit denen der Lieferanten. Das kann eine vertikale Beziehung in der Wertkette sein oder ein Austausch auf gleicher Wertschöpfungsstufe; der eine liefert Motoren, der andere Lenkungen, beide stellen Lkws her. Abbildung 8 faßt dieses zusammen.

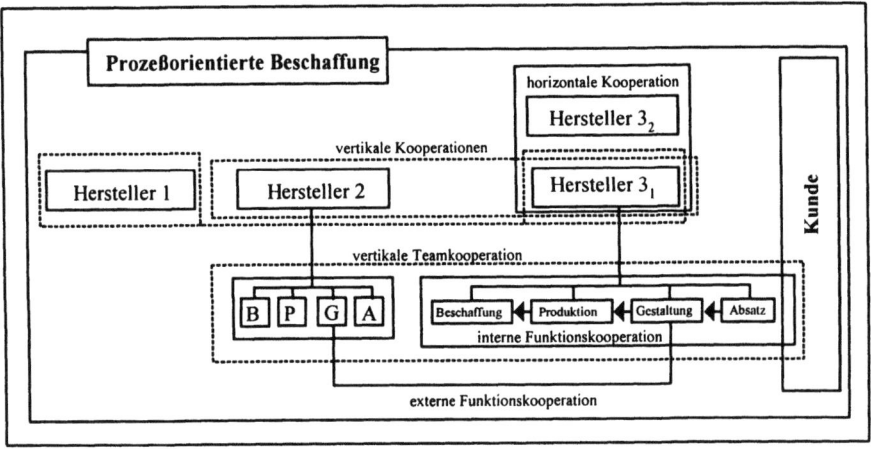

Abb. 8: Prozeßorientierte Beschaffung

5.2 Der Gesamtprozeß

Der allgemeine Problemlösungsprozeß ist ein logischer Prozeß. Neben logischen spielen auch praktische Aspekte eine Rolle. Der Hinweis auf die Realität, daß dort Planungsprozesse sowieso anders abliefen, kann nicht grundsätzlich gegen jegliche Stufenbildung von Prozessen sprechen, weil sie ja gerade die Rationalität des Handelns in der Praxis verbessern soll. Hier erweist sich induktives Vorgehen als problematisch. Wir gehen im weiteren von Abbildung 9 aus.

Im Beschaffungsbereich hat es sich hier als zweckmäßig erwiesen, der *Bedarfsanalyse* als der wichtigsten Stufe der Problemanalyse eine *Situationsanalyse* voranzustellen. Sie bildet den Hintergrund des Handelns. Im Mittelpunkt des internen Handelns steht die Bedarfsanalyse. Die Feststellung des Bedarfs erfolgt durch Ableitung aus dem Absatzmarktbedarf und über die sich daraus ergebenden Konsequenzen aus den anderen damit verbundenen Funktionsbereichen. Im nächsten Schritt gilt es zu prüfen, wo man den gewünschten Bedarf befriedigen kann (→ *Beschaffungsmarktanalyse*). Man grenzt die Suchfelder für die *Lieferantenanalyse* ein. Je enger die Beziehungen in dem bereits geschilderten Sinne werden, um so intensiver muß die Lieferantenprüfung erfolgen. Mit einem sehr kleinen Lieferantenkreis beginnt man die *Lieferantenverhandlung*. Statt einer Zweierverhandlung zwischen Verkäufer und Einkäufer wird der Bereich der Teamverhandlungen zwischen Selling-Team und Buying-Team zunehmen, um hochkomplexe Entscheidungen in kurzer Zeit fällen zu können. Die früher im Mittelpunkt absatzwirtschaftlicher Überlegungen stehenden Abwicklungstätigkeiten werden zunehmend automatisiert und in andere Bereiche (z.B. Logistik) integriert. Diese Beschaffungstätigkeiten müssen, soll die Gewähr für gute Entscheidungen gegeben sein, durch geeignete Informationen gefüttert werden. Dazu dienen auch Kontrollinformationen.

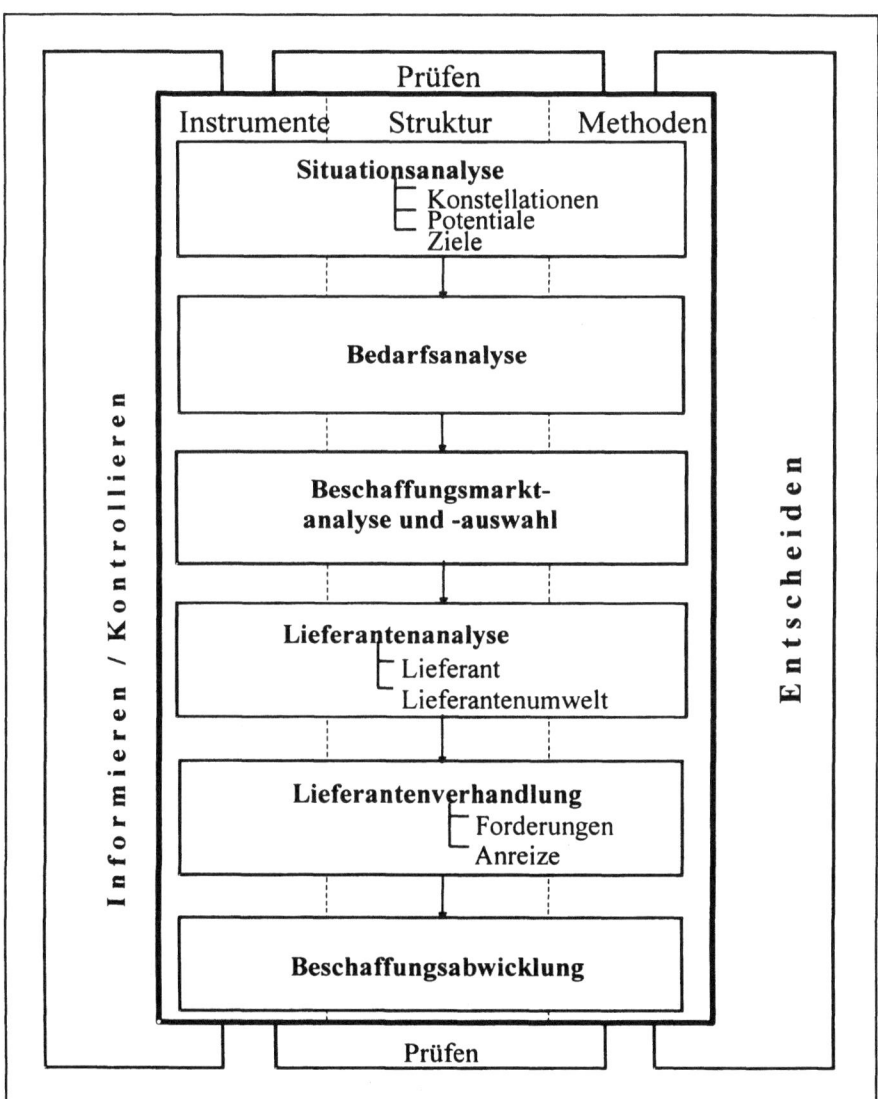

Abb. 9: Das Beschaffungsmarketing-Modell der Industrie

Dieses Prozeßmodell ist *entscheidungsorientiert* angelegt. Zum einen soll es möglich sein, andere Funktionsträger in die Entscheidungen zu integrieren. Und zum anderen soll versucht werden, Operatoren zu finden, die als Wenn-Bedingung gute Entscheidungen nahelegen. Entscheidungen sind u.a. durch Alternativität von Möglichkeiten gekennzeichnet. Demzufolge müssen prozeßstufenspezifische Alternativenbündel generiert werden. Ihre Auswahl hängt von entscheidungsrelevanten Situationen ab. Diese Situationen sind merkmalsgeprägt. Sie ergeben sich aus einem oder mehreren Merkmalen. Als entscheidungsrelevant haben sich bisher die in Abbildung 10 dargestellten Merkmale erwiesen.

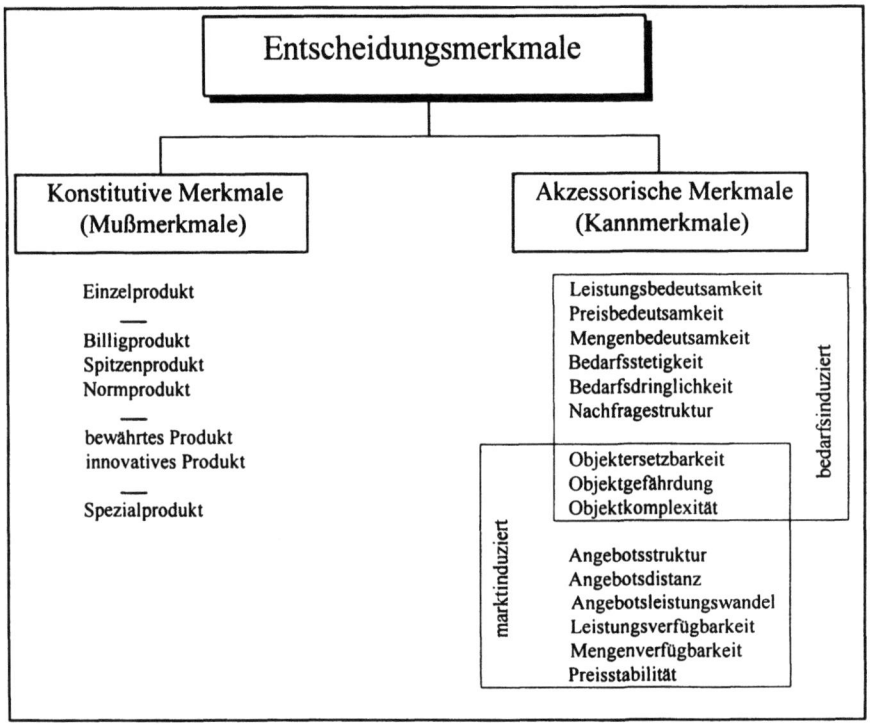

Abb. 10: Beschaffungsspezifische Entscheidungsmerkmale

Nur kurz seien die konstitutiven Merkmale erläutert. Sie kennzeichnen jeden Beschaffungsfall. Als Einzelprodukt werden Potentialfaktoren (z.B. Maschine) bezeichnet, die meist in nur geringer Stückzahl und zu nicht unerheblichen Preisen beschafft werden. Das Billigprodukt ist durch einen niedrigen Preis und meist unteres Leistungsniveau gekennzeichnet, demgegenüber verfügen Spitzenprodukte über ein hohes Leistungsniveau und dementsprechend hohe Preise. Bei Normprodukten hat man Vereinbarungen über das Leistungsniveau getroffen, aufgrund des meist hohen Konkurrenzdrucks bewegen sich die Preise eher im unteren Bereich. Bewährte Produkte werden schon seit längerem unverändert eingekauft, sie sind leistungsbewährt und werden vielfach auch in neuen Produkten wieder eingesetzt. Demgegenüber weisen innovative Produkte einen hohen Neuigkeitswert auf, sie tragen zur Differenzierung bei, sie sind mit hohem Risiko behaftet. Spezialprodukte werden beschafferspezifisch gefertigt.

Schließlich seien noch einige *methodische* Überlegungen der spezifischen Prozeßanalyse vorangestellt. Von Methodenreichtum kann in der Beschaffungspraxis nicht gesprochen werden. Durch Problem- und Methodenanalogie sind hier vielfältige Ausweitungen und Spezifizierungen möglich. Dies zeigt beispielhaft Abbildung 11.

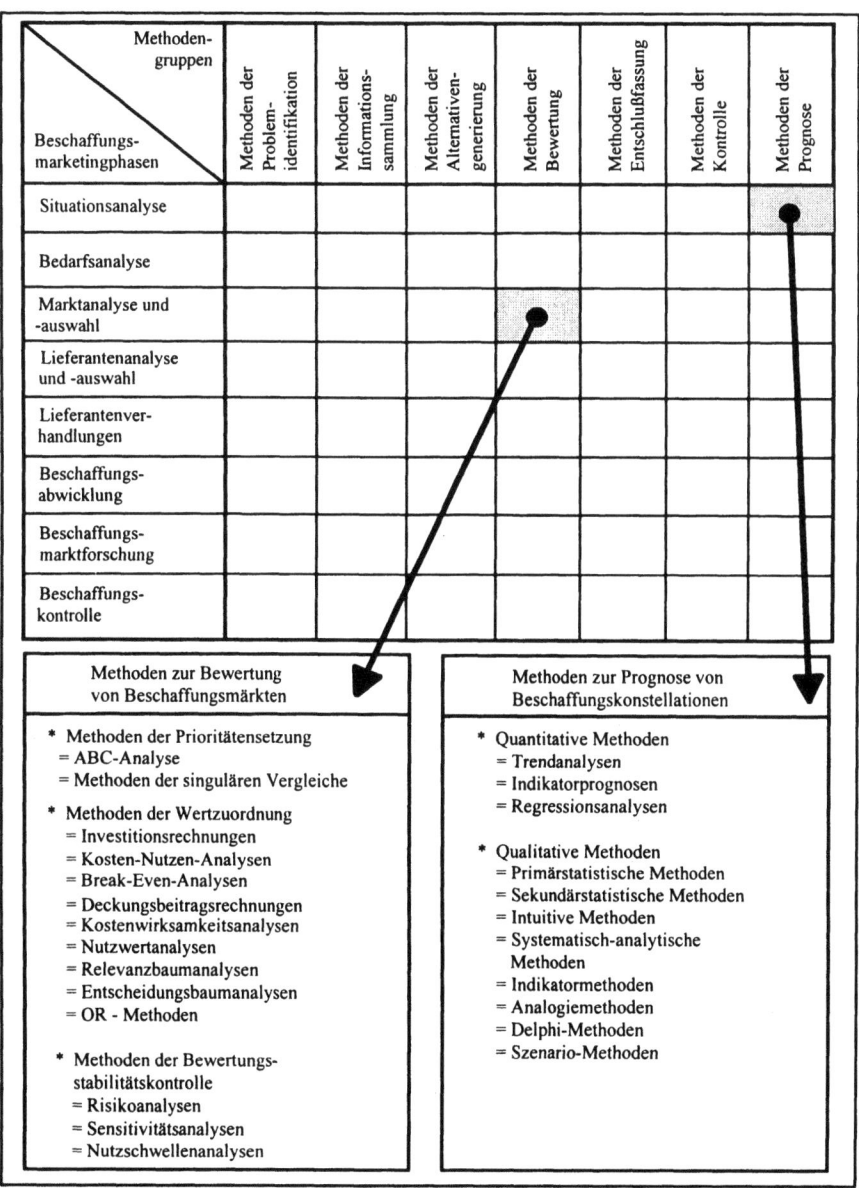

Quelle: Ernst 1995
Abb. 11: Möglichkeiten der Methodenanwendung im Beschaffungsmarketing

5.3 Die Situationsanalyse

Bevor mit der wichtigsten Bedarfsanalyse begonnen werden kann, muß geklärt werden, vor welchem Entscheidungshintergrund man sich befindet.

(1) Zuerst geht es darum zu überlegen, was einem Unternehmen drohen kann, welche Konstellationen den Handlungshintergrund bilden können. Dazu gehört aber auch die Frage, wie man denn möglichst frühzeitig durch Entwicklung eines Frühwarnsystems sich abzeichnende Konstellationen ermittelt, um die geeigneten Handlungswege einzuschlagen.

(2) Die Handlungswege erhalten dann durch Ziele und Strategien ihre Richtung. Die Ergebnisse der betriebswirtschaftlichen Zielforschung lassen sich hier nutzen.

(3) Konstellationen (was ist) und Ziele (was sein soll) müssen an den Potentialen, an den maximalen Unternehmensmöglichkeiten gespiegelt werden. Für die Praxis ist es irrelevant, Pläne zu entwickeln, die nicht realisiert werden können, weil die dazu notwendigen Potentiale nicht vorhanden sind und auch nicht geschaffen werden können.

5.3.1 Beschaffungskonstellationen

Als Beschaffungskonstellationen werden generelle Bedingungen des Handlungsumfeldes bezeichnet, die das Handeln negativ aber auch positiv beeinflussen können. Solche Bedingungen können durch den Absatzmarkt (z.B. Kaufbaisse/Hausse, Konkurrenzstörung), den Beschaffungsmarkt (Lieferunwilligkeit, monopolistisches Lieferantenverhalten, keine freien Kapazitäten, Marktüberangebot, Preisexplosion usw.), durch das Umfeld (politische Instabilität, Wechselkursschwankungen usw.) und durch eigene Bedingungen (Planungsfehler, Produktneueinführung usw.) bedingt sein. Die verschiedensten denkbaren Konstellationen führen zu Preis-, Leistungs-, Mengen-, Zeit- oder Ortsveränderungen. Diesen Veränderungen kann man die verschiedenen Konstellationen zuordnen. Nicht in jeder Entscheidungssituation sind die Veränderungen bedeutsam, so daß auch nicht alle Konstellationen immer problematisch sind. Abbildung 12 zeigt einige wahrscheinliche Zuordnungen.

Entscheidungsmerkmale / Auswirkungen	Einzelprodukt	Billigprodukt	Spitzenprodukt	Normprodukt	bewährtes Produkt	innovatives Produkt	Spezialprodukt	usw.
Leistungsänderung	X		X			X	X	
Mengenänderung	X	(X)	X			X	X	
Preisänderung		(X)			(X)		X	
Zeitänderung	X	X	X	(X)	X	X	X	
Ortsänderung	X	X	X	(X)	X	X	X	

Abb. 12: Merkmalsspezifische Konstellationsauswirkungen

Je nachdem, welche Auswirkung in der konkreten Situation nun wahrscheinlich ist, muß geprüft werden, wie man sie vermeiden oder bewältigen kann. Dazu dienen vorrangig die beschaffungspolitischen Instrumente, auf die erst später (vgl. Abschnitt 5.6) eingegangen wird.

5.3.2 Potentialüberlegungen

Realitätsnahes Beschaffungshandeln ist nur möglich, wenn es gelingt, die vorhandenen oder schaffbaren Fähigkeiten in die Überlegungen einzubeziehen. Zum einen müssen die generellen Unternehmensstärken und -schwächen und zum anderen die Stärken und Schwächen im jeweils relevanten Entscheidungsfall bekannt sein.

Man kann sich folgenden Potentialanalyseprozeß vorstellen (vgl. Abbildung 13):

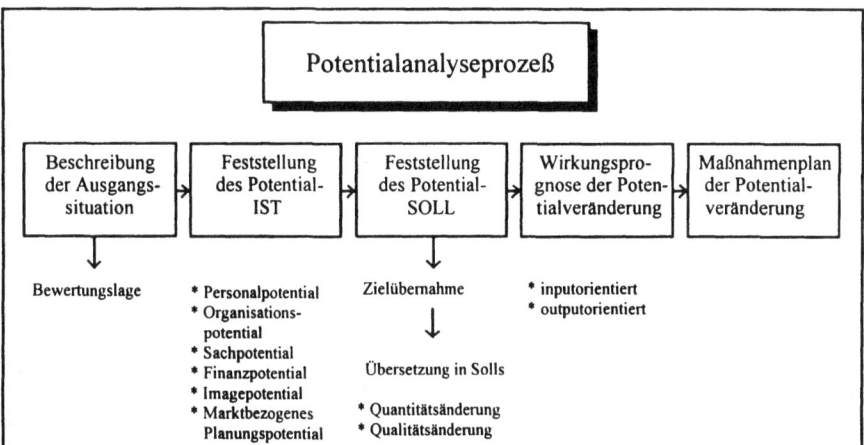

Abb. 13: Ein möglicher Potentialanalyseprozeß

Wir gehen wiederum von einer entscheidungsorientierten Prozeßvariante aus. Man will z.B. Teile für ein neues geplantes Produkt beschaffen. Aus dem Vergleich des Ist mit dem Soll können sich Veränderungsnotwendigkeiten ergeben. Es muß geprüft werden, ob die Ist-Veränderung weniger kostet als sie bewirkt. Bei einem langfristigen Ist-Überschuß muß geprüft werden, inwieweit sich der Ist-Abbau (Desinvestition) lohnt.

5.3.3 Zielüberlegungen

Betriebswirtschaftliches Handeln ohne Zielorientierung führt zu blindem Aktionismus. Allgemeine Zielüberlegungen müssen auf das Beschaffungshandeln übertragen werden. Man kann dabei vom Grundmodell der Abbildung 14 ausgehen.

Abgeleitet aus den allgemeinen Unternehmenszielen spielen die folgenden Zielalternativen im Beschaffungsbereich eine Rolle, wobei wir uns hier auf die Zielinhalte konzentrieren:

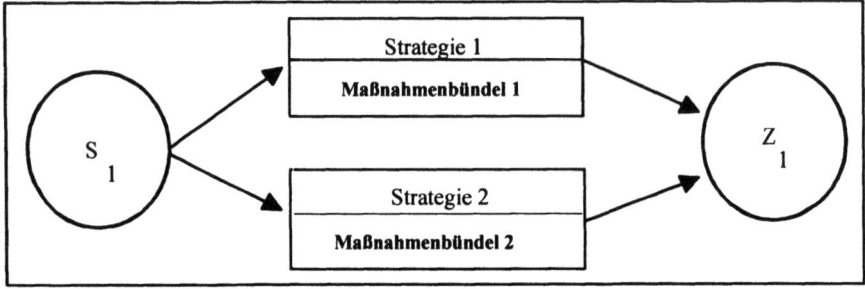

Abb. 14: Zum Zusammenhang zwischen Zielen, Strategien und Maßnahmen

- Senken der Beschaffungskosten,
- Steigern der Beschaffungsqualität (-leistungen),
- Senken des Beschaffungsrisikos,
- Steigern der Beschaffungsflexibilität.

Die *Beschaffungskosten* setzen sich aus dem Objekt- und Funktions-(Prozeß-) Kosten zusammen. Die Beschaffungsobjektkosten spiegeln den tatsächlich gezahlten Objektpreis inklusive aller Aufschläge und Minderungen wider. Die Beschaffungsfunktionskosten beinhalten alle mit der Beschaffungstätigkeit mittelbar und unmittelbar zusammenhängenden Einzel- und Gemeinkosten. Als unmittelbare Kosten kann man die sich aus den Beschaffungstätigkeiten selbst ergebenden Kosten (z.B. Beschaffungsmarktforschung, Lieferantenpflege) und als mittelbare Kosten die anderer Abteilungen verstehen, die im Zusammenhang mit dem jeweiligen Beschaffungsvorgang stehen. Gegenüber einer lediglich auf den Beschaffungsbereich bezogenen Kostenbetrachtung hat die den gesamten Entwicklungs- und Realisationsprozeß begleitende Kostenbetrachtung den erheblichen Vorteil, daß nicht nach einzelnen Kostenminima, sondern nach dem Gesamtminimum gesucht wird. Einen Hinweis in diese Richtung gibt ein Bericht von IBM, demzufolge die Angebote von Produktion und Einkauf für einen neuen PC miteinander konkurrieren. Den Wettbewerb gewann der Einkauf, die Produktionsstätte wird geschlossen.

Die besondere Hebelwirkung der Beschaffungskosten auf den Unternehmenserfolg zeigt der folgende Zusammenhang:

Umsatz 100	$60 \times \boxed{5 = 75} \times 4$
Beschaffungskosten 60	*d.h. 5 % Kostenreduktion im Einkauf*
Umsatzrendite 4 %	*hat die gleiche Gewinnwirkung wie eine*
Kostenreduktion 5 % p. a	*75 %ige Umsatzsteigerung im Absatz*

Vor allem bei Produktneueinführungen zeigen sich immer wieder *Qualitätsprobleme*. Ähnlich imageschädlich sind Rückrufaktionen während der normalen Marktlebensphase. Spätestens dann, wenn das Qualitätsimage unter das der unmittelbaren Konkurrenten sinkt, sind Maßnahmen der eigenen Qualitätssteigerung (Leistungssteigerung) vonnöten. Je geringer die eigene Wertschöpfungstiefe, um so größer wird der Beschaffungseinfluß auf die Qualitätssteigerung. Neben die Objektkomponente der Qualität tritt die Modalitätskomponente. Wichtig ist es für die eigene Planung und Realisation eben auch, daß die vereinbarten Lieferzeiten, -orte, -entgelte, -servicemaßnahmen und -informationen eingehalten werden.

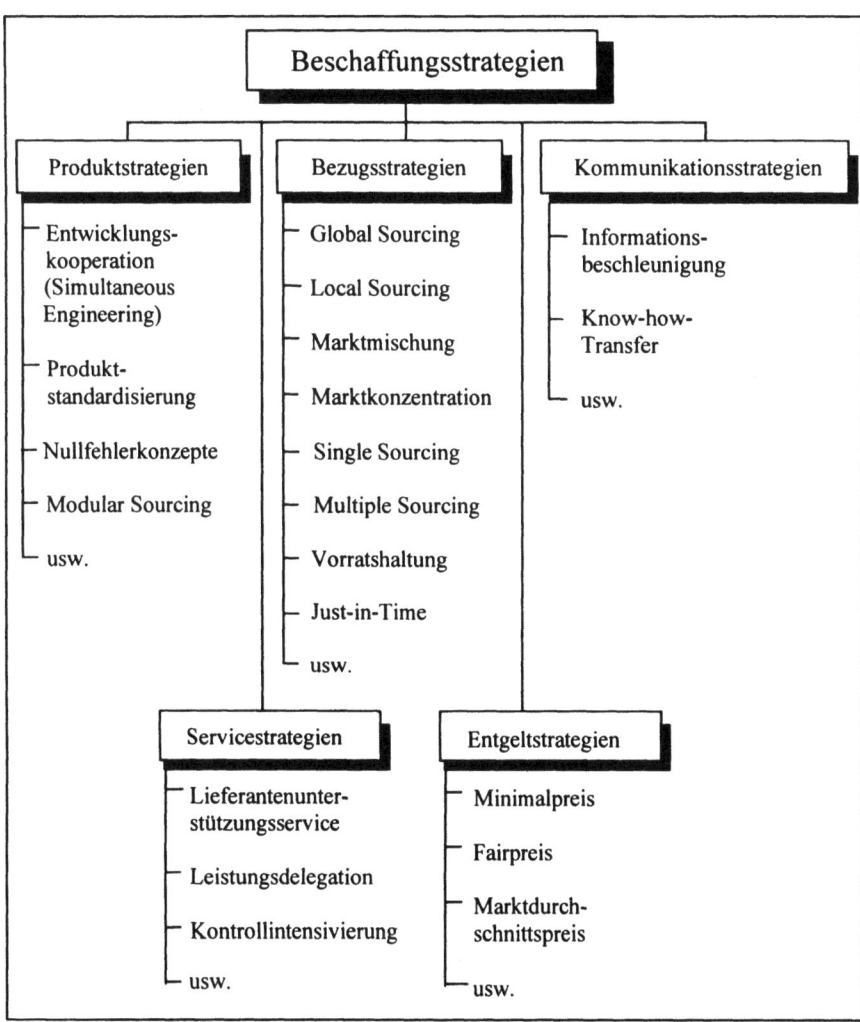

Quelle: Koppelmann 1995, S. 105 ff.
Abb. 15: Einige Beschaffungsstrategien

Während bei Qualitätsabweichungen die Betonung meist auf einer mehr oder minder großen Leistungsdifferenz liegt, wird beim *Risikoziel* der Lieferausfall thematisiert. Das Nichterhältlichkeitsrisiko wird vielfach durch die Marktumgebung des Lieferanten beeinflußt. Ein Streik der Lkw-Fahrer in Frankreich verhindert den Transport von Pkw-Teilen aus Spanien oder Portugal in deutsche Werke.

Produktionsstillstand kann die Folge sein. Diese Opportunitätskosten werden bei Vergleichsrechnungen selten beachtet.

Im Rahmen von Time-to-Market-Überlegungen wird das *Flexibilitätsziel* an Bedeutung gewinnen. Die Instabilität der Absatzmärkte erfordert Überlegungen, wie möglichst schnell auf Mehr-, Minder- oder Andersnachfrage reagiert werden kann. So sind Pkw-Lieferzeiten von über einem Jahr höchst problematisch. Das Flexibilitätsziel hat eine Produkt- und eine Lieferantenkomponente. Ein modularer Produktaufbau, viele Gleichteile bei unterschiedlichen Produkten erleichtern Mengenverschiebungen. Flexible Planungs- und Produktionsbedingungen beim Lieferanten, die Bereithaltung von Reservekapazitäten durch den Lieferanten, ein ausgewogenes Kunden- und Branchenportfolio erleichtern dem Lieferanten Planungsänderungen durch den Beschaffer.

Diese groben Funktionsbereichsziele können für die Mitarbeiter konkreter auf die Instrumentalebene heruntergebrochen werden (z.B. als Serviceziel: Erhöhung des Lieferbereitschaftsgrades um X %). Wir wollen uns statt dessen den *Beschaffungsstrategien* zuwenden. Strategien kann man als Wege, als spezifische, durch Synergien gekennzeichnete Maßnahmenbündel zur Zielerreichung bezeichnen. Abbildung 15 zeigt einige wichtige Beschaffungsstrategien.

Die erwähnten Begriffe seien, soweit notwendig, kurz erläutert. *Simultaneous Engineering* versucht, sowohl innerhalb des eigenen Unternehmens als auch gemeinsam mit dem Lieferanten alle Funktionsträger am Entwicklungsprozeß zu beteiligen, die zur Gesamtoptimierung beitragen können. Das kann, wie neuere Beispiele der Praxis zeigen, zu erheblichen Kostensenkungen führen. Mit *Produktstandardisierung* bemüht man sich um möglichst viele Gleichteile, um Baukastensysteme mit dem Ziel, Größendegressionseffekte nutzen und sich schnell verändernden Marktansprüchen anpassen zu können. *Modular Sourcing* bedeutet, daß man das komplexe Produkt in Komponenten zerlegt, die statt Einzelteilen von Modul-(System-)Lieferanten bereits fertig konfektioniert geliefert werden, um die eigene Komplexität zu verringern. Im Rahmen von Total Quality Management bemüht man sich um *Nullfehlerkonzepte*. Bereits bei der Entwicklung soll gemeinsam mit dem Lieferanten geprüft werden, wie man mögliche Fehler vermeiden kann. *Global* bzw. *Local Sourcing* richtet den Blick auf das Marktgebiet. Chancen und Risiken können mit der Marktgröße (Marktferne) wachsen. *Marktmischung* versucht, das einzelne Marktrisiko zu reduzieren, die *Marktkonzentration* soll die Ausnutzung von Vorteilen in einem Markt erleichtern. Simultaneous Engineering führt meist zu *Single Sourcing*, zu enger Bindung an einen Lieferanten, *Multiple Sourcing* reduziert das Bindungsrisiko und steigert den Wettbewerbsdruck. *Vorratshaltung* erhöht die Produktionssicherheit, *Just-in-Time*-Belieferung reduziert durch bestandslose Fertigung die Lagerhaltungskosten. Je mehr mit dem Lieferanten gemeinsam gearbeitet wird, um so besser und schneller muß der *Informationsaustausch* erfolgen. Das erfordert auch *Know-How-Transfer*. *Lieferantenunterstützungsstrategien* bekräftigen den Willen, den Anreizgedanken ernst zu nehmen, sich über Lieferantenwünsche zu informieren und zu prüfen, welche Hilfen man mit welchen Kosten geben kann. Die Strategie der *Leistungsdelegation* führt zum Outsourcing, wenn Andere benötigte Leistungen kostengünstiger und besser erbringen können. Eng mit der Strategie der Nullfehlerkonzeption ist die Servicestrategie der *Kontrollintensivierung* verbunden. In enger Zusammenarbeit mit dem Lieferanten sollen Maßnahmen ergriffen werden, die darauf abzielen, sowohl die Produkt- als auch die Modalitätskomponente des Qualitätsziel zu sichern. Die Preisstrategie der Praxis ist die *Minimalpreisstrategie*. Darin schlägt sich meist wenig der erwähnten Anreiz-Beitrags-Theorie nieder. Dem kommt die *Fairpreisstrategie* näher, sie spiegelt das Streben um Win-Win-Positionen wider. Dem Satisfiszierungsgedanken entspricht die *Marktdurchschnittspreisstrategie*. Bei Produkten, deren Marktpreis bekannt ist (z.B. bei vielen commodities) und bei Produkten, deren Preis den eigenen Verkaufspreis nicht entscheidend beeinflußt, kann es ausreichen, wenn man nicht wesentlich schlechter als die Konkurrenz abschneidet.

Entscheidungsmerkmale Beschaffungsfunktionsziele	Einzelprodukt	Billigprodukt	Normprodukt	bewährtes Produkt	Spitzenprodukt	innovatives Produkt	Spezialprodukt	Mengenbedeutsamkeit	usw.
Kostensenkung		X	X	X				X	
Leistungssteigerung	X				X	X	X		
Risikoreduktion				X	X	X	X	X	
Flexibilitätssteigerung				X	X	X	X	X	

Abb. 16: Beschaffungsproduktziele und Beschaffungsfunktionsziele

Die erwähnten Ziele und Strategien als Entscheidungsalternativen können den Entscheidungsbedingungen gegenübergestellt werden. Abbildung 16 zeigt, welches Funktionsziel durch welche Entscheidungsbedingungen nahegelegt wird.

5.4 Die Bedarfsanalyse

Die dominante Prozeßstufe des Beschaffungsprozesses bildet die Bedarfsermittlung und nicht, wie im herkömmlichen Einkauf (Materialwirtschaft) meist vermutet wird, die Lieferantenverhandlung.

Wir haben es grundsätzlich mit folgenden Fragen zu tun:
– Ist das unbedingt nötig? Was kann entfallen?
– Warum kann man darauf nicht verzichten?
– Ist auch weniger möglich?
– Honoriert der Markt das Mehr?

– Sind Standardisierungen möglich und sinnvoll?

Die Bedarfsfeststellung gleicht – wie aus Abbildung 17 ersichlich wird – einem Vermittlungsprozeß zwischen Innen und Außen.

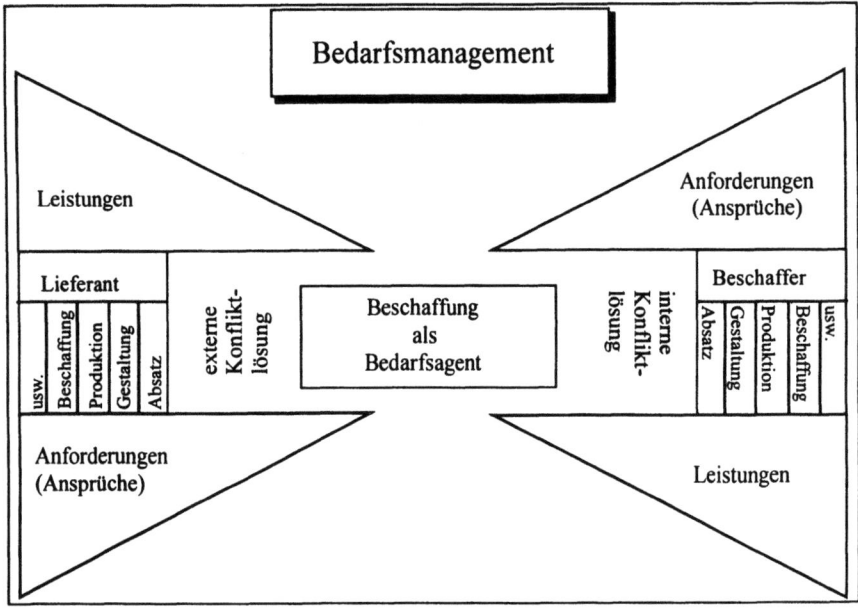

Abb. 17: Bedarfsmanagement als Agententätigkeit

Zunächst geht es intern um die Feststellung des unbedingt Benötigten. Ausgehend von dem aus der Sicht der Funktionsträger Wünschenswerten muß gemeinsam im Team geprüft werden, was unter Beachtung der Zielsetzung unverzichtbar ist. Dabei dominiert das gesamthafte Optimierungsbemühen. So kann es dem ökonomischen Prinzip entsprechen, sich für ein wahrscheinlich teureres Beschaffungsobjekt zu entscheiden, wenn der Preisunterschied zu einer billigeren Alternative geringer ist als die in der Produktion erzielbare Kostenreduktion (→ Optimierung der Δ-Größen). Obwohl die konkrete Lieferantenverhandlung erst sehr viel später ansteht, muß der Bedarfsmanager (Beschaffungsmanager, Einkäufer) aufgrund seines bisherigen Wissens die Marktkonsequenzen der Entscheidungsalternativen in die Diskussion einbringen. Sein Erfahrungswissen erstreckt sich darauf, was bisherige Lieferanten zu welchen Bedingungen angeboten haben. Und seine kontinuierlichen Marktbeobachtungen ermöglichen ihm prognostische Aussagen über wahrscheinliches Verhalten.

Um den späteren Verhandlungsspielraum fundiert auszufüllen, kann bei der Bedarfsfeststellung bereits geprüft werden, über welche Anreize die eigenen Funktionsbereiche verfügen und was sie kosten, um später ein positives Δ-Ergebnis zu erzielen.

Objektanforderungen

Mengenanforderungen
große Menge
kleine Menge
hohe Mengenflexibilität
hohe Mengenkonstanz

Leistungsanforderungen
Gestaltungsmittelakzeptanz
Gestaltungsleistungsakzeptanz
Gestaltungsmittelveränderbarkeit
Leistungsveränderbarkeit
Langlebigkeit
Leistungskonstanz
Einsatzvariabilität
Leistungssichtbarkeit
hoher Technologiestand
Werkzeugherstellungs- und instand-
haltungsfähigkeit
Werkzeug- und Materialbeistellungs-
akzeptanz

Modalitätsanforderungen

Zeitanforderungen
kurze Entwicklungszeit
kurze Produktionszeit
kurze Lieferzeit
Bereitstellungszeitpunkteinhaltung
Lieferzeitpunkteinhaltung
flexible Termingestaltung

Ortsanforderungen
Lagerzugänglichkeit
Transportmittelanbindung
Lieferortakzeptanz

Informationsanforderungen
Informationskompetenz
Informationsbereitschaft
Problemlösungsbereitschaft
Geheimhaltung
Marktinformationen
Anwendungsberatung
Marketingzusammenarbeit

Lieferungsanforderungen
Lieferzuverlässigkeit
Verpackungs- und Transportschutz
verarbeitungsgerechte Anlieferung
Vorrangbelieferung
Exklusivbelieferung
Lieferantensicherheit

Entgeltanforderungen
Preis
Bereitschaft zur Kostenanalyse
Preissicherheit
lange Zahlungsziele
Leasingmöglichkeiten
leistungsbezogene Rabatt-
staffelung
Mindermengenzuschlagsverzicht

Serviceanforderungen
Kundendienstbereitschaft
Recyclingbereitschaft
erweiterte Objektgarantie
Nachkaufsicherheit
Servicekapazität

Abb. 18: Bedarfsanforderungen

5.4.1 Bedarfsanforderungen

Die praktische Bedarfsfeststellung wird wesentlich erleichtert, wenn es gelingt, einen unternehmensindividuellen Bedarfspool zu schaffen, der die Interessen aller betroffenen Funktionsbereiche widerspiegelt. Dieses Pool sollte offen sein, um neue Bedarfsanforderungen aufzunehmen und obsolete zu eliminieren.

Einen in der Praxis mehrfach überprüften Anforderungskatalog zeigt Abbildung 18. Diese Bedarfsanforderungen werden zwar in der Praxis verstanden, sind aber eher ungebräuchlich – sie sind deduktiv gewonnen worden. Sie reflektieren die Verbindung zu anderen Funktionsbereichen (→ Prozeßorientierung).

Die Formulierungen befinden sich auf einem mittleren Abstraktionsniveau, aus ihnen lassen sich konkretere Detailanforderungen ableiten. So kann die Bedarfsanforderung „große Menge" konkretisiert werden durch die Teilanforderungen „Serienfertigungsmöglichkeit", „freie Kapazität", „Kapazitätsreservierungsmöglichkeit".

Die bisherige Betrachtung offenbart einen eher statischen Charakter. Wichtig ist auch die Bedeutung der Frage, was der Lieferant oder das eigene Unternehmen tun kann und ggf. wird, um die Bedarfsanforderung „große Menge" morgen zu verwirklichen.

5.4.2 Zur Auswahl der Bedarfsanforderungen

Häufig wird in Unternehmen die Auswahl und Fixierung der Bedarfsanforderungen von der Technik dominiert. In der Konstruktionszeichnung werden die wesentlichen Leistungsanforderungen festgelegt. Die Produktion übernimmt zähneknirschend die Konstruktion und fügt weitere Anforderungen hinzu. Und zum Schluß muß in diesem sequentiellen, lange andauernden Entscheidungsprozeß der Einkäufer versuchen, alles „unter einen Hut" zu kriegen.

Bessere Lösungsergebnisse verspricht eine team- und prozeßorientierte Vorgehensweise. Hier kann die bisherige, von Dominanzen einzelner Funktionsbereiche geprägte Auswahl durch gemeinsames und gleichberechtigtes Entscheiden abgelöst werden. Dabei ist die Frage zu klären, wie dennoch mögliche egoistisch geprägte Einzeldominanzen um der besten Gesamtlösung willen reduziert werden. Um dies zu erreichen, empfiehlt sich die Entwicklung einer inhaltlich ausgefüllten Entscheidungsmatrix, die von den Beteiligten vor der konkreten Problemlösung erstellt wird. Sie gilt, bis zum Beweis des Gegenteils, als objektive Leitlinie. Abweichungen von dieser Leitlinie bedürfen der besonderen Begründung.

Die Entscheidungsmatrix der Abbildung 19 basiert wieder auf den bereits mehrfach erwähnten Entscheidungsmerkmalen. Über die Zuordnung hinaus wurde eine Gewichtung vorgenommen. In Abhängigkeit vom jeweiligen Entscheidungsmerkmal sind Bedarfsanforderungen sehr wichtig (X_1), bedeutsam (X_2) oder wünschenswert (X_3).

5.4.3 Methoden der Bedarfsanalyse

Wegen der besonderen Bedeutung der Bedarfsanalyse seien im folgenden einige Methoden erläutert.

Bedarfsanforderungen	Bedingungen (Objektmerkmale)	Einzelprodukt	Billigprodukt	Normprodukt	bewährtes Produkt	Spitzenprodukt	innovatives Produkt	Spezialprodukt	Mengenbedeutsamkeit	usw.
Mengenanforderungen	große Menge	x_1	x_1	x_2					x_1	
	kleine Menge	x_1				x_2	x_2	x_2		
	hohe Mengenflexibilität			x_2					x_2	
	hohe Mengenkonstanz				x_1	x_1	x_1	x_1	x_1	
Leistungsanforderungen	Gestaltungsmittelakzeptanz	x_1			x_1	x_1	x_1	x_1		
	Gestaltungsleistungsakzeptanz	x_1			x_1	x_1	x_1	x_1		
	Gestaltungsmittelveränderbarkeit							x_2		
	Leistungsveränderbarkeit					x_1	x_1	x_1	x_2	
	Langlebigkeit	x_2				x_1	x_2	x_2		
	Leistungskonstanz			x_1	x_1				x_1	
	Einsatzvariabilität		x_2	x_1						
	Leistungssichtbarkeit					x_1	x_1			
	hoher Technologiestand	x_1				x_1	x_1	x_1		
	Werkzeugherstellungsfähigkeit	x_2					x_2	x_2		
	Werkzeug- u. Materialbeistellungsakzeptanz				x_2			x_3		
Zeitanforderungen	kurze Entwicklungszeit					x_2	x_1	x_1		
	kurze Produktionszeit		x_1		x_2				x_1	
	kurze Lieferzeit		x_1	x_1	x_2				x_1	
	Bereitstellungszeitpunkteinhaltung		x_1	x_1					x_1	
	Lieferzeitpunkteinhaltung	x_2	x_1	x_1	x_1				x_1	
	flexible Termingestaltung			x_2	x_2					
Ortsanforderungen	Lagerzugänglichkeit			x_3				x_2		
	Transportmittelanbindung			x_2	x_2			x_2		
	Lieferortakzeptanz		x_2	x_2	x_2			x_2		
Lieferungsanforderungen	Lieferzuverlässigkeit		x_1	x_2	x_1	x_1	x_1	x_1	x_1	
	Verpackungs- und Transportschutz	x_2				x_2	x_2	x_2		
	verarbeitungsgerechte Anlieferung		x_1	x_1	x_2				x_1	
	Vorrangbelieferung					x_2	x_2	x_1		
	Exklusivbelieferung					x_2	x_2	x_1		
	Lieferantensicherheit	x_1				x_1	x_1	x_1	x_1	
Entgeltanforderungen	Bereitschaft zur Kostenanalyse	x_1			x_1	x_2	x_2		x_1	
	Preissicherheit	x_2			x_2				x_2	
	lange Zahlungsziele	x_2						x_3		
	Leasingmöglichkeiten	x_2								
	leistungsbezogene Rabattstaffelung					x_2			x_2	
	Mindestmengenzuschlagsverzicht			x_2	x_2					
Serviceanforderungen	Kundendienstbereitschaft	x_1				x_1	x_1	x_1		
	Recyclingbereitschaft	x_2	x_1	x_2	x_2	x_2	x_2	x_2	x_1	
	erweiterte Objektgarantie	x_1				x_2				
	Nachkaufsicherheit				x_1					
	Servicekapazität	x_3				x_3	x_3	x_3		
Informationsanforderungen	Informationskompetenz	x_2				x_1	x_1	x_1		
	Informationsbereitschaft	x_2				x_1	x_1	x_1		
	Problemlösungsbereitschaft	x_1				x_1	x_1	x_1		
	Geheimhaltung					x_2	x_2	x_1		
	Marktinformation					x_2	x_2	x_2		
	Anwendungsberatung	x_2				x_2	x_2	x_2		
	Marketingzusammenarbeit					x_2	x_2			

Abb. 19: Von Bedingungen abhängig hierarchisierte Bedarfsanforderungen

Prioritätsbestimmungsmethoden

Der aufwendige Bedarfsanalyseprozeß wird nicht bei allen Beschaffungsobjekten mit gleicher Intensität erfolgen. Es gilt, zwischen wichtig und unwichtig zu unterscheiden, Dominanzen zu klären. Einen ersten Anhaltspunkt liefert die *ABC-Analyse*, welche die Beschaffungsobjekte nach Umsatz- und Mengenanteil klassifiziert. Eine Weiterentwicklung stellt die Klassifizierung der Abbildung 20 dar.

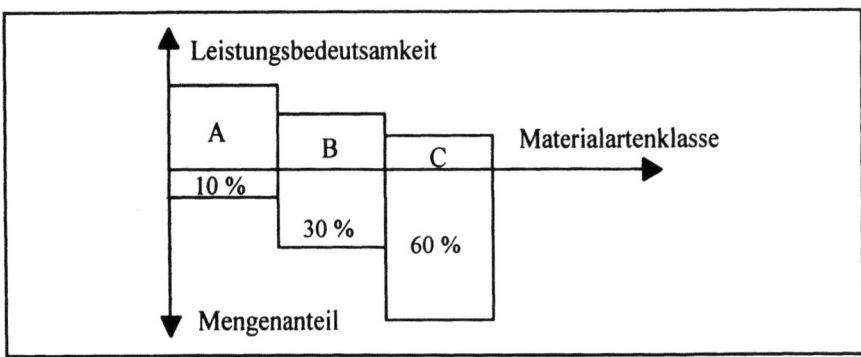

Abb. 20: Materialarten nach Leistungsbedeutsamkeit klassifiziert

Statt des Wertanteils wird hier von Leistungsbedeutsamkeit gesprochen. Nur ein kleiner Teil der Beschaffungsobjekte ist für die Leistung des Endproduktes von entscheidender Bedeutung. Die ABC-Analyse kann mit der XYZ-Analyse in einer Matrix verbunden werden (X: hohe Prognosegenauigkeit, Z: niedrige Prognosegenauigkeit).

Kosten \ Profilierung (Leistung)	hoch	gering
hoch	1	2
gering	3	4

Abb. 21: Leistungs-(Profilierungs-)Kostenmatrix

Eine andere Möglichkeit bietet die Leistungs-Kostenmatrix, wie sie Abbildung 21 zeigt. Es liegt nahe, mit Feld 1 zu beginnen.

Mengenbestimmungsmethoden

In der Literatur werden diese Methoden ausführlich besprochen. Wir wollen uns mit der Abbildung 22 begnügen, weil diese Methoden in der Praxis nur noch eine geringe Rolle spielen. Computer Aided Design und Just-in-Time-Belieferung haben da ihre deutlichen Spuren hinterlassen.

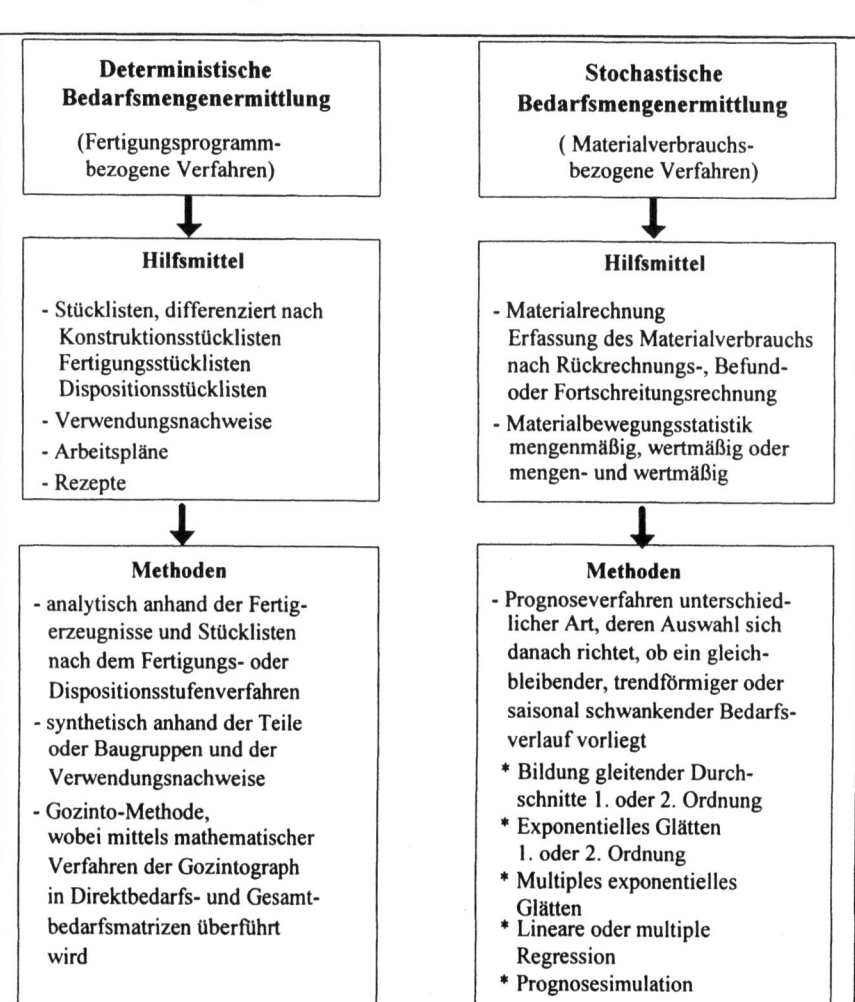

Abb. 22: Methoden der Bedarfsmengenbestimmung

Zeitbestimmungsmethoden

In Verbindung mit der Menge soll festgelegt werden, wann geliefert werden soll. Dazu dient z.B. das *Bestellrhythmusverfahren* (vgl. Abbildung 23). Hier werden

Zeitintervalle festgelegt, innerhalb derer fixierte Mengenabweichungen vorkommen können.

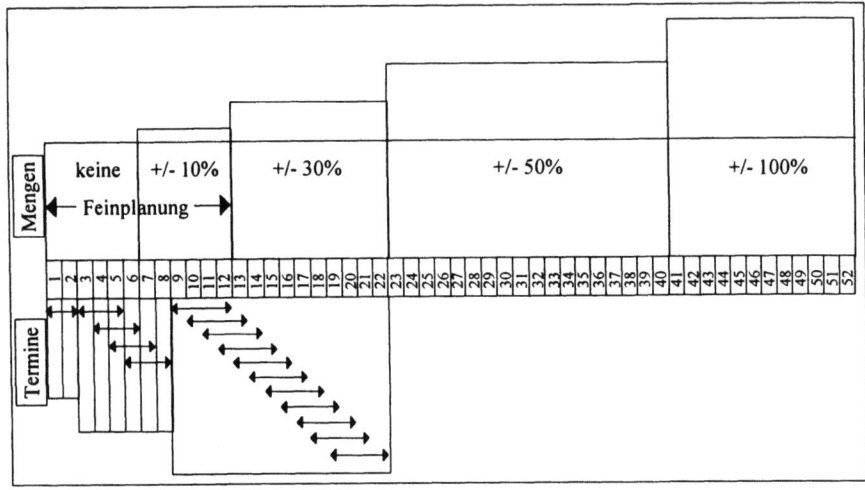

Abb. 23: Ein Bestellrhythmusverfahren

5.4.4 Outsourcing

Mit dem Hinweis, sich auf die eigenen Kernkompetenzen zu konzentrieren, wird in jüngerer Zeit die unternehmensstrategische Alternative des Outsourcing häufiger erwähnt (Koppelmann 1996). Die Überprüfung von Kosten und Leistungen der eigenen Wertschöpfung deckt Ökonomisierungspotentiale auf. Um Prozesse hierarchisch beherrschen zu können (Lösung durch Macht), vollzog man häufig den Prozeß selbst. Zunehmende Konkurrenz zwingt zu intensiverer Überprüfung, wer welchen Prozeß besser und billiger realisieren kann. Neben dem Kosten-Leistungs-(Qualitäts-)Ziel muß auch das Flexibilitätsziel genannt werden, um sich Mengenschwankungen z.B. ohne Fixkostenremanenz anpassen zu können.

Die Zunahme des Outsourcing vergrößert den Aufgabenbereich der Beschaffung. Man unterscheidet zwischen Ausgründungsentscheidungen (Funktions- und Potentialverlagerung) und Auslagerungsentscheidungen. Die Auslagerung kann sich auf ganze Funktionsbereiche (z.B. Produktion → Verlagsunternehmen, Logistik) oder Teilfunktionen (z.B. Werbung auf Werbeagentur) erstrecken.

Die Verlagerung bisher selbst erbrachter Leistungen auf Lieferanten weist nicht nur Vorteile auf. Die Ausgründung führt zum Know-how-Verlust. Die Steuerung wird schwieriger, weil interne und externe Interessen aufeinander abgestimmt werden müssen. Daraus ergeben sich zusätzliche Kontrollprobleme. Nicht immer lassen sich Leistungen und Funktionen sauber trennen, Vernetzungen führen zu Synergieproblemen.

5.5 Die Marktanalyse

An die Stufe der internen Bedarfsbestimmung schließen sich die externen der Bedarfsrealisierung an. Hier ist die Frage zu beantworten, *wo* nach Lieferanten gesucht werden soll.

In der Literatur dominieren noch volkswirtschaftliche Marktmodellierungen, die die jeweilige Marktmacht in den Mittelpunkt der Überlegungen stellen. Da man sich jedoch nicht wegen der Macht, sondern wegen des Bedarfsdeckungspotentials an Märkte wendet – man hat eine Nebenbedingung zur Hauptbedingung gemacht – empfiehlt sich eine andere Vorgehensweise.

Für die folgenden Überlegungen wollen wir auf zwei Bezugspunkte zurückgreifen:
- Der Portfoliogedanke führt zu einer Marktklassifikation, die differenzierte Handlungsstrategien erlaubt.
- Um Marktpositionen bestimmen zu können, sind beschreibende Merkmale nötig, die einen deutlichen Entscheidungsbezug aufweisen.

Das Geschäftsfeld-Ressourcen-Portfolio von Albach (1979) weist in der Verbindung einer Ressourcen- mit einer Produkt-Matrix ungefährdete, offene und gefährdete Geschäftsbereiche aus. Dieses Portfolio *veranlaßt* somit die Suche z.B. nach neuen Ressourcen, gibt allerdings keine Anhaltspunkte für die Analyse. Kraljic (1977) entwickelt demgegenüber Merkmale, mit deren Hilfe er die Macht des Lieferantenmarktes beschreibt. Diesen Merkmalsaspekt werden wir, allerdings mit einer anderen Zielrichtung, aufgreifen.

5.5.1 Merkmale zur Märkteanalyse

Wenn wir Märkte für interessante Lieferanten suchen, benötigen wir beschreibende Merkmale, die diese Märkte interessant erscheinen lassen. Wir suchen somit nach Merkmalen, die eine Entscheidungsalternative begründen können, die zunächst außerhalb des jeweils in den Märkten agierenden Lieferunternehmen liegen, die das Unternehmen selbst nur begrenzt beeinflussen kann. Damit das Analyseresultat Handlungsrelevanz besitzt, ist statt einer stark aggregierten, abstrakten eine facettenreiche und realitätsnahe Analyse unumgänglich.

Die folgenden Merkmale können die Beschaffungsmärkte realitätsnah erfassen (vgl. Abbildung 24).

Die Beschreibungskategorien orientieren sich an den betriebswirtschaftlichen Kategorien Leistung und Kosten sowie an Störungsgründen, die dazu führen, daß ein geplanter Zustand nicht eintritt. Primär interessiert die Leistungskategorie. Wenn die gewünschte Leistung nicht stimmt, sind weitere Überlegungen überflüssig. Im Gegensatz zur häufigen Beschaffungspraxis spielt die Kostenkategorie eher sekundär eine Rolle – man kauft nicht Kosten, sondern Leistungen ein, Kosten sind eine abgeleitete Bedingung. In die Planung sind des weiteren die Realisierungswahrscheinlichkeiten einzubeziehen. Das betrifft auch die gesamte Logistikkette. So mag der portugiesische Markt noch so interessant sein. Wenn der Landtransport die einzelökonomische günstige Variante darstellt, aber in Spanien oder Frankreich hin und wieder mit streikbedingten Transportstörungen gerechnet werden muß, sollte dies in die Alternativrechnung einbezogen werden. Dies ist in der Praxis selten der Fall.

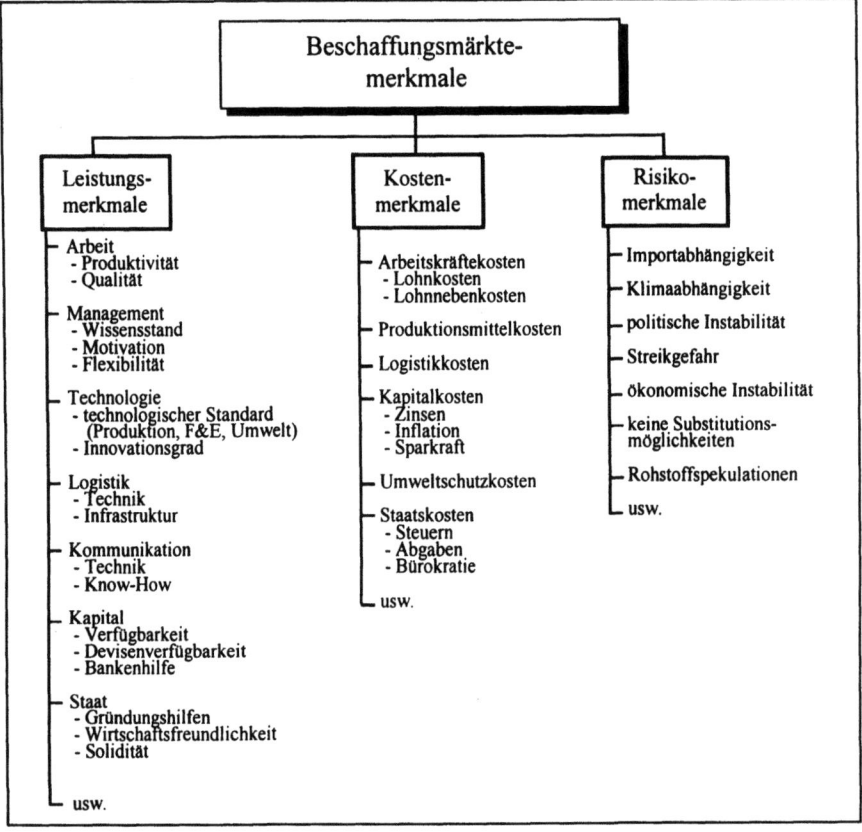

Abb. 24: Wichtige Beschaffungsmärktemerkmale

5.5.2 Die Marktfeldentscheidung

Die genannten Merkmale fokussieren den Blick auf Marktaspekte, die in der konkreten Situation eine Rolle spielen können. Es stellt sich die Frage, wie man damit umgehen sollte.

Eine Nutzungsmethode bietet das *Scoringverfahren*, das immer dann eine Rolle spielt, wenn ein komplexer Gegenstand bewertet werden soll. Ein Gesamturteil entsteht durch die Schaffung von Teilmerkmalen, die spezifisch untereinander in bezug auf den Gesamtgegenstand gewichtet werden. Dann wird das Zutreffen der Teilurteile gewichtet und durch Addition der Einzelurteile das Gesamturteil gebildet. Dieses Verfahren liegt den Länderurteilen vielfach zugrunde (z.B. Beri-Index). So könnte es naheliegen, nach Länderindices zu suchen, die die aufgeführten Merkmale berücksichtigen. Für die konkrete Beschaffungsmarktentscheidung eines Unternehmens bringt das jedoch wenig. Jedes neue Beschaffungsobjekt ist durch ein oder mehrere Entscheidungsmerkmale gekennzeichnet, wie bereits mehrfach betont. Darauf und nicht generell auf den Markt muß die Entscheidung bezogen werden. Eine Entscheidungsmatrix kann das Aussehen der Abbildung 25 aufweisen.

	Bedingungen (Objekt-Merkmale) externe Marktanforderungen	Einzelprodukt	Billigprodukt	Normprodukt	bewährtes Prod.	Spitzenprodukt	innovatives Produkt	Spezialprodukt	Mengen-bedeutsamkeit	usw.
Leistungen	Arbeitsleistungen	x_1			x_2	x_1	x_1	x_1	x_2	
	Managementleistungen	x_1				x_1	x_1	x_1	x_2	
	Technologie	x_1				x_1	x_1	x_1		
	Logistikleistungen		x_1	x_1					x_1	
	Kommunikationsleistungen	x_1				x_1	x_1	x_1		
	Kapitalleistungen			x_2	x_2				x_2	
	Staatsleistungen			x_2	x_2		x_3	x_3		
Kosten	Arbeitskosten	x_2	x_1	x_1	x_1	x_2	x_2	x_2	x_1	
	Produktionsmittelkosten	x_2	x_1	x_1	x_1	x_2	x_2	x_2	x_1	
	Logistikkosten		x_1	x_1	x_1				x_1	
	Kapitalkosten		x_2	x_2	x_2				x_2	
	Umweltschutzkosten		x_2	x_2	x_2	x_3	x_2	x_2	x_2	
	Staatskosten	x_2	x_2	x_2	x_2	x_3	x_2	x_2	x_2	
Risiko	Importabhängigkeit			x_2	x_2				x_2	
	Klimaabhängigkeit		x_1	x_1	x_1				x_1	
	politische Instabilität			x_2		x_1	x_2	x_2	x_1	
	Streikgefahr	x_1	x_2			x_1	x_1	x_1	x_1	
	ökonomische Instabilität	x_1	x_2			x_1	x_1	x_1	x_1	
	keine Substitutionsmöglichkeiten						x_2	x_2	x_2	
	Rohstoffspekulationen			x_2	x_2				x_2	

Abb. 25: Merkmalsspezifische Marktanforderungen

Wenn man diese Überlegungen zu einer Marktsollposition verdichten will, kann sich daraus die Positionierung der Abbildung 26 ergeben.
Im Vergleich mit der jeweiligen Ist-Position zeigt sich häufig eine deutliche Diskrepanz, die zu Optimierungsbemühungen führen kann.

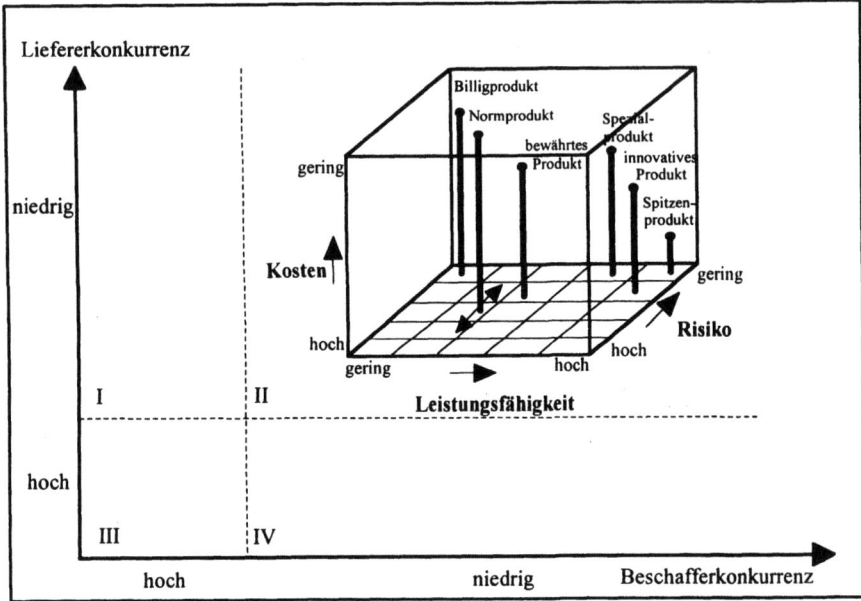

Abb. 26: Zur Konkurrenzabhängigkeit der Markteposition

5.6 Lieferantenanalyse

Die Lieferantenauswahl erfolgt in einem mehrstufigen Prozeß. Im gewählten Marktgebiet wird man zunächst nach Lieferanten der gleichen *Produktgruppe* suchen. Will man den Rahmen der Auswahl vergrößern, kann es ratsam sein, nach Lieferanten in der gleichen *Branche* oder mit dem gleichen *Verfahrens-Know-How* zu suchen.

Die meist große Zahl möglicher Lieferanten gilt es zu filtern. Eine erste Eingrenzung erfolgt im Rahmen einer Selbstauskunft. Dem ins Auge gefaßten Lieferantenkreis schickt man einen *Selbstauskunftsfragebogen* zu. In Abbildung 27 haben wir die zu erhebenden Lieferantenmerkmale den entscheidungsrelevanten (situationsbezogenen) Beschaffungsobjektmerkmalen gegenübergestellt. Angekreuzt wurden die Lieferantenmerkmale, die in Abhängigkeit von Entscheidungssituationen bedeutsam sind. Grau hinterlegt wurden die K.O.-Merkmale. Wenn sie vom Lieferanten nicht zufriedenstellend beantwortet werden, scheidet dieser Lieferant aus.

Im nächsten Schritt müssen die Folgen strategischer Entscheidungen geprüft werden. Will man sich für Single oder Multiple Sourcing entscheiden? Soll Modular oder Particular Sourcing im Vordergrund stehen? Die Intensität der Lieferantenbindung schwankt zwischen der Entscheidung für einen Stammlieferanten oder einen Wechsellieferanten.

Und schließlich müssen die konkreten Bedarfsanforderungen an den Lieferanten heruntergebrochen werden. Dazu sind zum einen die Bedarfsanforderungen als unmittelbare Lieferantenkriterien (vgl. Abbildung 19) und die Märktemerkmale als die Lieferantenumfeldkriterien (vgl. Abbildung 25) zu berücksichtigen.

Lieferantenmerkmale \ Beschaffungsobjektmerkmale	Einzelprodukt	Billigprodukt	Normprodukt	bewährtes Produkt	Spitzenprodukt	innovatives Produkt	Spezialprodukt	Mengenbedeutsamkeit	usw.
Absatz									
Produktprogramm	X	X	X	X	X	X	X	X	
Produktbeschreibungen	X	X	X	X	X	X	X	X	
Handel			X						
Anwendungsgebiete	X	X			X	X	X	X	
Kundendienst	X				X	X	X	X	
Lagerstandort			X		X	X	X	X	
Kostensenkungsstrategien		X						X	
Leistungssteigerungsstrategien	X				X	X	X	X	
Flexibilitätssteigerungsstrategien					X	X	X	X	
Lieferbereitschaft			X						
Produktion									
Anlagenkapazität			X		X	X	X	X	
Mitarbeiterkapazität					X	X	X	X	
Kapazitätsauslastung	X	X			X	X	X	X	
Qualitätssicherung	X				X	X	X	X	
Mitarbeiterorganisation					X	X	X	X	
Mitarbeiterproduktivität	X				X	X	X	X	
Produktionsstandort								X	
Systemfähigkeit	X	X			X	X	X	X	
JiT-Fähigkeit		X	X		X	X	X	X	
Materialerfahrung	X	X			X	X	X	X	
Formerfahrung	X	X			X	X	X	X	
Verfahrenserfahrung	X	X			X	X	X	X	
Gestaltung									
Entwicklungskoop.-bereitschaft					X	X	X		
Analysebereitschaft		X			X	X	X	X	
Werkzeugherstellungsfähigkeit					X	X	X	X	
Recyclingerfahrung		X	X		X	X	X	X	
Finanzen									
Umsatz	X	X			X	X	X	X	
Marktanteile	X	X			X	X	X	X	
Gewinnsituation	X	X			X	X	X	X	
F+E-Aufwand					X	X			
Investitionsaufwand					X	X	X	X	
Eigenkapital	X	X			X	X	X	X	
Beschaffung									
Beschaffungsanteil am Umsatz		X			X	X	X	X	
internat. Besch./Gesamtbesch.		X		X				X	
eigenständ. Beschaffungsplanung	X	X		X	X	X	X	X	

Abb. 27: Lieferantensiebung durch Selbstauskunft

Bisher entsprechen die Überlegungen einer eher statischen Ist-Aufnahme. Zweckdienlich dürfte der Gedanke sein zu prüfen, ob der Lieferant die Anforderungen auch morgen noch erfüllen kann und ob ein heute noch nicht befähigter Lieferant möglicherweise morgen durch zusätzliche Investitionen in der Lage ist, die Anforderungen zu erfüllen. Am Ende dieses Auswahlprozesses verbleiben nur noch wenige Lieferanten (z.B. 3), die als so interessant erscheinen, daß sich ein intensiver Verhandlungsprozeß lohnt.

5.7 Die Lieferantenverhandlung

Meist noch langwieriger als der Bedarfsfeststellungsprozeß verläuft der Prozeß der Lieferantenverhandlung. Bausteine der Verhandlungen sind:
- Das Anforderungsmix untergliedert in die unerläßlichen und verhandelbaren Bestandteile (vgl. Abschnitt 5.4.2).
- Der Leistungsmix des Lieferanten, der am Ende des Verhandlungsprozesses eine weitgehende Deckung mit dem Anforderungsmix aufweisen soll.
- Der Anforderungsmix des Lieferanten, der aus mehr als nur dem Verkaufspreis bestehen sollte (vgl. Abschnitt 5.7).
- Der Gegenleistungsmix des Beschaffers, der dazu dient, die gewünschten Leistungen mit minimalen Kosten zu erhalten.

Das beschaffungspolitische *Instrumentarium* nimmt Bezug auf den Anforderungs- und Gegenleistungsmix des Beschaffers, um den Lieferanten zu einem Vertragsabschluß zu bewegen, der zu einer gegenseitigen Win-Win-Position führt. Einen Überblick über die beschaffungspolitischen Instrumente gibt Abbildung 28.

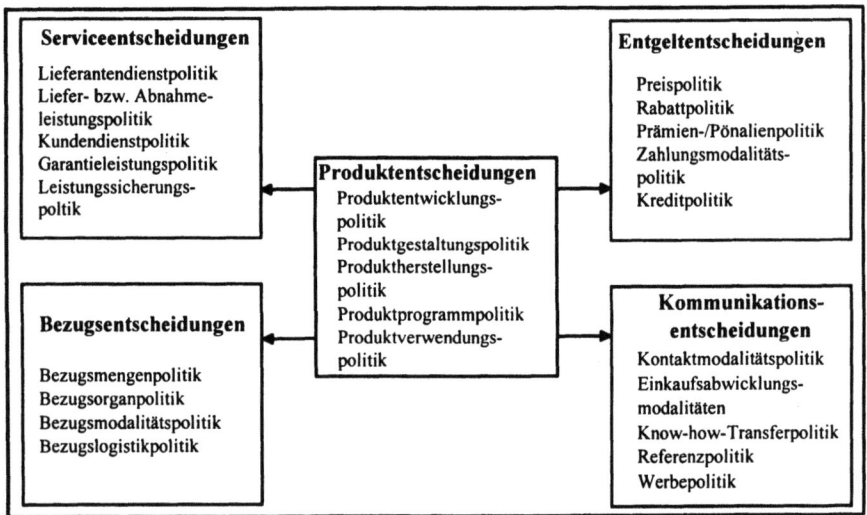

Abb. 28: Beschaffungsinstrumente

Dieses Instrumentarium ist im Gegensatz zum absatzpolitischen noch nicht Diskussionsstandard. In der vertiefenden Diskussion mit der Praxis hat es sich bisher bewährt. Das gilt auch für die Varianten, die hinter den Teilpolitiken stehen. Um den Konkretisierungsgrad zumindest an einem Entscheidungsbereich und auch um den ambivalenten Instrumentalcharakter (Forderungs- und Anreizsystem) zu zeigen, kann Abbildung 29 zugrunde gelegt werden.

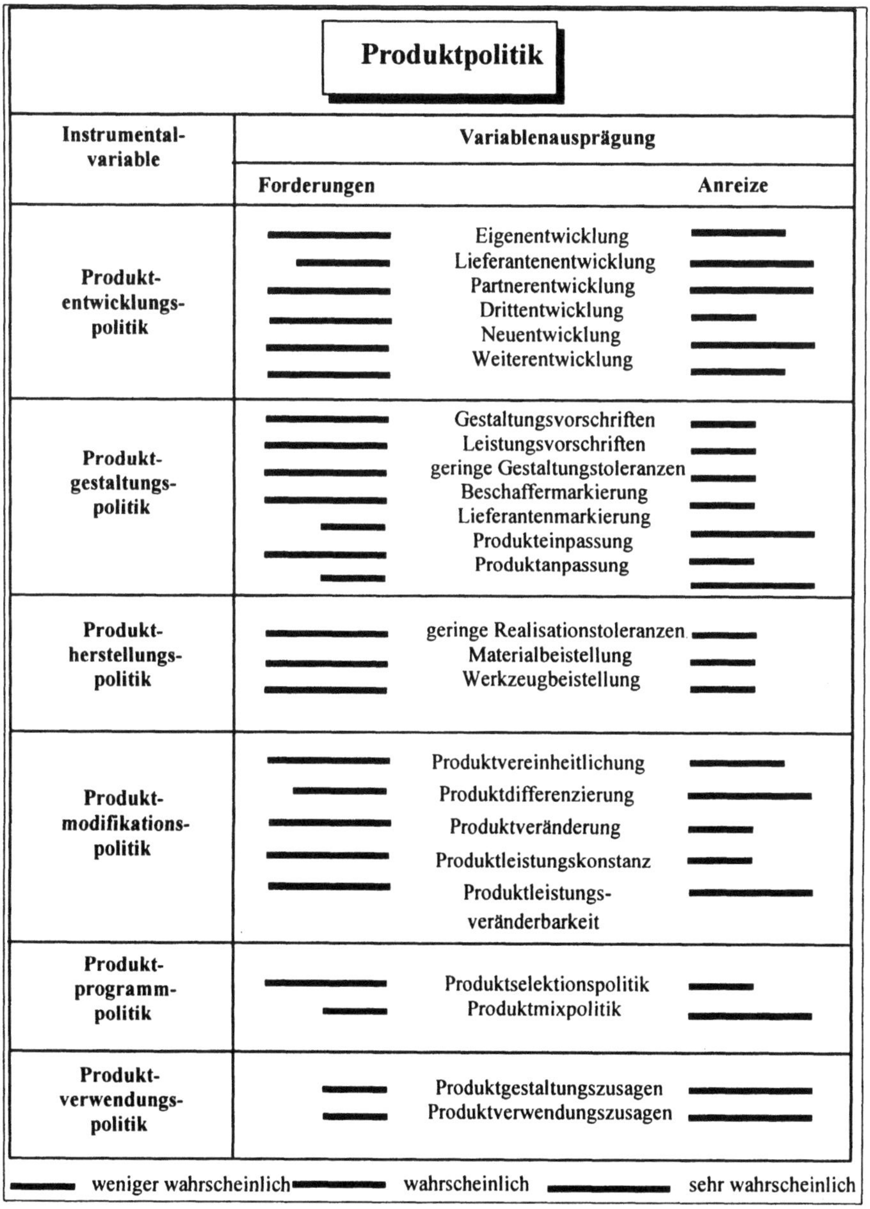

Instrumental-variable	Produktpolitik	
	Variablenausprägung	
	Forderungen	Anreize
Produkt-entwicklungs-politik	▬▬▬ ▬▬▬ ▬▬▬ ▬▬▬ ▬▬▬	Eigenentwicklung Lieferantenentwicklung Partnerentwicklung Drittentwicklung Neuentwicklung Weiterentwicklung	▬▬▬ ▬▬▬ ▬▬▬ ▬ ▬▬▬
Produkt-gestaltungs-politik	▬▬ ▬▬ ▬▬ ▬▬ ▬▬▬	Gestaltungsvorschriften Leistungsvorschriften geringe Gestaltungstoleranzen Beschaffermarkierung Lieferantenmarkierung Produkteinpassung Produktanpassung	▬▬ ▬ ▬ ▬▬ ▬▬
Produkt-herstellungs-politik	▬▬▬	geringe Realisationstoleranzen Materialbeistellung Werkzeugbeistellung	▬▬ ▬ ▬
Produkt-modifikations-politik	▬▬ ▬▬ ▬▬ ▬▬▬	Produktvereinheitlichung Produktdifferenzierung Produktveränderung Produktleistungskonstanz Produktleistungs-veränderbarkeit	▬▬▬ ▬▬▬ ▬▬
Produkt-programm-politik	▬ ▬▬	Produktselektionspolitik Produktmixpolitik	▬▬▬ ▬▬▬
Produkt-verwendungs-politik	▬ ▬▬	Produktgestaltungszusagen Produktverwendungszusagen	▬▬▬ ▬▬▬

▬▬ weniger wahrscheinlich ▬▬▬ wahrscheinlich ▬▬ sehr wahrscheinlich

Abb. 29: Produktpolitische Instrumentalvariablen und Variablenausprägungen

Hiermit soll deutlich werden, daß eine Variablenausprägung sowohl Forderungs- als auch Anreizcharakter haben kann. Das hängt im wesentlichen von der Entscheidungssituation des Lieferanten ab. Wenn z.b. die Entwicklungsabteilung des Lieferanten ausgelastet ist, wird der Lieferant an der Entwicklung durch den Beschaffer interessiert sein usw. Dazu benötigt man Lieferantenanforderungsinformationen (vgl. Abschnitt 5.7).

Instrumentalvariablen und Variablenausprägungen		Merkmale	Einzelprodukt	Billigprodukt	Normprodukt	bewährtes Produkt	Spitzenprodukt	innovatives Produkt	Spezialprodukt	Mengenbedeutsamkeit	usw.
Produktpolitik	Produktentwicklungspolitik	Eigenentwicklung					x_1	x_1	x_1	x_2	
		Lieferantenentwicklung	x_1	x_1			x_1	x_1	x_1	x_2	
		Partnerentwicklung	x_2				x_1	x_1	x_1	x_2	
		Drittentwicklung	x_2				x_2	x_2	x_2	x_3	
		Neuentwicklung	x_1	x_2			x_1	x_1	x_1	x_2	
		Weiterentwicklung		x_2		x_2	x_2	x_2	x_2	x_2	
	Produktgestaltungspolitik	Gestaltungsvorschriften	x_2	x_2	x_1	x_2	x_2	x_2	x_1		
		Leistungsvorschriften	x_1	x_1	x_1	x_1	x_1	x_1	x_1		
		geringe Gestaltungstoleranzen	x_2	x_2	x_1	x_1	x_1	x_1	x_1		
		Beschaffermarkierung			x_2	x_2	x_2	x_2			
		Lieferantenmarkierung			x_2	x_2	x_2	x_2			
		Produkteinpassung	x_2		x_1	x_1	x_1	x_1	x_1		
		Produktanpassung	x_2	x_2	x_1	x_1			x_2		
	Produktherstellungspolitik	geringe Realisationstoleranzen	x_2		x_1	x_1	x_1	x_1	x_1		
		Materialbeistellung	x_3		x_2				x_2		
		Werkzeugbeistellung			x_2	x_2	x_2				
	Produktmodifikationspolitik	Produktvereinheitlichung	x_1		x_2				x_1		
		Produktdifferenzierung			x_2	x_3	x_2				
		Produktveränderung			x_2	x_2	x_2	x_2			
		Produktleistungskonstanz	x_2	x_2	x_1	x_1	x_1	x_1	x_1		
		Produktleistungsveränderbarkeit			x_2	x_2	x_2	x_1			
	Produktprogrammpolitik	Produktselektionspolitik			x_2	x_2					
		Produktmixpolitik			x_3	x_3	x_3	x_2			
	Produktverwendungspolitik	Produktgestaltungszusagen			x_1	x_2					
		Produktverwendungszusagen			x_2	x_2					

Abb. 30: Hierarchisierung der produktpolitischen Variablenausprägungen

Welches dieser beschaffungspolitischen Instrumente (Variablenausprägungen) nun Erfolg verspricht, hängt wiederum von der Entscheidungssituation ab. Um ein möglichst synergetisch wirkendes Beschaffungsmix zu schaffen, empfiehlt sich wieder die Wahl des bereits mehrfach eingeschlagenen Weges, wie Abbildung 30 zeigt. Auswahltableaus stehen auch für die anderen Instrumente zur Verfügung (Koppelmann 1995, S. 292 ff.).

Mit diesen entscheidungsunterstützenden Auswahltableaus lassen sich die Lieferantenverhandlungen wesentlich verkürzen. Statt eines zeitraubenden iterativen Verhandlungsprozesses (Echternacher-Springprozessions-Effekt) wird in einer partnerschaftlichen Verhandlung nach einer beide Seiten befriedigenden Lösung gesucht. Folgende Vorgehensweise wäre denkbar:
- Das Beschaffungsobjekt wird möglichst genau beschrieben.
- Ausgehend vom Target-Price werden die Target-Costs ermittelt, sie bilden die Preisobergrenze.
- Im Rahmen einer Einkaufskostenanalyse werden die im besten Falle entstehenden Kosten ermittelt, sie bilden die Preisuntergrenze.
- Darauf baut der Beschaffungsmix als Verhandlungspaket auf. Es wird dem Lieferanten übermittelt.
- Der Lieferant überprüft intern seine Realisierungsmöglichkeiten und bereitet bereits im Team Lösungsvorschläge zu.
- In einer gemeinsamen Sitzung von Selling- und Buying-Team wird geprüft, wie durch gemeinsame Korrekturen ein für beide Seiten tragfähiges Ergebnis erzielt werden kann.

Die Verhandlung wird mit einem Vertrag abgeschlossen. Die Überwachung der Vertragsabwicklung ist eine eher dispositive Aufgabe. Da vielfältige technische Hilfsmittel zur Verfügung stehen, und weil es auch Tendenzen gibt, die dispositiven Aufgaben nach Vertragsabschluß in die Logistik zu integrieren, wollen wir auf diesen Aspekt hier nicht näher eingehen.

5.8 Die Informationsphase

Informationen dienen der Entscheidungsfundierung. Sie können außerhalb des Unternehmens gewonnen werden – dann sprechen wir von *Beschaffungsmarktforschung*. Intern gewonnene Informationen dienen vorrangig der *Kontrolle*.

5.8.1 Beschaffungsmarktforschung

Auch die Beschaffungsmarktforschung läßt sich prozessual betrachten (Stangl 1985):
(1) Auswahl der zu untersuchenden Beschaffungsobjekte (→ marktforschungswürdige Beschaffungsobjekte)
(2) Bestimmung der notwendigen Beschaffungsinformationen
(3) Gewinnung der Beschaffungsinformationen
(4) Aufbereitung der Beschaffungsinformationen

Bei der Auswahl marktforschungswürdiger Beschaffungsobjekte kann man sich an den in der Bedarfsanalyse genannten Prioritätsregeln orientieren (vgl. Abschnitt 5.4.3). Man kann sich auch den Abhängigkeiten von den Beschaffungsfunktionszielen orientieren (vgl. Abbildung 16).

Entsprechend dem hier gewählten theoretischen Ansatz ergibt sich ein großes Spektrum an zu erhebenden Beschaffungsinformationen. Es interessieren die folgenden, in Abbildung 31 grau hinterlegten Informationsbereiche:

Beschaffer	**Lieferant**
Anforderungen ➡	Leistungsinformationen
Leistungen ➡	Anforderungsinformationen
Beschafferkonkurrenz-informationen	Liefererkonkurrenz-informationen
allgemeine Märkteinformationen	

Abb. 31: Informationsblöcke der Beschaffungsmarktforschung

Die Leistungsinformationen spiegeln die Bedarfsanforderungen wider, nur das Wissen darüber interessiert. Neu sind die *Anforderungsinformationen*, das Wissen darüber, womit man den Lieferanten abschlußbereit stimmen kann, sie ermöglichen zielgerichtete anreizpolitische Maßnahmen, wie aus Abbildung 32 ersichtlich wird.

Der Konkurrenzaspekt erstreckt sich auf die Liefererkonkurrenz und die Beschafferkonkurrenz; hohe Liefererkonkurrenz kann die Beschaffungsverhandlung erleichtern; hohe Beschafferkonkurrenz kann die Durchsetzung der eigenen Beschaffungsziele erheblich stören. Die Marktinformationen ergeben sich aus der Märkteanalyse (vgl. Abbildung 25). Diese Informationen können wir wiederum an den Entscheidungsmerkmalen filtern.

Im nächsten Schritt müssen die geeigneten *Quellen* und *Methoden* geprüft werden. Dabei kann man die gewünschten Informationen den Quellen in einer Matrix gegenüberstellen. Dabei ergibt sich, daß sich alle Quellen mit unterschiedlichen Schwerpunkten zur Erhebung der Leistungsinformationen eignen, während die anderen Informationsquellen spezifische Eignungseingrenzungen erfahren.

Nicht ganz unwichtig ist eine geeignete Informationsdarstellung. Datenüberlastung und Interpretationskunst sind eher zu vermeiden. Der Grundsatz muß lauten: „So wenig Informationen wie nötig in übersichtlicher und vergleichbarer Form."

5.8.2 Beschaffungskontrolle

Es werden Soll- und Ist-Werte verglichen. Dies dient mehreren Zwecken (Funktionen):
– Die Ergebnisfeststellungsfunktion erfaßt das Handlungsergebnis als Grundlage für die Gegenüberstellung von Plan- und Ist-Werten.

– Daraus resultiert die Führungsfunktion, die Kontrolle dient der Willenssicherung.

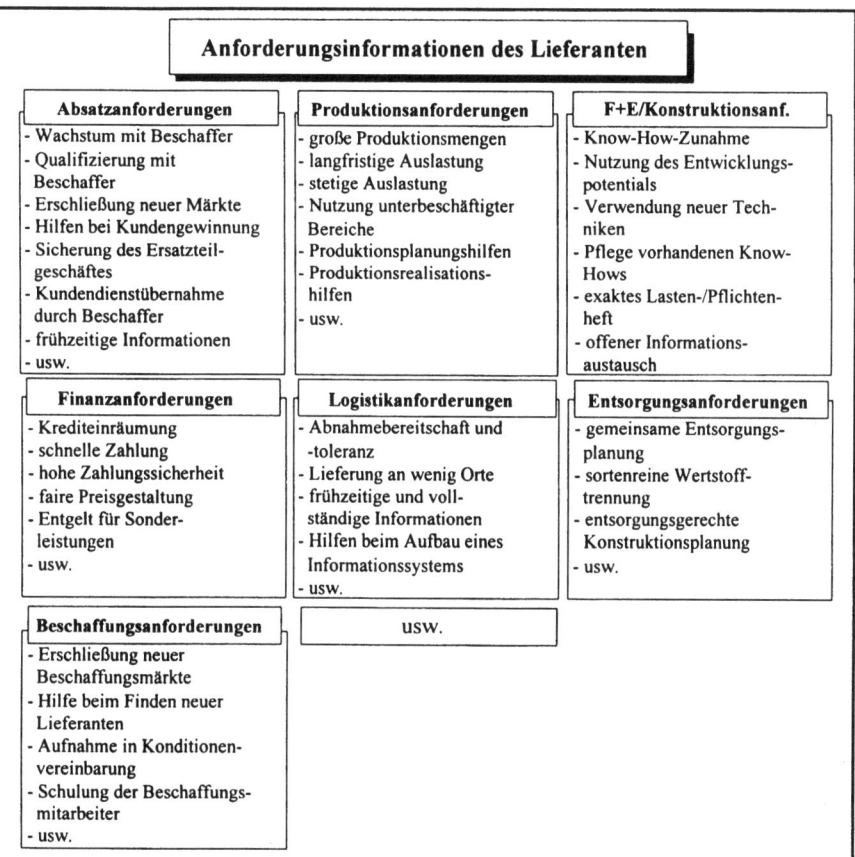

Abb. 32: Anforderungsinformationen des Lieferanten

– Die Regelfunktion erfaßt, inwieweit durch Kontrollergebnisse Anpassungsmaßnahmen ergriffen werden müssen.
– Die Lernfunktion führt zur Korrektur der Handlungen bei Planabweichung oder zur Fortsetzung der Handlung bei Planerreichung.
– Die Motivationsfunktion knüpft am Handlungserfolg an.

Man kann sich den Kontrollprozeß so vorstellen, wie er in Abbildung 33 dargestellt wird.

Aus dem marketinggeleiteten Beschaffungshandeln ergeben sich die gesetzten Leitgrößen, die Maßstäbe, an denen gemessen wird. Für den Vergleich mit den Handlungsresultaten sollten gleichzeitig Toleranzgrenzen festgelegt werden, welche die „Nochzufriedenheitsgrenzen" zeigen. Abweichungen vom Soll-Wert innerhalb der Toleranzgrenzen werden wie eingehaltene Soll-Werte behandelt. Das Beschaffungshandeln wird ohne Änderung fortgeführt.

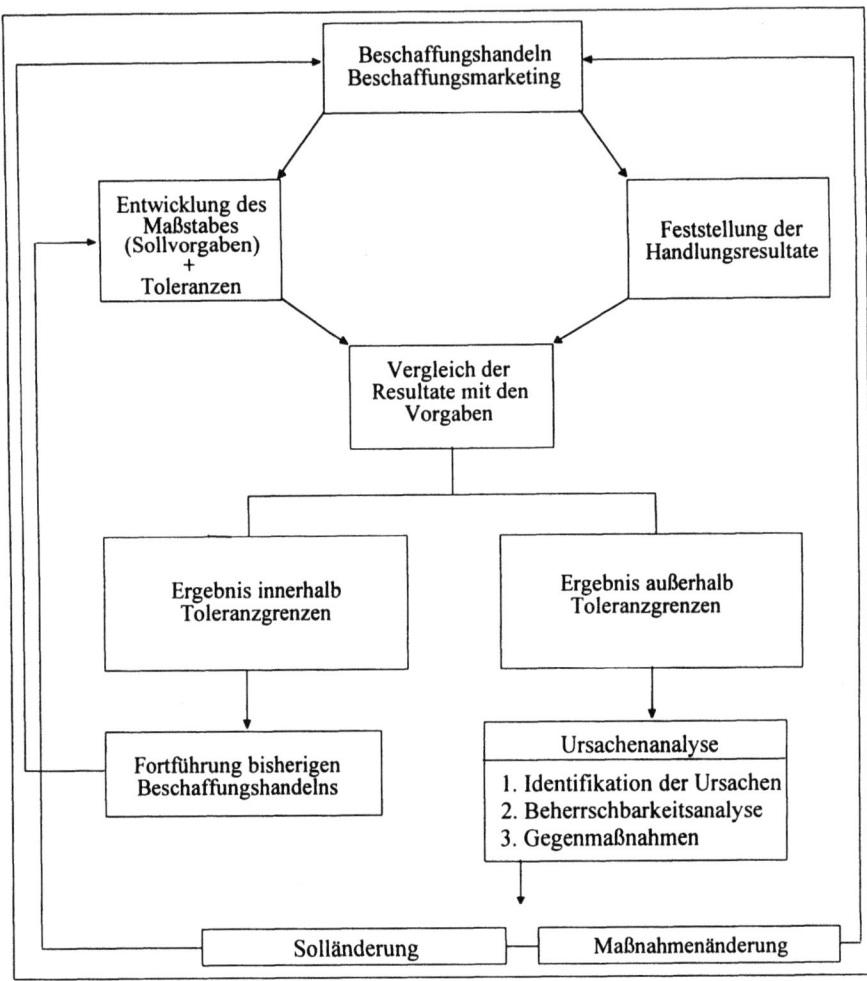

Abb. 33: Stufen des Kontrollprozesses

Liegt dagegen das Ist-Ergebnis außerhalb der fixierten Toleranzgrenzen, dann muß im Rahmen einer Ursachenanalyse geprüft werden, warum es zur Abweichung vom angestrebten Zustand gekommen ist. Dazu muß zunächst die Abweichungsursache identifiziert werden. Möglich ist, daß man es nur mit einer Ursache zu tun hat, aber auch ein ganzes Bündel von Ursachen als *Ursachenkomplex* ist denkbar. Um die Komplexität des zweiten Falles zu reduzieren, wird man die dominierende Ursache herausgreifen, den anderen „Ursachenkranz" bei der weiteren Bearbeitung jedoch nicht unberücksichtigt lassen.

Bedarfsanforderung	bedarfsbezogene Kontrollkennzahlen
hohe Mengenflexibilität	$\dfrac{\text{Anzahl der Liefermengenänderungen}}{\text{Anzahl der Bestellmengenänderungen}} \times 100$
Mengenkonstanz	$\dfrac{\text{Ist-Liefermenge} \times \text{Anzahl der Lieferungen}}{\text{Soll-Lieferungen}} \times 100$
Leistungssteigerung	$\dfrac{\text{erreichte Ist-Leistung}}{\text{vorgegebene Soll-Leistung}} \times 100$
Standardisierung	$\dfrac{\text{Anzahl / Volumen standardisierter BO's}}{\text{Gesamtzahl / Volumen der BO's}} \times 100$
Entwicklungs-/ Realisations-/ Liefer-/ Anpassungs-/ Testzeit	$\dfrac{\text{realisierte Zeit}}{\text{gewünschte Zeit}} \times 100$
Liefer-/ Bereitstellungs-/ Freigabe-/ Abnahmezeitpunkteinhaltung	$\dfrac{\text{Zahl der abweichenden Termine}}{\text{Zahl vereinbarter Termine}} \times 100$
flexible Termingestaltung	$\dfrac{\text{Zahl realisierter Terminänderungen}}{\text{Zahl vereinbarter Terminänderungen}} \times 100$
Lieferzuverlässigkeit	$\dfrac{\text{Anzahl der Lieferungen ohne Fehler (Menge/Zeit/Ort/Qualität)}}{\text{Gesamtzahl der Lieferungen}} \times 100$
Bereitschaft zur Kostenanalyse	$\dfrac{\text{realisierte Zielkosten}}{\text{gewünschte Zielkosten}} \times 100$ => Zielkostenerreichungsquote

Abb. 34: Bedarfsbezogene Kontrollkennzahlen

Nach der Ursachenfeststellung (z.B. kein Qualitätssicherungssystem beim Lieferanten) stellt sich die Frage, ob es Möglichkeiten gibt, mit dieser Abweichungsursache fertig zu werden. So können Devisenkursänderungen kurzfristig nicht aufgefangen werden, wenn man sie nicht in die Planung bereits einbezogen hat. Längerfristig sind Termingeschäfte einplanbar oder Märktewechsel möglich. Hier begegnet uns die Unterscheidung Lieferant/Lieferantenumwelt. Die Lieferantenumwelt ist schwer beeinflußbar, man muß sich ihr meist passiv anpassen.

Hat man dann festgestellt, daß Gegenmaßnahmen möglich sind, um das Handlungs-Ist mit dem Handlungs-Soll in Einklang zu bringen, wird man sich zuerst über die Forderungs-Anreiz-Wirkungen der Maßnahmen Gedanken machen. Das bedeutet, man wird prüfen, was das Heranbringen der Ist-Werte an die Soll-Werte

(Forderungen) kostet (Anreize). Die betriebswirtschaftliche Vergleichsüberlegung (→ ökonomisches Prinzip) kann zu dem Ergebnis führen, daß sich die Maßnahme, das Maßnahmenbündel lohnt. Denkbar ist aber auch, daß man z.B. mit Hilfe der Wertanalyse zu dem Ergebnis kommt, das eigene Soll zu ändern. Das kann zu einem Weniger führen, denkbar ist aber auch, daß man nun etwas anderes plant.

Funktionsziel	funktionszielbezogene Kennzahlen
Kostensenkung	Standardisierungsquote = $\dfrac{\text{Anzahl standardisierter BO's}}{\Sigma \text{ Zahl der BO's}} \times 100$
	=> *Senkung der Lagerkosten*
	Lagerdauer = $\dfrac{\text{Lagerbestand} \times 240 \text{ Tage}}{\text{Jahresverbrauch}}$
	Kostensenkungsquote Gesamt/Teilbereich = $\dfrac{\text{Einkaufskosten Jetztjahr Gesamt / Teilbereich}}{\text{Einkaufskosten Vorjahr Gesamt / Teilbereich}} \times 100$
	Einkaufsvolumen = $\dfrac{\text{Einkaufsvolumen Mitarbeiter}}{\text{Anzahl der Bestellungen / Mitarbeiter}}$
	Informationskostenquote = $\dfrac{\Sigma \text{ Infokosten (Messen, Reisen, Datenbanken...)}}{\Sigma \text{ Beschaffungskosten / Einkaufsvolumen}} \times 100$
	Beschaffungskostenquote = $\dfrac{\Sigma \text{ Beschaffungskosten}}{\text{Nettoumsatz}} \times 100$
	Einkaufsvolumenquote = $\dfrac{\text{Einkaufsvolumen}}{\text{Nettoumsatz}}$
	=> *Senkung der Kosten je Bestellung*
	Kosten / Bestellung = $\dfrac{\text{Beschaffungsprozeßkosten}}{\text{Anzahl der Bestellungen}}$ Σ je Abteilung / je Produkte / je Mitarbeiter / je Rahmenauftrag

Abb. 35 (1): Funktionszielbezogene Kennzahlen

Diesen formalen Prozeß müssen wir jetzt mit Inhalten füllen.
Um Abweichungen von den Planzahlen schnell und übersichtlich zu entdecken, empfehlen sich *Kennzahlen*. Als Bezugsgrößen eignen sich
- die Bedarfsanforderungen,
- die Instrumentalziele,
- die Beschaffungsziele.

Einige Kontrollkennzahlen sind in den Abbildungen 34 und 35 (1) - (3) aufgeführt.

Funktionsziel	funktionszielbezogene Kennzahlen		
Qualitätssteigerung	BO-Mängelquote =	$\dfrac{\text{Anzahl mangelhafter BO's}}{\Sigma \text{ Anzahl gelieferter BO's}}$ => *je Lieferant, Werk, Land usw.*	x 100
	Servicebeanstandungsquote =	$\dfrac{\text{Anzahl beanstandeter Serviceleistungen}}{\Sigma \text{ Anzahl Serviceleistungen}}$ => *je Lieferant*	x 100
	Lieferverzugsquote =	$\dfrac{\text{Anzahl verfallener Liefertermine}}{\Sigma \text{ Anzahl Lieferungen}}$	x 100
Flexibilitätssteigerung	Standardisierungsquote =	$\dfrac{\text{Anzahl/Wert standardisierter BO's}}{\Sigma \text{ Anzahl / Wert der BO's}}$	x 100
	Reservekapazitätsgrad =	$\dfrac{\text{vertraglich gesicherte Kapazität}}{\text{maximal benötigte Kapazität}}$	x 100

Abb. 35 (2): Funktionszielbezogene Kennzahlen

Diese sich aus unternehmensinternen Aufzeichnungen ergebenden Kontrollkennzahlen können im Rahmen von *Benchmarking*-Bemühungen mit denen anderer Unternehmen verglichen werden. Dieser Best-Practice-Vergleich kann mit Unternehmen der gleichen Branche oder eines ähnlichen Tätigkeitsbereichs erfolgen (Dresen 1997). Das Finden der Benchmarkingpartner bereitet nicht unerhebliche Probleme, weil oft die nicht immer unbegründete Angst besteht, daß nun offenkundig wird, wie schlecht man im Verhältnis zum Besten darstellt. Zum einen gibt es jedoch nur selten einen Benchmarkingpartner, der in allem der Beste ist, und zum anderen zeigt ein solcher Vergleich, was möglich ist. Aussagen wie „besser geht es nicht" verlieren an Verteidigungskraft.

Funktionsziel	funktionszielbezogene Kennzahlen		
Sicherheitssteigerung	Lagerreichweite =	$\dfrac{\text{Lagerbestand am Stichtag}}{\text{Verbrauch pro Tag / Monat}}$	
	Stammlieferantenquote =	$\dfrac{\text{Einkaufsvolumen bei allen Stammlieferanten je Periode}}{\text{Gesamteinkaufsvolumen}}$	x 100
	Standardisierungsquote =	$\dfrac{\text{Anzahl standardisierter BO's}}{\Sigma \text{ Anzahl der Lieferungen}}$	x 100
	Lieferantenausfallquote / Lieferant =	$\dfrac{\text{Anzahl der Lieferausfälle}}{\Sigma \text{ Anzahl der Lieferungen}}$	x 100
	Substitutionsgrad /Lieferant =	$\dfrac{\text{Anzahl substituierbarer, sensibler BO's}}{\Sigma \text{ Anzahl sensibler BO's}}$	x 100

Abb. 35 (3): Funktionszielbezogene Kennzahlen

Literaturverzeichnis

Albach, H. (1979), Beiträge zur Unternehmensplanung, 3. Aufl., Wiesbaden 1979
Cyert, R.M., March, J.G. (1963), A Behavioral Theory of the Firm, Englewood Cliffs 1963
Dresen, P. (1997), Benchmarking in der Beschaffung, Köln 1997
Ernst, A. (1995), Methoden im Beschaffungsmarketing, Köln 1995
Gutenberg, E. (1983), Die Produktion, 24. Aufl., Berlin u.a. 1983
Koppelmann, U. (1995), Beschaffungsmarketing, 2. Aufl., Berlin u.a. 1995
Koppelmann, U. (1996), Outsourcing, Stuttgart 1996
Kraljic, P. (1977), Neue Wege im Beschaffungsmarketing, in: MM, Heft 11, 1977
March, J.G., Simon, H.A. (1958), Organisation, New York 1958
Schanz, G. (1977), Grundlagen der verhaltenstheoretischen Betriebswirtschaftslehre, Tübingen 1977
Simon, H.A. (1955), A Behavioral Model of Rational Choice, in: Quarterly Journal of Economics 69, 1955
Siebert, H. (1991), Ökonomische Analyse von Unternehmensnetzwerken, in: Staehle, W., Sydow, J. (Hrsg.), Managementforschung 1, Berlin/New York 1991, S. 291 ff.
Stangl, U. (1985), Beschaffungsmarktforschung, Köln 1985

8 Produktion

Hans-Otto Günther

Inhaltsverzeichnis

1 Industrielle Produktionssysteme	318
1.1 Beispiel eines industriellen Produktionssystems	319
1.2 Arbeitssysteme	322
1.3 Systematik industrieller Produktionstypen	323
1.4 Organisationstypen der Produktion	325
2 Betriebswirtschaftliche Analyse industrieller Produktion	327
2.1 Produktion als Wertschöpfungsprozeß	327
2.2 Systematik produktionswirtschaftlicher Entscheidungen	329
2.3 Wirtschaftlichkeit und Effizienzvergleich von Produktionssystemen	330
3 Strategisches Produktionsmanagement	334
3.1 Unternehmensstrategien	334
3.2 Branchenwettbewerb	335
4 Gestaltung der Infrastruktur des Produktionssystems	337
4.1 Produktionssegmentierung und Layoutplanung	337
4.2 Konfigurierung von Fließproduktionssystemen	339
4.3 Konfigurierung von Produktionszentren	342
5 Operative Produktionsplanung in der Fertigungsindustrie	344
5.1 Produktions- und Distributionsplanung bei Massenprodukten	345
5.2 Produktionsplanung bei Serienproduktion	348
5.2.1 Planung des Hauptproduktionsprogramms	348
5.2.2 Materialbedarfs-, Losgrößen- und Ressourceneinsatzplanung	351
5.3 Produktionsplanung bei Einzelproduktion	355
6 Operative Produktionsplanung in der Prozeßindustrie	356
6.1 Chemische Massenproduktion	356
6.2 Sortenproduktion	359
6.3 Chargenproduktion	360
7 Integrierte Systeme der Produktionsplanung und –steuerung	364
Literaturverzeichnis	367

1 Industrielle Produktionssysteme

Die Produktionswirtschaft als Teildisziplin der Betriebswirtschaftslehre befaßt sich mit der *industriellen Produktion* von Sachgütern. Hierunter versteht man die Erzeugung von Ausbringungsgütern (Produkten) aus materiellen und nichtmateriellen Einsatzgütern (Produktionsfaktoren) nach bestimmten technischen Verfahrensweisen. Die meisten Sachgüter werden heute industriell hergestellt, d.h. in größeren Stückzahlen und unter Einsatz technischer Mittel. In einer Volkswirtschaft werden aber auch viele nichtmaterielle Güter benötigt (z.B. Dienstleistungen, Informationen, technisches „Know How"), deren Erzeugung nicht in der Produktionswirtschaft, sondern in anderen Teildisziplinen der Betriebswirtschaftslehre untersucht wird.

Betrachtet man die moderne industrielle Produktion genauer, so lassen sich einige typische Erscheinungen beobachten.

- Die vollständige Herstellung eines Gutes ist häufig auf mehrere Orte verteilt. Hieraus folgt eine entsprechende logistische Verflechtung. Beispielsweise werden Motoren in Spanien produziert, die per Bahn täglich nach Thüringen transportiert und dort in PKW eingebaut werden.
- Vor allem in der letzten Zeit ist zu beobachten, daß die industrielle Fertigungstiefe abnimmt. Dies trifft für die Automobilindustrie zu, ist aber beinahe in noch stärkerem Maße bei der Herstellung von Personalcomputern zu beobachten. Neben die logistische Verflechtung tritt daher auch eine unternehmenspolitische Kooperation, die nicht selten globale Ausmaße annimmt.
- Ohne Computerunterstützung ist heute die industrielle Produktion nicht mehr vorstellbar. Computer werden nicht nur im betriebswirtschaftlichen Bereich der Planung und Steuerung eingesetzt, sondern auch für technische Aufgaben, z.B. die Konstruktion von Produkten (Computer Aided Design, CAD), oder die Steuerung der Produktionsvorgänge auf den Maschinen (Computer Aided Manufacturing, CAM).
- Unternehmen stehen beim Absatz ihrer Produkte und sonstigen Leistungen im Wettbewerb mit anderen Unternehmen. Immer häufiger kommen die Mitbewerber aus anderen hochentwickelten Industrienationen oder aus wirtschaftlich aufstrebenden Ländern mit niedrigem Lohnniveau. Das Fallen von Handelsbarrieren und die wirtschaftliche Integration begünstigen diese Entwicklungen.
- In vielen Branchen ist inzwischen der Technologievorsprung zum wichtigsten wettbewerbsstrategischen Mittel geworden. Die rechtzeitige Einführung technischer Neuerungen und die Entwicklung eines hohen Qualitätsstandards tragen wesentlich dazu bei, die erreichte Position gegenüber den Konkurrenten zu verteidigen und die gesetzten strategischen Ziele zu verwirklichen.
- Industrieunternehmen, die im Wettbewerb langfristig erfolgreich bestehen wollen, sind einem ständigen Rationalisierungsdruck ausgesetzt. Sie sind so gezwungen, nach immer neuen technischen und betriebswirtschaftlichen Lösungen zu suchen. Ein professionelles Produktionsmanagement ist daher zumeist unverzichtbar. Hierdurch eröffnen sich nicht nur vielfältige berufliche Einsatz-

möglichkeiten für akademisch ausgebildete Betriebswirte, Wirtschaftsingenieure, Wirtschaftsmathematiker und Informatiker. Gleichzeitig steigen auch die Anforderungen an eine wissenschaftliche Auseinandersetzungen mit den produktionswirtschaftlichen Entscheidungs- und Planungsproblemen aller Art.

Die Produktionswirtschaft als wissenschaftliche Disziplin beschränkt sich nicht darauf, die beobachteten Sachverhalte zu erklären und zukünftige Entwicklungen zu prognostizieren. Vielmehr wird die industrielle Produktion als ein geordnetes System von *Entscheidungen* verstanden, zu deren Unterstützung wissenschaftliche Methoden praktisch eingesetzt werden. Wirtschaftliche Entscheidungen sind stets zukunftsorientiert und auf die Erreichung der langfristigen Unternehmensziele ausgerichtet.

1.1 Beispiel eines industriellen Produktionssystems

Das folgende Anschauungsbeispiel eines realen industriellen Produktionssystems soll zum einen die Komplexität der Produktionsabläufe verdeutlichen und die Grenzen einer exakten Optimierung des Produktionsprozesses vor Augen führen. Zum anderen wird erläutert, in welcher Weise durch geeignete Umstrukturierungsprogramme („Business Process Reengineering") eine Anpassung an die wirtschaftlichen Umweltentwicklungen erfolgen kann.

Der betrachtete Produktionsprozeß stellt einen Teilbereich der Produktion von Phosphaten dar, die zur Herstellung von Waschmitteln eingesetzt werden. Er gliedert sich in drei Stufen. In der ersten Stufe des Prozesses wird aus einer Lauge, die in einem vorgelagerten Produktionsprozeß gewonnen wird, unter starker Erhitzung ein pulverförmiges Ausgangsprodukt erzeugt. Hierzu stehen drei parallel, aber asynchron arbeitende Anlagen zur Verfügung. Ein wesentlicher Anteil der notwendigen Energie wird ebenfalls über die Vorstufe in Form von Ofengas bereitgestellt, das dort als Nebenprodukt anfällt. Aufgrund des kontinuierlichen Betriebs der vorgelagerten Prozesse müssen die Produktionsanlagen nach Möglichkeit ohne Unterbrechungen betrieben werden, da sonst Ofengas in großen Mengen abgefackelt werden müßte. Durch Variation der Verfahrensbedingungen können unterschiedliche Ausgangsprodukte gewonnen werden. Allerdings sind die erforderlichen Umstellungen wegen der notwendigen Abkühlung und anschließenden Wiederaufheizung der Produktionsanlagen kosten- und zeitintensiv.

Die weiteren Produktions-, Zwischenlagerungs- und Abpackvorgänge sind in Abbildung 1 schematisch dargestellt. In der zweiten Stufe werden die Produkte in einem Pool von 13 Silos (S2, S12 usw.) produktspezifisch zwischengelagert. Durch anschließendes Mahlen in einer der drei Mühlen (M1, M2, M3) können weitere Produktvarianten gewonnen werden. Die Materialförderung erfolgt durch Pneumatiken (P5, P6). Danach erfolgt eine erneute Einlagerung bzw. unmittelbar die Abfüllung, sofern die hierfür benötigten Einrichtungen bereitstehen.

Die dritte Stufe umfaßt den Abfüll- und Versandbereich. Die einzelnen Abfüllanlagen sind an bestimmten Silos angeschlossen und für verschiedene Versandarten, wie diverse Sack- und Palettengrößen (Sa3, Sa4, Sa5), „Big-Bags" (BB1, BB2) und „Bulk-Ware" zur Abfüllung in Tanklastzüge (TLZ) eingerichtet. Daher muß die Versandart bereits bei der Einlagerung in die Silos berücksichtigt werden.

Auch im Abfüllbereich fallen Rüstzeiten und -kosten an, die vom Produkttyp, der Art des Packmittels, der Verladungsart und anderen Faktoren abhängen.

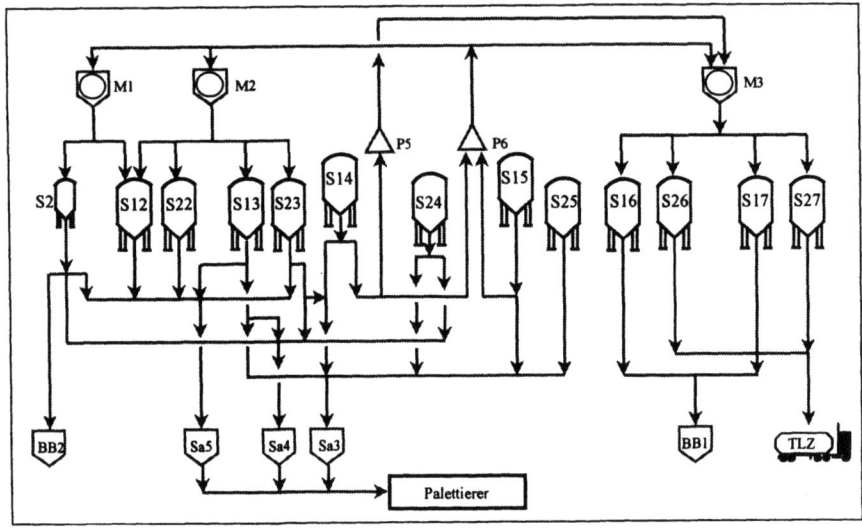

Quelle: Blömer/Günther/Kaminiarz 1997
Abb. 1: Schemadarstellung der Abläufe in einer Phosphatproduktion

Die operative Produktionsplanung für das dargestellt Produktionssystem erfordert die Lösung verschiedener, zum Teil sehr komplexer Aufgaben. Hierzu zählen:

- *Koordination des Güteraustauschs.* Die betrachtete Phosphatproduktion ist in einen mehrstufigen Anlagenverbund eingebettet. Aus der Vorstufe werden u.a. das benötigte Rohmaterial sowie Energie bezogen. Daher bedarf es einer übergreifenden Abstimmung und einer globalen Steuerung der Stoffströme innerhalb des Anlagenverbunds. Auf diese Weise können auch die unerwünschte Beseitigung von Nebenprodukten sowie der Zukauf von Fremdenergie eingeschränkt werden.
- *Auftragsmanagement.* Die Produktion erfolgt ausschließlich auftragsorientiert für Kunden in aller Welt. Jeder Auftrag ist tagesgenau bzw. innerhalb eines engen Terminfensters von wenigen Tagen auszuliefern, wobei die Auftragsgrößen sehr stark von wenigen Tonnen bis hin zu einigen hundert Tonnen variieren. Wegen der enormen Produktvolumina kommt eine Lagerung der Fertigerzeugnisse nicht in Frage. Daher sind die Produktionstermine eng mit den Auslieferungsterminen abzustimmen. Erschwerend kommt hinzu, daß Umrüstungen im Produktions- und Abpackbereich durch die Bündelung gleichartiger Aufträge eingeschränkt werden können. Zielkonflikte zwischen der Minimierung der Umrüstkosten und der Einhaltung der Auslieferungstermine sind alltäglich.
- *Anlagenbelegung.* Die besonderen Schwierigkeiten der Anlagenbelegung bestehen einerseits in den Umrüstprozessen, deren Dauer und Kosten von vielfältigen

Faktoren abhängen. Andererseits ist die Möglichkeit der Zwischenlagerung in den Silos stark eingeschränkt. Eine Auftragsmenge direkt von der Produktionsanlage über eine Mühle durch einen Silo zu der entsprechenden Abpackeinrichtung zu fördern und anschließend auszuliefern, ist nur im Idealfall möglich. Wegen der unterschiedlichen Durchsatzleistungen der einzelnen Anlageneinheiten müssen vielmehr die Startzeitpunkte der einzelnen Materialflüsse eng aufeinander abgestimmt werden.

Zur Lösung dieser operativen Planungsprobleme steht weder eine betriebswirtschaftliche Standardmethode noch eine universell einsetzbare Planungssoftware zur Verfügung. Daher wurde in dem betrachteten Praxisfall eine „maßgeschneiderte" Lösung in Form eines computergestützten Simulationsmodells entwickelt (von Harten/Günther/Blömer/Kaminiarz 1997).

Wie viele andere Industriezweige sieht sich auch die chemische Industrie einem steigenden Kostendruck und sich verändernden wirtschaftlichen Umweltbedingungen ausgesetzt. Früher wurde Phosphat als einer der Hauptbestandteile von Waschmitteln weltweit von verschiedenen Chemieunternehmen produziert. Nach Bekanntwerden der umweltbelastenden Wirkungen von Phosphat ging die Weltnachfrage drastisch zurück. Kapazitätsabbau und Preisverfall waren die Folge. So sank auch in dem betrachteten Praxisfall das Betriebsergebnis trotz guter Auftragslage deutlich unter die Zielvorgaben der Unternehmensleitung. Die Bewilligung nennenswerter Investitionsvorhaben war nicht zu erwarten. Um eine Stillegung der Produktion zu vermeiden, wurde nach Einsparungspotentialen durch organisatorische Verbesserungen gesucht. Verfahrenstechnische Verbesserungsmöglichkeiten der eingesetzten Technologie waren ohnehin weitgehend ausgeschöpft.

Ein erster Schritt bestand darin, die Kosten der Produktion transparenter zu machen und die entstehenden Kosten einzelnen Kundenaufträgen verursachungsgerecht zuzurechnen. Hierzu wurde ein prozeßorientiertes Kostenmodell auf der Grundlage einer Computersimulation der Produktion entwickelt. Auf diese Weise können auch Auftragsklassen (z.B. aufgrund der Produktspezifikation, Verpackungsart oder Auftragsgröße) gebildet und kostenmäßig analysiert werden. Ebenso wird die kostentreibende Wirkung „exotischer" Produktvarianten oder extrem kleiner Auftragsgrößen transparent.

Der langfristige Erfolg eines Unternehmens hängt entscheidend davon ab, inwieweit es ihr gelingt, sich an die dynamischen Umweltentwicklungen anzupassen und ihre Wettbewerbsposition auszubauen oder zumindest zu behaupten. Hierzu leistet auch die Anpassung der Infrastruktur eines Produktionssystems, d.h. der physischen Gegebenheiten sowie der Grundregeln ihres organisatorischen Zusammenwirkens, einen wesentlich Beitrag. Im vorliegenden Praxisfall zählen hierzu Überlegungen, durch die Verbesserung der Auftragseinlastung und der Materialflußsteuerung die Anlagenauslastung zu verbessern, durch gezielte Investitionsmaßnahmen Engpässe zu beseitigen sowie durch flexible Arbeitszeiten die Produktivität des Gesamtsystems zu erhöhen. Hinzu kommen strategische Kostenanalysen, die den Einfluß des Produktionsprogramms, der jeweiligen Anteile der Abpackformen sowie der Auftragsgrößen deutlich machen. Auf diese Weise lassen sich durch die Simulation unterschiedlicher Szenarien geeignete strategische Handlungsempfehlungen ableiten.

1.2 Arbeitssysteme

Der industrielle Produktionsprozeß setzt sich aus einzelnen Abschnitten zusammen, die jeweils einen bestimmten Teilprozeß der Produktion eines Erzeugnisses umfassen. Damit sich die Produktion in geordneter Weise vollziehen kann, müssen geeignete organisatorische Einheiten gebildet und ihr Zusammenwirken geregelt werden. Solche organisatorischen Einheiten, in denen jeweils ein einzelner Abschnitt eines Produktionsprozesses ausgeführt wird, bezeichnen wir als *Arbeitssystem* (siehe Abbildung 2). Sie stellen die kleinste selbständig arbeitsfähige Einheit in einem Produktionssystem dar. Arbeitssysteme werden i.d.R. durch die Zuordnung von Arbeitskräften und Betriebsmitteln (z.B. Maschinen, Werkzeuge) gebildet. Die produktive Nutzbarkeit eines Arbeitssystems (*Kapazität*) wird bestimmt durch die qualitative und quantitative Leistungsfähigkeit der jeweiligen Arbeitskräfte und der Betriebsmittel sowie durch ihr organisatorisches Zusammenwirken. Allgemein lassen sich Arbeitssysteme durch folgende Elemente beschreiben:

– *Input*. Die zu bearbeitenden Vorprodukte (Arbeitsobjekte, z.B. Rohstoffe, Zwischenprodukte, Verbrauchsfaktoren) stellen den physischen Input in das Arbeitssystem dar. Aus den Grunddaten der Produktion sind u.a. der konstruktive Aufbau der Produkte sowie technische Angaben zur Ausführung der Produktion und der Montage (z.B. Arbeitsgangbeschreibungen) abzulesen. Die Planungsdaten besagen z.B., wie viele Erzeugniseinheiten bis zu einem bestimmten Termin fertigzustellen sind. Sie werden durch Produktionsaufträge dokumentiert.

– *Output*. Die Arbeitsobjekte durchlaufen physisch den Produktionsprozeß, werden dort bearbeitet und erfahren dadurch i.d.R. eine Wertsteigerung. Die Fertigstellungszeitpunkte der Produktionsaufträge und damit die Freigabezeitpunkte der Ressourcen (Menschen, Maschinen, Werkzeuge) des Arbeitssystems werden als Rückmeldungen an das Produktionsplanungs- und -steuerungssystem übermittelt.

– *Transformation*. Der eigentliche Produktionsvorgang kann als Transformationsprozeß betrachtet werden, bei dem unter Einsatz von Produktionsfaktoren (Menschen, Maschinen) eine Statusänderung und Wertsteigerung der Arbeitsobjekte, d.h. ihre Umwandlung in Produkte erfolgt.

In den meisten Unternehmen werden mehrere Arten von Enderzeugnissen hergestellt, die jedoch zum Teil auf gemeinsame Vorerzeugnisse zurückgreifen. Außerdem können gleichartige technische Arbeitsverrichtungen bei unterschiedlichen Zwischen- und Endprodukten anfallen. Hieraus ergibt sich häufig ein vernetzter Materialfluß und die Notwendigkeit, die verschiedenen Arbeitssysteme durch Transportpfade miteinander zu verbinden. Der betriebliche Leistungsprozeß in seiner Gesamtheit umfaßt somit ein System miteinander verbundener Arbeitssysteme unter Einschluß der zur Beschaffungs- und Absatzseite bestehenden Material- und Erzeugnisflüsse.

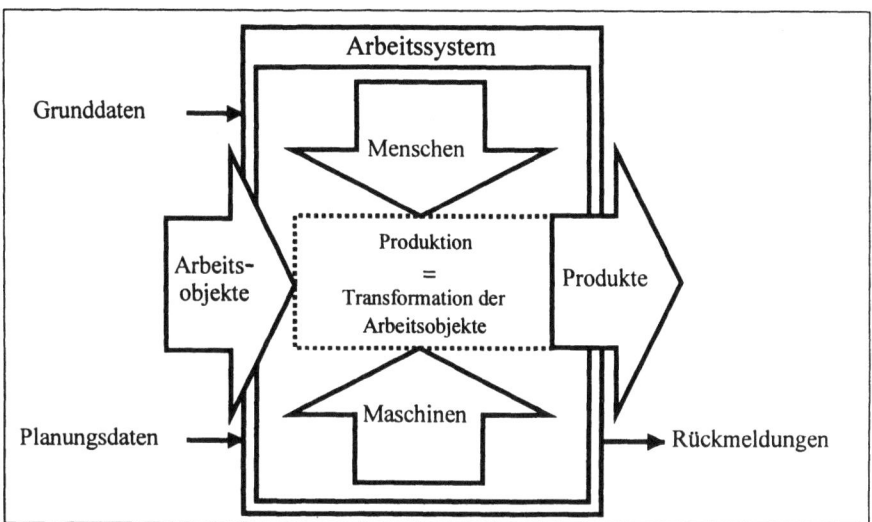

Quelle: Günther/Tempelmeier 1997, S. 6
Abb. 2: Aufbau eines Arbeitssystems

1.3 Systematik industrieller Produktionstypen

Um industrielle Produktionsweisen zu systematisieren, bietet es sich an, von dem Arbeitssystem als elementarer Organisationseinheit eines Produktionssystems auszugehen. Aus der Betrachtung des Inputs, des Outputs sowie des Transformationsprozesses, der in einem Arbeitssystem vollzogen wird, lassen sich unterschiedliche Produktionstypen abgrenzen.

Programmbezogene Produktionstypen beziehen sich auf die Outputseite des Produktionssystems. Die meisten Industriebetriebe stellen mehrere unterschiedliche Produktarten her, die in verschiedenen Produktvarianten auf dem Absatzmarkt angeboten werden. Ausgesprochene Massengüter (z.b. Düngemittel oder Büropapier) werden i.d.R. nur in wenigen Varianten hergestellt, während beispielsweise Automobile aufgrund der enormen Kombinationsvielfalt der einzelnen Ausstattungsmerkmale u.U. mehrere Milliarden von Ausführungsvarianten erlauben (vgl. Rosenberg 1996), von denen allerdings nur ein Bruchteil im Laufe eines Jahres tatsächlich produziert wird. Die Variantenanzahl hängt eng mit der *Auflagegröße* eines Produktes zusammen. Hierunter versteht man die Anzahl der nach Vorbereitung der Produktionsanlage ununterbrochen hergestellten Einheiten einer Produktart. Danach lassen sich Massenproduktion, Serienproduktion sowie Einzelproduktion unterscheiden.

– *Massenproduktion* ist die ständige, zeitlich nicht begrenzte Produktion eines Gutes in großen Mengen. Hierbei können Mechanisierung und Automatisierung des Produktionsprozesses am leichtesten verwirklicht werden. Moderne Produktions- und Montageeinrichtungen weisen eine hohe technische Flexibilität

auf, so daß auch Massenprodukte, wie Automobile, den individuellen Kundenwünschen entsprechend produziert werden können.
- Bei der *Sortenproduktion*, einem Spezialfall der Massenproduktion, werden mehrere Varianten eines Grundprodukts auf denselben Produktionsanlagen zeitlich hintereinander hergestellt. Die verschiedenen Produkte weisen dabei nur geringfügige Unterschiede hinsichtlich ihrer Abmessung, Größe, Gestalt, Qualität oder ihres Abpackformats auf. Beispiele finden sich u.a. in der Nahrungs- und Genußmittelindustrie und in der Herstellung von Reinigungs- und Körperpflegemitteln. Bei jedem Sortenwechsel muß der Produktionsprozeß unterbrochen und die Produktionsanlage auf die neue Sorte umgestellt werden (z.B. Produktion verschiedener Waschpulversorten).
- Bei der *Serienproduktion* wird nach entsprechender Vorbereitung einer Produktionsanlage eine begrenzte Anzahl identischer Erzeugnisse hergestellt. Hier tritt regelmäßig das Problem des Umrüstens der Produktionsanlagen auf. Dies geschieht z.B. durch das Auswechseln eines Werkzeugs bei einer Werkzeugmaschine oder die Umstellung der Prozeßbedingungen in einer chemischen Anlage. Im Vergleich zur Sortenproduktion müssen die Produktionsanlagen wesentlich flexibler sein.
- Das Produktionsprogramm bei *Einzelproduktion* setzt sich aus individuellen Produkten zusammen, die als Einzelstücke hergestellt werden. Einzelproduktion erfolgt prinzipiell aufgrund eines individuellen Kundenauftrags. Beispiele für Einzelproduktion finden sich bei der Produktion von Großfahrzeugen (Flugzeugen, Schiffen, Lokomotiven u.ä.) sowie im Maschinen- und Anlagenbau.

Nach den Beziehungen der Produktion zum Absatzmarkt kann zwischen *auftragsorientierter* und *lagerorientierter* Produktion unterschieden werden. Im ersten Fall („make to order") liegt bei Produktionsbeginn ein Kundenauftrag vor, der die herzustellenden Produkte art- und mengenmäßig festlegt und konkrete Produktions- bzw. Liefertermine vorsieht. Demgegenüber erfolgt die lagerorientierte Produktion („make to stock") im Hinblick auf einen anonymen Markt, also auf Lager. Die Marktnachfrage muß hierbei durch Nachfrageprognosen geschätzt werden. Um die Lieferzeiten zu verkürzen, werden häufig auch Einzelteile auf Lager produziert und anschließend die Endprodukte auftragsorientiert zusammengebaut („assemble to order").

Aus der Betrachtung der Inputseite des Produktionssystems ergeben sich unterschiedliche *einsatzbezogene Produktionstypen*. In den meisten Produktionsprozessen werden die jeweiligen Arten von Produktionsfaktoren, materielle Güter (wie Roh-, Hilfs- und Betriebsstoffe), menschliche und maschinelle Arbeit sowie Informationen mit unterschiedlichen Anteilen benötigt. Man kann daher nach dem relativen Anteil des Produktionsfaktoreinsatzes unterscheiden zwischen materialintensiver Produktion (z.B. in der Mineralölverarbeitung), anlagenintensiver Produktion (z.B. bei automatisierten Montageprozessen), arbeitsintensiver Produktion (z.B. bei kunsthandwerklichen Produkten) sowie informationsintensiver Produktion (z.B. im Verlagswesen).

Der in einem Arbeitssystem vollzogene Transformationsprozeß bezieht sich in erster Linie auf die eingesetzte *Technologie*. Diesbezüglich lassen sich physikalisch, chemische und biologische Technologien unterscheiden. Weiterhin ist der Transformationsprozeß durch eine bestimmte Form des Materialflusses gekennzeichnet, der einen durchgängigen Verlauf, bei dem aus jeweils einer eingesetzten Werkstoffart eine einzige Produktart erzeugt wird, einen konvergierenden Verlauf (z.B. Montagevorgänge oder synthetische chemische Prozesse) oder einen divergierenden Verlauf annehmen kann. Der letztere Fall ist vor allem in der chemischen Industrie anzutreffen. Man spricht hier von *Kuppelproduktion*, wenn im Produktionsprozeß zwangsläufig mehrere Ausbringungsgüter gleichzeitig anfallen. Die Mengenrelationen sind entweder starr oder aufgrund der Wahl der Prozeßbedingungen oder der Zusammensetzung der Einsatzstoffe variabel. Als Beispiel für Kuppelproduktion sei die Mineralölverarbeitung genannt, bei der aufgrund der technischen Verfahrensweisen gleichzeitig Autobenzin, Heizöl, Schmierstoffe und weitere Produkte erzeugt werden, wobei die Mengenrelationen zwischen diesen Produkten innerhalb bestimmter Grenzen variiert werden können.

1.4 Organisationstypen der Produktion

Die im Vorabschnitt beschriebenen Produktionstypen beziehen sich auf die Eigenschaften einzelner Arbeitssysteme. Der betriebliche Leistungsprozeß in seiner Gesamtheit umfaßt jedoch ein System miteinander verbundener Arbeitssysteme unter Einschluß der jeweiligen Materialflüsse. Man kann daher Produktionssysteme auch nach der organisatorischen Anordnung der Arbeitssysteme und den zwischen ihnen erforderlichen Transportbeziehungen kennzeichnen. Hieraus ergeben sich unterschiedliche *Organisationstypen der Produktion*, die grundlegend an einem funktions- bzw. objektorientierten Organisationsprinzip ausgerichtet sind.

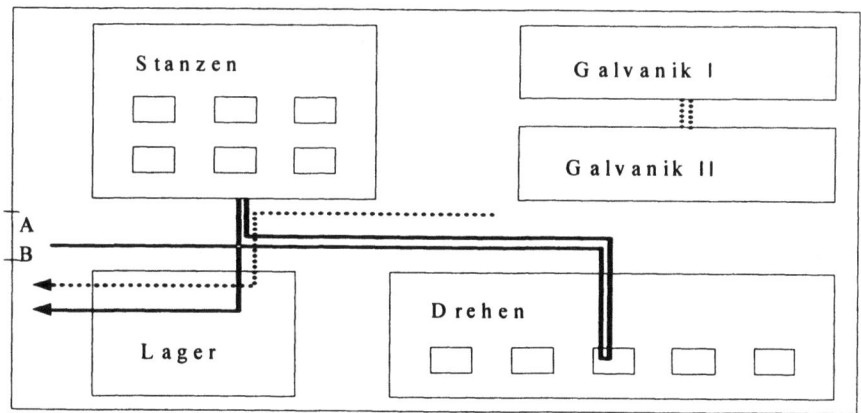

Quelle: Günther/Tempelmeier 1997, S. 13
Abb. 3: Werkstattproduktion

– *Funktionsprinzip*. Hierbei werden Arbeitssysteme, die gleichartige Funktionen (Operationen, Arbeitsgänge) durchführen können, räumlich in einer Werkstatt zusammengefaßt. Abbildung 3 veranschaulicht das Layout einer Fabrikhalle mit mehreren Werkstätten (Stanzerei, Dreherei, Galvanik) und einem Lager für Material und Fertigprodukte. Da in der *Werkstattproduktion* jeder Auftrag gemäß der in seinem Arbeitsplan definierten technologischen Reihenfolge zu den einzelnen Werkstätten transportiert werden muß, ist der Materialfluß im allgemeinen stark vernetzt. Zwangsläufig ergeben sich Wartezeiten der einzelnen Aufträge an einer Maschine und damit verbundene Zwischenlagerbestände sowie Leerzeiten einzelner Maschinen, wenn die vorhergehenden Arbeitsgänge der Aufträge in einer anderen Werkstatt noch nicht abgeschlossen sind.

Bei Anwendung des *Objektprinzips* orientiert sich die Anordnung der Arbeitssysteme an den Arbeitsplänen der zu bearbeitenden Erzeugnisse. Es können verschiedene Organisationstypen der Produktion unterschieden werden, die auf dem Objektprinzip beruhen.

– *Fließproduktion* (einheitlicher Materialfluß). Hierbei werden die Arbeitssysteme entsprechend ihrer Position in den Arbeitsplänen der zu produzierenden Erzeugnisse i.d.R. linear angeordnet. Diese Form der Produktionsorganisation ist nur dann anwendbar, wenn in dem betrachteten Bereich ein einheitliches Grundprodukt bzw. eine begrenzte Anzahl von Produktvarianten produziert wird. Bei Fließproduktion erfolgt zumeist eine enge zeitliche Bindung der Arbeitsgänge, wobei die Kapazitäten der einzelnen Arbeitssysteme aufeinander abgestimmt werden müssen. Zusätzlich können hierbei die einzelnen Arbeitsstationen durch ein starres Materialflußsystem zu einem automatisierten Gesamtsystem (*Transferstraße*) verkettet werden. In diesem Fall sind die Werkstücke fest mit dem Transportsystem verbunden und können nur simultan fortbewegt werden (synchroner Materialfluß). Erfolgt die Koppelung durch selbständige Fördereinrichtungen, wobei die einzelnen Werkstücke auch unabhängig voneinander bewegt werden können (asynchroner Materialfluß), dann spricht man von einer *Fließproduktionslinie* (siehe Abbildung 4). Fehlt hingegen eine zeitliche Bindung der Arbeitsgänge, dann spricht man von *Reihenproduktion*.

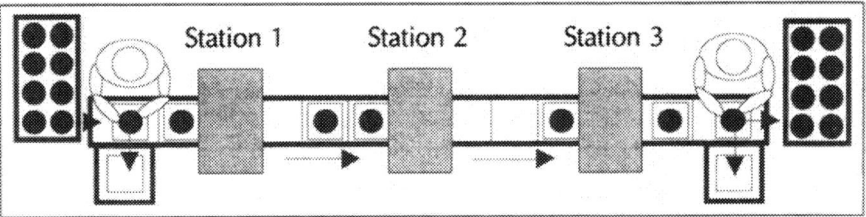

Quelle: Günther/Tempelmeier 1997, S. 14
Abb. 4: Fließproduktionslinie

– *Zentrenproduktion.* Bei der Zentrenproduktion werden ebenfalls unterschiedliche Arbeitssysteme räumlich unter Anwendung des Objektprinzips zusammengefaßt. Im Unterschied zur Fließproduktion können in einem Produktionszentrum beliebige Materialflüsse vorkommen. Produktionszentren werden dann eingesetzt, wenn Erzeugnisfamilien gebildet werden können, die oft nicht nur dieselben Arbeitssysteme belegen, sondern auch nach ähnlichen Arbeitsplänen produziert werden (z.b. Getriebe- oder Motorenteile im Automobilbau). In diesen Fällen bilden die Maschinen und Arbeitskräfte, die zur Herstellung oder Montage verwandter Erzeugnisse eingesetzt werden, eine räumlich zusammengefaßte Gruppe. Dadurch werden die Materialbewegungen beträchtlich vereinfacht. Hierbei existieren verschiedene Varianten, die sich u.a. durch ihren Automatisierungsgrad unterscheiden. *Flexible Fertigungssysteme*, die aus einer Gruppe von numerisch gesteuerten Maschinen bestehen, zeichnen sich durch eine weitestgehende Automatisierung der Produktions- und Transportvorgänge sowie des Werkzeugwechsels aus. Wird auf die vollständige Automatisierung verzichtet, dann spricht man von *Produktionsinseln*.

2 Betriebswirtschaftliche Analyse industrieller Produktion

Produktionssysteme lassen sich nach technischen und betriebswirtschaftlichen Gesichtspunkten analysieren. Im Mittelpunkt einer betriebswirtschaftlichen Analyse der Produktion stehen der Wertschöpfungsprozeß, der mit der Produktion einhergeht, sowie die Entscheidungen, die zum wirtschaftlichen Erfolg der Produktion beitragen sollen.

2.1 Produktion als Wertschöpfungsprozeß

Aus betriebswirtschaftlicher Sicht ist Produktion ein Wertschöpfungsprozeß. Um Wertschöpfung zu erzielen, werden aus einfachen oder komplexen Inputgütern in einem mehrstufigen Prozeß unter Einbeziehung verschiedener Arbeitssysteme wertgesteigerte Outputgüter erzeugt. Dieser Prozeß ist in Abbildung 5 veranschaulicht.

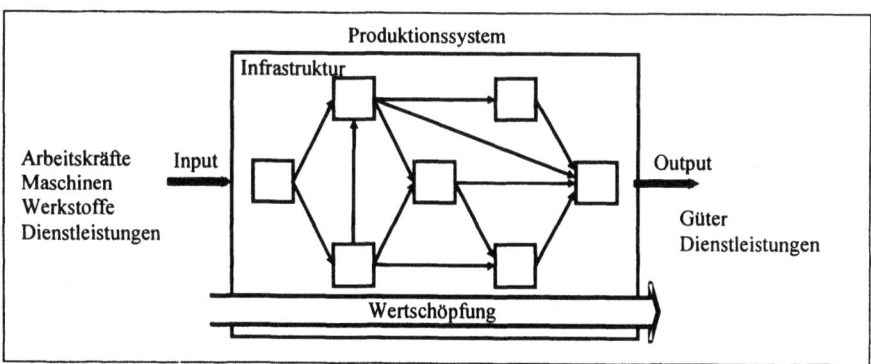

Abb. 5: Wertschöpfungsprozeß

Unbestritten folgen die meisten Unternehmen einem langfristigen Ziel, das man pointiert mit „To make money" umschreiben könnte. Das Streben nach Wertschöpfung ist nichts anderes als die pragmatische Interpretation dieses langfristi-

gen Unternehmensziels. Um Wertschöpfung zu erzielen, müssen die folgenden allgemeinen Anforderungen erfüllt werden:
- *Zeit.* Die industrielle Erzeugung eines Produktes erfordert eine Vielzahl von Einzelschritten der Beschaffung, der Produktion und Montage sowie der Distribution, die jeweils eine bestimmte Zeit zu ihrer Ausführung benötigen. Je schneller diese zeitliche Wegstrecke überwunden wird, desto mehr Wertschöpfung kann mit den verfügbaren Produktionsressourcen erzielt werden.
- *Qualität.* Die Leistung eines Produktionssystems läßt sich in mengen- und wertmäßiger, aber auch in qualitativer Hinsicht messen. Gerade bei technisch anspruchsvollen Produkten werden Qualität und die daraus resultierende Kundenzufriedenheit immer mehr zu entscheidenden Wettbewerbsfaktoren. Produktionsqualität äußert sich u.a. in geringen Ausschußraten, vor allem aber in der Funktionalität, Zuverlässigkeit, Umweltfreundlichkeit und Langlebigkeit der erzeugten Produkte.
- *Flexibilität.* Mit diesem Begriff wird allgemein die Fähigkeit eines Systems beschrieben, sich an veränderte Umweltbedingungen anzupassen. In strategischer Hinsicht gilt ein Produktionssystem dann als flexibel, wenn es sich in angemessener Zeit auf die veränderten technologischen, politisch-rechtlichen, wirtschaftlichen und sozio-kulturellen Umweltbedingungen einstellen kann. Die Erfahrung zeigt, daß erfolgreiche Unternehmen sich schneller anpassen können als weniger erfolgreiche. Ihre Umsetzung erfahren die strategisch notwendigen Anpassungsprozesse durch interne Umgestaltungen und Weiterentwicklungen, z. B. der Produktionsverfahren, der Beschaffungsweisen und der eingesetzten Planungs- und -steuerungssysteme. Nicht zuletzt trägt ein Vorsprung bei der Entwicklung neuer Produkte dazu bei, daß die errungenen Marktpositionen gegenüber der Konkurrenz verteidigt oder sogar ausgebaut werden können. In operativer Hinsicht ist vor allem die Fähigkeit des Produktionssystems von Bedeutung, kurzfristig auf notwendige Veränderungen des Produktprogramms und der Produktionsprozesse zu reagieren. Diese Fähigkeit wird in erster Linie durch die technische Vielseitigkeit der eingesetzten Arbeitssysteme bestimmt.

Weiterhin ist aus Abbildung 5 die *Infrastruktur* als wesentlicher Bestandteil eines Produktionssystems zu erkennen. Hierunter fassen wir alle physischen Gegebenheiten (die „Hardware") des Produktionssystems sowie die Grundregeln ihres organisatorischen Zusammenwirkens (die „Software") zusammen. Getragen wird die Infrastruktur von den Menschen, die sowohl als Arbeitskräfte als auch dispositiv in der Produktion tätig sind. Zu den *physischen Gegebenheiten* zählen u.a. die Produktionsanlagen mit ihren Kapazitäten und verfahrenstechnischen Möglichkeiten sowie die Lagerungs-, Materialfluß- und Handlingeinrichtungen, durch welche die Produktionsanlagen miteinander verbunden sind. Gelenkt und gesteuert werden die Materialflüsse innerhalb der Produktion durch *Vorgaben, Dispositionen und Regeln.* Beispielsweise wird ein vorgegebenes Auftragsprogramm an den einzelnen Maschinen nach bestimmten Prioritätsregeln abgearbeitet, wobei für den Weitertransport zwischen den Arbeitsstationen materialflußorientierte Steuerungsprinzipien angewendet werden. Das gesamte logistische „Regelwerk" der Produktion ist in sog. computergestützten Produktionsplanungs- und -steuerungssystemen (PPS-Systemen) verankert.

2.2 Systematik produktionswirtschaftlicher Entscheidungen

Erkenntnisgegenstand der Produktionswirtschaft als betriebswirtschaftlicher Teildisziplin sind alle Entscheidungen, die im Zusammenhang mit der Vorbereitung, Durchführung und Kontrolle der Produktion einschließlich der resultierenden logistischen Prozesse gefällt werden müssen. Dieses Entscheidungsfeld umfaßt eine Fülle von Einzelentscheidungen, zwischen denen enge wechselseitige Abhängigkeiten bestehen. Betrachtet man die im Rahmen der Produktion zu treffenden Entscheidungen genauer, so stellt man fest, daß sie sich durch einige wesentliche Eigenschaften kennzeichnen lassen:
– Es handelt sich um Entscheidungen mit unterschiedlichen Planungshorizonten und Realisierungszeiträumen.
– Die einzelnen Entscheidungen weisen für das Gesamtunternehmen eine höchst unterschiedliche Bedeutung auf. Damit verbunden sind Abstufungen des Risikos, des finanziellen Einsatzes sowie der personellen und sachlichen Tragweite der Entscheidungen.
– Die verwendeten Daten werden jeweils auf einen problemadäquaten Aggregationsgrad verdichtet.

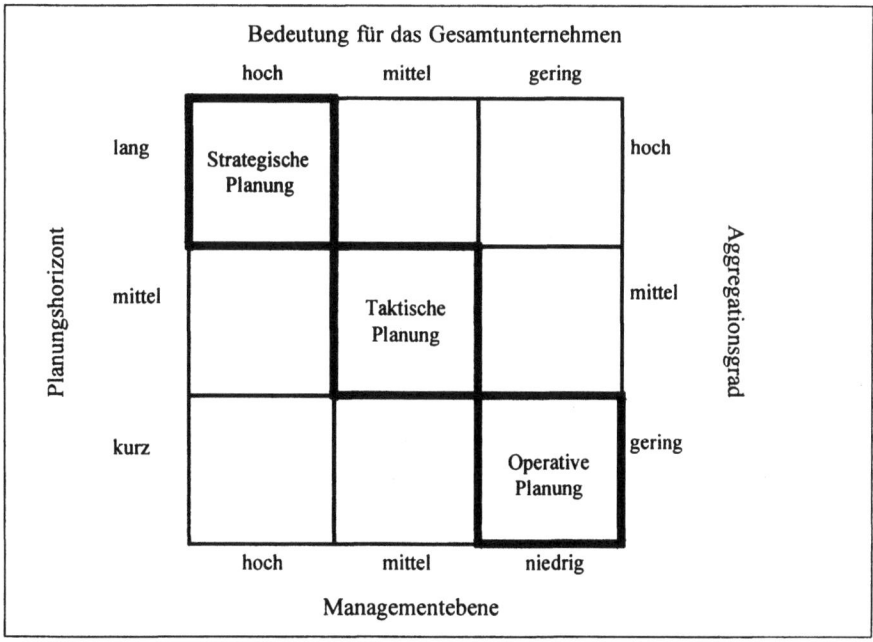

Quelle: Günther/Tempelmeier 1997, S. 23
Abb. 6: Entscheidungsebenen

– Schließlich werden Entscheidungsträger auf verschiedenen Managementebenen des Unternehmens berührt.

Üblicherweise grenzt man unter Berücksichtigung dieser Entscheidungsmerkmale eine strategische, taktische und operative Managementebene ab (siehe Abbildung 6). Die Aufgabenteilung zwischen den einzelnen Managementebenen läßt sich wie folgt umschreiben.

– Die Aufgabe des *strategischen Produktionsmanagements* besteht darin, die langfristigen Rahmenbedingungen zu schaffen, unter denen sich ein Unternehmen erfolgreich entwickeln kann (z.B. über den Einstieg in neue hochautomatisierte Produktionstechniken zu entscheiden).

– Das *taktische Produktionsmanagement* soll dazu beitragen, die in der strategischen Entscheidungsebene gesetzten Ziele schrittweise zu verwirklichen und die angestrebte Leistungsstärke nachhaltig aufzubauen. Dies geschieht vor allem durch die Umgestaltung und Weiterentwicklung der Produktionsinfrastruktur. Typische taktische Fragestellungen sind die Dimensionierung der Produktionskapazitäten und die Layoutplanung.

– Die Hauptaufgabe des *operativen Produktionsmanagements* besteht darin, zur Ausschöpfung jener Leistungspotentiale beizutragen, die zuvor durch die Entscheidungen der taktischen Planungsebene geschaffen wurden. Hierzu sind z.B. Produktionsprogramme zur wirtschaftlichen Nutzung der Kapazitäten aufzustellen.

Die konkrete Umsetzung der operativen Produktionsprogramme erfolgt in der *dispositiven Planungsebene* im Rahmen der Produktionsvollzugsplanung. Hierzu zählen z.B. die Materialbedarfsplanung, die Auftragsterminierung sowie die detaillierte Ressourceneinsatzplanung. Schließlich werden in der Steuerungsebene Maßnahmen getroffen, die sicherstellen sollen, daß die Ausführung der Produktion den Planvorgaben folgt.

2.3 Wirtschaftlichkeit und Effizienzvergleich von Produktionssystemen

Die Wirtschaftlichkeit eines Produktionssystems wird durch Entscheidungen bestimmt, die auf den verschiedenen Managementebenen getroffen werden. Die festgestellten Ergebnisse und Zielerreichungen sind jedoch zumeist nicht unmittelbar einer Einzelentscheidung, einem Verantwortungsbereich oder einer bestimmten Planungsaufgabe zurechenbar. Welcher Umsatz für eine bestimmte Produktgruppe erzielt wird oder welche Personal- und Materialkosten anfallen, läßt sich nicht direkt als Ergebnis einer bestimmten Marketingmaßnahme bzw. einem Personaleinsatz- oder Beschaffungsplan zurechnen. Bei der Analyse der Wirtschaftlichkeit von Produktionssystemen ist man vielmehr auf die ex-post Erfassung aggregierter Kennziffern angewiesen. Zudem müssen die einzelnen Wirtschaftlichkeitskennziffern zu einem aussagefähigen Kennzahlensystem verdichtet werden.

Allgemein läßt sich in wertmäßiger Hinsicht das Ergebnis des Produktionsprozesses durch folgende alternative Formulierungen des *Wirtschaftlichkeitsprinzips* erfassen:

– Mit einem gegebenen Wert von Inputgütern ist ein maximales wertmäßiges Produktionsergebnis zu erreichen (Maximumprinzip).
– Ein vorgegebenes wertmäßiges Produktionsergebnis ist mit minimalem Inputwert zu erreichen (Minimumprinzip).

Ein derartiges Wirtschaftlichkeitsprinzip ist jedoch in seiner Aussagefähigkeit beschränkt. Zur Bewertung sowohl der Input- als auch der Outputgüter werden geeignete Bewertungsverfahren benötigt, die oftmals strittig sind. Im übrigen ist diese Betrachtungsweise statisch. Sie sagt nichts darüber aus, wie die Wertschöpfungsprozesse in der zeitlichen Abfolge ihrer Einzelschritte gestaltet werden sollen. Vor allem für die langfristige Entwicklungsplanung des Unternehmens ist diese Konzeption des Wirtschaftlichkeitsprinzips ungeeignet.

Eine Wirtschaftlichkeitsanalyse, die auch der Erfolgsbewertung getroffener Entscheidungen und der Zielplanung für künftige Entscheidungen dient, muß nach einzelnen Produktionsbereichen, Produktgruppen, konkreten strategischen oder taktischen Planungsmaßnahmen, Funktionsbereichen des Unternehmens usw. differenziert werden. Darüber hinaus sind unterschiedliche Operationalisierungen des Wirtschaftlichkeitsprinzips zu beachten (z.B. erzielte Ausbringung / Fabrikfläche, Wartungs- und Instandhaltungskosten / Kapitaleinsatz für Produktionsanlagen, Energiekosten / Betriebszeit oder Verbesserung von Lieferservice und Kundenzufriedenheit). Schließlich muß eine vergleichende Wirtschaftlichkeitsanalyse auch die Auswertung der Produktionsergebnisse im Zeitablauf bzw. in Bezug auf andere als Referenz herangezogene Produktionssysteme erlauben.

Tab. 1: Zahlenbeispiel zur Wirtschaftlichkeitsanalyse

	Werk 1	Werk 2	Werk 3	Werk 4
Produktionskosten / Jahr	100	150	80	200
Gesamtumsatz / Jahr	1000	1200	1200	1400
Gesamtumsatz / Produktionskosten	10	8	15	7
Umsatz (Produktgruppe A)	300	200	-	-
Umsatz (Produktgruppe B)	200	-	1200	1200
Umsatz (Produktgruppe C)	500	1000	-	200

Um die Problematik einfacher Wirtschaftlichkeitskennziffern zu erläutern, betrachten wir das in Tabelle 1 dargestellte Beispiel. Die Angaben zu den Produktionskosten und Umsatzgrößen beziehen sich auf drei Produktgruppen A, B und C sowie vier Werke, in denen diese Produkte hergestellt werden. Die Werke sollen hinsichtlich ihrer Wirtschaftlichkeit verglichen werden. Greift man hierzu auf eine einfache Kennziffer gemäß dem oben dargestellten Wirtschaftlichkeitsprinzip zurück, nämlich die Relation „Gesamtumsatz / Produktionskosten", so erscheint Werk 3 mit einer Kennziffer von 15 am wirtschaftlichsten, gefolgt von den Werken 1, 2 und 4. Offensichtlich unterscheiden sich die Werke jedoch hinsichtlich ihrer Kapazität, ihres Produktionsprogramms sowie weiterer Eigenschaften des Produktionssystems, so daß dieser einfache Wirtschaftlichkeitsvergleich nicht aussagefähig ist. Beispielsweise erweisen sich die Werke 1 und 2 (im Sinne der sog. „Pareto-Optimalität") als ineffizient gegenüber Werk 3, da sie den gleichen bzw.

einen geringeren Gesamtumsatz bei höheren Produktionskosten erwirtschaften. Als Ergebnis einer solchen vergleichenden Analyse sind die Werke 3 und 4 als effizient, die Werke 1 und 2 als ineffizient einzustufen.

Vergleicht man die unterschiedlichen Produktionsprogramme der Werke, so erscheint aber auch dieser Effizienzvergleich unbefriedigend. Aus Tabelle 1 ist ersichtlich, daß in Werk 3 lediglich die Produktgruppe B hergestellt wird, während Werk 2 ausschließlich die übrigen beiden Produktgruppen produziert. Werk 2 im Vergleich zu Werk 3 als ineffizient einzustufen, ist daher angesichts der unterschiedlichen Produktionsprogramme nicht ohne weiteres möglich. Würde man die Produktionskosten weiter aufschlüsseln, so wären vermutlich aufgrund der unterschiedlichen Produktionssysteme auch entsprechende Unterschiede in den Kostenstrukturen festzustellen, so daß auch diese Gesichtspunkte in den Effizienzvergleich einbezogen werden müßten.

Eine systematische Methodik, welche die Effizienzanalyse bei heterogenen Input- und Outputfaktoren gestattet, ist die sog. „*Data Envelopment Analysis, DEA*" (vgl. Charnes/Cooper/Lewin/Seiford 1994 sowie Dyckhoff 1998, Kap. 6.3). Allgemein dient die DEA der Quantifizierung der relativen Effizienz von Organisationseinheiten, z.B. von Universitäten oder Krankenhäusern, dem Benchmarking von Unternehmen, darüber hinaus auch der Wirtschaftlichkeitsanalyse und dem intertemporalen Effizienzvergleich von Produktionssystemen.

Betrachtet wird eine Referenzgruppe von Organisationseinheiten (Produktionssystemen) $u \in U$. Diese setzen zur Leistungserstellung Inputfaktoren $i \in I$ ein und erzeugen Outputfaktoren $o \in O$. Mit a_{iu} sei der bewertete Einsatz des Inputfaktors i, mit A_{ou} die bewertete Ausbringung des Outputfaktors o in der Organisationseinheit u bezeichnet. Zur Gewichtung der unterschiedlichen Input- und Outputfaktoren werden Gewichte λ_i und μ_o definiert. Man stelle sich nun vor, daß jede zu evaluierende Organisationseinheit e ihrerseits die für sie günstigsten Werte der Gewichte bestimmen kann, um im Vergleich mit den übrigen Organisationseinheiten der Referenzgruppe möglichst als effizient zu erscheinen. Effizienz ist dann gegeben, wenn keine andere Organisationseinheit den gleichen oder einen höheren gewichteten Output mit geringerem gewichtetem Input erzielt.

Die Bestimmung der aus der Sicht der zu evaluierende Organisationseinheit e „optimalen" Werte der Gewichte λ_i und μ_o erfolgt durch die Lösung des folgenden linearen Optimierungsproblems, das λ_i und μ_o als Entscheidungsvariablen enthält.

Maximiere

$$\sum_{o \in O} \mu_o \cdot A_{oe} \qquad (1)$$

unter den Nebenbedingungen

<u>Normierung des Inputs</u>

$$\sum_{i \in I} \lambda_i \cdot a_{ie} = 1 \qquad (2)$$

Effizienzbedingung

$$\frac{\sum_{o \in O} \mu_o \cdot A_{ou}}{\sum_{i \in I} \lambda_i \cdot a_{iu}} \leq 1 \qquad u \in U \qquad (3)$$

Nichtnegativität

$$\lambda_i, \mu_o \geq 0 \qquad i \in I, o \in O \qquad (4)$$

Durch die Zielfunktion (1) wird der gewichtete Output der zu evaluierenden Organisationseinheit maximiert, deren gewichteter Input gemäß (2) auf den Wert 1 normiert wird. In der Nebenbedingung (3) wird die Relation von gewichtetem Output und gewichtetem Input für jede Organisationseinheit gebildet und wertmäßig auf eine Obergrenze von 1 beschränkt. Erreicht die zu evaluierende Organisationseinheit in der optimalen Lösung des Modells in dieser Nebenbedingung den Grenzwert von 1, so erweist sie sich als effizient im Vergleich zu den übrigen Organisationseinheiten. Das obige lineare Optimierungsmodell ist für jede Organisationseinheit gesondert aufzustellen und jeweils bezüglich der Entscheidungsvariablen λ_i und μ_o zu lösen.

Die Modellrechnungen, die auch mit Hilfe eines modernen Programms zur Tabellenkalkulation ausgeführt werden können, zeigen für das Beispiel aus Tabelle 1, daß sich unter Berücksichtigung der heterogenen Outputfaktoren lediglich Werk 4 als ineffizient erweist. Dieses Ergebnis erscheint im Vergleich mit Werk 3 plausibel. Beide Werke stimmen im Umsatz von Produktgruppe B überein. Der zusätzliche Umsatz von 200 bei Produktgruppe C wird jedoch durch einen Anstieg der Produktionskosten von 80 auf 200 erkauft. Auch die für Werk 4 günstigste Wahl der Outputgewichtungen kann diesen Kostenanstieg nicht kompensieren. Unter Berücksichtigung der heterogenen Outputfaktoren erhält man somit völlig andere Ergebnisse der Effizienzanalyse als bei der zunächst vorgenommenen Verwendung des Gesamtumsatzes als aggregierter Outputgröße.

Abschließend sei auf einige im praktischen Einsatz der DEA auftretende Anwendungsprobleme hingewiesen:
– Voraussetzung für die Anwendung der DEA ist ein Konsens bezüglich der Auswahl der relevanten Input- und Outputfaktoren. Während sich die verschiedenen Inputfaktoren häufig zu einer aggregierten Kostengröße verdichten lassen, ist möglicherweise strittig, worin die relevanten Leistungen der zu evaluierenden Organisationseinheiten bestehen.
– Falls zu „exklusive" Outputfaktoren verwendet werden, leidet die Trennschärfe der DEA. Beispielsweise könnte sich eine Organisationseinheit, die ein überragendes Kantinenessen anbietet, als effizient erweisen, auch wenn sie bezüglich der übrigen Outputfaktoren deutlich unterlegen ist. Andererseits wird die Trennschärfe der DEA verbessert, wenn die Referenzgruppe eine größere Zahl von Organisationseinheiten mit vergleichbarem Leistungsspektrum umfaßt.
– Für die Gewichte besonders wichtiger Outputfaktoren sind ggf. Untergrenzen vorzugeben.

– In ihrer Standardform gestattet die DEA weder die Aufstellung einer Rangordnung, noch betrachtet sie explizit eine Konkurrenz der Organisationseinheiten bei der Wahl der Gewichte. Aus der Literatur sind jedoch entsprechende Modellerweiterungen bekannt.

Ähnlich wie zum Vergleich von Organisationseinheiten untereinander läßt sich die DEA auch zur Effizienzbewertung eines einzelnen Produktionssystems im Zeitverlauf einsetzen. Die einzelnen zu betrachtenden Perioden entsprechen hierbei den verschiedenen Organisationseinheiten. Bei der Anwendung der DEA im Produktionsbereich können beispielsweise die Betriebskosten je Periode einschließlich der Rüst- und Wartungs- sowie der Nacharbeitskosten, die Kosten für den effektiven Personaleinsatz und die Maschinennutzung als relevante Inputfaktoren zugrunde gelegt werden. Als relevante Outputfaktoren sind beispielsweise die mittlere Durchlaufzeit der Produkte durch den gesamten Produktionsprozeß, die durchschnittliche Kapitalbindung in Zwischenlägern oder die bewerteten Produktionsleistungen der hergestellten Erzeugnisse anzusehen.

3 Strategisches Produktionsmanagement

Um am Markt langfristig erfolgreich zu sein, muß ein Unternehmen versuchen, sich im Einklang mit ihrer Umwelt zu entwickeln, auch wenn sich die Umwelt teilweise turbulent verändert. Durch Strategien soll die langfristige Entwicklung des Unternehmens zielgerichtet gelenkt werden.

3.1 Unternehmensstrategien

Unter einer *Unternehmensstrategie* versteht man die Gesamtheit aller Maßnahmen, die einen wesentlichen Einfluß auf den Ausgang des Wettbewerbs haben. Unternehmensstrategien weisen drei wesentliche Eigenschaften auf:
– Sie sind stets auf die Schaffung und Nutzung möglichst dauerhafter Wettbewerbsvorteile ausgerichtet.
– Sie dienen der Erzielung von Wettbewerbsvorteilen unter Einbeziehung aller Unternehmensbereiche und ihrer unternehmenspolitischen Variablen.
– Sie sind gekennzeichnet durch eine langfristige und hochaggregierte Betrachtung des Unternehmens.

Wettbewerbsvorteile werden heute zunehmend durch technische Spitzenleistungen angestrebt. Beispiele für Unternehmen, die durch technologische Innovationen eine herausragende Marktstellung gewonnen haben, sind u.a. unter den Herstellern von Laserdruckern, Farbkopierern, Mobiltelefonen und digitalen Kameras zu finden. Ausschlaggebend für den Unternehmenserfolg waren hier nicht unmittelbar die Anstrengungen im Bereich des Marketing, sondern technische Spitzenleistungen und erfolgreiche produktionsstrategische Konzepte.

Strategien müssen in einem kreativen Prozeß von einer Gruppe von Führungskräften erarbeitet und immer wieder den sich veränderten Wettbewerbsbedingungen angepaßt werden. Strategien lassen sich durch die folgenden Elemente inhaltlich beschreiben:

- die Produkt/Markt-Segmente, in denen das Unternehmen tätig ist bzw. die sie neu aufnehmen oder aus denen sie aussteigen möchte;
- die mit einer Strategie verbundene Investitionspolitik (z.b. zur Finanzierung des Unternehmenswachstums in ausgewählten Bereichen oder zur Sicherung der gegenwärtigen Wettbewerbsposition bzw. zur Freisetzung finanzieller Mittel durch Aufgabe bestimmter Produkt/Markt-Segmente;
- die funktionale Orientierung durch Schwerpunktsetzung beispielsweise in der Preispolitik oder der Produktqualität, im Lieferservice, in effizienterer und damit kostengünstigerer Produktion oder in der Internationalisierung der Unternehmensaktivitäten;
- die Unternehmensstärken, durch die ein Wettbewerbsvorteil erarbeitet oder gefestigt werden soll (z.B. die besondere Leistungsfähigkeit in der Forschung und Entwicklung, das im Vergleich zu den Hauptkonkurrenten überlegene Distributionssystem oder die besser ausgebauten internationalen Unternehmensverbindungen).

Größere Unternehmen sind oft in einer Vielzahl von Produkt/Markt-Segmenten tätig. Hier stellt sich zusätzlich die Aufgabe der Ressourcenverteilung, d.h. insbesondere die finanziellen Mittel gezielt in den verschiedenen Unternehmensbereichen einzusetzen. So wird beispielsweise ein Bremsenhersteller die Produktion und Weiterentwicklung von automatischen, elektronikgesteuerten Bremssystemen verstärkt durch Investitionen zu Lasten konventioneller Bremssysteme fördern. Ein diversifiziertes Chemieunternehmen wird möglicherweise die Produktion umweltbelastender und daher wenig zukunftsträchtiger Stoffe aufgeben und statt dessen die Entwicklung biotechnischer Produktionsverfahren oder die Herstellung von Ausgangsprodukten für die Elektronikindustrie mit verstärktem personellen und finanziellen Mitteleinsatz vorantreiben. Gleichzeitig bietet es sich an, Synergien (d.h. positive Verbundwirkungen) zwischen verschiedenen Unternehmensbereichen (z.B. im Vertrieb oder in der Forschung und Entwicklung) zum Vorteil des Gesamtunternehmens auszubauen.

3.2 Branchenwettbewerb

Erfolgreiche Unternehmensstrategien erfordern in jedem Fall die genauere Analyse der jeweils herrschenden Wettbewerbsbedingungen. Zur Erklärung der wettbewerbsstrategischen Rahmenbedingungen wird häufig das auf Porter (1992) zurückgehende Wettbewerbsmodell herangezogen (siehe Abbildung 7.) Hierbei werden fünf strukturelle Determinanten unterschieden, die in starkem Maße die Spielregeln des Wettbewerbs in einer Branche beeinflussen und die Strategien begrenzen, die dem Unternehmen potentiell zur Verfügung stehen.
- Als zentrale Strukturdeterminante wird von Porter der *Grad der Rivalität* unter den bestehenden Wettbewerbern angesehen. Wie der Wettbewerb geführt wird, hängt nicht nur von der Anzahl und Heterogenität der Wettbewerber ab, sondern auch davon, wie aggressiv einzelne Unternehmen versuchen, ihre strategischen Ziele zu erreichen, wobei begrenzte Risiken vor allem von gut abgesicherten und expansiven internationalen Großunternehmen bewußt in Kauf genommen werden.

- Die Gefahr des *Markteintritts neuer Konkurrenten* besteht vor allem dann, wenn die Markteintrittsbarrieren gering sind. Kann man bereits mit kleinen Betriebsgrößen wirtschaftlich produzieren und läßt sich mit geringem Kapitaleinsatz das erforderliche technologische Potential aufbauen, so werden neue Konkurrenten geradezu angelockt, zumal wenn die Märkte wachsen und die Branche profitabel ist. Andererseits können auch der schwierige Zugang zu Vertriebskanälen oder wirtschaftspolitische Maßnahmen des Staates neue Wettbewerber vom Markteintritt abhalten.

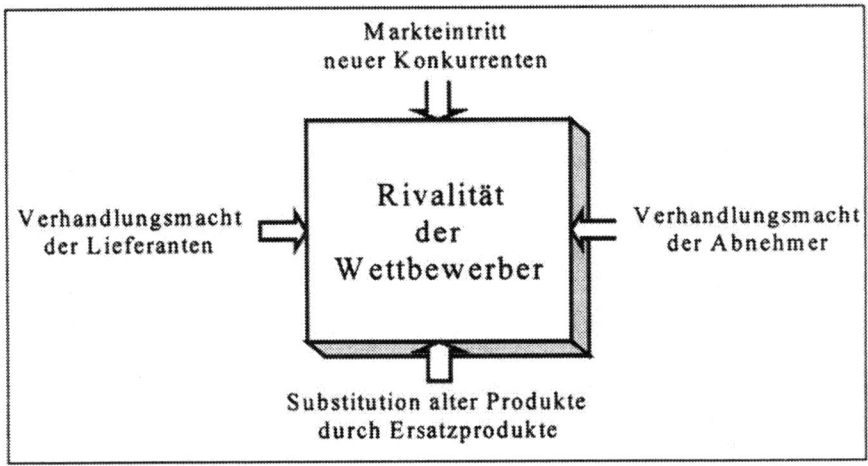

Quelle: Günther/Tempelmeier 1997, S. 29
Abb. 7: Die Triebkräfte des Branchenwettbewerbs (nach Porter)

- Für die *Substitution alter Produkte* durch neue Ersatzprodukte gibt es klassische Beispiele: die Ablösung von mechanischen Uhren durch Quarzuhren, die Verdrängung von aus Holz gefertigten Tennisschlägern durch solche aus Kunststoffmaterialien, die Verdrängung von Schallplatten durch CDs oder auch der Übergang von mechanischer zu elektronischer Benzineinspritzung im Automobil. Andere Substitutionsbeispiele sind die drastische Marktschrumpfung im Bereich von Schreibmaschinen und technischen Zeichengeräten, während sich gleichzeitig im Computerbereich Märkte für neue funktional stark verbesserte Ersatzlösungen eröffnet haben.
- Die *Verhandlungsmacht der Abnehmer* ist dann besonders groß, wenn ein Unternehmen von einem einzelnen oder von wenigen Großabnehmern abhängig ist. Bei homogenen Produkten (z.B. Papier, Glas oder Kunststoffolien) sind zumeist mehrere Konkurrenten in der Lage, die Produkte in vergleichbarer Qualität und zu vergleichbaren Preisen anzubieten. Hier wird der Markterfolg wesentlich durch den Preis und Lieferservice bestimmt. Bei heterogenen Produkten hingegen sichert der technische und qualitative Vorsprung einen vorteilhaften Preis und eine starke Verhandlungsposition gegenüber den Abnehmern.

- Die *Verhandlungsstärke der Lieferanten* ist das Spiegelbild derjenigen der Abnehmer. Wird z.B. ein technisches Schlüsselprodukt nur von sehr wenigen Unternehmen angeboten, weil sie sich einen entsprechenden technischen Vorsprung erarbeitet haben, so können sie erheblichen Druck auf ihre Abnehmer ausüben. Diese Situation ist insbesondere in der Elektronikbranche nicht ungewöhnlich. Keine Abhängigkeit besteht hingegen bei technisch anspruchslosen Massengütern, die oft von einer Vielzahl von Lieferanten aus dem In- und Ausland bezogen werden können.

4 Gestaltung der Infrastruktur des Produktionssystems

In Abschnitt 2.1 wurde die Infrastruktur eines Produktionssystems definiert als die Gesamtheit der physischen Gegebenheiten sowie der Grundregeln ihres organisatorischen Zusammenwirkens. Vorgelagert sind Entscheidungen über die Produktpolitik, die Wahl der Produktionsverfahren und die technische Auslegung der Produktionsprozesse sowie über die Produktionsstandorte und die räumliche Struktur des Logistiksystems (vgl. Günther/Tempelmeier 1997, Kap. 3 und 4.) Damit ein geplantes Produktionsprogramm hergestellt und am Absatzmarkt angeboten werden kann, muß das Unternehmen über die benötigten sachlichen und personellen Ressourcen verfügen. Es müssen dabei nicht nur Entscheidungen über die Art der Ressourcen getroffen werden, sondern vor allem auch über die Strukturierung der Produktionspotentiale. Hierunter fallen zwei wesentliche Aufgaben:
- die Zerlegung des gesamten Produktionssystems in einzelne Segmente, die eigenständige Subsysteme der Produktion sowie Verantwortungsbereiche bilden und in geordneter Weise zusammenwirken, sowie die räumliche Anordnung der Produktionssegmente und Arbeitssysteme (Layoutplanung),
- die Konfigurierung, insbesondere die Leistungsanalyse der einzelnen Produktionssegmente gemäß ihren organisatorischen Gegebenheiten und ihren spezifischen Anforderungen aufgrund des herzustellenden Produktionsprogramms.

4.1 Produktionssegmentierung und Layoutplanung

Betrachtet man den Produktionsbereich eines typischen Industriebetriebs, so ist festzustellen, daß dort mehrere Organisationstypen der Produktion nebeneinander anzutreffen sind. Beispielsweise kann in der Teilefertigung ein Fließproduktionssystem vorhanden sein, das für die Produktion bestimmter in großen Stückzahlen benötigter Vorprodukte ausgelegt ist. Daneben findet man möglicherweise Produktionsinseln für die Endmontage der am häufigsten benötigten Enderzeugnisse, während gleichzeitig die Fertigstellung spezieller Erzeugnisse in einer konventionellen Werkstattproduktion erfolgt. Abbildung 8 verdeutlicht diese Gegebenheiten.

Die organisatorischen Einheiten der Produktion sollen im folgenden als *Produktionssegmente* bezeichnet werden. Jedes Produktionssegment ist durch einen bestimmten Organisationstyp der Produktion (siehe Abschnitt 1.4) gekennzeichnet. Da Produktionssegmente i.d.R. auf einen Teilabschnitt des Produktionsprozesses ausgerichtet sind, durchläuft ein Erzeugnis von der Bereitstellung des Rohmaterials bis zur Endmontage mehrere Segmente. Zwischen den Produktionssegmenten bestehen umfangreiche Material- und Informationsflüsse, deren Abstimmung Aufgabe der Produktionslogistik ist.

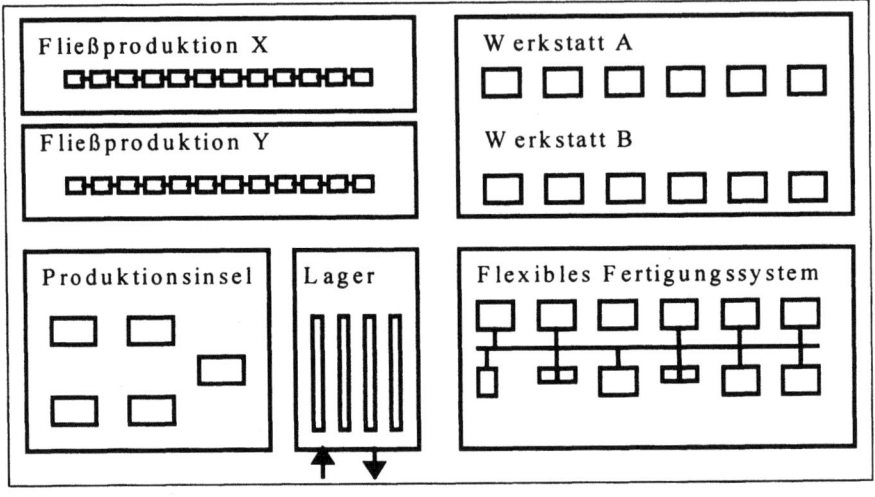

Quelle: Günther/Tempelmeier 1997, S. 75
Abb. 8: Segmentierung des Produktionsbereichs

In den meisten Fällen ist der Standort einzelner Produktionssegmente auf einem Standortträger (z.B. in einer Werkshalle) nicht von vornherein festgelegt. Daher können durch eine geschickte räumliche Anordnung der Produktionssegmente die auftretenden innerbetrieblichen Transportströme u.U. erheblich reduziert werden. Die sich ergebende räumliche Anordnung bezeichnet man als *Layout*. Innerhalb eines Produktionssegments ergeben sich weitere räumliche Anordnungsprobleme, die z.B. darin bestehen können, Standorte für die einzelnen Arbeitssysteme zu bestimmen, wobei allerdings der zugrundeliegende Organisationstyp der Produktion die Anordnungsmöglichkeiten u.U. erheblich einschränkt. Beispielsweise bestehen bei Fließproduktionssystemen die geringsten Freiheitsgrade.

Das insgesamt für ein gegebenes Auftragsprogramm zu bewältigende Transportvolumen hängt maßgeblich von dem gewählten Layout ab. Allgemein kann das Problem der Layoutplanung wie folgt beschrieben werden:
- Es wird eine abgegrenzte Fläche (Standortträger) betrachtet, z.B. eine leere Fabrikhalle. Auf dieser Fläche soll eine Menge von Anordnungsobjekten (Arbeitssystemen, Produktionssegmenten) plaziert werden.
- Zwischen den Anordnungsobjekten bestehen Materialflußbeziehungen, deren Intensität aus dem geplanten Produktionsprogramm unter Berücksichtigung der Arbeitspläne der einzelnen Erzeugnisse ermittelt werden kann.
- Aufgrund baulicher oder sicherheitstechnischer Nebenbedingungen kann u.U. die benachbarte Aufstellung von zwei Anordnungsobjekten ausgeschlossen oder zwingend vorgeschrieben sein (relative Anordnungsbedingungen). Ebenso sind

u.U. bestimmte Bereiche für die Aufstellung eines Anordnungsobjektes vorgegeben bzw. ausgeschlossen (absolute Anordnungsbedingungen).
- Die räumliche Anordnung (das Layout) wird mit Hilfe bestimmter Zielfunktionen bewertet. Da die entfernungsabhängigen Kosten des innerbetrieblichen Transports nur schwer zu quantifizieren sind, wird im allgemeinen versucht, die insgesamt zu erbringende Transportleistung (ermittelt als Produkt aus Transportmenge und Transportstrecke) zu minimieren.

Das der Layoutplanung zugrundeliegende Optimierungsproblem exakt zu lösen, ist äußerst schwierig. Es wurden jedoch zahlreiche heuristische Lösungsverfahren (Näherungsverfahren) entwickelt, die mit begrenztem Rechenaufwand eine zulässige und in vielen Fällen auch ein der optimalen Lösung nahekommendes Layout generieren (siehe hierzu Wäscher 1998).

4.2 Konfigurierung von Fließproduktionssystemen

Bei Fließproduktion werden die Arbeitssysteme (Arbeitsstationen) im Hinblick auf einen als typisch angenommenen Produktionsprozeß linear hintereinander angeordnet. Jeder Station wird eine Menge von Bearbeitungsoperationen (Arbeitselementen) zugeordnet, die innerhalb einer bestimmten Zeitspanne zu erledigen sind. Wird nur eine Erzeugnisart, z.B. ein bestimmter Fernsehertyp, in einem nach dem Prinzip der Fließproduktion organisierten Produktionssegment hergestellt, dann kann die Struktur des Produktionsprozesses direkt aus der im Arbeitsplan dokumentierten Arbeitsgangfolge abgeleitet werden. In diesem Fall sind die Bearbeitungszeiten an einer Station für alle Erzeugniseinheiten identisch. Häufig werden jedoch mehrere Varianten eines Grundprodukts mit unterschiedlichen Bearbeitungszeiten an den Stationen in mehr oder weniger wahlloser Reihenfolge produziert. In diesem Fall ergibt sich die durchschnittliche zeitliche Belastung einer Station aufgrund der Anteile der einzelnen Varianten. Derartige Gegebenheiten sind z.B. in der Automobilmontage anzutreffen.

Im Hinblick auf die Ausführung der Arbeitsaufgaben kann die Fließproduktion einerseits so gestaltet werden, daß zwischen den Arbeitssystemen keine unmittelbare zeitliche Bindung besteht. Die Bearbeitungsgegenstände müssen dabei nicht in zeitlicher Gleichmäßigkeit von vorgelagerten an nachfolgende Bearbeitungsstationen weitergeleitet werden. Fließproduktionssysteme werden andererseits aber oft so aufgebaut, daß alle in der Produktion befindlichen Bearbeitungsgegenstände in gleichem zeitlichen Rhythmus von Station zu Station weitergegeben werden. Bei zeitlich gebundener Fließproduktion steht den Bearbeitungsstationen zur Bewältigung ihrer Arbeitsaufgaben jeweils eine gleichbleibende Zeitspanne, die *Taktzeit*, zur Verfügung. Die Weitergabe der Erzeugnisse erfolgt durch ein fließendes Transportsystem (z.B. ein Fließband).

Das Problem der *Leistungsabstimmung* bei Fließproduktion läßt sich wie folgt umschreiben. Der Bearbeitungsprozeß eines Erzeugnisses, für das ein Fließproduktionssystem eingerichtet werden soll, sei in kleinste nicht weiter teilbare Einheiten, sog. Arbeitselemente, zerlegt. Für jedes Arbeitselement ist eine Vorgabezeit bekannt. Die Arbeitselemente sind zu Aufgabengruppen zusammenzufassen, wobei für jede Aufgabengruppe eine Arbeitsstation, d.h. ein Arbeitsplatz mit der entsprechenden Maschinen- und Werkzeugausstattung sowie einem oder mehreren Mitarbeitern (Werkern) eingerichtet wird. Die Ausführung der einer Arbeitsstation zugeordneten Arbeitselemente muß innerhalb der vorgegebenen Taktzeit erfolgen. Es sind nun Entscheidungen darüber zu treffen, wie viele Arbeitsstationen zur Durchführung des Produktionsprozesses benötigt werden, und in welcher Weise die einzelnen Arbeitsgänge (Arbeitselemente) diesen Stationen zugeordnet werden sollen.

Die minimale Anzahl an Arbeitsstationen läßt sich mit Hilfe des sog. Branch-and-Bound-Verfahrens bestimmen (vgl. Günther/Tempelmeier 1995, Kap. 8.1). Gebräuchlicher sind jedoch Prioritätsregelverfahren bei denen die einzelnen Arbeitselemente nach plausiblen Kenngrößen geordnet und nacheinander den Arbeitsstationen zugewiesen werden. Diese Vorgehensweise soll an einem Beispiel erläutert werden. Der zugehörige Bearbeitungsprozeß ist in Abbildung 9 wiedergegeben. Darin sind die Arbeitselemente durch rechteckige Knoten dargestellt. Die Zahlen oberhalb der Knoten bezeichnen die Ausführungszeiten der Arbeitselemente (Elementzeiten).

Geht man davon aus, daß im Durchschnitt fünf Erzeugniseinheiten pro Stunde herzustellen sind, so ergibt sich daraus eine erforderliche Taktzeit von 60/5=12 Minuten, die nicht überschritten darf, da sonst die geforderte Produktionsrate nicht eingehalten wird. Weiterhin sind technologisch bedingte Reihenfolgebeziehungen zu beachten. Aus Abbildung 9 ist beispielsweise ersichtlich, daß die Arbeitselemente 2 und 3 jeweils die Erledigung von Arbeitselement 1 voraussetzen.

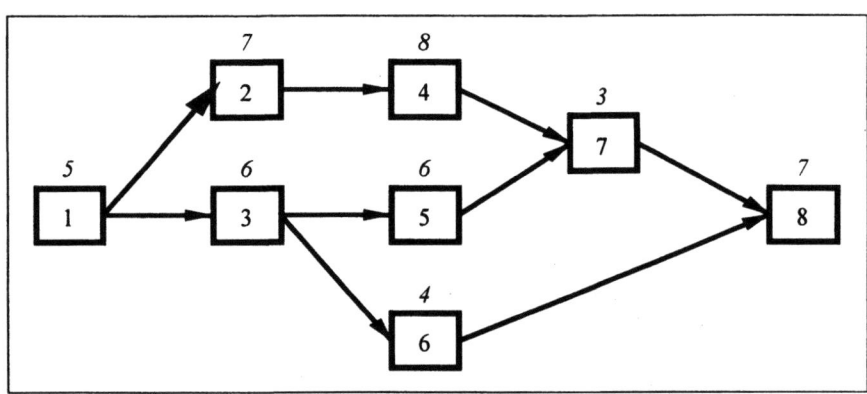

Abb. 9: Arbeitselemente mit Elementzeiten und Reihenfolgebeziehungen

Allgemein läßt sich aus den Reihenfolgebeziehungen ableiten, daß Arbeitselemente, die weit vorn im Arbeitsplan des Erzeugnisses stehen, die also viele Nachfolger haben, tendenziell auch einer der ersten Stationen des Fließproduktionssystems zugeordnet werden müssen. Offensichtlich muß das letzte Arbeitselement, das keinen Nachfolger hat, der letzten Station zugeordnet werden. Eine plausible Regel der Zusammenfassung der Arbeitselemente zu Stationen kann sich daher an der Gesamtanzahl nachfolgender Arbeitsgänge orientieren. In diesem Fall sortiert man die Arbeitselemente nach der Anzahl ihrer (direkten und indirekten) Nachfolger und baut dann schrittweise die einzelnen Stationen unter Berücksichtigung der vorgegebenen Taktzeit auf. Die Sortierreihenfolge der Arbeitselemente lautet für das obige Beispiel: 1(7), 3(4), 2(3), 4(2), 5(2), 6(1), 7(1), 8(0), wobei in Klammern jeweils die Gesamtanzahl nachfolgender Arbeitsgänge angegeben ist. Der Lösungsgang ist in Tabelle 2 zusammenfassend dargestellt.

Im einzelnen werden bei der Anwendung des Prioritätsregelverfahrens die folgenden Schritte durchlaufen:
– Zunächst kann aufgrund der technologischen Vorrangbeziehungen nur das Arbeitselement 1 der ersten Station zugeordnet werden.
– Anschließend stehen die technologisch nachfolgenden Arbeitselemente 2 und 3 zur Auswahl, von denen wegen des höheren Prioritätswertes das Arbeitselement 3 gewählt und ebenfalls der ersten Station zugeordnet wird. Da die Taktzeit von zwölf Minuten nunmehr bis auf eine unvermeidbare Restzeit von einer Minute ausgeschöpft ist, kann kein weiteres Arbeitselement mehr zugeordnet werden.

Tab. 2: Lösung des Zahlenbeispiels (Taktzeit = 12 Minuten)

Station	Arbeits-element	Element-zeit	Verbleibende Zeit	Stations-zeit
1	1	5	7	5
	3	6	1	11
2	2	7	5	7
	6	4	1	11
3	4	8	4	8
4	5	6	6	6
	7	3	3	9
5	8	7	5	7

– Gemäß der Prioritätsreihenfolge wird nun Arbeitselement 2 der zweiten Station zugewiesen. Aufgrund der technologischen Vorrangbeziehungen sind weiterhin die Arbeitselemente 4, 5 und 6 ausführbar. Die in der Station verbleibende Zeit von fünf Minuten gestattet es jedoch nicht, die Arbeitselemente 4 bzw. 5 zuzuordnen. Daher werden diese übersprungen, und Arbeitselement 6 wird als letztes der Station 2 zugeordnet.
– Für Station 3 wird nun gemäß der Prioritätsreihenfolge Arbeitselement 4 gewählt. (Diese Wahl ist willkürlich, da Arbeitselement 5 denselben Prioritätswert aufweist). Aufgrund der technologischen Vorrangbeziehungen wären nun die Arbeitselemente 5 und 7 ausführbar. Jedoch übersteigt die Elementzeit in beiden Fällen die in der Station verbleibende Restzeit von vier Minuten.
– Die übrigen Arbeitselemente werden nun gemäß ihrer Prioritätsreihenfolge den Stationen 4 bzw. 5 zugeordnet.

Wie man mit Hilfe eines exakten Lösungsverfahrens feststellen kann, läßt sich in der Tat eine Leistungsabstimmung mit nur vier Arbeitsstationen bestimmen (vgl. Günther/Tempelmeier 1995, Kap. 8.1). Das oben geschilderte Prioritätsregelverfahren liefert somit keine Garantie einer optimalen Lösung. Aus Tabelle 2 läßt sich weiterhin ablesen, daß in den einzelnen Stationen zwischen einer Minute und fünf Minuten an ungenutzter Taktzeit verbleibt. Somit könnten bei fünf einzurichtenden Arbeitsstationen die Taktzeit auch auf 11 Minuten gesenkt und die Ausbringung entsprechend erhöht werden. Aus praktischer Sicht unerwünscht ist in jedem Fall die unterschiedliche Auslastung der einzelnen Stationen. Daher bietet es sich an, alternative Lösungen mit Hilfe anderweitiger Verfahren zu bestimmen.

4.3 Konfigurierung von Produktionszentren

Bei der Zentrenproduktion werden unterschiedliche Typen von Arbeitssystemen, die zur Produktion einer bestimmten eng umgrenzten Menge von Erzeugnissen (Teilefamilie) benötigt werden, räumlich zusammengefaßt. Dadurch gelingt es, wie bei der Fließproduktion, das Objektprinzip zu realisieren, obwohl die zu bearbeitenden Erzeugnisse eine gewisse Variantenvielfalt aufweisen. Das Objektprinzip ist nun nicht auf ein einzelnes Objekt, sondern auf eine Gruppe verwandter Objekte bezogen. Hochautomatisierte Produktionszentren (sog. *Flexible Fertigungssysteme*) entstehen ebenso wie nichtautomatisierte Produktionszentren (sog. *Produktionsinseln*) durch die räumliche Zusammenfassung von Arbeitssystemen unterschiedlicher Funktionen, die zur Produktion verwandter Erzeugnisse benötigt werden. Produktionsinseln werden in erster Linie durch organisatorische Maßnahmen unter Verwendung konventioneller Technologien, d.h. ohne aufwendige Automatisierung des Transportsystems und ohne eine ebenso aufwendige Integration des Informationssystems gebildet.

Die Integration von planenden, ausführenden und überwachenden Funktionen innerhalb einer Produktionsinsel mit weitgehender Autonomie bezüglich der Planung und Steuerung des Produktionsprozesses entspricht den Forderungen nach Humanisierung der Arbeitswelt und orientiert sich zum einen an den Sozialzielen des Unternehmens. Daneben ermöglicht eine Produktionsinsel aufgrund der räumlichen Nähe aller an der Produktion eines Erzeugnisses beteiligten Personen erhebliche Vereinfachungen im Bereich der Materialtransporte sowie der Planung und Steuerung. Man verspricht sich von dem Organisationsprinzip der Inselproduktion zahlreiche Vorteile:
- kurze Transportwege und -zeiten, geringer Transportkapazitätsbedarf, da die meisten Transporte innerhalb einer Insel stattfinden;
- geringe Umrüstzeiten aufgrund der Fertigungsverwandtschaft der Erzeugnisse;
- niedrige Losgrößen, geringe Lagerbestände, kurze Durchlaufzeiten;
- hohe Flexibilität der Anpassung an kurzfristige Änderungen der Produktionsaufgaben;
- einfache Produktionssteuerung aufgrund hoher Übersichtlichkeit des Produktionsgeschehens;
- Identifizierung der Mitarbeiter mit „ihren" Produkten, dadurch höhere Produktionsqualität;
- geringes Investitionsvolumen, da Produktionsinseln mit bestehender konventioneller Technologie realisiert werden können.

Diese Vorteile können jedoch nur dann erzielt werden, wenn Gemeinsamkeiten der Erzeugnisse bestehen, die eine sinnvolle Gruppierung erlauben. Die Einrichtung einer Produktionsinsel erfordert zum einen die Identifizierung von *Erzeugnisfamilien* unter Berücksichtigung der Produktionsähnlichkeit und zum anderen die Auswahl der Arbeitssysteme, die zu einer Produktionsinsel zusammengefaßt werden sollen (*Maschinen- bzw. Ressourcengruppierung*). Das hierbei zu lösende Entscheidungsproblem besteht darin, möglichst „ähnliche" Erzeugnisse so zu Gruppen zusammenzufassen, daß sie weitgehend komplett innerhalb einer Produktionsinsel bearbeitet werden können.

Eine einfache Vorgehensweise (sog. „Binäre Sortierung") zur Identifizierung von Erzeugnisfamilien und Arbeitssystemgruppen baut auf einer Matrix auf, deren Zeilen die Arbeitssysteme und deren Spalten die Erzeugnisse markieren. Ein Element der Matrix enthält eine 1, wenn das Arbeitssystem (Maschine) m im Arbeitsplan des Erzeugnisses j vorkommt (siehe Tabelle 3).

Tab. 3: Maschinen-Erzeugnis-Matrix

Maschine	Erzeugnis						
	1	2	3	4	5	6	7
Bohren	-	1	-	1	-	-	1
Drehen	-	-	1	-	1	-	-
Fräsen	1	1	-	1	-	-	1
Schleifen	1	-	1	-	-	1	-
Entgraten	-	-	1	1	1	1	-

Durch geeignete Sortierung der Zeilen und Spalten der Matrix versucht man dann, eine möglichst perfekte Blockdiagonalstruktur der Matrix zu erreichen. Dazu interpretiert man die einzelnen Zeilen der Matrix als Zahlen (z.B. 0101001 für die erste Zeile „Bohren") und sortiert sie in absteigender Reihenfolge. Das Ergebnis ist in Tabelle 4 dargestellt.

Tab. 4: Maschinen-Erzeugnis-Matrix nach Sortierung der Zeilen

Maschine	Erzeugnis						
	1	2	3	4	5	6	7
Fräsen	1	1	-	1	-	-	1
Schleifen	1	-	1	-	-	1	-
Bohren	-	1	-	1	-	-	1
Entgraten	-	-	1	1	1	1	-
Drehen	-	-	1	-	1	-	-

Anschließend interpretiert man die Spalten als Zahlen (z.B. 11000 für Erzeugnis 1) und sortiert erneut in absteigender Reihenfolge. Tabelle 5 zeigt das Ergebnis. Allerdings tritt hier auch die Schwäche dieses einfachen Verfahrens zu Tage. Eine eindeutige Abgrenzung von Maschinengruppen und Erzeugnisfamilien ist aus der sortierten Matrix nicht abzulesen. Man könnte beispielsweise die Maschinengruppen {Fräsen, Schleifen, Bohren} und {Entgraten, Drehen} sowie die Teilefamilien {1, 4, 2, 7} und {3, 6, 5} bilden. Bei dieser Lösung liegen allerdings drei Arbeitsgänge außerhalb der Blockdiagonalen, so daß ein Materialfluß zwischen diesen Produktionsinseln entstehen wird. In günstiger gelagerten Fällen gelingt es jedoch, die ideale Blockdiagonalstruktur zu erreichen.

Tab. 5: Maschinen-Erzeugnis-Matrix nach Sortierung der Spalten

Maschine	Erzeugnis						
	1	4	2	7	3	6	5
Fräsen	1	1	1	1	-	-	-
Schleifen	1	-	-	-	1	1	-
Bohren	-	1	1	1	-	-	-
Entgraten	-	1	-	-	1	1	1
Drehen	-	-	-	-	1	-	1

Die dargestellte Vorgehensweise vermittelt zwar einen ersten groben Überblick über die Beziehungen zwischen den Erzeugnissen und den Arbeitssystemen. Allerdings lassen sich so keine Aussagen über die Intensität dieser Beziehungen treffen. So bleiben hier die Fragen der Kapazitätsauslastungen der Arbeitssysteme oder des Umfangs der Transporte unberücksichtigt. Zahlreiche andere Gruppierungsverfahren versuchen aber, diese Aspekte in die Lösung mit einzubeziehen (vgl. Günther/Tempelmeier 1995, Kap. 8.2).

5 Operative Produktionsplanung in der Fertigungsindustrie

Nach der eingesetzten Technologie und der physischen Beschaffenheit der Güter lassen sich industrielle Produktionssysteme bzw. die entsprechenden Industriezweige in zwei grundlegend verschiedene Typen einteilen, nämlich die Fertigungs- und die Prozeßindustrie. Während in der Prozeßindustrie verfahrenstechnische Prozesse und Fließgüter (flüssige, gas- und pulverförmige Stoffe) vorherrschen, zeichnet sich die Fertigungsindustrie durch mechanische Produktionstechnologien und diskrete (stückgutorientierte) Materialflüsse bzw. geometrisch definierte Werkstücke aus. Zur *Prozeßindustrie* zählen als Industriezweige u.a. die Chemie, Pharmazie sowie die Nahrungs- und Genußmittelindustrie. Klassische Bereich der *Fertigungsindustrie* bilden der Maschinen- und Anlagenbau, die Fahrzeugindustrie sowie die Herstellung von technischen Geräten vielfältiger Art. Wegen ihrer besonderen Anforderungen an die Produktionsplanung und -steuerung, wird die Prozeßindustrie in einem eigenen Kapitel behandelt.

Innerhalb der Fertigungsindustrie finden sich als Auftragstypen der Produktion vorwiegend die Massen-, Serien- und Einzelproduktion. Typischerweise ist die Massenproduktion von dem Organisationstyp der Fließproduktion begleitet, während bei Serienproduktion die Arbeitssysteme vielfach in Form der Zentrenproduktion organisiert sind. Bei Einzelproduktion herrscht wegen der Vielfalt der speziellen Arbeitsprozesse das Organisationsprinzip der Werkstattproduktion vor.

5.1 Produktions- und Distributionsplanung bei Massenprodukten

Typische in Fließproduktion hergestellte Massenprodukte sind u.a. Automobile (bzw. ihre wesentlichen Baugruppen und Zubehörteile), Elektrogeräte, Personalcomputer oder Sportgeräte. Sie zeichnen sich dadurch aus, daß sie aus unterschiedlichen Einzelteilen und Baugruppen montiert und in größeren Stückzahlen lagerorientiert (d.h. unabhängig von individuellen Kundenaufträgen) erzeugt werden. Gleichwohl gibt es häufig unterschiedliche Produktvarianten, die auf denselben Produktionsanlagen hergestellt werden.

Massenprodukte werden vielfach an mehreren Produktionsstandorten eines Unternehmens hergestellt und über ein mehrstufiges System von Logistikzentren in die einzelnen Absatzregionen verteilt. Die räumliche Struktur eines solchen Logistiksystems ist das Ergebnis langfristiger Strukturentscheidungen, die unter Berücksichtigung der jeweiligen Standorte von Lieferanten und Abnehmern getroffen werden. Die einzelnen Elemente des Logistiksystems sind durch Transportströme miteinander verbunden. Daher schließt die Produktionsplanung i.d.R. auch eine mehr oder minder detaillierte Distributionsplanung ggf. auch die Beschaffungsplanung für Rohmaterial und wichtige Baugruppen mit ein.

Beispielhaft sei die folgende in Abbildung 10 veranschaulichte Problemstellung betrachtet.

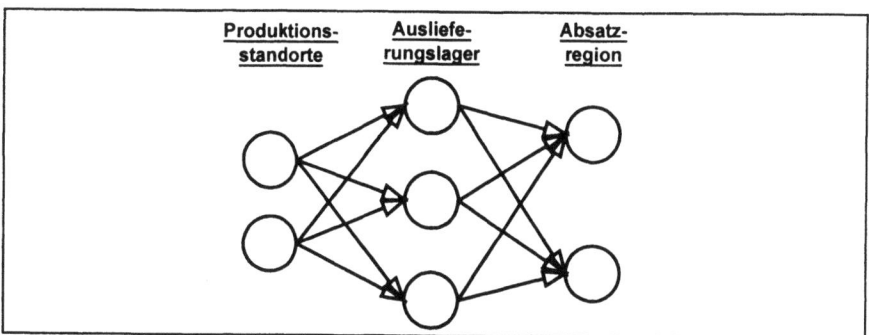

Abb. 10: Räumliche Struktur eines Produktions- und Distributionssystems

Ein Unternehmen stellt ein einheitliches Produkt an verschiedenen Produktionsstandorten her. Die Produktionskosten pro Stück variieren aufgrund der standortabhängigen Lohnkosten und der in den Werken eingesetzten Technologien. Von den Produktionsstandorten gelangen die Endprodukte über regionale Auslieferungslager in die einzelnen Absatzregionen. Die Transportkosten auf allen Transportwegen sind konstant je Mengeneinheit und je Transportkilometer. Die Produktionskapazitäten in den Werken sowie die Lagerkapazitäten in den Auslieferungslagern sind begrenzt, jedoch insgesamt ausreichend, um die Befriedigung der Nachfrage in den einzelnen Absatzregionen zu gewährleisten.

Ausgegangen wird von gegebenen Bedarfsmengen in den einzelnen Absatzregionen. Der Bedarf ist vollständig innerhalb des betrachteten Planungshorizontes zu befriedigen. Offensichtlich werden die Gesamtkosten der Produktion und Distribution dadurch bestimmt, wie die Produktionskapazitäten der einzelnen Standorte genutzt und welche Transportwege gewählt werden. Die betrachtete Problemstellung der Produktions- und Distributionsplanung kann als lineares Optimierungsmodell formuliert werden. Aus Vereinfachungsgründen wird unterstellt, daß nur eine einzige Produktart produziert und eine einperiodige Betrachtungsweise zugrunde gelegt wird. Entsprechende Erweiterungen der Modellformulierung sowie die Anpassung an betriebsspezifische Besonderheiten sind jedoch ohne weiteres möglich. Die Modellformulierung lautet:

Minimiere die gesamten Kosten der Produktion und Distribution, die sich aus drei Kostenblöcken zusammensetzen, nämlich den standortabhängigen Produktionskosten, den Transportkosten für die Materialströme zwischen den Werken und den Auslieferungslagern sowie den Transportkosten für die Materialströme zwischen den Auslieferungslagern und den Absatzregionen.

$$\sum_{w \in W} \sum_{l \in L} c_w \cdot x_{wl} + \sum_{w \in W} \sum_{l \in L} e_{wl} \cdot d \cdot x_{wl} + \sum_{l \in L} \sum_{r \in R} e_{lr} \cdot d \cdot y_{lr} \qquad (5)$$

unter den Nebenbedingungen

Produktionskapazität

$$\sum_{l \in L} x_{wl} \le KP_w \qquad w \in W \qquad (6)$$

Lagerumschlag

$$\sum_{w \in W} x_{wl} \le KU_l \qquad l \in L \qquad (7)$$

Auslieferungen

$$\sum_{l \in L} y_{lr} \ge b_r \qquad r \in R \qquad (8)$$

Transportbilanz

$$\sum_{w \in W} x_{wl} = \sum_{r \in R} y_{lr} \qquad l \in L \qquad (9)$$

Nichtnegativität

$$x_{wl}, y_{lr} \ge 0 \qquad w \in W, l \in L, r \in R \qquad (10)$$

wobei die folgende Notation verwendet wird:
- *Indizes, Indexmengen*
  $w \in W$ Produktionsstandorte (Werke)
  $l \in L$ Auslieferungslager
  $r \in R$ Absatzregionen

– *Daten*
c_w Produktionskosten pro Mengeneinheit im Werk w
d Transportkosten pro Mengen- und Entfernungseinheit
e_{wl} Entfernung zwischen Werk w und Auslieferungslager l
e_{lr} Entfernung zwischen Auslieferungslager l und Absatzregion r
KP_w Produktionskapazität im Werk w
KU_l maximaler Lagerumschlag im Auslieferungslager l
b_r Bedarf in Absatzregion r

– *Entscheidungsvariablen*
x_{wl} Transportmenge vom Werk w zum Auslieferungslager l
y_{lr} Transportmenge vom Auslieferungslager l zur Absatzregion r

Derartige lineare Optimierungsprobleme können mit Hilfe allgemein verfügbarer Standardsoftware gelöst werden. Darüber hinaus stehen leistungsfähige Modellierungssprachen sowie komfortable Softwaretools mit graphikorientierten Benutzeroberflächen und Schnittstellen zu betrieblicher Planungssoftware zur Verfügung (vgl. Blömer/Grunow/Günther 1998).

Die auf den einzelnen Industriebetrieb entfallenden vielfältigen Aufgaben der logistischen Koordination in weit verzweigten Beschaffungs-, Produktions- und Distributionsnetzwerken werden heute allgemein unter dem Begriff des „*Supply Chain Management*" zusammengefaßt. Hierzu zählen die Gestaltung, Planung und Steuerung der Materialflüsse, von der Beschaffung von Rohmaterial und Zukaufteilen, über die verschiedenen Stufen der Produktion, bis hin zur Auslieferung der fertigen Erzeugnisse. Hinzu kommen Aufgaben der physischen Entsorgung von Abfall, Neben- und Altprodukten sowie von Verpackungsmaterial, ferner die Wiederaufbereitung bestimmter Produktbestandteile sowie der Umlauf von Ladungsträgern, wie Paletten und Behältern.

Im Bereich der Beschaffung hat das ursprünglich aus Japan stammende *Just-in-Time-Prinzip* immer weiter um sich gegriffen. Insbesondere für Rohmaterial und Zukaufteile, die regelmäßig und in größeren Mengen benötigt werden, wird versucht, die Bereitstellung quasi produktionssynchron vorzunehmen, d.h. durch wiederholte Anlieferung in kurzen Zeitabständen (u.U. mehrmals täglich) den ununterbrochenen Materialnachschub zu sichern. Dies geschieht durch Direktanlieferung an die jeweiligen Produktionssysteme unter Umgehung der zur Dauerlagerung eingerichteten Lagerhäuser und den Verzicht auf größere Vorratsbestände. Um die Materialversorgung zu sichern, werden üblicherweise Rahmenverträge mit den Zulieferern geschlossen, in denen die Modalitäten der Zusammenarbeit für einen oftmals mehrjährigen Zeitraum geregelt sind. Hierzu zählen u.a. Vereinbarungen über den Transportmodus, die Qualitätssicherung, die Erstellung von Sammelabrechnungen sowie den elektronischen Informationsaustausch. Vielfach schließt die Zusammenarbeit sogar die gemeinsame Entwicklung von Produktkomponenten (z.B. elektronischen Steuerungskomponenten für Automobile) mit ein. Man spricht in derartigen Fällen auch von Entwicklungspartnerschaften.

5.2 Produktionsplanung bei Serienproduktion

Der am häufigsten anzutreffende industrielle Produktionstyp ist die Serien- bzw. Wechselproduktion. Kennzeichnend für diesen Produktionstyp ist die Vielzahl von Produktvarianten, die sich zumeist aus einer überschaubaren Anzahl von Produkttypen oder -familien ableiten lassen. Die technische Realisierung dieser Produktvielfalt ist nur dann möglich, wenn flexible Produktionsanlagen eingesetzt werden. Beim Produktwechsel sind Umrüstvorgänge an den einzelnen Arbeitsstationen erforderlich, wobei entsprechende Umrüstkosten und -zeiten anfallen. Die Erzeugnisse, deren Herstellung nicht stetig, sondern in Serien erfolgt, setzen sich aus einer größeren Zahl von Vorprodukten, zugekauften Komponenten und Rohmaterial zusammen. Jedes Produkt durchläuft eine bestimmte Folge von Bearbeitungs- und Montagevorgängen. Daraus ergibt sich i.d.R. ein stark vernetzter Materialfluß. Die Materialströme sind nur selten synchronisiert, so daß Zwischenläger unvermeidlich sind. Als Organisationsprinzip ist die Werkstatt- bzw. Inselproduktion vorherrschend.

5.2.1 Planung des Hauptproduktionsprogramms

Insbesondere bei Serienproduktion ist die Nachfrage nach den einzelnen Erzeugnissen im allgemeinen starken zeitlichen Schwankungen unterworfen. Daher muß im einzelnen geplant werden, welche konkreten Mengen der Endprodukte in den einzelnen Perioden des unmittelbar bevorstehenden Planungszeitraums produziert werden sollen. Diese kurzfristig (d.h. für einen Planungshorizont von ca. 3-12 Monaten) zu lösende Planungsaufgabe steht im Mittelpunkt der Produktionsprogrammplanung. Da das Produktionsprogramm wesentliche Ausgangsdaten für weitere sich anschließende Planungsschritte liefert (u.a. für die Bestimmung des Materialbedarfs und die Ressourceneinsatzplanung), wird häufig auch von Hauptproduktionsprogrammplanung gesprochen, um die zentrale Stellung dieser Planungsaufgabe zu unterstreichen. Darüber hinaus nimmt die Produktionsprogrammplanung die Aufgabe wahr, die Produktionsaktivitäten über die einzelnen Produktionssegmente hinweg zu koordinieren.

Bei der Aufstellung des Produktionsprogramms sind Maßnahmen zur Abstimmung der Produktionsmengen mit den vorhandenen Kapazitäten zu ergreifen. Potentielle Engpaßbereiche und -faktoren sollen rechtzeitig sichtbar gemacht und die notwendigen Anpassungsmaßnahmen eingeleitet werden. Hierzu kommt sowohl die Anpassung der Belastung an die Kapazität (z.B. durch Vorausproduktion und die damit einhergehenden Lagerbestände) als auch die Anpassung der Kapazität an die Belastung (z.B. durch Inanspruchnahme von Überstunden) in Frage. Zur Ermittlung des Kapazitätsbedarfs wird von kurzfristigen Nachfrageprognosen und von bereits vorhandenen Kundenaufträgen ausgegangen. Zielsetzung der Hauptproduktionsprogrammplanung ist die Minimierung der relevanten Produktions-, Lager- und ressourcenabhängigen Kosten unter der Nebenbedingung der termingerechten Bereitstellung der benötigten Erzeugnismengen und der Einhaltung beschränkter Produktionskapazitäten.

Eine detaillierte Abbildung des gesamten Produktionssystems kommt bei der Hauptproduktionsprogrammplanung aus naheliegenden Gründen nicht in Frage. Die Erfassung aller Arbeitssysteme (in der industriellen Praxis oft mehrere Hundert) mit ihren spezifischen organisatorischen Gegebenheiten und aller Vorerzeugnisse (bei Serienproduktion oft mehr als 10000 Teile) mit ihren einzelnen Arbeitsgängen sowie aller Ausführungsvarianten der Endprodukte geht über die Leistungsfähigkeit moderner Planungssoftware hinaus. Sehr wohl erfaßbar sind hingegen die der Planung zugrundeliegenden Ausgangsdaten, z.b. Erzeugnisstrukturen, Arbeitspläne und Kapazitätsdaten.

Ein angemessener Aggregationsgrad besteht bei der Planung des Hauptproduktionsprogramms i.d.R. darin, alle Kapazitätsbelastungen über die verschiedenen Erzeugnisstufen und Arbeitsgänge zu verdichten und den Enderzeugnissen und Produktionssegmenten zuzuordnen. Da die Durchlaufzeit eines Hauptproduktes über alle Erzeugnis- und Produktionsstufen zumeist länger ist als eine Teilperiode der Hauptproduktionsprogrammplanung (z.B. eine Woche), ist auch die zeitliche Verteilung der Kapazitätsbelastung in geeigneter Weise zu erfassen. Dies kann durch sog. *Kapazitätsbedarfsprofile* geschehen. Hierbei werden vorlaufzeitbezogene *Kapazitätsbelastungsfaktoren* f_{jkz} ermittelt, die angeben, welche Kapazitätsbelastung in dem Produktionssegment j aufgrund der Produktion einer Einheit des Enderzeugnisses k in der Vorlaufperiode z eintritt. Zweckmäßigerweise wird die Fertigstellung des Enderzeugnisses der Vorlaufperiode $z=0$ zugeordnet, während die Produktion der verschiedenen Vorerzeugnisse in den einzelnen Vorlaufperioden $z = 1,2,...,Z_k$ erfolgt.

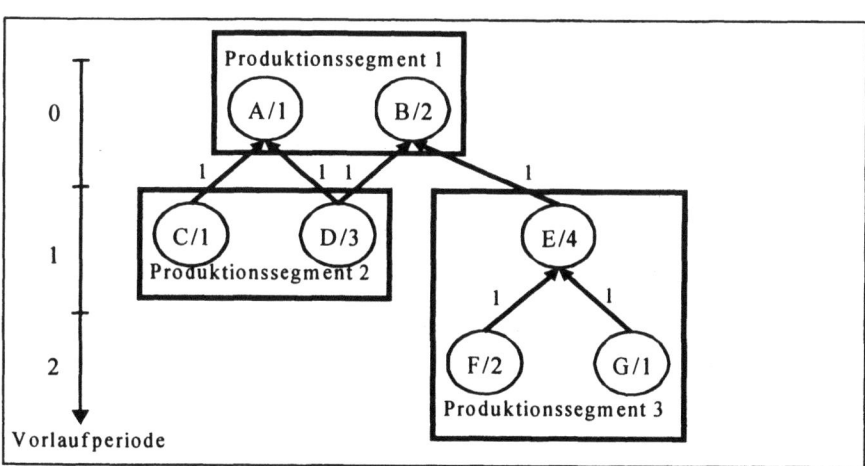

Quelle: Günther/Tempelmeier 1997, S. 157
Abb. 11: Erzeugnisstrukturen/Produktionssegmente

Die Berechnung der Kapazitätsbelastungsfaktoren soll an einem einfachen Beispiel erläutert werden (siehe Abbildung 11). Es werden zwei Enderzeugnisse A und B hergestellt, die sich aus den Einzelteilen C, D sowie der Baugruppe E zusammensetzen, wobei letztere aus den Einzelteilen F und G besteht. Die Angaben an den Pfeilen besagen, daß jeweils eine Einheit des untergeordneten Produktes zur Montage des übergeordneten Produktes benötigt wird. Das Produktionssystem ist in drei Segmente gegliedert, wobei die beiden Endprodukte A und B im Produktionssegment 1, die Einzelteile C und D im Produktionssegment 2 und die übrigen Vorprodukte im Produktionssegment 3 produziert werden. Der Kapazitätsbedarf je Mengeneinheit der einzelnen Erzeugnisse ist aufgrund der jeweiligen Arbeitspläne bekannt (siehe die Zahlenangaben in den Erzeugnisknoten). Zu beachten ist, daß die Produktion der Baugruppen C, D und E um jeweils eine Periode und die Produktion der Einzelteile F und G um jeweils zwei Perioden vor der Fertigstellung der Endprodukte A und B erfolgen muß.

Für das obige Beispiel erhält man die in Tabelle 6 zusammengefaßte zeitliche Verteilung der Kapazitätsbelastung. So verursacht eine Einheit von Endprodukt A im Produktionssegment 2 in der Vorlaufperiode $z=1$ eine Kapazitätsbelastung von 4 Einheiten aufgrund des Kapazitätsbedarfs der beiden Baugruppen C und D von zusammen 1+3=4 Zeiteinheiten.

Tab. 6: Zeitliche Verteilung der Kapazitätsbelastung

End-Produkt	Produktions-segment	Vorlaufperiode		
		2	1	0
A	1	-	-	1
	2	-	4	-
	3	-	-	-
B	1	-	-	2
	2	-	3	-
	3	3	4	-

Zur Bestimmung der Produktionsmengen der Enderzeugnisse wird im folgenden ein lineares Optimierungsmodell auf der Grundlage von Kapazitätsbelastungsprofilen formuliert, dessen Zielsetzung darin besteht, die Lagerkosten und die Kosten für die Inanspruchnahme von Zusatzkapazität (z.B. Kapazitätserweiterung durch Überstunden) zu minimieren. Das Entscheidungsmodell lautet:

Minimiere

$$\sum_{t \in T} \sum_{k \in K} h_k \cdot y_{kt} + \sum_{t \in T} \sum_{j \in J} u_t \cdot U_{jt} \tag{11}$$

unter den Nebenbedingungen

<u>Lagerbilanz</u>

$$x_{kt} + y_{k,t-1} - y_{kt} = d_{kt} \qquad k \in K, t \in T \tag{12}$$

<u>Produktionskapazität</u>

$$\sum_{k \in K} \sum_{z \in Z_k} f_{jkz} \cdot x_{k,t+z} - U_{jt} \leq b_{jt} \qquad j \in J, t \in T \tag{13}$$

Zusatzkapazität

$$U_{jt} \leq Umax_{jt} \qquad j \in J, t \in T \qquad (14)$$

Nichtnegativität

$$x_{kt}, y_{kt}, U_{jt} \geq 0 \qquad j \in J, k \in K, t \in T \qquad (15)$$

wobei die folgende Notation verwendet wird:
- *Indizes, Indexmengen*
  $j \in J$ Produktionssegmente
  $k \in K$ Produkte (Enderzeugnisse)
  $t \in T$ Perioden ($t = 1,2,...,T$)
  $z \in Z_k$ Vorlaufperioden für Produkt k ($z = 0,1,...,Z_k$)
- *Daten*
  b_{jt} Produktionskapazität von Produktionssegment j in Periode t
  d_{kt} Nachfrage für Produkt k in Periode t
  f_{jkz} durch Produkt k verursachte Kapazitätsbelastung von Produktionssegment j in der Vorlaufperiode z
  h_k Lagerkostensatz für Produkt k pro Mengeneinheit und Periode
  $Umax_{jt}$ maximale Zusatzkapazität in Produktionssegment j in Periode t
  u_t Kosten für eine Einheit der Zusatzkapazität in Periode t
- *Entscheidungsvariablen*
  U_{jt} genutzte Zusatzkapazität in Produktionssegment j in Periode t
  x_{kt} Produktionsmenge von Produkt k in Periode t
  y_{kt} Lagerbestand von Produkt k am Ende von Periode t ($y_{k0} = geg.$)

5.2.2 Materialbedarfs-, Losgrößen- und Ressourceneinsatzplanung

Nachdem in der Hauptproduktionsprogrammplanung die in einem Produktionssegment herzustellenden Endproduktmengen festgelegt worden sind, geht es in der sich nun anschließenden Planungsebene darum, für jedes Produktionssegment die diesem zugewiesenen terminierten Produktionsmengen der Endprodukte in Produktions- bzw. Beschaffungsauftragsgrößen der jeweils benötigten Baugruppen und Einzelteile umzusetzen. Dabei kann davon ausgegangen werden, daß in jedem Produktionssegment nur ein begrenztes Erzeugnisspektrum produziert wird und daß die dort auszuführenden Produktionsvorgänge technisch hinlänglich verwandt sind.

Materialbedarfsplanung

Gegenstand der Planung des Materialbedarfs ist die Bestimmung von Art, Menge und Bereitstellungstermin der Verbrauchsfaktoren, die für die Erzeugung des geplanten Hauptproduktionsprogramms benötigt werden. Da in der Hauptproduktionsprogrammplanung vor allem Endprodukte betrachtet wurden, muß nun eine Programmplanung für die untergeordneten Erzeugnisse, d.h. für die Einzelteile und Baugruppen, die in die Endprodukte eingebaut werden, folgen. Eng verbunden damit ist die Bestimmung der Beschaffungsmengen und -zeitpunkte für fremdbezogene Verbrauchsfaktoren. Prinzipiell lassen sich zwei Formen der Bestimmung des Materialbedarfs unterscheiden (ausführlich behandelt in Günther/ Tempelmeier 1997, Kap. 9.1):

- Die *programmorientierte Bedarfsrechnung* leitet aus dem vorgegebenen Hauptproduktionsprogramm für absatzbestimmte Erzeugnisse unter Rückgriff auf Informationen über die Erzeugnisstruktur, die aktuellen Lagerbestände sowie zu erwartende Durchlaufzeiten den Bedarf für die untergeordneten Produkte ab.
- Bei der *verbrauchsorientierten Bedarfsrechnung* hingegen stützt man sich auf empirische Aufzeichnungen über den Materialverbrauch in der Vergangenheit. Aufgrund der beobachteten Verbrauchsentwicklung wird dann mit Hilfe von Prognoserechnungen auf den zukünftigen Bedarf geschlossen.

Grundsätzlich muß der Materialbedarf nach Menge und Termin so genau wie möglich bestimmt werden. Wird Material zu früh bereitgestellt, dann entstehen unnötige Lagerkosten. Wird Material zu spät bereitgestellt, dann kommt es u.U. zu unerwünschten Produktionsunterbrechungen und Verzögerungen in der Auslieferung von Kundenaufträgen. Zur Bestimmung der Materialarten, deren Bedarf mit der wesentlich genaueren, aber aufwendigeren programmorientierten Vorgehensweise ermittelt werden soll, wird in der Praxis die sog. *ABC-Analyse*, ein Verfahren zur Klassifizierung von Verbrauchsfaktoren nach ihrer wertmäßigen Bedeutung, eingesetzt (vgl. Günther/Tempelmeier 1997, Kap. 9.1.1). Die ABC-Analyse geht von der Beobachtung aus, daß in vielen Industriebetrieben ein großer Teil der Lagerkapitalbindung durch nur wenige Materialarten verursacht wird. Man klassifiziert daher die Materialarten in sog. A-Güter, die hauptverantwortlich für die Kapitalbindung sind, in C-Güter mit geringfügigem Anteil an der Kapitalbindung und in B-Güter, die eine mittlere Stellung einnehmen. Um den Planungsaufwand zu reduzieren, wird bei geringwertigen Gütern sowie Hilfs- und Betriebsstoffen im allgemeinen auf die verbrauchsorientierte Materialbedarfsrechnung zurückgegriffen.

Losgrößenplanung

Ein ökonomisches Problem der Losgrößenbildung stellt sich immer dann, wenn mit jeder erneuten Produktionsaufnahme eines Erzeugnisses Rüstzeiten und Rüstkosten für die Vorbereitung des Arbeitssystems verbunden sind. In diesen Fällen ist zu prüfen, ob Bedarfsmengen aus mehreren benachbarten Perioden zu einem größeren Los zusammengefaßt werden sollen. Hierbei entstehen jedoch Lagerkosten für die vorzeitig produzierten Erzeugnismengen.

Das Grundproblem der Losgrößenplanung soll an einem einfachen Beispiel verdeutlicht werden. Der Bedarf eines Produktes beträgt in den nächsten vier Wochen 20, 40, 20 und 30 Einheiten. Die Rüstkosten werden mit 70 Geldeinheiten und die Lagerkosten mit 1 Geldeinheit pro Stück und Woche angesetzt.

Für dieses dynamische Ein-Produkt-Losgrößenproblem ohne Beachtung beschränkt verfügbarer Produktionskapazitäten wurden in der Literatur zahlreiche Verfahren entwickelt (vgl. Günther/Tempelmeier 1997, Kap. 9.1.3). Ein bekann-

tes Verfahren, das allerdings keine optimalen Lösungen garantiert, ist dasjenige von Silver und Meal. Hierbei wird, ausgehend von der ersten Periode, die Losgröße so lange erhöht, bis die durchschnittlichen Kosten pro Periode erstmals ansteigen. Der Losgröße entspricht jeweils einer bestimmten Losreichweite, die angibt, für wie viele Perioden die Losgröße den Bedarf einschließt. Für das obige Zahlenbeispiel werden die folgenden Rechenschritte durchlaufen:
- Losgröße = 20 Einheiten (Losreichweite = 1 Periode):
  durchschnittlichen Kosten pro Periode = 70/1=70
- Losgröße = 20+40 = 60 Einheiten (Losreichweite = 2 Perioden):
  durchschnittlichen Kosten pro Periode = (70 + 1 · 1 · 40) /2=55
- Losgröße = 20+40+20 = 80 Einheiten (Losreichweite = 3 Perioden):
  durchschnittlichen Kosten pro Periode = (70 + 1 · 1 · 40 + 1 · 2 · 20) /3=50
- Losgröße = 20+40+20+30 = 110 Einheiten (Losreichweite = 4 Perioden):
  durchschnittlichen Kosten pro Periode = (70 + 1 · 1 · 40 + 1 · 2 · 20 + 1 · 3 · 30) /4=60

Da bei einer Losreichweite von drei Perioden die geringsten Durchschnittskosten pro Periode anfallen, wird eine Losgröße von 80 Einheiten gewählt.

Bei diesem einfach zu handhabenden Verfahren wurde allerdings von zum Teil wirklichkeitsfremden Prämissen ausgegangen. Ignoriert wurden die zwischen den Erzeugnissen bestehenden Input-Output-Beziehungen. In der Tat beeinflußt die Losbildung für ein übergeordnetes Erzeugnis die Struktur und den Verlauf des Bedarfs der untergeordneten Erzeugnisse. Daher ist es sinnvoll, die Losgrößen der einzelnen Erzeugnisse über mehrere Fertigungsstufen hinweg aufeinander abzustimmen. Außerdem muß berücksichtigt werden, daß die Arbeitssysteme, die zur Ausführung der einzelnen Arbeitsgänge eingesetzt werden, nur eine beschränkte Kapazität aufweisen und daß i.d.R. mehrere Produkte um diese knappe Kapazität konkurrieren. Eine umfassende Losgrößenplanung, die alle relevanten Gesichtspunkte beachtet, scheitert in der Praxis jedoch zumeist an dem nicht vertretbaren Rechenaufwand.

Ressourceneinsatzplanung

Nachdem in der Losgrößenplanung die Produktionsaufträge gebildet wurden, geht es in der Ressourceneinsatzplanung nun darum, sie zur Produktion freizugeben (Auftragsfreigabe) und konkreten Arbeitssystemen zur Bearbeitung zuzuweisen. Im Vergleich zur Losgrößenplanung, die i.d.R. auf Wochenperioden basiert, verfeinert sich nun die Periodeneinteilung, und es werden alle zeitverbrauchenden Vorgänge einschließlich der Transport- und Rüstzeiten stunden- bzw. minutengenau in die Betrachtung einbezogen. Hierbei bedient man sich üblicherweise der *Netzplantechnik*. Ergebnis ist ein entsprechendes Auftragsnetz (siehe Abbildung 12), das durch die Zusammenführung der Informationen über die Erzeugnisstruktur und über die Arbeitspläne der einzelnen Erzeugnisse entsteht.

Die durch einen Produktionsauftrag verursachte Belegungszeit einer Ressource läßt sich für jeden Arbeitsgang aufgrund der Auftragsmenge und den in den Arbeitsplänen enthaltenen Zeitangaben ermitteln. Ein *Arbeitsplan* gibt an, in welcher Reihenfolge die zur Herstellung eines bestimmten Erzeugnisses notwendig Arbeitsgänge auszuführen sind. Er enthält u.a. für jeden Arbeitsgang Angaben über die Stückbearbeitungs- und Rüstzeit sowie die Übergangs- einschließlich der Transportzeiten zwischen den einzelnen Arbeitsgängen. Außerdem sind in den Arbeitsplänen die benötigten Ressourcentypen und eventuelle Ausweichmöglichkeiten dokumentiert.

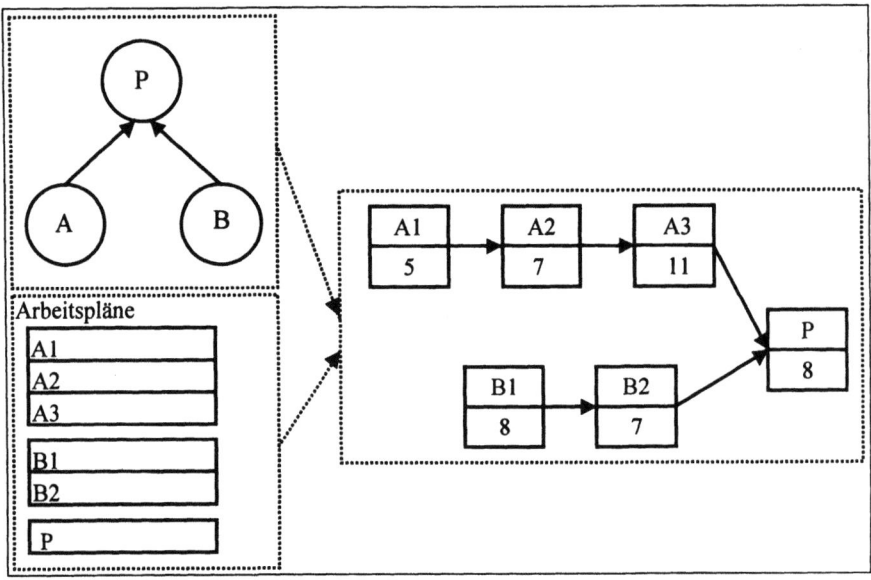

Quelle: Günther/Tempelmeier 1997, S. 201
Abb. 12: Bildung eines Auftragsnetzes aus der Erzeugnisstruktur und den Arbeitsplänen

In der betrieblichen Praxis wird bei der Ressourceneinsatzplanung zumeist in zwei Schritten vorgegangen (vgl. Günther/Tempelmeier 1997, Kap. 9.1.4). Zunächst werden in der sog. *Durchlaufterminierung* die frühestmöglichen und spätestzulässigen Start- und Endtermine der Arbeitsgänge der einzelnen Aufträge ohne Beachtung der Kapazitäten der Ressourcen berechnet. Erst in einem weiteren Schritt werden dann die sich aufgrund der zeitlichen Verteilung der Aufträge ergebenden Kapazitätsbelastungen den vorhandenen Kapazitäten der Ressourcen gegenübergestellt. Treten Überlastungen der Ressourcen auf, dann ist der Terminplan nicht zulässig, denn es muß zwangsläufig zu Überschreitungen der geplanten Fertigstellungstermine einzelner Aufträge kommen. Um dies zu vermeiden, versucht man im Rahmen eines anschließenden *Kapazitätsbelastungsausgleichs*, vorwiegend durch die zeitliche Verschiebung von Aufträgen innerhalb der verfügbaren Pufferzeiten einen zulässigen Terminplan zu erzeugen. Als Ausgleichsmaßnahmen kommen auch die Fremdvergabe von Produktionsaufträgen, Kapazitätserweiterungen durch Überstunden, das Ausweichen auf Reservemaschinen oder die Aufteilung eines größeren Produktionsauftrags in mehrere kleinere in Frage.

5.3 Produktionsplanung bei Einzelproduktion

Einzelproduktion zeichnet sich dadurch aus, daß Produkte als Einzelstücke oder in geringen Stückzahlen nach kundenspezifischen Anforderungen herzustellen sind. Beispiele finden sich vor allem im Anlagen- und Großmaschinenbau sowie bei der Herstellung von Verkehrsmitteln, wie z.B. Flugzeugen oder Schiffen, aber auch im Bauwesen. Die Kundenaufträge, um die zumeist mehrere Unternehmen konkurrieren, gehen sporadisch und oftmals erst nach einem längeren Verhandlungsprozeß ein. Die Aufträge sind von hoher Wertigkeit und bergen häufig erhebliche Risiken.

Für die Produktionsplanung bestehen die besonderen Anforderungen darin, daß zumeist nur wenige Arbeitsobjekte gleichzeitig zu bearbeiten sind, die aber ein großes Arbeitsvolumen mit einer Vielzahl von technologisch voneinander abhängigen Einzelvorgängen, eine lange Durchlaufzeit und einen strengen Terminrahmen aufweisen. Die Programmplanung bei Einzelproduktion umfaßt nicht nur die Unterstützung der Angebotserstellung, die Arbeitsstrukturierung und die Ermittlung realisierbarer Projektendtermine, sondern darüber hinaus die laufende Terminplanung und Bewirtschaftung knapper Ressourcen sowie die Kostenplanung, ferner das Projektcontrolling. Im einzelnen nimmt das Projektmanagement bei Einzelproduktion die folgenden Aufgaben wahr.

- *Projektauswahl*: vorläufige Analyse möglicher Projekte; Bewertung der Projekte (z.B. mit Hilfe der Nutzwertanalyse); Verabschiedung definitiver Projektangebote und Konkretisierung der Rahmenbedingungen (Projektkosten, -termine, Leistungskatalog, Kooperationspartner usw.);
- *Projektkonzeption*: Entwicklung eines detaillierten Realisierungskonzepts; Definition von Projektphasen und Meilensteinen; Festlegung von Verantwortlichkeiten für Budgets und Ressourcen;
- *Projektplanung*: Definition von Arbeitspaketen und einzelnen Vorgängen; Durchführung von Zeitanalysen (Termine, Projektdauer, Pufferzeiten); falls notwendig, Verkürzung von Vorgangsdauern; Belegung von Ressourcen; Kapazitätsabgleich; Kostenanalyse;
- *Projektdurchführung und -verfolgung*: fallweise oder periodische Überprüfung des Projektfortschritts; Fortschreibung der Zeit-, Ressourcen- und Kostenplanung; Klärung der Ursachen und der Verantwortlichkeit für Planabweichungen;
- *Projektabschluß und -auswertung*: Übergabe des Projekts an den Auftraggeber; Abschlußbericht mit Angabe entstandener Kosten und Analyse von Soll-Ist-Abweichungen; Weiterbetreuung des Projektes in der Einführungsphase.

Als grundlegende Planungsmethode kommt in der projektorientierten Einzelproduktion vor allem die Netzplantechnik zum Einsatz. Inzwischen gibt es eine Reihe von leistungsfähigen Softwareprodukten, die nicht nur die Terminrechnung mit Hilfe der Netzplantechnik, sondern auch weitergehende Aufgaben des Projektmanagements wirkungsvoll unterstützen.

Wegen der Komplexität der zu bewältigenden Arbeitsaufgaben werden für die Vorbereitung, Durchführung, Überwachung und Auswertung der einzelnen Produktionsaufträge häufig eigene organisatorische Einheiten und entsprechende Projektteams gebildet. Insofern sind die Aufgabenstellungen der Produktionsplanung bei Einzelproduktion nur schwer mit denjenigen bei Massen- oder Serienproduktion vergleichbar.

6 Operative Produktionsplanung in der Prozeßindustrie

Im Gegensatz zur Fertigungsindustrie sind die Produktionsweisen in der Prozeßindustrie durch verfahrenstechnische Prozesse gekennzeichnet. Diese finden sich in erster Linie in der chemischen Industrie, in der so unterschiedliche Produkte hergestellt werden, wie z.b. Brennstoffe, Farben und Kleber, Dünge- und Schädlingsbekämpfungsmittel, Kunststoffe und Chemiefasern, pharmazeutische Wirkstoffe, pyrotechnische und photochemische Erzeugnisse, Reinigungsmittel und kosmetische Produkte. Darüber hinaus sind die pharmazeutische Industrie, die Herstellung von Papierprodukten und Baustoffen sowie von Nahrungs- und Genußmitteln der Prozeßindustrie zuzurechnen.

Bei den hergestellten Erzeugnissen handelt es sich zumeist um Fließgüter (flüssige, gas- und pulverförmige Stoffe). Neben kontinuierlichen Materialflüssen finden sich jedoch auch diskrete Materialflüsse sowie Mischformen. Die eingesetzten verfahrenstechnischen Prozesse stellen häufig besondere Anforderungen an die Produktionsplanung und –steuerung, so daß vielfach auf andere Planungsinstrumente zurückgegriffen werden muß als in der Fertigungsindustrie. Zu diesen Besonderheiten zählen:
- vernetzte, teilweise zyklische Materialflüsse,
- mehrstufige Produktion, teilweise unter Einsatz variabel konfigurierbarer Mehrzweckanlagen,
- Kuppelproduktion und Mischprozesse mit starren bzw. flexiblen Mengenverhältnissen,
- begrenzte Zwischenlagerkapazitäten (oftmals produktspezifische Tanks),
- begrenzte Haltbarkeit von Zwischenprodukten sowie nicht-unterbrechbare Produktionsvorgänge,
- aufwendige Reinigungsprozesse.

Hergestellt werden sowohl *Massenprodukte*, die bei annähernd konstanter Durchsatzrate der eingesetzten Produktionsanlagen stetig erzeugt werden, als auch Spezialprodukte, die wegen ihres geringen Bedarfsvolumens und der hohen Einrichtungskosten i.d.R. *chargenweise* erzeugt werden. Eine mittlere Stellung nimmt die *Sortenproduktion* ein, die durch die wechselweise Belegung der eingesetzten Anlagen gekennzeichnet ist.

6.1 Chemische Massenproduktion

Bei chemischer Massenproduktion, z.B. der Produktion von Düngemitteln, Plastikfolien oder Mineralölprodukten, wird zumeist eine überschaubare Anzahl von homogenen Endprodukten aus einer verhältnismäßig geringen Zahl von Einsatzstoffen hergestellt. Hierzu werden typischerweise *Einzweckanlagen* (sog. Mono-Anlagen) eingesetzt. Da die Ausbringungsgüter im allgemeinen einen hohen und gleichmäßigen Bedarf aufweisen, wird nahezu kontinuierlich produziert. Für die

Prozeßindustrie sind die Optimierung des Rohstoffeinsatzes und der Ausbringungsmengen sowie die kostenminimale Steuerung der Anlagenfahrweisen von besonderer Bedeutung. Da sich die Prozeßbedingungen aufgrund der vielfach vorhandenen automatisierten Prozeßleittechnik im allgemeinen gut steuern lassen und der Materialfluß häufig durch fest installierte Fördermittel (z.B. Pumpen, Rohrsysteme) erfolgt, kann der Produktionsprozeß wirklichkeitsnah durch Gleichungssysteme bzw. lineare Optimierungsmodelle abgebildet werden.

Abbildung 13 zeigt ein abstraktes Beispiel einer chemischen Produktionsanlage zur Herstellung von Massengütern. Der Prozeß besteht aus zwei Stufen (A und B), in denen jeweils ein bestimmter Prozeßschritt ausgeführt wird. Da es sich hier um Einzweckanlagen handelt, sind mit A und B gleichzeitig die zugehörigen Anlageneinheiten bezeichnet. Aus den Einsatzstoffen 1, 2 und 3 werden über ein Zwischenprodukt 4 die Endprodukte 5, 6 und 7 hergestellt, wobei auch zyklische Materialflüsse auftreten. So werden jeweils eine der Ausbringungen der Prozeßschritte A bzw. B rezykliert und gemeinsam mit dem Einsatzstoff 1 bzw. 3 dem Prozeß wieder zugeführt. Die Zahlenangaben an den Materialflüssen zeigen die jeweiligen Mengenanteile an. Nicht explizit dargestellt sind Förderungs- und Lagersysteme, da i.d.R. davon ausgegangen werden kann, daß diese Systemelemente in ihrer Kapazität auf die Durchsatzleistungen der eigentlichen Produktionsanlagen abgestimmt sind.

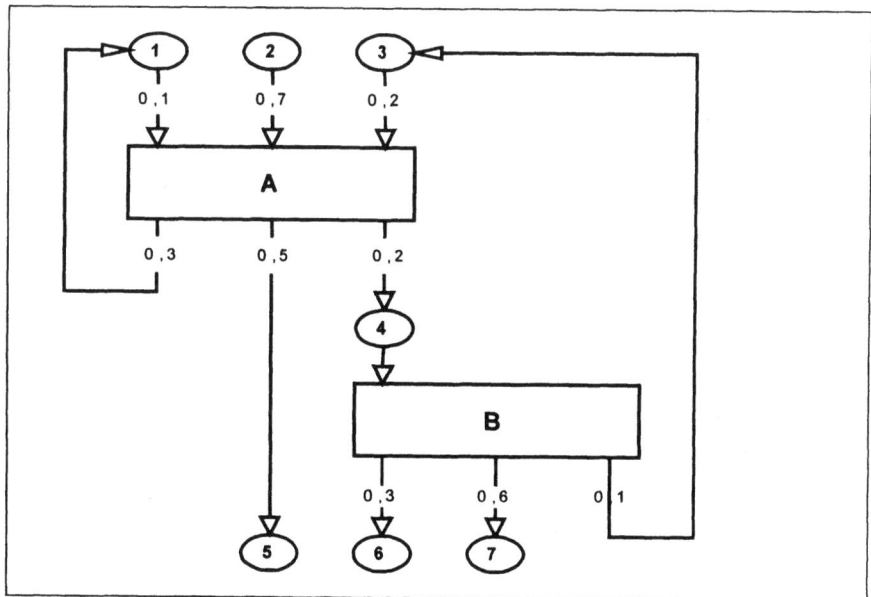

Abb. 13: Kontinuierlicher chemischer Produktionsprozeß

Allgemein läßt sich ein derartiger Prozeß mit seinen Materialflüssen und Kapazitätsbeschränkungen durch ein Gleichungssystem beschreiben. Hierbei wird davon ausgegangen, daß für jede Planperiode der Bedarf aller absatzfähigen Produkte ebenso vorgegeben ist wie die verfügbaren Anfangsbestände an Einsatzstoffen bzw. die während des Planungszeitraums erfolgenden Anlieferungen. Unter Beschränkung auf die wesentlichen produktionslogistischen Gesichtspunkte läßt sich ein derartiges Gleichungssystem wie folgt angeben:

Produktionskapazität

$$x_{st} \leq C_{st} \qquad s \in S, t \in T \qquad (16)$$

Lagerbilanzen

$$I_{jt} = I_{j,t-1} + \sum_{s \in SE_j} \beta_{js} \cdot x_{st} - \sum_{s \in SV_j} \alpha_{js} \cdot x_{st} + a_{jt} - d_{jt} \qquad j \in J, t \in T \qquad (17)$$

Lagerkapazität

$$I_{jt} \leq \bar{I}_{jt} \qquad j \in J, t \in T \qquad (18)$$

Nichtnegativität

$$x_{st}, I_{jt} \geq 0 \qquad s \in S, j \in J, t \in T \qquad (19)$$

wobei die folgende Notation verwendet wird:

- *Indizes, Indexmengen*
  - $j \in J$ Produkte
  - $s \in S$ Prozeßschritte
  - $s \in SV_j$ Prozeßschritte, in denen Produkt j verarbeitet wird
  - $s \in SE_j$ Prozeßschritte, in denen Produkt j erzeugt wird
  - $t \in T$ Perioden ($t = 1, 2, ..., T$)

- *Daten*
  - α_{js} Anteil von Produkt j am Input von Prozeßschritt s
  - β_{js} Anteil von Produkt j am Output von Prozeßschritt s
  - a_{jt} Anlieferung von Produkt j in Periode t
  - C_{st} Produktionskapazität für Prozeßschritt s in Periode t
  - d_{jt} Bedarf von Produkt j in Periode t
  - $\bar{I}_j$ Lagerkapazität für Produkt j

- *Entscheidungsvariablen*
  - x_{st} Produktionsmenge im Prozeßschritt s in Periode t
  - I_{jt} Lagerbestand von Produkt j am Ende von Periode t (I_{j0} = geg.)

Die Einhaltung der obigen Gleichungen und Nebenbedingungen sichert lediglich die Zulässigkeit der Materialströme und der Anlagenfahrweisen für die einzelnen Perioden des Planungszeitraums. Als ökonomische Zielsetzung kann beispielsweise die Minimierung der folgenden Lagerkostenfunktion angestrebt werden:

$$\sum_{j \in J} \sum_{t \in T} h_j \cdot I_{jt} \qquad (20)$$

wobei h_j die Lagerkosten pro Stück und Periode für Produkt j angibt.

Somit erhält man ein vollständiges lineares Optimierungsmodell. In der industriellen Anwendung kommen auch in Abhängigkeit von den Gegebenheiten des Einzelfalls anderweitige Zielsetzungen in Frage, z.B. die Maximierung der Ausbringung eines Hauptprodukts oder die Minimierung spezifischer Betriebskosten.

6.2 Sortenproduktion

Als Produktionstyp der Prozeßindustrie steht die Sortenproduktion zwischen der Massen- und der Chargenproduktion. Vor allem Nahrungs- und Genußmittel sowie Reinigungsmittel und kosmetische Produkte werden häufig in einem einstufigen Produktionsvorgang hergestellt, an den sich die Verpackung der Produkte als zweite Stufe anschließt. (Man spricht hier auch von „Make & Pack Produktion".) Die Produktion erfolgt zumeist lagerorientiert und ist auf hohe Ausstoßraten ausgerichtet. Da üblicherweise verschiedene Varianten eines Grundprodukts auf denselben Anlagen hergestellt werden, fallen beim Produktwechsel entsprechende Umrüstkosten und –zeiten an. Im Mittelpunkt der operativen Produktionsplanung steht daher die Bestimmung der jeweiligen Losgrößen unter Beachtung der beschränkten Produktionskapazitäten. Als Zielfunktion wird i.d.R. die Minimierung der losgrößenabhängigen Kosten (Rüst- und Lagerkosten) angesehen.

Das zugrundeliegende abstrakte Optimierungsproblem („Discrete Lotsizing and Scheduling Problem, DLSP") ergibt sich aufgrund der folgenden vereinfachenden Annahmen:
– einstufige Produktion,
– nur eine Ressourcenart erfaßt,
– diskretes Periodenraster (z.B. Schichten),
– Umrüstung zu Beginn einer Periode (Rüstzeiten vernachlässigt),
– die Produktion erfolgt ununterbrochen während der gesamten Periode, d.h. die Produktionsdauer eines Produktes entspricht immer einem ganzzahligen Vielfachen der Periodenlänge),
– Rüstkosten unabhängig von der Produktreihenfolge.

Das zugehörige lineare Optimierungsmodell lautet:

Minimiere

$$\sum_{j \in J} \sum_{t \in T} \left(s_j \cdot y_{jt} + h_j \cdot I_{jt} \right) \tag{21}$$

unter den Nebenbedingungen

Lagerbilanz

$$I_{jt} = I_{j,t-1} + p_j \cdot z_{jt} - d_{jt} \qquad j \in J, t \in T \tag{22}$$

Rüstzustand

$$\sum_{j \in J} z_{jt} \leq 1 \qquad t \in T \tag{23}$$

Umrüstung

$$y_{jt} \geq z_{jt} - z_{j,t-1} \qquad j \in J, t \in T \qquad (24)$$

Nichtnegativität und Ganzzahligkeit

$$I_{jt} \geq 0 \qquad j \in J, t \in T \qquad (25)$$

$$y_{jt}, z_{jt} \in \{0,1\} \qquad j \in J, t \in T \qquad (26)$$

wobei die folgende Notation verwendet wird:
- *Indizes, Indexmengen*
  $j \in J$ Produkte
  $t \in T$ Perioden ($t = 1,2,...,T$)
- *Daten*
  d_{jt} Bedarf von Produkt j in Periode t
  h_j Lagerkosten pro Stück und Periode für Produkt j
  p_j Ausbringung von Produkt j je Periode
  s_j Rüstkosten für Produkt j
- *Entscheidungsvariablen*
  y_{jt} = 1, falls der Produktionsprozeß zu Beginn der Periode t für Produkt j umgerüstet wird (0, sonst)
  z_{jt} = 1, falls der Produktionsprozeß während der Periode t für Produkt j gerüstet ist (0, sonst)
  I_{jt} Lagerbestand von Produkt j am Ende von Periode t (I_{j0} = geg.)

Aus der Literatur sind auch anderweitige Modellierungen der Sortenproduktion und entsprechende Lösungsverfahren bekannt, auf die hier jedoch nicht näher eingegangen werden soll (vgl. Günther 1987, Drexl/Haase 1995, Fleischmann/Meyr 1997).

6.3 Chargenproduktion

Insbesondere im Bereich der chemischen Industrie ist in der jüngeren Vergangenheit ein zunehmendes Interesse der Kunden an größerer Produktvielfalt, teilweise auch nach kundenindividuell hergestellten *Spezialchemikalien* zu verzeichnen. Dieser Trend führt nicht nur zu immer kleineren Abnahmemengen, sondern hat auch den verstärkten Einsatz flexibler Produktionsanlagen (*Mehrzweckanlagen*) bewirkt. Spezialchemikalien werden überwiegend in Chargenproduktion hergestellt. (Abgeleitet aus dem Englischen wird häufig auch von Batchproduktion gesprochen.) Hierunter versteht man eine Prozeßführung, bei der das eingesetzte Material ansatzweise, d.h. auf einmal zu- und das erzeugte Produkt auf einmal abgeführt wird. Praktisch bedeutet dies, daß ein Prozeßschritt in drei Phasen abläuft: (1) dem Füllen eines Reaktors, (2) der chemischen Reaktion, deren Dauer häufig unabhängig, u.U. aber auch nichtlinear abhängig von der eingesetzten Materialmenge (Chargengröße) ist, sowie (3) dem Entleeren des Reaktors. Darüber hinaus

weist die Chargenproduktion auf Mehrzweckanlagen die folgenden Besonderheiten auf:
- diskontinuierliche Produktionsweise;
- Chargengrößen sind i.d.R. durch das Fassungsvermögen eines Werkstoffbehälters begrenzt (häufig sind auch Mindestchargengrößen vorgeschrieben);
- eine Charge wird als Ganzes dem Produktionsprozeß zugeführt und entnommen;
- in einer Anlageneinheit wird immer nur eine Charge gleichzeitig produziert;
- die Prozeßzeiten sind i.d.R. unabhängig von der Chargengröße; teilweise sind jedoch auch nichtlineare Zusammenhänge zwischen Prozeßzeit und Chargengröße zu beachten;
- häufig findet sich Kuppelproduktion mit variablen Mengenverhältnissen der Einsatz- und Ausbringungsgüter;
- vielfach sind aufwendige Reinigungsprozesse erforderlich, deren Dauer von der Produktreihenfolge, dem jeweiligen Prozeßschritt oder von der Einsatzdauer der Anlagen abhängt;
- produktspezifische Lagerung in Tanks mit begrenzter Kapazität;
- in manchen Fällen sind auch prozeß- bzw. einsatzstoffbedingte Qualitätsunterschiede zu beachten.

In der chemischen Industrie werden Mehrzweckanlagen häufig im *Kampagnenmodus* betrieben. Hierbei bleibt eine Anlage für einen bestimmten Zeitraum für die Produktion einer einzelnen Produktgruppe konfiguriert, ehe sie dann im Hinblick auf eine andere Produktgruppe rekonfiguriert wird. Die weite Verbreitung der Kampagnenproduktion ist vor allem auf die in der chemisch-pharmazeutischen Industrie häufig anzutreffenden zeitaufwendigen Reinigungsprozesse zurückzuführen. Zudem ist die in manchen Fällen vorgeschriebene Rückverfolgbarkeit der Prozeßschritte und Einsatzstoffe oftmals nur dann möglich, wenn produktgruppen- bzw. einsatzstoffspezifisch produziert wird. Im allgemeinen ist der Kampagnenmodus mit einer zyklischen Produktionsweise verbunden.

Bei entsprechend leistungsfähiger Prozeßleittechnik bzw. gut beherrschbaren Prozessen lassen sich Anlagen auch im *Mischbetrieb* (engl. „short-term mode") betreiben. Hierbei werden unterschiedliche Produkte bei variierenden Anlagenverschaltungen und Prozeßbedingungen simultan hergestellt. Diese Vorgehensweise ermöglicht im Vergleich zur Kampagnenproduktion eine höhere Kapazitätsauslastung sowie kürzere Durchlaufzeiten. Allerdings werden an die einzusetzenden Planungsverfahren weit höhere Anforderungen gestellt als bei der Kampagnenproduktion.

Dem Einsatz eines quantitativen Optimierungsmodells geht die Erfassung der jeweiligen verfahrenstechnischen Prozesse sowie der vorhandenen Anlagenkonfiguration (Reaktoren, Fördereinrichtungen, Tanks usw.) einschließlich der zugehörigen Daten und technischen Kennziffern voraus. Als allgemeines Repräsentationsschema kann bei der Erfassung der Prozesse auf sog. *Produkt-Prozeß-Netzwerke* zurückgegriffen werden (vgl. Blömer/Günther 1998). Hierbei handelt es sich um einen gerichteten Graphen (siehe Abbildung 14), der drei Elemente enthält:

- *Prozeßknoten* bilden die auszuführenden elementaren Prozeßschritte ab. Über die zugehörigen Attribute werden die Einsatz- und Ausbringungsgüter mit ihren jeweiligen Mengenrelationen sowie die Prozeßzeit, die einsetzbaren Anlageneinheiten und weitere Parameter definiert.
- Jeder Zustand des Prozesses wird durch einen *Produktknoten* beschrieben, dessen Attribute sich u.a. auf die Lagerfähigkeit, die einsetzbaren Tanks sowie die das betreffende Produkt (Rohmaterial, Zwischen- oder Endprodukt) erzeugenden bzw. verbrauchenden Prozeßschritte beziehen.
- *Materialflüsse* werden durch Pfeile dargestellt.

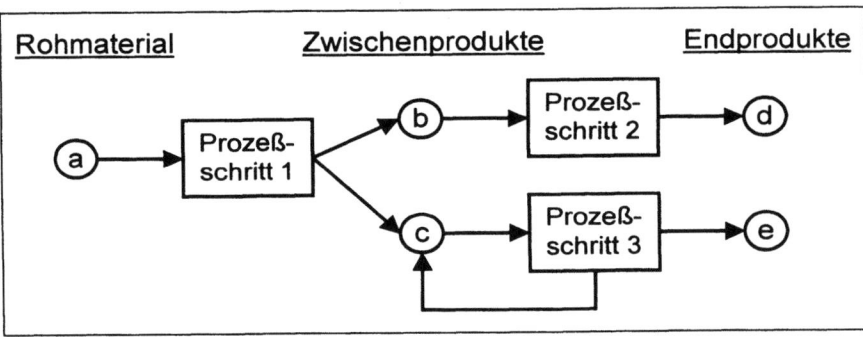

Abb. 14: Beispiel eines Produkt-Prozeß-Netzwerks

Aus dem Produkt-Prozeß-Netzwerk und den zugehörigen Daten läßt sich mit Hilfe geeigneter Softwarewerkzeuge automatisch ein lineares Optimierungsmodell in computerlesbarer Form ableiten. Hierbei wird auf eine *generische Modellformulierung* des zugrundeliegenden Planungsproblems zurückgegriffen. Die generische Modellformulierung beschreibt die betrachteten Sachverhalte in allgemeiner Form und gestattet die Ableitung eines anwendungsspezifischen Einzelmodells auf der Grundlage der erfaßten Anlagenkonfiguration und verfahrenstechnischen Prozesse.

Das Grundgerüst eines generischen linearen Optimierungsmodells zur Bestimmung der Chargengrößen, der Start- und Endzeitpunkte der einzelnen Prozeßschritte und zur Abbildung der Materialflüsse läßt sich auf der Grundlage einer diskreten Periodeneinteilung durch die folgende Modellformulierung beschreiben. Als Zielsetzung wird die Minimierung des Makespan verfolgt. Hierunter wird die Zeitspanne verstanden, die zur Herstellung der vorgegebenen Bedarfsmengen der absatzbestimmten Produkte benötigt wird.

Minimiere
$$F \tag{27}$$
unter den Nebenbedingungen

Makespan

$$F \geq t \cdot y_{ist} + p_s - 1 \qquad i \in I', s \in S', t \in T \tag{28}$$

Anlagenbelegung

$$\sum_{s \in S_i} \sum_{k=t-p_s+1}^{t} y_{isk} \leq 1 \qquad i \in I, t \in T \qquad (29)$$

Chargengrößen

$$\underline{B}_i \cdot y_{ist} \leq x_{ist} \leq \overline{B}_i \cdot y_{ist} \qquad i \in I, s \in S_i, t \in T \qquad (30)$$

Lagerbilanz

$$I_{jt} = I_{j,t-1} + \sum_{s \in SE_j} \sum_{i \in I_s} \beta_{js} \cdot x_{is,t-p_s} - \sum_{s \in SV_j} \sum_{i \in I_s} \alpha_{js} \cdot x_{ist} + a_{jt} - d_{jt}$$

$$j \in J, t \in T \qquad (31)$$

Lagerbestandsgrenzen

$$I_{jt} \leq \overline{I}_{jt} \qquad j \in J, t \in T \qquad (32)$$

Nichtnegativität und Ganzzahligkeit

$$x_{ist}, I_{jt} \geq 0 \qquad i \in I, j \in J, s \in S, t \in T \qquad (33)$$

$$y_{ist} \in \{0,1\} \qquad i \in I, s \in S, t \in T \qquad (34)$$

wobei die folgende Notation verwendet wird:
- Indizes, Indexmengen
  $i \in I$ Anlageneinheit
  $i \in I'$ Anlageneinheiten, in denen Endprodukte hergestellt werden
  $j \in J$ Produkte
  $s \in S$ Prozeßschritte
  $s \in S'$ Prozeßschritte, in denen Endprodukte hergestellt werden
  $s \in S_i$ Prozeßschritte, die in Anlageneinheit i ausgeführt werden können
  $i \in I_s$ Anlageneinheiten, in denen Prozeßschritt s ausgeführt werden kann
  $s \in SV_j$ Prozeßschritte, in denen Produkt j verarbeitet wird
  $s \in SE_j$ Prozeßschritte, in denen Produkt j erzeugt wird
  $t \in T$ Perioden ($t = 1,2,...,T$)
- Daten
  α_{js} Anteil von Produkt j am Input von Prozeßschritt s
  β_{js} Anteil von Produkt j am Output von Prozeßschritt s
  a_{jt} Anlieferung von Produkt j in Periode t
  d_{jt} Bedarf von Produkt j in Periode t
  p_s Dauer von Prozeßschritt s
  $\underline{B}_i, \overline{B}_i$ minimale bzw. maximale Chargengröße in Anlageneinheit i
  $\overline{I}_j$ Lagerkapazität für Produkt j
- Entscheidungsvariablen
  F Gesamtprozeßdauer (Makespan)

x_{ist} Gesamteinsatzmenge an Produkten zu Beginn von Periode t im Prozeßschritt s in Anlageneinheit i (Chargengröße)

I_{jt} Lagerbestand von Produkt j am Ende von Periode t (I_{j0} = geg.)

y_{ist} = 1, falls der Prozeßschritt s zu Beginn der Periode t in Anlageneinheit i gestartet wird (0, sonst)

Die ermittelte Lösung des anwendungsspezifischen Optimierungsproblems kann anschließend in ein Simulationsmodell übernommen werden. Mit Hilfe der Simulation wird der zugrundeliegende Produktionsprozeß wesentlich genauer als in einem mathematischen Optimierungsmodell abgebildet. Dies betrifft sowohl die Erfassung der zeitlichen Struktur des Prozesses als auch die Abbildung der Materialflüsse. Gegebenenfalls erfolgt auch eine Animation des Produktionsprozesses (vgl. Günther/Blömer 1997).

7 Integrierte Systeme der Produktionsplanung und -steuerung

Das Entscheidungsfeld der Produktionsplanung umfaßt eine Fülle von Einzelentscheidungen, zwischen denen enge wechselseitige Beziehungen bestehen. Angesichts der Datenfülle und des Problemumfangs ist die simultane Festlegung sämtlicher Entscheidungsvariablen der Produktionsplanung sowie angrenzender Gebiete in einem detaillierten Gesamtplan schlechthin unmöglich. Die Produktionsplanung muß sich daher als ein sinnvoll gestaltetes System von Teilplänen vollziehen, das der Aufteilung und Abstufung der Entscheidungs- und Verantwortungsbereiche im Unternehmen, den Möglichkeiten und Grenzen der Computerunterstützung sowie der gegenseitigen Abhängigkeit der Entscheidungen Rechnung trägt. In der betrieblichen Praxis werden zur Bewältigung der umfangreichen Aufgaben der operativen Produktionsplanung und -steuerung seit langem computergestützte Produktionsplanungs- und -steuerungssysteme (*PPS-Systeme*) eingesetzt. PPS-Systeme bilden den planerischen Kern des umfassenden Konzepts des Computer Integrated Manufacturing (*CIM*). Unter diesem Begriff faßt man die integrierte Informationsverarbeitung für betriebswirtschaftliche und technische Aufgaben eines Industriebetriebs zusammen.

Konventionelle PPS-Systeme sind darauf ausgerichtet, zentral für sämtliche Produktionssegmente alle Planungs- und Steuerungsaufgaben zu übernehmen. Systeme dieses Typs arbeiten nach dem *Push-Prinzip* (Bring-Prinzip). Sie folgen einem einheitlichen Sukzessivplanungskonzept, das sich wie folgt skizzieren läßt (siehe Abbildung 15):

– *Primärbedarfsplanung*: Auf der Basis vorliegender Kundenaufträge sowie eines evtl. vorgegebenen mittelfristigen aggregierten Produktionsprogramms werden unter Berücksichtigung vorhandener Lagerbestände die Primärbedarfsmengen für absatzbestimmte Erzeugnisse (Endprodukte und Ersatzteile) ermittelt. Das Ergebnis ist ein kurzfristiges Hauptproduktionsprogramm („master production schedule").

– *Mengenplanung*: Ausgehend von dem zuvor fixierten kurzfristigen Hauptproduktionsprogramm werden die Sekundärbedarfsmengen für die untergeordneten Erzeugnisse unter Berücksichtigung von Informationen über die Erzeugnisstruktur, Lagerbestände sowie geplante Durchlaufzeiten ermittelt. Hierbei werden für die einzelnen Erzeugnisse mit Hilfe von Losgrößenheuristiken benachbarte Periodenbedarfe zu Produktionslosen zusammengefaßt, wobei i.d.R. von unbeschränkten Kapazitäten der Ressourcen ausgegangen wird. Ergebnis dieser Planungsstufe sind (grob-)terminierte Produktionsaufträge für alle Erzeugnisse.

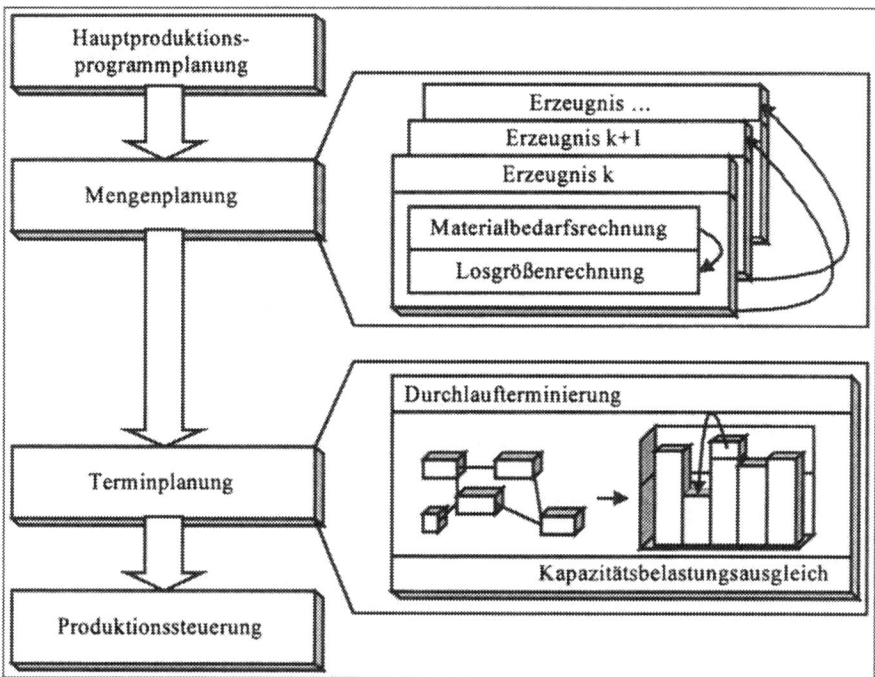

Quelle: Günther/Tempelmeier 1997, S. 287
Abb. 15: Struktur eines konventionellen PPS-Systems

- *Terminplanung*: Im nächsten Schritt werden zunächst für alle auszuführenden Arbeitsgänge die Start- und Endtermine errechnet. Dabei werden erneut unbeschränkte Kapazitäten der Ressourcen angenommen. Im Anschluß an diese sog. Durchlaufterminierung wird versucht, Kapazitätsüberlastungen durch Terminverschiebungen nichtkritischer Aufträge sowie durch Einplanung von Überstunden zu beseitigen, wobei die Auswirkungen der Verschiebung eines auftragsbezogenen Arbeitsgangs auf andere Arbeitsgänge desselben Auftrags und auf andere Aufträge wegen der Komplexität des Problems nur unzureichend berücksichtigt werden können.
- *Produktionssteuerung*: Hier werden die im unmittelbar bevorstehenden Freigabezeitraum spätestens zu beginnenden Aufträge freigegeben und den Ressourcen zugeordnet. Für jede Ressource folgt eine Auftragsreihenfolgeplanung, bei der gewöhnlich auf Prioritätsregeln zurückgegriffen wird.

Das oben skizzierte Konzept ist von zahlreichen Autoren kritisiert worden (vgl. Drexl/Fleischmann/Günther/Stadtler/Tempelmeier 1994). Die Kritik bezieht sich vor allem auf die mangelnde Integration einer mittelfristigen aggregierten Produktions- und Kapazitätsplanung, die häufig vorgenommene Gleichsetzung von Produktions- und Absatzplan (Synchronisationsprinzip), die mangelhafte Abstimmung der Produktionsaufträge über die Erzeugnisstrukturen und Produktionssegmente hinweg sowie die Verwendung von Plan-Durchlaufzeiten, die zumeist erheblich von den realisierten Ist-Durchlaufzeiten abweichen. Vor allem aber wird bemängelt, daß in keiner Planungsphase die begrenzte Verfügbarkeit der Ressourcen systematisch erfaßt wird.

In den letzten Jahren sind verschiedene alternative PPS-Konzeptionen entwickelt worden, die teilweise den genannten Kritikpunkten begegnen (vgl. Günther/ Tempelmeier 1997, Kap. 13). Diese bieten zumeist jedoch nur Lösungsvorschläge für Teilbereiche der Produktionsplanung und -steuerung. Vor allem die Materialflußsteuerung nach dem *Pull-Prinzip* (Hol-Prinzip), das sog. Kanban-System (vgl. Günther/Tempelmeier 1997, Kap. 13.2), hat international einen hohen Bekanntheitsgrad erlangt.

Bei Anwendung des Pull-Prinzips wird nicht – wie beim Push-Prinzip – für jede Produktionsstufe eine detaillierte Planvorgabe bereitgestellt, sondern lediglich ein Produktionsplan für die letzte Produktionsstufe, z.B. die Endmontage, aufgestellt. Wird ein Vorprodukt benötigt, so wird die entsprechende Menge direkt aus dem Pufferlager der Vorproduktion entnommen. Das Pufferlager wird möglichst unverzüglich wieder aufgefüllt, wobei wiederum eine bestimmte Produktmenge aus dem jeweils vorgelagerten Lagerbestand entnommen werden muß. Dieser Prozeß (Produktion auf Abruf) setzt sich in Richtung auf das Rohmateriallager fort. Es entstehen so vermaschte selbststeuernde Regelkreise, die eine Dezentralisierung der Bestandskontrolle und damit die Übertragung der kurzfristigen Produktionssteuerung an die ausführenden Mitarbeiter ermöglichen.

Voraussetzung für die Anwendbarkeit des Pull-Prinzips ist ein möglichst kontinuierlicher Materialfluß, bei dem die Werkstücke sich ähnlich wie bei der getakteten Fließproduktion möglichst ohne Wartezeiten durch die Produktionsstellen bewegen. Dies wird durch eine entsprechende Reorganisation des gesamten Produktionsprozesses und spezielle technische Maßnahmen erreicht. Jede Produktionsstelle muß ausreichend flexibel sein, um schnell auf die wechselnden Abrufe von Erzeugnissen aus ihrem Lager reagieren zu können. Hierzu trägt auch eine weitgehende Verringerung der Produktionslosgrößen bei. Kleine Lose sind aber nur dann sinnvoll, wenn die Rüstzeiten kurz sind. Hierzu wurden in vielen Industriebetrieben technische und organisatorische Maßnahmen erfolgreich umgesetzt.

Das Pull-Prinzip wird weltweit in zahlreichen Unternehmen eingesetzt. Sofern gewisse Anwendungsvoraussetzungen erfüllt sind, können damit die Durchlaufzeiten der Aufträge erheblich verkürzt und die Lagerbestände deutlich verringert werden. Es wird allerdings bisweilen angezweifelt, ob diese Verbesserungen auf das Steuerungskonzept zurückgehen oder ob sie nicht eher durch die technischen und organisatorischen Begleitmaßnahmen verursacht werden.

Literaturverzeichnis

Blömer, F., Grunow, M., Günther, H.-O. (1998), Moderne Softwaretools für das Supply Chain Management, in: ZWF – Zeitschrift für wirtschaftlichen Fabrikbetrieb (erscheint demnächst)

Blömer, F., Günther, H.-O. (1998), Scheduling of a multi-product batch process in the chemical industry, in: Computers in Industry (in print)

Blömer, F., Günther, H.-O., Kaminiarz, B. (1997), Simulationsgestützte strategische Kostenanalyse einer verfahrenstechnischen Anlage, in: Inderfurth, K., Schenk, M., Ziems, D. (Hrsg.), Logistik auf Umweltkurs: Chancen und Herausforderungen, Magdeburg 1997, S. 123-132

Charnes, A., Cooper, W.W., Lewin, A.Y., Seiford, L.M. (1994), Data Envelopment Analysis: Theory, Methodology, and Application, Boston u.a. 1994

Drexl, A., Fleischmann, B., Günther, H.-O., Stadtler, H., Tempelmeier, H. (1994), Konzeptionelle Grundlagen kapazitätsorientierter PPS-Systeme, in: Zeitschrift für betriebswirtschaftliche Forschung (ZfbF), 46. Jg. (1994), S. 1022-1045

Drexl, A., Haase, K. (1995), Proportional lotsizing and scheduling, in: International Journal of Production Economics, 40. Jg. (1995), S. 73-87

Dyckhoff, H. (1998), Grundzüge der Produktionswirtschaft, 2. Aufl., Berlin u.a. 1998

Fleischmann, B., Meyr, H. (1997), The general lotsizing and scheduling problem, in: OR Spektrum, 19. Jg. (1997), S 11-21

Günther, H.-O. (1987), Planning lot sizes and capacity requirements in a single stage production system, in: European Journal of Operational Research (EJOR), 31. Jg (1987), S. 223-231

Günther, H.-O., Blömer, F. (1997), Simulation der Produktionslogistik: Einsatzmöglichkeiten in der Prozeßindustrie, in: Fördertechnik – Zeitschrift für Logistik, Materialfluß, Transport und Lagertechnik, Heft 7, 1997, S. 5-7.

Günther, H.-O., Tempelmeier, H. (1997), Produktion und Logistik, 3. Aufl., Berlin u.a. 1997

Günther, H.-O., Tempelmeier, H. (1995), Produktionsmanagement, 2. Aufl., Berlin u.a. 1995

Porter, M.E. (1992), Wettbewerbsstrategie: Methoden zur Analyse von Branchen und Konkurrenten, 7. Aufl., Frankfurt/M. 1992

Rosenberg, O. (1996), Variantenfertigung, in: Kern, W., Schröder, H.-H., Weber, J. (Hrsg.), Handwörterbuch der Produktionswirtschaft, 2. Aufl., Stuttgart 1996, Sp. 2119-2129

Von Harten, B., Günther, H.-O., Blömer, F., Kaminiarz, B. (1997), Simulation führt zu höherer Auslastung und besserer Kostentransparenz, in: Chemie-Produktion, Heft 5, 1997, S. 36-39

Wäscher, G. (1998), Logistik, in: Berndt, R., Fantapié Altobelli, C., Schuster, P. (Hrsg.), Springers Handbuch der Betriebswirtschaftslehre, Berlin u.a. 1998, Kap. 10

9 Marketing

Ralph Berndt

Inhaltsverzeichnis

1 Gegenstand und Grundlagen des Marketing	370
1.1 Der Transaktionsansatz	370
1.2 Anbieter- und Nachfragerverhalten auf Märkten	371
1.2.1 Märkte	371
1.2.2 Das Anbieterverhalten	372
1.2.3 Das Nachfragerverhalten	373
1.3 Trends auf Nachfrage- und Angebotsseite	375
1.4 Marketing für Sach- und Dienstleistungen	377
2 Marketing-Management	379
2.1 Marketing-Planung	380
2.2 Marketing-Kontrolle	380
2.3 Marketing-Organisation	381
2.4 Marketing-Führung	382
3 Marketingpolitik	383
3.1 Grundlagen der Marketingpolitik	383
3.2 Produkt-, Sortiments- und Servicepolitik	384
3.2.1 Produktpolitik	384
3.2.2 Sortimentspolitik	390
3.2.3 Servicepolitik	391
3.3 Kontrahierungspolitik	392
3.3.1 Preispolitik	392
3.3.2 Konditionenpolitik	397
3.4 Marketing-Kommunikation	398
3.4.1 Die Instrumente der Marketing-Kommunikation	398
3.4.2 Kommunikationsplanung	403
3.5 Distributionspolitik	408
3.5.1 Vertriebspolitik	408
3.5.2 Verkaufspolitik	413
3.6 Marketing-Mix	416
Literaturverzeichnis	419

1 Gegenstand und Grundlagen des Marketing

1.1 Der Transaktionsansatz

Stellt man die spezielle Frage nach der Marktorientierung eines Unternehmens, d.h. untersucht man die spezifische Sichtweise eines Unternehmens gegenüber dem Absatzmarkt, und betrachtet man gleichzeitig die Bedeutung der verschiedenen betrieblichen Funktionsbereiche untereinander, so lassen sich *einige Grundformen der Marktorientierung* eines Unternehmens unterscheiden (vgl. Kotler 1991, S. 12 ff.), die z.T. in den westlichen Industrieländern nacheinander durchlaufen worden sind:
- die Produktionsorientierung,
- die Verkaufsorientierung und
- die Marketingorientierung.

Bei der *Produktionsorientierung* wird von der Idee ausgegangen, daß Konsumenten niedrigpreisige, überall verfügbare Produkte nachfragen; mittels der kostengünstigen Massenproduktion sollen – durch die Ausnutzung der Kostendegression – entsprechende Produkte hergestellt werden. Typisch hierfür sind sogenannte Verkäufermärkte, auf denen die Nachfrage deutlich das Angebot übersteigt. Bei einem *verkaufsorientierten* Unternehmen wird – im Gegensatz zu einem produktionsorientierten Unternehmen – nicht mehr von der Idee ausgegangen, daß alles Produzierte auch abgesetzt werden kann; vielmehr erscheint eine aggressive Verkaufspolitik als notwendig. Werbe- und Verkaufsmaßnahmen werden intensiv und mit hohem finanziellen Aufwand durchgeführt, um die geplanten Produktionsmengen auf dem Markt abzusetzen. Die Phase der Verkaufsorientierung folgt häufig auf die Phase der Produktionsorientierung, wenn weiterhin zunächst die zu produzierenden Mengen geplant werden, diese aber nicht mehr problemlos abgesetzt werden können; dann ist kein starker Nachfrageüberhang mehr gegeben, das Angebot übersteigt vielmehr die Nachfrage. Ausgangspunkt der *Marketingorientierung* eines Unternehmens ist eine Feststellung des Bedarfes ausgewählter Märkte, welche effizienter als von der Konkurrenz befriedigt werden sollen, wobei eine Bedarfsbeeinflussung mittels geeigneter Marketingmaßnahmen erfolgt. Im Gegensatz zum verkaufsorientierten Ansatz wird nicht mehr von den Produkten und deren geplanten Mengen, sondern von der Nachfragerseite ausgegangen, die gegebenenfalls in geeigneter Weise beeinflußt wird.

Zur näheren Charakterisierung des Marketing existieren verschiedene Konzepte; hier wird Marketing im Sinne des Transaktionsansatzes (Kotler 1984, S. 14) verstanden. *Marketing* bedeutet demnach Planung, Realisierung und Kontrolle von Programmen, mit deren Hilfe gewünschte Austauschprozesse mit ausgewählten Märkten geschaffen, aufgebaut und aufrechterhalten werden sollen, um betriebliche Ziele zu verwirklichen. Marketing im Sinne des Transaktionsansatzes ist erstens allgemeingültig; es gilt sowohl für Märkte des Absatzes wie der Beschaffung. Zweitens ist dieses Marketingkonzept ziel- und entscheidungsorientiert; die Gestaltung von Programmen zur Auswahl gewünschter Austauschprozesse (Transaktionen) hat zielbezogen zu erfolgen; außerdem sollen die Transaktionen mit ausgewählten Märkten, d.h. zielbezogen ermittelten Zielmärkten, geschehen. Drittens ist eine umfassende Erfassung von Austauschprozessen möglich: von

„Güter gegen Entgelt" über „Güter gegen Güter" (im Sinne von Kompensationsgeschäften) bis hin zu „Informationen gegen Entgelt".

1.2 Anbieter- und Nachfragerverhalten auf Märkten

1.2.1 Märkte

Als Markt wird die Gesamtheit der ökonomischen Beziehungen zwischen Anbietern und Nachfragern hinsichtlich eines Gutes/einer Gütergruppe innerhalb eines bestimmten Gebietes und eines bestimmten Zeitraumes bezeichnet. Als ökonomische Beziehungen zwischen den Marktteilnehmern lassen sich nach *Steffenhagen* (1991, S. 35 ff.)
- Kommunikationsbeziehungen,
- Kooperationsbeziehungen,
- Wettbewerbsbeziehungen,
- Machtbeziehungen und
- Rollenbeziehungen

unterscheiden. Beispiele für *Kommunikationsbeziehungen* zwischen Anbietern und Nachfragern sind Verkaufsgespräche oder die Werbung in Massenmedien mit dem Ziel, das Verhalten der Nachfrager zu beeinflussen. *Kooperationsbeziehungen* können horizontaler oder vertikaler Art sein. Im Falle einer horizontalen Kooperation arbeiten rechtlich selbständige Unternehmen derselben Marktstufe zusammen. Eine vertikale Kooperation bezieht sich auf das Zusammenarbeiten von rechtlich selbständigen Unternehmen, die verschiedenen Marktstufen angehören. *Wettbewerbsbeziehungen* liegen in der Regel in Form eines Angebotswettbewerbes der Hersteller einer Branche vor; die Hersteller konkurrieren um die Nachfrager. *Machtbeziehungen* auf Märkten bestehen darin, daß jeder einzelne Marktteilnehmer versucht, Einfluß auf die Aktivitäten von Konkurrenten bzw. von Wirtschaftseinheiten vor- und/oder nachgelagerter Marktstufen zu gewinnen. Ein Beispiel hierfür ist die angestrebte Marktführerschaft eines Unternehmens, die darin besteht, daß sich die Konkurrenten – z.B. in ihrer Preispolitik – anpassen, also dem Marktführer folgen. *Rollenbeziehungen* schließlich können in Form von Verhaltenserwartungen an Marktpartner existieren. Zum Beispiel erwarten Hersteller, daß Handelsbetriebe gewisse Funktionen wie Lagerhaltung, Warenpräsentation oder Kundenberatung übernehmen.

Das Marktformenschema ermöglicht eine Einteilung von Märkten nach der Zahl der Marktteilnehmer auf der Angebots- und der Nachfrageseite. Zu den elementaren *Marktformen des Angebotes* zählen das Monopol, das Oligopol und das Polypol. Die heute vorherrschende Marktform ist das Teiloligopol mit vielen Nachfragen und – je nach Branche – wenigen bis vielen Anbietern. Monopole sind seltener gegeben; Beispiele sind regionale Monopole von Versorgungsbetrieben (Strom, Wasser, Gas) und Entsorgungsbetrieben (Wasser, Müll). Polypole finden sich am ehesten bei örtlichen Gemüse- und Obstmärkten sowie bei Flohmärkten. Typische *Marktformen der Nachfrage* sind das Monopson und Oligopson, bei denen einem Nachfrager bzw. einer gewissen Zahl an im einzelnen bedeutsamen Nachfragern eine große Zahl an Anbietern gegenübersteht. Beispiele hierfür können regionale Aufkäufer z.B. von Obst sein, das von einer Vielzahl an Kleinbauern und -gärtnern angeboten wird. Die Zulieferindustrie im Automobilsektor bietet z.T. auf oligopsonistischen

Märkten an. Zu den *Mischformen* zählt z.B. das bilaterale Monopol, das dadurch gekennzeichnet ist, daß genau einem Anbieter genau ein Nachfrager gegenübersteht; ein Beispiel hierfür kann ein Rüstungskonzern sein, dem auf dem inländischen Markt nur der Staat als öffentlicher Nachfrager gegenübersteht.

Des weiteren lassen sich einstufige und mehrstufige Märkte unterscheiden. Bei *einstufigen Märkten* gelangt ein Produkt direkt vom Produzenten zum Konsumenten; es erfolgt also keine Einschaltung von rechtlich und wirtschaftlich selbständigen, vom Produzenten unabhängigen Betrieben des Groß- und/oder Einzelhandels. Bei einstufigen Märkten spricht man auch vom Direktabsatz eines Produzenten; ein Beispiel ist der Vertrieb von Schuhen in betriebseigenen Filialen (z.B. Salamander). Bei *mehrstufigen Märkten* hingegen werden – zwischen dem Hersteller und dem Konsumenten – eine bzw. mehrere Handelsstufen durchlaufen. Ein Beispiel ist die Abfolge „Produzent, Großhandel, Einzelhandel, Konsument". Der Absatz über mehrstufige Märkte wird auch als indirekter Absatz bezeichnet; ein typisches Beispiel sind die Märkte, auf denen Pflegemittel (z.B. Haushaltsreiniger) abgesetzt werden.

Schließlich sind die möglichen *Formen der Marktorganisation*, d.h. die Methoden des Marktverkehrs zwischen Anbietern und Nachfragern zu beachten. Zu den überbetrieblichen Marktveranstaltungen für Anbieter und Nachfrager zählen Börsen, Auktionen, Messen und Ausstellungen. Bei *Börsen* wird der Preis z.B. von Aktien durch Börsenorgane aufgrund des Zusammentreffens von Angebot und Nachfrage festgestellt (Schmidt 1988); bei *Auktionen* erfolgt die Preisbildung im Rahmen eines organisierten, öffentlichen Bietverfahrens. Eine einzelbetriebliche Marktveranstaltung eines Nachfragers ist die *Ausschreibung,* ein bestimmtes Verfahren der organisierten Anbieterkonkurrenz, das folgende idealtypische Merkmale aufweist:
– Einem Nachfrager stehen mehrere Anbieter gegenüber,
– die jeweils ein einmaliges, geheimes Angebot machen;
– der Nachfrager vergibt den Auftrag an den günstigsten Anbieter, der bei eingehaltener Mindestqualität der Leistungserstellung den niedrigsten Preis fordert.

Typische Anwendungsbereiche von Ausschreibungen sind die Vergabe öffentlicher Aufträge, insbesondere im Bausektor, aber auch die Vergabe von internationalen Großobjekten (zur Angebotspolitik eines Nachfragers bei Ausschreibungen vgl. Berndt 1995b, S. 242 ff.). Eine *Einschreibung* hingegen ist eine einzelbetriebliche Marktveranstaltung eines Anbieters, der ein Gut bzw. ein Nutzungsrecht anbietet und die potentiellen Nachfrager auffordert, ein einmaliges und geheimes Angebot zu machen. Bei einer Einschreibung erhält in der Regel der Nachfrager mit dem höchsten Preisgebot den Zuschlag. Typische Anwendungsbeispiele von Einschreibungen sind die Vergabe von Bohrrechten (Nordseeöl) oder Schürfrechten (zur Nachfragepolitik bei Einschreibungen vgl. Berndt 1995b, S. 251 ff.).

1.2.2 Das Anbieterverhalten

Grundsätzlich hat ein Anbieter die Möglichkeit, ein einzelbetriebliches oder ein kooperatives Marketing durchzuführen. Ein *einzelbetriebliches Marketing* ist dadurch gekennzeichnet, daß ein Anbieter eine eigenständige Absatzpolitik autonom realisiert, also auf eine Zusammenarbeit mit anderen Unternehmen derselben

Wirtschaftsstufe und auf eine Zusammenarbeit mit Unternehmen von vorgelagerten bzw. nachgelagerten Wirtschaftsstufen verzichtet. In diesem Falle sind die restlichen Anbieter aus der Branche als seine Konkurrenten anzusehen. Im Verhältnis zu den Unternehmen aus vor- bzw. nachgelagerten Wirtschaftsstufen gilt, daß jeder für sich ein eigenständiges Marketing durchführt.

Ein *kooperatives Marketing* ist hingegen gegeben, wenn mehrere Unternehmen freiwillig und vertraglich vereinbaren, im Rahmen ihrer Absatzpolitik im weitesten Sinne zusammenzuarbeiten. Eine Kooperation kann grundsätzlich durch gleichartige Unternehmen (derselben Wirtschaftsstufe, derselben Branche) bzw. durch verschiedenartige Unternehmen, welche unterschiedlichen Wirtschaftsstufen bzw. Branchen angehörten erfolgen.

Unter einer horizontalen Kooperation ist eine freiwillige, vertraglich vereinbarte Zusammenarbeit mehrerer Unternehmen der gleichen Wirtschaftsstufe zu verstehen, die an und für sich Konkurrenten sind. Gegenstand der Zusammenarbeit können eine gemeinsame Marktforschung, eine gemeinsame Kommunikationspolitik und/oder eine gemeinsame Angebotspolitik (z.B. bei Ausschreibungen) sein. Ist die gemeinsame Angebotspolitik nur kurzfristiger Art, so liegt eine Arbeitsgemeinschaft vor, im Falle einer langfristigen Zusammenarbeit ist eine Bietergemeinschaft gegeben. Horizontale Kooperationen können von *kleinen und mittleren Unternehmen* gebildet werden. Rechtsgrundlage ist § 5b GWB, in dem die grundsätzliche Unwirksamkeit wettbewerbsbeschränkender Vereinbarungen (gemäß § 1 GWB) für bestimmte Kooperationsformen kleiner und mittlerer Unternehmen aufgehoben wird. Gemäß § 5b GWB sind Kooperationen möglich, welche
- die Rationalisierung wirtschaftlicher Vorgänge zum Inhalt haben,
- den Wettbewerb auf dem Markt nicht wesentlich beeinträchtigen,
- die Leistungsfähigkeit kleiner oder mittlerer Unternehmen fördern und
- bei der Kartellbehörde angemeldet werden und von der Kartellbehörde innerhalb von drei Monaten keinen Widerspruch erhalten.

Zu den möglichen Formen einer Kooperation verschiedenartiger Unternehmen (unterschiedlicher Wirtschaftsstufen bzw. Branchen) zählen
- die Generalunternehmerschaft,
- das offene Konsortium und
- das stille Konsortium.

Bei der *Generalunternehmerschaft* schließt ein Anbieter, der Generalunternehmer, mit dem Nachfrager einen Vertrag über eine zu erbringende Leistung ab. Der Generalunternehmer vergibt dann Unteraufträge an weitere Anbieter. Ein *offenes Konsortium* ist der Zusammenschluß mehrerer rechtlich selbständiger Unternehmen zur gemeinsamen Erstellung einer Gesamtleistung. Im Außenverhältnis kann sich ein Konsortium durch eine federführende Gesellschaft vertreten lassen.

Ein *stilles Konsortium* ist im Außenverhältnis eine Generalunternehmerschaft, im Innenverhältnis ein Konsortium. Eine direkte Vertragsbeziehung besteht nur zwischen dem Nachfrager und dem Gesamtunternehmer.

1.2.3 Das Nachfragerverhalten

Unter Berücksichtigung der Kriterien „Art des Wirtschaftssubjektes" und „Anzahl der Entscheidungsträger" lassen sich vier *Typen von Kaufentscheidung* aufzählen:

- Kaufentscheidung eines einzelnen Konsumenten,
- Kaufentscheidung von Familien,
- Kaufentscheidung des Einkäufers eines Betriebes,
- Kaufentscheidung des Einkaufsgremiums eines Betriebes.

Des weiteren können verschiedene Formen der Kaufentscheidung unterschieden werden, wenn man Kriterien wie „Rationalität des Verhaltens", „zeitlicher und sachlicher Umfang des Entscheidungsprozesses" und „Standardisierung des Entscheidungsprozesses" heranzieht. Folgende vier *Formen der Kaufentscheidung* sind zu nennen:
- Extensive Kaufentscheidungen,
- vereinfachte (limitierte) Kaufentscheidungen,
- gewohnheitsmäßige (habitualisierte) Kaufentscheidungen,
- impulsive Kaufentscheidungen.

Einer *extensiven* Kaufentscheidung liegt ein ausführlicher Entscheidungsprozeß zugrunde – von der Problemerkenntnis inkl. Zielsuche über die Suche und Bewertung von Alternativen bis hin zur Entscheidung im Sinne der Wahl einer Alternative; ggf. wird auch eine Absicherung durch die Umwelt gesucht. Extensive Kaufentscheidungen werden von Konsumenten z.B. dann angestrebt, wenn über den Kauf langlebiger, hochpreisiger Konsumgüter zu befinden ist. Von Betrieben werden extensive Entscheidungsprozesse im Einkauf dann herangezogen, wenn einmalige Großprojekte mit einem hohen Anschaffungspreis zu beurteilen sind. Im Falle von *vereinfachten* Entscheidungen wird der extensive Kaufentscheidungsprozeß begrenzt, frühzeitig abgebrochen. Dies kann zum einen dadurch erreicht werden, daß nur eine beschränkte Informationssuche vorgenommen wird, zum anderen ist eine Begrenzung des Prozesses dadurch möglich, daß man nicht die optimale Alternative, welche den maximalen Zielerreichungsgrad aufweist, sucht, sondern sich mit einer Alternative begnügt, welche einen „zufriedenstellenden" Zielerreichungsgrad besitzt. Von *gewohnheitsmäßigen* Kaufentscheidungen wird gesprochen, wenn ein Entscheidungsprozeß routinemäßig, quasi-automatisch abläuft, wobei insbesondere auf bisherige entsprechende Erfahrungen aufgebaut wird. Ein besonderes Phänomen von gewohnheitsmäßigen Entscheidungen ist die Treue – bei Konsumenten die Markentreue, bei betrieblichen Einkäufen die Lieferantentreue. *Impulsive* Kaufentscheidungen lassen sich als nicht-rationale Entscheidungen kennzeichnen, die ungeplant erfolgen: Impulskäufe sind durch ein plötzliches, rasches Handeln gekennzeichnet; sie werden durch „starke Reize" geweckt. Bei Kaufentscheidungen von Konsumenten kann der „starke Reiz" in einer geeigneten Darbietung eines Produktes in einem Supermarkt bestehen: Impulsive betriebliche Einkaufsentscheidungen können durch „einmalige, nur im Augenblick gegebene" besondere Einkaufschancen ausgelöst werden.

Sollen Kaufentscheidungsprozesse von Konsumenten beschrieben, erklärt und/oder prognostiziert werden, so ist zu beachten, daß nur Teile des Kaufentscheidungsprozesses beobachtbar sind. Dazu gehören
- einerseits kaufentscheidungsrelevante Merkmale eines Konsumenten, sog. endogene Faktoren (wie demographische Merkmale), und kaufentscheidungsrelevante Umwelteinflüsse, sog. exogene Einflußfaktoren (wie das konkrete Produkt, die Medienwerbung),

– andererseits die konkreten Kaufhandlungen.

Nicht beobachtbar ist der dazwischenliegende „eigentliche" Kaufentscheidungsprozeß, der sich im „Innern" eines Konsumenten abspielt; er wird zunächst als „*Black Box*" dargestellt. In der Abbildung 1 findet sich eine schematische Darstellung des Kaufentscheidungsprozesses. Input sind die endogenen und exogenen Einflußfaktoren der Kaufentscheidung, welche einen – als „Black Box" dargestellten – Kaufentscheidungsprozeß auslösen können, der als Output die realisierten Kaufhandlungen aufweist.

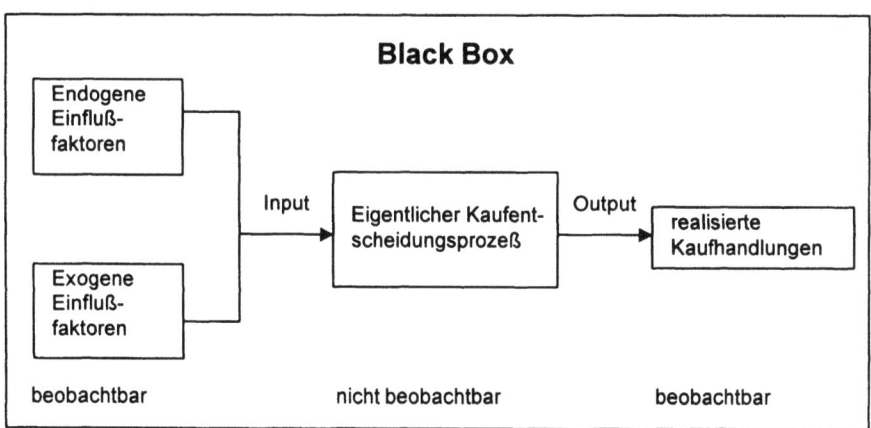

Abb. 1: Schematische Darstellung des Kaufentscheidungsprozesses eines Konsumenten

Auf der Grundlage der Abbildung 1 können nun zwei grundlegende *Arten von Konsumentenverhaltensmodellen*, die Strukturmodelle und die stochastischen Modelle, voneinander abgegrenzt werden. Sie unterscheiden sich darin, in welcher Weise die nicht-beobachtbaren Elemente eines Kaufentscheidungsprozesses erfaßt und abgebildet werden. Das wesentliche Charakteristikum der Strukturmodelle des Konsumentenverhaltens besteht darin, daß die „Black Box" erhellt, d.h. strukturiert wird; der Prozeß des Zustandekommens von Kaufentscheidungen wird im Detail (re)konstruiert und abgebildet. Bei den *stochastischen* Modellen des Konsumentenverhaltens hingegen wird die „Black Box" nicht strukturiert, vielmehr durch einen Zufallsmechanismus ersetzt. Unter Berücksichtigung der wesentlichen endogenen und exogenen Einflußfaktoren des Konsumentenverhaltens wird das zukünftige Käuferverhalten prognostiziert, wobei ein stochastischer (zufallsabhängiger) Zusammenhang zwischen den berücksichtigten Inputfaktoren des Käuferverhaltens und dem prognostizierten, zukünftigen Käuferverhalten unterstellt wird. Sowohl Strukturmodelle aus auch stochastische Modelle des Konsumentenverhaltens lassen sich simulieren; außerdem existieren „eigenständige" Simulationsmodelle des Konsumentenverhaltens (vgl. i.e. Berndt 1995a).

1.3 Trends auf Nachfrage- und Angebotsseite

Beim Übergang in das 3. Jahrtausend sind *typische Trends*
– beim Konsumentenverhalten,

- beim Handel und
- bei den Produzenten (Markenartiklern)

festzustellen.

Von besonderer Bedeutung beim *Konsumentenverhalten* sind zum Ende des 20. Jahrhunderts national und z.T. auch international folgende Trends zu beachten:
- stagnierende Kaufkraft bei sogar sinkenden Realeinkommen,
- vergleichsweise geringe Markentreue – insbesondere dann, wenn funktionale Unterschiede bei konkurrierenden Produkten fehlen,
- hybrides Konsumverhalten (preisorientierten Einkauf bei einem Discounter und gleichzeitiger qualitätsorientierter Einkauf bei einer Top-Boutique),
- Wertewandel in der Gesellschaft (z.B. stärkere Freizeit-, Gesundheits- und Umweltorientierung),
- Low Involvement der Konsumenten gegenüber der Werbung (kein besonderes Interesse an Produktinformationen, die über Werbemaßnahmen vermittelt werden sollen),
- Informationsüberlastung der Konsumenten (eine Anzeige im „Stern" wird im Durchschnitt nur 1,9 Sekunden gelesen; 95 % der in Anzeigen enthaltenen Informationen werden nicht wahrgenommen).

Folgende *Handelstrends* können festgestellt werden:
- Umsatzbegrenzungen aufgrund der stagnierenden Konsumentennachfrage,
- Konzentration im Handel (in den letzten 15 Jahren deutliches Marktanteilswachstum des konzentrativen und kooperativen Handels in Deutschland zu Lasten des nicht-organisierten Handels); im internationalen Rahmen Handelskonzentration durch Firmenaufkäufe und Handelskooperationen,
- weitere Heterogenität der Betriebsstätten des Handels (mit einer besonderen Bedeutung großflächiger Betriebstypen, welche schon im Jahre 1993 Umsatzanteile von 82 % bei den Lebensmitteln, 75 % im Bereich Drogerie/Parfüm, 70 % bei den Haushaltsgeräten, 69 % bei der Unterhaltungselektronik sowie 54 % bei Papier und Schreibwaren erreichten),
- Einsatz neuer Informationstechniken (z.B. Scanner-Technik), welche es erlauben, sehr schnell eine Vielzahl an Absatzinformationen bezüglich jeder relevanten Marketing-Fragestellung auszuwerten (zur typischen, regelmäßigen Nutzung von Scanner-Daten vgl. i. e. Hallier 1996, S. 47 ff.),
- zunehmende Bedeutung der Eigenmarken des Handels (die sog. Handelsmarken, die im Lebensmittelhandel in Großbritannien schon einen Umsatzanteil von 30 %, in Belgien, Frankreich und Deutschland von knapp 25 % erreichen; ein detaillierter Überblick für die USA findet sich bei Jain/Tucker (1996, S. 90); die Eigenmarken des Handels werden häufig durch Markenartikelproduzenten (zusätzlich) hergestellt,
- Tendenz möglichst niedriger Abgabepreise gegenüber dem Konsumenten (während zwischen 1985 und 1994 die kommunalen Gebühren um mehr als 40 % und die Lebenshaltungskosten um mehr als 20 % stiegen, erhöhten sich die Einzelhandelspreise um etwa 15 %),
- Tendenz möglichst niedriger Einstandspreise gegenüber den Produzenten,
- Optimierung der eigenen Kostenlage (z.B. durch Servicebegrenzungen).

Auf der *Produzentenseite* sind folgende Trends erkennbar:

- stetiger Konzentrationsprozeß, der die Wettbewerbssituation erschwert,
- Markenartikel im Konsumgüterbereich ähneln sich immer mehr, da funktionale Unterschiede kaum noch bestehen,
- die Werbung erscheint als austauschbar, da häufig dieselben Motive verwandt werden,
- steigende Marktmacht des Handels (schon aufgrund höherer Umsatzanteile),
- die Einwirkung auf die Preispolitik des Handels wird als schwierig eingeschätzt (der Handel profiliert sich häufig über den Preis),
- die Absatzmöglichkeiten werden durch die Eigenmarken-Politik des Handels begrenzt.

1.4 Marketing für Sach- und Dienstleistungen

Für die verschiedenen Leistungsarten, die in Abbildung 2 aufgeführt sind, können spezifische Marketing-Konzepte aufgeführt werden. Hierzu ist es erforderlich, die einzelnen Leistungsarten kurz zu charakterisieren, die jeweils zugehörigen typischen Käuferverhaltensprozesse herauszuarbeiten und die jeweiligen Besonderheiten beim Einsatz der Marketinginstrumente zu hinterfragen.

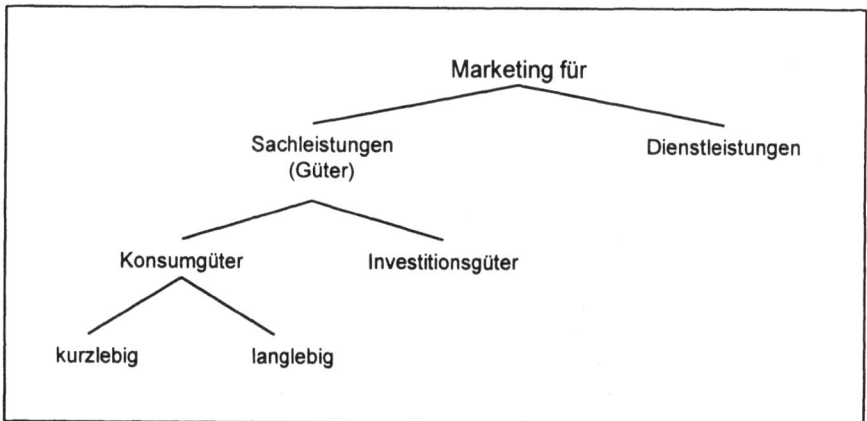

Abb. 2: Marketing nach Leistungsarten

Kurzlebige Konsumgüter (wie z.B. Benzin, Zahnpasta, Butter, Zigaretten) sind – gemessen am verfügbaren Einkommen eines Haushaltes – i.d.R. preisgünstig. Regelmäßig erfolgen Wiederholungskäufe meistens beim selbständigen Handel, nicht beim Produzenten; seitens eines Anbieters besteht die Notwendigkeit, eine Markentreue beim Konsumenten gegenüber dem eigenen Angebot aufzubauen. Im allgemeinen werden kurzlebige Konsumgüter auf mehrstufigen Märkten gehandelt. Für das Marketing eines Markenartikels existieren einige Besonderheiten:
- Im Rahmen der Distributionspolitik ist eine hohe Distributionsdichte bei den angemessenen Typen von Absatzkanälen anzustreben.
- Eine Kommunikationspolitik ist sowohl gegenüber dem Konsumenten als auch gegenüber dem Handel erforderlich.

- Eine Neuproduktplanung ist möglichst gemeinsam mit dem Handel vorzunehmen.
- Im Rahmen der Preispolitik sind – abgesehen von einigen Ausnahmen wie z.B. Printerzeugnisse – nur unverbindliche Preisempfehlungen möglich.

Im Gegensatz zu kurzfristigen Konsumgütern binden *langlebige Konsumgüter* (wie Pkw, Waschmaschine, Möbel) in hohem Maße das verfügbare Einkommen eines Haushaltes. Daher ist der Kaufentscheidungsprozeß oft extensiver Art. Wegen der hohen Lebensdauer eines speziellen langlebigen Konsumgutes weist ein individueller Haushalt nur sehr selten einen spezifischen Bedarf auf. Auch das Marketing für langlebige Konsumgüter weist besondere Charakteristika auf:

- Im Rahmen der Distributionspolitik ist sowohl ein direkter Vertrieb (z.B. über eigene Niederlassungen) als auch ein indirekter Vertrieb (über den selbständigen Handel) möglich (vgl. Abschnitt 3.5.1).
- Bei der Kommunikationspolitik haben die verschiedenen Instrumente der Marketing-Kommunikation spezifische Aufgabenstellungen: Mit Hilfe der Werbung ist zu erreichen, daß das eigene Angebot zum evoked set (zur Menge aller jener Produktmarken, die im Kaufzeitpunkt als Alternativen erwogen werden) des Konsumenten gehört; mittels geeigneter, an den Handel gerichteter Sales-Promotions-Maßnahmen muß gewährleistet werden, daß im Rahmen der Verkaufsgespräche der Verkäufer das eigene Angebot gegenüber den Konkurrenzprodukten herausstellt.
- Durch die Produktpolitik müssen regelmäßig echte Innovationen entwickelt und angeboten werden, so daß beim Konsumenten frühzeitig neue Bedarfe entstehen.
- Im Rahmen der dynamischen Preisstrategien ist die unterschiedliche Bereitschaft, Produktinnovationen zu akzeptieren und zu erwerben, auszunutzen.

Investitionsgüter werden von gewerblichen Nachfragern (Betrieben) beschafft und dort langfristig im Produktionsprozeß eingesetzt. Im Rahmen eines Beschaffungsprozesses sind umfangreiche Interaktionen zwischen Funktionsträgern des nachfragenden und des anbietenden Unternehmen zu verzeichnen; einem sog. Buying Center steht ein Selling Center gegenüber. Durch die Analyse von tatsächlich stattgefundenen Beschaffungsentscheidungen in Betrieben fanden Webster/Wind (1972) heraus, daß insgesamt fünf verschiedene Rollen (Informations-Vorselektierer, Entscheider, Kaufabschluß-Tätigender, Verwender, Beeinflusser) im Buying Center vorzufinden sind, wobei eine bestimmte Person eine bzw. mehrere Rollen wahrnehmen kann (vgl. i.e. Berndt 1996, S. 120 ff.). Eine entsprechende Strukturierung findet sich beim Selling Center. Um anhaltende Geschäftsbeziehungen zu einem Nachfrager in dem Sinne zu erreichen, daß Wiederkäufe entstehen, ist ein geeignetes Geschäftsbeziehungsmanagement zu entwickeln (vgl. z.B. Kleinaltenkamp/Plinke 1997). Bei der Beschaffung von Investitionsgütern können drei unterschiedliche Beschaffungssituationen und -prozesse (vgl. z.B. Backhaus 1997, S. 80 ff.) gegeben sein:

- ein erstmaliger Neukauf,
- ein modifizierter Wiederholungskauf bzw.
- ein unmodifizierter Wiederholungskauf.

Beim *erstmaligen Neukauf* ist für einen Investitionsgut-Anbieter ein extensiver Entscheidungsprozeß gegeben, der mehrere aufeinanderfolgende Teilphasen (Voranfragen-, Angebotserstellungs-, Kundenverhandlungs- und Projektabwicklungsphase) umfaßt; in jeder Teilphase erfolgen diverse Interaktionen zwischen der Anbieter- und der Nachfragerseite. Beim *modifiziertem Wiederholungskauf* kann das beschaffende Unternehmen auf Erfahrungen aus ähnlichen Beschaffungsvorgängen zurückgreifen; neue Aspekte (wie z.b. technische Elemente) sind aber zu beachten. Ein *unmodifizierter Wiederholungskauf* stellt eine Routinetransaktion dar; je nachdem, ob ein Anbieter ein In-Supplier (bereits Lieferant) oder ein Out-Supplier (noch nicht Lieferant) ist, sind seine Marketing-Instrumente einzusetzen.

Die *Dienstleistungsbranche* ist eine sehr heterogene Branche; Verallgemeinerungen von typischen Kaufentscheidungsprozessen und zuzuordnenden Anbieter-Verhaltensweisen sind nur schwer möglich. Dienstleistungen werden sowohl im Zusammenhang mit Konsum- oder Investitionsgütern (z.b. erklärungsbedürftiges oder wartungsintensives Investitionsgut) als auch separat (z.b. externe Marktforschung oder ärztliche Beratung) abgegeben. Entsprechend lassen sich ein funktionelles Dienstleistung-Marketing (i.s. einer Nebenfunktion für die Absatzförderung von selbst erstellten Sachleistungen) und ein institutionelles Dienstleistungs-Marketing (i.s. einer Hauptfunktion eines Anbieters) unterscheiden (vgl. Hilke 1989; Meffert/Bruhn 1997). Die Vorteilhaftigkeit einer funktionellen Dienstleistung bezüglich ökonomischer Zielgrößen kann bestimmt werden, indem die durch die Dienstleistung verursachten Kosten und die Mengen- und Erlöseffekte in ein angemessenes Entscheidungskalkül eingebracht werden. Die Gestaltung und Vorteilhaftigkeit von institutionellen Dienstleistungen hängt vom Einzelfall ab (vgl. z.B. Meffert/Bruhn 1997).

2 Marketing-Management

Marketing im Sinne des Transaktionsansatzes macht deutlich, daß neben der betrieblichen Grundfunktion der Leistungsverwertung, des Absatzes, eine weitere betriebliche Funktion, die Managementfunktion, angesprochen ist. *Management* im weitesten Sinne kann als betriebliche Funktion bezeichnet werden, welche zum Inhalt hat, die betriebsinternen (güter-, finanz- und informationswirtschaftlichen) Prozesse sowie die (güter-, finanz- und informationswirtschaftlichen) Transaktionsprozesse zwischen einem Unternehmen und seiner Umwelt auf die Unternehmensziele auszurichten sowie zu koordinieren.

Das heutige Erfordernis der Managementfunktion wird deutlich, wenn man bedenkt, daß innerhalb einer Unternehmung komplizierte arbeitsteilige güter-, finanz- und informationswirtschaftliche Prozesse sowie entsprechende Prozesse zwischen einem Unternehmen und seiner Umwelt ablaufen. Diese Prozesse müssen auf bestimmte, verfolgte Ziele ausgerichtet und entsprechend koordiniert werden um ein willkürliches Verhalten auszuschließen. Als *Teilfunktionen des Marketing-Management* im funktionalen Sinne können unterschieden werden
- die Marketing-Planung,
- die Marketing-Kontrolle,
- die Marketing-Organisation und
- die Marketing-Führung.

2.1 Marketing-Planung

Planung läßt sich als systematisch-methodischer Prozeß der Erkenntnis und Lösung von Zukunftsproblemen definieren (Wild 1982, S. 13); eine rationale Planung beinhaltet demnach ein systematisches, zukunftsbezogenes Durchdenken und Festlegen von Zielen, Maßnahmen und Ressourcen zur zukünftigen Zielerreichung. Objekte der Planung sind damit Ziele, Maßnahmen und Ressourcen; die wesentlichen Tätigkeiten der Planung bestehen aus Durchdenken (Analysieren) und Festlegen (Entscheiden); die typischen Charakteristika der Planung sind deren Zukunftsbezogenheit, deren Zielbezogenheit (insbesondere bei der Maßnahmen- und Ressourcenplanung) und die systematische Vorgehensweise.

Ausgangspunkt eines Planungsprozesses ist die Zielbildung und das Erkennen eines Entscheidungsproblems. Anschließend sind die Handlungsalternativen zu suchen; zu prognostizieren sind deren Wirkungen bezüglich der verfolgten Ziele; die Handlungsalternativen sind vergleichend zu beurteilen, so daß eine Entscheidung getroffen werden kann. Wenn die Planung mit einer Entscheidungsfindung abgeschlossen ist, müssen die geplanten Maßnahmen innerbetrieblich durchgesetzt werden; im Anschluß hieran können die geplanten Maßnahmen realisiert werden.

Bei der Planung unterscheidet man zwischen der strategischen, der taktischen und der operativen Planung. Die *strategische Planung* ist langfristig angelegt; sie wird von der Unternehmensleitung durchgeführt und stellt einen Rahmen für die taktische und die operative Planung dar. Gegenstand der strategischen Planung sind die globale Analyse der Erfolgspotentiale eines Unternehmens und die Entwicklung von Strategien zur langfristigen Zukunftssicherung eines Unternehmens. Typische Objekte der strategischen Planung sind zukünftige Märkte, Technologien, langfristige Investitionen. Die *taktische Planung* umfaßt die mittelfristige Umsetzung strategischer Pläne auf konkrete Problem- und Handlungskomplexe; die Strategien werden inhaltlich konkretisiert und in mittelfristige Teilpläne zerlegt. Typische Fragestellungen sind die mittelfristige Investitions- und Finanzplanung, der Aufbau neuer Vertriebswege, die Entwicklung neuer Produkte. Die *operative Planung* ist eine kurzfristige, u.a. auch ablauforientierte Aktionsplanung. Sie umfaßt vor allem die Detailplanung für das laufende Geschäftsjahr und ist in der Regel mit konkreten Planvorgaben für die Aufgabenträger verbunden.

2.2 Marketing-Kontrolle

Sachlich eng verbunden mit der Planung ist die *Kontrolle*, die allgemein als systematische Prüfung und Beurteilung der betrieblichen Prozesse und deren Rahmenbedingungen charakterisiert werden kann und bei welcher die ergebnisorientierte Marketing-Kontrolle und Marketing-Audits unterschieden werden können. Gegenstände der *ergebnisorientierten Marketing-Kontrolle* sind die Resultate der realisierten Marketing-Strategien und -Politiken; typische Kontrollgrößen sind der erreichte Umsatz oder Marktanteil sowie das Image. Dabei werden Soll-Ist-Vergleiche vorgenommen: Die Größen, die im Rahmen der Planung prognostiziert oder als wünschenswert festgelegt wurden, werden mit dem verglichen, was tatsächlich eingetreten ist bzw. realisiert wurde. Gegenstände von *Marketing-Audits* sind nicht die Resultate durchgeführter Maßnahmen, sondern das Marketing-Planungssystem, insbesondere das Unternehmensleitbild, die Planungsprämissen sowie die Organisation der Marketing-Planung. Außerdem können auch im Zusammenhang mit Marketing-Strategien und -Politiken Audits durchgeführt werden (zu den Kontrollarten i.e. vgl. Berndt 1995, S. 117 ff.).

2.3 Marketing-Organisation

Die dritte Teilfunktion des Marketing-Management im funktionalen Sinne ist die *Marketing-Organisation*. Bei der Organisation in funktionaler, betriebswirtschaftlicher Sicht handelt es sich um eine zielgerichtete Tätigkeit, um eine Strukturierung eines Unternehmens im Sinne einer Differenzierung eines Unternehmens in arbeitsteilige Subsysteme und deren Integration zu einer zielgerichteten Ganzheit. Wesentliche Dimensionen einer Organisationsstruktur sind:
- die Spezialisierung,
- die Koordination,
- die Konfiguration,
- die Entscheidungsdelegation und
- die Formalisierung.

Gegenstand der *Spezialisierung* ist die Verteilung der in einem Unternehmen zu erfüllenden Aufgaben auf verschiedene organisatorische Einheiten. Die zunächst nur isoliert entwickelten Teilaufgabenbereiche sind in einem zweiten Schritt in angemessener Weise zu *koordinieren*. Des weiteren ist die *Konfiguration* eines Unternehmens zu entwickeln, es sind Leitungssysteme zu bilden. Außerdem sind *Entscheidungsbefugnisse* zu delegieren, d.h. es ist festzulegen, welche Instanzen für eine Organisation nach innen und/oder nach außen verbindliche Entscheidungen treffen können. Schließlich sind die *formalen Regelungen*, welche sich auf die Organisationsstruktur, den Informationsfluß und die Leistungsdokumentation beziehen (können), schriftlich zu fixieren.

Grundsätzlich lassen sich eindimensionale und mehrdimensionale Organisationsstrukturen unterscheiden. Bei *eindimensionalen Organisationsstrukturen* erfolgt die Aufgabengliederung auf der zweiten Hierarchiestufe nach einem einzigen Kriterium, z.B.
- nach dem Verrichtungsprinzip (funktionale Organisation) oder
- nach dem Objektprinzip (divisionale oder Spartenorganisation).

Bei *mehrdimensionalen Organisationsstrukturen* erfolgt die Aufgabengliederung nach mehr als einem Kriterium; bei zwei Dimensionen (z.B. Funktionen und Produkte) ergibt sich eine *Matrixorganisation* (vgl. Abbildung 3).

Als Reaktion auf die zunehmende Konzentration im Handel entstand das *Kundengruppen-Management*. Die zunehmende Machtansammlung bei den Abnehmern führte dazu, daß herkömmliche Organisationskonzepte nach Produktgruppen oder nach Absatzgebieten nicht mehr ausreichend waren, um Veränderungen auf den Absatzmärkten effizient zu begegnen. Eine Variante des Kundengruppen-Management stellt das Key-Account-Management dar, bei dem Kundengruppen-Manager-Stellen nur für die wichtigsten Kunden eingerichtet werden. Nach Meffert (1979, S. 319 f.) gewinnt das Kundengruppen-Management an Bedeutung,

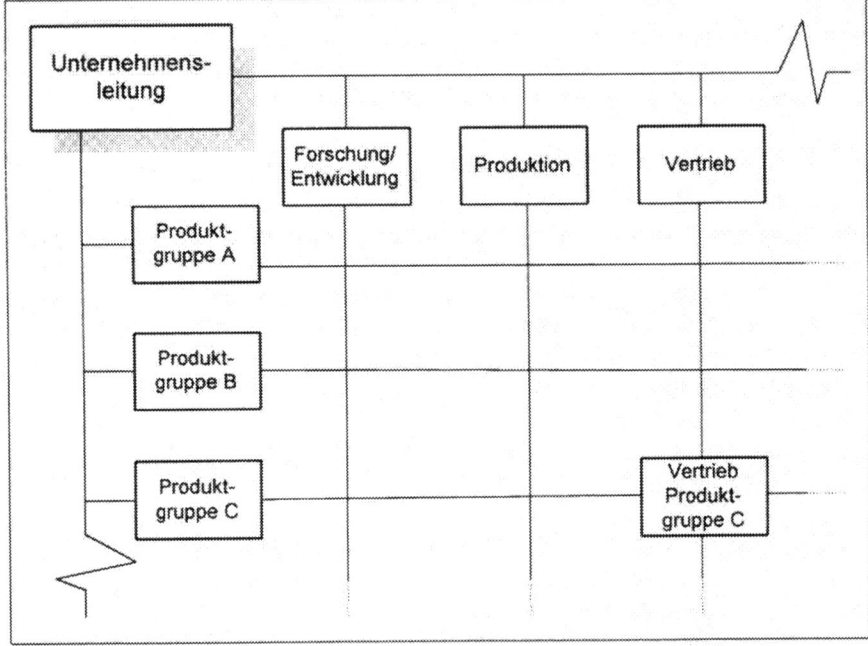

Abb. 3: Matrix-Organisation

- je größer die Unternehmung ist,
- je schwieriger die Positionierung der eigenen Produkte bei Handel und Verbrauchern ist,
- je weniger innovativ die eigenen Produkte sind und je mehr Neuprodukteinführungen geplant sind,
- je mehr Hersteller dem Handel in Folge des Wettbewerbsdruckes kundenspezifische Marketingpläne anbieten,
- je größer die Konzentration im Handel ist,
- je größer die Bedeutung von Eigenmarken ist und je unterschiedlicher die Marketingkonzepte bei den Handelsunternehmen sind.

2.4 Marketing-Führung

Als vierte Teilfunktion des Management im funktionalen Sinne ist die *Führung* zu nennen. Während im Rahmen der Organisation mittels formaler Regelungen – also an Stellen, nicht an Mitarbeiter gerichtete Regelungen – eine gewisse Strukturierung des Unternehmens vorgenommen wird, erfolgt im Rahmen der Führung eine persönliche Beeinflussung von Mitarbeitern. Dieses erfolgt unter einem kurzfristigen und einem langfristigen Aspekt: Kurzfristig soll das Erreichen gemeinsam verfolgter Ziele ermöglicht werden, langfristig soll auf den Zusammenhalt von Individuen in einer Gruppe hingewirkt werden. Eingesetzt werden können materielle Führungsinstrumente wie Arbeitsentgelt, materielle Sozialleistungen oder Vermögensbeteiligung bzw. immaterielle Führungsinstrumente wie Ausübung von Autorität, Überzeugung, Lob, Anerkennung oder Partizipation am Führungsprozeß.

3 Marketingpolitik

3.1 Grundlagen der Marketingpolitik

Grundsätzliches Ziel der Marketing-Maßnahmen eines *Markenartikel-Herstellers* sollte es u.a. sein, einen möglichst hohen Markenwert (Brand Equity) zu erreichen. Durch die Kennzeichnung eines Produktes (einer Dienstleistung) mit einer Marke versucht der Markeninhaber, sein Angebot gegenüber der Konkurrenz abzuheben. Bei dem Wert einer Marke handelt es sich dabei um einen Nettowert in dem Sinne, daß die auf die Marke (als Markenzeichen) zurückzuführenden ökonomischen Wirkungen (Umsätze, Marktanteile, Gewinne, Kapitalwerte) relevant sind (zu den Ansätzen der Markenbewertung zählen diverse praxisorientierte Verfahren (z.B. das Nielsen-Modell und das Interbrand-Modell) sowie mehrere theoretische Verfahren; vgl. i.e. z.B. Sander 1994; Berndt 1995a, S. 34 ff.). Daneben lassen sich spezifische Marketingziele eines Markenartikelproduzenten
- gegenüber den Konkurrenten (ökonomische Ziele wie z.B. Gewinn-, Erlös- oder Marktanteilssteigerung sowie psychologische Ziele wie z.B. Imageverbesserung),
- gegenüber dem Handel (wie z.B. Steigerung der Macht auf mehrstufigen Märkten) und
- gegenüber den (einzelnen) Konsumenten (wie z.B. Steigerung der Markentreue)

identifizieren.

Typische Inhalte oberster Unternehmensziele von *Handelsbetrieben* (vgl. Fritz et al. 1985) sind ökonomischer Art wie Sicherung/Wachstum des Betriebes, Gewinn, Umsatz oder Rentabilität sowie Qualität des Angebotes und Image.

Beim *Marketing-Instrumentarium* können zunächst vier Instrumentalbereiche,
- die Produkt-, Sortiments- und Servicepolitik,
- die Kontrahierungspolitik (Preis- und Konditionenpolitik),
- die Marketing-Kommunikationspolitik und
- die Distributionspolitik (Vertriebs- und Verkaufspolitik)

unterschieden werden; werden Kombinationen von Handlungsmöglichkeiten aus verschiedenen Instrumentalbereichen geplant, so liegt eine Marketing-Mix-Politik vor.

Damit unter den aktuellen Rahmenbedingungen mehrstufiger Märkte die Markenpolitik eines *Produzenten* erfolgreich ist, muß
- eine innovative Markenpolitik durchgeführt werden,
- eine Marketing-Kommunikation realisiert werden, welche den heutigen Bedingungen des Konsumentenverhaltens entspricht,
- eine Preis- und Konditionenpolitik gefunden werden, bei der die Interessen aller Marktpartner (Produzenten, Handel, Konsumenten) gleichzeitig in angemessener Weise beachtet werden,
- eine zielgruppenspezifische Auswahl der Distributionskanäle erfolgen,

– schließlich eine geeignete Abstimmung aller Marketing-Maßnahmen im Rahmen des Marketing-Mix gefunden werden, so daß im Ergebnis ein hoher Markenwert erreicht wird.

Für einen *Handelsbetrieb* ist es erforderlich,
- eine ausgewogene Sortimentspolitik (angemessene Zusammenstellung von Hersteller- und Handelsmarken),
- eine kooperative Kommunikationspolitik unter Einbeziehung der Markenartikelproduzenten,
- eine ausgewogene Preis- und Konditionenpolitik sowie
- angemessene Marketing-Mixes

zu finden, so daß die typischen Handelsziele erreicht werden können.

3.2 Produkt-, Sortiments- und Servicepolitik

3.2.1 Produktpolitik

Die typischen Handlungsmöglichkeiten im Rahmen der *Produktpolitik* erstrecken sich auf die Felder
- Produktinnovation
  (Neuproduktplanung),
- Produktvariation
  (Relaunch; Variation eines Produktes zu einem gewissen Zeitpunkt);
- Produktdifferenzierung
  (gleichzeitiges Anbieten mehrerer Varianten für verschiedene Marktsegmente) und
- Produkteliminierung
  (Herausnahme eines Produktes aus dem Markt).

Der typische *Planungsprozeß einer Produktinnovation* (vgl. Berndt 1995a, S. 49 ff.) kann in verschiedene Teilphasen untergliedert werden. Zunächst müssen Produktideen gewonnen werden; die gefundenen Ideen sind dann einer Grobauswahl zu unterziehen. Jene Produktideen, welche die Grobauswahl überstanden haben, sind anschließend im Rahmen einer Wirtschaftlichkeitsanalyse detailliert zu bewerten. Es folgen die Produktentwicklung sowie die Produkt- und Markttests. Schließlich können die technisch vollständig entwickelten und getesteten Produktinnovationen auf dem Gesamtmarkt eingeführt werden. Diverse Rückkopplungen sind zu beachten: Zunächst kann auf jeder Stufe des Produktinnovationsprozesses (z.B. bei einer unbefriedigend verlaufenden Grobauswahl) ein laufender Produktinnovationsprozeß abgebrochen werden, was zu einer erneuten Gewinnung von Produktideen führt. Außerdem sind enge Interaktionen zwischen den Phasen „Wirtschaft-lichkeitsanalyse", „Produktentwicklung" und „Produkt- und Markttests" gegeben, welche zu den dargestellten Rückkopplungen führen.

Um Produktideen zu gewinnen, kann eine Vielzahl an Ideenquellen herangezogen werden. Typische *unternehmensexterne Ideenquellen* sind die Kunden und die von ihnen geäußerten Wünsche/Beschwerden, der Groß-/Einzelhandel, Erfinder, die Patente bzw. Lizenzen anbieten, Messen, konkurrierende Unternehmen sowie relevante Produktinnovationen auf anderen Märkten. Zu den *unternehmensinternen Ideenquellen* zählen die F&E-Abteilungen, die Patentabteilung, die Produkti-

onsabteilung, die Marketingabteilung, das betriebliche Vorschlagswesen und Mitarbeitergruppen zur Gewinnung von Produktideen. Werden in einem Unternehmen Mitarbeitergruppen gebildet, welche den Auftrag haben, Produktideen zu produzieren, so können spezifische *Techniken zur Ideengewinnung* (vgl. z.B. Schlicksupp 1983) eingesetzt werden. Diese lassen sich grundsätzlich in systematisch-logische und intuitiv-kreative Techniken unterteilen; zu den *systematisch-logischen* Techniken zählen u.a.
- die Morphologische Methode,
- die Funktionsanalyse,
- die Progressive Abstraktion,
- der Problemlösungsbaum

und zu den intuitiv-kreativen Techniken
- das Brainstorming,
- das Brainwriting und
- die Synektik.

Im Anschluß an die Ideengewinnung ist eine *Grobauswahl* der weiter zu verfolgenden Produktideen aus betrieblicher Sicht vorzunehmen. Hierzu ist es zunächst erforderlich, alle gleichzeitig verfolgten produktpolitischen Ziele vollständig zu erfassen; aus den Zielen können die Bewertungskriterien abgeleitet werden, welche der Grobauswahl zugrunde zu legen sind. Des weiteren sind die Kriterien zu operationalisieren. Dies kann auf der Grundlage einfacher numerischer oder numerisch/verbaler Rating-Skalen erfolgen. Bei der Operationalisierung der Kriterien ist eine korrespondierende Skalierung der Kriterien vorzunehmen, d.h. hohe Punktwerte bei den einzelnen Kriterien bedeuten jeweils sehr gute Erreichungsgrade der Kriterien.

Ein derartiger Kriterienkatalog erlaubt schon eine erste Grobbewertung von Produktideen, indem für jede Produktidee und jedes Kriterium ermittelt wird, welche Ausprägung jeweils zutrifft. Man kann dann die erreichten *Profile der Produktideen* vergleichen. Offensichtlich ist, daß eindeutige Vorteilhaftigkeits-Aussagen hinsichtlich der Produktideen nur dann gemacht werden können, wenn sich die Profile nicht überschneiden; dies ist jedoch als Ausnahmefall anzusehen. Um zu eindeutigen Vorteilhaftigkeits-Aussagen kommen zu können, kann alternativ ein Scoring-Modell (Punktbewertungsmodell) herangezogen werden. Einem *Scoring-Modell* liegen folgende Schritte zugrunde:
- Vorgabe der Kriterien zur Ideenbewertung;
- Gewichtung der Kriterien zur Ideenbewertung;
- Operationalisierung der Kriterien;
- Ermittlung der Ausprägungen, welche eine Produktidee bei den einzelnen Kriterien erreicht;
- Bestimmung der durch eine Produktidee erreichbaren gewichteten Gesamtpunktzahl.

Unter Berücksichtigung folgender Definitionen
z : Index für (Ziel-)Kriterien ($z = 1,...,Z$);
g_z : Gewichtungsfaktor für Kriterium z;
w_z : alternative Ausprägungen des Kriteriums z ($w_z = 1,...,W_z$);
w_{zi} : durch die Produktidee i erreichte Ausprägung des Kriteriums z

ergibt sich im Falle einer *deterministischen Ideenbewertung* die gewichtete Gesamtpunktzahl (GGPZ) für die Produktidee i als

$$GGPZ_i = \sum_{z=1}^{Z} g_z \cdot w_{zi}.$$

Im Falle einer *probabilistischen Ideenbewertung* gilt für die erwartete gewichtete Gesamtpunktzahl E(GGPZ) der Produktidee i:

$$E(GGPZ_i) = \sum_{z=1}^{Z} \sum_{w_z=1}^{W_z} g_z \cdot w_i \cdot P(w_{zi}).$$

$$\text{mit } \sum_{w_{zi}} P(w_{zi}) = 1 \quad \text{(für alle z, i),}$$

wobei P(w_{zi}) die Wahrscheinlichkeit bezeichnet, mit der die Ausprägung w_z des Kriteriums z auf die Produktidee i zutrifft.

Für die Produktideen, welche die Grobauswahl überstanden haben, sind im folgenden *Wirtschaftlichkeitsanalysen* durchzuführen. Wirtschaftlichkeitsanalysen können außerdem nach der Produktentwicklung und nach der Durchführung von Produkt- bzw. Markttests erforderlich sein. Ausgangspunkt der Wirtschaftlichkeitsanalysen sind die geplanten bzw. in Erwägung gezogenen Marketing-Strategien (z.B. Preislage, Werbebudget usw.); hierauf sind die Absatzmengen- und Erlösschätzungen aufzubauen. Außerdem sind – in Abhängigkeit von den geschätzten Absatzmengen – die Produktionskosten zu schätzen. Bei den zu erstellenden *Absatzprognosen* ist zu beachten, daß weder Gesamtmarktergebnisse noch Testmarktergebnisse oder Ergebnisse von Produkttests vorliegen. Damit sind Expertenschätzungen erforderlich, welche grundsätzlich
- deterministischer oder stochastischer Art sein können,
- einmalig oder mehrmalig durchgeführt werden können,
- von einem einzigen Experten oder einer Expertengruppe (z.B. Delphi-Team) erstellt werden können.

Auch die Höhe der *Produktionskosten* ist auf der Grundlage der geschätzten Absatzmengen mittels Expertenbefragungen zu prognostizieren. So können z.B. für alternative Produktionsmengen die zu erwartenden Kosten geschätzt werden; durch eine regressionsanalytische Auswertung dieser Daten kann die Gestalt der zugrunde liegenden Kostenfunktion bestimmt werden. Im Rahmen von Wirtschaftlichkeitsanalysen kann eine Vielzahl an *Bewertungs- und Entscheidungsverfahren* (vgl. i.e. Berndt 1995a, S. 75 ff.) angewandt werden; für Sicherheitssituationen können statische Verfahren wie Gewinnvergleichsrechnung und/oder Break-Even-Analyse oder dynamische Verfahren wie Kapitalwertmethode und/oder Amortisationsdauer und für Risikosituationen z.B. eine Risikoanalyse oder Ansätze der starren bzw. flexiblen Planung herangezogen werden. Der Zweck einer Risikoanalyse z.B. besteht darin, das mit einem Produkt verbundene Risiko aufzuzeigen; dabei wird vom Risiko im Sinne einer Verlustgefahr, allgemein im Sinne einer negativen Abweichung der tatsächlichen von der angestrebten

Ergebnisrealisation, ausgegangen. Folgende Vorgehensweise ist für eine Risikoanalyse typisch:
- Konstruktion eines Erklärungsmodells, das den Zusammenhang zwischen den Einflußgrößen (die z.T. zufallsverteilt sind) und der Zielgröße aufzeigt;
- Ermittlung der Wahrscheinlichkeitsverteilungen der zufallsabhängigen Inputgrößen (Zufallsvariablen) z.B. durch Expertenschätzungen;
- Ermittlung der Wahrscheinlichkeitsverteilung der Zielgröße aus den Wahrscheinlichkeitsverteilungen der Zufallsvariablen;
- Darstellung und Interpretation der Ergebnisse.

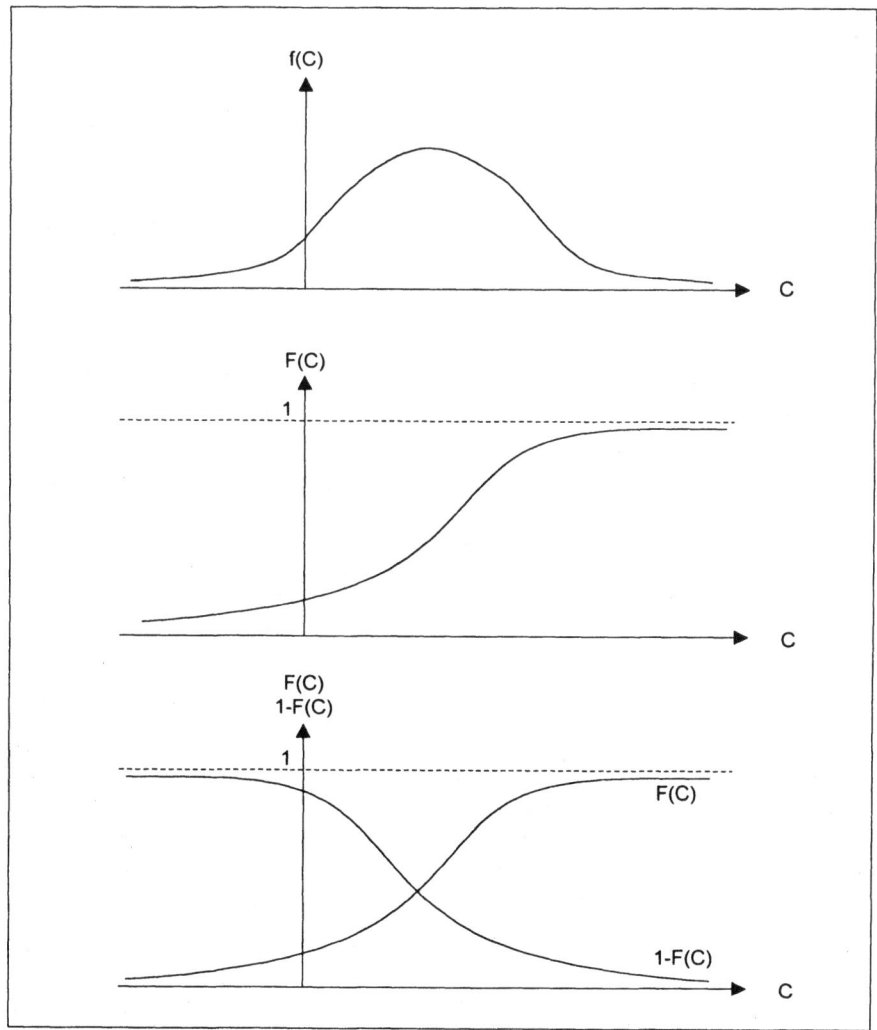

Abb. 4: Resultierende Dichtefunktion, Verteilungsfunktion und Komplementärfunktion des Kapitalwerts

Als Ergebnis der Risikoanalyse resultiert eine Häufigkeitsverteilung (Dichtefunktion) für den Kapitalwert; hieraus kann die zugehörige Verteilungsfunktion bestimmt werden (vgl. Abbildung 4). Während die Dichtefunktion die Eintrittswahrscheinlichkeiten für alternative Werte der Zielgröße angibt, zeigt die Verteilungsfunktion des Kapitalwertes die kumulierten Wahrscheinlichkeiten für Werte kleiner/gleich einem bestimmten Wert der Zielgröße; falls ein bestimmter Mindeswert der Zielgröße erreicht werden soll, so ist hiermit ein Risikoprofil gegeben. In einem letzten Schritt kann zusätzlich die Komplementärfunktion der Verteilungsfunktion, also die Funktion 1-F(C), betrachtet werden (vgl. Abbildung 4 unten). Sie erlaubt eine zusätzliche spezifische Interpretation: Wenn ein bestimmter Mindestwert der Zielgröße angestrebt wird, so liefert die Verteilungsfunktion F(C) ein Risikoprofil; in diesem Falle zeigt die Komplementärfunktion der Verteilungsfunktion, 1-F(C), das *Chancenprofil*, denn es werden die kumulierten Wahrscheinlichkeiten für Werte, die größer bzw. gleich einem bestimmten Mindestwert sind, ausgewiesen.

Zur *Produktentwicklung* i.w.S. können die technische Entwicklung, das Produktdesign, die Verpackungsgestaltung und die Produktnamensgebung gezählt werden. Grundlage der Produktentwicklung und Konstruktion ist ein geeigneter Produktvorschlag, welcher Angaben über Funktionen, Eigenschaften, Leistungsfähigkeit und Formvorstellungen des Produktes enthält. Auf die Produktentwicklung und Konstruktion folgt die Produkterprobung: Prototypen sind zu bauen, in technischer Hinsicht zu testen, eine Probeserie ist herzustellen. Die Rohmaterialien sind festzulegen; die Einzelteile sind auszuwählen und die Baugruppen zu konstruieren; außerdem muß der technische Produktionsprozeß geplant werden. Technische Dauertests sind erforderlich, um unter Einsatzbedingungen das neue Produkt zu testen und gegebenenfalls vorhandene Mängel zu erkennen und abzustellen. Im Zusammenhang mit Dauertests ist eine Wertanalyse durchzuführen. Die technische Entwicklung ist dann (u.U. nur vorläufig) abgeschlossen, wenn Prototypen hergestellt werden konnten, welche die technischen Tests bestanden haben, und wenn die Patentfähigkeit der Innovation geprüft ist.

Um – in umfassender Weise – bei der Produktentwicklung ökologische Gesichtspunkte zu beachten, sind die verschiedenen Phasen der individuellen Lebensdauer eines Produktes, die Produktionsphase, die Ge- und Verbrauchsphase und die Entsorgungsphase zu berücksichtigen (vgl. Cansier 1993, S. 297). Im Rahmen der Produktionsphase sind reichlich vorhandene Rohstoffe einzusetzen, eine angemessene (individuelle) Lebensdauer eines Produktes zu gewährleisten und die Wiederverwendung von Abfällen sicherzustellen. In der Ge- und Verbrauchsphase sind die Gesundheitsverträglichkeit der Produktsubstanzen, die Verwertbarkeit der Verpackung, der Energieverbrauch und die Schadstoffemissionen von Bedeutung. In der Entsorgungsphase spielen die Recyclingfähigkeit von Einzelbestandteilen eines Produktes und die Verbrennungs- bzw. Kompostierungsmöglichkeit eines Produktes eine Rolle.

Die Produktentwicklung i.w.S. kann durch verschiedene *Tests* ergänzt werden. Denkbar sind u.a. Konzepttests, Produkttests und Namenstest. Mit Hilfe eines *Konzepttests* soll die Produktidee geprüft werden. Das Produkt wird dabei beschrieben, als Skizze bzw. als Modell vorgelegt, und die Testpersonen werden im Rahmen von Einzelinterviews bzw. einer Gruppendiskussion nach einer Einschätzung des Produktes gefragt. Im Rahmen von *Produkttests* ist die Produktleistung zu prüfen; es wird der Frage nachgegangen, ob ein Produkt hinsichtlich seiner Produktleistung auf dem Markt bestehen kann. Produkttests können als monadischer Test oder als nicht-monadischer Test durchgeführt werden. Bei einem monadischen Test wird ein einziges Produkt, das neue Produkt, beurteilt; im Rahmen eines nicht-monadischen Tests werden mehrere Produkte (inklusive des neuen Produktes) miteinander verglichen; z.b. wird eine Rangfolge der Produkte bestimmt. Im Rahmen von *Namenstesst* geht es darum, die erwogene Produktbezeichnung zu prüfen. Zum Beispiel kann ermittelt werden, wie merkfähig ein Name ist, indem eine Liste von Namen vorgelegt und erhoben wird, in welchem Ausmaß die Namen erinnert werden. Auch können die Assoziationen, die mit einem Namen verbunden werden, erfragt werden.

Wenn die Produktentwicklung so weit abgeschlossen ist, daß Prototypen des neuen Produktes hergestellt werden können, die Verpackungsgestaltung außerdem geklärt und die Produktnamensgebung abgeschlossen ist, kann ein probeweises Anbieten des neuen Produktes auf *Teilmärkten* erfolgen. Grundsätzlich können
– Testmarkt-Simulationen (Labor-Markttests),
– Minimarkttests oder
– (regionale) Markttests
durchgeführt werden.

Grundsätzlich kann im Gebiet des geplanten Gesamtmarktes des neuen Produktes eine Vielzahl an Tests durchgeführt werden. Die einzelnen möglichen Tests unterscheiden sich u.a. in der Größe des Testmarktes, in der Zahl der potentiellen Käufer, in der Repräsentativität des Testmarktes bezüglich des Gesamtmarktes, in den jeweils anfallenden Kosten sowie in der jeweiligen Testdauer. Ein Testmarkt ist *repräsentativ* für den Gesamtmarkt, wenn Strukturgleichheit bezüglich der relevanten Repräsentanzkriterien besteht; als Repräsentanzkriterien können z.B. Konsumentenmerkmale, vorhandene Absatzwege und vorhandene Werbeträger herangezogen werden. Im Rahmen eines Test fallen *Kosten* für die Produktion des neuen Produktes, für Marketing-Maßnahmen und für die erforderlichen Marktforschungsmaßnahmen an; diese Kosten werden zum Teil kompensiert durch die im Rahmen des Tests anfallenden Erlöse für das neue Produkt. Bei der Festlegung der Dauer eines Tests ist zu beachten, daß als Ergebnis des Tests ein stabiler Marktanteil für das neue Produkt ermittelt werden sollte.

Wenn ein Produkt vollständig entwickelt worden ist und die Produkt- und Markttests zu positiven Ergebnissen geführt haben, ist darüber zu befinden, in welcher Art und Weise das Produkt auf dem Gesamtmarkt einzuführen ist. Die möglichen *Markteinführungsstrategien* lassen sich als Erweiterungen der denkbaren preispolitischen Strategien darstellen. Folgende fünf preispolitische Strategien sind möglich (vgl. Abbildung 5):
– hoher Preis auf Dauer (Prämien-Preispolitik; Strategie I),
– hoher Einführungspreis und sukzessive Preissenkung (Skimming-Preispolitik; Strategie II),
– durchschnittliche Preislage auf Dauer (Strategie III),
– niedriger Einführungspreis und sukzessive Preiserhöhung (Penetration-Preispolitik; Strategie IV),

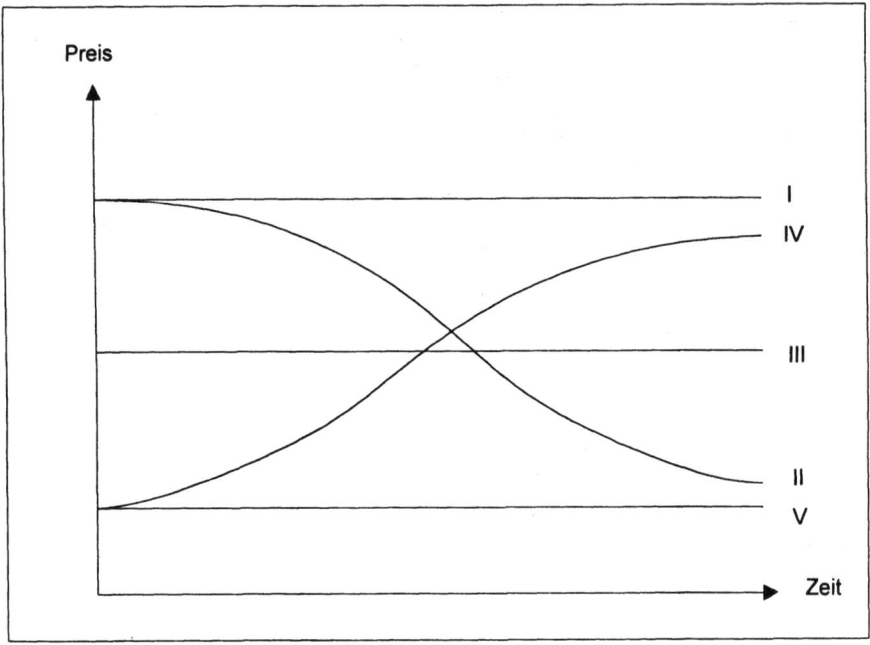

Abb. 5: Mögliche preispolitische Strategien für eine Produktinnovation

– niedriger Preis auf Dauer (Promotions-Preispolitik; Strategie V).

Eine optimale Preisstrategie kann – bei sicheren Erwartungen – bestimmt werden, indem für alternative Preisstrategien die zugehörigen Kapitalwerte ermittelt werden (vgl. Simon 1992, S. 299).

3.2.2 Sortimentspolitik

Gegenstand der *Sortimentsplanung* ist die Frage, welche Produkte in welchen Mengen in einer Planungsperiode hergestellt und angeboten werden sollen. Der Begriff „Sortiment" wird insbesondere für Handelsbetriebe verwandt; der synonyme Begriff für Industriebetriebe ist das Produktionsprogramm. Ausgangspunkt der Sortimentsplanung ist das verfolgte Ziel. Typische Zielgrößen im Rahmen der Sortimentsplanung sind die Gewinnmaximierung bzw. die „Gewinnmaximierung unter der Bedingung, daß von gewissen Produkten Mindestmengen produziert werden"; auch das Ziel der Erlösmaximierung kann grundsätzlich herangezogen werden. Um ein Sortiment für eine Planungsperiode planen zu können, müssen die Preise der einzelnen Produkte, die bei diesen Preisen maximal absetzbaren Mengen, die variablen Kosten pro Stück und die Fixkosten festgelegt bzw. vorab geschätzt werden. Im Falle der Programmplanung in einem Industriebetrieb muß zusätzlich der Produktionsprozeß bekannt sein; in diesem Zusammenhang ist insbesondere von Bedeutung, welche Produktionskapazitäten bei den relevanten, funktionsverschiedenen Anlagen (Maschinen) in der Planungsperiode verfügbar sind und in welchem Maße die funktionsverschiedenen Anlagen durch die einzelnen Produkte beansprucht werden. Im Falle eines Handelsbetriebes sind in entsprechender Weise die Lagerkapazitäten und die Kapazitäten der Verkaufsräume und deren Beanspruchung zu beachten.

Im Zusammenhang mit der Beanspruchung verschiedener Kapazitätsarten durch die angebotenen Produkte ist von großer Bedeutung, ob gar kein Engpaß, ein einziger Engpaß oder mehrere Engpässe gegeben sind. Im ersten Fall können alle Produktmengen, die hergestellt werden sollen, auch produziert werden; im zweiten (dritten) Fall ist (sind) eine (mehrere) Kapazitätsart(en) gegeben, bei denen die Kapazitätsbeanspruchung die verfügbare Kapazität übersteigt.

Die Ansätze zur Sortimentsplanung lassen sich grundsätzlich in langfristige, mittelfristige und kurzfristige Ansätze einteilen (vgl. hierzu Jacob 1986, S. 405 ff.). Gegenstand der langfristigen Sortimentsplanung ist eine Planung der (branchen-bezogenen) Produktfelder, welche von einem Unternehmen bearbeitet werden sollen. Im Rahmen der mittelfristigen Sortimentsplanung sind die Produktlinien und die zugehörigen Produktmarken festzulegen. Gegenstand der kurzfristigen Sortimentsplanung ist schließlich die Planung der Produktionsmengen für eine gegebene Planungsperiode; die kurzfristige Sortimentsplanung kann – je nach Entscheidungssituation – mit Hilfe
- der Deckungsbeitragsrechnung,
- einer graphischen Analyse,
- der linearen Programmierung
vorgenommen werden.

3.2.3 Servicepolitik

Die *Servicepolitik* ist ein Oberbegriff für jene von einem Unternehmen angebotenen Leistungen, die nicht Hauptleistungen (angebotene Produkte von Industrieunternehmen oder – im Falle eines Dienstleistungsunternehmens – die angebotenen Dienstleistungen) sondern Nebenleistungen darstellen und die u.a. mit dem Zweck angeboten werden, die Hauptleistung fördern. Verschiedene *Arten von Serviceleistungen* können unterschieden werden: So können Serviceleistungen nach dem zeitlichen und sachlichen Ablauf eines Kaufentscheidungsprozesses bei einem Kunden in Information, Beratung und Unterstützung beim Einkauf, Schulung und Instruktion der Benutzer, Zustellung und Installation, Unterhalt-, Reparatur-, Ersatzteil- und Garantiedienste unterteilt werden. Serviceleistungen können des weiteren danach unterschieden werden, ob sie vor bzw. nach einem Kauf erfolgen, technischer bzw. kaufmännischer Art sind, entgeltlich bzw. unentgeltlich abgegeben werden. Unentgeltliche Serviceleistungen werden i.a. im Zusammenhang mit einer Garantiegewährung erbracht; bei langlebigen Konsumgütern werden in der Regel Garantien hinsichtlich der Funktionsfähigkeit eines Konsumgutes insgesamt bzw. hinsichtlich wesentlicher technischer Elemente übernommen.

Bei einer ökonomischen Analyse von Serviceleistungen ist auf folgende Punkte hinzuweisen: Durch Serviceleistungen werden zum einen Kosten verursacht, denen Erlöse gegenüberstehen können, falls die Serviceleistungen gegen Entgelt abgegeben werden; zum anderen beeinflussen die angebotenen Serviceleistungen die Absatzmenge der Hauptleistung und die entsprechenden Erlöse. Relevante Ziele der Servicepolitik sind damit ökonomische Ziele; eine beispielhaft relevante ökonomische Zielgröße ist offensichtlich der erzielbare Gewinn.

3.3 Kontrahierungspolitik

Die Kontrahierungspolitik umfaßt alle Entscheidungstatbestände im Rahmen der Preispolitik und der Konditionenpolitik. Die wesentlichen Handlungsmöglichkeiten im Bereich der Preispolitik sind zum einen alternative Preishöhen, zum anderen Preisdifferenzierungen (Verkauf ein und desselben Produktes an verschiedene Nachfragergruppen zu unterschiedlichen Preisen).

3.3.1 Preispolitik

Bei der *Preispolitik* können grundsätzlich verschiedene Konzepte zur Preisfindung in der Praxis sowie verschiedene Ansätze der Preistheorie unterschieden werden. Zu den Verfahren der *Preisfindung in der Praxis* zählen
- die kostenorientierte Preisbestimmung,
- die nachfrageorientierte Preisbestimmung,
- die konkurrenzorientierte Preisbestimmung und
- die nutzenorientierte Preisbestimmung.

Die Grundidee einer kostenorientierten Preisbestimmung (vgl. z.B. Diller 1991, S. 150 ff.) ist die *Preiskalkulation* auf der Grundlage der Selbstkosten pro Stück (im Falle eines Industriebetriebes) bzw. des Einkaufspreises eines Artikels (im Falle eines Handelsbetriebes) zuzüglich eines Gewinnzuschlages (Cost-plus-Pricing). Grundsätzlich können eine Preiskalkulation auf Vollkostenbasis und eine Preiskalkulation auf Teilkostenbasis unterschieden werden. Bei der *Preiskalkulation auf Vollkostenbasis* werden die Selbstkosten eines Produktes unter Berücksichtigung sämtlicher Einzel- und Gemeinkosten bestimmt. Dabei sind die Einzelkosten jene Kosten, die einem Produkt direkt zurechenbar sind. Im Gegensatz hierzu müssen die Gemeinkosten, d.h. jene Kosten, die nicht einem einzelnen Produkt allein zurechenbar sind, auf die Produkte aufgeschlüsselt werden. Dabei ist die Höhe der einzelnen Kostenarten auf der Grundlage einer geplanten Produktionsmenge zu schätzen; entsprechend werden die Selbstkosten zunächst auf der Basis einer geplanten Produktionsmenge errechnet. Die Selbstkosten pro Stück ergeben sich z.B. nach dem Verfahren der einstufigen Divisionskalkulation, indem die errechneten gesamten Selbstkosten durch die geplante Menge dividiert werden. Eine Preiskalkulation auf Vollkostenbasis kann dann gemäß der Formel

$$p_i = k_{si}\left(1 + \frac{g}{100}\right) \quad \text{(für alle i)}$$

erfolgen. Dabei bezeichnen
p_i : Preis des Produktes;
k_{si} : Selbstkosten des Produktes i pro Stück;
g : Gewinnzuschlag, ausgedrückt in Prozent der Selbstkosten pro Stück.

Die Kritik einer derartigen Preisbestimmung ist offensichtlich: Die Zurechnung von Gemeinkosten auf einzelne Produkte ist willkürlich. Problematisch ist auch die Festlegung des Gewinnzuschlages. Des weiteren fehlt eine angemessene Berücksichtigung der Nachfrage- und der Konkurrenzseite.

Zur *nachfrageorientierten Preisbestimmung* ist eine Vielzahl an Preistests zu rechnen, mit deren Hilfe die Preisvorstellungen der Konsumenten bestimmt, beabsichtigte Preise geprüft und die angemessene Preishöhe ermittelt werden können, indem in geeigneter Weise Konsumenten befragt werden. Als *Preistests* auf der Grundlage von Konsumentenbefragungen (vgl. Lange 1972, S. 117 ff.) lassen sich z.B. der Preisschätzungs-Test, der Preis-Reaktions-Test und der Preis-Kaufbereitschafts-Test unterscheiden. Bei einem *Preisschätzungstest* geht es darum, die Preisvorstellungen der Konsumenten zu ermitteln. Als Ergebnis des Preisschätzungstests können die (prozentualen) Anteilswerte bestimmt werden, mit denen alternative Preishöhen genannt werden. Bei einem *Preis-Reaktions-Test* werden den Auskunftspersonen alternative Preishöhen, welche z.B. Ergebnis eines Preisschätzungstests sind, vorgegeben, und sie werden jeweils gefragt, ob sie die einzelnen Preise als angemessen, als zu hoch bzw. als zu niedrig erachten. Ziel eines *Preis-Kaufbereitschafts-Tests* ist es festzustellen, ob die befragten Personen ein Produkt zu (verschiedenen) vorgegebenen Preisen bzw. zu dem von ihnen als angemessen erachteten Preisen auch tatsächlich kaufen würden. Dabei kann grundsätzlich sowohl mit geschlossenen Fragen (Sind Sie bereit, zu dem Preis in Höhe von ... das Produkt in nächster Zeit zu kaufen?) als auch mit offenen Fragen (Bei welchem Preis sind Sie bereit, das Produkt in nächster Zeit zu kaufen?) gearbeitet werden. Ein Heranziehen derartiger Preistests im Rahmen einer nachfrageorientierten Preisbestimmung bringt ein *Problem* mit sich: Erfragt werden Preiseinschätzungen und Kaufbereitschaften; nicht erhoben wird ein tatsächliches Einkaufsverhalten. Damit stellt sich die Frage nach der Validität der Preistests in bezug auf ein tatsächliches Einkaufsverhalten. Andererseits ist aber zu beachten, daß bei neuen, noch nicht endgültig fertiggestellten Produkten keine andere Möglichkeit gegeben ist, das zu erwartende Konsumentenverhalten festzustellen. Ist hingegen ein (neues) Produkt endgültig fertiggestellt, so können Store-Tests und Markttests mit alternativen Preisen durchgeführt werden; denkbar ist auch ein Preisexperiment.

Bei einer *konkurrenzorientierten Preisbestimmung* verzichtet ein Anbieter auf eine autonome Preissetzung; er richtet sich bei seiner Preisforderung vielmehr nach einem sogenannten Preisführer: Grundsätzlich werden zwei Arten der Preisführerschaft, die dominierende und die barometrische Preisführerschaft, unterschieden. Bei der *dominierenden Preisführerschaft* ist ein Preisführer gegeben, welcher infolge seines hohen Marktanteils die preispolitische Situation in einem solchen Maße beherrscht, daß die konkurrierenden Unternehmen sich seinem Preis anschließen, also auf eine autonome Preissetzung verzichten. Der Grund hierfür ist darin zu sehen, daß die konkurrierenden Unternehmen einen ruinösen Wettbewerb befürchten, falls sie mit ihrer Preispolitik nicht dem Preisführer folgen. Im Falle einer *barometrischen Preisführerschaft* gibt es kein beherrschendes Unternehmen mit einem hohen Marktanteil; alle Anbieter sind etwa gleich groß. Es kann aber ein Unternehmen existieren, welches z.B. über eine besondere Marktübersicht verfügt, so daß die konkurrierenden Anbieter es als vorteilhaft vermuten, seiner Preispolitik zu folgen. Für die Praxis ist der folgende Fall einer barometrischen Preisführerschaft von größerer Relevanz: Von den Anbietern wird ein Unternehmen als Preisführer akzeptiert, um einen Preiskampf zu vermeiden; der Preisführer gibt einen von allen Anbietern akzeptierten Preis vor, ohne sich selbst dabei einen besonderen Vorteil zu schaffen; der Wettbewerb zwischen den Konkurrenten erfolgt dann insbesondere mittels der Kommunikationspolitik. Von Zeit zu Zeit wechselt das Unternehmen, welches die Preisführerschaft ausübt. Offensichtlich ist, daß auf einem Markt, auf dem ein dominierender bzw. ein barometrischer Preisführer das Preisniveau festlegt, dem die anderen Anbieter folgen, unterschiedliche Ziele der Konkurrenten, unterschiedliche Nachfragesituationen und unterschiedliche Kosten- und Kapazitätssituationen bei der eigenen Preisfestlegung unberücksichtigt bleiben.

Bei einer *nutzenorientierten Preissetzung* (vgl. Simon 1992, S. 542 ff.; Diller 1991, S. 269 ff) leitet ein Anbieter seine Preisforderung aus dem Nutzen des angebotenen Produktes für den Nachfrager ab. Von entscheidender Bedeutung ist es demzufolge, die Wertvorstellungen und Nutzenerwartungen der Nachfrager in bezug auf das betreffende Produkt festzustellen, d.h. die Bewertung eines Produktes durch den Nachfrager zu messen. Hierzu bieten sich zumindest zwei Vorgehensweisen an:
- die nutzenorientierte Preisbestimmung auf der Basis von Leistungsmerkmalen und
- die nutzenorientierte Preisbestimmung auf der Basis ökonomischer Größen.

Die nutzenorientierte Preissetzung auf *Basis von Leistungsmerkmalen* basiert auf der Idee, daß ein Nachfrager bei der Beurteilung eines Produktes Leistungsmerkmale heranzieht und seine Zahlungsbereitschaft an dem Erfüllungsgrad der betreffenden Kriterien ausrichtet. Bei Berücksichtigung nur eines *einzigen Leistungsmerkmals* können Verhältniszahlen gebildet werden, bei denen der Preis des betreffenden Produktes zu einer spezifischen Leistung in Beziehung gesetzt wird:

$$PLV_i = \frac{p_i}{l_{ij}},$$

wobei
PLV_i: Preis/Leistungs-Verhältnis von Produkt i;
p_i : Preis von Produkt i;
l_{ij} : Leistung j von Produkt i.
Gebräuchliche Preis/Leistungs-Verhältnisse in der Praxis sind z.B. DM/PS bei Motoren, oder DM/qm bei Gebäuden.

Eine Möglichkeit zur Berücksichtigung *mehrerer Leistungsmerkmale* besteht in der Anwendung eines Punktbewertungsmodells (Scoring-Modells), welches mehrere entscheidungsrelevante (Leistungs-)Merkmale sowie deren Bedeutungsbeimessung (mittels Gewichtungsfaktoren) umfaßt. Allgemein gilt

$$L_i = \sum_{j=1}^{J} g_j \cdot l_{ij}$$

mit
L_i: Leistungsindex von Produkt i;
l_{ij} : Ausprägung des Leistungsmerkmals j von Produkt i;
g_j : Gewichtungsfaktor des Leistungsmerkmals j.
Für das Preis/Leistungs-Verhältnis ergibt sich dann

$$PLV_i = \frac{p_i}{L_i}.$$

Werden die Preis/Leistungs-Verhältnisse verschiedener konkurrierender Produkte verglichen, so kann ein Anbieter die Konsequenz ziehen, entweder seinen Preis zu senken oder Marketing-Maßnahmen ergreifen, welche zu besseren Einschätzungen der Leistungsmerkmale führen, um – im Ergebnis – das beste Preis/Leistungsverhältnis zu erreichen.

Eine nutzenorientierte Preissetzung kann auch *auf der Basis ökonomischer Größen* erfolgen; auch eine derartige Preissetzung besitzt in erster Linie für den Investitionsgüterbereich Relevanz. Der Nutzen eines Investitionsgutes beruht u.a. auf dem Erlös, der unter dem Einsatz des Investitionsgutes zu erwirtschaften ist. Wird nun dieser zukünftige Erlös den relevanten Kosten gegenübergestellt, so wird der Preisspielraum für den Anbieter ersichtlich. Eine Preisobergrenze ergibt sich als Differenz aus dem einem Produkt zurechenbaren Mehrerlös und den Kosten des Produkteinsatzes (vgl. Simon 1992, S. 549 ff.). Prinzipiell kann ein Anbieter die Vorteilhaftigkeit seines Angebotes anhand statischer oder dynamischer Investitionsrechnungen ermitteln. Für den Kapitalwert z.B. gilt

$$C_0 = -A_0 + \sum_{t=1}^{T} \frac{E_t}{(1+i)^{-t}}$$

mit
C_0 : Kapitalwert;
A_0 : Anschaffungsausgaben;
E_t : Einzahlungsüberschüsse in t (t=1,...,T);
I : Kalkulationszinssatz.

Wenn ein Nachfrager eines Investitionsgutes seine Entscheidung nur an dem Kriterium „Kapitalwert", d.h. an den Anschaffungsausgaben und den diskontierten Einzahlungsüberschüssen orientiert, und Konkurrenzanbieter vorhanden sind, so hat der betrachtete Anbieter seinen Angebotspreis so zu setzen, daß der mit dem von ihm angebotenen Investitionsgut zu erwirtschaftende Kapitalwert größer ist als jener Kapitalwert, den der Nachfrager bei Einsatz eines Konkurrenzproduktes erzielen könnte.

Kritisch zu beurteilen ist der erhebliche Informationsbedarf bei einer nutzenorientierten Preisfindung. Findet sie auf der Basis mehrerer Leistungsmerkmale statt, so kann eine Heterogenität der Nachfrager einen Anbieter dazu zwingen, unterschiedliche individuelle Bewertungen zu aggregieren bzw. eine durchschnittliche Bewertung zu bestimmen. Bei der nutzenorientierten Preisfindung auf der Basis ökonomischer Größen muß ein Anbieter erreichen, daß ein Nachfrager bereit ist, detaillierte Informationen über sein Bewertungskalkül zur Verfügung zu stellen; dies wird wohl nur im Einzelfall möglich sein.

Eine Vielzahl an *theoretischen Ansätzen zur Preisbestimmung* ist vorgeschlagen worden, die sich von den Praktikerverfahren zur Preisfindung insbesondere darin unterscheiden, daß gleichzeitig die verfolgten preispolitischen Ziele, die Nachfrage, die Kosten und (ggf.) die Kapazitätssituation berücksichtigt werden. Die theoretischen Ansätze können nach Kriterien wie
– zugrundeliegende Marktform,
– ein- bzw. mehrstufige Märkte,
– zugrundeliegende(s) Ziel(e),

– vorliegende Informationssituation und
– statischer bzw. dynamischer Ansatz

systematisiert werden. Im folgenden wird ein *Grundmodell* der Preistheorie betrachtet, welches sich auf ein Monopol bezieht und eine Sicherheitssituation unterstellt. Bekanntlich sind im Bereich der Preispolitik unterschiedliche Ziele relevant (vgl. Wied-Nebbeling 1975, 1985); hier werden die Ziele
– Gewinnmaximierung,
– Erlösmaximierung und
– Absatzmengenmaximierung unter der Bedingung eines Mindestgewinnes

beispielhaft betrachtet.

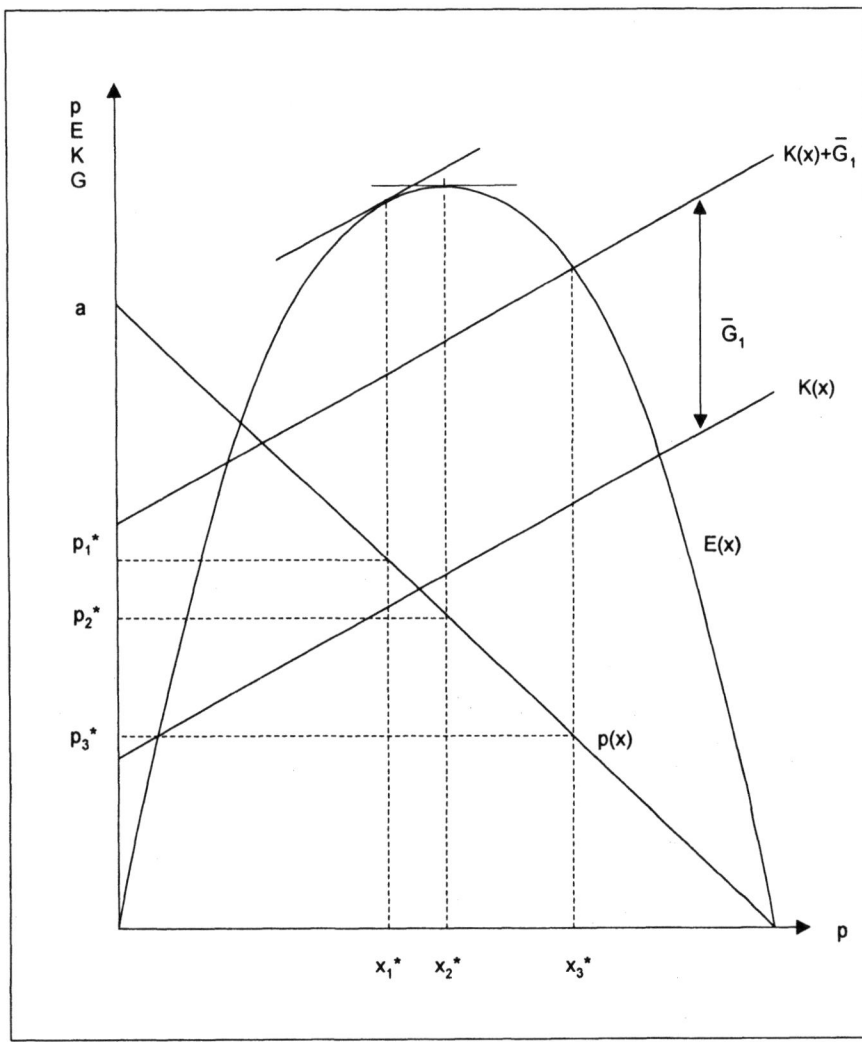

Abb. 6: Bestimmung optimaler Preis-Mengen-Kombinationen

Wenn von einer Sicherheitssituation ausgegangen wird, so bedeutet dies, daß sowohl eine *Preisabsatzfunktion* als auch eine Kostenfunktion mit Sicherheit bekannt sind. Die Preisabsatzfunktion gibt an, welche Absatzmenge jeweils zu verschiedenen Preisen abgesetzt werden kann; sie kann auf der Grundlage von Gesamtmarktdaten der Vergangenheit, Preisexperimenten, Expertenbefragungen, Konsumentenbefragungen (inkl. Panel-Erhebungen) bestimmt werden. Die *Kostenfunktion* gibt die entscheidungsrelevanten Kosten in Abhängigkeit von der (Produktions- und Absatz-)Menge wieder. Wesentlich ist daher die Unterscheidung von fixen und variablen Kosten. Während fixe Kosten nicht von der zu produzierenden Menge abhängen (also für verschiedene Produktionsmengen gleich groß sind), ändern sich die variablen Gesamtkosten mit der zu produzierenden Menge. Die Kostenfunktion kann auf der Basis der zugrundeliegenden Produktionsfunktion, auf der Basis historischer Daten bzw. durch Expertenschätzungen ermittelt werden.

Die Ermittlung optimaler Preis-Mengen-Kombinationen für verschiedene Ziele kann anhand der Abbildung 6 veranschaulicht werden. Ausgangspunkt sind die Preisabsatzfunktionen p(x) sowie die Kostenfunktion K(x). Aus der Preisabsatzfunktion p(x) folgt die Erlösfunktion E(x). Offensichtlich ist, daß bei der Menge x_1 (mit dem zugehörigen Preis p_1) der Gewinn, d.h. die Differenz aus Erlös und Kosten, am größten ist. Bei der Menge x_2 (mit dem zugehörigen Preis p_2) hingegen ist der Erlös maximal. Für die Zielsetzung „Absatzmengenmaximierung unter der Bedingung eines Mindestgewinnes (in Höhe von G_1)" erweist sich die Preis-Mengen-Kombination (p_3, x_3) als optimal (zu den Erweiterungsmöglichkeiten des Grundmodells − Preisdifferenzierung, dynamische Ansätze, Preispolitik im Mehrproduktunternehmen, Preisfindung in anderen Marktformen und anderen Informationssituationen vgl. Berndt 1995a).

3.3.2 Konditionenpolitik

Gegenstand der betrieblichen Konditionenpolitik ist die Entscheidungsfindung hinsichtlich der Rabattgewährung, der einzuräumenden Zahlungs- und Lieferungsbedingungen sowie der Absatzfinanzierung. Die gewährten Konditionen finden häufig ihren Niederschlag in den sogenannten Allgemeinen Geschäftsbedingungen.

Im Rahmen der *Rabattpolitik* sind die Art und die Höhe von Rabatten festzulegen. Rabatte sind allgemein Preisnachlässe von einem fixierten Basispreis, welche von einem Anbieter einzelnen Nachfragern gewährt werden. Grundsätzlich können Rabatte gegenüber Wiederverkäufern (Handelsbetrieben) bzw. gegenüber Endverbrauchern (Konsumenten) gewährt werden. Die Handlungsmöglichkeiten im Rahmen der Rabattpolitik sind mit der Rabattart (z.B. Mengenrabatte, Zeitrabatte), der Rabatthöhe und der Rabattstaffelung gegeben.

Wesentliche Handlungsmöglichkeiten im Rahmen der *Lieferungsbedingungen* sind die Lieferzeit, die Umtausch- und Rückgabemöglichkeiten eines gewissen Zeitraumes sowie die Berechnung von Verpackung, Fracht, Versicherung (welche gar nicht, teilweise bzw. voll erfolgen kann). Die Handlungsmöglichkeiten im Rahmen der *Zahlungsbedingungen* sind die Zahlungsweise, die Zahlungsfrist und die Skontogewährung. Nach der Zahlungsweise lassen sich Zahlungen im voraus,

Barzahlungen und Zahlungen nach Rechnungserhalt unterscheiden. Zahlungsfristen sind eingeräumte Zeiträume, bis zu deren Ende eine Zahlung zu tätigen ist. Skonto schließlich ist ein Preisnachlaß (z.b. 2 %), der bei Barzahlung innerhalb einer bestimmten Frist eingeräumt wird. Mit einer Festlegung der Lieferbedingungen werden zum einen gewisse Kostenarten (wie Kosten der Lagerung oder des Transportes) geregelt; andererseits kann durch die Lieferbedingungen eine akquisitorische Wirkung gegeben sein, so daß die Absatzmenge und die Erlössituation von den gewährten Lieferbedingungen beeinflußt werden. Ähnliches gilt für die Zahlungsbedingungen: Mit den Zahlungsbedingungen werden zum einen die Kosten der Absatzfinanzierung geregelt; zum anderen sind die Absatzmenge und der erzielbare Erlös hiervon abhängig. Über die Wirkungsweise verschiedener erwogener Lieferungs- und Zahlungsbedingungen auf den Gewinn insgesamt kann damit keine allgemeingültige Aussage gemacht werden; die optimale Kombination der Lieferungs- und Zahlungsbedingungen muß im Einzelfall bestimmt werden.

Unter *Absatzfinanzierung* (vgl. i.e. Berndt/Sander 1994) versteht man alle Maßnahmen eines Unternehmens zur Förderung des Absatzes seiner Produkte durch die Einräumung von Finanzierungsmöglichkeiten, welche den Erwerb dieser Produkte ermöglichen bzw. fördern. Grundsätzlich zu unterscheiden ist zwischen der Verkaufsfinanzierung und der Hersteller- und Händlerfinanzierung. Bei der *Verkaufsfinanzierung* räumen Unternehmen ihren Kunden – im Regelfall in Zusammenarbeit mit Finanzierungsinstituten – Finanzierungsmöglichkeiten ein; im Rahmen der Hersteller- und Händlerfinanzierung werden nicht den Kunden, sondern dem Hersteller bzw. Händler selbst durch ein Finanzierungsinstitut Finanzierungsangebote unterbreitet, um Liquiditäts-, Bilanz- und Risikoprobleme des Herstellers bzw. Händlers zu lösen.

3.4 Marketing-Kommunikation

3.4.1 Die Instrumente der Marketing-Kommunikation

Die *Kommunikation* läßt sich allgemein als Austausch von Informationen kennzeichnen. Bei der Kommunikation können u.a. unterschieden werden
- die einseitige und wechselseitige Kommunikation sowie
- die innerbetriebliche und außerbetriebliche Kommunikation.

Eine einseitige Kommunikation liegt vor, wenn z.B. Anzeigen in Zeitschriften geschaltet werden, ohne daß die Zielpersonen zu einer sofortigen Reaktion veranlaßt werden sollen (also unter Verzicht auf einen Antwortmechanismus, z.B. Coupon). Das beste Beispiel für eine wechselseitige Kommunikation ist das Verkaufsgespräch. Eine außerbetriebliche Kommunikation kann sowohl in bezug auf die Absatzmärkte als auch in bezug auf die Beschaffungsmärkte erfolgen. Eine innerbetriebliche Kommunikation bezieht sich auf die Mitarbeiter eines Unternehmens; Mitarbeiter werden informiert, deren Verhalten wird (in bezug auf verfolgte Ziele) beeinflußt. Die folgende Analyse wird auf die außerbetriebliche Kommunikation, welche auf die Absatzmärkte gerichtet ist, beschränkt. Die *Kommunikationspolitik* kann dann gekennzeichnet werden als Entscheidungen über die Gestaltung von Informationen und über die Art der Übermittlung von Informationen, die seitens eines Unternehmens auf den Absatzmarkt gerichtet sind, um vorgegebene kommunikationspolitische Ziele zu erreichen. Welche Instrumente im Rahmen der Marketing-Kommunikation eingesetzt werden können, zeigt Abbildung 7.

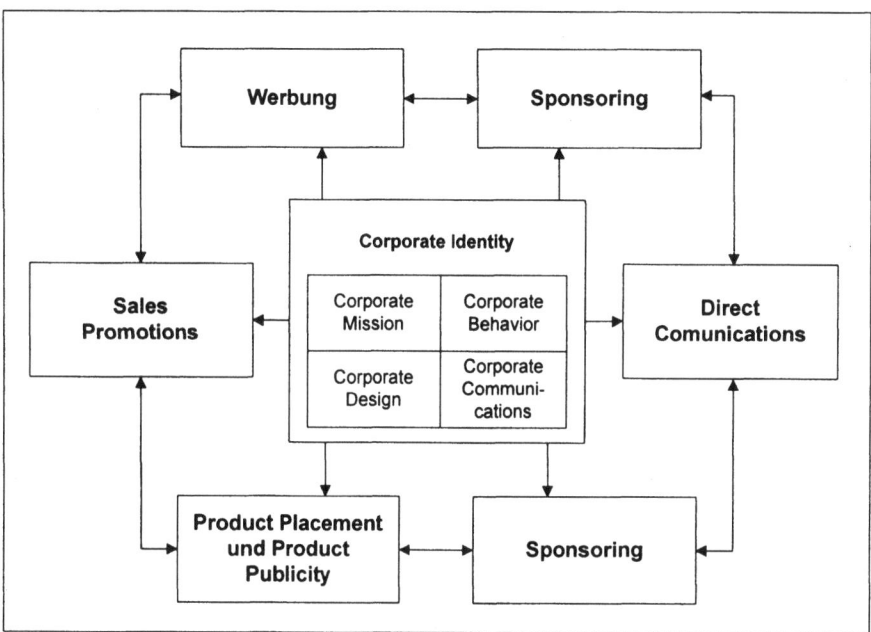

Abb. 7: Die Instrumente der Marketing-Kommunikation

Die *Corporate-Identity-Policy* läßt sich als übergeordnetes, integriertes Konzept der unternehmensbezogenen Kommunikationspolitik bezeichnen; sie stellt quasi das Dach für alle anderen Kommunikations-Instrumente dar. Eine *Corporate Identity* (Unternehmensidentität) ist dabei ein Ziel, eine Soll-Aussage, eine anzustrebende Eigenart/Einmaligkeit/Persönlichkeit eines Unternehmens, welche ein Unternehmen unverwechselbar macht; sie erlaubt es damit den relevanten Bezugsgruppen der Umwelt, das Unternehmen in seiner Eigenart und Einmaligkeit zu erkennen und den Mitarbeitern eines Unternehmens, sich mit dem Unternehmen zu identifizieren. Ausgangspunkt einer Corporate-Identity-Policy ist die *Corporate Mission*. Bei der Corporate Mission handelt es sich um die i.e. festgelegten Unternehmensgrundsätze, um das Wert- und Normengefüge eines Unternehmens, das von den Mitarbeitern eines Unternehmens anerkannt und in den kommunikativen Maßnahmen umgesetzt werden soll.

Die Handlungsmöglichkeiten einer *Corporate-Identity-Policy* umfassen die Bereiche Corporate Design, Corporate Communications (Corporate Advertising und Public Relations) und Corporate Behavior. Gegenstand des *Corporate Design* ist eine unverwechselbare Gestaltung aller Elemente, die zum Erscheinungsbild eines Unternehmens gehören und die von den Zielgruppen optisch wahrgenommen werden können. Durch das Corporate Design soll ein Bild von der Identität (Persönlichkeit) eines Unternehmens vermittelt werden. Die wesentlichen Handlungsmöglichkeiten im Rahmen des Corporate Design sind Firmenname und Fir-

lungsmöglichkeiten im Rahmen des Corporate Design sind Firmenname und Firmenzeichen, Firmenfarben, Schrifttyp, Satzspiegelraster, Unternehmens- (Architektur-) und Produkt-Design.

Corporate Communications können allgemein als unternehmensbezogene Kommunikationspolitik bezeichnet werden; hierzu gehören Corporate Advertising (Unternehmenswerbung) und Public Relations (Öffentlichkeitsarbeit). Gegenstand von *Corporate Advertising* ist nicht die produkt- bzw. produktgruppenbezogene, sondern die unternehmensbezogene Werbung. Darunter fallen Maßnahmen zur Verbesserung des Images, Erhöhung des Bekanntheitsgrades, Verteidigung gegenüber Beschuldigungen oder zur Korrektur falscher Einschätzungen. Zu beachten ist, daß verschiedene Zielgruppen einen unterschiedlichen Informationsbedarf aufweisen.

Public Relations haben die Aufgabe, Vertrauen gegenüber einem Unternehmen und Verständnis für das Unternehmen zu schaffen. Ziel ist es, ein positives Image bei den Zielgruppen zu erreichen. Zu den Handlungsmöglichkeiten im Rahmen der Öffentlichkeitsarbeit zählen allgemeine Informationen, Exklusivinformationen und Themenanregungen an Journalisten, Redaktionsbesuche, Pressedienste, Interviews, Vorträge, Pressekonferenzen, Bereitstellung von Bild- und Tonmaterialen, Filmen, Broschüren, Betriebsbesichtigungen, Stifungen, Preisverleihungen. Da das Umfeld i.w.S. eines Unternehmens i.a. heterogen ist, muß die Öffentlichkeitsarbeit zielgruppenbezogen durchgeführt werden.

Gegenstand des *Corporate Behavior* ist, die Verhaltensweisen der Mitarbeiter eines Unternehmens untereinander und gegenüber der Umwelt (insbesondere gegenüber Konsumenten und Lieferanten) gemäß der verfolgten Corporate Identity zu beeinflussen. Konkret werden Verhaltensweisen angestrebt, die nach außen die Eigenart und Einmaligkeit des Unternehmens erkennen lassen (z.B. charakteristische Vorgehensweisen beim persönlichen Verkauf) und die unternehmensintern die Integration der Mitarbeiter in das Unternehmen sowie die Identifikation mit dem Unternehmen fördern. Das Corporate Behavior ist durch die Personalpolitik und Führungspolitik eines Unternehmens beeinflußbar. Schon im Rahmen der Personalrekrutierung kann darauf geachtet werden, daß Personen ausgewählt und eingestellt werden, welche angemessene, zum Unternehmen passende Verhaltensweisen vermuten lassen. Gegenstand der Personalschulung und -entwicklung kann das Vermitteln und Einüben erwünschter Verhaltensweisen sein. Das erwünschte Corporate Behavior kann auch in der Organisation und der Führungspolitik eines Unternehmens verankert sein: Durch eine geeignete Organisationsform (z.B. Teamkonzept) und durch geeignete Führungskonzepte (z.B. Management-by-Exception oder Management-by-Objectives) kann das Verhalten aller Mitarbeiter spezifisch geprägt werden.

Werbung ist gekennzeichnet durch die Belegung von Werbeträgern mit Werbemitteln gegen ein leistungsbezogenes Entgelt, um vorgegebene Werbeziele zu erreichen. *Werbeträger* sind allgemein Streumedien, mit deren Hilfe (durch deren Belegung) die Werbemittel an die Zielpersonen herangeführt werden können. *Werbemittel* lassen sich allgemein als verbal und/oder visuell gestaltete, für die Verbreitung durch Werbeträger bestimmte Werbebotschaften kennzeichnen. Die Werbeträger der verschiedenen Werbeträgergruppen sind offensichtlich nur mit bestimmten Werbemitteln belegbar: Insertionsmedien mit Anzeigen, Elektronische Medien mit Werbe(-fernseh- oder -funk-)spots, Medien der Außenwerbung mit Plakaten.

Verkaufsförderung (Sales Promotions) kann allgemein *gekennzeichnet werden* als Kombination mehrerer spezieller Instrumente des Marketing, die zeitlich befristet eingesetzt werden und welche die Wirkung der anderen Marketing-Instrumente unterstützen sollen. Verkaufsförderungsmaßnahmen können sich grundsätzlich auf die (Letzt-)Verbraucher, den Handel und/oder den Außendienst (vgl. Diller 1984) beziehen. Verkaufsförderungsmaßnahmen, die auf den (eigenen) *Außendienst* gerichtet sind, haben grundsätzlich eine kurzfristige Steigerung des Leistungswillens oder eine Erhöhung des Leistungsvermögens zum Ziel; hierdurch soll die Marktposition eines Unternehmens (gemessen z.B. am Marktanteil bzw. am Umsatz) verbessert werden. Eine Steigerung des Leistungswillens soll dadurch bewirkt werden, daß die Motivation der Außendienstmitarbeiter erhöht wird; hierfür können z.B. Wettbewerbe zwischen den Außendienstmitarbeitern veranstaltet werden, im Rahmen derer bestimmte Leistungen (z.B. Mindestzahl neuer Kunden) erbracht werden müssen. Eine Steigerung des Leistungsvermögens kann durch spezielle Trainings- und Informationsmaßnahmen bewirkt werden. Das Oberziel von Verkaufsförderungsmaßnahmen, die auf den *Handel* bezogen sind, besteht in einer Verbesserung der Marktposition des Herstellers; hierfür kann es erforderlich und nützlich sein, auch die Marktposition des Händlers (mit) zu verbessern. Eine Verbesserung der Marktposition kann zum einen durch eine Verbesserung des Distributionsgrades bewirkt werden; hierzu ist es erforderlich, neue Händler zu gewinnen und/oder Konkurrenzmarken zu verdrängen (durch Händlerwettbewerbe, Sonderkonditionen, Preisaktionen usw.). Zum anderen kann eine Verbesserung der Marktposition dadurch erreicht werden, daß der Handel in stärkerem Maße die Markenartikel des Herstellers fördert; dies kann durch Out-store-Maßnahmen (z.B. Aktionswerbung) oder durch In-store-Maßnahmen (z.B. verbesserte Regalplätze, attraktivere Produktpräsentation) bewirkt werden. *Verbrauchergerichtete Verkaufsförderungsmaßnahmen* können sowohl vom Hersteller als auch vom Handel oder von beiden gemeinsam durchgeführt werden. Dabei können Zielkonflikte auftreten, da der Hersteller an einer Verbesserung der Marktposition seiner Marke, der Handel hingegen an einer Verbesserung seiner eigenen Marktposition (gemessen am gesamten Sortiment) interessiert ist.

Neben unternehmensbezogenen Public Relations im Rahmen der Corporate-Identity-Policy können noch *produktbezogene Public Relations* durchgeführt werden. Die Zielgruppen der produktbezogenen Public Relations stammen insbesondere vom Absatzmarkt; typische Ziele sind in der Übermittlung produktbezogener Informationen, der Verbesserung des Produktimages u.ä. zu sehen. Die Handlungsmöglichkeiten sind – wie bei den unternehmensbezogenen Public Relations – in der Information von Journalisten, Pressediensten, Redaktionsbesuchen, Interviews usw. zu sehen.

Das *Sponsoring* kann allgemein als zielbezogene Zusammenarbeit zwischen einem Sponsor und einem Gesponserten gekennzeichnet werden. Während der Sponsor dem Gesponserten Geld, Sachzuwendungen oder Dienstleistungen überläßt, gewährt der Gesponserte dem Sponsor eine vertraglich vereinbarte Gegenleistung. Der Unterschied zwischen einem Sponsoring und dem Mäzenatentum besteht in der – im Falle des Sponsoring – vereinbarten Gegenleistung. Vier *Arten des Sponsoring* lassen sich unterscheiden: das Sportsponsoring, das Kunstsponsoring, das Socialsponsoring und das Ökosponsoring. Ein *Öko- bzw. Socialsponsoring* liegt z.b. vor, wenn eine Umweltschutzorganisation oder ein Lehrstuhl an einer Universität gefördert wird und als Gegenleistung – z.b. im Rahmen von Publikationen – auf das Sponsorship hingewiesen wird. Im Rahmen eines *Kunstsponsoring* kann ein Museum oder ein Konzert unterstützt werden, wobei der Veranstalter der kulturellen Maßnahme z.b. in seinen Programmheften den Sponsor namentlich nennt. Beispiele für das Sportsponsoring sind die Förderung eines Sportvereins oder eines Sportlers, wobei der Name des Sponsors z.b. auf dem Trikot aufgeführt wird.

Product Placement kann als gezielte Plazierung eines Markenartikels als reales Requisit in der Handlung eines Spielfilmes, einer Fernsehsendung ohne Spielfilmcharakter (z.b. Unterhaltungssendung, Krimi) oder eines Videoclips, der im Rahmen einer Musiksendung im Fernsehen ausgestrahlt wird, gekennzeichnet werden, wobei der Markenartikel für den Betrachter des Filmes bzw. der Fernsehsendung deutlich erkennbar ist (vgl. Berndt 1989, S. 205). Ein weiteres typisches Merkmal des Product Placement ist die Entgeltlichkeit; das Spektrum der Gegenleistung erstreckt sich von der kostenlosen Überlassung der Produkte über die freie Gewährung von Dienstleistungen bis zur Zahlung von Geld. Zu den wesentlichen Branchen, die von Product Placement Gebrauch machen, zählen insbesondere die Automobil- und Reifenindustrie sowie die Foto-, Textil- und Elektronik-Industrie, der Tourismus-Sektor und der Genuß- und Nahrungsmittelbereich (insbesondere Zigaretten, alkoholische Getränke und Erfrischungsgetränke). Drei Formen des *Product Placement* können unterschieden werden: Product Placement i.e.S. Corporate Placement und Generic Placement. Während beim Product Placement i.e.S. Markenartikel plaziert werden, erfolgt beim *Corporate Placement* eine Plazierung von Unternehmen, indem z.B. der Name bzw. das Zeichen eines Unternehmens eingeblendet wird. Im Sonderfall eines *Image Placements* ist das Thema eines Filmes auf ein einziges Unternehmen oder nur auf ein Produkt zugeschnitten. Unter *Generic Placement* wird die Plazierung einer Produktart (wie z.B. Tee) in einem Film verstanden; Grundlage des Generic Placement ist eine – wie auch immer geartete – kooperative Kommunikationspolitik.

Direct Communications sind ein wesentliches Charakteristikum des Direct Marketing. Als *Direct Marketing* wird die direkte Ansprache von Zielpersonen über die verschiedenen Medien mit der Absicht, die Angesprochenen zu einer sofortigen Reaktion zu veranlassen, bezeichnet. Dabei können die im Rahmen des Direct Marketing eingesetzten Medien mit jenen der Werbung übereinstimmen (z.B. im Falle eines Einsatzes von Insertionsmedien); der Unterschied zur traditionellen Medienwerbung besteht (nur) darin, daß bei einer Maßnahme des Direct Marketing ein Antwortmechanismus in irgendeiner Form enthalten sein muß (z.B. ein Coupon in einer Anzeige, eine Aufforderungskarte als Beilage in einer Zeitschrift oder ein Überweisungsformular bei einem Spendensammelbrief). Als *Direktwerbung* (auch Direct-Mail-Advertising, Mail-Marketing bzw. Mail-Order-Advertising genannt) werden alle Werbeansprachen durch selbständige Werbemittel, die gezielt an Zielpersonen gestreut werden mit der Absicht, die angesprochenen Personen zu einer sofortigen Reaktion zu veranlassen, bezeichnet (vgl. Kirchner 1985, S. 182 ff.). Als (selbständige) Werbemittel der Direktwerbung können Werbebriefe, Versandumschläge, Prospekte, Kataloge, Antwortkarten eingesetzt werden.

3.4.2 Kommunikationsplanung

Der *Prozeß der Werbeplanung* z.b. beinhaltet folgenden Ablauf: Nach einer Analyse der Ausgangssituation (Unternehmensziele, betriebsinterne Situation, Konkurrenzsituation) sind zunächst die Objekte der Werbung (wofür soll geworben werden?), die Ziele der Werbung und die Zielgruppen der Werbung festzulegen. Im Anschluß hieran ist das Werbebudget zu bestimmen. Hierbei ist zu beachten, daß begrenzte finanzielle Mittel zu einer Revision der Werbeziele und der Zielgruppen führen können. Im Anschluß hieran kann festgelegt werden, welche Medien (Werbeträger) belegt, welche Werbemittel eingeschaltet und welche Werbebotschaften (Slogans) in den Mittelpunkt der Werbemaßnahmen gestellt werden sollen. Nach Ablauf einer Werbekampagne ist u.a. zu kontrollieren, in welchem Ausmaß die verfolgen Ziele erreicht worden sind; in diesem Zusammenhang ist eine ex-post-Bewertung der Werbemaßnahmen vorzunehmen.

Als *Zielgrößen der Werbung* lassen sich ökonomische Zielgrößen (wie Gewinn, Erlös, Absatzmenge, Marktanteil), psychologische Zielgrößen (wie Aufmerksamkeit, Bekanntheit, Einstellung, Bevorzugung, Kaufabsicht) und streutechnische Zielgrößen (wie Zahl der erreichbaren Personen, Zahl der erzielbaren Ansprachen) unterscheiden. Die psychologischen und streutechnischen Zielgrößen basieren auf Modellen der individuellen Werbewirkung. Psychologische und streutechnische Ziele werden häufig in der Werbung (so im Bereich der Mediaplanung sowie der Werbemittelgestaltung) ersatzweise anstelle ökonomischer Ziele verfolgt. Der Grund hierfür ist in der besseren Meßbarkeit und Kontrollierbarkeit der durch Werbemaßnahmen erzielbaren Wirkungen bezüglich psychologischer bzw. streutechnischer Ziele zu sehen: Der Gewinn – als beispielhafte ökonomische Zielgröße – wird durch alle Marketing-Instrumente beeinflußt; eine psychologische Zielgröße wie z.B. die Bekanntheit eines Produktes wird wesentlich stärker als z.B. der Gewinn durch Werbemaßnahmen beeinflußt.

Zielgruppen können allgemein als Personengruppen bezeichnet werden, welche in bezug auf das Konsumverhalten homogen sind, welche also gleiche bzw. sehr ähnliche Einkaufs- und Verbrauchsgewohnheiten aufweisen. Eine Bildung von Zielgruppen (vgl. Berndt 1996, S. 309 ff.) ist zumindest aus zwei Gründen notwendig: Zum einen ist die Menge aller potentiellen Käufer und Verwender eines bestimmten Produktes in aller Regel heterogen, so daß durch die Bildung von Zielgruppen ein gezielter Einsatz der Marketing-Instrumente ermöglicht wird; zum anderen erlaubt die Bildung von Zielgruppen und die Konzentration der Werbung auf besonders relevante Marktsegmente (z.B. Intensivverwender) eine Begrenzung der Marketingkosten. Eine Marktsegmentierung kann durch Anwendung der Cluster-Analyse durchgeführt werden.

Das Ergebnis einer Marktsegmentierung kann nun darin bestehen, daß ein homogener Markt, ein diffuser Markt bzw. ein gruppierter Markt vorliegt. Entsprechend lassen sich drei grundsätzliche *Marktbearbeitungsstrategien* (vgl. Kotler 1984, S. 252 ff.) voneinander abgrenzen: das undifferenzierte Marketing, das konzentrierte Marketing, das differenzierte Marketing. Das undifferenzierte Marketing beinhaltet das Anbieten eines einzigen Produktes für einen großen, heterogenen Gesamtmarkt. Eine derartige Marktbearbeitung kommt im Falle eines diffusen Marktes in Frage, der keine ausreichend große, voneinander isolierte Marktsegmente erkennen läßt. Ein konzentriertes Marketing bedeutet das Auswählen eines bzw. weniger Marktsegmente, sog. Marktnischen, die gezielt bearbeitet werden. Ein differenziertes Marketing ist gegeben, wenn eine Produktdifferenzierung derart betrieben wird, daß für verschiedene Marktsegmente jeweils ein spezifisches Produkt angeboten wird und für jedes Produkt ein spezifisches Marketing-Konzept erarbeitet wird. Welche Marktbearbeitungsstrategie vorteilhaft ist, muß in jedem Einzelfall festgelegt werden. Die Entscheidung z.B. zwischen einem konzentrierten Marketing und einem differenzierten Marketing wird beeinflußt durch die einzelnen Marktvolumina, durch die Marktbearbeitungskosten und die Gewinnerwartungen; die Entscheidung kann im einfachsten Fall auf der Grundlage von Gewinnvergleichsrechnungen getroffen werden.

Zur Entscheidung über das *Werbebudget,* also über die Höhe der finanziellen Mittel, die für Werbezwecke eingesetzt werden sollen, ist eine Vielzahl an Entscheidungsverfahren vorgeschlagen worden, die z.T. aus der Werbepraxis stammen, z.T. als theoretische Lösungskonzepte entwickelt worden sind.

Zu den *Budgetierungsverfahren aus der Praxis* (vgl. Rogge 1993, S. 129 ff.) zählen die Verfahren

– Budget als Prozentsatz des Umsatzes (Gewinnes),
– Budget gemäß Werbeausgaben der Konkurrenz,
– Budget gemäß verfügbarer finanzieller Mittel,
– Budget gemäß Ziel und zu lösender werblicher Aufgabe.

Bei dem Budgetierungsverfahren „Werbebudget als Prozentsatz des Umsatzes (des Gewinnes)" existieren verschiedene Varianten: So kann vom Umsatz der letzten Periode bzw. vom prognostizierten Umsatz der Planungsperiode ausgegangen werden; das Budget ergibt sich dann, indem der relevante Umsatzwert (Gewinnwert) mit einem zuvor zu bestimmenden Prozentsatz multipliziert wird. Obwohl entsprechende Budgetierungsverfahren häufig in der Praxis angewandt werden, weisen sie gravierende Mängel auf: Sie sind sachlogisch falsch, denn der Umsatz (Gewinn) wird als Bestimmungsfaktor der Werbung angesehen, nicht als deren Ergebnis. Das Problem der Bestimmung des anzuwendenden Prozentsatzes ist kaum lösbar: Der „richtige" Prozentsatz läßt sich nur durch Lösung eines entsprechenden Optimierungsmodelles feststellen; auf die Anwendung eines Optimierungsmodelles wird aber bei einer Budgetierung nach diesem Verfahren verzichtet. Des weiteren weist das betrachtete Budgetierungsverfahren eine prozyklische Wirkung auf: Unter sonst gleichen Bedingungen führen hohe Umsätze (Gewinnwerte) zu hohen Werbebudgets, niedrige Umsätze (Gewinnwerte) hingegen zu niedrigen Budgets.

Eine Budgetierung gemäß den Werbeausgaben der Konkurrenz beinhaltet, daß das eigene Werbebudget so festgelegt wird, wie es die (Haupt-)Konkurrenten tun. Eine derartige Budgetierungspraxis weist zumindest zwei Probleme auf: Zum einen ist das zukünftige Verhalten der Konkurrenz (in der Planungsperiode) nicht bekannt; es kann nur das Werbebudget der Konkurrenz in der Vorperiode festgestellt werden. Zum anderen werden bei diesem Budgetierungsverfahren Unterschiede zwischen den Unternehmen einer Branche (wie z.B. unterschiedliche

Ziele, Kostenlagen, Ressourcen), die sich auf die angemessene Budgethöhe intensiv auswirken (können), nicht erfaßt.

Bei der Werbebudgetierung gemäß verfügbarer Mittel wird folgende Vorgehensweise herangezogen: Zu Beginn der Planungsperiode ist festzustellen, welche finanziellen Mittel für die Werbung zu Verfügung stehen. Dies bedeutet, daß vorab geplant werden muß, welche finanziellen Mittel in der Planungsperiode (aufgrund des Absatzes) in ein Unternehmen fließen; außerdem ist zu schätzen, welche finanziellen Mittel in der Beschaffung, Produktion und in anderen Marketingbereichen eingesetzt werden müssen. Das Werbebudget ergibt sich dann als Differenz zwischen den eingehenden finanziellen Mitteln und den für andere betriebliche Maßnahmen einzusetzenden finanziellen Mitteln. Auch bei diesem Budgetierungsverfahren ist ein sachlogischer Fehler gegeben: Es ist nicht einzusehen, daß die resultierenden finanziellen Mittel ein geeigneter Bestimmungsfaktor für die Werbeausgaben sind, wenn eine Werbung zum Zwecke einer Beeinflussung der Erlöse und der damit in eine Unternehmung einfließenden finanziellen Mittel erfolgt. Außerdem ist in der Regel eine prozyklische Wirkung gegeben.

Der Ablauf des Budgetierungsverfahrens „Budget gemäß Ziel und zu lösender werblicher Aufgabe" (Objective and Task) läßt sich wie folgt kennzeichnen:
- Zunächst sind die Werbeziele für die Planungsperiode festzulegen.
- In einem zweiten Schritt sind dann jene Werbemaßnahmen herauszufinden, die erforderlich sind, um die verfolgten Werbeziele zu erreichen.
- Als nächstes sind die Kosten festzustellen, welche durch die erforderlichen Werbemaßnahmen verursacht werden.
- Die Summe dieser Werbekosten stellt das angestrebte (für die verfolgten Ziele erforderliche) Budget dar.
- Sollten die erforderlichen finanziellen Mittel die verfügbaren Mittel übersteigen, so sind die Werbeziele nicht erreichbar; sie müssen vielmehr modifiziert werden.
- Im folgenden ist das Budgetierungsverfahren erneut zu durchlaufen.
- Das Werbebudget für die Planungsperiode ist dann herausgefunden, wenn sich ein finanzierbares Werbebudget ergibt.

Bei einer Beurteilung dieses Budgetierungsverfahrens ist auf zwei Punkte hinzuweisen: Im Vergleich mit den anderen Praktikermethoden zur Werbebudgetierung weist dieses Verfahren keine fehlerhaften Eigenschaften auf; es ist insbesondere sachlogisch richtig. Es muß jedoch darauf hingewiesen werden, daß der zweite Schritt (Herausfinden jener Werbemaßnahmen, die erforderlich sind, um die verfolgten Werbeziele zu erreichen) erhebliche Prognoseprobleme mit sich bringt: Für alternative, in Erwägung gezogene Werbemaßnahmen muß jeweils prognostiziert werden, in welchem Ausmaß die verfolgten Werbeziele erreicht werden.

Optimierungsmodelle zur Werbebudgetierung sind für die unterschiedlichsten Bedingungskonstellationen entwickelt worden. So existieren verschiedene statische und mehrere dynamische Ansätze, die z.T. auf sicheren Erwartungen, z.T. auf unsicheren Erwartungen bezüglich der entscheidungsrelevanten Daten beruhen (ausführliche Überblicke finden sich bei Lilien/Kotler 1983, S. 492 ff. und bei Schmalen 1992, S. 73 ff.). Beispielhaft als nächstes wird der Fall eines grundsätzlich stetig variierbaren Werbebudgets betrachtet. Weiterhin werden eine statische

sche Analyse vorgenommen und sichere Informationen über die entscheidungsrelevanten Daten unterstellt. Unter der Zielsetzung der Gewinnmaximierung soll für ein einzelnes Produkt das optimale Werbebudget bestimmt werden. In diesem Fall muß eine Werbeerfolgsfunktion bekannt sein, welche die Absatzmenge in Abhängigkeit von der Höhe des Werbebudgets angibt. Diese Werbeerfolgsfunktion ist Ergebnis einer entsprechenden Wirkungsprognose, die z.B.
- auf der Grundlage von empirischen Daten aus der Vergangenheit, die regressionsanalytisch ausgewertet worden sind, oder
- auf der Grundlage von einwertigen Expertenschätzungen

erstellt werden kann. Um das gewinnmaximale Werbebudget bestimmen zu können, müssen sowohl die Kostenfunktion als auch die Werbeerfolgsfunktion in Abhängigkeit von der unabhängigen Variablen, dem Werbebudget, bekannt sein. Bezeichnet man allgemein die Werbeerfolgsfunktion mit x = x(W) und die Funktion der Produktionskosten in Abhängigkeit vom Werbebudget mit $K^{prod} = K(x(W))$, so erhält man die Gewinnfunktion in Abhängigkeit vom zu bestimmmenden Werbebudget als

$$G(W) = p \cdot x(W) - K(x(W)) - W \to Max!$$

Bildet man die erste Ableitung der Gewinnfunktion nach der unabhängigen Variablen W und setzt sie gleich Null, so ergibt sich die notwendige Bedingung für ein optimales Werbebudget.

Die umfassende Entscheidungssitutation der *Mediaselektion* läßt sich wie folgt charakterisieren: Zu entscheiden ist, welche Medien zu welchen Zeitpunkten belegt werden sollen, um die Werbeziele zu erreichen. Offensichtlich ist, daß die umfassende Entscheidungssituation der Mediaselektion dynamische Planungsansätze erforderlich macht. Aufgrund der Komplexität derartiger Planungsansätze wird jedoch in der Regel folgende vereinfachte Entscheidungssituation der Mediaselektion betrachtet: Auf der Grundlage von statischen Planungsansätzen ist die Entscheidung darüber zu treffen, welche Medien wie häufig zu belegen sind, um die Werbeziele zu erreichen. Für die Mediaselektion empfiehlt sich zudem ein zweistufiger Auswahlprozeß: Da die Zahl der verfügbaren Werbeträger zu groß ist, um zunächst jeden Werbeträger gesondert zu beurteilen, wird auf einer ersten Stufe eine Vorauswahl der zu berücksichtigenden Werbeträgergruppen vorgenommen (Inter-mediaanalyse, z.B. auf der Grundlage eines Scoring-Modells; vgl. Berndt 1995a, S. 363 ff.).

Für die Intramediaanalyse sind in der Praxis heuristische Verfahren entwickelt worden, d.h. Verfahren, die vergleichsweise gute, aber nicht optimale Lösungen für komplexe Mediaselektionsprobleme liefern. Bei den *heuristischen Verfahren* (vgl. i.e. Berndt 1995a, S. 381 ff.) der Mediaselektion lassen sich drei Modellarten unterscheiden: Rangreihungsprogramme, Evaluierungsprogramme, Konstruktionsprogramme. Mit Hilfe von Rangreihungsprogrammen können einzelne, vorgegebene Medien bewertet und in eine Rangfolge gebracht werden, wobei die für verschiedene mögliche Werbeziele relevanten Kontaktbewertungsfunktionen und Reichweiten sowie die anfallenden Belegungskosten berücksichtigt werden. Im Rahmen von Evaluierungsprogrammen werden nicht einzelne Werbeträger, sondern Werbeträgerkombinationen, d.h. alternative Streupläne, bewertet, wobei verschiedene Werbeträger nicht dieselben Belegungsfrequenzen aufweisen müssen. Dabei werden dieselben Inputgrößen wie bei den Rangreihungsprogrammen berücksichtigt. Gegenstand der Konstruktionsprogramme ist der Aufbau eines Streuplanes, wobei die durch jeweils eine zusätzliche Belegung erzielbaren Erfolgs- und Kostenzuwächse in vereinfachter Weise erfaßt werden. Im Rahmen von Konstruktionsprogrammen wird von einem Basisplan ausgegangen, der dann schrittweise verbessert wird, wobei bei der Konstruktion von Mediabelegungsplänen externe Überschneidungen der Werbeträger nicht berücksichtigt werden; bei der Evaluierung konstruierter Pläne werden die externen Überschneidungen und deren Auswirkungen auf die erzielbare Werbewirkung beachtet.

Für vereinfachte Entscheidungssituationen, in denen insb. das Ziel der Ansprachenmaximierung verfolgt wird und Belegungsrabatte nicht zu berücksichtigen sind, können *Tausenderkontaktpreise* herangezogen werden; der Tausenderkontaktpreis für den Werbeträger i ist definiert als

$$TKP_i = \frac{\text{Kosten pro Belegung des Werbeträgers i}}{\text{Reichweite des Werbeträgers i}} \cdot 1.000.$$

Der Tausenderkontaktpreis ist eine Wirtschaftlichkeitskennziffer; er gibt an, welcher Kosteneinsatz erforderlich ist, um 1.000 Personen zu erreichen. Offensichtlich ist, daß anhand des Tausenderkontaktpreises eines Werbeträgers allein das Mediaselektionsproblem nicht gelöst werden kann, da u.a. eine Angabe des Werbebudgets sowie der maximalen Belegungszahlen der einzelnen Werbeträger fehlen. Auf der Grundlage des Tausenderkontaktpreises kann aber eine sogenannte Tausenderkontaktpreis-Planungsrechnung (Berndt 1981) durchgeführt werden.

Werbemittel können allgemein als verbal oder visuell gestaltete Werbebotschaften, die für eine Verbreitung durch Werbeträger vorgesehen sind, charakterisiert werden. Die wesentlichen Werbemittel sind: Anzeigen für Insertionsmedien, Fernsehspots für Fernsehsender, Funkspots für Hörfunksender, Plakate für die Medien der Außenwerbung, Werbebriefe für die postalische Direktwerbung. Die Werbebotschaft ist die eigentliche Werbeaussage, die den Umworbenen gegenüber kommuniziert werden soll. Mögliche *formale Gestaltungselemente* von Werbemitteln sind Text, Slogan, Headline von Anzeigen, Bild, Photo, Illustration, Farbe(n), Musik, Größe, Länge. Im Rahmen eines Anzeigen-Copytests des Stern (Verlagshaus Gruner + Jahr 1994; zu anderen empirischen Erhebungen vgl. Berndt 1978, S. 98 ff.; Kroeber-Riel 1990, S. 142 ff.), dem knapp 6.000 in der Zeitschrift Stern erschienenen Anzeigen zugrunde liegen, ist die Wirksamkeit der verschieden formalen Gestaltungselemente von Anzeigen ermittelt worden. Sowohl bei einseitigen als auch bei zweiseitigen Anzeigen werden durch den Einsatz von Farben deutlich höhere Beachtungswerte erreicht. Damit kann die Anzeigenbeachtung durch eine geeignete Format- und Farben-Wahl und eine angemessene Gestaltung des Bild-Text-Verhältnisses verbessert werden.

Neben den formalen Gestaltungselementen sind die *inhaltlichen Gestaltungsansätze* festzulegen. Für Fernsehspots können z.B. folgende Gestaltungsansätze herangezogen werden:

– Darstellung eines Produktes in normaler Nutzungssituation
 (inklusive seiner Nutzungsvorteile);

- Testimonial
(positive Aussage über ein Produkt durch einen Verwender des Produktes, u.U. durch einen Film- oder Fernsehdarsteller);
- Slice-of-Life-Technik
Geschichte aus dem täglichen Leben; eine erste Person hat ein Problem, eine zweite Person bietet eine Problemlösung durch ein Produkt an; der besondere Produktnutzen wird dargestellt).

Für Anzeigen können z.B. folgende grundsätzliche Gestaltungsansätze herangezogen werden:
- Darstellung eines objektiven Produktnutzens
(z.B. im Vergleich zur Problemlösung durch die bisherigen Produkte);
- Begründung eines besonderen Produktnutzens
(z.B. durch Garantieerklärung, Ergebnisse der Stifung Warentest).

Für die konkrete Werbemittelgestaltung sind häufig *Rahmenbedingungen* (Ruge 1988, S. 2 f.; Kroeber-Riel 1990, S. 11 ff.) wie *gesättigte Märkte, Wertewandel bei den Zielgruppen, Informationsüberlastung der Konsumenten, Low Involvement der Zielgruppen* (kein besonderes Interesse an Produkt-Informationen, die durch die Werbung vermittelt werden sollen) gegeben. Für derartige Situationen sind *Grundsätze für die Werbemittelgestaltung* vorgeschlagen worden wie Vorrang der erlebnisorientierten Kommunikation, Dominanz der Bildkommunikation, Aufbau von Schlüsselbildern, Setzen visueller Präsenzsignale; Konstanz des Gestaltungsansatzes im Zeitablauf, Anstreben einer integrierten Kommunikation.

3.5 Distributionspolitik

Im Rahmen der Distributionspolitik sind alle betrieblichen Aktivitäten festzulegen, die darauf gerichtet sind, eine Leistung vom Ort ihrer Entstehung – unter Überbrückung von Raum und Zeit – an jene Stellen zu bringen, wo sie in den Verfügungsbereich der Nachfrager übergeht. Die betriebliche Distributionspolitik umfaßt die Teilbereiche Vertriebspolitik und Verkaufspolitik.

3.5.1 Vertriebspolitik

Gegenstand der *Vertriebspolitik* ist die Wahl der Absatzwege, die Wahl der Absatzmittler und die Marketing-Logistik. Unter einem Absatzweg versteht man die Gesamtheit aller Stufen, die ein Produkt durchläuft, um vom Hersteller an den Verbraucher zu gelangen, wobei die Zugehörigkeit einer Stufe – z.B. Handel – zum Absatzweg daran geknüpft ist, daß die Entscheidungsträger auf dieser Stufe auch das Eigentum dieses Produkts erwerben. Bei der *Wahl des Absatzweges* unterscheidet man grundsätzlich die beiden Handlungsalternativen direkter Absatz und indirekter Absatz. Beim *direkten Absatz* wird auf die Einschaltung des Handels verzichtet; der Hersteller liefert auf einem sogenannten einstufigen Markt direkt an den Endverbraucher. Möglichkeiten hierzu sind eigene Verkaufsniederlassungen (WMF, Salamander), Vertreter (AVON, Vorwerk) oder Werksverkauf. Der Hersteller übernimmt die Funktion des Handels (Lagerung, Sortimentsbildung, Finanzierung, u.ä.). Einstufige Märkte zeichnen sich dadurch aus, daß seitens eines Produzenten alle Marketing-Maßnahmen gegenüber dem Endverbraucher (Konsumenten) endgültig festgelegt werden können. Beim *indirekten Absatz*

werden dagegen zwischen Hersteller und Endverbraucher weitere Stufen eingeschaltet (Großhandel, Einzelhandel, Handelskooperationen, z.B. Einkaufsgenossenschaften). In diesem Fall liegen mehrstufige Märkte vor; sie zeichnen sich typischerweise aus durch
- eine Vielzahl an Konsumenten (privaten Haushalten),
- eine begrenzte Anzahl an Handelsunternehmen (-ketten), welche Produkte in verschiedenen Kategorien (Warengruppen) anbieten und unter denen ein Konkurrenzkampf besteht,
- eine begrenzte Anzahl an Produzenten, welche Markenartikel aus verschiedenen (Produkt-) Kategorien anbieten und zwischen denen ebenfalls ein Wettbewerb besteht.

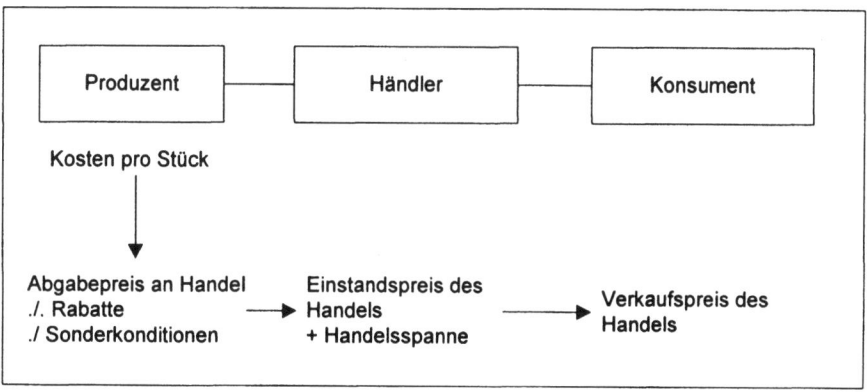

Abb. 8: Preisbildung auf mehrstufigen Märkten

Im Vergleich zum Direktvertrieb auf einstufigen Märkten sind beim *indirekten Vertrieb* auf mehrstufigen Märkten einige Besonderheiten gegeben. I.d.R. besteht für einen Produzenten nur die Möglichkeit einer unverbindlichen Preisempfehlung, welcher seitens des Handels nicht gefolgt werden muß. Die *Preisbildung auf mehrstufigen* Märkten läßt die Abbildung 8 erkennen; wesentliche Einflußfaktoren der Abfolge „Kosten pro Stück" - „Abgabepreis an Handel" - „Einstandspreis des Handels" - „Verkaufspreis des Handels" sind aufgeführt. Offensichtlich ist ein *Zielkonflikt* zwischen Produzent und Handel: Ein Produzent ist tendenziell an einem hohen Abgabepreis an den Handel, der Handel dagegen an einen niedrigen Einstandspreis interessiert. Damit sind *partnerschaftliche Verhandlungen* zwischen Produzenten und Handel unumgänglich. Darüber hinaus kann ein Produzent Wettbewerbsvorteile erringen durch Reduktion der Produktionskosten, Optimierung von Sonderaktionen zum Vorteil von Handel und Produzenten, Preisbündelung bei Produktpaketen zur Stützung schwächerer Marken durch stärkere Marken und Kundenbindungsmaßnahmen (z.B. Miles & More). Das Handlungsfeld der Marketing-Kommunikation eines Produzenten ist viel breiter (vgl. Abbildung 9). Grundsätzlich hat ein Produzent drei Möglichkeiten
- die Marketing-Kommunikation gegenüber Konsumenten (in Abbildung 9 Marketing-Kommunikation 1).

- die Marketing-Kommunikation gegenüber dem Handel (Marketing-Kommunikation 2) und
- die Beteiligung an Kommunikationsmaßnahmen des Handels (Marketing-Kommunikation 3).

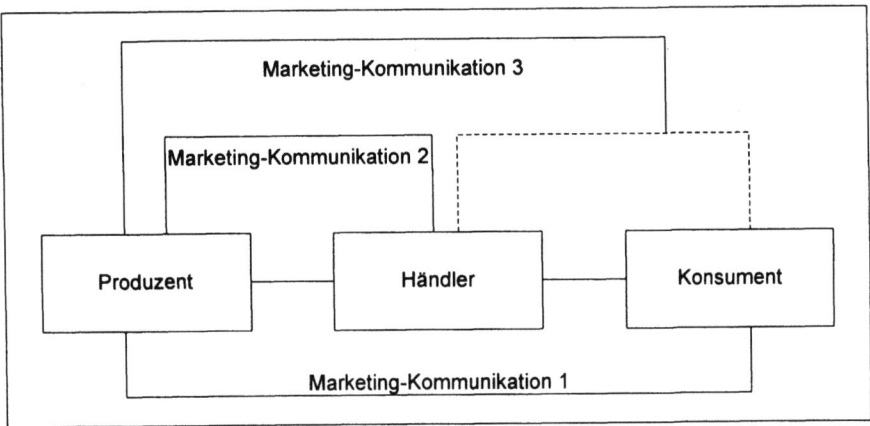

Abb. 9: Grundsätzliche Möglichkeiten der Marketing-Kommunikation eines Produzenten auf mehrstufigen Märkten

Auf mehrstufigen Märkten können sowohl eine *Push-Strategie* (konzentrierte Marketing-Maßnahmen gegenüber dem Handel, der den Artikel ordern und seinen Konsumenten anbieten soll) oder eine *Pull-Strategie* (konzentrierte Marketing-Maßnahmen gegenüber den Konsumenten, die einen Artikel nachfragen und den Handel dazu bewegen sollen, den Artikel zu ordern) verfolgt werden, wobei Mischstrategien denkbar sind (zu den Push- und Pull-Strategien vgl. Kotler 1991, S. 587 f.).

Bei der *Absatzwegewahl* sind *Zielgrößen* wie Marktausschöpfung und Sicherung der Marktpräsenz, Kontrollierbarkeit und Steuerbarkeit des Absatzweges, Flexibilität und Anpassungsfähigkeit des Absatzweges an nachfragemäßige Veränderungen, Image des Absatzweges, Vertriebskosten, Schaffung von Kundentreue sowie Einfluß auf den Endverkaufspreis typisch (vgl. Tietz 1985). Beim direkten Absatz ist die Kontrollierbarkeit des Absatzweges größer, der Endverkaufspreis kann unmittelbar festgelegt werden; allerdings ist die Anpassungsfähigkeit an Marktveränderungen beim indirekten Absatz größer, die Vertriebskosten und der erforderliche Marketingaufwand sind geringer. Die Entscheidung zwischen beiden Vertriebsformen ist jedoch stark situationsabhängig: Tendenzielle Vorteile weist der direkte Absatz dann auf, wenn die Produkte technisch kompliziert sind und damit eine hohe Erklärungsbedürftigkeit aufweisen, wenn eine vergleichsweise geringe Anzahl an Abnehmern vorliegt oder im Falle einer starken regionalen Konzentration der Abnehmer. Bei regional verteilter Nachfrage, bei unproblematischen Gütern des täglichen Bedarfs und bei zu hohen Kosten für den Aufbau einer eigenen Vertriebsorganisation ist der indirekte Absatz vorzuziehen. Wenn mehrere Zielgrößen gleichzeitig berücksichtigt werden sollen, so kann die Absatzwegewahl mit Hilfe eines Scoring-Modells geplant werden. Bei einer isolierten ökonomischen Bewertung können dynamische Planungsansätze wie eine Kapitalwertrechnung oder eine Risikoanalyse herangezogen werden. Als *Absatzmittler*, d.h. als Verkaufsorgane, können grundsätzlich Reisende oder Handelsvertreter eingesetzt werden. Beide Arten von Absatzmittlern können zunächst auf der Grundlage der relevanten rechtlichen Regelungen des Handelsgesetzbuches (HGB) gekennzeichnet werden. So gilt als *Handelsvertreter* (§§ 84 – 92 HGB), wer als selbständiger Gewerbetreibender ständig damit betraut ist, Geschäfte für einen anderen Unternehmer zu vermitteln oder in dessen Namen und auf dessen Rechnung abzuschließen (vgl. § 84 HGB). Als Vergütung erhält ein Handelsvertreter in der Regel eine umsatzabhängige Provision; Vertretern, die nur für ein Unternehmen tätig sind, kann darüber hinaus ein Fixum gewährt werden. Nach Beendigung des Vertragsverhältnisses besitzt der Handelsvertreter einen Anspruch auf Ausgleichszahlung, es sei denn, der Handelsvertreter hat seine Kündigung selbst verschuldet. Der Ausgleich beträgt höchstens eine Jahresprovision; sie wird aus dem Durchschnitt der Provisionen der letzten fünf Jahre berechnet. Ein Handelsvertreter ist in der Regel in einem abgegrenzten Gebiet tätig. In welchem Maße er weisungsgebunden ist, hängt von der Vertragsgestaltung ab. Im Gegensatz zum Handelsvertreter ist der *Reisende* (§§ 59 – 75 HGB) Angestellter eines Unternehmens und damit „betriebseigenes" Absatzorgan. Damit ist er weisungsgebunden; i.e. besitzt er ein Inkassorecht und kann Zahlungsziele festlegen; Mängelrügen ihm gegenüber sind rechtswirksam. Die Entlohnung des Reisenden besteht aus Fixum plus (umsatzabhängiger) Provision.

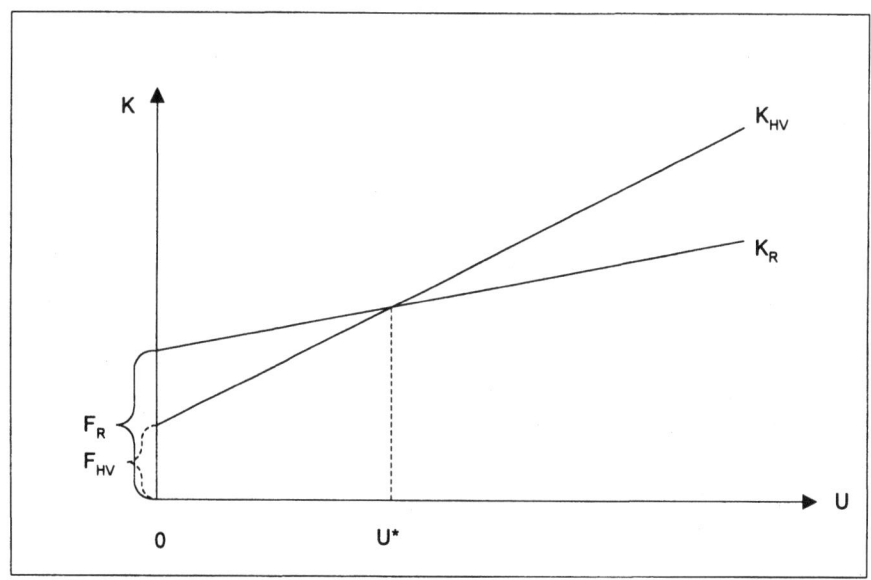

Quelle: Gutenberg 1984, S. 32
Abb. 10: Umsatzabhängige Kostenverläufe beim Einsatz eines Handelsvertreters bzw. eines Reisenden

Ob Reisende oder Handelsvertreter von einem Unternehmen eingesetzt werden sollen, kann auf der Grundlage von Kostenvergleichsrechnungen, Gewinnvergleichsrechnungen, Kapitalwert-Ansätzen oder Scoring-Modellen bestimmt werden, wobei sichere bzw. unsichere Erwartungen bezüglich der Inputdaten gegeben sein können (vgl. i.e. Berndt 1995a). Eine einfache Kostenrechnung zur Absatzmittlerwahl wurde von Gutenberg (1984) vorgeschlagen. Das Modell basiert auf der Überlegung, daß einem Unternehmen unterschiedliche Kosten anfallen, je nachdem, ob ein Handelsvertreter oder ein Reisender eingesetzt wird; unterstellt wird, daß beide Absatzmittler prinzipiell die gleichen Umsätze realisieren. Für den Reisenden fallen dem Unternehmen fixe Kosten in Form eines Gehalts an; daneben entstehen variable Kosten in Form von Provisionen. Die für einen Handelsvertreter anfallenden Kosten sind vor allem Provisionsbeträge; grundsätzlich ist der Provisionssatz für Handelsvertreter höher als für Reisende. Gegebenenfalls fallen auch fixe Kosten an, wenn dem Vertreter ein Fixum gewährt wird. Dieses Fixum ist jedoch in der Regel niedriger als beim Reisenden. Die umsatzabhängigen Kostenverläufe für einen Handelsvertreter bzw. einen Reisenden sind in der Abbildung 10 veranschaulicht. Daraus läßt sich der kritische Umsatzwert U* ermitteln, d.h. derjenige Umsatz, bei dem Handelsvertreter und Reisende die gleichen Kosten verursachen (zu Erweiterungsmöglichkeiten vgl. Berndt 1995a, S. 470 ff.).

Gegenstand der *Marketing-Logistik* sind Entscheidungen über die Absatzlagergestaltung und die Wahl von Transportmitteln und -wegen. Im Rahmen der *Absatzlagergestaltung* sind insbesondere die Festlegung der Standorte der Läger, ihrer Größe sowie Entscheidungen hinsichtlich der Lagerhaltung und -bewirtschaftung von Bedeutung. Die Bestimmung der Anzahl, Größe und Standorte der *Läger* hat unter Berücksichtigung von Lieferzeit und Kosten zu erfolgen. Während die Lieferzeit mit der Anzahl der Läger sinkt, steigen die Lagerhaltungskosten insgesamt und es entstehen Kosten für den Betrieb der Läger (Systemkosten); aufgrund dieses Zielkonflikts wird in der Regel versucht, die Lieferzeit bei gegebenem Kostenniveau zu minimieren. Zu beachten ist, daß eine kurze Lieferzeit bzw. eine hohe Liefer- und Servicebereitschaft eines Anbieters ein erhebliches akquisitorisches Potential darstellen kann. So stellt eine kurze Lieferzeit von Waren (z.B. Rohstoffe) für einen Abnehmer eine Möglichkeit zur Reduktion des durchschnittlichen Lagerbestandes, eine höhere Lagerumschlagshäufigkeit und damit ein niedrigeres gebundenes Kapital dar. Im Bereich der *Lagerbewirtschaftung* wurden zahlreiche Entscheidungsmodelle entwickelt, die sich insbesondere hinsichtlich ihres Komplexitätsgrades unterscheiden (einen Überblick über die verschiedenen Lagerhaltungsmodelle gibt Tempelmeier 1983, S. 114 ff.).

Bei der Entscheidung über die einzusetzenden *Transportmittel* (Bahn, LKW, Schiff, Flugzeug) können zunächst im Rahmen eines Verfahrensvergleichs die Kosten der einzelnen Transportmittel in Abhängigkeit von der zu versendenden Menge ermittelt werden. Zu berücksichtigen sind jedoch produktspezifische Anforderungen (z.B. Kühlbedürftigkeit), die in bestimmter Weise ausgerüstete Transportmittel erfordern, als auch die Geschwindigkeit, mit der die Waren befördert werden können. Daher sind die Transportkosten nicht isoliert zu betrachten; nur bei ganzheitlicher Berücksichtigung von Transport-, Lagerhaltungs-, Verwaltungs-, Verpackungs- und Versicherungskosten kann eine Entscheidung über die einzusetzenden Transportmittel gefällt werden. Im Rahmen der Transportmittelwahl ist des weiteren darüber zu entscheiden, ob und ggf. in welchem Umfang ein *eigener Fuhrpark* unterhalten werden soll. Der Fuhrpark ist so zu dimensionieren, daß eine gleichmäßige Auslastung der Fahrzeuge im Zeitablauf gewährleistet ist; in Engpaßsituationen ist auf spezialisierte Aufgabenträger (z.B. Speditionen) zurückzugreifen oder die Lieferfrist entsprechend auszudehnen, sofern dies unter akquisitorischen Gesichtspunkten vertretbar erscheint.

Bei der Festlegung der *Transportwege* ist zu bestimmen, auf welchen Wegen welche Mengen eines Produktes zu den einzelnen Nachfragepunkten gelangen sollen. Das Ziel hierbei ist die Wegstrecken- bzw. Transportkostenminimierung. Besteht die Möglichkeit, sämtliche Aufträge im Rahmen einer einzigen Tour zu erledigen, so ist lediglich die optimale Rundreise (Travelling-Salesman-Problem) zu ermitteln; überschreitet das Transportvolumen jedoch die Kapazität, die im Rahmen einer Tour zu bewältigen ist, so ist festzulegen welche Abnehmer zu einer Tour zusammenzufassen sind und in welcher Reihenfolge die Abnehmer einer Tour zu beliefern sind. In diesem Zusammenhang sind Tourenplanungsprobleme unter deterministischen Bedingungen, bei denen die Anzahl der Aufträge, die jeweilige Abnahmemenge und die Bestimmungsorte vorab bekannt sind, von Tourenplanungsproblemen unter stochastischen Bedingungen zu unterscheiden (vgl. Tempelmeier 1983, S. 253 ff.). Bei letzteren sind insbesondere die nachgefragten Mengen an den einzelnen Absatzpunkten als Zufallsvariable anzusehen. Als Lösungsverfahren für Tourenplanungsprobleme werden überwiegend Verfahren der linearen Programmierung herangezogen (vgl. Tempelmeier 1983, S. 251 ff.).

3.5.2 Verkaufspolitik

Gegenstand der Verkaufspolitik sind alle betrieblichen Aktivitäten im Zusammenhang mit dem persönlichen Verkauf durch Mitarbeiter eines Unternehmens an die Nachfrager. Der *Prozeß der Verkaufsplanung* läßt sich in verschiedene Teilphasen untergliedern. Nach einer Analyse der Ausgangssituation (Unternehmensziele, betriebsinterne Situation, Konkurrenzsituation) sind zunächst die Ziele und die Zielgruppen der Verkaufspolitik festzulegen. Im Anschluß hieran ist dann das Verkaufsbudget, d.h. die Höhe der finanziellen Mittel, die für Verkaufszwecke eingesetzt werden sollen, zu bestimmen. Begrenzte verfügbare finanzielle Mittel können eine Revision der verfolgten Ziele und der beabsichtigten Zielgruppen bewirken. Im Anschluß hieran können der Umfang des Außendienstes und die Verkaufsbezirke festgelegt werden. Im folgenden ist eine Akquisition, Selektion und Schulung der Außendienstmitarbeiter vorzunehmen; außerdem sind die Steuerungs-Instrumente zu planen. Sind die entsprechenden Entscheidungen (z.T. konstitutiver Art) getroffen, so können Außendienstbesuche geplant werden.

Bei den *Zielen der Verkaufspolitik* können grundsätzlich unternehmensbezogene Ziele und verkäuferbezogene Ziele unterschieden werden. Die verkäuferbezogenen Ziele haben eine besondere Bedeutung im Rahmen der Steuerung des Außendienstes. Zu den unternehmensbezogenen verkaufspolitischen Zielen lassen sich Gewinn-, Erlös-, Marktanteils- und Absatzmengen-Ziele wie z.B. die Gewinnmaximierung bzw. -steigerung um einen gewissen Prozentsatz in der Planungsperiode zuordnen. Daneben sind Ziele wie Erlangung der relevanten Marktinformatiotionen oder Erkennen, Information und Überzeugung des potentiellen Kundenkreises zu nennen.

Zur Entscheidung über die Höhe der *Verkaufsbudgets,* also der finanziellen Mittel, die im Rahmen der Verkaufspolitik eingesetzt werden sollen, sind Praktikerverfahren sowie theoretische Ansätze entwickelt worden; sie ähneln jenen, die zur Werbebudgetierung vorgeschlagen worden sind.

Um den *Umfang des Außendienstes* zu planen, können Praktikerverfahren wie das Potentialverfahren (Breakdown Method) bzw. das Arbeitslastverfahren (Workload Method) herangezogen werden. Das *Potentialverfahren* (Churchill/Ford/Walker 1985, S. 180 f.) läßt sich folgendermaßen charakterisieren:
- In einem ersten Schritt ist das Umsatzpotential des Unternehmens in der Planungsperiode zu prognostizieren.
- Zweitens ist zu ermitteln, welchen Umsatz ein Außendienstmitarbeiter im Durchschnitt erzielen kann.
- Die erforderliche Zahl der Außendienstmitarbeiter resultiert dann, indem das prognostizierte Umsatzpotential durch den durchschnittlichen Umsatz pro Aussendienstmitarbeiter dividiert wird.

Offensichtlich ist, daß bei diesem Verfahren von der Prämisse ausgegangen wird, daß jeder Außendienstmitarbeiter dieselbe Leistung erbringt, d.h. denselben Umsatz erzielt. Hiervon unabhängig ist das Verfahren aber sachlogisch falsch: Der Umsatz wird als Bestimmungsfaktor für die Zahl der Außendienstmitarbeiter und nicht als deren Resultat angesehen.

Das *Arbeitslastverfahren* (Churchill/Ford/Walker 1985, S. 181 ff.) umfaßt folgende Schritte:
- Zunächst ist die für die Bearbeitung des Gesamtmarktes in der Planungsperiode erforderliche gesamte Arbeitszeit festzustellen.
- Zweitens ist die verfügbare Arbeitszeit pro Außendienstmitarbeiter in der Planungsperiode zu bestimmen.
- Die erforderliche Zahl der Außendienstmitarbeiter läßt sich dann ermitteln, indem die erforderliche gesamte Arbeitszeit durch die verfügbare Arbeitszeit pro Person dividiert wird.

Diesem Verfahren liegt die Prämisse zugrunde, daß auf alle Außendienstmitarbeiter dieselbe Arbeitslast entfallen soll. Dabei werden unterschiedliche individuelle Leistungsfähigkeiten der Außendienstmitarbeiter vernachlässigt. Unberücksichtigt bleibt auch die Abhängigkeit des erzielbaren Umsatzes vom Umfang des Außendienstes. Positiv zu vermerken ist hingegen, daß eine detaillierte Ermittlung der mit der Bearbeitung eines Gesamtmarktes verbundenen Arbeitslast möglich ist, indem unterschiedliche Kundengruppen, die in unterschiedlicher Weise bearbeitet werden sollen, beachtet werden.

Den einzelnen Außendienstmitarbeitern sind *Verkaufsbezirke* zuzuordnen, die sie allein zu bearbeiten haben. Bei der Planung der Bezirke können zwei Vorgehensweisen herangezogen werden:
- Bildung von Verkaufsbezirken mit demselben Umsatzpotential bzw.
- Bildung von Verkaufsbezirken mit derselben Arbeitslast.

Eine Bildung von *Verkaufsbezirken mit demselben Umsatzpotential* hat verschiedene Vorteile: Für alle Außendienstmitarbeiter bestehen dieselben Verdienstmöglichkeiten. Die Bewertung der Leistungen der Außendienstmitarbeiter ist vergleichsweise einfach; unterschiedliche Verkaufsergebnisse basieren insbesondere auf unterschiedlichen Einsätzen/Fähigkeiten. Damit wird eine Konkurrenzsituation zwischen den Außendienstmitarbeitern geschaffen. Dieses Verfahren findet aber gewisse Grenzen, wenn die Bezirke deutlich unterschiedliche regionale Ausdehnungen besitzen und damit deutlich unterschiedliche Arbeitslasten gegeben sind. Werden hingegen *Verkaufsbezirke mit derselben Arbeitslast* gebildet, so resultieren in der Regel unterschiedliche Umsatzpotential bei den verschiedenen Bezirken. Dies kann zu unterschiedlichen Einkommen der Außendienstmitarbeiter führen, wenn eine provisionsabhängige Einkommenszahlung vereinbart wird. Als Ergebnis ist festzuhalten, daß bei der Planung der Verkaufsbezirke sowohl die Arbeitslast als auch das Umsatzpotential, als auch die Art und Weise der Außendienstentlohnung beachtet werden müssen.

Die Planung von Verkaufsbezirken kann folgendermaßen strukturiert werden (vgl. Churchill/Ford/Walker 1985, S. 187 f.): Ausgangspunkt ist die Festlegung der Basisbezirke (z.B. Stadtteile, Städte, Landkreise, Bundesländer), die – unter Beachtung der geplanten Zahl an Außendienstmitarbeitern und des Marktpotentials pro Basisbezirk – zu vorläufigen Verkaufsbezirken zusammenzufassen sind. Die im folgenden durchzuführende Arbeitslast-Analyse kann zu Anpassungen der vorläufigen Verkaufsbezirke aufgrund von Arbeitslastunterschieden führen. Schließlich sind den endgültigen Verkaufsbezirken die Außendienstmitarbeiter zuzuordnen; dabei sind die relevanten Fähigkeiten der Außendienstmitarbeiter zu berücksichtigen.

Die *Suche* nach potentiellen Außendienstmitarbeitern kann grundsätzlich unternehmensintern oder -extern erfolgen. Möglichkeiten der *internen* Mitarbeiteranwerbung sind beispielsweise innerbetriebliche Stellenausschreibungen oder die gezielte Ansprache von potentiellen Mitarbeitern aus anderen Abteilungen. Zu den Möglichkeiten der *externen* Mitarbeitersuche zählen insbesondere Stellenanzeigen.

Die *Selektion* von Außendienstmitarbeitern wird üblicherweise anhand der Kriteriengruppen fachliche Eignung, persönliche Eignung und Persönlichkeitsmerkmale vorgenommen. Die persönliche Eignung eines Mitarbeiters für eine Stellung im Außendienst umfaßt Kriterien wie Selbständigkeit, Ambitionen, organisatorisches Talent, Überzeugungskraft, Verkaufserfahrungen u. ä. Relevante Persönlichkeitsmerkmale sind zum einen demographische Charakteristika wie Geschlecht und Alter, zum anderen sozio- bzw. psychographische Merkmale wie Ausbildung, familäre Situation, Lebensstil. Die konkrete *Auswahl* der Bewerber kann auf der Basis verschiedener Methoden erfolgen. Zum einen kommen persönliche Methoden wie Vorstellungsgespräche, psychologische Tests und Assessment Centers zur Anwendung, wobei dem Vorstellungsgespräch die größte Bedeutung beigemessen wird; zum anderen kann die Auswahl auf der Basis unpersönlicher Methoden erfolgen, wie beispielsweise die Sichtung der Bewerbungsunterlagen, Referenzen und graphologische Gutachten.

Nach erfolgter Einstellung von Außendienstmitarbeitern sind deren Fähigkeiten entsprechend den Verkaufsanforderungen gezielt weiterzuentwickeln und zu schulen. Dies erfolgt in der Regel durch *Verkaufstraining*. Als Ziele eines Verkaufstrainings lassen sich insbesondere die Verbesserung der Verkaufsproduktivität, die

Verbesserung der Verkaufsmoral, die Verbesserung der Kundenbeziehungen sowie die Verringerung der Mitarbeiterfluktuation nennen. Die konkrete Durchführung eines Verkaufstrainings kann auf der Basis verschiedener Methoden erfolgen. Dabei unterscheidet man persönliche Methoden (wie Vortrag, Diskussion, Rollenspiel), unpersönliche Methoden (wie Bücher, Lehrbriefe, Ton- und Videokassetten), Training on the Job.

Neben der Festlegung der konstitutiven Entscheidungen im Rahmen der Verkaufspolitik ist noch generell darüber zu befinden, in welcher Weise der Außendienst gesteuert werden soll. Mittels einer geeigneten Steuerung des Außendienstes soll gewährleistet werden, daß die unternehmensbezogenen Ziele der Verkaufspolitik erreicht werden. Mögliche *Steuerungsinstrumente* sind: individuelle Zielvorgaben, materielle (in der Regel finanzielle) und immaterielle Leistungsanreize, Verkaufsrichtlinien und dienstvertragliche Regelungen.

3.6 Marketing-Mix

Im Rahmen der Planung des Marketing-Mix sind alle absatzpolitischen Instrumente so aufeinander abzustimmen, daß sich eine optimale Kombination im Hinblick auf die verfolgten Marketingziele ergibt. Ein optimales Marketing-Mix ist dann realisiert, wenn das Gesamtergebnis weder durch die Umgestaltung eines Marketinginstrumentes noch durch die Hinzunahme eines bisher noch nicht eingesetzten Instrumentes verbessert werden kann.

Die Suche nach einer (optimalen) Kombination *aller* Marketinginstrumente und nicht die Perfektionierung eines Marketing-Instrumentes ist in den Wirkungsinterdependenzen begründet. Meffert (1975) unterscheidet „sachliche Interdependenzen" und „zeitliche Interdependenzen". *Sachliche Interdependenzen* in einem für ein Produkt gestalteter Marketing-Mix liegen dann vor, wenn der Einsatz eines Instrumentes vom Einsatz anderer Instrumente abhängig ist bzw. seinerseits wieder andere Instrumente beeinflußt. Die auftretenden sachlichen Effekte können sowohl von positiver (also verstärkender) als auch von negativer Wirkung auf die Gesamtwirkung sein. Ebenso können sachliche Interdependenzen auch zwischen den für verschiedene Produkte eines Gesamtsortiments eingesetzten Maßnahmenpaketen bestehen. *Zeitliche Interdependenzen* liegen vor, wenn die Wirkung eines Instrumentes in mehreren zeitlich nachgelagerten Perioden und/oder mit einem Time-lag eintritt. Eine *Vorauswahl von Marketing-Instrumenten* (vgl. Berndt 1995a, S. 514 ff.) im Rahmen des Marketing-Mix kann vorgenommen werden, indem

– eine Orientierung an der (eigenen) Branche erfolgt,
– eine sukzessive, instrumentalorientierte Vorgehensweise gewählt wird,
– eine Orientierung am Lebenszyklus eines Produktes erfolgt bzw.
– eine produktspezifische Vorgehensweise gewählt wird.

Im Anschluß an die Vorauswahl möglicher Marketing-Mixes ist endgültig die *optimale absatzpolitische Kombination* herauszufinden. Die Handlungsalternativen sind dabei die im Rahmen der Vorauswahl ermittelten, relevanten Ausprägungen der einzelnen Marketinginstrumente. Eine Optimierung des Marketing-Mix kann insbesondere unter der Zielsetzung der Gewinnmaximierung in der Planungsperi-

ode, aber auch auf der Grundlage anderer ökonomischer Ziele erfolgen. Grundsätzlich können verschiedenartige Planungsansätze, so
- Gewinnvergleichsrechnungen und Break-Even-Analysen,
- marginalanalytische Ansätze,
- Ansätze der linearen Programmierung,
- Decision-Calculus-Ansätze,
- Ansätze der Entscheidungsfindung bei Risiko

herangezogen werden (vgl. i.e. Berndt 1995a, S. 520 ff.).

Auf mehrstufigen Märkten sind *kooperative Marketing-Mixes*, in welche sowohl die Produzenten als auch der Handel einbezogen sind. In der Praxis sind kooperative Systeme wie
- Category-Management oder
- Efficient Consumer Response

entwickelt worden. *Category-Management* (vgl. z.B. Milde 1994; Holliger 1994) beinhaltet das konsequente Management einer Warengruppe durch ein Handelsunternehmen, wobei kompetente Produzenten sowohl als Lieferant als auch als Berater einbezogen werden. Während ehemals separate Vorstellungen dominierten (für den Key-Account-Manager eines Produzenten die optimale Plazierung seiner Markenartikel, für den Zentraleinkäufer eines Handelsunternehmens der möglichst große Deckungsbeitrag einer (jeden) Warengruppe), wird im Rahmen des Category-Management eine gemeinsame Zielsetzung, die Optimierung einer Warengruppe des Handels, in der ein Markenartikel eines Produzenten enthalten ist, verfolgt.

Der Prozeß des Category-Management (vgl. z.B. Milde 1994, S. 344 ff.) umfaßt fünf Teilphasen, welche immer wieder durchlaufen werden sollten:
- die Analyse der Categories (Warengruppen) beim einzelnen Handelsunternehmen, deren Stärken und Schwächen; Ermittlung der relevanten Trends,
- die Analyse des Kundenpotentials (detaillierte Bestimmung des Kundenverhaltens beim Handelspartner und bei konkurrierenden Handelsunternehmen in Abhängigkeit von der jeweiligen Marketingpolitik),
- Planung der angemessenen Merchandising-Strategie (sowohl aus Handels- als auch aus Produzentensicht),
- Implementierung der ausgewählten Merchandising-Strategie (auf der Basis vorab durchgeführter Tests),
- Ergebniskontrolle (in Form von Soll-Ist-Vergleichen sowohl aus Handels- als auch aus Produzentensicht und Einleitung von Änderungsmaßnahmen).

Auf allen Stufen des Planungs-, Realisierungs- und Kontrollprozesses des Category-Management sind angemessene Verfahren der Informationsgewinnung und -verarbeitung einzusetzen;
- auf der ersten Stufe sollte ein (repräsentatives) Handelspanel befragt werden,
- auf der zweiten Stufe kann auf ein geeignetes Konsumentenpanel zurückgegriffen werden.
- Simulationsverfahren sind auf der dritten Stufe hilfreich,
- geeignete Testkonstruktionen und varianzanalytische Auswertungsverfahren kennzeichnen die vierte Stufe,
- Soll-Ist-Vergleiche und darauf basierende Abweichungsanalysen können auf der fünften Stufe eingesetzt werden.

Das Konzept des *Efficient Consumer Response* (vgl. z.B. Dantzer 1996; Tietz 1995; Zentes 1996) beinhaltet eine intensive Zusammenarbeit auf allen Stufen einer Warenflußkette zwischen Produzent und Konsument auf der Grundlage einer genauen Kenntnis des Konsumentenverhaltens; es ist durch integrierte Steuerungs- und Rationalisierungskonzepte sowohl der Waren- als auch der Informationsprozesse gekennzeichnet (grundsätzlich läßt sich das Efficient Consumer Response-Modell mit den Just-in-Time-Konzepten zwischen Zulieferern und Herstellern in der Automobilbranche vergleichen).

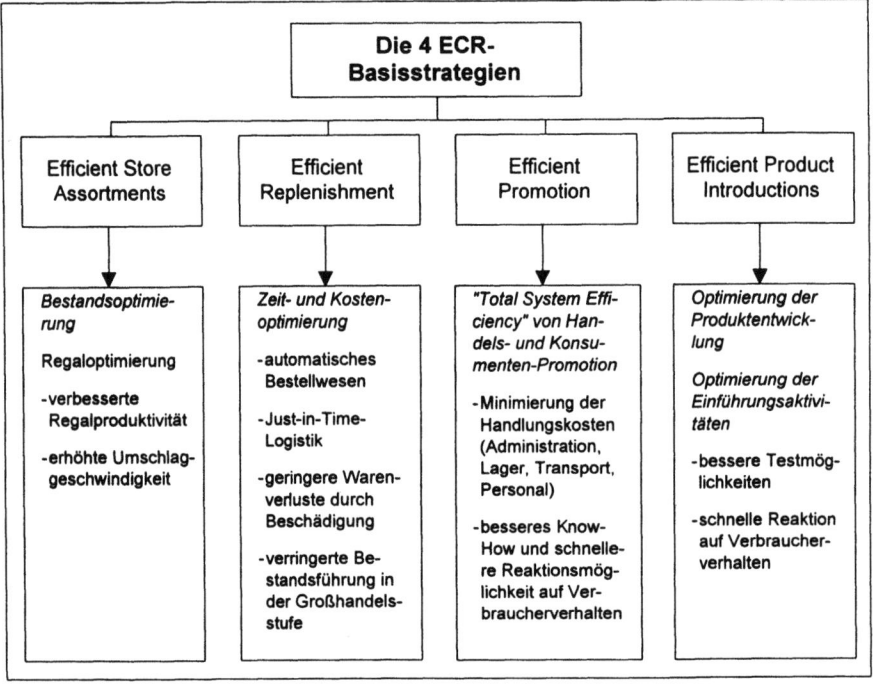

Quelle: Pretzel 1996, S. 22
Abb. 11: Basisstrategien des Efficient Consumer Response

Im Rahmen des Efficient Consumer Response-Ansatzes wird die traditionelle Push-Strategie auf mehrstufigen Märkten durch eine Pull-Strategie ersetzt. Zwei gleichzeitig verfolgte Zielsetzungen kennzeichnen das Konzept,
– extern die Maximierung der Kundenzufriedenheit,
– intern die Minimierung der Kosten auf allen Stufen der Warenflußkette.
Der Efficient Consumer Response-Ansatz umfaßt zum einen das Category Management, zum anderen das Supply Chain Management; die erstgenannte Zielsetzung ist im Rahmen des Category Management, die zweitgenannte Zielsetzung im Rahmen des Supply Chain Management relevant. Die Basisstrategien des Efficient Consumer Response-Ansatzes sind in Abbildung 11 skizziert.

Literaturverzeichnis

Backhaus, K. (1997), Industriegütermarketing, 5. Aufl., München 1997
Berndt, R. (1978), Optimale Werbeträger- und Werbemittelselektion, Wiesbaden 1978
Berndt, R. (1981), Planungsrechnungen zur Mediaselektion, abgeleitet aus Optimierungsmodellen der Mediaplanung, in: Marketing-ZFP, 1981, S. 115 - 128
Berndt, R. (1989), Product Placement im Kultursponsoring, in: Sport- und Kultursponsoring, Hrsg. A. Hermanns, München 1989, S. 205 - 218
Berndt, R. (1995a), Marketing 2, Marketing-Politik, 3. Aufl., Berlin u.a. 1995
Berndt, R. (1995b), Marketing 3, Marketing-Management, 2. Aufl., Berlin u.a. 1995
Berndt, R. (1996), Marketing 1, Käuferverhalten, Marktforschung und Marketing-Prognosen, 3. Aufl., Berlin u.a. 1996
Berndt, R., Sander, M. (1994), Absatzfinanzierung, in: Gerke, W., Steiner, M. (Hrsg.), Handwörterbuch des Finanz- und Bankwesens, Stuttgart 1994, Sp. 1-7
Cansier, D. (1993), Umweltökonomie, Stuttgart, Jena 1993
Churchill, G.A., Ford, N.M., Walker, O.C. (1985), Sales Force Management, 2. Aufl., Homewood, Ill. 1985
Dantzer, U. (1996), Efficient Consumer Response, Von der Teiloptimierung zum echten Erfolg, in: Logistik heute, 1996, Nr. 10, S. 56-58
Diller, H. (1984), Das Zielsystem der Verkaufsförderung, in: Wirtschaftswissenschaftliches Studium, 1984, S. 494 ff.
Diller, H. (1991), Preispolitik, 2. Aufl., Stuttgart u.a. 1991
Fritz, W. et al. (1985), Unternehmensziele und strategische Unternehmensführung, in: Die Betriebswirtschaft, 1985, Nr. 4, S. 375 - 394
Gutenberg, E. (1984), Grundlagen der Betriebswirtschaftslehre, Band 2, Der Absatz, 17. Aufl., Berlin u.a. 1984
Hallier, B. (1996), ECR – Keine Revolution sondern Evolution, in: CPC Deutschlang (Hrsg.), Efficient Consumer Response, Mainz 1996, S. 47-55
Hilke, W. (1989), Grundprobleme und Entwicklungstendenzen des Dienstleistungs-Marketing, in: Hilke, W. (Hrsg.), Dienstleistungs-Marketing, Wiesbaden 1989, S. 5 - 44
Holliger, P. (1994), Category Management, Mehr als nur eine vorübergehende Modeerscheinung?, in: Marktforschung, Thexis-Fachbuch für Marketing, St. Gallen 1994, S. 242 - 249
Jacob, H. (1986), Die Planung des Produktions- und des Absatzprogramms, in: Jacob, H. (Hrsg.), Industriebetriebslehre, Wiesbaden 1986, S. 401 ff.
Jain, S.C., Tucker, L.R. (1997), A New Era of Brand Warfare: Preventing Private Label Inroads, in: Berndt, R. (Hrsg.), Business Reengineering, Berlin u.a. 1997, S. 89 - 102
Kirchner, G. (1985), Moderne Direktmarketing-Methoden und die Zukunft des Direktmarketing, in: Richter von Proeck, M. u.a. (Hrsg.), Direktmarketing leicht gemacht, Landsberg 1985, S. 163 ff.
Kleinaltenkamp, M., Plinke, W. (1997), Geschäftsbeziehungsmanagement, Berlin u.a. 1997
Kotler, P. (1984), Marketing Management, 5. Aufl., Englewood Cliffs 1984
Kotler, P. (1991), Marketing Management, 7. Aufl., Englewood Cliffs 1991
Kroeber-Riel, W. (1990), Strategie und Technik der Werbung, 2. Aufl., Stuttgart u.a. 1990
Lange, M. (1972), Preisbildung bei neuen Produkten, Berlin 1972
Lilien, G.L., Kotler, P. (1983), Marketing Decision Making, New York u.a. 1983
Meffert, H. (1975), Zum Problem des Marketing-Mix, in: Meffert, H. (Hrsg.), Marketing heute und morgen, Wiesbaden 1975, S. 257 ff.
Meffert, H. (1979), Die Einführung des Kunden-Managements als Problem des geplanten organisatorischen Wandels, in: Wunderer, R. (Hrsg.), Humane Personal- und Organisationsentwicklung, Berlin 1979, S. 285 - 320
Meffert, H., Bruhn, M. (1997), Dienstleistungsmarketing, 2. Aufl., Wiesbaden 1997

Milde, H. (1994), Category Management – die stille Revolution, in: Markenartikel, 1997, Nr. 7, S. 343 - 346

Pretzel, J. (1996), Gestaltung der Hersteller-Handel-Beziehung durch Category Management, in: Markenartikel, 1996, Nr. 1, S. 21 ff.

Rogge, H.J. (1993), Werbung, 3. Aufl., Ludwigshafen 1993

Ruge, H.D. (1988), Die Messung bildhafter Konsumerlebnisse, Heidelberg 1988

Sander, M. (1994), Die Bestimmung und Steuerung des Wertes von Marken, Heidelberg 1994

Schlicksupp, H. (1983), Innovation, Kreativität und Ideenfindung, 3. Aufl., Würzburg 1983

Schmalen, H. (1992), Kommunikationspolitik, 2. Aufl., Stuttgart u.a. 1992

Simon, H. (1992), Preismanagement, 2. Aufl., Wiesbaden 1992

Staehle, W.H. (1991), Management, 6. Aufl., München 1991

Steffenhagen, H. (1991), Marketing, 2. Aufl., Stuttgart u.a. 1991

Tempelmeier, H. (1983), Quantitative Marketing-Logistik, Berlin u.a. 1983

Tietz, B. (1985), Der Handelsbetrieb, München 1985

Tietz, B. (1995), Efficient Consumer Response, in: Wirtschaftswissenschaftliches Studium, 1995, Nr. 10, S. 529 - 530

Verlagshaus Gruner + Jahr (Hrsg.) (1994), 6.000 Anzeigen-Copytests im Stern, Hamburg 1994

Webster, F.E., Wind, Y.A. (1972), Organizational Buying Behavior, Englewood Cliffs 1972

Wied-Nebbeling, S. (1975), Industrielle Preissetzung, Tübingen 1975

Wied-Nebbeling, S. (1985), Das Preisverhalten in der Industrie, Tübingen 1985

Wild, J. (1982), Grundlage der Unternehmensplanung, 4. Aufl., Opladen 1982

Zentes, J. (1996), ECR – eine neue Zauberformel, in: CPC Deutschland (Hrsg.), Efficient Consumer Response, Mainz 1996, S. 24 - 46

10 Logistik

Gerhard Wäscher

Inhaltsverzeichnis

1 Grundlagen	422
1.1 Logistik und Logistikmanagement	422
1.2 Phasenspezifische Subsysteme der Logistik	424
1.3 Aufbau der Darstellung	425
2 Das logistische Leistungssystem	425
2.1 Logistikobjekte	425
2.2 Logistikleistungen	426
3 Strategische Logistikplanung	429
3.1 Allgemeine Grundlagen der strategischen Planung	429
3.2 Logistik und Geschäftsstrategie	430
3.3 Logistik-Portfolio	432
4 Taktische Logistikplanung	435
4.1 Logistische Aspekte der Gestaltung von Produkt, Produktprogramm und Verpackung	435
4.1.1 Produkt und Produktprogramm	435
4.1.2 Verpackung	437
4.2 Logistische Aspekte der Gestaltung des Produktionssystems	438
4.2.1 Logistische Grundkonzeptionen für die Produktion	438
4.2.2 Layoutplanung	440
4.3 Logistische Aspekte der Gestaltung des Beschaffungssystems	444
4.3.1 Bereitstellungsprinzip	444
4.3.2 Lieferantenstruktur	446
4.4 Logistische Aspekte der Gestaltung des Distributionssystems	450
4.4.1 Vertikale und horizontale Struktur des Distributionsnetzes	450
4.4.2 Lagerstandorte	452
5 Operative Logistikplanung	455
5.1 Planung von Rundreisen	455
5.2 Tourenplanung	458
5.3 Losgrößenplanung und Lagersteuerung	461
5.3.1 Klassisches Losgrößenmodell	461
5.3.2 Lagerdispositionssysteme	464
Literaturverzeichnis	467

1 Grundlagen

1.1 Logistik und Logistikmanagement

Das Fach „Logistik" konnte sich als Teilgebiet der deutschsprachigen Betriebswirtschaftslehre erst in jüngerer Zeit etablieren. Wesentliche Grundlagen wurden Anfang der 70er Jahre in Arbeiten von Ihde (1972), Kirsch et al. (1973) und Pfohl (1972) bereitet. Vor diesem Hintergrund überrascht es nicht, wenn auch heute noch der Logistikbegriff mit z.T. erheblich voneinander abweichenden Inhalten belegt wird. Den vielfältigen Definitionsansätzen und Interpretationen ist jedoch gemeinsam, daß sie die Transformationsprozesse „Transportieren" und „Lagern" als Kern der Logistik ansehen. Objekte dieser logistischen Leistungsprozesse können grundsätzlich Menschen, Tiere, Pflanzen, Sachgüter, Energie, Informationen, Geld u.a.m. sein. In einem Industrieunternehmen, auf die sich die folgende Darstellung hauptsächlich bezieht, kommt vor allem dem Transport und der Lagerung von Vor-, Zwischen- und Endprodukten sowie von Handelswaren und Rückständen eine herausragende Bedeutung zu (vgl. Abb. 1).

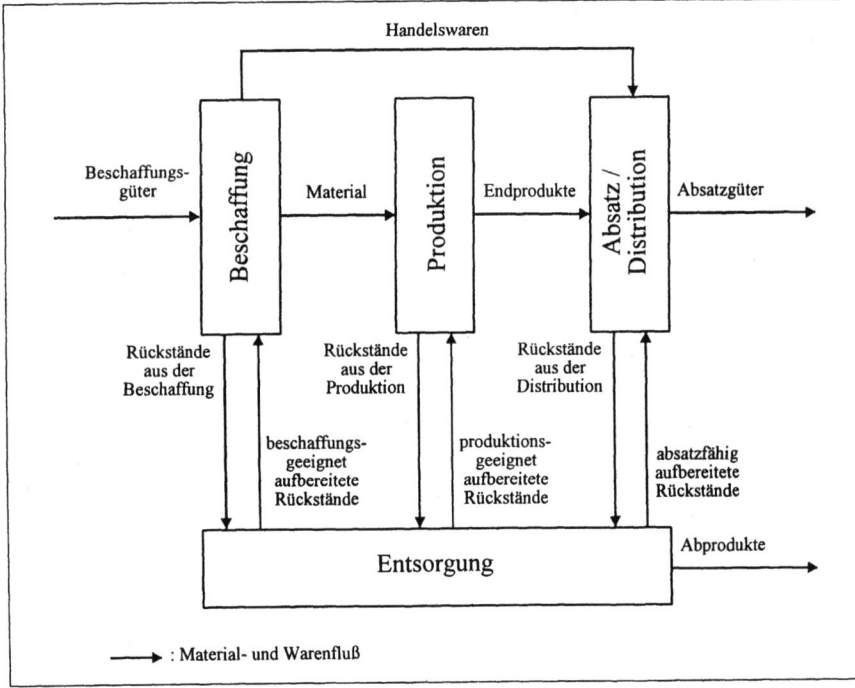

Abb. 1: Material- und Warenfluß im Industrieunternehmen

Das Teilsystem der Unternehmen, das den Material- und Warenfluß innerhalb der Unternehmen und zwischen der Unternehmen und ihrer Umwelt (Zulieferer,

Abnehmer) bewirkt (d.h. Transport- und Lagerprozesse ausführt), sei als deren *logistisches Leistungssystem* bezeichnet. Dem ist das logistische Führungssystem, kurz: das *Logistikmanagement*, übergeordnet, dem die zielgerichtete Gestaltung und Lenkung des Material- und Warenflusses obliegt.

Innerhalb des so vorgegebenen Rahmens lassen sich in Literatur und Praxis verschiedene Ausgestaltungsformen des Logistikmanagements identifizieren. Schwerpunktmäßig sei auf die folgenden Konzeptionen hingewiesen:

– *Logistik als Spezialfunktion*

Die zunächst in den grundlegenden güterwirtschaftlichen Funktionsbereichen (Beschaffung, Produktion, Absatz) angesiedelten, organisatorisch zersplitterten logistischen Aktivitäten werden als Rationalisierungspotential erkannt und in einem Funktionsbereich unter einheitlicher Leitung zusammengefaßt. Dies ermöglicht eine Senkung der *Logistikkosten*, weil einerseits Spezialisierungs- und Erfahrungskurveneffekte (Bündelung gleichartiger Tätigkeiten), andererseits Abstimmungseffekte (verbesserte Abstimmung zwischen unterschiedlichen logistischen Aktivitäten) zum Tragen kommen. Der Schwerpunkt des Logistikmanagements liegt auf operativen Maßnahmen.

– *Logistik als Querschnittsfunktion*

Mit der Implementierung einer Spezialfunktion „Logistik" lassen sich die logistischen Aktivitäten innerhalb der güterwirtschaftlichen Basisfunktionen optimieren. Die angestrebte Kostensenkung stößt aber insofern an Grenzen, als konkurrierende Bereichsinteressen eine unzureichende Abstimmung an den Schnittstellen zwischen den Funktionsbereichen zur Folge haben. Eine als Querschnittsfunktion verstandene Logistik versucht nun, die aus der traditionellen Funktionsbereichsgliederung resultierende Segmentierung des Material- und Warenflusses (Weber/Kummer 1994, S. 9) und die damit verbundenen Effizienzverluste zu überwinden. Als zentrale Aufgabe des Logistikmanagements tritt nun die durchgängige Gestaltung und Lenkung des Material- und Warenflusses von den Zulieferern zu den Kunden hervor. Dabei werden neben den traditionellen, güterwirtschaftlichen Funktionsbereichen auch andere, flußrelevante Funktionen wie Forschung und Entwicklung sowie die Entsorgung einbezogen. Der Schwerpunkt des Managements liegt eher auf taktischen Maßnahmen, als Beurteilungskriterium dienen die *Gesamtkosten*, d.h. es werden nicht mehr isolierte Kosteneinsparungen zur Beurteilung von Maßnahmen herangezogen, sondern die Kostenwirkungen über den gesamten Material- und Warenfluß hinweg betrachtet.

– *Logistik als Wettbewerbsinstrument*

Bei dieser Konzeption liegt der Schwerpunkt auf dem strategischen Management. Die Logistik wird als ein Potential zur *Schaffung von Wettbewerbsvorteilen* gegenüber Konkurrenten angesehen. Hierzu müssen die Logistikleistungen – verglichen mit entsprechenden Angeboten der Konkurrenten – mit dauerhaft herausragenden Leistungsmerkmalen erbracht werden. Das konkrete logistische Leistungsprofil bestimmt sich nach den jeweiligen Kundenanforderungen. Typischerweise bewirkt eine zunehmende strategische Orientierung eine stärkere Beschränkung auf Kernkompetenzen. Leistungen, insbesondere auch logistische

Leistungen, mit denen sich das Unternehmen nicht dauerhaft gegenüber Konkurrenten differenzieren kann, werden ausgegliedert und auf Zulieferer und Dienstleister übertragen. Zur Verringerung bzw. Vermeidung der daraus resultierenden Gefahren (zunehmende Abhängigkeit) werden diese Unternehmen stärker in die eigenen Aktivitäten integriert. Dies schließt eine intensivere Abstimmung und Neugestaltung der unternehmensübergreifenden Material- und Warenströme ein, wodurch sich die Gestaltungsaufgaben des Logistikmanagements dementsprechend erweitern. Gleichzeitig werden auch unternehmensintern zunehmend solche Aufgaben in das Logistikmanagement eingebunden, die unmittelbare Auswirkungen auf differenzierungsrelevante Merkmale der Logistikleistungen besitzen. Hierzu gehört etwa die Produktionsplanung und -steuerung, deren Entscheidungen die Lieferzeiten determinieren.

Die vorstehend aufgeführten, idealtypischen Konzeptionen sollen in erster Linie eine Orientierungshilfe für das Studium der Literatur bilden. Logistikkonzeptionen der Praxis lassen sich nicht immer eindeutig einer dieser Entwicklungsstufen zuordnen. Vielmehr dokumentieren sie sich in einer Vielzahl von Übergangsformen, in denen Elemente der verschiedenen idealtypischen Konzeptionen miteinander vermischt sind.

1.2 Phasenspezifische Subsysteme der Logistik

Obwohl es der ganzheitlichen Betrachtung, die den modernen Logistikkonzeptionen zugrunde liegt, eigentlich widerspricht, wird das logistische Leistungssystem in der Literatur – in der Regel aus gliederungs- und darstellungstechnischen Gründen – in verschiedene Subsysteme zerlegt. Orientiert man sich dabei an den verschiedenen Phasen des Material- und Warenflusses durch die Unternehmen (vgl. Abb. 1), so erhält man die *phasenspezifischen Subsysteme* der Logistik (vgl. Pfohl 1996, S. 17). Die *Beschaffungslogistik* umfaßt dabei den Fluß (Transport, Lagerung) der Vorprodukte (Roh-, Hilfs- und Betriebsstoffe, Werkstoffe, Einzelteile und Baugruppen, kurz: Material) von den Zulieferern in die Materiallager bzw. – sofern keine Eingangslagerung stattfindet – an den betrieblichen Verbrauchsort. Handelswaren werden einem Handelswarenlager übergeben. Der Güterfluß von den Materiallagern zu den Endproduktelagern bildet den Gegenstand der *Produktionslogistik*. Hierzu gehören der Transport von Material in den Produktionsbereich, die Weiterleitung von Zwischenprodukten von einer Produktionsstufe zur nächsten, die Überstellung der Endprodukte (Fertigprodukte, Ersatzteile) an ein Endproduktelager sowie die Lagerung dortselbst. Zum Zwecke der Synchronisation der auf den einzelnen Stufen stattfindenden Prozesse kann es erforderlich sein, Zwischenprodukte in Pufferlagern aufzubewahren. Transporte fallen dann auch zwischen den Produktionsstufen und den Pufferlagern an. Die *Distributionslogistik* umfaßt die physische Distribution, d.h. in ihrem Mittelpunkt steht der Materialfluß von den Endprodukte- und Handelswarenlagern zu den Abnehmern. Die Beschaffungs- und die Distributionslogistik verknüpfen die Unternehmen mit den Beschaffungs- und Absatzmärkten. Für beide Subsysteme ist deshalb auch der Oberbegriff „Marketinglogistik" gebräuchlich. Als Kuppelprodukte fallen schließlich auf allen Stufen des Leistungserstellungsprozesses Rückstände an, also Output, der aus ökonomischer Sicht als unerwünscht oder sogar als schädlich zu klassifizieren ist. Davon können Wertstoffe, ggf. nach einer Aufbereitung, wieder in Leistungserstellungsprozessen eingesetzt (Blechreste aus Zuschneideprozessen lassen sich wieder zu Stahlblechen schmelzen und formen) oder in Konsumtionsprozessen verwendet werden (Zeitungspapier wird zu Haushaltspapier weiterverarbeitet). Bei Abprodukten (Abfall, Abwasser, Abgasen) ist eine derartige Verwendung nicht möglich bzw. vorgesehen, sie sind deshalb zu beseitigen. Der gesamte Fluß der Rückstände zwischen dem Entsorgungsbereich einerseits und den zentralen Funktionsbereichen Beschaffung, Produktion und Absatz sowie der Unternehmensumwelt andererseits macht die *Entsorgungslogistik* aus.

1.3 Aufbau der Darstellung

Das folgende Kapitel 2 dient zunächst einer näheren Charakterisierung des logistischen Leistungssystems eines Industrieunternehmens. Hierzu werden die Leistungen des Systems eingehender vorgestellt. Die Kapitel 3-5 sind dann dem Logistikmanagement gewidmet, wobei von den allgemeinen zentralen Managementfunktionen (Planung, Organisation, Kontrolle, Personalführung) schwerpunktmäßig Aspekte der Planung betrachtet werden. Der Darstellung liegt die Interpretation der Logistik als Wettbewerbsinstrument zugrunde. Dementsprechend bildet die strategische Logistikplanung den Gegenstand von Kapitel 3. Das sich anschließende Kapitel 4 behandelt Fragen der taktischen Logistikplanung. Aufgrund des begrenzten Seitenumfangs können darin nur ausgewählte Themenkreise behandelt werden. Die Darstellung beschränkt sich auf einige zentrale Aspekte der Gestaltung von Produkt, Produktprogramm und Verpackung, der Produktions-, Beschaffungs- und der Distributionslogistik. Logistische Aspekte der Gestaltung des Entsorgungssystems, des Aufbaus der Ersatzteillogistik, des Outsourcing von Logistikleistungen u.a. müssen dagegen ausgeklammert bleiben. Ebenfalls aus Platzgründen können nur ausgewählte Probleme der operativen Logistikplanung (Kapitel 5) untersucht werden.

2 Das logistische Leistungssystem

2.1 Logistikobjekte

Für die zur Abwicklung der logistischen Prozesse einzusetzende Technik ist von Bedeutung, ob die Logistikobjekte eine feste Form besitzen oder nicht. Objekte der ersten Kategorie bezeichnet man als *Stückgüter*. Sie lassen sich bei der Abwicklung logistischer Prozesse als Einheit betrachten. Objekte, die keine feste Form besitzen, sind *Schüttgüter* (Kohle, Sand, Zement, Getreide, Kaffee usw.), *Flüssigkeiten* und *Gase*. Zur Erbringung von logistischen Leistungen sind für derartige Objekte entweder spezielle Transport- und Lagermittel (Rohrleitungssysteme, Pumpen, Tanks) einzusetzen oder diese Objekte müssen zunächst in Stückgüter transformiert werden. Dies geschieht insbesondere durch Verpacken der

Objekte. Speziell bei Flüssigkeiten und Gasen sind bei der Erbringung von logistischen Leistungen eine Reihe von Sicherheitsvorschriften zu beachten.

2.2 Logistikleistungen

Konstitutives Element einer jeden Logistikleistung ist der Vollzug einer angestrebten Transformation von zeitlichen oder räumlichen Merkmalsausprägungen an Logistikobjekten (vgl. Isermann 1994, S. 23).

Unter *Lagern* versteht man jede zielgerichtete Transformation von Logistkobjekten in zeitlicher Hinsicht, die der Überbrückung von Disparitäten zwischen dem Zeitpunkt der Verfügbarkeit und dem Zeitpunkt des Bedarfs dient. Entsprechend treten Lagerungen im Industrieunternehmen vor allem an den „Schnittstellen" zur Unternehmensumwelt bzw. zwischen den betrieblichen Funktionsbereichen Beschaffung, Produktion, Distribution und Entsorgung, aber auch zwischen Teilsystemen dieser Funktionsbereiche auf. Das Objekt der Leistung bezeichnet man speziell auch als Lagergut. Neben der eigentlichen Zeitüberbrückung (elementare Lagerleistung) gehen mit der Lagerung verschiedene andere (Hilfs-) Leistungen einher (vgl. im folgenden Weber/Kummer 1994, S. 27), zu denen lagerungsvorbereitende Leistungen (Konservierung, Verpackung, Kennzeichnung usw. des Lagergutes), Einlagerungsleistungen (Beladung eines Transportmittels mit dem Lagergut, Beförderung zum Lagerplatz, Einstellen am Lagerplatz), lagerungsbegleitende Leistungen (Pflege des Lagergutes, Klimatisierung des Lagerortes), Auslagerungsleistungen (Entnahme des Lagergutes am Lagerplatz, Transport und Bereitstellung am Übergabeplatz) und lagerungsnachbereitende Leistungen (Reinigung des Lagergutes und des Lagerplatzes u.a.) gehören (vgl. hierzu und im folgenden Abb. 2).

Als *Transport* bezeichnet man die zielgerichtete Transformation von Logistikobjekten in räumlicher Hinsicht. Transporte dienen dem Abbau von Disparitäten zwischen dem Ort der Verfügbarkeit und dem Ort des Bedarfs. Da jede räumliche Transformation von Logistikobjekten (Transportgüter) Zeit erfordert, spricht man auch genauer von raumzeitlicher Transformation. Man unterscheidet zwischen unternehmensübergreifenden und unternehmensinternen Transporten. Unternehmensübergreifende Transporte finden zwischen dem Unternehmen und seiner Umwelt statt, betreffen also vor allem die Anlieferung von Vorprodukten von den Lieferanten und die Auslieferung von Endprodukten, Ersatzteilen und Abprodukten an die Abnehmer. Unternehmensinterne Transporte umfassen Bewegungen von Logistikobjekten zwischen einzelnen (Teil-)Betrieben (zwischenbetriebliche Transporte) und innerhalb von Teilbetrieben (innerbetriebliche Transporte). Für Transporte der letztgenannten Art ist auch der Begriff des Förderns gebräuchlich. Der Raumüberbrückung (elementare Transportleistung) sind wiederum eine Reihe weiterer (Hilfs-) Leistungen angegliedert (vgl. im folgenden Weber/Kummer 1994, S. 30 f.).

Hierzu gehören transportvorbereitende Leistungen (Verpackung des Transportgutes, Vorbereitung bzw. Betankung des Transportmittels), Beladungsleistungen (Bereitstellung des Transportgutes auf der Ladefläche des Transportmittels, Stapelung der verschiedenen Transportgüter), transportbegleitende Leistungen (Kühlung des Transportfahrzeuges, Abwicklung von Zollformalitäten), Entladungsleistungen (Entnahme des Transportgutes aus dem Transportmittel und Bereitstellung an einem Übergabeplatz) und transportnachbereitenden Leistungen (Reinigung von Transportgut und Transportmittel).

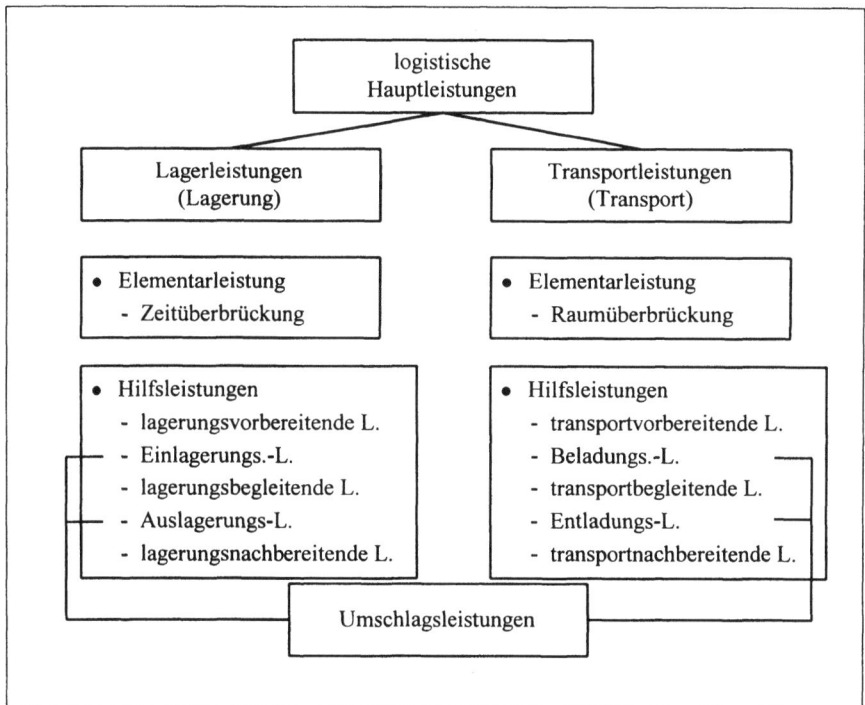

Abb. 2: Logistische Haupleistungen

Ein- und Auslagerungsleistungen sowie Be- und Entladungsleistungen bewirken an den Logistikobjekten ebenfalls gewisse, üblicherweise geringfügige zeitliche und räumliche Transformationen. Diese stellen jedoch nicht unmittelbar einen Fortschritt im Hinblick auf die grundsätzlich angestrebte Zeit- und/oder Raumüberbrückung dar, vielmehr ermöglichen sie erst die betreffenden Lagerungs- und Transportleistungen. Die Gesamtheit der Ein- und Auslagerungsleistungen sowie der Be- und Entladungsleistungen wird im folgenden als *Umschlag* bezeichnet. Umschlagsleistungen bilden dementsprechend keine eigenständige, neben Lagerung und Transport einzuordnende Leistungskategorie, vielmehr repräsentieren sie eine Zusammenfassung gewisser homogener Leistungsarten, die sowohl im Zusammenhang mit der Lagerung als auch mit dem Transport von Logistikobjekten stehen. Umschlagsleistungen leiten elementare Lagerungs- und Transportleistungen ein und beenden diese. Außerdem verknüpfen sie derartige Leistungen. Sie fallen an, wenn Logistikobjekte das Transportmittel (Umladung) oder den Lagerort (Umlagerung) wechseln oder von einem Transportmittel in ein

Lager bzw. von einem Lager auf ein Transportmittel verbracht werden (vgl. Abb. 2).

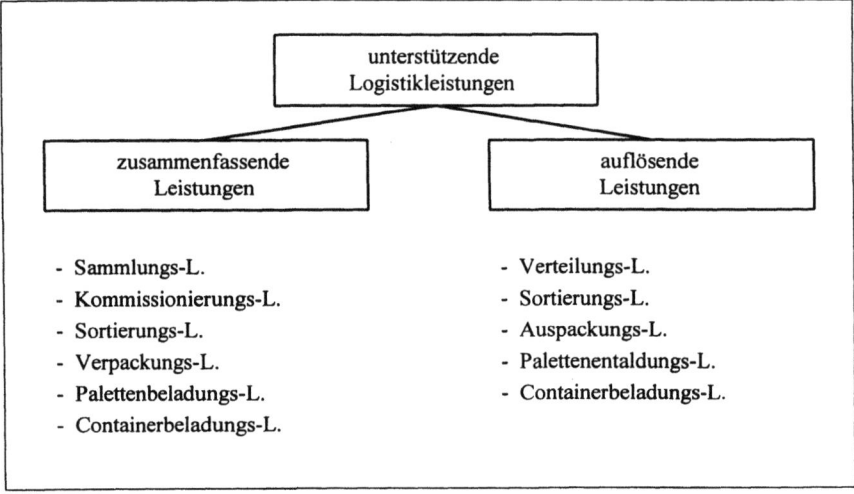

Abb. 3: Unterstützende Logistikleistungen

Lagerung und Transport machen die logistischen *Hauptleistungen* aus. Als *unterstützende Leistungen* sind davon solche Leistungen zu unterscheiden, die zwar nicht unmittelbar einen Fortschritt im Hinblick auf die an den Logistikobjekten angestrebten zeitlichen und räumlichen Transformationen bewirken, die aber dazu beitragen, die betreffenden Lagerungs- und Transportleistungen rationeller zu erbringen. Derartige Leistungen stehen vor allem im Zusammenhang mit der Bildung logistischer Einheiten (engl.: Unitization), die fortwährend auf allen Stufen der Logistikkette stattfindet: Flüssigkeiten werden in Flaschen abgefüllt, mehrere Flaschen identischen Inhalts in einen Karton abgepackt, eine Palette mit Kartons unterschiedlichen Inhalts beladen und zu einem Lagerhaus transportiert. Dort werden die Paletten aus verschiedenen Zulieferungen umgepackt, so daß Paletten mit „sortenreiner" Beladung entstehen, die an jeweils unterschiedlichen Orten gelagert werden. Allgemein erfolgt die Bildung logistischer Einheiten durch (ggf. mehrstufiges) *Zusammenfassen* (Bündeln) mehrerer Logistikobjekte zu einer größeren Einheit, durch *Auflösen* (Vereinzeln) eines Objektes in kleinere Einheiten sowie durch Kombination beider Prozeßtypen (vgl. Abb. 3). Leistungsprozesse dieser Art bewirken somit bezüglich der Logistikobjekte eine mengenmäßige Transformation sowie eine Veränderung ihrer artenmäßigen Zusammensetzung. Folgende Leistungskategorien dienen vor allem dem Zusammenfassen von Objekten: Sammlungsleistungen (beim (Ein-)Sammeln werden Logistikobjekte nacheinander an verschiedenen, räumlich voneinander getrennten Orten übernommen und gemeinsam an einem anderen Ort weitergegeben), Kommissionierungsleistungen (unter Kommissionierung versteht man die Entnahme von Teilmengen aus üblicherweise artikelorientiert gelagerten Beständen und ihre Zusammenstellung hinsichtlich eines gemeinsamen Bedarfs), Sortierungsleistungen (die eingesammelten bzw. kommisionierten Objekte werden unterschiedlichen zu bildenden Einheiten zugeordnet), Verpackungsleistungen (Abfüllen von Flüssigkeiten in Flaschen, Abpacken von Fließgütern in Säcke u.a.), Leistungen zur Palettenbeladung (Anordnung von Packstücken auf einer Palette, Umhüllung von Palette und Ladung mit Schrumpffolie) und zur Containerbeladung (Anordnung von Paketen im Container, Sicherung der Ladung). Das Auflösen von Einheiten erfordert die Erbringung entsprechender „spiegelbildlicher" Leistungen.

Mit dem Material- und Warenfluß ist die Gewinnung, Verarbeitung, Aufbereitung und Bereitstellung geeigneter Informationen untrennbar verbunden. Informationen gehen dem Material- und Warenfluß voraus, begleiten ihn und folgen ihm nach (vgl. Isermann 1994, S. 24). Mit der Erstellung logistischer Hauptleistungen sowie der zugehörigen unterstützenden Leistungen geht folglich die Erbringung von (logistischen) *Informationsleistungen* einher. Hierzu zählen insbesondere diejenigen Leistungen, die zur Bewältigung des mit der Auftragsabwicklung im Zusammenhang stehenden Informationsflusses zu erbringen sind.

In zunehmendem Maße werden durch die Logistiksysteme der Unternehmen noch weitere Leistungen erbracht, die keine Transformation zeitlicher und räumlicher Merkmalsausprägungen bezwecken und insofern nicht als Logistikleistungen anzusehen sind, die aber die Logistikleistungen ergänzen, um den Kundennutzen zu erhöhen. Eine derartige *Zusatzleistung* liegt etwa vor, wenn Produkten, die an einen Kunden ausgeliefert werden sollen, beim Verlassen des Lagerhauses Preisschilder und Verkaufsetiketten aufgeklebt werden. Entsprechendes gilt, wenn ein Zulieferer nicht nur Bauteile – just in time – am betrieblichen Verbrauchsort des Abnehmers bereitstellt, sondern diese auch mit eigenem Personal einbaut. Von erheblicher Bedeutung ist die Ergänzung von Logistikleistungen um Informationsleistungen. Es kann sich dabei etwa um die Bereitstellung von Informationen über den aktuellen Stand einer Auftragsbearbeitung handeln, die an einen Kunden gegeben wird, um diesem eine bessere Disposition zu ermöglichen (vgl. Isermann 1994, S. 24).

3 Strategische Logistikplanung

3.1 Allgemeine Grundlagen der strategischen Planung

Die strategische Planung ist auf die langfristige Sicherung der Unternehmen ausgerichtet. Sie schlägt sich in Strategien nieder, die festlegen, wie sich das Unternehmen zum Aufbau und zum Erhalt dauerhafter Wettbewerbsvorteile entwickeln soll. Üblicherweise unterscheidet man zwischen Unternehmensgesamtstrategien, Geschäftsstrategien und funktionalen Strategien.

– *Unternehmensgesamtstrategien* betreffen die gesamte Geschäftstätigkeit der Unternehmen. Sie bestimmen, auf welchen Geschäftsfeldern das Unternehmen aktiv sein soll und welche Ausrichtung (Wachstum, Stabilisierung, Schrumpfung) dabei jeweils zu verfolgen ist.
– *Geschäftsstrategien* beziehen sich auf einzelne Geschäftsfelder (Produkt-Markt-Kombinationen) und geben an, auf welche Weise strategische Wettbewerbs-

vorteile angestrebt werden sollen. Sie sind insofern als Wettbewerbsstrategien zu charakterisieren (vgl. Pfohl 1994, S. 92).
- *Funktionale Strategien* dienen der Durchsetzung der gewählten Unternehmensgesamt- und Geschäftsstrategien. Sie stellen deren Konsequenzen in detaillierter Form für die einzelnen Funktionsbereiche dar.

3.2 Logistik und Geschäftsstrategie

Ein strategischer Wettbewerbsvorteil stellt ein Leistungspotential dar, das dem Unternehmen dauerhaft ermöglicht, einen – aus der Sicht der Kunden – bedeutsamen Leistungsparameter signifikant besser zu gestalten als die Konkurrenz. Nach Porter (1990, S. 62-69) lassen sich derartige Wettbewerbsvorteile grundsätzlich mit Hilfe dreier Strategietypen aufbauen:
- *umfassende Kostenführerschaft*
  Bei diesem Strategietyp strebt das Unternehmen gegenüber den Konkurrenten einen umfassenden Kosten- bzw. Preisvorteil an. Dies erfordert eine konsequente Ausschöpfung aller Rationalisierungspotentiale, vor allem aber eine Realisierung von Erfahrungskurveneffekten.
- *Differenzierung*
  Im Rahmen einer Differenzierungsstrategie wird versucht, das Produkt mit solchen Eigenschaften auszustatten, die es in den Augen der Kunden branchenweit als einzigartig erscheinen lassen.
- *Konzentration auf Schwerpunkte*
  Im Gegensatz zu den zuvor genannten Strategietypen ist dieser nicht branchenweit, sondern auf ein bestimmtes Segment (einen regionalen Teilmarkt, eine bestimmte Abnehmergruppe u.ä.) ausgerichtet, wobei innerhalb des Segments grundsätzlich die Strategietypen „Kostenführerschaft" und „Differenzierung" zur Verfügung stehen. Einer solchen Spezialisierungs- oder Nischenstrategie liegt die Annahme zugrunde, daß ein begrenzt agierendes Unternehmen in dem betreffenden Marktsegment einem Konkurrenten überlegen ist, der den Gesamtmarkt bearbeitet.

Der Logistik kann im Zusammenhang mit diesen Strategien eine unterstützende, aber auch eine begründende Funktion zukommen. Bei einer Strategie der *Kostenführerschaft* lassen sich Erfahrungskurveneffekte über eine Volumenstrategie im Produktionsbereich realisieren. Das Logistiksystem muß dann so gestaltet sein, daß es große Produktmengen in räumlich ausgedehnten Märkten zu niedrigen Kosten verteilen kann (vgl. Pfohl 1994, S. 93). Andererseits lassen sich durch dauerhafte Kostensenkungen im Logistikbereich unmittelbar Wettbewerbsvorteile begründen. Das gilt tendenziell um so eher, je sensitiver die Kunden auf Preissenkungen reagieren und je größer der Anteil der Logistikkosten an den Gesamtkosten ist. So eröffnet in Branchen wie dem Stahlhandel, in denen es an Differenzierungskriterien mangelt, bereits eine geringe Kostensenkung möglicherweise einen wettbewerbsentscheidenden Preissenkungsspielraum (vgl. Weber/Kummer 1994, S. 134). Allgemein weisen in logistischer Hinsicht besonders leistungsfähige Unternehmen (sog. „Logistikführer") auch einen geringeren Anteil der Logistikkosten an den Umsatzerlösen auf (6,5%) als der Durchschnitt der Unternehmen

(10,1%). (Diese Angaben beruhen auf den Ergebnissen einer Studie, die 1992 von A.T. Kearney in 12 europäischen Ländern durchgeführt wurde und in die 1000 „Top-Unternehmen" einbezogen waren; vgl. Türks et al. 1993, S. 90.)

Die Erschließung derartiger Kostensenkungspotentiale erfordert eine Verstetigung und Vereinfachung des Material- und Warenflusses. Hierzu ist eine Bereinigung der Produktprogramm-, Kunden-, Lieferanten- und Standortstruktur unerläßlich. Ein verstetigter, homogenerer Material- und Warenfluß erlaubt den Einsatz einer kostengünstigeren Logistiktechnik sowie die Realisierung von Erfahrungskurveneffekten auch hinsichtlich der Erbringung von Logistikleistungen. Maßnahmen der Praxis greifen aus strategischer Sicht oft zu kurz und reduzieren die Wirksamkeit der Strategie der Kostenführerschaft, weil sie lediglich auf kurzfristige Kostenreduktionen ausgerichtet sind. Auch sind derartige Maßnahmen häufig nur lokal angelegt und vernachlässigen die Auswirkungen auf andere Kosten in der Logistikkette.

Für eine *Differenzierungsstrategie* kommt aus logistischer Sicht dem *Lieferservice* eine herausragende Bedeutung zu. Unter diesem Begriff werden verschiedene Teilaspekte der physischen Distributionsleistung der Unternehmen subsumiert (vgl. im folgenden Zäpfel 1993, S. 32; Pfohl 1996, S. 35 ff.):

– *Lieferbereitschaft*
Darunter versteht man den Anteil der Nachfrage, der unmittelbar (d.h. in der Regel aus einem vorhandenen Lagerbestand heraus) bedient werden kann.

– *Lieferzeit*
Dies ist der bedeutsamste Teilaspekt des Lieferservice. Es handelt sich um diejenige Zeitspanne, die zwischen dem Zeitpunkt der Auftragserteilung durch den Kunden bis zur Bereitstellung der Produkte am vereinbarten Ort vergeht. Sind die bestellten Produkte am Lager vorhanden, so beinhaltet die Lieferzeit die Auftragsübermittlungs- und -bearbeitungszeit sowie die Zeit für Kommissionierung, Verpackung, Verladung und Transport. Müssen die Waren noch hergestellt werden, so kommt noch die Fertigungszeit (Durchlaufzeit) und ggf. auch noch die Zeit hinzu, die für die Beschaffung und Bereitstellung der Vorprodukte benötigt wird (zu den Komponenten der Lieferzeit vgl. Wäscher 1996).

– *Liefertreue (Liefergenauigkeit)*
Dieser Teilaspekt bezeichnet die Fähigkeit der Unternehmen, einen Kundenauftrag in zeitlicher, mengenmäßiger und qualitativer Hinsicht exakt erfüllen zu können. Man spricht speziell auch von Termin-, Mengen- und Qualitätstreue.

– *Lieferungsbeschaffenheit*
Die Lieferungsbeschaffenheit bringt den Zustand zum Ausdruck, in dem die Waren beim Kunden ankommen. Dabei steht im Vordergrund, ob die Ware (Transport-) Schäden aufweist und wie schwerwiegend diese ggf. sind.

– *Lieferflexibilität*
Mit dem Begriff der Lieferflexibilität bezeichnet man die Fähigkeit der Unternehmen, auf spezielle, die Logistikleistungen betreffende Kundenwünsche eingehen zu können. Hierzu gehören Wünsche, die sich auf die Modalitäten der Auftragserteilung (z.B. Verzicht auf schriftliche Auftragsbestätigung, Auftragserteilung auch an Sonn- und Feiertagen) und auf die Modalitäten der Leistung

(Abweichen von üblichen Gebindegrößen, Auspacken der Ware am Bereitstellungsort u.ä.) beziehen. Auch ist an Kundenwünsche hinsichtlich der Bereitstellung von Informationen (Auskunft über den aktuellen Bearbeitungsstand des Kundenauftrags) zu denken (Informationsflexibilität).

Eine hohe Lieferbereitschaft bzw. kurze Lieferzeiten sind oft entscheidende Verkaufsargumente und repräsentieren dann einen Wettbewerbsvorteil gegenüber Konkurrenten mit niedrigerer Lieferbereitschaft und längeren Lieferzeiten. Dies gilt um so stärker, je dringender die Bedarfe der Kunden und je homogener die Produkte der Wettbewerber sind. Ein ausgezeichneter Lieferservice erzeugt bei den Kunden unmittelbare ökonomische Vorteile, die eine Bindung an die Unternehmen begründen können. Eine hohe Lieferbereitschaft und kurze Lieferzeiten bedeuten für den Kunden kurze Wiederbeschaffungszeiten und erlauben ihm damit, seine eigenen Lagerbestände zu reduzieren. Speziell Sicherheitsbestände lassen sich beim Kunden abbauen, wenn er von einer hohen Liefertreue und einer einwandfreien Lieferungsbeschaffenheit seitens seines Zulieferers ausgehen kann. Beide Eigenschaften sind im übrigen eine unabdingbare Voraussetzung, wenn das Unternehmen als Just-in-Time-Zulieferer in den Materialfluß des Kunden eingebunden werden möchte. Schließlich erlaubt eine hohe Lieferflexibilität dem Kunden eine einfachere Disposition.

Derartige Kundenvorteile eines hohen Lieferservicegrades können sich in erhöhten Absatzmengen und -preisen niederschlagen. Den höheren Einnahmen stehen jedoch auch höhere Ausgaben gegenüber. Die Ermittlung eines optimalen Lieferservicegrades erweist sich allerdings als außerordentlich problematisch. Sie scheitert häufig an Problemen der Quantifizierung der einzelnen Servicekomponenten sowie ihrer Auswirkungen auf Einnahmen und Ausgaben.

Bei einer *Konzentration auf Schwerpunkte* stehen wieder die beiden Strategietypen „Kostenführerschaft" und „Differenzierung" zur Auswahl, die dann segmentbezogen einzusetzen sind. Eine Kostenführerschaft wird hier aber weniger über eine Volumenstrategie und Erfahrungskurveneffekte erreicht, sondern eher durch eine angepaßte Gestaltung und Dimensionierung des Logistiksystems, die sich insbesondere auf die Fixkostenanteile auswirken. So reichen zur Bedienung eines Marktsegmentes tendenziell einfachere Logistiksysteme aus als zur Abdeckung des Gesamtmarktes, was sich in einer geringeren Anzahl von Lagerstufen im Distributionssystem niederschlagen kann. Im einfachsten Fall wird ein regionaler Markt unmittelbar vom Werk aus bedient. Andererseits können besondere Anstrengungen hinsichtlich der Ausgestaltung des Lieferservice erforderlich sein, um den speziellen Anforderungen des Marktsegmentes gerecht zu werden (vgl. Pfohl 1994, S. 93).

3.3 Logistik-Portfolio

Ob der Logistik im Rahmen einer Geschäftsstrategie eine absichernde bzw. unterstützende oder eher eine begründende Funktion im Sinne eines aktiven Einsatzes als Wettbewerbsinstrument zukommen soll und welche Konsequenzen sich daraus für die Logistik selbst ergeben, läßt sich mit Hilfe des Logistik-Portfolios (Logistikattraktivität-Logistikkompetenz-Matrix) einschätzen (vgl. Abb. 4). In dieses

Logistik-Portfolio ist die Logistik geschäftsfeldbezogen einzuordnen (vgl. im folgenden Weber/Kummer 1994, S. 133-138).

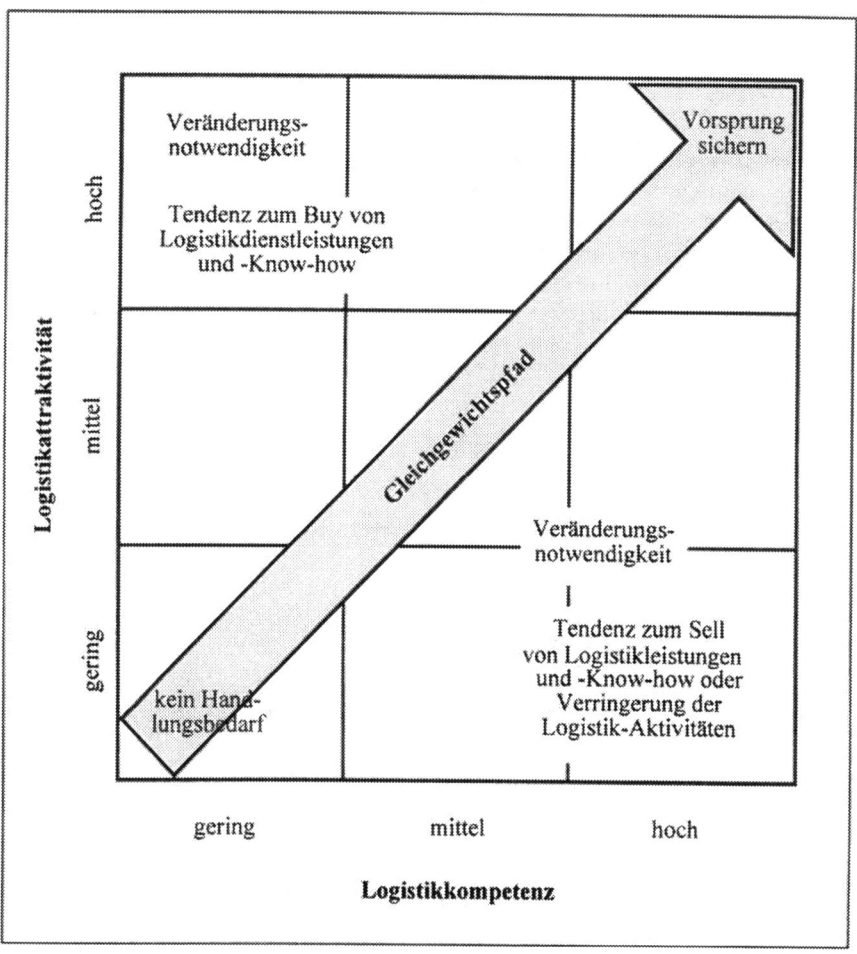

Quelle: Weber/Kummer 1994, S. 138
Abb. 4: Normstrategien im Logistik-Portfolio

Die *Logistikattraktivität* bringt die Bedeutung der Logistik zum Ausdruck. Sie wird begründet durch die Beeinflußbarkeit der Logistikkosten und der logistischen Differenzierungsparameter (Dimensionen des Lieferservice) sowie ihrer jeweiligen Bedeutung. Diesen Zusammenhang stellt Abb. 5 dar. Je stärker die jeweiligen Komponenten ausgeprägt sind, um so größer ist die Logistikattraktivität. Zu ihrer Ermittlung muß zunächst bestimmt werden, wie stark sich die Logistikkosten reduzieren lassen und welche Bedeutung dies im Hinblick auf die Wettbewerbsposition in dem betrachteten Geschäftsfeld hat. Entsprechende Analysen sind für das Differenzierungspotential vorzunehmen. Eine Aggregation der ermittelten Ergebnisse kann etwa mit Hilfe der für die Portfolio-Analyse typischen, wenige Klassen („gering", „mittel", „hoch") umfassenden „Rastertechnik" erfolgen (Pfohl 1997, S. 635; zur Vorgehensweise vgl. Weber/Kummer 1994, S. 134 f.). Auch lassen sich komplexere Methoden wie etwa die Nutzwertanalyse o.ä. einsetzen.

Eine vergleichsweise hohe Logistikattraktivität legt einen Einsatz der Logistik als Wettbewerbsinstrument nahe. Allerdings erfordert dies auf Seiten des Managements die Fähigkeit zur Umsetzung entsprechender Logistikkonzepte. Diese als *Logistikkompetenz* bezeichnete Fähigkeit ist dann als besonders ausgeprägt einzuschätzen, wenn die Unternehmen die kritischen Logistikprozesse in Planung, Realisierung und Kontrolle vollständig beherrscht (vgl. Pfohl 1997, S. 635; ein möglicher Ansatz zur Ermittlung der Logistikkompetenz ist in Weber/Kummer 1994, S. 136 f. dargestellt).

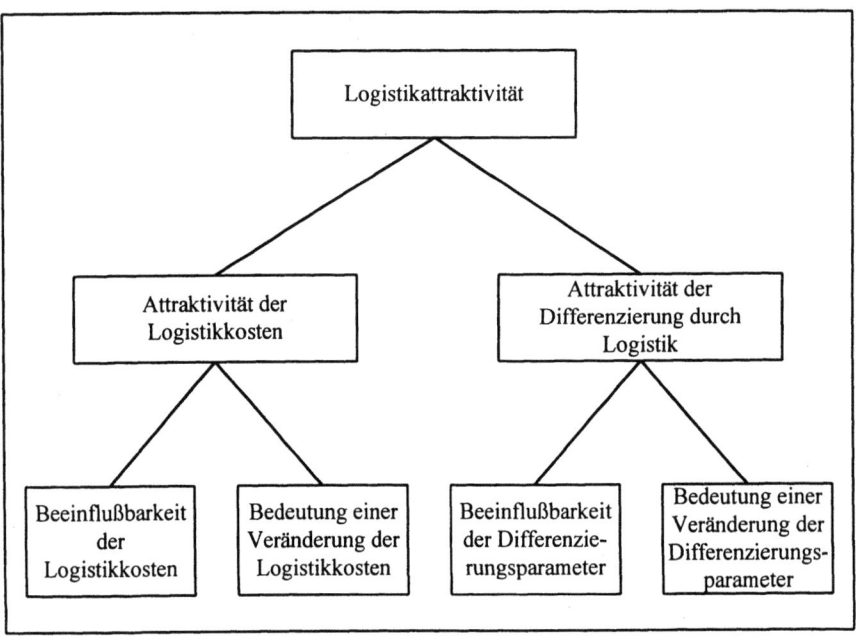

Abb. 5: Einflußgrößen der Logistikattraktivität

Aus der Gegenüberstellung von Logistikattraktivität und Logistikkompetenz lassen sich dann Handlungsempfehlungen im Sinne von Normstrategien ableiten. Auf dem Gleichgewichtspfad stehen Logistikattraktivität und -kompetenz in einem ausgewogenen Verhältnis zueinander. Bei einer hohen Logistikattraktivität und lediglich geringer Logistikkompetenz besteht ein großer Handlungsbedarf, da die Wettbewerbsfähigkeit der Unternehmen bedroht ist. Beansprucht der Aufbau einer eigenen Logistikkompetenz viel Zeit, bieten sich als kurzfristige Handlungsoptionen die Vergabe von Logistikaufgaben an kompetente Logistikdienstleister und der Erwerb von Know-how von einschlägigen Beratungsunternehmen an. Im Fall geringer Logistikattraktivität, aber hoher Logistikkompetenz liegt es für die Unternehmen dagegen nahe, ein neues Geschäftsfeld „Logistik" zu entwickeln und als Logistikdienstleister und -berater tätig zu werden (vgl. Weber/Kummer 1994, S. 136).

In der letztlich wenig differenzierten Vorgehensweise der traditionellen Portfolio-Technik liegen sowohl ihre Stärken als auch ihre Schwächen begründet. Einerseits läßt sich schnell der logistische Handlungsbedarf grob einschätzen, andererseits dürfte eine tiefergehende Analyse der einzelnen Bewertungsschritte die Validität der Ergebnisse oft in Frage stellen. Problematisch ist zweifelsohne die lediglich globale Bewertung der Beeinflußbarkeit der Differenzierungsparameter und deren Bedeutung, die der Vielfalt der Lieferservice-Komponenten nicht gerecht wird. Eine differenzierte Vorgehensweise erfordert dagegen einen erheblichen zusätzlichen, möglicherweise kaum zu bewältigenden Analyse- und Bewertungsaufwand. Wenig überzeugen auch die bisher vorgeschlagenen Ansätze zur Einordnung der Unternehmen hinsichtlich ihrer Logistikkompetenz (vgl. Weber/ Kummer 1994, S. 136 f.). Ein zentraler methodischer Kritikpunkt bezieht sich schließlich darauf, daß die geschilderte Vorgehensweise implizit eine Unabhängigkeit der Komponenten unterstellt, aus denen sich die Logistikattraktivität zusammensetzt. Nur dann ist eine isolierte Bewertung der einzelnen Komponenten zulässig. Im Hinblick auf den Zusammenhang zwischen der Höhe des Lieferserviceniveaus und der Logistikkosten erscheint diese Annahme als äußerst problematisch.

4 Taktische Logistikplanung

Auf der Ebene der taktischen Planung geht es aus logistischer Sicht darum, Produktprogramm und Unternehmenspotentiale der gewählten Logistikstrategie entsprechend zu gestalten.

4.1 Logistische Aspekte der Gestaltung von Produkt, Produktprogramm und Verpackung

4.1.1 Produkt und Produktprogramm

Bereits die Produktgestaltung determiniert, welche logistischen Leistungen erbracht werden müssen, um das Produkt durch das logistische System zu schleusen. Die Flußqualität des Produktes wird damit zu einem konstruktionsrelevanten Tatbestand (Weber/Kummer 1994, S. 153 f.).

Anforderungen, die ein Produkt an das Logistiksystem stellt, kommen in der Vielfalt der Teile, aus denen sich das Produkt zusammensetzt, und ihrer Singularität zum Ausdruck (vgl. hierzu und im folgenden Weber/Kummer 1994, S. 151 ff.). Bei vielen Produkten läßt sich – zumeist absatzpolitisch bedingt – eine Entwicklung zu immer komplexeren Konstruktionen aufzeigen. Personenkraftwagen werden etwa mit zusätzlichen Komponenten wie Airbags, ABS, elektronischen Stabilisierungssystemen usw. ausgestattet. Die erhöhte *Teilevielfalt* bewirkt, daß der Fertigungsumfang und damit die Durchlaufzeiten tendenziell zunehmen. Außerdem erfordert sie ein komplexeres Beschaffungssystem und ggf. eine zusätzliche Lagerhaltung.

Als singulär wird ein Teil bezeichnet, das lediglich in ein einziges Endprodukt eingeht. Ein hoher *Anteil singulärer Teile* weist auf unausgeschöpfte Möglichkeiten zum Einsatz standardisierter Bauteile und Baugruppen hin. So verwenden einige Automobilproduzenten etwa über mehrere PKW-Typen hinweg identische, für gewisse Typen überdimensionierte Außenspiegel, Scheibenwischerschaltungen u.ä. Den erhöhten Vorproduktkosten auf der einen Seite stehen auf der anderen Seite geringere Logistikkosten durch vereinfachte Beschaffungsprozesse und reduzierte Lagerbestände gegenüber.

Um unterschiedliche Marktsegmente differenziert bearbeiten zu können, ist absatzpolitisch häufig auch eine größere Vielfalt an Produkttypen und -varianten erwünscht. Die zunehmende *Breite des Produktprogramms* verschärft unmittelbar die sich aus der Vielfalt und Singularität der Teile ergebenden logistischen Konsequenzen. Komplexere Abläufe und ein erhöhter Koordinierungsaufwand verursachen Steigerungen bei verschiedenen Kostenkomponenten („Komplexitätskosten"). Auch führt eine zunehmende Produktdifferenzierung zu höheren Lagerbeständen (vgl. auch die Darstellung in Pfohl 1996, S. 209). Damit steigen insbesondere auch die Stückkosten der Lagerung, wobei der Effekt noch dadurch verschärft wird, daß mit der Produktdifferenzierung auch die Gefahr von Fehlprognosen bezüglich des zukünftigen Bedarfs zunimmt, was wiederum das Halten erhöhter Sicherheitsbestände nahelegt. Zumindest bei traditionellen Fertigungssystemen sind außerdem Auswirkungen auf die Durchlaufzeiten und den Lieferservice denkbar, da sich die Rüstzeitanteile erhöhen.

Die Beherrschung der Vielfalt von Produkten und Teilen ist damit unter logistischen Aspekten von zentraler Bedeutung. Zur Reduktion der Vielfalt läßt sich auf folgende Maßnahmen zurückgreifen:
– Reduktion der Produkttypen und -varianten
– Vereinfachung der Produkte
– Verwendung einheitlicher bzw. standardisierter Vorprodukte.

Eine weitere Vorgehensweise besteht darin, die konkrete Ausgestaltung zu einem differenzierten Endprodukt durch einige wenige Teile auf einer möglichst späten Stufe der Wertschöpfungskette stattfinden zu lassen. Auf diese Weise kann den Bedürfnissen des Absatzbereichs nach einem breiteren Produktprogramm Rechnung getragen werden, während sich auf den vorgelagerten Stufen die Variantenzahl einschränken und der Strom der Vor- und Zwischenprodukte verstetigen läßt. Dieser Grundgedanke des „Assembly Postponement" kommt beispielsweise in der von einigen Unternehmen der Automobilindustrie verfolgten „Plattformstrategie" zum Ausdruck. So werden etwa von der Volkswagen AG in den unterschiedlichen, im Konzern produzierten Modellen einer bestimmten PKW-Klasse (etwa VW Golf, Audi A3, Skoda Octavia) baugleiche Komponenten verwendet, soweit sie der Kunde nicht sieht oder spürt. Derartige Komponenten (Tank, Fahrwerk, Fahrzeugboden u.a.) werden unter dem Begriff „Plattform" zusammengefaßt. Die Differenzierung erfolgt über den sog. „Hut", das sind für den

Kunden sichtbare und wichtige Komponenten, mit denen die Plattformen zu eigenständigen Modellen vervollständigt werden. Die Volkswagen AG plant, in Zukunft mit lediglich vier Plattformen die gesamte Modellpalette des Konzerns (über 50 Modelle) abdecken zu können (vgl. auch Piëch 1997).

4.1.2 Verpackung

Als Verpackung bezeichnet man die Umhüllung eines Pack- oder Füllgutes unter Einsatz eines Packmittels (Dose, Flasche, Schachtel usw.) und von Packhilfsmitteln (zum Verschließen, Öffnen, Sichern, Kennzeichnen und Dosieren) (vgl. Isermann 1996, Sp. 2162). Aus logistischer Sicht sollen Verpackungen die Durchführung von Logistikprozessen ermöglichen bzw. erleichtern. Im einzelnen ergeben sich daraus die folgenden wichtigsten logistischen Funktionen der Verpackung:

– *Schutzfunktion*
Mit der Verpackung wird zunächst der Schutz des Füll- bzw. Packgutes bezweckt. Sie soll gewährleisten, daß das Gut beim Kunden unbeschädigt (Schutz gegen Schäden beim Transport und Umschlag) und in der richtigen Menge (Schutz gegen Diebstahl) ankommt. Andererseits sollen aber auch die an der Auslieferung beteiligten Menschen, Hilfsmittel, andere Transportgüter sowie die Umwelt schlechthin vor dem Packgut geschützt werden. Der Schutzfunktion wird im wesentlichen durch die Auswahl geeigneter Packmittel Rechnung getragen.

– *Lagerfunktion*
Schnell verderbliche Güter (bspw. Lebensmittel) werden durch eine geeignete Verpackung (Vakuumverpackung: „Einschweißen") erst lagerfähig bzw. länger lagerfähig gemacht. Die Lagerung wird erleichtert und ökonomischer gestaltet, wenn die Verpackung das Stapeln der Güter erlaubt. Im Hinblick auf die Stapelfähigkeit sind bei der Auswahl einer Verpackung vor allem die *Stabilität* und die *Haftreibung* der Verpackung von Bedeutung. Die Stabilität der Verpackung muß ausreichen, den Stapelstauchdruck der auf sie gestapelten Objekte aufzunehmen, die Haftreibung muß groß genug sein, um die Stabilität des Stapels zu sichern (vgl. Pfohl 1996, S. 142).

– *Transportfunktion*
Durch eine geeignete Verpackung wird für Fließgüter, Flüssigkeiten und Gase erst die Möglichkeit geschaffen, Standardtransportmittel (z.B. LKW) zum Transport einsetzen zu können. Die Stapelfähigkeit von Verpackungen erlaubt eine wirtschaftliche Nutzung des Transportraumes.

Bei der Auswahl einer Verpackung für ein Pack- bzw. Füllgut müssen zunächst die Anforderungen ermittelt werden, die sich aus den zu erfüllenden logistischen und sonstigen Funktionen (vgl. dazu etwa Pfohl 1996, S. 144 ff.) ergeben. Damit ist die Alternativenmenge der Verpackungsentscheidung bereits stark eingeschränkt. In diesem Rahmen sind dann vor allem die Entscheidungsparameter „Art des Packmittels", „Form der Verpackung" und „Abmessung der Verpackung" festzulegen.

Die *Art des verwendeten Packmittels* (Packstoffart) bestimmt sich in erster Linie nach den ermittelten Anforderungen. Die Verwendung einer Packstoffart mit – im

Vergleich zu den Anforderungen – überdimensionierten Eigenschaften sollte aus Kostengründen unterbleiben. Neben den eigentlichen Kosten der Verpackung sind hier die (gewichtsabhängigen) Kosten des Transports und der Entsorgung (bspw. Lizenzgebühren für das Duale System Deutschland) entscheidungsrelevant (vgl. Isermann 1996, Sp. 2176 ff.).

Bezüglich der *Form der Verpackung* ist darauf zu achten, daß sie eine möglichst gute Nutzung der eingesetzten Ladungsträger erlaubt. Grundsätzlich eignen sich in diesem Zusammenhang etwa Rechteckverpackungen besser als Rundtrommeln (bspw. üblich für Konserven).

Die *Abmessungen der Verpackung* sind einerseits unmittelbar im Hinblick auf gewisse Kosten der Logistik, insbesondere auf volumenabhängige Transport- und Lagerkosten, von Bedeutung. Andererseits bestimmen die Abmessungen der Verpackung aber auch den Grad, mit dem die Ladeeinheiten (Paletten, Kleincontainer) genutzt werden können, wodurch wiederum Transport- und Lagerkosten beeinflußt werden. Bereits durch geringfügige Änderungen der Abmessungen lassen sich z.T. signifikante Verbesserungen des Nutzungsgrades erreichen. In Bischoff (1997) ist aufgezeigt, welche Kombinationen der Abmessungen einer rechteckigen Verpackung einen hundertprozentigen Nutzungsgrad (bei jeweils optimaler Anordnung) der Euro- und der UK-Palette erlauben. Dabei wird das sog. *Manufacturer's Pallet Loading Problem* unterstellt, bei dem die Palette homogen, d.h. nur mit einem einzigen Packstücktyp, beladen werden soll. Beim *Distributer's Pallet Loading Problem* sind Packstücke unterschiedlicher Abmessungen auf Paletten anzuordnen. Zur praktischen Lösung derartiger Problemstellungen hat die Verpackungsindustrie – abgestimmt auf die gängigsten Palettengrößen – ein System modularer Transportverpackungen entwickelt, die bei einer einheitlichen Höhe der Verpackung eine vollständige Überdeckung der jeweiligen Grundfläche ermöglicht. Verpackt man zunächst die einzelnen Packstücke – etwa nach Empfängern oder Artikeln geordnet – in eine jeweils am besten geeignete Transportverpackung und ordnet man diese dann auf der Palette an, so ergibt sich wieder eine ebene Fläche, die zur Stapelung weiterer Einheiten genutzt werden kann.

4.2 Logistische Aspekte der Gestaltung des Produktionssystems

4.2.1 Logistische Grundkonzeptionen für die Produktion

Zur Sicherstellung eines definierten Lieferservicegrades lassen sich in der Produktion zwei Grundkonzepte verfolgen (vgl. Zäpfel 1993, S. 33), nämlich die Sicherstellung des Lieferservice aus Beständen und die Sicherstellung des Lieferservice aus absatznaher Produktion.

Die *Sicherstellung des Lieferservice aus Beständen* stellt die traditionelle Vorgehensweise dar. Es werden tendenziell auf allen Stufen, insbesondere aber zum Ende des Produktionsprozesses hin, Lagerbestände gehalten, um eine externe (oder auch interne) Nachfrage unmittelbar daraus oder aber nach Absolvierung eines möglichst geringen Restfertigungsumfangs befriedigen zu können. Die Aufgabe der Logistik besteht in diesem Zusammenhang darin, die Höhe der Lagerbestände zu bestimmen, die ausreicht, den gewünschten Lieferservicegrad zu ge-

währleisten (*Materialbestandsoptimierung*). Die Nachteile eines solchen Konzeptes lassen sich wie folgt zusammenfassen (vgl. Zäpfel 1993, S. 46):
- Voraussetzung für den Erfolg des Systems ist eine gute Prognostizierbarkeit des Bedarfs. Aufgrund der gestiegenen Vielfalt an Produkttypen und -varianten stellen sich derartige Prognosen jedoch als immer schwieriger heraus. Mit der Gefahr von Fehlprognosen wächst aber einerseits auch das Risiko, Lagerbestände an schwer oder nicht verkaufbaren Produkten halten zu müssen, während es andererseits bei Produkten, deren Bedarf zu niedrig prognostiziert wurde, trotz Lagerhaltung zu Fehlmengen kommt.
- Das Halten von Lagerbeständen verursacht erhebliche Kosten der Lagerhaltung (anteilige Abschreibungen auf die Lagereinrichtungen; Kapitalbindungskosten) und des innerbetrieblichen Transports (anteilige Abschreibungen auf die Fördereinrichtungen, die Produktion und Lager untereinander verbinden; Energiekosten).
- Bestände verdecken Schwachstellen im Produktionsprozeß (unabgestimmte Kapazitäten, hohe Ausschußraten, hohe Rüstzeiten).

Das Konzept der *Sicherstellung des Lieferservice aus absatznaher Produktion* ist auf eine bestandslose bzw. bestandsarme Produktion ausgerichtet, die mit Hilfe einer weitgehenden, möglichst alle Produktionsstufen betreffenden Synchronisation von Bedarfs- und Produktionsmengen realisiert wird. Die Produktion ist auf allen Stufen so auszulösen, daß die jeweils benötigten End- und Zwischenprodukte gerade termingerecht und nur in der benötigten Menge bereitgestellt werden. Eine derartige *Just-in-Time-Produktion* (JIT-Produktion) setzt – wenn lange Lieferzeiten und die daraus folgenden Wettbewerbsnachteile vermieden werden sollen – eine umfassende *Materialflußoptimierung* mit dem Ziel voraus, die Durchlaufzeiten drastisch zu verkürzen. Dabei stehen weniger kurzfristige Maßnahmen zur Verbesserung des Prozeßablaufs, sondern eher solche zur Neugestaltung der Materialflußstruktur im Vordergrund. Hierzu gehören im einzelnen (vgl. im folgenden Zäpfel 1993, S. 48 ff.):
- *Rüstzeitreduktion*
Eine Reduktion der Rüstzeiten vermindert unmittelbar die Durchlaufzeiten eines Loses. Ebenfalls ermöglichen kürzere Rüstzeiten, daß auch kleinere Lose wirtschaftlich gefertigt werden können, so daß auch aufgrund der kürzeren Fertigungszeiten die mittlere Durchlaufzeit in der Produktion sinkt.
- *Qualitätssicherung*
Damit der Materialfluß bei einer Just-in-Time-Produktion nicht zum Erliegen kommt, ist es unumgänglich, daß jede Bearbeitungsstation nur fehlerfreie Teile weitergibt, denn es fehlen Materialbestände, die Qualitätsfehler auffangen könnten. Nacharbeit verlängert die Durchlaufzeiten der betreffenden Aufträge, Eilaufträge haben Umplanungen bei anderen Aufträgen mit verlängerten Durchlaufzeiten zur Folge.
- *Kapazitätsanpassung und Instandhaltung*
Die mittleren Durchlaufzeiten steigen mit zunehmender Kapazitätsauslastung überproportional an (zu diesem Zusammenhang vgl. Zäpfel 1989, S. 206). Durch ein Vorhalten von Kapazitätsreserven lassen sich dann auch bei schwan-

kenden Nachfragemengen und hohen Auslastungsgraden noch kurze Lieferzeiten garantieren. Grundsätzlich findet damit eine Substitution der Kapitalbindung im Umlaufvermögen (Lagerbestände) durch eine Kapitalbindung im Anlagevermögen statt. Extrem hohe Auslastungsgrade lassen sich auch durch eine sorgfältige (vorbeugende) Instandhaltung verringern. Diese hat einerseits das Ziel, den Ausfall von Kapazitäten zu verhindern und damit die Anlagenverfügbarkeit zu erhöhen. Andererseits sollen bereits eingetretene Störungen umgehend und schnell beseitigt werden, da sich diese ansonsten – aufgrund der nicht vorhandenen Pufferlagerbestände – in andere Materialflußbereiche fortpflanzen würden.

Im Hinblick auf die Umsetzung der genannten Maßnahmen zur Materialflußoptimierung kommt vor allem der Produktionssegmentierung und der Produktionsorganisation nach dem Gruppenprinzip (*Zentrenfertigung*; auch: *Gruppenfertigung*) eine zentrale Bedeutung zu. Dabei werden verschiedene Produktionssegmente gebildet, in denen jeweils ähnliche, fertigungstechnisch verwandte Bauteile, Baugruppen oder Enderzeugnisse (Teilefamilien, Erzeugnisfamilien) möglichst vollständig gefertigt werden sollen und die deshalb Arbeitssysteme unterschiedlicher Funktionen umfassen. Aufgrund der Ähnlichkeit der zu bearbeitenden Werkstücke fallen die Rüstzeiten in einem solchen Fertigungszentrum von vornherein gering aus. Durch den Einsatz (umrüst-) flexibler Produktionsanlagen, die einen automatischen Werkzeugwechsel ermöglichen, lassen sich die Rüstzeiten noch weiter reduzieren. Das auf dem Prinzip der Selbstverantwortung der Arbeitnehmer basierende Gruppenprinzip bietet außerdem einen Ansatzpunkt zur Integration von Maßnahmen der Qualitätssicherung durch Selbstkontrolle (bspw. durch die Bildung von Qualitätszirkeln). Schließlich können auch Aufgaben der vorbeugenden Instandhaltung auf die Gruppenmitglieder übertragen werden. Für die Produktionssteuerung im JIT-System stehen verschiedene Konzepte zur Verfügung, von denen das bereits in den 50er Jahren bei Toyota in Japan entwickelte *KANBAN-System* das bekannteste sein dürfte (vgl. dazu den Beitrag „Produktion" in diesem Band).

4.2.2 Layoutplanung

Im Mittelpunkt der Layoutplanung (auch: innerbetriebliche Standortplanung) steht die Frage, wie die ortsgebundenen Betriebsmittel des Produktionsbereichs (Maschinen, Arbeitsplätze, Fertigungsanlagen, Lager usw.) auf einem sog. Standortträger, d.h. auf einer vordefinierten Fläche (etwa der Grundfläche einer Fabrikhalle), dauerhaft angeordnet werden sollen. Innerbetriebliche Standortentscheidungen legen den Umfang der Logistikleistungen (insbes. der Transportleistungen) fest, die zur Bewältigung der zwischen den Anordnungsobjekten auftretenden Materialströme erforderlich sind. Tendenziell geht es darum, solche Objekte, zwischen denen umfangreiche Transportleistungen zu erbringen sind, möglichst nahe beieinander anzuordnen, während für andere, die kaum durch Materialströme verbunden sind, weiter voneinander entfernte Standorte gewählt werden können. Falsche oder schlechte Standortentscheidungen verursachen überflüssige und/oder zu umfangreiche Transportvorgänge und damit hohe Materialflußkosten und verlängerte Durchlaufzeiten. Daneben werden aber auch überhöhte Fixkostenblöcke (überdimensionierte Transportsysteme, Zwischenlagerflächen etc.) aufgebaut, welche die Erfolgsrechnung der Unternehmen dauerhaft belasten, da eine einmal realisierte innerbetriebliche Standortverteilung (*Layout*) in der Regel nur längerfristig revidierbar ist.

Die wesentliche Grundlage der Layoutplanung bildet der zu realisierende Organisationstyp der Fertigung, durch den die Grundstruktur der Standortverteilung u.U. bereits weitgehend festgelegt ist (vgl. hierzu und im folgenden Wäscher 1994, S. 254 ff.). Beim Organisationstyp der *Fließfertigung* erfolgt die Anordnung der Arbeitssysteme in der Abfolge der an den Werkstücken zu vollziehenden Bearbeitungsvorgänge (linear) hintereinander. Ein eigentliches Layoutproblem (im Sinne einer relativen Positionierung der Arbeitssysteme) existiert hier nicht, da die Reihenfolge der Arbeitssysteme in der linearen Anordnung mit der Bildung der Arbeitsstationen feststeht. Die Fließstrecke ist dann lediglich durch eine geeignete Wegführung des fest zu installierenden Fördersystems, das den Transport der Werkstücke zwischen den Arbeitssystemen übernimmt, an die Gegebenheiten des Standortträgers anzupassen.

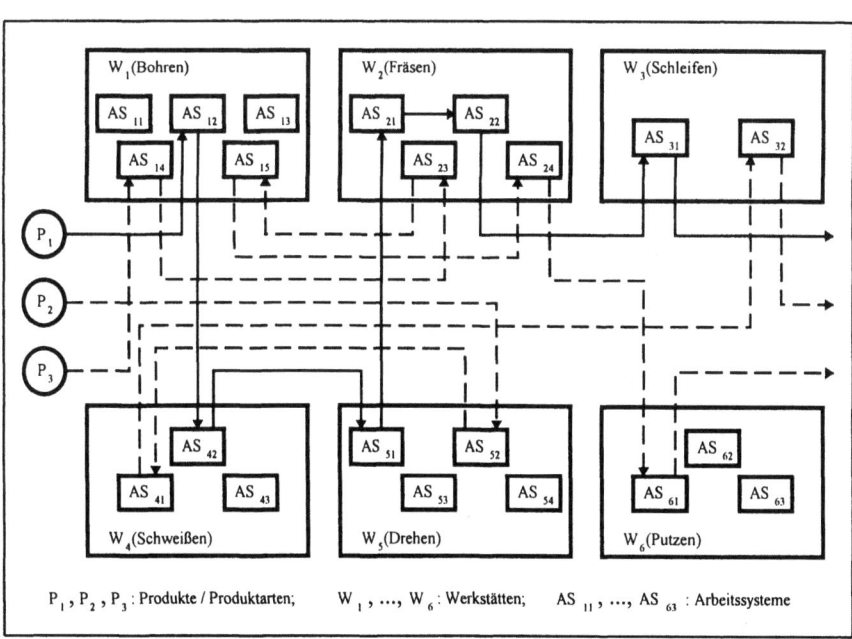

Quelle: Wäscher 1994, S. 256
Abb. 6: Materialfluß bei Werkstattfertigung

Bei der *Werkstattfertigung* werden solche Arbeitssysteme, die gleichartige Aufgaben erfüllen, räumlich zu Einheiten, sog. Werkstätten (z.B. Dreherei, Fräserei) zusammengefaßt. Da innerhalb dieser Einheiten zwischen den Arbeitssystemen kaum Materialflußbeziehungen auftreten (vgl. Abb. 6), besteht das Layoutproblem im wesentlichen darin, die Werkstätten relativ zueinander zu positionieren. Hierfür stehen u.a. verschiedene graphentheoretische Lösungsansätze (vgl. Wäscher/ Merker 1997, Merker 1998) zur Verfügung.

Bei dem Organisationstyp der *Zentrenfertigung* werden die Zentren im Idealfall so gebildet, daß keine Transporte zwischen ihnen mehr vorkommen. Die Anordnung der Zentren zueinander ist dann im Hinblick auf die Gestaltung des Materialflusses weitgehend bedeutungslos. Die in der Praxis realisierten Fertigungszentren entsprechen dem Idealfall jedoch nur selten vollständig, so daß auch Transporte zwischen den Zentren auftreten. Analog zur Werkstattfertigung muß sich die Layoutplanung dann auch mit der relativen Anordnung der Zentren befassen. Stets tritt außerdem ein zentreninternes Layoutproblem auf, bei dem es um die Anordnung der Arbeitssysteme in den einzelnen Zentren geht. Sofern sich in den Zentren nicht, wie in Abb. 7 idealerweise dargestellt, ein linearer Materialfluß realisieren läßt, kann das in Tafel 1 dargestellte *Quadratische Zuordnungsproblem* als Modell für die zentreninterne Layoutplanung verwendet werden. Dabei ist unterstellt, daß auf dem Standortträger bereits die potentiellen Standorte identifiziert seien und jeder Standort jedes Arbeitssystem aufnehmen kann.

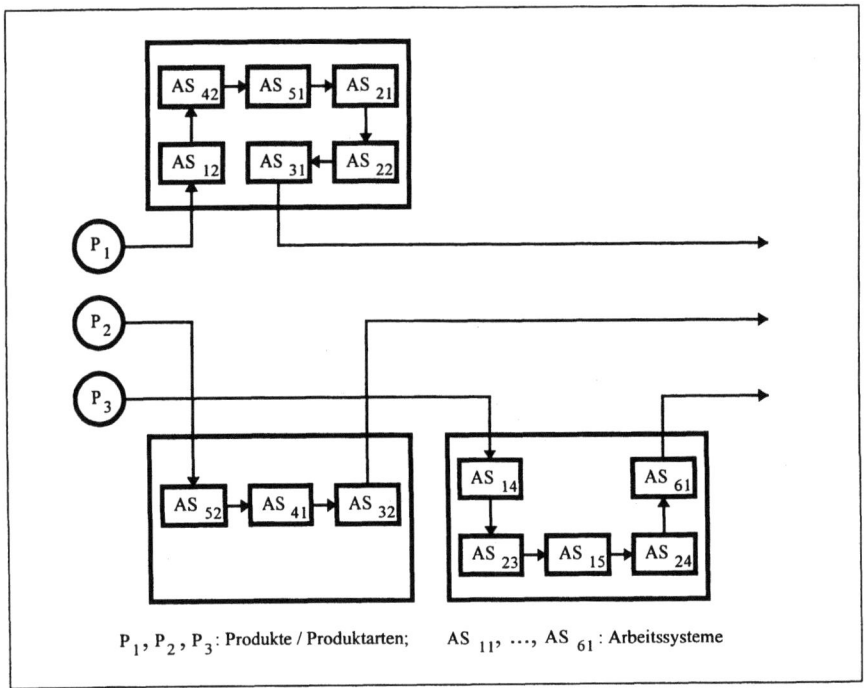

Quelle: Wäscher 1994, S. 260
Abb. 7: Materialfluß bei Zentrenfertigung

Ohne Einschränkung der Allgemeingültigkeit wird davon ausgegangen, daß die Anzahl $|J|$ der Standorte identisch der Anzahl $|I|$ der anzuordnenden Arbeitssysteme (AS) ist: $|I| = |J| = n$. Die Restriktionen (4.2), (4.3) und (4.4) stellen sicher, daß jedes Arbeitssystem genau einem Standort zugeordnet wird. Die Zielfunktion (4.1) bewirkt, daß solche Paare von Arbeitssystemen, zwischen denen intensive Transportbeziehungen bestehen, in möglichst geringer Entfernung voneinander angeordnet werden. Repräsentiert d_{ir} etwa die Anzahl der von AS i zum AS r zu transportierenden Paletten und e_{js} die Entfernung vom Standort j zum Standort s in Metern, dann beinhaltet x_0 als Zielwert die Transportleistung in Palettenmetern, die zur Bewältigung des Materialflusses zu erbringen ist.

Minimiere

(4.1) $\quad x_0 = \sum\limits_{i \in I} \sum\limits_{\substack{r \in I \\ r \neq i}} \sum\limits_{j \in J} \sum\limits_{\substack{s \in J \\ s \neq j}} d_{ir} \cdot e_{js} \cdot y_{ij} \cdot y_{rs}$

unter den Restriktionen

(4.2) $\quad \sum\limits_{i \in I} y_{ij} = 1 \qquad$ für $j \in J$;

(4.3) $\quad \sum\limits_{i \in J} y_{ij} = 1 \qquad$ für $i \in I$;

(4.4) $\qquad\qquad y_{ij} \in \{0,1\} \qquad$ für $i \in I, j \in J$.

Dabei bedeute:

I : Indexmenge der Namen oder Nummern der anzuordnenden Arbeitssysteme (AS);
J : Indexmenge der Nummern der auf dem Standortträger identifizierten Standorte;
d_{ir} : entfernungsorientierte Kontaktintensität zwischen dem AS i und dem AS r (z.B. Gütermenge, die *vom* AS i *zum* AS r zu transportieren ist);
e_{js} : Entfernung *vom* Standort j *zum* Standort s;
y_{ij} : Zuordnungsvariable mit

$$y_{ij} = \begin{cases} 1, & \text{wenn das AS i } (i \in I) \text{ dem Standort } j \, (j \in J) \\ & \text{zugeordnet wird;} \\ 0, & \text{sonst,} \end{cases} \quad \text{für } (i, j) \in I \times J;$$

x_0 : Zielvariable.

Tafel 1: Quadratisches Zuordnungsproblem

Das Quadratische Zuordnungsproblem gehört zur Klasse der sog. NP-vollständigen Probleme, für die der Rechenaufwand *exakter* (d.h. nach endlich vielen Schritten zum Optimum führender) *Lösungsverfahren* mit zunehmender Problemgröße (im „worst case") exponentiell anwächst. Auf größere Quadratische Zuordnungsprobleme (n > 20) lassen sich deshalb – zur Vermeidung prohibitiver Rechenzeiten – allenfalls *heuristische Lösungsverfahren* anwenden (zum Begriff des heuristischen Lösungsverfahrens vgl. Streim 1975). Diese teilt man in Eröffnungs- und Verbesserungsverfahren ein. Die Verfahren des ersten Typs (auch Konstruktionsverfahren genannt) dienen zur Konstruktion einer Ausgangslösung, die man dann mit einem Verfahren des zweiten Typs zu verbessern versucht. Dabei kann man so vorgehen, daß man überprüft, ob sich durch den Austausch der Standorte für zwei (oder mehrere) Arbeitssysteme der Zielwert verbessern läßt.

Hat man ein solches Paar von Objekten gefunden, führt man den Austausch durch und sucht nach weiteren zielwertverbessernden Austauschmöglichkeiten. Dieses *Zweieraustauschverfahren* bricht ab, wenn kein zielwertverbessernder Austausch mehr gefunden wird. Derartige traditionelle Verbesserungsverfahren haben den Nachteil, daß sie in lokalen Optima „hängenbleiben", aus denen sie nicht mehr entkommen können. Neuere Verfahrensentwicklungen (Simulated Annealing, Tabu Search u.ä.) überwinden diesen Nachteil, indem sie auch zielwertverschlechternde Austauschschritte zulassen. (Für eine Würdigung des Quadratischen Zuordnungsproblems in der Layoutplanung vgl. Wäscher 1994, S. 261 f.; in bezug auf Lösungsverfahren s. etwa Domschke/Drexl 1996, S. 204-221.)

4.3 Logistische Aspekte der Gestaltung des Beschaffungssystems

Aufgrund verstärkter Outsourcing-Bestrebungen hat der Beschaffungsbereich in den letzen Jahren erheblich an Bedeutung gewonnen. Durch das gestiegene Volumen der zu beschaffenden Vorprodukte sind auch die Anforderungen an das Logistiksystem gestiegen. Auf der taktischen Ebene lassen sich dabei zwei zentrale Entscheidungsprobleme identifizieren, nämlich (1) die Auswahl artikel- bzw. artikelgruppenbezogener Bereitstellungsprinzipien und (2) die Festlegung der Lieferantenstruktur.

4.3.1 Bereitstellungsprinzip

Für jeden zu beschaffenden Artikel bzw. jede Artikelgruppe ist ein geeignetes Bereitstellungsprinzip festzulegen, wobei grundsätzlich zwischen einer Vorratshaltung und einer einsatzsynchronen Anlieferung gewählt werden kann.

Bei einer *Vorratshaltung* von Vorprodukten strebt man eine Entkopplung von Beschaffung und Produktion an, um letztere unabhängig von Unwägbarkeiten und Störungen in der Beschaffung zu machen. Die Vorratshaltung ist regelmäßig mit dem Einkauf größerer Materialmengen verbunden, so daß sich Mengenrabatte erzielen lassen. Außerdem verteilen sich die Fixkosten der Bestellung auf eine größere Anzahl von Mengeneinheiten. Andererseits sind mit der Vorratshaltung Lagerkosten verbunden (Kosten des in den Lagerbeständen gebundenen Kapitals, anteilige Abschreibungen auf das Lagersystem), die das Betriebsergebnis belasten.

Bei der *einsatzsynchronen Anlieferung* (auch: *Just-in-Time-Anlieferung*; JIT-Anlieferung) werden die benötigten Vorprodukte zu den Terminen angeliefert, zu denen sie in der Produktion benötigt werden. Lagerbestände und -kosten lassen sich so vermeiden, allerdings greifen Verzögerungen bei der Materialanlieferung unmittelbar auf den Produktionsbereich über. Zunehmende Bedeutung hat das Konzept der einsatzsynchronen Anlieferung im Zusammenhang mit der Einführung der JIT-Produktion erlangt. Das in der Produktion realisierte Holprinzip wird damit in der Logistikkette konsequent auf die Zulieferer ausgedehnt.

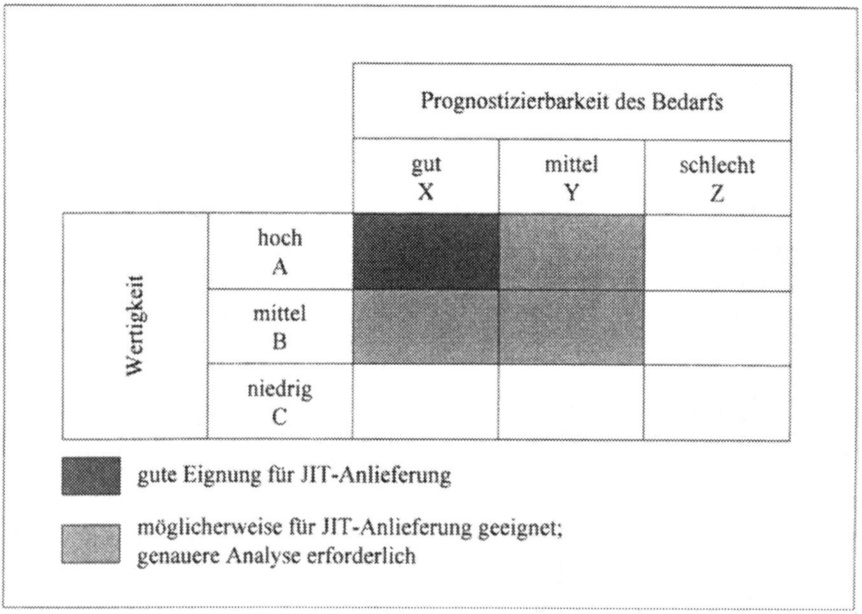

[Abbildung: Matrix mit Prognostizierbarkeit des Bedarfs (gut X, mittel Y, schlecht Z) und Wertigkeit (hoch A, mittel B, niedrig C); dunkel schraffiert: gute Eignung für JIT-Anlieferung; hell schraffiert: möglicherweise für JIT-Anlieferung geeignet; genauere Analyse erforderlich]

Quelle: In Anlehnung an Wildemann 1988, S. 30
Abb. 8: Kombinierte ABC-XYZ-Analyse

Die praktische Umsetzung der einsatzsynchronen Anlieferung erfordert üblicherweise eine Neugestaltung der traditionellen Beziehungen zwischen Produzent und Lieferant. Insbesondere ist der Zulieferer stärker in die Beschaffungsaktivitäten des Produzenten einzubinden. Hierzu wird üblicherweise zwischen den Partnern ein *Rahmenvertrag* abgeschlossen, der die auf einen längeren Zeitraum, normalerweise ein Jahr, bezogene Gesamtliefermenge eines Vorproduktes festlegt. Auf der Grundlage dieser Gesamtliefermenge erteilt der Produzent dem Zulieferer einen *Rahmenauftrag*, mit dem er seinen Bedarf für die nächsten drei Monate konkretisiert. Im Sinne einer rollierenden Planung erfolgt eine monatliche Aktualisierung des Rahmenauftrags. Beim Zulieferer löst der Rahmenauftrag eine Beschaffung der von ihm benötigten Vorprodukte, ggf. auch eine Vorproduktion aus. Der *Lieferabruf* erfolgt üblicherweise 12 bis 24 Stunden vor dem Einsatz in der Produktion und enthält Angaben über Art und Variante des bereitzustellenden Produktes, dessen Menge sowie den Bereitstellungstermin und den Bereitstellungsort (vgl. Schulte 1995, S. 153 ff.). Ein derartiges Abrufprogramm setzt eine Integration der Kommunikations- und Informationsbeziehungen zwischen Produzent und Lieferant voraus. Es sind unternehmensübergreifende Informationssysteme zu schaffen, die einen vollautomatischen Austausch der relevanten Daten (aus der Produktionsplanung des Produzenten abgeleitete Bedarfstermine; aktueller Auftragsbearbeitungsstand beim Zulieferer) ermöglichen. (Hinsichtlich der Konsequenzen für den Zulieferer vgl. Fandel/Reese 1989.)

Aufgrund des hohen organisatorischen und finanziellen Aufwands, der zur Realisierung einer JIT-Anlieferung erforderlich ist, sowie der Risiken, die mit einem vollständigen Abbau der Lagerbestände einhergehen, wird deutlich, daß die JIT-Anlieferung nur für ausgewählte Vorprodukte in Betracht kommt. Zur Beurteilung der jeweiligen Eignung für eine einsatzsynchrone Anlieferung schlägt Wildemann (1988, S. 22-30) den Einsatz einer kombinierten ABC-XYZ-Analyse vor. Die einzelnen Vorprodukte werden danach zunächst im Rahmen einer ABC-Analyse anhand ihrer Wertigkeit (etwa gemessen an dem jeweiligen Bedarfswert) und im Rahmen einer XYZ-Analyse hinsichtlich der Prognostizierbarkeit ihres Bedarfs klassifiziert. Durch Kombination der beiden Klassifikationssysteme erhält man insgesamt neun Klassen, von denen die AX-Vorprodukte besonders für eine JIT-Anlieferung geeignet sind (vgl. Abb. 8). Sie weisen eine hohe Wertigkeit (erheblicher Spielraum zur Reduktion von Lagerkosten) und eine gute Prognostizierbarkeit des Bedarfs (hohe Sicherheit bei der Disposition) auf. Auch in die Klassen AY, BX und BY, ggf. auch noch in CX eingeordnete Vorprodukte eignen sich für dieses Bereitstellungsprinzip.

4.3.2 Lieferantenstruktur

Der Gegenstand dieses Kapitels bildet die Frage, wie sich der Kreis der Lieferanten für eine Unternehmen nach Anzahl, Lieferumfang und Standorten zusammensetzen sollte.

Single vs. Multiple Sourcing

Traditionellerweise wurde in der deutschen Industrie (aber auch in der japanischen Industrie) der Bedarf für ein Vorprodukt im Wege des *Multiple Sourcing* (Mehrquellenversorgung) gedeckt. Die Verträge zwischen Produzent und Zulieferer besaßen nur vergleichsweise kurze Laufzeiten. Diese Politik zielte vor allem auf eine Förderung des Wettbewerbs unter den Zulieferern und damit letztlich auf niedrige Einstandspreise. Mit der Verteilung seiner Bedarfsmenge auf mehrere Zulieferer erreichte der Produzent gleichzeitig eine Risikostreuung für den Fall, daß ein Lieferant kurzfristig ausfiel.

In jüngerer Zeit läßt sich dagegen eine Entwicklung zu geringeren Lieferantenzahlen und dauerhaften Lieferbeziehungen beobachten. Eine geringere Lieferantenzahl – mit dem theoretischen Grenzfall des *Single Sourcing* (Einquellenversorgung) – wird geradezu als unabdingbare Voraussetzung für eine JIT-Anlieferung angesehen. Dies läßt sich mit dem aufwendigen Abrufsystem der JIT-Anlieferung begründen, das allenfalls für eine kleine Anzahl dauerhafter Partner noch wirtschaftlich vertretbar ist. Im übrigen bewirken auch die hohen Qualitätsanforderungen einen Selektionsprozeß unter den Lieferanten.

Aber auch in eher traditionell organisierten Beschaffungssystemen können die Produzenten durch Konzentration auf einige wenige Zulieferer und den Abschluß langfristig angelegter, partnerschaftlicher Verträge Vorteile erzielen. Praxisbeispiele belegen, daß sich sowohl die Einsatzpreise senken, die Qualität erhöhen und Beschaffungszeiten reduzieren lassen. Dazu trägt bei, daß langfristige Verträge bei den Zulieferern die Planungssicherheit erhöhen und eine bessere Kapazitätsabstimmung ermöglichen. Größere Liefermengen erlauben größere Lose und reduzieren damit den Rüstzeitanteil. Außerdem kommen Erfahrungskurveneffekte schneller zum Tragen.

Allerdings ergibt sich speziell beim Single Sourcing für den Produzenten ein erhebliches Versorgungsrisiko (vgl. im folgenden Corsten 1994, S. 675 f.), dem er etwa durch die Vereinbarung von hohen Konventionalstrafen für Lieferausfälle begegnen kann. Der Zulieferer wird dann seinerseits erhebliche produktionstechnische und logistische Anstrengungen unternehmen, damit er seinen Verpflichtungen nachkommen kann. Auch ist es in der Praxis durchaus üblich, die Abhängigkeit von den Zulieferern durch ein *Dual Sourcing* (Zweiquellenversorgung) zu reduzieren, etwa indem der Grundbedarf einem Hauptlieferanten zugeordnet wird, während Spitzen- und Eilbedarfe – zu höheren Kosten – von einem anderen Zulieferer abgedeckt werden.

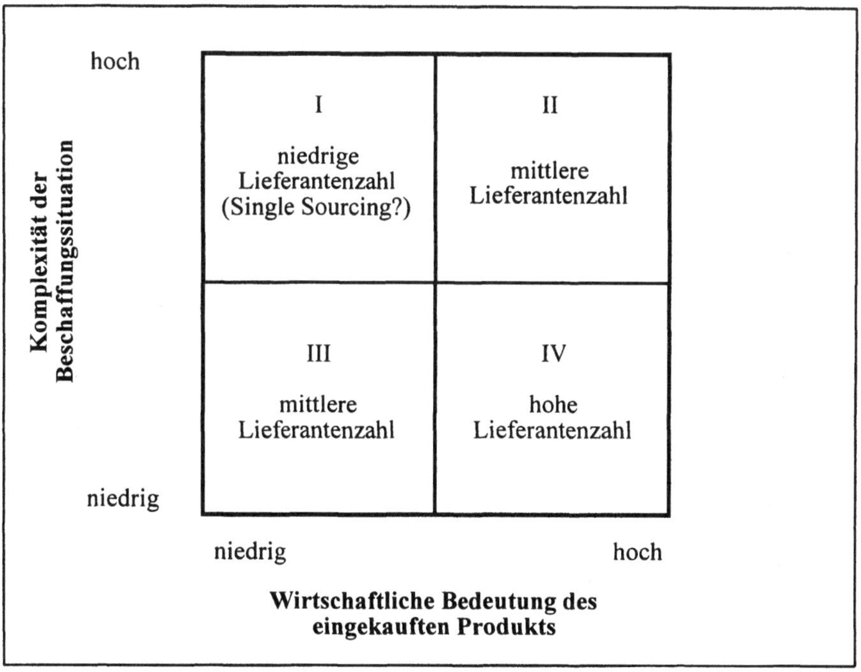

Komplexität der Beschaffungssituation hoch	I niedrige Lieferantenzahl (Single Sourcing?)	II mittlere Lieferantenzahl
niedrig	III mittlere Lieferantenzahl	IV hohe Lieferantenzahl
	niedrig	hoch
	Wirtschaftliche Bedeutung des eingekauften Produkts	

Quelle: Homburg 1995, S. 829
Abb. 9: Beschaffungs-Portfolio zur Ableitung von Normstrategien hinsichtlich der Lieferantenanzahl

Auf wie viele Lieferanten jeweils für ein Vorprodukt zurückgegriffen werden soll, ist anhand der konkreten Rahmenbedingungen zu entscheiden. Homburg (1995, S. 828 ff.) hat für derartige Entscheidungen ein Beschaffungs-Portfolio vorgestellt, das Empfehlungen hinsichtlich der Lieferantenanzahl im Sinne von Normstrategien gibt (vgl. Abb. 9). Er stellt dabei auf die Komplexität der Beschaffungssituation und die wirtschaftliche Bedeutung des Vorproduktes ab. Die niedrigste Lieferantenanzahl ergibt sich danach bei hoher Komplexität der Beschaffungssituation und geringer wirtschaftlicher Bedeutung des Vorprodukts.

Unit vs. Modular Sourcing

In traditionellen Zulieferer-Abnehmer-Beziehungen steht für den Produzenten die Beschaffung von Einzelteilen (units), also von Vorprodukten geringer Komplexität, im Vordergrund (*Unit Sourcing*). Typischerweise ist eine Vielzahl dieser Units (von unterschiedlichen Zulieferern) zu beschaffen, die dann erst zum Ende der Wertschöpfungskette zu einem funktionsfähigen Produkt zusammengebaut werden (vgl. hierzu und im folgenden Arnold 1996, Sp. 1865 f.). Bei modernen Sourcing-Konzepten strebt man dagegen an, möglichst komplette Module zu beschaffen (*Modular Sourcing*). Dabei handelt es sich um Baugruppen (im Automobilbau das vormontierte Armaturenbrett, Türmodule, das sog. Front-End usw.), die komplett und ohne weitere physische Veränderung in die Endprodukte der beschaffenden Unternehmen eingehen (vgl. Abb. 10).

Aus logistischer Sicht ergeben sich bei einem Übergang zum Modular Sourcing die folgenden Auswirkungen:

– *Vereinfachung der Beschaffungsprozesse*
An die Stelle einer Vielzahl aufeinander abzustimmender Beschaffungsaktivitäten tritt ein einziger Beschaffungsvorgang für das betreffende Modul. Das Unternehmen muß nur noch mit einem Zulieferer in Verbindung treten. Damit reduzieren sich Koordinierungs- und Kommunikationskosten.

– *Veränderung der Lagerbestandsstruktur*
Die Lagerhaltung für die Einzelteile wird auf die Zulieferer bzw. den Hersteller des Moduls übergewälzt. Anstelle der Einzelteile muß der Produzent nun aber ggf. das Modul lagern, das einen tendenziell höheren Wertschöpfungsgrad repräsentiert als die Gesamtheit der darin enthaltenen Teile. Das macht deutlich, daß Modular Sourcing dann besonders große Kostenreduktionen herbeiführt, wenn es mit dem Konzept der JIT-Anlieferung verbunden wird.

– *Verringerung der Fertigungstiefe*
Die Fertigungsprozesse, in denen zuvor die Einzelteile zusammengebaut wurden, entfallen. Für die Unternehmen reduzieren sich die Durchlaufzeiten, in gesamtlogistischer Sicht verlagern sie sich jedoch nur auf einen anderen Teilnehmer in der Logistikkette.

Grundsätzlich geht mit der Auslagerung von Produktionsprozessen längerfristig fertigungstechnisches Know-how verloren. Ob und in welchem Umfang derartige „Outsourcing"-Maßnahmen durchgeführt werden sollen, bestimmt sich danach, was das Unternehmen als seine Kernkompetenzen ansieht. Alle Aktivitäten, die nicht dazu gerechnet werden, stehen grundsätzlich zur Disposition. Eine Wirtschaftlichkeitsanalyse muß dann Aufschluß darüber geben, ob eine gewisse Aktivität selbst durchgeführt oder eher durch einen Fremdbezug geeigneter Teile und Module abgedeckt werden soll.

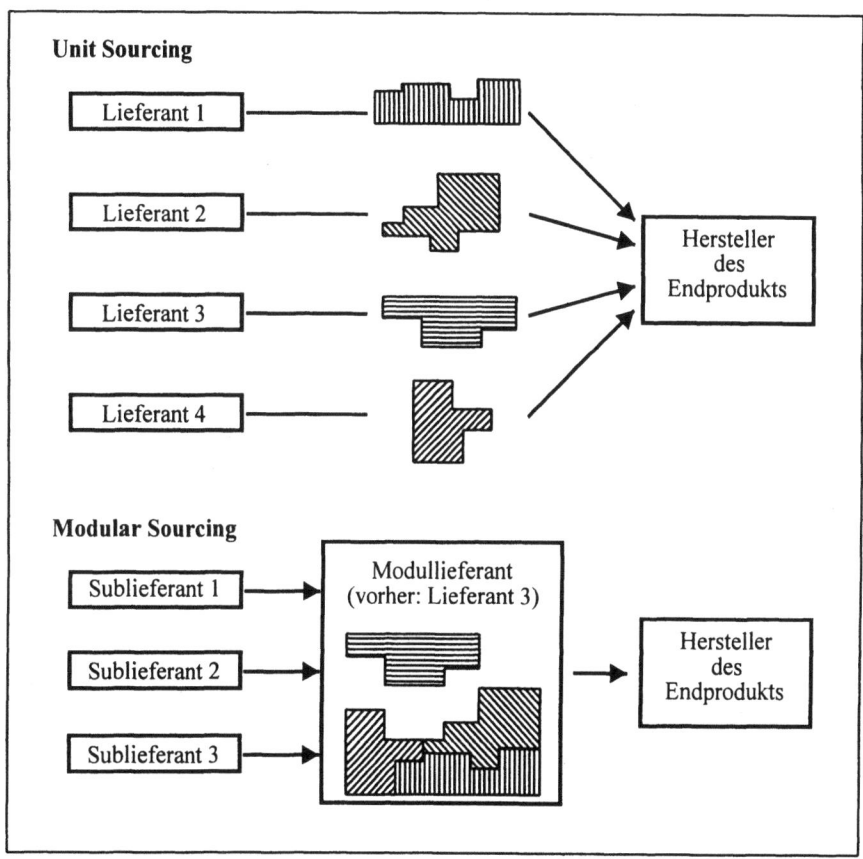

Quelle: In Anlehnung an Eicke/Femerling 1991, S. 33 f.
Abb. 10: Unit Sourcing und Modular Sourcing

Local vs. Global Sourcing

Der Begriff des *Local Sourcing* bezeichnet eine Beschaffungsform, bei der die benötigten Vorprodukte von einem Zulieferer bezogen werden, dessen Standort bzw. Produktionsort sich in der Nähe der beschaffenden Unternehmen bzw. des Verbrauchsortes befindet. Derartige Zulieferer-Abnehmer-Beziehungen sind oft historisch begründet. Gelegentlich fordert aber auch ein Produzent, der im Ausland eine neue Fertigungsstätte einrichtet, daß sich die Zulieferer in der Nähe ansiedeln. Produzenten bevorzugen eine enge Nachbarschaft zu ihren Zulieferern u.a. aus Gründen der Versorgungssicherheit. Kurzfristig benötigte Waren sind dann auch bei einer schlechten lokalen Infrastruktur schnell beschaffbar. Außerdem entfallen die aus langen Transportdistanzen resultierenden hohen Transportrisiken. Eine besondere Bedeutung kommt dementsprechend dem Local Sourcing im Zusammenhang mit der JIT-Anlieferung zu. Hier ist es nicht unüblich, daß sich Zulieferer auf dem Werksgelände des Produzenten ansiedeln.

Im Rahmen des *Global Sourcing* nutzt das Unternehmen die sich ihm weltweit bietenden Beschaffungsmöglichkeiten. Dabei steht üblicherweise die Reduzierung der Einstandspreise im Vordergrund. Das Global Sourcing ist besonders wichtig bei Endprodukten, bei denen die Materialkosten einen hohen Anteil an den Produktionskosten ausmachen. Dies ist etwa bei der Fertigung von Mobiltelephonen der Fall, die aus etwa 600-1000 Bauteilen bestehen und deren Kosten mehr als 85 Prozent der gesamten Produktionskosten betragen. Für die Logistik ergeben sich aus dem Global Sourcing u.U. einige problematische Konsequenzen. So verlängern sich Transportwege und -zeiten, was negative Auswirkungen auf die Lieferzeiten der Endprodukte haben kann. Eine JIT-Anlieferung ist wegen der hohen Transportrisiken kaum noch möglich, vielmehr ist nun eine Lagerhaltung bei den Vorprodukten erforderlich. Bei längeren Transportzeiten kann sich auch die Kapitalbindung im Transportgut als ein bedeutsamer Kostenfaktor herausstellen. Schließlich machen lange Transportzeiten einen höheren Transportbehälterbestand und damit Investitionen erforderlich, die sich in höheren Abschreibungen niederschlagen. Den niedrigeren Einstandspreisen beim Global Sourcing stehen damit u.U. erhebliche Kostenzuwächse bei anderen Kostenarten gegenüber.

4.4 Logistische Aspekte der Gestaltung des Distributionssystems

Im Rahmen der taktischen Planung der Distributionslogistik steht die Gestaltung des Distributionsnetzes im Mittelpunkt. Folgende interdependente Fragenkomplexe sind dabei zu untersuchen:
- Wie viele Stufen soll das Distributionsnetz besitzen (vertikale Netzstruktur) und wie viele Lagereinrichtungen sollen jeweils dazwischen eingerichtet werden (horizontale Netzstruktur)?
- Wo sollen die einzelnen Lagereinrichtungen räumlich angeordnet werden (Lagerstandorte)?

4.4.1 Vertikale und horizontale Struktur des Distributionsnetzes

Der Produktefluß zu den Kunden vollzieht sich – vor allem bei einer Produktion von Standarderzeugnissen für einen anonymen Markt – normalerweise über mehrere Stufen, die durch logistische Knoten in Form von Lagern voneinander abgetrennt werden. Der „klassische" Weg der Warenverteilung (Bretzke 1996, Sp. 1114) beinhaltet zwei Stufen: Von den Produktionsstandorten bzw. von den an den Produktionsstandorten angesiedelten *Werkslagern* werden die Produkte zunächst zu dezentralen *Auslieferungslagern* transportiert, die sich in den Zentren definierter Verkaufsgebiete befinden. Sie bilden die Verteilknoten, von denen die Produkte an die in den Verkaufsgebieten ansässigen Kunden ausgeliefert werden, und enthalten dementsprechend das für die Absatzregion relevante Produktsortiment. Der Vorteil einer derartigen vertikalen Struktur des Distributionsnetzes besteht zunächst darin, daß die relativ kundennah angesiedelten Auslieferungslager grundsätzlich einen hohen Lieferservicegrad (kurze Lieferzeiten) ermöglichen. Auch lassen sich die Transportkosten günstig gestalten, da sich auf den relativ langen Transportstrecken von den Werkslagern zu den Auslieferungslagern große Transportlose realisieren lassen, während für die vergleichsweise kleinen (und damit tendenziell kostspieligen) Mengen der Auslieferungsfahrten lediglich kurze Distanzen zu bewältigen sind und diese ggf. miteinander zu Auslieferungstouren kombiniert werden können.

In der Praxis anzutreffende Distributionssysteme weisen zwischen Werks- und Auslieferungslagern oft noch weitere Lagerstufen auf. So kann den Produktionsstätten bzw. den Werkslagern ein (gemeinsames) *Zentrallager* nachgeordnet sein. Auf diese Weise sollen Rationalisierungsmöglichkeiten in der Lagerhaltung erschlossen werden. Außerdem hat ein solches Zentrallager für das Auffüllen der Bestände in den nachgeordneten Lagern zu sorgen. Es umfaßt somit üblicherweise das gesamte Angebotssortiment der Unternehmen. Zwischen das Zentrallager und die Auslieferungslager werden gelegentlich noch mehrere *Regionallager* geschaltet, die jeweils den Nachschub für mehrere Auslieferungslager übernehmen.

Zusätzliche Distributionsstufen können sich dann als sinnvoll herausstellen, wenn ein räumlich weit gestreuter Abnehmerkreis existiert, der häufig mit vergleichsweise kleinen Sendungen zu beliefern ist. Bei nur wenigen Distributionsstufen ergäben sich dann hohe Transportkosten, da große Transportdistanzen mit hoher Frequenz zurückzulegen wären. Andererseits verursachen zusätzliche Lagerstufen auch zusätzliche (Fix-)Kosten der Lagerung in Form von Personalkosten und Abschreibungen auf die Lagergebäude, -einrichtungen usw. Üblicherweise steigen auch die Lagerbestände im gesamten Distributionssystem und damit auch die Kapitalbindungskosten.

Zur Erreichung eines hohen Lieferservicegrades liegt es nahe, die einzelnen Lagerebenen, insbesondere aber die Ebene der Auslieferungslager, mit einer eher größeren *Anzahl von Lagern* auszustatten. Tendenziell führt das auch zu niedrigen Auslieferungskosten (Kosten der Transporte von den Auslieferungslagern zu den Kunden). Dem stehen aber höhere Fixkosten der Lagerhaltung durch zusätzliche Auslieferungslager sowie höhere Kosten der Versorgung der Auslieferungslager gegenüber. Schließlich steigen auch die Sicherheitsbestände (und damit die Bestandskosten), zum einen weil sich der Rhythmus zur Versorgung der einzelnen Auslieferungslager verlängert (vgl. Bretzke 1996, Sp. 1114), zum anderen weil sich die Nachfrageschwankungen für jedes Lager vergrößern, da bei weniger Kunden pro Lager die Möglichkeiten zum gegenseitigen Ausgleich der Schwankungen geringer sind (vgl. Schulte 1995, S. 280).

In der Praxis läßt sich seit einiger Zeit eine Entwicklung zu einer zentralisierten Lagerhaltung aufzeigen, bei der die Kunden unmittelbar aus einem Zentrallager bedient werden. Hierfür ist in erster Linie das verbesserte Leistungsangebot der Logistikdienstleister verantwortlich, die mittlerweile für die Bundesrepublik Deutschland und weite Teile Europas eine Auslieferung innerhalb von 24 Stunden garantieren, so daß ein hoher Lieferservicegrad auch bei zentraler Lagerhaltung erreichbar ist.

4.4.2 Lagerstandorte

Bezüglich der Standortwahl für die „logistischen Knoten" im Distributionsnetzwerk unterscheidet man zwischen einer *interlokalen* und einer *lokalen Standortwahl* (vgl. Pfohl 1996, S. 121). Im erstgenannten Fall geht es darum festzulegen, wo (d.h. etwa in welcher Gemeinde) in einem Wirtschaftsgebiet grundsätzlich ein Lager errichtet werden soll; im zweiten Fall steht die Auswahl eines Grundstücks (in der betreffenden Gemeinde) im Vordergrund.

Hier wird ausschließlich die Fragestellung der interlokalen Standortwahl betrachtet. Von der Vielzahl der hierfür in der Literatur vorgeschlagenen Modelle (vgl. Domschke/Drexl 1996) soll das sog. *(zweistufige) kapazitierte Warehouse Location-Problem* vorgestellt werden, das hier auf die Einrichtung von Regionallagern bezogen wird und dem die folgende Problemstellung zugrunde liegt (vgl. auch Abb. 11): Eine Unternehmen beliefert seine Kunden mit einem homogenen Produkt über p Auslieferungslager, die hierfür in jeder Periode (z.B. Monat, Quartal) b_k ($k \in A$) logistische Einheiten (Paletten, Container) erhalten müssen.

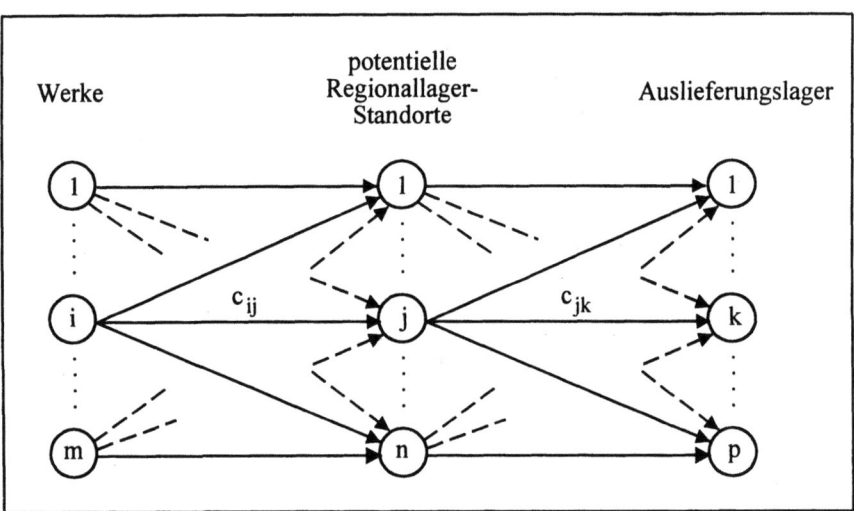

Quelle: In Anlehnung an Domschke/Drexl 1996, S. 58
Abb. 11: Zweistufiges, kapazitiertes Warehouse Location-Problem

Die Fertigung der Produkte erfolgt in m Werken, die pro Periode eine Produktionskapazität von v_i ($i \in W$) (logistischen) Einheiten aufweisen. Die Unternehmen möchte ihr Distributionsnetzwerk neu gestalten, indem sie Regionallager einrichtet. Hierfür stehen n potentielle Standorte zur Verfügung, wobei die jeweilige Umschlagskapazität pro Periode u_j ($j \in R$) logistische Einheiten beträgt. Sofern am Standort j ein Lager eingerichtet wird, fallen dadurch Fixkosten der Lagerhaltung

in Höhe von c_j ($j \in R$) Geldeinheiten an. Die Transportkosten auf den Transportstrecken von den Werken zu den potentiellen Lagerstandorten und von diesen zu den Auslieferungslagern seien proportional zu der Anzahl der transportierten logistischen Einheiten und betragen c_{ij} bzw. c_{jk} Geldeinheiten pro Einheit. Eine Direktbelieferung der Kunden von den Werken bzw. den Regionallagern her sei ausgeschlossen. Die Unternehmen strebe eine solche Struktur des Distributionsnetzwerkes an, die minimale Distributionskosten verursacht. Insbesondere sollen folgende Fragen beantwortet werden:
– Wie viele Regionallager sollen eingerichtet werden?
– An welchen Standorten sollen die Lager eingerichtet werden?
– Von welchen Werken sollen jeweils die Regionallager und von welchen Regionallagern die Auslieferungslager beliefert werden?

Die Fragestellung geht also über das eigentliche Standortproblem hinaus und integriert Aspekte der Gestaltung der horizontalen Struktur des Distributionssystems sowie der Transportplanung. Ein Modell für diese umfassende Problemstellung, das sog. zweistufige, kapazitierte Warehouse Location-Problem (WLP), ist in Tafel 2 dargestellt. Es wird als zweistufig bezeichnet, weil durch jede Lösung zwei Distributionsstufen festgelegt werden. Das Adjektiv „kapazitiert" bezieht sich auf die beschränkten Umschlagskapazitäten an den Regionallagerstandorten. Bei dem WLP handelt es sich um ein sog. diskretes Standortmodell, bei dem eine diskrete Menge potentieller Standorte vorgegeben ist. Im Gegensatz dazu kann bei einem kontinuierlichen Standortproblem grundsätzlich jeder Punkt einer homogenen Fläche als Standort gewählt werden. (Zu derartigen Standortmodellen vgl. etwa Domschke/Drexl 1996, S. 162-193.)

In dem WLP kommen die Möglichkeiten zur Einrichtung von Regionallagern in den Binärvariablen y_j zum Ausdruck. Die (zu minimierende) Zielfunktion (4.5) umfaßt die Fixkosten der Lagerhaltung und die Transportkosten als entscheidungsrelevante Distributionskosten. Die Restriktionen (4.6) beschränken die von den Werken abzutransportierenden logistischen Einheiten auf diejenigen Mengen, die aufgrund der jeweiligen Produktionskapazität maximal bereitgestellt werden können („Vorratsrestriktionen"). Die Restriktionen (4.7) stellen sicher, daß in den Regionallagern keine Produkte verbleiben, d.h. für jedes Regionallager werden sämtliche zugelieferten logistischen Einheiten an die nachgeordneten Auslieferungslager weitergeleitet („Lagerbilanzrestriktionen"). Aufgrund der Restriktionen (4.8) erhält jedes Auslieferungslager genau die benötigte Anzahl logistischer Einheiten („Bedarfsrestriktionen"). Schließlich gewährleisten die Restriktionen (4.9), daß durch jedes Regionallager nur so viele logistische Einheiten geleitet werden, wie es aufgrund seiner Umschlagskapazität bewältigen kann („Kapazitätsrestriktionen").

Die in einer Lösung des WLP enthaltenen Werte für die Binärvariablen y_j legen fest, an welchen Standorten Regionallager errichtet werden sollen. Die Werte der Variablen x_{ij} geben an, von welchen Werken aus und mit welchen Mengen die einzurichtenden Regionallager zu beliefern sind, während die Variablenwerte x_{jk} bestimmen, wie die erhaltenen Lieferungen an die Auslieferungslager weitergeleitet werden sollen. Zur Bestimmung von optimalen Lösungen für das WLP stehen als exakte Lösungsansätze zunächst die Methoden der gemischt-ganzzahligen (binären) Optimierung zur Verfügung. Da es sich bei dem WLP aber um ein NP-vollständiges Problem handelt, dürften zur Lösung von größeren Problemausprägungen allenfalls heuristische Lösungsverfahren in Betracht kommen.

$$x_0 = \sum_{i \in W} \sum_{j \in R} c_{ij} x_{ij} + \sum_{j \in R} \sum_{j \in A} c_{ik} x_{ik} + \sum_{j \in R} c_j y_j \quad \rightarrow \quad \min! \quad (1)$$

$$\sum_{j \in R} x_{ij} \leq v_i, \qquad i \in W \quad (2)$$

$$\sum_{j \in W} x_{ij} - \sum_{k \in A} x_{jk} = 0, \qquad j \in R \quad (3)$$

$$\sum_{j \in R} x_{jk} = b_k, \qquad k \in A \quad (4)$$

$$\sum_{j \in R} x_{jk} \leq u_j y_j, \qquad i \in R \quad (5)$$

$$x_{ij} \geq 0, \qquad (i,j) \in W \times R \quad (6)$$

$$x_{ij} \geq 0, \qquad (j,k) \in R \times A \quad (7)$$

$$y_j \in \{0,1\}, \qquad j \in R \quad (8)$$

dabei bedeute:

W: Indexmenge der Werkslagerstandorte, $W = \{1,...,m\}$;
R: Indexmenge der potentiellen Regionallagerstandorte, $R = \{1,...,n\}$;
A: Indexmenge der Auslieferungslagerstandorte, $A = \{1,...,p\}$;
c_{ij}: Kosten des Transportes einer Mengeneinheit des Transportgutes vom Werkslagerstandort i (i∈W) zum Regionallagerstandort j (j∈R);
c_{jk}: Kosten des Transportes einer Mengeneinheit des Transportgutes vom Regionallagerstandort j (j∈R) zum Auslieferungslagerstandort k (k∈A);
c_j: fixe Periodenkosten der Lagerhaltung, die am Standort j (j∈R) anfallen, wenn dort ein Regionallager errichtet wird;
v_i: Produktionskapazität von Werk i (i∈W);
u_j: Umschlagskapazität eines Regionallagers am Standort j (j∈R);
b_k: Bedarf des Auslieferungslagers k (k∈A);
x_{ij}: Anzahl der logistischen Einheiten, die vom Werk i (i∈W) zum Regionallager am Standort j (j∈R) zu transportieren sind;
x_{jk}: Anzahl der logistischen Einheiten, die vom Regionallager am Standort j (j∈R) zum Auslieferungslager am Standort k (k∈A) zu transportieren sind;
y_j: Binärvariable mit

$$y_j = \begin{cases} 1, & \text{falls am Standort j (j} \in R\text{) ein Regionallager errichtet werden soll,} \\ 0, & \text{sonst} \end{cases} \quad \text{für } j \in R;$$

x_0: gesamte, entscheidungsrelevante Distributionskosten.

Tafel 2: (Zweistufiges) kapazitiertes Warehouse Location-Problem

Das dargestellte Modell bildet die Problemstellung der Gestaltung von Netz- und Standortstruktur des Distributionssystems offensichtlich nur stark vereinfacht ab. Allerdings lassen sich eine Reihe praxisrelevanter Aspekte in das Modell integrieren. Hierzu gehört etwa die Berücksichtigung mehrerer Arten von Produkten und logistischen Einheiten. Auch müssen etwa die Stufenzahl des Distributionssystems, die Anzahl und die Standorte der Auslieferungslager sowie die Kapazität der Regionallager nicht unbedingt als gegeben unterstellt werden, sondern können vielmehr als Entscheidungstatbestände in das Modell eingehen. Problematischer sind dagegen die impliziten Annahmen hinsichtlich des Informationsstandes. So werden trotz der Langfristigkeit des Bezugszeitraumes für die Standortentscheidung (es handelt sich um eine Investitionsentscheidung!) sichere und im Zeitablauf konstante Daten (nur dann ist der Bezug auf eine „typische" Referenzperiode sinnvoll) unterstellt. Dies dürfte vor allem im Hinblick auf die Bedarfe der Auslieferungslager nicht unbedingt als realistisch anzusehen sein.

5 Operative Logistikplanung

5.1 Planung von Rundreisen

Bei der Planung von Rundreisen geht es um die Frage, in welcher Reihenfolge eine Menge von Orten – ausgehend von einem bestimmten Startort und wieder dahin zurückkehrend – besucht werden soll, damit eine vorgegebene Zielsetzung (Minimierung der insgesamt benötigten Zeit, der zurückzulegenden Gesamtentfernung, der erforderlichen Kosten o.ä.) möglichst gut erreicht wird. Derartige Probleme treten etwa auf
– in der *Distributionslogistik*, wenn mehrere Kunden auf einer Auslieferungsfahrt von einem Lager aus beliefert werden sollen,
– in der *Entsorgungslogistik*, wenn bei verschiedenen Kunden auf einer Sammlungsfahrt Verpackungsmaterial oder Paletten abgeholt werden sollen,
– bei der *Kommissionierung*, wenn für einen Produktions- oder Kundenauftrag an verschiedenen Lagerplätzen die jeweils benötigten Artikel (Material, Endprodukte) entnommen werden sollen.
Probleme dieses Typs lassen sich mit Hilfe von *Graphen* analysieren und modellieren (vgl. Abb. 12), bei denen in naheliegender Weise die Orte des betreffenden Problems durch Knoten und die Verbindungen zwischen den Orten durch Kanten repräsentiert werden. Für die folgende Darstellung (bei der wir uns an die Sprechweise der Distributionslogistik anlehnen) sei hinsichtlich eines solchen Graphen von folgenden Annahmen ausgegangen:
– Der Graph sei *kantenbewertet*, d.h. jeder Kante zwischen zwei Knoten i und j ist eine reelle Zahl c_{ij} zugeordnet, die den geringstmöglichen „Aufwand" (gemessen in Zeit-, Längen- oder Geldeinheiten) für die Überwindung der Verbindung (i,j) zum Ausdruck bringt. Diese Größe sei „Entfernung zwischen i und j" genannt und soll ggf. auch schon Wege über andere Knoten berücksichtigen, sofern derartige „Umwege" günstiger sind als die direkten Verbindungen.

– Der Graph sei *ungerichtet*, d.h. jede Verbindung (i,j) kann in beliebiger Richtung benutzt werden und die Richtung der Benutzung hat keine Auswirkungen auf die betreffende Kantenbewertung ($c_{ij} = c_{ji}$).

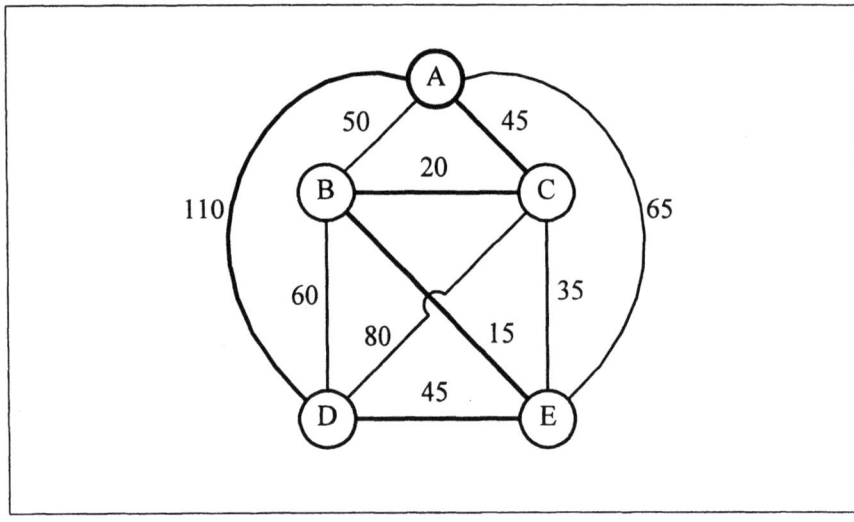

Abb. 12: Beispiel für den Graph eines Rundreiseproblems

– Der Graph sei *vollständig*, d.h. je zwei Knoten seien durch (genau) eine Kante miteinander verbunden. Existiert bei dem zugrundeliegenden Problem tatsächlich zwischen zwei Orten i und j keine Verbindung, so führt man in dem zugehörigen Graph nichtsdestoweniger eine Kante ein, bewertet sie aber mit einer sehr großen Entfernung ($c_{ij} \to \infty$).
Der Graph von Abb. 12 erfüllt diese Bedingungen. Unter Zugrundelegung eines vollständigen, bewerteten, ungerichteten Graphen sei beim *Grundproblem der Rundreiseplanung* ein geschlossener Weg kürzester Länge gesucht, der jeden Knoten des Graphen genau einmal enthält. Unter einem *Weg zwischen Knoten i und Knoten j* sei eine Folge lückenlos aneinander anschließender Kanten verstanden, die den Knoten i als Start- und den Knoten j als Endknoten enthält (oder umgekehrt). Bei einem geschlossenem Weg, kurz: bei einer *Rundreise*, sind Start- und Endknoten identisch. Die *Länge eines Weges* zwischen zwei Knoten bzw. einer Rundreise ergibt sich als Summe der betreffenden Kantenbewertungen. Zu einem *kürzesten Weg* (zu einer *kürzesten Rundreise*) existiert kein anderer Weg (keine andere Rundreise), der (die) eine geringere Länge aufweist. Eine kürzeste Rundreise für den Graph aus Abb. 12 ist dort fett eingezeichnet.
Das hier als Grundproblem der Rundreiseplanung eingeführte Problem entspricht dem klassischen *Traveling Salesman-Problem*. Dieses gehört zur Klasse der NP-vollständigen Probleme, für die der Rechenaufwand *exakter Lösungsverfahren* mit zunehmender Problemgröße schnell prohibitiv wird. Deshalb lassen sich auf größere Rundreiseprobleme – ähnlich wie für größere Quadratische Zu-

ordnungsprobleme – allenfalls *heuristische Lösungsverfahren* anwenden. Zu den bekanntesten *Konstruktions-* bzw. *Eröffnungsverfahren* gehört die *Nearest Neighbour-Heuristik*, bei der man eine Rundreise sukzessiv dadurch aufbaut, daß man – ausgehend von einem grundsätzlich beliebigen Knoten – jeweils zu dem nächstgelegenen Knoten fortschreitet, der sich noch nicht in der Rundreise befindet. Ausgehend vom Knoten A liefert dieses Konstruktionsprinzip für das in Abb. 12 dargestellte Rundreiseproblem die schon bekannte (optimale) Rundreise [(A,C), (C,B), (B,E), (E,D), (D,A)] der Länge 235. *Verbesserungsverfahren* für das Rundreiseproblem beruhen i.d.R. auf einem Austauschprinzip, bei dem Kanten und/oder Orte in einer bereits vorliegenden Rundreise gegen andere eingetauscht und damit neue Lösungen konstruiert werden. Verbreitet sind sog. *Zweieraustauschschritte* (*2-opt-Moves*), bei denen zwei nicht benachbarte Kanten einer Rundreise gegen zwei andere, noch nicht in der Rundreise enthaltene Kanten ausgetauscht werden (vgl. Abb. 13). Diese sind, da sich eine neue Rundreise ergeben soll, eindeutig bestimmt.

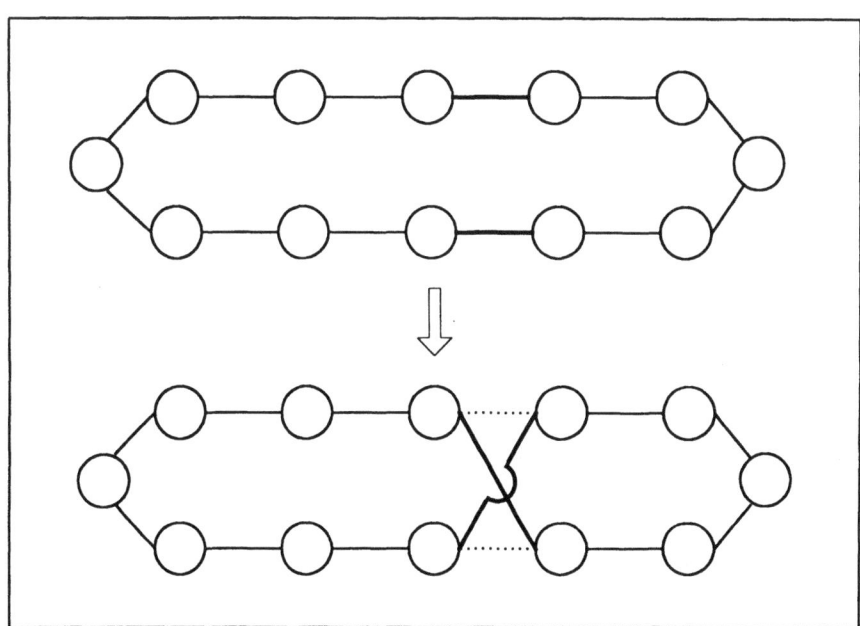

Abb. 13: 2-Opt-Move

Zu beachten ist, daß sich in einer der beiden Teilfolgen die Reihenfolge, mit der die Orte besucht werden, umkehrt. Beim klassischen *2-Opt-Verbesserungsverfahren* für das Rundreiseproblem/Traveling Salesman-Problem werden ausschließlich zielwertverbessernde 2-Opt-Moves durchgeführt. Es endet, wenn keine derartigen Schritte mehr identifiziert werden können. Bessere Lösungen lassen sich üblicherweise mit Hilfe von komplexeren Austauschschritten (3-Opt-Moves, 4-Opt-Moves, Knotenaustauschschritte) erzielen, die jedoch zusätzliche Rechenzeit erfordern. Allerdings bleiben auch sie – wie das klassische 2-Opt-Verfahren – in lokalen Minima „hängen". Zur Vermeidung dieses Nachteils akzeptieren neuere, auf den Prinzipien des Simulated Annealing, Threshold Accepting, Tabu Search u.a. beruhende *Local Search-Verfahren* (vgl. dazu etwa Wäscher 1999) zwischenzeitlich auch zielwertverschlechternde Rundreisen. (Zu den allgemeinen Grundlagen des Traveling Salesman-Problems vgl. Lawler et al. 1985, zu heuristischen Lösungsverfahren insbesondere Reinelt 1994.)

Das Grundproblem der Rundreiseplanung abstrahiert im übrigen noch von vielen *Rahmenbedingungen und Restriktionen der Praxis* (Zeitfenster, richtungs- und (tages-)zeitabhängige Kantenbewertungen u.a.m.). Auf der Grundlage des einfachen Grundproblems abgeleitete Lösungen dürften deshalb nur selten unmittelbar umsetzbar sein. Vielmehr ist es erforderlich, die Rundreisen zunächst den realen Gegebenheiten anzupassen bzw. diese Gegebenheiten bereits in den Lösungsverfahren zu berücksichtigen.

5.2 Tourenplanung

Tourenplanungsprobleme weisen eine enge Verwandtschaft zu Rundreiseproblemen auf, sie unterscheiden sich von diesen jedoch dadurch, daß nicht sämtliche Orte nacheinander auf einer Rundreise besucht werden können. Vielmehr besteht (mindestens) eine Restriktion (im folgenden allgemein Kapazitätsbeschränkung genannt; es kann sich dabei etwa um eine Beschränkung der Zuladungsmöglichkeiten oder der zeitlichen Einsatzzeit von Auslieferungsfahrzeugen handeln), die es erforderlich macht, die Orte auf mehrere *Touren* zu verteilen, die dann parallel oder nacheinander abgearbeitet werden, wobei nach der Ausführung einer Tour stets zum Startort (in diesem Zusammenhang häufig „*Depot*" genannt) zurückzukehren ist (vgl. Abb. 14).

Zur Definition des *Grundproblems der Tourenplanung* sei zunächst wieder ein vollständiger, kantenbewerteter, ungerichteter Graph unterstellt. Die Kantenbewertungen stehen für die Entfernungen zwischen den Knoten (Orten). Zusätzlich sei nun auch jedem Knoten i (mit Ausnahme des Depots) eine reelle Zahl b_i (Knotenbewertung) zugeordnet, die den Bedarf des Kunden an dem betreffenden Ort in der Anzahl der dort anzuliefernden Mengeneinheiten eines homogenen Gutes (z.B. Paletten) angibt. Die zur Belieferung aller Kunden benötigte Gütermenge sei im Depot verfügbar. Der Transport zu den Kunden erfolgt mit Auslieferungsfahrzeugen, die über eine einheitliche Kapazität von K Mengeneinheiten (ausgedrückt in der Einheit des betreffenden Gutes) verfügen. Gesucht ist ein *Tourenplan*, der – im lexikographischen Sinne – eine minimale Anzahl von Touren aufweist und die zur Auslieferung insgesamt zurückzulegende Entfernung minimiert. Dabei soll jeder Kunde nur durch ein Fahrzeug beliefert werden. Ein Tourenplan als (optimale) Lösung des Grundproblems beinhaltet dann zweierlei, nämlich

– eine Zerlegung der Menge der zu beliefernden Orte in disjunkte (in eine minimale Anzahl disjunkter) Teilmengen mit der Eigenschaft, daß für keine dieser Teilmengen der zugehörige Gesamtbedarf die Kapazität K der Auslieferungsfahrzeuge überschreitet, sowie

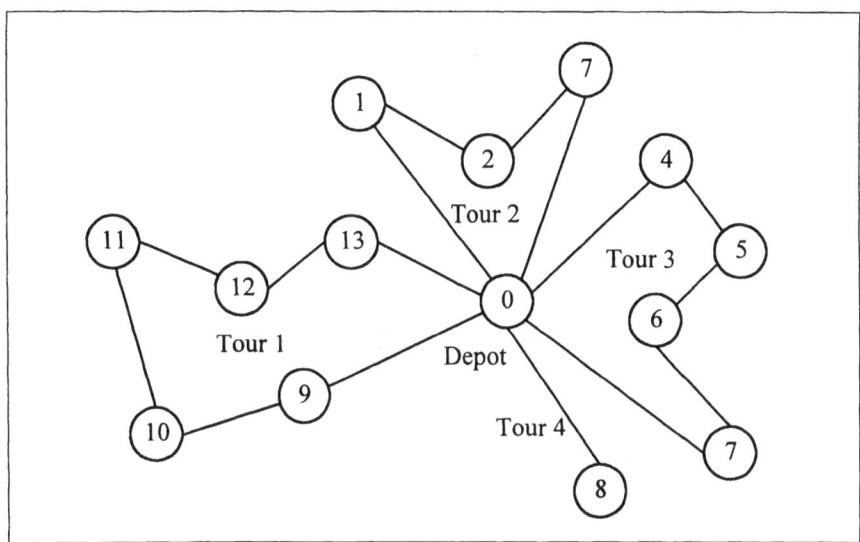

Abb. 14: Beispiel für einen Tourenplan

– für jede dieser Teilmengen eine Rundreise (kürzester Länge) durch die betreffenden Orte, die im Depot beginnt und endet.

Das Grundproblem der Tourenplanung schließt also das Rundreiseproblem mit ein. Letzteres ergibt sich als Spezialfall bei einer unendlich großen Kapazität der Auslieferungsfahrzeuge. Damit wird unmittelbar deutlich, daß die Bestimmung optimaler Lösungen für Tourenplanungsprobleme ebenfalls sehr rechenaufwendig ist. *Exakte Lösungsverfahren* haben sich deshalb bisher in der computergestützten Tourenplanung der Praxis nicht durchsetzen können. *Heuristische Lösungsverfahren* zur *Konstruktion einer Ausgangslösung* lassen sich in *Route-First-Cluster-Second-* und *Cluster-First-Route-Second-Verfahren* einteilen. Bei Verfahren des ersten Typs bestimmt man zunächst – etwa unter Vernachlässigung der Kapazitätsbeschränkung für die Auslieferungsfahrzeuge – eine kürzeste bzw. möglichst kurze Rundreise durch sämtliche (Kunden-) Orte des Problems. Anschließend konstruiert man daraus die gesuchten Touren, indem man – beginnend mit einem beliebigen Ort und in der durch die Rundreise gegebenen Reihenfolge – sukzessiv Teilmengen der Orte bildet, bis die Kapazität der Auslieferungsfahrzeuge erschöpft ist. Die Rundreise wird also immer vor demjenigen Ort aufgebrochen, dessen zusätzlicher Bedarf bei Aufnahme in die betreffende Teilmenge die Kapazitätsrestriktion verletzen würde. Die Reihenfolge, mit der die Orte innerhalb der Touren besucht werden, wird gegenüber der ursprünglichen Rundreise nicht mehr verändert. Zur Erstellung der jeweiligen Tour sind schließlich noch die jeweils zuerst und zuletzt in die Teilmengen aufgenommenen Orte mit dem Depot zu verbinden (vgl. Abb. 15, wobei Knoten 1 als Ausgangsort für die Konstruktion der ersten Tour benutzt und K=30 gesetzt wurde). Indem das Verfahren von anderen

Ausgangspunkten erneut gestartet wird, kann man versuchen, noch bessere Tourenpläne zu identifizieren.

Das wohl bekannteste Eröffnungsverfahren für Tourenplanungsprobleme, das *Savings-Verfahren,* gehört zur Klasse der Cluster-First-Route-Second-Verfahren.

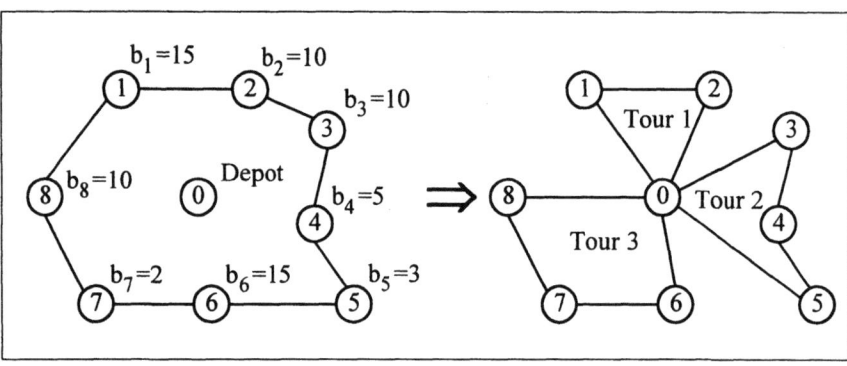

Abb. 15: Beispiel für den Ablauf eines Route-First-Cluster-Second-Verfahrens

Ausgehend von einem Tourenplan, der ausschließlich aus Pendeltouren besteht (d.h. auf jeder Tour wird genau ein Kundenort bedient; das Auslieferungsfahrzeug fährt vom Depot unmittelbar zu dem ihm zugeordneten Kundenort und kehrt dann auf dem gleichen Weg wieder zum Depot zurück), strebt man an, die Gesamtlänge der Touren dadurch zu verringern, daß jeweils zwei Touren zusammengefaßt werden. Hierzu verbindet man den letzten Kundenort der einen Tour mit dem ersten Kundenort der anderen Tour und streicht die entsprechenden Verbindungen zum Depot. Dabei darf der Gesamtbedarf der neuen Tour die Kapazität der Auslieferungsfahrzeuge nicht überschreiten. Ob zwei Touren tatsächlich verbunden werden, richtet sich nach den Einsparungen (Savings) bezüglich der Gesamtlänge der Touren. Sind i und j die miteinander zu verbindenden Knoten, so bestimmt sich (vgl. Abb. 16) die Veränderung ΔGTL bezüglich der Gesamtlänge GTL aller Touren als ΔGTL = d_{ij} - d_{i0} - d_{0j}. Von allen zielwertverbessernden Möglichkeiten wird dasjenige Paar von Touren miteinander verbunden, das die höchste Einsparung realisiert. Das Verbinden von Touren endet, wenn keine weitere Verringerung der Gesamtlänge der Touren mehr möglich ist. Innerhalb der Touren kann man dann noch versuchen, die Reihenfolge zu verbessern, in der die Orte besucht werden (Route Second).

Das Savings-Verfahren liefert zunächst keine sonderlich guten Lösungen; aufgrund der sehr geringen Rechenzeiten bietet es sich aber an, das Verfahren in geeigneter Weise mehrfach zu wiederholen. Hierzu verwendet man „parametrisierte" Savings-Werte, über die sich die Reihenfolge, mit der Touren vereinigt werden, variieren läßt. Als vorteilhaft erweist sich das Savings-Verfahren auch insofern, als sich viele Typen von praxisrelevanten Restriktionen leicht in das Verfahren integrieren lassen.

Verbesserungsverfahren sehen schließlich den Übergang von einem Knoten in eine andere Tour (*Move*) sowie den Austausch von Knoten zwischen zwei Touren (*Swap*) vor.

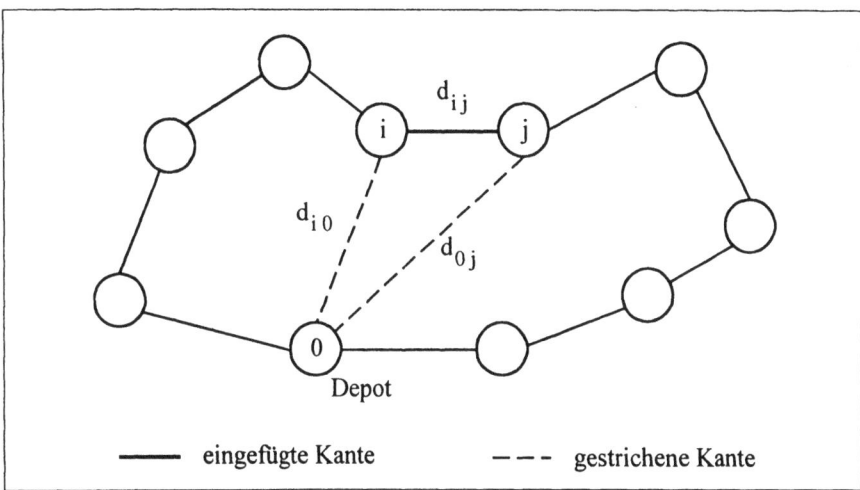

Abb. 16: Beispiel für das Verbinden zweier Touren

5.3 Losgrößenplanung und Lagersteuerung

5.3.1 Klassisches Losgrößenmodell

Als *Los* bezeichnet man eine Menge identischer Produkte, die gemeinsam beschafft oder ohne Unterbrechung hintereinander gefertigt werden. Die Anzahl der Produkte, die das Los umfaßt, heißt *Losgröße*. Hier geht es um die Bestimmung der Beschaffungslosgröße für ein Vorprodukt. Es sei unterstellt, daß ein (im Zeitablauf) konstanter, unternehmensinterner Bedarf nach diesem Produkt bestehe. Die Zeit, die zur Einlagerung der Bestellung benötigt wird, soll vernachlässigbar sein. Bei losweiser Beschaffung entwickelt sich der Lagerbestand für das betreffende Produkt im Zeitablauf wie in Abb. 17 dargestellt. Der Lagerbestand wird beim Eingang der Bestellung zunächst auf die Losgröße angehoben und dann gleichmäßig abgebaut (konstante Bedarfsrate, d.h. konstanter Lagerabgang pro Zeiteinheit). Zur Vermeidung von Fehlmengen (die ausgeschlossen seien) ist rechtzeitig eine neue Bestellung auszulösen, die gerade zu dem Zeitpunkt eintrifft, zu dem der Lagerbestand auf Null gesunken ist. Im Durchschnitt liegt damit (zu jedem Zeitpunkt) die halbe Losgröße auf Lager.

Eine Erhöhung der Losgröße vergrößert die Reichweite des Loses und verringert damit die Anzahl der in einem Bezugszeitraum (Woche, Monat o.ä.) auszulösenden Bestellungen. Gleichzeitig erhöht sich aber der durchschnittliche Lagerbestand. Die Minimierung der daraus resultierenden entscheidungsrelevanten Kosten ist Gegenstand des auf Harris (1913) und Andler (1929) zurückgehenden *klassi-*

schen Losgrößenmodells. Gesucht ist diejenige Beschaffungslosgröße (auch *optimale Bestellmenge* genannt), welche die Summe aus Lager- und Bestellkosten für eine Planungsperiode (bspw. einen Monat) minimiert. Dabei wird davon ausgegangen, daß sich die Lagerkosten proportional zur Lagermenge und Lagerdauer und die Bestellkosten proportional zur Anzahl der Bestellungen verhalten. Mit

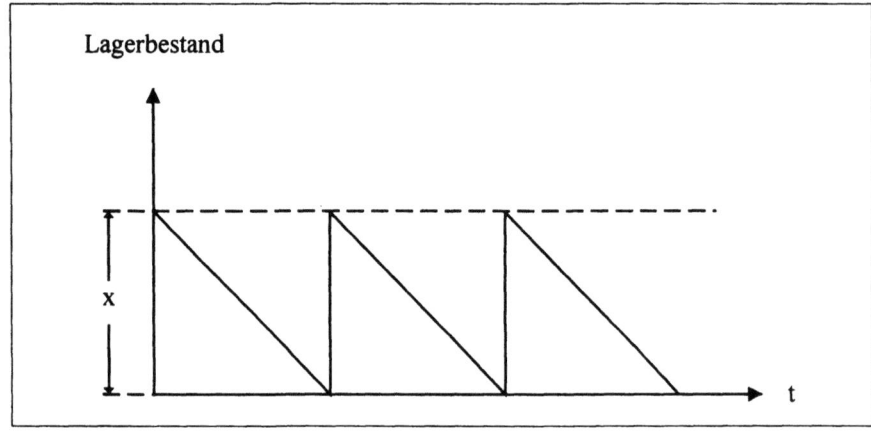

Abb. 17: Entwicklung des Lagerbestandes für ein Vorprodukt bei losweiser Beschaffung

c_L : Lagerkostensatz: Kosten der Lagerung einer Einheit des Vorproduktes über eine Zeiteinheit;
c_B : Bestellkostensatz: Kosten pro Bestellung;
n : Bedarfsrate: Anzahl der Mengeneinheiten des Vorproduktes, die pro Zeiteinheit benötigt werden;
K_L : Lagerkosten der Periode;
K_B : Bestellkosten der Periode;
K(x) : (entscheidungsrelevante) Gesamtkosten der Periode;
T : Länge der Planungsperiode in Zeiteinheiten;
x : (gesuchte) Losgröße
ergeben sich die Lagerkosten K_L der Periode als

$$K_L = c_L \cdot \underbrace{\frac{1}{2} \cdot x}_{\text{durchschnittlicher Lagerbestand}} \cdot T$$

und die Bestellkosten K_B der Periode als

$$K_B = c_B \cdot \underbrace{\frac{n \cdot T}{x}}_{\substack{\text{Anzahl der Bestellungen} \\ \text{pro Periode}}}.$$

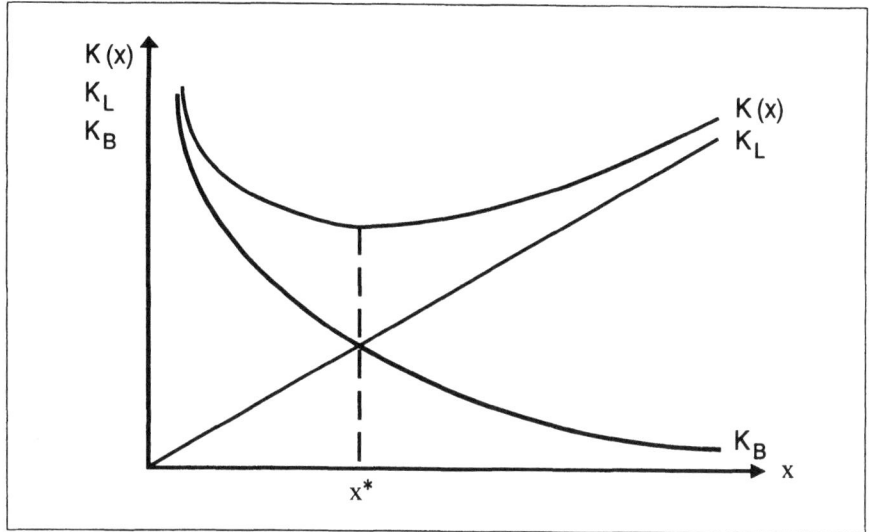

Abb. 18: Lager-, Bestell- und Gesamtkosten in Abhängigkeit von der Losgröße

Dabei repräsentiert n·T den Gesamtbedarf der Periode. Den Zusammenhang zwischen der Losgröße einerseits und den Lager-, Bestell- und Gesamtkosten andererseits zeigt Abb. 18. Als Ansatz zur Bestimmung der optimalen Losgröße läßt sich folgendes formulieren:

Minimiere

(5.1) $\quad K(x) = K_L + K_B = c_L \cdot \dfrac{1}{2} \cdot x \cdot T + c_B \cdot \dfrac{n \cdot T}{x}$

mit

(5.2) $\quad x > 0$.

Es sei angemerkt, daß in diesem Zusammenhang sinnvollerweise $c_L, c_B, n, T > 0$ unterstellt werden kann. Zur Bestimmung eines Minimums wird die erste Ableitung von (5.1) gleich Null gesetzt:

$$\dfrac{dK(x)}{dx} = c_L \cdot \dfrac{1}{2} \cdot T - c_B \cdot \dfrac{n \cdot T}{x^2} = 0 .$$

Als einzige im Hinblick auf (5.2) relevante Nullstelle ergibt sich daraus die optimale Losgröße

(5.3) $\quad x^* = \sqrt{\dfrac{2 \cdot c_B \cdot n}{c_L}}$.

(Man vergewissere sich, daß die zweite Ableitung an dieser Stelle größer Null und deshalb durch (5.3) tatsächlich ein Minimum gegeben ist.) Die zugehörigen minimalen Gesamtkosten erhält man durch Einsetzen von (5.3) in (5.1):

$$(5.4) \quad K(x^*) = T \cdot \sqrt{2 \cdot c_L \cdot c_B \cdot n} \ .$$

Die Reichweite der optimalen Losgröße beträgt x^*/n Zeiteinheiten und es muß im Bezugszeitraum $(n \cdot T)/x^*$ -mal bestellt werden. Bei einer Länge der Planungsperiode von T = 30 (bspw. Tagen), einer Bedarfsrate (Bedarf in Stück pro Tag) von n = 500, einem Lagerkostensatz (Kosten der Lagerung pro Tag und Stück in DM) von c_L = 0,15 und einem Bestellkostensatz (Kosten pro Bestellung in DM) von c_B = 600 ergibt sich eine optimale Bestellmenge von

$$x^* = \sqrt{\frac{2 \cdot 600 \cdot 500}{0{,}15}} = 2000$$

Stück. Die zugehörigen Periodenkosten betragen

$$K(x^*) = 0{,}15 \cdot \frac{1}{2} \cdot 2000 \cdot 30 + 600 \cdot \frac{500 \cdot 30}{2000} = 30 \cdot \sqrt{2 \cdot 0{,}15 \cdot 600 \cdot 500} = 9000$$

DM. Die Reichweite eines derartigen Loses beträgt 2000/500 = 4 Tage und es muß (500·30)/2000 = 7,5 mal bestellt werden.

Die letzte Angabe macht deutlich, daß hier eine durchschnittliche Betrachtung vorgenommen wird. Die tatsächliche Anzahl der Bestellungen in einer Periode kann natürlich nur eine ganze Zahl sein. Implizit wird also unterstellt, daß sich der Bedarf und das Bestellverhalten der Unternehmen über das Ende der Periode hinaus in gleicher Weise fortsetzen.

5.3.2 Lagerdispositionssysteme

Das vorgestellte Modell der Losgrößenplanung zeichnet sich – neben anderen, den Anwendungsbereich stark einschränkenden Prämissen – dadurch aus, daß es ein Entscheidungsproblem unter Sicherheit unterstellt, bei dem sämtliche relevante Daten (Bedarfsraten, Kostensätze) bekannt sind. Diese Bedingung dürfte in der Praxis nur selten zutreffen (obwohl das klassische Losgrößenmodell dort eine weite Verbreitung gefunden hat). Relevante, unsichere Planungsdaten können der Bedarf, die Wiederbeschaffungszeit (Beschaffungszeit einer externen Bestellung, Durchlaufzeit eines internen Produktionsauftrags), die Lagerzugangsmenge (Abweichungen gegenüber der Bestellmenge aufgrund von Transportschäden) und ggf. auch der aktuelle Lagerbestand (Schwund) sein. Zufällige Schwankungen dieser Einflußgrößen bewirken, daß sich nun Fehlmengen nicht mehr vollständig ausschließen lassen. Neben den Lagerkosten und den Bestell- bzw. Auflagekosten wären also die entsprechenden Fehlmengenkosten in die Überlegungen zur Steuerung der Lagerbestände einzubeziehen.

Für den Fall der Unsicherheit kann die Steuerung der Lagerbestände mit Hilfe sog. *Lagerdispositionssysteme* erfolgen. Diese beinhalten jeweils ein System von

Entscheidungsregeln zur Festlegung der Lagerzugangsmengen. Insbesondere bestimmen sie, wann und wieviel (extern bei einem Lieferanten oder intern als Produktionsauftrag) bestellt werden soll. Grundsätzlich unterscheidet man die folgenden Typen von Dispositionssystemen:

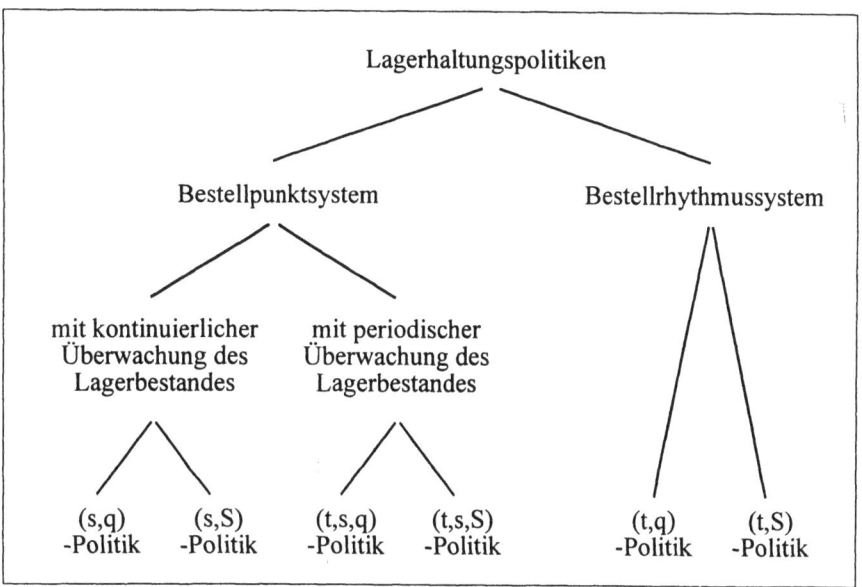

Abb. 19: Lagerhaltungspolitiken

– *Bestellpunktsystem*
Es wird zunächst überprüft, ob der aktuelle Lagerbestand einen vorgegebenen Bestand s (*Bestellpunkt*) erreicht oder unterschritten hat. Ist das der Fall, so wird eine Bestellung ausgelöst. Die Überprüfung kann dabei nach jedem Lagerabgang oder aber zyklisch (in gleichen Zeitabständen) nach jeweils t Zeiteinheiten erfolgen.
– *Bestellrhythmussystem*
Es wird zyklisch nach jeweils t Zeiteinheiten eine Bestellung ausgelöst. Die Bestellung umfaßt dabei entweder eine bestimmte, einheitliche „Losgröße" q oder aber diejenige Menge, die – wenn sie sofort einträfe – eine Auffüllung des Lagers auf einen gewissen, vorgegebenen Maximalbestand S (auch: *Bestellniveau*) bewirkte.
Durch Kombination ergeben sich insgesamt sechs verschiedene *Lagerhaltungspolitiken*, die in Abb. 19 dargestellt sind. Die Größen s, q, S und t repräsentieren die Parameter der jeweiligen Politik, die zunächst in geeigneter Weise festzulegen sind.
Abb. 20 zeigt die Lagerbestandsentwicklung bei einer (s,q)-Politik für ein bestimmtes Gut bei unsicherem Bedarf. Die einheitliche Bestellmenge q ist dabei als extern vorgegeben unterstellt. Sie läßt sich etwa – wie in der Praxis üblich – an-

hand der klassischen Losgrößenformel aus dem durchschnittlichen Bedarf pro Zeiteinheit bestimmen. Damit verbleibt zur Definition der (s,q)-Politik lediglich die Festlegung des Bestellpunktes. Die Größe s muß so gewählt werden, daß der während der Wiederbeschaffungszeit (hier als deterministisch unterstellt) auftretende Bedarf ganz oder teilweise abgedeckt ist. Je niedriger s angesetzt wird, um so geringer ist der durchschnittliche Lagerbestand des Systems, um so größer sind allerdings auch die zu erwartenden Fehlmengen in der Wiederbeschaffungszeit. Es wäre nun sinnvoll, die beiden zugehörigen Kostenkomponenten durch die Wahl eines geeigneten Bestellpunkts s miteinander abzustimmen. Das scheitert jedoch regelmäßig an der unzureichenden Quantifizierbarkeit der Fehlmengenkosten. Statt dessen kann man einen *Servicegrad* vorgeben (etwa in Form des β-Servicegrads, der den Anteil des Gesamtbedarfs einer Periode angibt, der unmittelbar aus dem Lager befriedigt werden kann). Anschließend ermittelt man den minimalen Lagerbestand, der gerade noch die Einhaltung des vorgegebenen Servicegrads erlaubt. In bezug auf die Vorgehensweise zur Bestimmung der Parameter für die (s,q)-Politik sowie für die anderen Politiken sei auf die Literatur verwiesen (vgl. etwa Günther/Tempelmeier 1997, S. 238-252 sowie die dort angegebe Literatur).

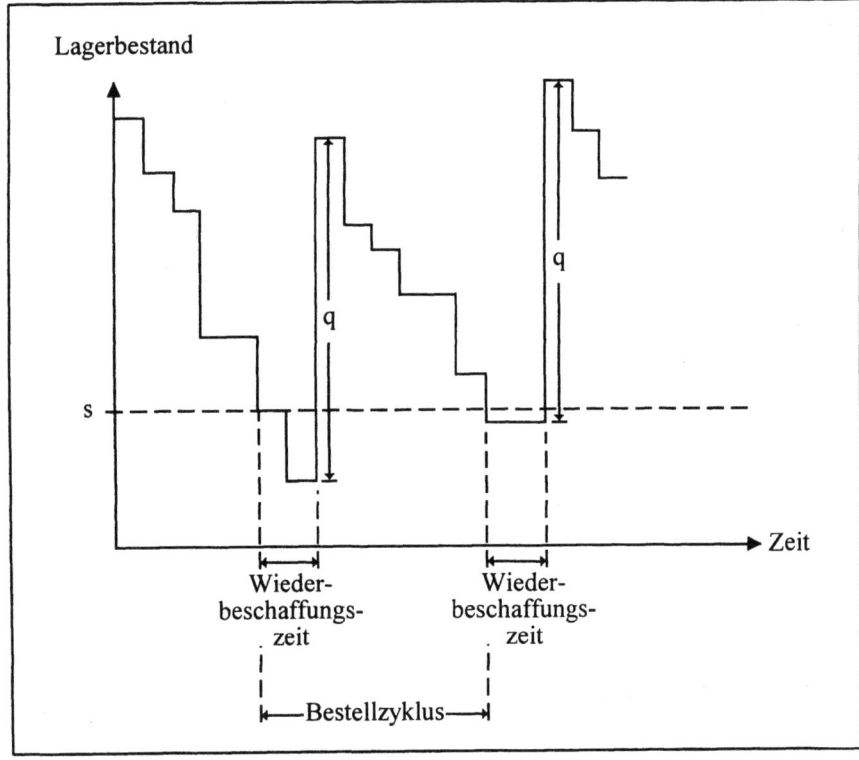

Abb. 20: Lagerbestandsentwicklung bei einer (s,q)-Politik

Literaturverzeichnis

Andler, K. (1929), Rationalisierung der Fabrikation und optimale Losgröße, München 1929

Arnold, U. (1996), Sourcing-Konzepte, in: Kern, W., Schröder, H.-H., Weber, J. (Hrsg.), Handwörterbuch der Produktionswirtschaft, 2. Aufl., Stuttgart 1996, Sp. 1861-1874

Bischoff, E.E. (1997), Palletisation Efficiency as a Criterion for Product Design, in: Operations Research-Spektrum, 19. Jg. (1997), S. 139-145

Bretzke, W.-R. (1996), Logistik, zwischenbetriebliche, in: Kern, W., Schröder, H.-H., Weber, J. (Hrsg.), Handwörterbuch der Produktionswirtschaft, 2. Aufl., Stuttgart 1996, Sp. 1109-1118

Corsten, H. (1994), Beschaffung, in: Corsten, H., Reiß, M. (Hrsg.), Betriebswirtschaftslehre, München-Wien 1994, S. 609-736

Domschke, W., Drexl, A. (1996), Logistik: Standorte, 4. Auflage, München-Wien 1996

Eicke, H.v., Femerling, C. (1994), Modular Sourcing – Ein Konzept zur Neugestaltung der Beschaffungslogistik, München 1994

Fandel, G., Reese, J. (1989), „Just-in-Time"-Logistik am Beispiel eines Zuliefererbetriebs in der Automobilindustrie, in: Zeitschrift für Betriebswirtschaftslehre, 59. Jg. (1989), S. 55-69

Günther, H.-O., Tempelmeier, H. (1997), Produktion und Logistik, 3. Aufl., Berlin u.a. 1997

Harris, F.W. (1913), How Many Parts to Make at Once, in: Factory – The Magazine of Management (1913), S. 135-136, 152

Homburg, C. (1995), Single Sourcing, Double Sourcing, Multiple Sourcing...? Ein ökonomischer Erklärungsansatz, in: Zeitschrift für Betriebswirtschaftslehre, 65. Jg. (1995), S. 813-834

Ihde, G.B. (1972), Logistik – Physische Aspekte der Güterdistribution, Stuttgart 1972

Isermann, H. (1994), Logistik im Unternehmen – eine Einführung, in: Isermann, H. (Hrsg.), Logistik – Beschaffung, Produktion, Distribution, Landsberg a. Lech 1994, S. 21-43

Isermann, H. (1996), Verpackung, in: Kern, W., Schröder, H.-H., Weber, J. (Hrsg.), Handwörterbuch der Produktionswirtschaft, 2. Aufl., Stuttgart 1996, Sp. 2162-2182

Kirsch, W., Bamberger, I., Gabele, E., Klein, H.K. (1973), Betriebswirtschaftliche Logistik – Systeme, Entscheidungen, Methoden, Wiesbaden 1973

Lawler, E.L., Lenstra, J.K., Rinnooy Kan, A.H.G., Shmoys, D.B. (Hrsg., 1985): The Traveling Salesman Problem – A Guided Tour of Combinatorial Optimization, Chichester u.a. 1985

Merker, J. (1998), Heuristiken in der Layoutplanung – Graphentheoretische Verfahren für das Nachbarschaftsproblem, Wiesbaden 1998

Pfohl, H.-C. (1972), Marketing-Logistik, Mainz 1972

Pfohl, H.-C. (1994), Logistikmanagement, Berlin u.a. 1994

Pfohl, H.-C. (1996), Logistiksysteme, 5. Aufl., Berlin u.a. 1996

Piëch, F. (1997), Die richtige Plattform für den Erfolg gelegt, in: Beilage zur Süddeutschen Zeitung, Nr. 137 vom 18.6.1997, S. 2

Porter, M.E. (1990), Wettbewerbsstrategie (Competitive Strategy), 6. Aufl., Frankfurt am Main 1990

Reinelt, G. (1994), The Traveling Salesman – Computational Solutions for TSP Applications, Berlin u.a. 1994

Schulte, C. (1995), Logistik, 2. Aufl., München 1995

Streim, H. (1975), Heuristische Lösungsverfahren – Versuch einer Begriffsklärung, in: Zeitschrift für Operations Research, 19. Jg. (1975), S. 143-162

Türks, M., Lienau, H.U., Böllhoff, W.A. (1993), Führend durch Total-Supply-Quality – Produktivität und Qualität in der Logistik. Ergebnisse einer Studie von A.T.Kearney in Zusammenarbeit mit der Bundesvereinigung Logistik e.V., München 1993

Wäscher, G. (1994), Layoutplanung für Produktionssysteme, in: Isermann, H. (Hrsg.), Logistik – Beschaffung, Produktion, Distribution, Landsberg a. Lech 1994, S. 249-264

Wäscher, G. (1996), Zeitkomponenten, faktor- und auftragsbezogene, in: Kern, W., Schröder, H.-H., Weber, J. (Hrsg.), Handwörterbuch der Produktionswirtschaft, 2. Aufl., Stuttgart 1996, Sp. 2288-2306

Wäscher, G. (1999), Local Search, in: das wirtschaftsstudium, 28. Jg. (1999), erscheint demnächst.

Wäscher, G., Merker, J. (1997), A Comparative Evaluation of Heuristics for the Adjacency Problem in Facility Layout Planning, in: International Journal of Production Research, 35. Jg. (1997), S. 447-466

Weber, J., Kummer, S. (1994), Logistikmanagement, Stuttgart 1994

Wildemann, H. (1988), Produktionssynchrone Beschaffung – Einführungsleitfaden, 2. Aufl., München 1988

Zäpfel, G. (1989), Strategisches Produktions-Management, Berlin-New York 1989

Zäpfel, G. (1993), Produktionsplanung und -steuerung in der „Fabrik der Zukunft", in: Milling, P., Zäpfel, G. (Hrsg.), Betriebswirtschaftliche Grundlagen moderner Produktionsstrukturen, Herne-Berlin 1993, S. 20-54

Autorenverzeichnis

Prof. Dr. Jörg Becker
Fachbereich Wirtschaftswissenschaften, Institut für Wirtschaftsinformatik,
Universität Münster

Prof. Dr. Ralph Berndt
Wirtschaftswissenschaftliche Fakultät, Lehrstuhl für Allgemeine Betriebswirtschaftslehre,
insbesondere Absatzwirtschaft, Universität Tübingen

Prof. Dr. Harald Dyckhoff
Fakultät für Wirtschaftswissenschaft, Lehrstuhl für Unternehmenstheorie, RWTH Aachen

Prof. Dr. Ralf Ewert
Fachbereich Wirtschaftswissenschaften, Lehrstuhl für Betriebswirtschaftslehre,
insbesondere Controlling, Universität Frankfurt

Prof. Dr. Claudia Fantapié Altobelli
Fachbereich Wirtschafts- und Organisationswissenschaften, Institut für Marketing,
Universität der Bundeswehr Hamburg

Prof. Dr. Rudolf Federmann
Fachbereich Wirtschafts- und Organisationswissenschaften, Institut für
betriebswirtschaftliche Steuerlehre, Universität der Bundeswehr Hamburg

Dr. Jetta Frost
Wirtschaftswissenschaftliche Fakultät, Institut für betriebswirtschaftliche Forschung,
Universität Zürich

Prof. Dr. Uwe Götze
Fakultät für Wirtschaftswissenschaften, Lehrstuhl für Unternehmensrechnung und
Controlling, TU Chemnitz-Zwickau

Prof. Dr. Hans-Otto Günther
Fachbereich Wirtschaft und Management, Fachgebiet Betriebswirtschaftslehre –
Produktionsmanagement, Technische Universität Berlin

Dr. Dirk Hachmeister
Fakultät für Betriebswirtschaft, Seminar für Rechnungswesen und Prüfung,
Universität München

Dipl.-Kfm. Dipl.-Inform. Roland Holten
Fachbereich Wirtschaftswissenschaften, Institut für Wirtschaftsinformatik,
Universität Münster

Prof. Dr. Udo Koppelmann
Wirtschafts- und Sozialwissenschaftliche Fakultät, Seminar für Allgemeine
Betriebswirtschaftslehre, Beschaffung und Produktpolitik, Universität zu Köln

Dr. Bernd Kriegesmann
Institut für Arbeitswissenschaften, Lehrstuhl für Arbeitsökonomie, Universität Bochum

Prof. Dr. Werner Neus
Wirtschaftswissenschaftliche Fakultät, Lehrstuhl für Betriebswirtschaftslehre,
insbesondere Bankwirtschaft, Universität Tübingen

Prof. Dr. Peter Nippel
Wirtschafts- und Sozialwissenschaftliche Fakultät, Institut für Betriebswirtschaftslehre,
Lehrstuhl für Finanzwirtschaft, Universität zu Kiel

Prof. Dr. Rüdiger von Nitzsch
Fakultät für Wirtschaftswissenschaften, Lehr- und Forschungsgebiet
Allgemeine Betriebswirtschaftslehre, RWTH Aachen

Prof. Dr. Walter A. Oechsler
Fakultät für Betriebswirtschaftslehre, Lehrstuhl und Seminar für Allgemeine
Betriebswirtschaftslehre, Personalwesen und Arbeitswissenschaft, Universität Mannheim

Prof. Dr. Margit Osterloh
Wirtschaftswissenschaftliche Fakultät, Institut für betriebswirtschaftliche Forschung,
Universität Zürich

PD Dr. Matthias Sander
Fakultät für Wirtschaftswissenschaften und Statistik, Fach D 130, Universität Konstanz

Dr. Gerald Schenk
Fachbereich Wirtschaftswissenschaften, Lehrstuhl für Betriebswirtschaftslehre,
insbesondere Controlling, Universität Frankfurt

Prof. Dr. Peter Schuster
Fachbereich Wirtschaft, Fachgebiet Allgemeine Betriebswirtschaftslehre,
insbesondere Kostenrechnung und Controlling, Fachhochschule Schmalkalden

Prof. Dr. Erich Staudt
Institut für Arbeitswissenschaften, Lehrstuhl für Arbeitsökonomie, Universität Bochum

Prof. Dr. Gerhard Wäscher
Wirtschaftswissenschaftliche Fakultät, Lehrstuhl für Produktion und Logistik,
Universität Halle-Wittenberg

Index

360-Grad-Beurteilung 255

Abbauentscheidungen 73

ABC-Analyse 352

ABC-XYZ-Analyse 445

Ablauforganisation 193

Absatz, direkter 408

Absatz, indirekter 408 f.

Absatzfinanzierung 395

Absatzlagergestaltung 412

Absatzmärkte 54 ff.

Absatzmittler 411

Absatzmittlerwahl 411 f.

Absatzwegewahl 408 ff.

Abstimmungsgemeinschaften 117

Abstimmungsvereinbarungen 117

Abstraktion 8 ff.

Agentursysteme 121

Agreements 117

Akkordlohn 256

Aktiengesellschaft 94 f.

Aktionsgemeinschaften 116

Alternativen 131

Alternativenplanung 177

Alternativensuche, operative 154 ff.

Alternativensuche, strategische 143 ff.

Alternativensuche, taktische 154 ff.

Analysearbeit, Vernetzung der 281

Analytical Hierarchy Process 164
Anbieterverhalten 372 f.
Anpassung, Strategie der 63 f.
Anpassung nach Bedarf 181
Anpassung, zeitlich regelmäßige 180
Anpassungsdynamik 179 ff.
Anpsassungsentscheidungen, konstitutive 72 f.
Anreiz-Beitrags-Theorie 240; 277 f.
Anreizsysteme 244
Anreizverträglichkeit 31 f.
Ansatz, konfliktorientierter 241
Ansätze, interaktionstheoretische 65
Anwendungsprofil 139 f.
Arbeitnehmerschutz 36
Arbeitnehmerschutzgesetz 265
Arbeitsbewertungsverfahren 255
Arbeitsgemeinschaften 117 f.
Arbeitsinhalte, erfolgskritische 249 f.
Arbeitskräfte 52 f.
Arbeitslastverfahren 414
Arbeitsplan 353 f.
Arbeitsrecht 263 ff.
Arbeitssysteme 322 f.
Arbeitsteilung 16 f.
Assessment-Center 253 f.
Aufbauorganisation 193
Aufsichtsrat 95
Auftragsgemeinschaften 117 f.
Auftragsnetz 354
Auktionen 372

Auslieferungslager 450 f.
Ausschreibung 372
Außenbeziehungen 84 f.
Außendienst, Umfang des 414
Außengesellschaft 88
Bedarfsanalyse 282 f.; 291 ff.
Bedarfsanalyse, Methoden der 294 ff.
Bedarfsanforderungen 293 f.
Bedarfsmanagement 291 f.
Bedarfsrechnung, programmorientierte 352
Bedarfsrechnung, verbrauchsorientierte 352
Beeinflussung, Strategie der 63 f.
Beendigungsentscheidungen 73
Beherrschungsverträge 119
Benchmarking 313 f.
Bereitstellungsprinzip 444 ff.
Beschaffung 271 ff.
Beschaffung, prozeßorientierte 281
Beschaffungs-Planungs-Prozeßstruktur 279 f.
Beschaffungs-Portfolio 447
Beschaffungsinstrumente 304
Beschaffungskonstellationen 286 f.
Beschaffungskontrolle 308 ff.
Beschaffungskosten 288 f.
Beschaffungsmarketing 283
Beschaffungsmarktanalyse 282 f.
Beschaffungsmärkte 52 ff.
Beschaffungsmarktforschung 307 f.
Beschaffungsobjekte 273 ff.
Beschaffungsprozeß 279 ff.

Beschaffungsstrategien 289 f.
Beschaffungssystem 444 ff.
Bestandsrechnung 4
Bestellmenge, optimale 461 ff.
Bestellpunktsystem 465
Bestellrhythmussystem 465
Bestellrhythmusverfahren 297 f.
Beteiligungs-Holding 227
Beteiligungserwerb 122
Beteiligungssysteme 256
Betriebsaufspaltung 125
Betriebsführungsvertrag 119
Betriebspachtvertrag 119
Betriebsrat 265
Betriebsüberlassungsvertrag 119
Betriebsverfassung 265
Betriebswirtschaftslehre 2
Betriebswirtschaftslehre, Definition der 2
Betriebswirtschaftslehre, Gegenstand der 1 ff.
Betriebswirtschaftslehre, Praxisbezug der 8 f.
Bewegungsrechnung 4
Bezugsstrategien 289
Binäre Sortierung 343
Bindungsintensität 110
Bionik 154
Black Box 375
Börsen 372
Bottom-up-Planung 138
Brainstorming 154
Brainwriting 154

Branchenwettbewerb 335 ff.
Bürokratiemodell 245
Buying Center 378
Cafeteria-Modelle 250
Category-Management 417
Center-Konzepte 238 f.
Change Management 186 f.
Chargenproduktion 360 ff.
Computer Integrated Manufacturing (CIM) 364
Conjoint-Analyse 147
Controlling 172
Corporate Advertising 400
Corporate Behavior 400
Corporate Communications 400
Corporate Design 399
Corporate Governance 142
Corporate Identity 399
Corporate Mission 399
Corporate-Identity-Policy 399 f.
Data Envelopment Analysis, DEA 332
Delegation 20; 206
Delphi-Methode 158
Dezentralisierung 238
Dienstleistungsbranche 379
Differenzierung 193 f.
Differenzierung, horizontale 194 f.
Differenzierung, organisatorische 194 ff.
Differenzierung, vertikale 194; 204 f.
Differenzierungsstrategie 145; 431 f.
Direct Communication 402

Direct Marketing 402
Direktwerbung 402 f.
Discrete Lotsizing and Scheduling Problem 359 f.
Distributionsnetz 450 ff.
Distributionspartner 56 f.
Distributionspolitik 408 ff.
Distributionssystem 450 ff.
Disziplinierungs-Effekt 217
Diversifikation 17 f.
Dominanz, absolute 159 f.
Dominanzüberprüfung 165
Dual Sourcing 447
Durchlaufterminierung 354
Durchschnitt, gewogener 157
Durchsetzungskosten 22
Dynamik 42 ff.
Ebene, operative 133
Ebene, strategische 133
Ebene, taktische 133
economies of scale 195
Effekte, externe 33
Efficient Consumer Response 418
Efficient Product Introductions 418
Efficient Promotion 418
Efficient Replenishment 418
Efficient Store Assortments 418
Effizienz 332
Effizienzvergleich 332
Ein-Produkt-Losgrößenplanung 352 f.
Eingliederungsbeteiligung 122

Eingliederungskonzern 123 f.
Einigungsstelle 268
Einkommen 4 ff.
Einkommensbezug 3 ff.
Einkommenserzielung 5 ff.
Einkommensunsicherheiten, Verringerung von 6
Einkommensverwendung 5 ff.
Einliniensystem 203
Einschreibung 372
Einzelentscheidungen 13 f.
Einzelproduktion 324
Einzelproduktion, Produktionsplanung bei 355 f.
Einzelunternehmen 85 ff.
Einzelunternehmung, freiberufliche 87
Einzelunternehmung, kaufmännische 87
Einzelunternehmung, land- und fortswirtschaftliche 87 f.
Einzelwirtschaftslehre, arbeitsorientierte 241
Einzweckanlagen 356
Endnachfrager 57 ff.
Entgeltfindung 255
Entgeltfindung, Systematik der 255 f.
Entgeltformen, flexible 259
Entgeltstrategien 289
Entgeltsysteme 244
Entgeltsysteme, qualifikationsorientierte 256
Entscheidung 129 ff.; 159 ff.
Entscheidung bei Sicherheit 7
Entscheidung, operative 134
Entscheidung, strategische 134
Entscheidung, taktische 134

Entscheidung bei Risiko 7

Entscheidung bei Ungewißheit 7

Entscheidungen, Abstimmung von 18 ff.

Entscheidungen, konstitutive 71 ff.

Entscheidungen, Koordination von 14 ff.

Entscheidungen, produktionswirtschaftliche 329 f.

Entscheidungsbaumverfahren 155

Entscheidungsdelegation 381

Entscheidungslehre 6 ff.

Entscheidungslehre, präskriptive 131 f.

Entscheidungsmodell, deskriptives 170 ff.

Entscheidungsorientierung 275

Entscheidungstheorie 8

Entscheidungstheorie, deskriptive 12 f.

Entscheidungstheorie, Grundmodell der 6 ff.

Entscheidungstheorie, normative 12 f.

Erfahrungskurve 149; 159

Erfolgsfaktoren, strategische 60

Ergebnisabführungsverträge 119

Ergebnismatrix 131

Ergebnisplanung 177

Erkenntnisse, verhaltenstheoretische 240

Erwartungen, quasi-sichere 11

Erwartungen, rationale 32

Erzeugnisfamilien 343

Erzeugnisstrukturen 349

Europäische wirtschaftliche Interessenvereinigung 99

Ex-post-Überraschungen 10

Exponentialfunktion 163 f.

face-to-face-Kontakte 224

Fairpreisstrategie 291
Fertigungsindustrie 344
Fertigungssysteme, flexible 327; 342
Finanz-Holding 226 f.
Flexibilität 328
Fließfertigung 441
Fließproduktion 326; 339
Fließproduktion, Leistungsabstimmung bei 339 ff.
Fließproduktionslinie 326
Fließproduktionssysteme, Konfigurierung von 339 ff.
Formalisierung 381
Formwechsel 100
Franchise-System 121
Früherkennungssysteme 152 f.
Führungsinstrumente, immaterielle 382 f.
Führungsinstrumente, materielle 382
Führungspotentiale 61 ff.
Fundamentalziele 140
Funktionale Schulen 223
Funktionalorganisation 195
Funktionsgemeinschaften 118
Funktionsprinzip 325 f.
Fusion 124
Gegenstromverfahren 139
Geldvermögen 4
Gelegenheitsgeschäfte 117 f.
Gemeinschaftsunternehmen 121
general management 243
Generalunternehmerschaft 373
Generalversammlung 96 f.

Genossenschaften 96 f.
Geschäftsführungsvertrag 119
Geschäftsstrategie 430 ff.
Gesellschaft bürgerlichen Rechts 89
Gesellschaft mit beschränkter Haftung 93 f.
Gesellschafterversammlung 93 f.
Gewerkschaft 265
Gewinn 4 ff.
Glättung, exponentielle erster Ordnung 157
Gläubigerschutz 36
Gleichgewichtspreise 19
Gleichordnungskonzern 123
Gliederungstiefe 201
Global Sourcing 290; 450
GmbH & Co. KG 99
Gratifikationstheorie 278
Grobauswahl 385
Größenvorteile 195
Grundtypendehnungen 98
Grundtypenmischungen 98 f.
Gründungsentscheidungen, konstitutive 72
Gruppe 209
Gruppenarbeit 209
Gruppendenken 210
Gruppenentscheidung 13 f.; 169 f.
Gruppenfertigung 440
Gütertausch 15 f.
Halbierungsmethode 166
Handelsbetrieb 384
Handelstrends 376

Handelsvertreter 411

Handelsvertreter-System 120 f.

Hauptleistungen, logistische 427

Hauptproduktionsprogramm, Planung des 348 ff.

Hauptversammlung 95

Hold Up 30

Holdingorganisation 225 ff.

Holdingorganisation, Formen der 226

hollowing out 216

Human Relations Bewegung 240

Human Resource Kreislauf 243

Human Resource Management 241 ff.

Human Resource Management Ansatz der Harvard Business School 242 f.

Human Resource Management, strategisches 247 ff.

Humanvermögen 4

Ideengewinnung, Techniken zur 385

Ideenquellen, unternehmensexterne 384

Ideenquellen, unternehmensinterne 384 f.

Indifferenzzone 189

Indikatorprognose 158

Individualentscheidungen bei Sicherheit 159 ff.

Individualentscheidungen bei Unsicherheit 165 ff.

Individualismus, methodologischer 14

Information, unvollständige 165

Informationsasymmetrie 137 f.

Informationsbereiche 308

Informationskosten 21

Informationsmanagement 44 f.

Informationsorientierung 275

Informationstechnologien 59

Informationsverteilung, asymmetrische 31 f.
Innengesellschaft 88
INSEAD-Ansatz 243
Insourcing 215
Institutionenökonomik 24 ff.
Instrumentalziele 140
Integration 193 f.; 194; 202
Integration, organisatorische 202 ff.
Interaktionstheorie 278
Interessenkonflikte 137 f.
Interessenmonismus 33 ff.
Interessenpluralismus 33
Internationale Rechtsformen 100
Investitions- und Personalplanung, integrierte 251 f.
Investitionsgüter, 378 f.
Joint-Venture 121
Just-in-Time 290
Just-in-Time-Anlieferung 444
Just-in-Time-Prinzip 347
Just-in-Time-Produktion 439
Kampagnenmodus 361
Kanban-System 366; 440
Kapazität, absorptive 212
Kapazitätsbedarfsprofile 349
Kapazitätsbelastung, zeitliche Verteilung der 350
Kapazitätsbelastungsausgleich 354
Kapazitätsbelastungsfaktoren 349
Kapitalgeber 52
Kapitalgesellschaften 85; 92 ff.
Kartelle 111 f.

Kartellverbot 112 f.
Kaufentscheidung, extensive 374
Kaufentscheidung, Formen der 374 f.
Kaufentscheidung, gewohnheitsmäßige 374
Kaufentscheidung, impulsive 374
Kaufentscheidung, Typen von 373 ff.
Kaufentscheidung, vereinfachte 374
Kaufentscheidungsmodell 58
Kaufverhalten 57 ff.
Kennzahlen, funktionszielbezogene 312
Kernkompetenzen 150 f.: 214
Kernprozesse 222 f.
Know-How-Transfer 290
Koalition Unternehmen 14
Koalitionstheorie 276
Kommanditaktionäre 95
Kommanditgesellschaft 90 f.
Kommanditgesellschaft auf Aktien 95 f.
Kommanditist 90
Kommunikationsplanung 403 ff.
Kommunikationsstrategien 289
Kommunikationstechnologien 59
Kompetenz-Portfolio 150
Kompetenzprofils 147
Komplementär 90
Komplexität 42 ff.
Kompromiß 209
Konditionalprogramme 189 f.
Konditionenpolitik 397 f.
Konfiguration 381

Konfliktmanagement 56
Konkretisierung, Prinzip der sukzessiven 135 f.
Konkurrenz, vollständige 20
Konsens 209
Konsortien 117 f.
Konsortium, offenes 373
Konsortium, stilles 373
Konsumentenverhalten 376
Konsumentenverhalten, stochastische Modelle des 375
Konsumentenverhalten, Strukturmodelle des 375
Konsumgüter, kurzlebige 377 f.
Konsumgüter, langlebige 378
Kontingenz-Konsistenztheorie 245
Kontrahierungspolitik 392 ff.
Kontretisierungsgrad 133
Kontrolle 129 ff.; 172 ff.
Kontrolle, Kosten einer 179
Kontrolle, Nutzen einer 178 f.
Kontrolle, operative 134
Kontrolle, strategische 134
Kontrolle, taktische 134
Kontrollintensivierung 291
Kontrollkennzahlen 313
Kontrollkennzahlen, bedarfsbezogene 311
Kontrollprozesse, Stufen des 310
Kontrollwert 178 f.
Konzentration 110
Konzentrationsprozeß 55
Konzepttests 388 f.
Konzern 122 f.

Konzern, faktischer 123
Kooperation 15; 110
Kooperation, horizontale 373
Kooperation, nutzensteigernde 14 ff.
Koordination 135; 138; 189; 210 f.; 381
Koordination, Grundprinzipien der 189 ff.
Koordination, idealtypisch 135 f.
Koordination, simultan 138 f.
Koordination, sukzessiv 138 f.
Koordinationsaufgaben 188
Koordinationsnormen 190
Kosten, irreversible 23
Kosten-Nutzen-Überlegungen 177 ff.
Kostenführerschaft 430 f.
Kostenführerschaftsstrategie 145
Kostenfunktion 397
Kostenvorteil, relativer 17
Kostenvorteile, absolute 16 f.
Kreativitätstechniken 154
Kundenanalyse 147
Kundengruppen-Management 381
Kündigung 266
Kündigungsschutzgesetz 266 ff.
Kuppelproduktion 325; 361
Lager, Anzahl von 451 f.
Lagerbewirtschaftung 412
Lagerdispositionssysteme 464 ff.
Lagerhaltungspolitiken 465
Lagerstandorte 452 ff.
Lagersteuerung 461 ff.

Layoutplanung 338 f.; 440 ff.
Leasingverträge 119 f.
Lebenszyklusmodell 146 f.
Leistungs-(Profilierungs-) Kostenmatrix 296
Leistungsbeurteilung 254
Leistungsbeurteilungsverfahren 255
Leistungsdelegation 290
Leistungspotentiale 59 ff.
Leistungssystem, logistisches 425 ff.
Leitungsbeziehungen 203
Leitungsspanne 201 f.
Lerneffekte 17
Lieferanten 54
Lieferanten, Verhandlungsstärke der 54
Lieferantenanalyse 282 f.; 302 ff.
Lieferantenbeziehung 276
Lieferantensiebung 303
Lieferantenstruktur 446 ff.
Lieferantenverhandlung 282 f.; 304 ff.
Lieferservice 431 f.
Lieferungsbedingungen 397
Lizenzverträge 120
Local Sourcing 290; 449 f.
Logistik 421 ff.
Logistik, Subsysteme der 424 f.
Logistik-Portfolio 432 f.
Logistikattraktivität 433 f.
Logistikkompetenz 434 f.
Logistikleistungen 426 ff.
Logistikleistungen, unterstützende 428

Logistikmanagement 422 ff.
Logistikobjekte 425 f.
Logistikplanung, operative 455 ff.
Logistikplanung, strategische 429 ff.
Logistikplanung, taktische 435 ff.
Logistiksystem 345
Losgrößeneinsatzplanung 351 ff.
Losgrößenmodell 461 ff.
Losgrößenplanung 461 ff.
Macht 64 f.
make-or-buy-Entscheidung 216
Management by Objectives 191
management of dualities 246
Management von Dualitäten 245
Management, Globalisierung des 268
Management-Holding 226
Markenpolitik 388 f.
Marketing 369 ff.
Marketing nach Leistungsarten 377 ff.
Marketing, einzelbetriebliches 372 f.
Marketing, kooperatives 373
Marketing-Audits 380 f.
Marketing-Führung 382 f.
Marketing-Instrumentarium 388
Marketing-Kommunikation 398 ff.
Marketing-Kommunikation, Instrumente der 398 f.
Marketing-Kontrolle 380 ff.
Marketing-Kontrolle, ergebnisorientierte 380
Marketing-Logistik 412
Marketing-Management 379 ff.

Marketing-Mix 416 ff.
Marketing-Organisation 381 ff.
Marketing-Planung 380 ff.
Marketingorientierung 370
Marketingpolitik 383 ff.
Markt 371
Marktanalyse 145 ff.
Marktanalyse 299 ff.
Marktanforderungen 301
Marktbearbeitungsstrategien 403 f.
Marktdurchschnittspreisstrategie 291
Märkte, einstufige 372
Märkte, mehrstufige 372
Märkte, unvollkommene 26 f.
Markteinführungsstrategien 389 f.
Markteintritt neuer Konkurrenten 336
Marktfeldentscheidung 300 ff.
Marktformen der Nachfrage 371 f.
Marktformen des Angebotes 371
Marktlebenszyklus 146 f.
Marktorganisation, Formen der 372
Marktsegmentierung 400
Marktversagen 22
Marktzutrittsschranken 55
Massenprodukte, Produktions- und Distributionsplanung 345 ff.
Massenproduktion 323 f.
Massenproduktion, chemische 356 ff.
Materialarten 296
Materialbedarfsplanung 351 f.
Materialbestandsoptimierung 439

Materialflußoptimierung 439 f.
Materialwirtschaft 273
Matrix-Organisation 204 f.
Matrix-Projektorganisation 199 f.
Matrixorganisation 246; 381
Maximen 192
Maximumprinzip 5
Mediaselektion 406 ff.
Mehrheitsbeteiligung 122
Mehrliniensystem 203 f.
Mehrzweckanlagen 360
Meilensteine, strategische 250
Mengenbestimmungsmethoden 297
Michigan School, Ansatz der 243
Mikrostandort 78
Minderheitsbeteiligungen 121 f.
Minimalpreisstrategie 291
Minimumprinzip 5
Mitarbeiterberatungsgespräch 257
Mitarbeiterbeteiligungen 256
Mitarbeiterfördergespräch 257
Mitbestimmung 83 f.; 95
Mitbestimmungsgesetz 265
Mitbestimmungsrecht 265
Mittelwertbildung, einfache 157
Mittelwertbildung, gleitende 157
Modell, additives 160 ff.
Modular Sourcing 290; 448 f.
Mono-Anlagen 356
Moral Hazard 29

Morphologische Verfahren 154
Motivation 216 f.
Motivation, extrinsische 217 ff.
Motivation, intrinsische 217 ff.
Motivationsaufgaben 188
Multiple Sourcing 290; 446
Nachfragerverhalten 373 ff.
Namenstests 389
Nash-Gleichgewicht 11
Nettoeffekt 220
Netzplantechnik 155; 353; 355
Netzwerke, interorganisationale 227 f.
Netzwerktheorie 278
Neukauf, erstmaliger 379
Nutzenerwartungswert 168
Nutzenfunktion 166
Nutzungsgemeinschaften 118
Nutzwertanalyse 164 f.
Objective and Task 405
Objektprinzip 326; 342
offene Handelsgesellschaft 89 f.
Öffnungsklausel 265
ökonomisches Prinzip 5
Opportunismus 24 ff.
Opportunitätskosten 22
Optimierungsmodelle zur Werbebudgetierung 405 f.
Ordnungsfunktion 238
Organisation 185 ff.
Organisation, funktionale 195 f.
Organisation, Koordinationsaufgaben der 189 ff.

Organisation, Motivationsaufgaben der 216 ff.
Organisation, objektorientierte 196 f.
Organisation, Orientierungsaufgaben der 211 f.
Organisationsbegriff, funktionaler 186
Organisationsbegriff, institutioneller 187 f.
Organisationsbegriff, instrumenteller 186
Organisationsbegriff, konfigurativer 187
Organisationsformen, teamorientierte 248
Organisationsstruktur, eindimensionale 381
Organisationsstruktur, mehrdimensionale 381
Organisationsversagen 22
Orientierung 211 f.
Outsourcing 273 f.; 298; 215
Partenreederei 91
Partizipation 31 f.; 117; 206 f.
Partnerschaftsgesellschaft 91
Partnerschaftsunternehmen 121
Pensumlohn 256
Personalauswahl 249 f.; 252 ff.
Personalauswahl, Verfahren der 253
Personalbedarf 251
Personalbedarfsplanung 250 f.
Personalbeschaffung 252
Personalbeschaffungsplanung 252
Personalbeurteilung 249 f.; 254 f.
Personaleinsatz 256
Personaleinsatzplanung 252
Personalentgelt 255 ff.
Personalentwicklung 249 f.; 257 ff.
Personalentwicklungsplan 258

Personalfreisetzung 266
Personalfreisetzungsplanung 252
Personalinformationssystem 259
Personalinformationssystem, Struktur eines 260 ff.
Personalmanagement 237 ff.
Personalmanagement, Instrumente des 249 f.
Personalmanagement, strategisches 247 ff.
Personalplanung 250 ff.
Personalplanung, Verfahren der 251
Personalreferentensystem 238
Personalwesen 242
Personalzusatzkosten 257
Personengesellschaften 88 ff.
Personenunternehmen 85
Phasenschema 132 f.
PIMS-Programm 63; 148
Plan-Ist-Abweichungen 173 f.
Plan-Ist-Abweichungen, Beobachtbarkeit der 174 f.
Plan-Ist-Abweichungen, Ermittlung von 173 ff.
Planung 129 ff.; 139 ff; 380
Planung, operative, 133; 153 ff.; 380
Planung, revolvierende 136
Planung, strategische 133; 140 ff.; 380; 429 f.
Planung, taktische 133; 153 ff.; 380
Planungsbereiche, Abhängigkeiten zwischen 137
Planungshorizont 133
Planungsprozeß, revolvierender 180
Portfolio-Analyse 143 f.; 149 ff.
Potentialanalyse 287
Potentialschätzung 250

Potentialverfahren 414
Prämienlohn 256
Prämissenkontrolle 172
Preis-Absatz-Funktion 11; 397
Preisbestimmung, konkurrenzorientierte 393 f.
Preisbestimmung, nachfrageorientierte 392 f.
Preisbildung auf mehrstufigen Märkten 409
Preisfindung in der Praxis 392 ff.
Preisführerschaft 393
Preiskalkulation 392
Preispolitik 392 ff.
Preissetzung, nutzenorientierte 394 f.
Preistheorie 395 ff.
Primärbedarfsplanung 364
Prioritätsbestimmungsmethoden 296
Privatwirtschaftslehre 2
Probleme, nachvertragliche 29 ff.
Probleme, vorvertragliche 28 f.
Product Placement 402
Produkt-Prozeß-Netzwerk 361 ff.
Produktentwicklung 388
Produktinnovation 384 ff.
Produktinnovation, Planungsprozeß einer 384
Produktion 317 ff.
Produktion, auftragsorientierte 324
Produktion, lagerorientierte 324
Produktion, Organisationstypen der 325 ff.
Produktionsfaktor-Ansatz 240
Produktionsfaktoren 272
Produktionsinseln 327; 342

Produktionsmanagement, operatives 330

Produktionsmanagement, strategisches 330; 334

Produktionsmanagement, taktisches 330

Produktionsorientierung 370

Produktionsplanung, operative 344 ff.

Produktionsplanungs- und -steuerungssystem 329; 364

Produktionsprogrammplanung 348 ff.

Produktionsprozeß, chemischer 357

Produktionssegmente 337 f.; 349

Produktionssegmentierung 337

Produktionssteuerung 365

Produktionssystem, Gestaltung des 438 ff.

Produktionssystem, Infrastruktur des 328f.; 337 ff.

Produktionssysteme, industrielle 318 ff.

Produktionstypen, einsatzbezogene 324

Produktionstypen, industrielle 323 ff.

Produktionstypen, programmbezogene 323

Produktionszentren, Konfigurierung von 342 ff.

Produktpolitik 305 f.; 384 ff.

Produktprogramm 435 f.

Produktstandardisierung 290

Produktstrategien 289

Produkttests 389

Produzentenseite, Trends 376 f.

Profit-Center-Organisation 220 ff.

Prognose, strategische 152 f.

Projekt-Stabs-Organisation 199

Projektmanagement 355

Projektorganisation 198 f.; 246

Projektorganisation, reine 200 f.

Prospect Theory 171
Prozeßindustrie 356 ff.
Prozeßorganisation 222 ff.
Prozeßorientierung 275
Public Relations 400 f.
Pull-Prinzip 366
Pull-Strategie 310
Push-Prinzip 364
Push-Strategie 56; 410
Qualitätsunsicherheit 28
Rabattpolitik 397
Rationalität, begrenzte 10
Realteilung 126
Rechtsform 80 ff.
Rechtsform, öffentlich-rechtlich 85
Rechtsform, privat-rechtlich 85
Rechtsformwahl, Kriterien 80 ff.
Rechtsformwechsel 100 f.
Reeder 88
Regelungsrahmen, arbeitsrechtlicher 263 ff.
Regionallager 451
Regionalorganisation 197 f.
Regressionsanalyse 159
Reihenproduktion 326
Reisende 411
Repräsentativbefragungen 158
Reputation 30
Ressourceneinsatzplanung 351 ff.
reverse engineering 221
Reziprozitätsnormen 191 f.

Risikoanalyse 386 ff.
Risikoaversion 6
Risikobereitschaft 6
Risikoeinstellung 166 ff.
Risikopräferenz 166
Risikoprofile 168
Risikoteilung 18
Risikoumverteilung 17 f.
Rivalität, Grad der 335
Roll-back-Verfahren 156
Rundreisen, Planung von 455 ff.
Rundreiseplanung 456 ff.
Rundumbearbeitung, kundenorientierte 222
Sachvermögen 4
Schwächen 63
Scientific Management 239 f.
Scoring-Modell 385 f.
Selection, Adverse 28
Selling Center 378
Sensitivitätsanalyse 165
Serienproduktion 324
Serienproduktion, Produktionsplanung bei 348 ff.
Servicegrad 466
Servicepolitik 391
Servicestrategien 289
Shareholder 141
Shareholder Value 32 ff.; 35 ff.; 141 f.; 142 f.; 148
Signale, glaubwürdige 28 f.
Simultaneous Engineering 290
Simultanplanung 280 f.

Single Sourcing 290; 446
Slice-of-Life 408
Sortenproduktion 324; 359 f.
Sortimentsplanung 390 f.
Sortimentspolitik 390 f.
Sozialversicherungen 257
Spartenorganisation 196
Sperrminoritätsbeteiligung 122
Spezialisierung 381
Spezialisierungsvorteile 17
Spezifität 23
Spieltheorie 8
Sponsoring 401 f.
Stab-Linienorganisation 204
Stakeholder 142
Stakeholder-Value 34
Standardisierung 205 ff.
Standort 74 ff.
Standort, entscheidungsstützende Verfahren 78 ff.
Standort-Entscheidungsprozeß 78 f.
Standortalternativen 76
Standortdifferenzierungen, steuerliche 76 f.
Standortentscheidung 74 ff.
Standortfaktoren 75 f.
Standortanforderungen 76
Standortkriterien 76 f.
Standortwahl 77 f.
Stärken 63
Stärken-Schwächen-Analyse 147
Stärken-Schwächen-Profil 62

Stellenbeschreibungen 255

Stellenrelationen 202

Stiftungen 97 f.

stille Gesellschaft 91 f.

stochastische Dominanz ersten Grades 168

stochastische Dominanz zweiten Grades 168 f.

Strategie-Holding 226

Strategien 155 f.

Strategieorientierung 275

Strategietypen nach Porter 144 f.

Strukturgestaltung, Prinzipien der 192 ff.

Subunternehmersysteme 120

Sunk Costs 23

Superadditivität 186

Supply Chain Management 347

Supportprozesse 223

Supranationale Rechtsform 99 f.

Synektik 154

Synergien, horizontale 224

Synergien, vertikale 215 f.

Szenarioanalyse 46; 153

Szenariotechnik 152 f.

Taktzeit 339

Tarifverträge 265

Tarifvertragsparteien 265

Tausenderkontaktpreise 407

Team 209

Techniken, intuitiv-kreative 385

Techniken, systematisch-logische 385

Teilplanungen 136 f.

Testimonial 408
Testmarkt 389
Top-down-Planung 138
Total Quality Management 290
Tourenplanung 458 ff.
Trade-off-Verfahren 164
Transaktionsansatz 21; 104; 370 f.
Transferstraße 326
Transportmittel 412
Transportwege 413
Traveling Salesman-Problem 456 ff.
Trendextrapolationen 156 f.
Umwelt 41 ff.
Umwelt, makroökonomische 46
Umwelt, natürliche 51 f.
Umwelt, politisch-rechtliche 48 ff.
Umwelt, sozio-kulturelle 47 f.
Umwelt, technologische 50 f.
Umweltkomplexität 44
Umweltprognosen 131 f.; 152 f.; 176
Unit Sourcing 448 f.
Unsicherheit 131
Unternehmen 59 ff.
Unternehmen, aufgabenspezifische Umwelt von 52 ff.
Unternehmen, globale Umwelt von 45 ff.
Unternehmen, Umfeld von 42 ff.
Unternehmensakquisition 121
Unternehmensanalyse 147 ff.
Unternehmensbeteiligung 121 f.
Unternehmensbeteiligungsgesellschaften 122

Unternehmensbindung 110 ff.

Unternehmensbindung, Alternativen der 115 ff.

Unternehmensbindung, Entscheidungskriterien 111 ff.

Unternehmensbindung, entscheidungsstützende Verfahren 126

Unternehmensführung 131 ff.

Unternehmensinteresse 32 f.

Unternehmenskonstitution 69 ff.

Unternehmenskonstitution, Begriff der 71 ff.

Unternehmensleitbild 143

Unternehmensorganisation 133 ff.

Unternehmensrechtsformen 80

Unternehmensspaltung 125 f.

Unternehmensstrategie 334 f.

Unternehmensstrategien, Generierung von 149 ff.

Unternehmenstrennung 124 f.

Unternehmenstrennung, Konstitutionsänderungen durch 124 ff.

Unternehmensübernahme 121 f.

Unternehmensverbände 116

Unternehmensverfassung 83 f.; 101 ff.; 265

Unternehmensverfassung, Entscheidungsalternativen 107 f.

Unternehmensverfassung, Entscheidungskriterien 102 ff.

Unternehmensverfassung, Entscheidungsprobleme 108 ff.

Unternehmensverfassung, entscheidungsstützende Verfahren 108 ff.

Unternehmensverfassung, Realtypen der 109

Unternehmensverträge 119 ff.

Unternehmensvision 143

Unternehmensziele 32 ff.; 37

Unterordnungskonzern 123

Ursachenanalyse 173 ff.

Verbraucherschutz 36

Verdrängungs-Effekt 218
Vereine 97
Verhalten, gleichförmiges 117
Verhaltensabweichungen 177
Verhaltensorientierung 275
Verhaltensunsicherheit 29
Verhandlungskosten 21 f.
Verhandlungsmacht 336
Verhandlungsstärke 337
Verkaufsbezirke 414 f.
Verkaufsbudget 414
Verkaufsförderung (Sales Promotions) 401
Verkaufsorientierung 370
Verkaufsplanung 413
Verkaufspolitik 413 ff.
Verkaufspolitik, Ziele der 413 f.
Verkaufstraining 415 f.
Verknüpfung, horizontale 209 ff.
Verknüpfung, vertikale 202
Verlustaversion 171 f.
Vermögen 4 ff.
Verpackung 437 f.
Verrichtungsprinzip 195
Verschmelzung 123 f.
Versicherungsvereine auf Gegenseitigkeit 97
Verträge, unvollständige 189
Vertragshändlersystem 121
Vertragskonzern 123
Vertriebsbindungssysteme 120 f.
Vertriebspolitik 408 ff.

Vorratshaltung 444
Wahrscheinlichkeiten, Ermittlung von 158
Walrasianischen Auktionator 19
Warehouse Location-Problem 452 ff.
Weisungsprinzip 21
Werbebudgetierung 404 ff.
Werbebudgetierung, Praktikerverfahren 404 f.
Werbemittel 407 f.
Werbeplanung, Prozeß der 403
Werbeträger 406
Werbung 400 f.
Werbung, Zielgrößen der 403
Werkslager 450 f.
Werkstattfertigung 441 f.
Werkstattproduktion 326
Wertanalyse 154
Wertfunktion 160
Wertfunktionen, Ermittlung der zielspezifischen 162 ff.
Wertfunktionen, unregelmäßige Verläufe von 163
Wertschöpfungsprozeß 327 ff.
Werttreiber 148
Wettbewerber 55
Wettbewerbskräfte 144
Wettbewerbsrecht, deutsches 111 ff.
Wettbewerbsrecht, europäisches 113 f.
Wiederholungskauf, modifizierter 379
Wiederholungskauf, unmodifizierter 379
Wirkungsprognosen 153; 158 f.; 176
Wirtschaftlichkeit 330 ff.
Wirtschaftlichkeitsanalyse 331 f.; 386

Wirtschaftlichkeitsprinzip 330 f.
Wissen, explizites 213
Wissen, implizites 213
Wissen, kristallisiertes 190
Zahlungsbedingungen 397 f.
Zeitbestimmungsmethoden 297 f.
Zentrallager 451
Zentrenfertigung 440; 442 f.
Zentrenproduktion 326 f.
Ziel 131; 140
Zielanalyse, operative 153 f.
Zielanalyse, strategische 140 ff.
Zielanalyse, taktische 153 f.
Zielgewichte, Ermittlung der 164 f.
Zielgröße, Einkommen als 3 f.
Zielgruppen 403
Zielsystem, Bedingungen für 160 f.
Zielsystem, strategisches 142
Zielvereinbarungen 254
Zulieferersysteme 120
Zuordnungsproblem, quadratisches 443
Zusammenschlußkontrolle 112 f.
Zweckprogramme 190 f.

Springers Handbuch der Betriebswirtschaftslehre

vermittelt in insgesamt 20 Beiträgen einen Überblick über die wichtigsten Gebiete der Betriebswirtschaftslehre. Jeder Beitrag liefert eine verständliche Einführung in die Teilgebiete der Betriebswirtschaftslehre und eine Übersicht über aktuelle Entwicklungen. Die Beiträge stellen umfassendes, prüfungsrelevantes Wissen für Wirtschaftswissenschaftler dar.

Ziel des Buches ist es, dem Leser betriebswirtschaftliche Fragen, Methoden und Erkenntnisse zu erläutern; es wendet sich in erster Linie an alle, die im Rahmen ihres Studiums betriebswirtschaftliche Zusammenhänge erkennen und verstehen wollen sowie an alle, die sich für ihre praktische Tätigkeit einen Überblick über den Stand der Betriebswirtschaftslehre verschaffen wollen.

R. Berndt, C. Fantapié Altobelli, P. Schuster (Hrsg.)
Springers Handbuch der Betriebswirtschaftslehre 1
1998. X, 478 S. 152 Abb., 9 Tab. Brosch. **DM 49,90**; öS 365,-; sFr 46,- ISBN 3-540-64828-3

Der erste Band stellt die Grundlagen der Betriebswirtschaftslehre dar und beschäftigt sich mit der Managementfunktion und der Realgüterwirtschaft.

R. Berndt, C. Fantapié Altobelli, P. Schuster (Hrsg.)
Springers Handbuch der Betriebswirtschaftslehre 2
1998. Etwa 500 S. Brosch. **DM 49,90**; öS 365,-; sFr 46,- ISBN 3-540-64829-1

Der zweite Band erläutert die Kapital- sowie die Informationswirtschaft und schließt mit Fragen des Innovations- und Umweltmanagements ab.

W. Pfähler, H. Wiese
Unternehmensstrategien im Wettbewerb
Eine spieltheoretische Analyse
1998. XX, 396 S. 103 Abb. (Springer-Lehrbuch) Brosch. **DM 55,-**; öS 402,-; sFr 50,50 ISBN 3-540-64548-9

H. Laux
Entscheidungstheorie
4., neubearb. u. erw. Aufl. 1998. XXVII, 480 S. 95 Abb., 11 Tab. (Springer-Lehrbuch) Brosch. **DM 59,-**; öS 431,-; sFr 54,- ISBN 3-540-64094-0

H. Laux, F. Liermann
Grundlagen der Organisation
Die Steuerung von Entscheidungen als Grundproblem der Betriebswirtschaftslehre
4., vollst. überarb. Aufl. 1997. XXV, 624 S. 136 Abb., 13 Tab. (Springer-Lehrbuch) Brosch. **DM 75,-**; öS 548,-; sFr 68,50 ISBN 3-540-62948-3

T. Hartmann-Wendels, A. Pfingsten, M. Weber
Bankbetriebslehre
1998. XXIX, 802 S. 150 Abb., 106 Tab. Brosch. **DM 65,-**; öS 475,-; sFr 59,50 ISBN 3-540-63755-9

Das Buch integriert Erkenntnisse der Informationsökonomik und Kapitalmarkttheorie in die traditionelle Bankbetriebslehre und bietet so eine solide Grundlage für Aussagen über die Rolle von Banken und der von ihnen betriebenen Geschäfte in einer sich wandelnden Umwelt.

G. Disterer
Studienarbeiten schreiben
Diplom-, Seminar- und Hausarbeiten in den Wirtschaftswissenschaften
1998. VIII, 170 S. 9 Abb. (Springer-Lehrbuch) Brosch. **DM 29,80**; öS 218,-; sFr 27,50 ISBN 3-540-64407-5

A. Jaros-Sturhahn, K. Schachtner
Business Computing
Arbeiten mit MS-Office und Internet
1998. XIV, 397 S. 276 Abb., (Springer-Lehrbuch) Brosch. **DM 45,-**; öS 329,-; sFr 41,50 ISBN 3-540-64184-X

→ *Weitere Informationen, Aufgaben und Musterlösungen unter: http://www.bwl.uni-muenchen.de/lehre/buscom/index.html*

Preisänderungen (auch bei Irrtümern) vorbehalten.

■■■■■■■■■■

Springer

W. Domschke, A. Drexl
Einführung in Operations Research
4., verb. Aufl. 1998. XIII, 247 S. 80 Abb., 58 Tab. (Springer-Lehrbuch) Brosch. **DM 36,-**; öS 263,-; sFr 33,50 ISBN 3-540-64587-X

Im einzelnen behandelt der Text die lineare Optimierung, Graphentheorie, lineare Optimierungsprobleme mit spezieller Struktur, Netzplantechnik, ganzzahlige und kombinatorische Optimierung, dynamische Optimierung, nichtlineare Optimierung, Warteschlangentheorie, Simulation.

W. Domschke, A. Drexl, B. Schildt, A. Scholl, S. Voß
Übungsbuch Operations Research
2., durchges. Aufl. 1997. IX, 182 S. (Springer-Lehrbuch) Brosch. **DM 25,-**; öS 183,-; sFr 23,- ISBN 3-540-62350-7

W. Domschke, A. Scholl, S. Voß
Produktionsplanung
Ablauforganisatorische Aspekte
2., überarb. u. erw. Aufl. 1997. XVI, 455 S. 134 Abb., 48 Tab. (Springer-Lehrbuch) Brosch. **DM 59,-**; öS 431,-; sFr 54,- ISBN 3-540-63560-2

Es werden quantitative Methoden für die drei wesentlichen Teilgebiete Lagerhaltung/Losgrößenplanung, Fließbandabstimmung und Maschinenbelegungsplanung behandelt. Das Buch soll als Grundlage für Vorlesungen in den Bereichen Produktionswirtschaft, Operations Research sowie angrenzender Fachgebiete der Betriebswirtschaftslehre, der Ingenieurwissenschaften und der Mathematik dienen.

H. Dyckhoff
Grundzüge der Produktionswirtschaft
Einführung in die Theorie betrieblicher Produktion
2., neubearb. Aufl. 1998. XII, 387 S. 98 Abb., 20 Tab. (Springer-Lehrbuch) Brosch. **DM 45,-**; öS 329,-; sFr 41,50 ISBN 3-540-63750-8

In einem einheitlichen Rahmen behandelt es sowohl wesentliche Modelle und Aussagen der traditionellen Produktions- und Kostentheorie als auch grundlegende Aspekte des Produktionsmanagement.

Ch. Schneeweiß
Einführung in die Produktionswirtschaft
6., neubearb. und erw. Aufl. 1997. XV, 363 S. 91 Abb., 3 Tab. (Springer-Lehrbuch) Brosch. **DM 36,-**; öS 263,-; sFr 33,50 ISBN 3-540-62585-2

H.-O. Günther, H. Tempelmeier
Produktion und Logistik
3. überarb. u. erw. Aufl. 1997. X, 316 S. 121 Abb., 61 Tab. (Springer-Lehrbuch) Brosch. **DM 36,-**; öS 263,-; sFr 33,50 ISBN 3-540-61960-7

„Zusammenfassend bietet das Buch ... eine didaktisch hervorragende Einführung in die Produktionsabläufe, wobei Logistik hier als integraler Bestandteil der Produktionsprozesse aufgefaßt wird." *(H.-P. Wiendahl, in: wf - Produktion und Management).*

H.-O. Günther, H. Tempelmeier
Übungsbuch Produktion und Logistik
3. Aufl. 1998. XVIII, 242 S. 72 Abb., 150 Tab. (Springer-Lehrbuch) Brosch. **DM 29,80**; öS 218,-; sFr 27,50 ISBN 3-540-65020-2

A.-W. Scheer, J. Sander
PPS-Trainer CD-ROM
Das multimediale Lernsystem zu Produktionsplanungs- und -steuerungssystemen
1997. CD-ROM., Booklet mit 8 S. **DM 85,22***; (DM 98,85 inkl. MwSt.) ISBN 3-540-14611-3

Der PPS-Trainer ist ein multimediales Lernsystem zu Produktionsplanungs- und -steuerungssystemen. Basierend auf dem Y-CIM-Modell von Prof. Scheer werden die Grundlagen der Produktionsplanung und -steuerung erläutert und gezeigt, wie diese Grundlagen in PPS-Systemen umgesetzt werden. Dazu wird ein PPS-System mit seinen wichtigsten Funktionen simuliert.

* unverbindliche Preisempfehlung zzgl. 16% MwSt. in der Bundesrepublik Deutschland. In anderen Ländern der EU zzgl. landesüblicher MwSt.

Preisänderungen (auch bei Irrtümern) vorbehalten.

■ ■ ■ ■ ■ ■ ■ ■ ■ ■ ■